김동춘

서울대학교 사범대학을 졸업하고 같은 대학 사회학과에서 「한국 노동자의 사회적 고립」이라는 논문으로 박사학위를 받았다. 비판적 사회학자로 학계와 시민운동 진영에서 활동하면서 『역사비평』 편집위원, 『경제와 사회』 편집위원장, 참여연대 정책위원장, 참여사회연구소 소장을 역임했고, 진실·화해를위한과거사정리위원회 상임위원으로 활동했다. 현재 성공회대학교 명예교수다. 제20회 단재상과 제15회 송건호 언론상을 수상했다. 지은 책으로는 『반공자유주의』, 『대한민국은 왜?』, 『한국인의 에너지, 가족주의』, 『사회학자 시대에 응답하다』, 『이것은 기억과의 전쟁이다』, 『전쟁과 사회』, 『미국의 엔진, 전쟁과 시장』, 『독립된 지성은 존재하는가』, 『분단과 한국사회』, 『한국 사회과학의 새로운 모색』, 『한국사회 노동자 연구』, 『고통에 응답하지 않는 정치』, 『시험능력주의』 등이 있다.

권력과 사상통제

인사이트 학술총서 02
권력과 사상통제

초판 2쇄 발행 2024년 9월 3일

지은이 김동춘
펴낸이 주혜숙

펴낸곳 역사공간
등록 2003년 7월 22일 제6-510호
주소 04000 서울특별시 마포구 동교로19길 52-7 PS빌딩 4층
전화 02-725-8806 팩스 02-725-8801
이메일 jhs8807@hanmail.net 블로그 blog.naver.com/jgonggan

ISBN 979-11-5707-614-7 94300
    979-11-5707-612-3 (세트)

이 저서는 2021년 대한민국 교육부와 한국학중앙연구원
(한국학진흥사업단)의 한국학대형기획총서사업의 지원을 받아
수행된 연구임(AKS-2020-KSS-1120001).

권력과 사상통제

김동춘 지음

객관적 진실은 문제가 아니다.
사실을 사실대로 기술 표현해도 반공법 위반이다.

리영희 교수를 기소한 검사의 발언

책머리에

과거의 소련이나 최근까지의 북한, 중국과 같은 사회주의 국가에서는 반혁명 분자 혹은 자유주의 사상을 가진 내부의 적에 대한 처벌, 구금과 처형, 엄격한 재교육캠프가 존재했는데, 이러한 실정은 서방으로 망명한 반체제 인사의 수기나 탈북자의 증언, 그리고 최근에는 중국 인권 탄압을 고발하는 각종 보고서를 통해 우리에게 많이 알려졌다. 그렇다면 개인의 의사 표현, 양심과 사상의 자유를 가장 중요한 헌법적 가치로 표방해온 서방 자유주의 진영은 어떠했던가? 1945년 이후의 자유민주주의 국가들은 개인의 주권을 보장해 주었던가? 특히 이들 국가는 근대 이전의 사상탄압, 종교적 독단주의에서 과연 완전히 벗어났을까?

파시즘이나 전체주의는 국가의 공식 이데올로기 혹은 교의(doctrine)가 실재한다는 점을 전제로 주민의 사상을 통제하거나 비판적 인사를 체포, 수감하여 사상개조 작업을 했다. 그러나 제2차 세계대전 이후 냉전체제하의 후발 독립국은 물론 미국을 비롯한 서방 자유민주주의 국가에서도 여전히 다양한 형태의 사상통제는 작동하였고, 사회주의 붕괴 이후 신자유주의시대에도 국가와 사회 차원의 사상통제는 스멀스멀 부활했다.

냉전시기는 물론 테러와의 전쟁이 선포된 이후 현재에도 미국을 비롯한 대부분의 유럽 국가들은 국민의 정치사상적 통합을 요구한다. 사실 전쟁 그 자체 혹은 전쟁 속에서 탄생한 근대국가가 국민의 사상의 자유를 완벽하게 보장할 수 있는지도 재고할 여지가 있다. 그런데 체제의 이념, 국가의 공식교육 내용을 비판하는 국민들, 혹은 '비(非)국민'으로 지목한 사람들을 감시, 사찰하거나 구속, 수사하지 않는 나라, 그 정도까지는 아니더라도 그런 사람들에게 직업 선택, 진학, 승진, 각종 권리 행사 등에서 전혀 불이익을 주지 않는 그런 '자유로운' 나라가 지구상에 있을까? 지금 이스라엘의 가자(Gaza)지구 침공과 학살을 비판하는 대학생들에 대한 미국의 대학 당국과 주로 기업인들로 구성된 이사회가 이들에게 가하는 각종 위협을 보면, 우리가 완전히 성취했다고 믿고 있는 사상과 양심의 자유는 여전히 미완의 과제로 남아 있는 것 같다.

한반도의 남북한 두 국가는 상대방의 국가성을 부인하면서 70년 이상 준전쟁 상태에 있다. 남한에서 분단이란 1945년 이후 탈식민 독립국가 건설이 실패하고, 국가 정체성이 민족성을 전면 부인하도록 강요한 상황이다. 그 이전 시기인 일제 강점하에서 한국인들은 일본 제국주의와 천황제 비판을 금기시하는 세상에서 살았고, 1948년 이후 남한 사람들은 북한 체제에 공감·지지하거나 미국을 비판하는 것도 불온시되는 세상에서 살았다. 결국 20세기 내내 한국인들은 중세 유럽 로마 교황청이 과학적 사고를 금기시하고 그런 생각을 가진 사람을 파문, 처형한 역사, 조선시대에 주자학에서 조금이라도 벗어난 생각을 하는 사람을 사문난적(斯文亂賊)으로 몰아서 탄압했던 것과 별로 다르지 않는, 반공·반미주의 도그마(dogma)와 사상검열이 지배하는 세상에서 살았다. 21세기 초입인 지금도 남북한 모든 한국인은 여전히 그런 세상에 살고 있다.

그래서 한국에서 '사상'이라는 말은 거의 금기어 혹은 피해야 할 용어에 가깝다. 즉 사상이란 곧 사회주의 혹은 반체제 사상, 국가의 공식이념을 비판하거나 거부하는 사상을 주로 의미했다. 한국에서 특정 사상을 견지한다는 것은 언제나 위험한 일로 간주되어 왔고, 불이익과 탄압을 피할 수 없다는 생각이 일반화되어 있다. 지난 시절 한국의 비판적 지식인들은 책을 읽거나 일기와 메모를 남기는 일도 조심했다. 한국인들은 체제비판적인 이론이나 사상을 학습하거나 정치적인 생각을 주변 사람들과 나누다가 수사 당국에 걸려 곤욕을 치르거나 심지어 법적 처벌까지 받게 되는 것을 주변에서 많이 보았고, 교육·언론·출판·학술 영역에서의 제재는 물론 단순한 문화·예술적인 표현, 사적인 대화까지도 감시 처벌 대상이 될 수 있다는 것을 경험적으로 알고 있었기 때문이다.

반공주의가 거의 준종교적인 도그마로 작동해온 한국에서 군사정권 시기에 청년기를 보낸 세대에게 사상통제는 거의 공기와 같이 익숙한 일이었다. 군사정권하의 대다수 학자와 교사, 대부분의 지식인들은 이 반공주의 도그마를 비판하지 않은 채 그냥 복종하면서 살았으나, 함석헌, 리영희, 송건호, 문익환 등 극소수의 비판적 지식인들은 용감하게 그런 야만과 맞섰다. 한국의 오랜 민주화운동은 바로 양심과 사상의 자유를 획득하기 위한 투쟁이기도 했다. 그러나 군부독재가 종식되고 민주화가 성취되어도 사상의 자유를 옥죈 법과 제도, 각종 수사 사찰 조직은 그대로 남았다. 지금 우리가 목도하는 한국 정치 퇴행의 주요 원인은 바로 사상과 양심의 자유를 허용하지 않는 정치체제에서 기인한다고 봐도 과언이 아닐 것이다.

2000년, 필자는 한국 국가폭력의 기원을 설명하려고 『전쟁과 사회』를 집필했다. 이후 '6·25한국전쟁기 군경에 의한 피학살자 진상규명'이라는 터부를 건드리는 일을 시작했고, 2005년 진실화해위원회의 상임위원이 되어 본격적으로 피학살자 조사활동을 지휘하게 되었다. 이 조사활동을 통해 한국에서 피학살자, 월북자 등 좌익 전력자들의 남은 가족에 대한 연좌제와 사찰의 역사를 다시금 분명히 확인하게 되었다. 왜 한국은 6·25한국전쟁 전후 '좌익'으로 지목된 민간인과 그의 가족을 학살한 것도 모자라, 요행히 살아남은 피학살자의 가족은 물론, 심지어 대한민국을 선택해서 월남한 사람들, 납북어부, 재일동포 등 자신의 부모나 형제가 어떤 일을 겪었는지 알지 못하는 전후 출생 세대의 일상을 추적하고 감시하고 통제하고, 때로는 간첩으로까지 조작했는가?

필자는 1970년대 말 유신체제하에서 리영희, 송건호의 글을 읽고서 한국 반공주의의 폭력성에 대해 확신할 수 있었다. 그러다가 1990년 전후 출옥 장기수들과의 만남, 서준식의 반사회안전법 투쟁에 대한 공감과 분노가 계기가 되어 1991년 대학원 박사과정 시절 「전향연구」라는 습작을 학기 말 보고서로 작성하면서 이 문제에 구체적으로 다가갔다. 이 습작 논문은 필자의 책 『분단과 한국사회』에 실려 있는데, 전향공작과 같은 국가폭력에 주목한 것이다. 이런 일련의 작업을 통해 한국에서 정치사상범 대상의 전향공작과 '의심되는 국민'에 대한 집요한 사찰과 감시는 모두 냉전과 한반도의 만성적인 전쟁체제의 산물이라는 점을 알 수 있었다.

사실 이 책은 『전쟁과 사회』 첫 출간 당시 제2부로 구상했던 것이라 『전쟁과 사회』 제2권이라고 봐도 좋다. 그 당시 곧바로 집필 작업에 돌입하려 했으나, 한국전쟁기 민간인 피학살 진상규명운동을 시작하였기 때문에 차분히 연구작업에 몰두할 여유가 없었고, 특히 2004년 과거사 특별법이 통과된 이후 진실화해위원회에서 일하게 되어 애초 구상했던 기획이 20여 년 미뤄지게 된 것이다.

필자가 국가폭력에 대한 학문적·실천적 고민을 계속 갖고 있다가 사상통제 문제에 대해 직접 조사·연구에 착수하게 된 계기는 2020년 한국학중앙연구원의 한국학총서사업 지원을 받게 되었기 때문이다. 당시 한국학중앙연구원이 아무런 조건 없이 오직 저서 출간을 위한 연구에만 몰두할 수 있도록 지원 프로그램을 마련해주었기 때문에 이 연구를 추진할 수 있었다.

연구 시작 후 실로 많은 분이 이 연구에 도움을 주었다. 생존 장기수들을 연결해준 양심수후원회의 김혜순 회장님과 필자의 인터뷰 요청을 응해준 장기수 양○○, 안○○, 권○○, 박○○, 김

○○, 장○○, 서○ 선생님 등 모든 분께 감사드리고 싶다. 이 장기수분들과의 인터뷰에는 특히 고려대학교 박사과정의 정찬대 선생이 함께 해주어서 큰 도움을 받았으며, 한홍구, 김귀옥 교수가 수행한 비전향장기수 구술기록에서 큰 도움을 받았다. 또 필자가 진실화해위원회 상임위원으로 일할 당시 과거 전국 각 시군 단위 경찰이 작성한 수많은 사찰기록을 살펴볼 수 있었으므로, 당시 조사관들의 노고가 이 작업의 밑거름이 되었다.

건국대학교 한상희 교수는 이 책 초고의 공식 논평자로서 여러 조언을 해주었고, 필자보다 이 분야를 먼저 연구했던 전남대학교 최정기 교수, 성공회대학교 강성현 교수의 선행연구에서도 큰 도움을 받았다. 서울대학교 한인섭 교수는 인권변론 자료집 한 질을 제공해주어서 많은 참고가 되었다. 오래전에 만난 일본의 정현정 박사는 필자의 이런 문제의식에 공감하여 사상통제 관련 일본 서적을 챙겨주었고, 전 YTN 한원상 기자, 일본 게이센여학원대학의 이영채 교수는 일제강점기와 그 이후 일본의 사상통제 관련 자료를 제공해주었다. 타이완의 사상통제에 관해서는 광주 5·18기념재단의 박강배 선생이 중요 자료를 제공해주었다. 민주화운동기념사업회 사료관에서도 과거 운동권 학생 대상의 각종 사찰 자료를 살펴볼 수 있었다. 그 외에도 많은 분이 관련 자료를 제공하거나 조언을 해주었다.

서른 전후였던 1987년에 가졌던 문제의식을 60대 중반이 되어 마무리하니 약간 홀가분한 느낌이다. 그러나 사상통제를 기획, 집행한 공안기관, 경찰, 검찰, 교도관, 민간 사찰요원 등의 증언을 얻을 수 없었기 때문에 이 작업은 큰 한계를 안고 있다. 특히 일본, 타이완 등의 사례 연구에서 착오가 있을 수 있으니 오류가 있으면 정정할 것이고 관련 연구자들의 비판을 겸허히 받아들이겠다. 필자가 시작한 일을 장차 후학들이 마무리해주기를 기대한다. 그동안 6·25한국전쟁기 피학살사건, 좌익탄압, 간첩조작, 전향공작 등 정부의 각종 정치사상통제 과정에서 회복할 수 없는 상처를 입었고, 이후에도 그 후유증을 앓으면서 평생을 살아온 모든 분께 깊은 위로의 말을 전하고 싶다. 이들 모든 사상통제 피해자의 눈물과 고통과 한, 그리고 국가보안법 폐지와 한반도 평화의 열망을 담아 이 책의 모든 내용을 채웠다.

마지막으로 제대로 정리되지 않은 초고와 천 개도 넘는 주석과 온갖 참고문헌 서지사항을 일일이 읽고 필자의 착오나 미비한 점을 꼼꼼하게 지적, 검토하는 데 너무나 많은 애를 쓴 도서출판 역사공간 편집부 여러분께 깊이 감사드린다.

2024년 5월 31일
퇴직을 앞두고 연구실을 정리하면서
김동춘

차례

책머리에 ___ 7

여는글 **한국 사상통제의 풍경**

좌익수 대상의 귀순 전략 ___ 19
출판과 독서도 국가의 안전과 존립을 위협? ___ 35
공직 후보자 사상검증 폭력 ___ 47

제1부 **사상통제 연구를 위한 서설**

1. 사상통제 관련 쟁점과 접근방법론

사상통제 관련 이론적 쟁점 ___ 63
사상범 통제의 목적과 방법 ___ 81
사상통제의 정치·사회적 배경 ___ 95
접근방법론: 지구 권력의 장과 국가 권력의 장 ___ 110

2. 사상통제의 전사(前史): 조선과 일제강점기

조선의 사상통제 ___ 119
'천황제'라는 근대 국가? 군부 파시즘과 지배체제 ___ 124

제2부 　사상통제의 장(場, champ)과 집행

1. 권력의 장과 사상통제: 전쟁과 폭력
냉전이라는 지구 권력의 장 ____ 141
6·25한국전쟁의 권력 장과 정치사상통제 ____ 160
정전체제와 남한 권력의 장 ____ 174
데탕트 이후 권력의 장: 준전시체제로서의 유신체제 ____ 181

2. 선전, 담론, 교육의 장
'불순'의 담론 ____ 190
국체·국시 담론 ____ 197

3. 사법의 장: 국가보안법과 기타 사상통제법
한국 사법의 장, 형법 제정 집행의 담론과 정치 ____ 219
제정, 공포된 적 없는 국방경비법의 정치범 통제 ____ 224
한국 사상통제의 법제화, 국가보안법 ____ 228
사상통제 강화법으로서 반공법 ____ 249
유신체제하의 긴급조치 ____ 256
1990년 헌재의 국가보안법 한정합헌 결정의 의미 ____ 259

4. 행정집행의 장: 사상통제의 집행
사상통제의 주역으로서 경찰 _____ 266
'국가 위 국가'로서 공안첩보기관 _____ 281
공안검찰의 정치성과 사상통제 _____ 293
전체주의 공간, 한국의 감옥 _____ 300
신체와 정신 통제기관으로서 군대, 학교, 공장 _____ 306

제3부 사상통제의 여러 장면

1. 전향공작
전향공작의 대상: 정전 이후의 좌익수 _____ 313
전향공작의 과정 _____ 326
전향공작의 특징과 전향거부의 논리 _____ 371

2. 사찰과 감시: 반공국민 만들기
요시찰인 사찰 _____ 396
재소 및 석방 좌익수 사찰: 보안관찰 _____ 417
국민감시체제 _____ 422
5·16쿠데타 이후 간첩 색출과 국민 상호감시 _____ 433

3. 교육과 이데올로기 선전
국가의 학교교육 통제 _____ 440
학생운동 사찰과 학생 사상통제 _____ 452
검열: 언론, 영화, 서적 통제 _____ 464

제4부　사상통제의 배경, 특징과 그 함의

　　1. 군사정부의 응징적 사상통제의 배경
　　안보 위기와 체제 경쟁 ＿＿＿ 473
　　한국 지배세력의 주관적·심리적 위기의식 ＿＿＿ 483
　　사상통제의 정치적 이익 ＿＿＿ 491

　　2. 한국 사상통제의 특징
　　일제강점기와 남한의 전향정책: 공통점과 차이점 ＿＿＿ 498
　　동북아시아의 정치사상범 통제 ＿＿＿ 505

　　3. 사상통제로 본 한국의 근대성
　　사상의 자유가 없는 자유민주주의 한국 ＿＿＿ 513
　　동북아시아의 근대 국가 ＿＿＿ 520

맺는 글　사상통제와 21세기 한국 사회 ＿＿＿ 528

미주 ＿＿＿ 535
참고한 문헌과 자료 ＿＿＿ 618
찾아보기 ＿＿＿ 649

여는 글

한국 사상통제의 풍경

좌익수 대상의 귀순 전략

1970년대 교도소 특별사동의 지옥도

1974년 4월 4일 오후 5시 무렵 비전향 좌익수(左翼囚) 최석기는 대전교도소 특별사동 독방의 창가 쪽에 앉아 있었다. 그는 북한에서 공작원으로 남파되었다가 1953년 검거된 후 1955년 3월 10일 광주고등법원에서 무기징역형을 선고받고 광주교도소에 수감되었다. 그 뒤 1968년 4월 12일 대전교도소로 이감되어 그때까지 20년 이상 감옥살이를 하고 있었다. 그는 겉보기에 약해 보이기는 했으나 병세는 없는 상태였다. 그런데 어느 날, 그가 수감되어 있던 방에 조폭 출신 재소자 조○○, 이○○ 두 사람이 들어왔고, 이들은 한 시간 정도 담배를 피우는 등 별일 없이 보냈다. 그날 6시 무렵 조○○는 최석기를 향해 "니들 빨갱이들 전쟁 때 빨갱이질할 때 죄상을 아냐?"라든가 "전향도 안 하고 왜 대한민국 밥을 먹고 사냐? 지금이라도 맘 고쳐먹고 전향해서 착실하게 살아라"고 말하면서 발로 차고 가슴을 때리기 시작했다. 최석기가 아무런 말대꾸를 하지 않자, 그들은 그를 마구 두들겨 팼다. 7시 무렵 조폭 출신 재소자 중 한 명이 그의 입에 수건을 물리고 그를 바닥에 눕혔다. 그 상태에서 한 명은 배 위에 올라앉고, 다른 한 명은 다리 위에 올라타서 저항이 불가능하게 한 다음에 주먹으로 배를 포함해 몸 전체를 마구 폭행했다. 결국 8시 무렵 최석기는 사망했고, 그의 죽음은 오랫동안 의문으로 남았다. 대전교도소 저 깊숙한 곳의 좌익수 특별사동에서 벌어진 히스테릭한 전향폭력은 우리가 상상할 수 없는 최악의 지옥이었고, 맞은 사람이나 고문하는 사람이나 '모두가 금수가 되는 상황'이었다.[1]

최석기를 사망에 이르게 한 조폭 재소자들은 '떡봉이'로 불렸다. 교도소 측은 이들 조폭 출신들에게 전향공작에서 공적을 쌓으면 가석방 등 우대를 한다는 약속을 했다. 그들은 감방 열쇠를 쥐고서 곤봉, 로프, 수정을 들고 다니면서 좌익수들을 향해 야구방망이로 수시로 무차별적인 구타를 가하거나 온몸을 바늘로 찌르기도 하고, 물고문도 가했다.[2] 그들은 좌익수가 수감된 감방에 들어가 담배를 피거나 술을 마시기도 했고, 복도에서 전골냄비를 갖다놓고 음식을 끓여 먹기도 했다. 좌익수 감방은 이들 조폭 재소자들에게는 무법천지의 '자유' 세상이었고, 그들은 수감자들에게 '악마'였다. 조폭들이 이른바 '폭력행사 면허장'을 갖고서 자기 방처럼 드나들던 비전향 장기수들의 작은 감방은 인간성이 실종된 법과 도덕의 완전한 진공지대였다. 최석기는 죽기 전 열흘 동안 밤낮을 가리지 않고 맞았다. 조폭들은 찢어지고 상처가 난 부위를 때리고 또 때렸으며, 머리와 가슴, 배 등을 주먹, 발, 쇠파이프, 각목 등으로 마구 폭행했다. 최석기는 사망 직전까지 기민증(자기도 모르게 1~15분 동안 잠에 빠지는 현상), 실어증에 걸리기도 했다.

한편 당시 좌익수 박융서는 이 사건이 일어나기 전인 1974년 1월 19일 오후 1시부터 3시까지 전향을 강요하는 전향공작원 이 모 씨로부터 가혹행위를 당하다 유리 파편으로 자신의 동맥을 절단해 벽에 전향공작을 중단하라는 혈서를 쓰고는 과다출혈로 사망했다. 또 다른 좌익수 손윤규는 강제로 '전향을 당한' 사실을 취소하라며 단식에 들어갔다가 강제급식 도중 사망했다.[3] 그 밖에도 재일동포 간첩사건에 연루되어 대전교도소에서 감옥살이를 하던 서준식은 간수 10여 명에게 집단구타를 당해서 이가 부러지고 등이 시커멓게 멍들었는데, 광주교도소로 이송된 이후에는 한겨울에 발가벗겨 찬물을 끼얹히고 이불을 압수당하는 일을 겪기도 했다. 그의 어머니가 반년 동안 아들의 면회가 안 되자 일본 사회당 참의원 니시무라 간이치(西村關一) 목사를 대동하여 면회를 갔는데, 그 일이 있은 뒤에야 서준식에 대한 폭력은 중단되었다. 또 좌익수 박봉현은 테러에 못 이겨 전향서에 무인(拇印)을 찍었는데, 그 후 일주일 동안 단식을 하고 전향서를 보자고 요구한 다음 전향서를 찢어서 삼키기도 했다.[4]

조폭 재소자들은 좌익수들에게 구타와 고문을 하면서 "자본주의가 좋냐, 공산주의가 좋냐"고 묻거나 "6·25전쟁은 누가 일으켰나?"고 묻기도 했다.[5] 만약 좌익수들이 미제국주의가 일으켰다고 말하면 이들을 반공법으로 고발하기도 했다. 그래서 국가보안법(國家保安法) 위반으로 이미 20여 년간 수감 중이던 좌익수 김영승은 감옥 내에서의 발언 때문에 반공법 위반죄로 추가 기소되어 이중 범법자가 되기도 했다. 20세기 세계사에서 그 유례를 찾아볼 수 없는 가혹한 이중 처벌이었다.

한편 최석기가 사망하자 대전교도소 전향공작전담반원 박○○은 중앙정보부 충남지부의 전향공작 담당자인 박△△에게 연락했고, 박△△는 대전교도소를 방문하여 소장, 부소장, 교무과장 등을 만나 상의한 다음에 자신이 알고 지내던 검사 석○○와 이○○를 통해 이 사건을 은폐 처리하도록 요청했다. 그래서 전담반은 사흘이 지난 후에 최석기가 사망한 사실을 검찰과 법무부에 보고했는데, 보고서에는 사인이 심장마비로 되어 있었다. 박○○은 유족에게 "최석기는 잠만 자는 병에 걸려 사망했다"고 거짓 통보했다. 유족들이 교도소에 찾아왔을 때 이미 교도소 측은 일방적으로 부검을 마친 뒤 사체를 공동묘지에 가매장해 놓은 상태였다. 그러면서 그의 부친에게 "자제분이 징역을 살다가 건강이 나빠서 심장이 나빠서 죽었습니다. 그래서 부검도 하고 가매장도 했는데 가져가시겠습니까?"라고 통보했다.

최석기 고문폭행 사망사건은 1973년 8월 이후 대전, 광주, 대구 등의 교도소에 수감된 비전향 장기수에 대한 전향공작의 일환이었다. 당시 전향공작은 만기가 가까운 사람이 우선 대상이었다.[6] 당시 전국의 여러 교도소에는 500여 명의 비전향 좌익수가 수감되어 있었다.[7] 좌익수 중에서 무기수인 대남 공작원 150여 명을 제외하고, 4·19혁명 직후 무기에서 20년, 15년형으로 감형된 좌익수들이 1974년과 1975년 만기출소를 앞두고 있었기 때문에 박정희 정권과 검찰은 '간첩들이 소정 형기를 종료해도 정치교화와 사상교정에 불응한 상태, 즉 미전향 상태로서 다시 사회에 복귀한다는 점'[8]을 우려해서 그들을 전향시킨 다음 출옥시키고자 했다.

이와 같은 폭력과 테러를 견디지 못해 광주교도소에서는 64명의 비전향수 중 39명이 전향을 했고, 두 명이 반신불수가 되었다. 나머지는 끝까지 전향하지 않았으나, 그중 두 명은 1976년 무렵 감옥 내에서 사망했다. 대구교도소에는 70여 명의 비전향수가 있었는데, 전향공작이 시작된 1년 후인 1975년에는 12명만이 비전향수로 남았다.[9] 1973년부터 1974년까지 진행된 폭력적인 전향공작으로 비전향수 500여 명 중에서 60% 이상이 전향했다고 한다.

사상검사 한옥신은 대전교도소 수감자 427명 중 전향자가 259명, 비전향자가 168명이라고 집계했다.[10] 서준식은 1973년 대대적인 전향공작이 시작된 지 2년이 지난 후 각 교도소에서 끝까지 전향을 하지 않은 사람은 185명 정도였다고 추산한다.[11] 이러한 폭력을 견디지 못해서 대전교도소에서는 하루에 9명이 전향서를 쓰기도 했다.[12] 강제 날인으로 전향 서명을 하도록 한 탓에 이후 이들이 전향 취소 요구를 하는 경우도 있었다.

1973년 8월 이후 여러 교도소의 특별사동에서, 또 사회안전법이 통과된 1975년 이후 보안감호소에서 행해진 유사한 전향공작 과정에서 죽은 사람은 모두 68명이다. 대통령소속 의문사진상규명위원회(이하 의문사위)의 조사 결과를 보면 1966년부터 1989년까지의 전향공작 과정에서 옥중 사망한 사람은 총 77명이었다.[13] 그중 강제급식, 자살, 굶기, 고문치사로 사망한 사람이 22명, 단식이나 고문 후유증으로 사망한 사람이 31명이다. 대다수가 강제 전향 과정에서 사망한 것으로 볼 수 있다.[14] 정권은 구타와 고문, 독방 수감, 배고픔, 추위 등 신체적 고통을 주거나,[15] 다른 편으로는 가족이나 전향을 담당한 교회사(敎誨士) 등으로 하여금 이들에게 회유를 반복해서 전향서를 받아내려고 했다. 1973년 이전이나 1980년 이후에도 전향폭력은 있었으나, 유신정권하에서 사망사건이 집중된 것은 유신정권의 전향공작이 가장 폭력적이고 잔혹했기 때문이다.[16]

이 전향공작은 중앙정보부 지휘 아래에 진행되었다. 1973년 3월 전향공작전담반이 구성되자 전향공작전담 교회사의 공개채용이 이루어졌고, 7월에는 이들이 각 교도소에 배치되었다. 1973년 8월 2일에는 좌익 사형수 전향공작전담반 운영지침(법무부 예규 제108호)이 마련되었다. 전향공작전담반은 중앙정보부, 내무부, 법무부 등 3개 부서의 합동 지휘하에 움직였는데, 전담반 요원은 중앙정보부 요원과 경찰, 기존 교도관 출신으로 구성되었다. 이들은 1973년 이후 약 10년 동안 좌익수의 전향을 유도하고자 협박, 테러 등의 방법으로 이들을 압박했다. 전담반은 전향공작의 전권을 가졌으며, 중앙정보부(이후 안기부)에 직접 보고를 했기 때문에 각 교도소의 통제 밖에 있었다. 이들은 좌익수의 감옥 내 생활 조건을 결정하고, 전향을 위해 가족을 회유하거나 때로는 시도 때도 없이 이들을 불러내어 정신적으로 고통을 주기도 했으며, 감옥 내의 도서 및 서신 검열까지 담당했다.

최석기 등 좌익수 사망사건은 의문사위의 조사가 시작되던 2000년까지 26년 동안 세상에 알려지지 않았다. 의문사위는 1974년부터 1976년까지 최석기, 박융서, 손윤규 세 사람은 폭력적 전향공작으로 감옥에서 사망했으며, '내심의 사상을 바꾸도록 강제하는 것은 표현되지 않은 사상을 처벌할 수 없다는 문명사회의 기본 원리를 짓밟는 것'이라고 강조했다.[17]

유신 치하의 한국은 헌법상으로는 양심의 자유, 민주주의와 공화주의를 최고의 가치로 설정했고, 학생들에게도 그렇게 가르쳤으나, 실제로는 '자유'라는 이름으로 전체주의 원리가 사회 전역에서 작동하고 있었다. 통상 파시즘이나 전체주의 국가는 체제 내 반대파들을 포함한 모든 사람들의 생각을 공식화된 틀 속에 집어넣고 심지어 개인들의 본성까지 바꾸려고 시도하는 경향이 있는데,[18] 유신 치하의 한국에서는 국가나 사회조직 내에서 비판적 생각을 가진 사람이 발붙일 수 없었다. 즉 감옥도 사회의 한 부분이지만 좌익수 수감 특별사는 대한민국 땅이 아니었다. 좌익수가 대한민국 국민으로 간주되지 않았기 때문에 그런 폭력의 표적이 되었을 수도 있고, 아니면 당시 감옥 밖 대한민국 자체가 그랬기 때문일 수도 있다.

전향 공작은 곧 배교, 귀순 전략

당시 전국 곳곳에 있는 교도소 특별사 내의 비전향 좌익수는 6·25한국전쟁 전후 지리산 일대에서 활동하던 빨치산과 북한 공작원 출신이 대부분이었는데, 이들은 대체로 육체적·정신적으로 철저하게 단련된 사람들이었다. 이들 중의 일부는 일제강점기부터 항일운동에 가담했던 민족주의자였으며 북한에서 상당한 엘리트층에 속했던 대남 공작원, 일부는 일제강점기와 해방 직후 남북한에서 최고학부를 나와 소비에트 철학을 줄줄 꿰고 있던 지식층이었다. 이들은 감옥 내에서도 공산주의 사상을 강고하게 견지하고서 은밀하게 세포 모임을 갖기도 했다. 이들은 국가의 '적'이었기 때문에 가족과 친구를 포함한 모든 사람들의 기피 대상이었다. 남북 적대 상황에서 이들은 푸코(Michel Foucault)가 말한 통치권력의 근본을 공격하는 절대적이고 완전한 범죄자였다.[19]

대전, 광주, 대구 등 휴전선에서 멀리 떨어진 후방 교도소 내 특별사 저 깊은 곳, 교도관의 발자국 소리밖에 들리지 않는 고도에서 아무 대화 상대도 없는 상태로 '면벽 수행' 중이었던 이들은 육체적으로는 극히 쇠약한 존재였다. 그러나 한편으로는 교도관은 물론 전향을 담당한 교회사, 전향공작전담반 공무원, 심지어 교화를 위해 반공교육을 나온 교수의 지식과 교양 수준을 보고 하품을 하면서 비웃는 사람들이었으며, 일본군 출신 박정희 대통령은 물론 대한민국의 모든 권력자들을 우습게 여기는 사람들이었다. 이들은 감옥의 조그마한 비리나 부정의도 그냥 넘어가지 않고 건건이 항의를 했기 때문에 교도관들에게도 정말 다루기 힘든 재소자였다.

당시 국가는 물리적으로나 법적으로 좌익수의 신체와 정신을 통제하고 있었다. 반공주의 이데올로기, 국가보안법과 반공법이라는 법적 장치, 또 미국 중앙정보국(CIA)이나 연방수사국(FBI), 나치 독일의 무장친위대(SS)와 같이 산천초목을 떨게 할 정도의 힘을 가진 국가 최고의 공안첩보기관인 중앙정보부, 그리고 대통령이 거의 종신 총통과 같은 권력을 행사하도록 한 유신헌법 등이 삼중 사중으로 좌익수를 압박했던 것이다. 한국에서 간첩, 좌익수, 사상범(思想犯)뿐만 아니라 좌익으로 낙인찍힌 사람들은 '언제든지 죽일 수 있는' 존재이거나 '죽여야 할' 존재,[20] 즉 벌거벗은 생명, 호모사케르(Homo Sacer)이거나 불가촉천민(untouchables)이었다.[21]

이러한 고문과 테러까지 동원한 전향공작은 1973년에서 1974년 사이에 가장 극단적으로 행해졌지만, 사실 전향공작은 이승만 정부부터 시작된 역대 정부의 일관된 방침이었다. 공산주의운동이나 통일운동에 몸담은 적이 있는 사람이나 좌파 사회운동가를 대상으로 공개 전향선언을 압박하거나 전향을 선언한 자들에 대한 지속적인 감시와 사찰을 강행했으며, 전향한 재소자들이 일반수들이 거주하는 감방으로 옮긴 다음에는 이전의 동료를 전향하라고 설득하는 요원으로 동원하기도 했다. 이러한 전향정책은 1949년 국민보도연맹(國民保導聯盟) 결성을 시작으로 하여 민주화 이후 1990년대까지 대한민국에서 계속되었다. 1948년 제주 4·3사건이나 여순사건 이후 지리산 일대에서의 빨치산 토벌 과정에서 군이 추진한 '귀순' 전략의 현대판이었다. 당시 군경합동 토벌 과정에서 군은 빨치산을 자수, 귀순하도록 선무공작을 병행했는데, 체포되어 귀순한 자들은 경찰의 끄나풀이 되어 방공 진영의 요원으로 활용되었다.

좌익수 대상의 전향공작은 일본 봉건 말기의 십자가밟기(踏繪) 강요와 같은 천주교 탄압, 조선 후기 신유박해 당시 조선의 지배체제가 이승훈, 정약용 등 남인계 천주교인들을 박해하면서 "배교로써 목숨을 구하라"고 요구한 것과 같았다.[22] 그래서 폭력적인 전향공작은 보복의 살기에 가득 찬 전근대적 신체형의 양상도 지니고 있지만, 배교를 하면 살려주겠다는 당근을 제시했기 때문에 '반역자'를 죽이는 것 자체가 목표는 아니었다.

당시 대남 공작원이나 무장공비 대원 중에서 체포된 사람들은 대대적인 귀순 기자회견을 했다. 또 이들은 라디오나 텔레비전 방송에 출연하여 북한의 죄악상을 고발했으며, 공보 영화 제작이나 반공 강연 등에 적극 동원되었다. 그 밖에도 각 학교에서 실시하는 반공 웅변대회, 반공 글짓기대회에 연설자로 불려 다니기도 했다. 한편 당시 학교에서는 반공도덕 교과를 신설하여 교육을 통해 국민에게 사상주입을 시도했으며, 〈국민교육헌장〉 낭송을 의무화하고 〈국기에 대한 맹세〉를 국민의례로 만드는 등 국가에 대한 충성과 복종을 강요하는 일을 동시에 실행했다. 사상교육과 사상통제는 가정과 직장, 경찰서나 감옥, 학교와 학교

밖, 군대와 민간 등 사람이 숨을 쉬는 모든 공간에서 전 국민을 대상으로 진행되었다. 1973년 이후, 비전향 좌익수를 수용한 감옥과 감호소에서 진행되었던 사상통제는 감옥 밖의 국가 모든 영역에서 동시에 다른 방식으로 가해졌다. 경찰이 반정부 인사를 포함한 요주의 인물을 사찰하고, 통·반장 같은 말단 행정조직을 동원하여 주민을 감시한 것, 군사정권 이후 지금까지 사회가 거대한 사찰과 감시의 공간이 된 사실들과 좌익수 대상의 전향폭력은 동시에 진행되었다.

이미 1948년 전후 정치권에서도 전향압박과 전향선언은 진행되어 왔으며 정전(停戰) 이후에도 과거 좌익운동 전력자는 언제나 공개 전향선언 혹은 사상고백 선언을 하도록 강요받았다. 조봉암의 경우가 대표적이다. 조봉암은 스스로 공개 전향을 선언한 전 공산주의 혁명가였다. 그는 8·15 직후 대표적인 공산주의 지도자인 박헌영을 비판하고, 자신의 과거 활동을 반성한 이후에 제헌국회의원 선거에 출마하여 당선되었으며, 이후에 농림부 장관까지 올린 농지개혁을 주도했다. 그러나 1954년 당시 야당이었던 민주국민당의 신당 추진 과정에서 야당은 그와의 합당을 거부했다. 그 이유는 그가 "정치적 방편으로 정치적 개종을 한 사람이며, 그는 본질적으로 공산주의자이자 그가 말하는 사회주의는 공산주의와 사촌 간이므로 그를 받아들일 수 없기 때문"이라는 것이었다.[23]

1987년 민주화 이후에는 제도정치권에 진입한 운동권 출신 정치가들에게도 동일한 방식의 공개적인 전향선언이 강요되었다. 그래서 그들은 과거 친북 주사파 경력이 있다는 것을 인정하고, 앞으로는 대한민국에 충성을 바친다는 점을 공개 천명했다. 보수 언론이 사상검증과 전향선언을 주도했다. 이는 중세 유럽에서 마녀사냥 직전에 마녀가 아니라는 것을 고백하라고 요구한 것과 비슷하다. 많은 운동권 출신들이 전향한 이후에는 뉴라이트(new right) 노선을 취한 다음 보수 정권에 기용되기도 했다. 이것은 6·25한국전쟁 전후 토벌과정에서 체포되었다가 동료를 밀고하고 이른바 귀순했던 사람들이 보수 정당의 주요 인사가 된 것과 유사하다. 사실 박정희 전 대통령이야말로 전향, 귀순, 밀고를 거쳐 대통령까지 된 대표적인 인물이 아닌가?

조선 왕조와 일제강점기에 행해진 사상 관련 처벌, 귀순 강요 등과 같이 개인의 사상을 바꿀 것을 강요하거나 이단 여부를 검증하는 국가나 사회의 폭력은 역사책에서나 볼 수 있는 과거사가 아니라 20세기 후반의 한국 사회에서도 지속적으로 되풀이되는 일이다.

공식적으로 일제의 지배질서는 1945년 8월 15일에 종식되었으나 치안유지법(治安維持法), 전향공작, 사상범 대상의 예비검속, 출옥 후 보호관찰소 수감과 지속적인 전향압박, 불온한 사람에 대한 사찰 및 감시는 6·25한국전쟁 전후 부활했고, 공안기관이 전향, 즉 귀순한 좌익을 심리전(psychological warfare) 요원으로 활용하는 제도나 관행은 박정희 정권 시기에 본격화되어[24] 1987년 민주화 이후 1990년대까지, 아니 21세기에 들어선 오늘날까지도 다양한 방식으로 계속되고 있다.

전향폭력의 이유, 배경은?

국가는 '손안의 적'인 좌익수들에게 테러까지 가해서 자신의 사상을 바꾸도록(轉向) 강제하여 대한민국이라는 국가의 충성스러운 국민으로 살아가겠다는 자필서명 문서, 즉 전향서를 받아내려 했다. 과연 그렇게까지 할 이유가 있었을까? 전향폭력을 견디면서 살아남아 출옥한 비전향 좌익수들도 "10년이든 20년이든 무기든 옥살이를 시키는 것은 좋다. 왜 사람의 사상까지 바꾸라 무지막지한 테러를 가하고, 죽음으로 몰고 왜 이렇게 하느냐",[25] "사실 가만두어도 출옥하면 자본주의 물질주의에 길들여져서 자연스럽게 체제에 동화될 수도 있는 사람들에게 이렇게까지 패서 전향을 시킬 필요가 있었을까"[26]라고 아주 심각하게 물었다. 이들의 형식상 귀순이 내심에서 우러나는 것이 아니어도 상관없다는 말이었을까? 그렇다면 국가와 우익세력이 원한 것은 실제 진정한 전향 여부가 아니라 전향 사실의 선전, 그리고 그 형식과 숫자였을까? 한국의 역대 보수 정부는 이들 좌익 확신범의 지성과 소신을 고려하여 특별형(명예를 떨어뜨리지 않는 금고형)을 가하는 품격을 보여줄 수는 없었을까?

일제의 전향정책은 가석방, 보호 갱생, 취업 알선 등을 통해 가족과 사회의 품으로 이들을 포섭하는 것이었는데, 한국은 왜 관용과 인내심을 갖고서 이들을 끌어안을 수 없었을까? 박정희 정부의 중앙정보부뿐만 아니라 전두환 정부의 안기부, 그리고 민주화 이후의 국정원과 검찰은 출옥 후 생계마저도 막막해질 중·

노년의 전직 좌익수, 특히 정치적 영향력이나 조직적 저항의 가능성도 거의 없던 쇠약한 좌익수를 편집증적으로 전향시키려 했을까? 김대중 대통령은 집권 후 전향서를 준법서약서로 대체하는 정책을 펼치기는 했지만, 왜 대통령도 자신이 피해자였던 이런 좌익사냥정책, 특히 전향제도를 완전히 폐기하지 못했을까?

외부와 완벽하게 차단된 감옥 특별사에서 진행된 이러한 고문과 폭력은 푸코가 말한 공개 처형 등 잔혹한 사회적 처벌의 모습, 즉 "맹위를 떨치는 권력을 사람들에게 구경거리로 만듦으로써 공포의 효과를 생기게"[27] 만드는 정치적 쇼윈도 효과 혹은 사회적 규율 효과는 전혀 없었다. 일제하의 치안유지법에 의해 체포되었던 유명한 좌파 지식인들인 사노 마나부(佐野學)나 나베야마 사다치카(鍋山政親)의 공개 전향은 파장이 컸지만,[28] 한국의 좌익수들은 형무소(교도소)의 독방에 수십 년간 감금되어 있었던 이름 없는 전사나 공작원이었기 때문에 이들의 전향/비전향 여부, 전향선언은 수감 동료의 마음을 약간 흔들 수는 있었으나, 사회적 파장은 전혀 일으킬 수 없었다. 당시 한국인들은 교도소 내 좌익수 수용을 위한 특별사가 있는지도 몰랐고, 그곳에 이런 사람들이 수십 년간 갇혀 있다는 사실조차 모르고 있었다. 그들은 '살아 있는 무덤' 안에 이미 수십 년째 유폐되어 있었던 잊혀진 전사였다.[29]

전쟁 상황이라면 이들은 적군 전사이므로 포로이거나 살해의 대상일 것이다. 그런데 비전투 상황이었으므로 처형을 할 수 없으니 이렇게 해서라도 죽게 만든 것일까? 이 중 빨치산 출신이나 체포된 남파 공작원은 적군 포로에 가깝다. 그렇다면 이들을 자신이 고국이라고 생각하는 북한으로 돌려보내는 조치를 취할 수도 있지만, 남북한은 서로가 공작원을 파견한 일을 공식적으로 인정하지 않았기 때문에 북한 역시 1990년대 이전에는 이들을 돌려보내라고 요구하지는 않았다. 지리산의 잔존 빨치산 문제는 1953년 7월 27일 정전협정 조인 당시 논의 의제에서도 빠졌다. 그래서 이들은 남에서는 물론 북에서도 잊혀지고 버려진 존재였다.

앞의 사망한 좌익수들은 반외세, 통일국가 건설 등 민족적 대의와 사회주의의 대의를 목숨처럼 소중하게 여겼다. 모든 좌익수들은 스스로 통일전사임을 자임했고, 이후 사망한 동료에 대해서도 서로를 그렇게 불렀다. 민주화 이후 이들의 존재를 알게 된 한국 사람들은 이들을 시대착오적이고 고집불통의 늙은이들이라고 생각하게 되었겠지만, 이들은 북한 사회주의가 남한의 자본주의보다 훨씬 우월한 것이라고 확신하고 있었다. 자신이 조국이라고 생각하지 않는 국가에서 살아갈 수밖에 없었던 이들에게 '민족'은 진실성(authenticity) 그 자체였다.[30]

그런데 출옥할 비전향 좌익수가 과연 얼마나 심각한 국가안보 위해요소였을까? 1968년 무렵 북한이 대남 공비를 청와대 근처까지 보내서 위협하는 등 남한의 안보가 심각한 위협을 받은 것은 사실이지만, 감옥 내 좌익수들이 게릴라 전사로 활동할 가능성은 1%도 없었고, 언론이 완전히 통제되고 몇 사람이 모이는 작은 집회까지도 완전 차단시켰던 '겨울공화국' 유신체제하였기에 이들이 석방되더라도 가족이나 주변 사람들에게 영향을 줄 가능성은 거의 없었다. 그렇다면 그냥 사회에 풀어놓되 공민권을 제한하면서 일상을 감시하는 방법을 취할 수도 있었을 것이고, 취업을 알선하고 결혼을 하게 한 뒤 평범한 생활인으로서 자본주의 사회에서 살아가는 맛을 느끼도록 해서 자연스럽게 생각을 바꾸도록 할 수도 있었을 것이다. 그러나 박정희 정권이나 전두환 정권은 그런 정책을 택하지 않았다.

좌익수에 대한 감옥 내에서의 극히 비인간적인 처우와 엄격한 사찰, 출옥한 좌익수에 대한 집요한 감시와 동태 파악, 수감 좌익수에 대한 전향공작은 비록 수백 명 정도의 '골수 공산주의자'를 대상으로 행해진 것이었으나, 한국이라는 국가의 성격과 국민의 권리 수준을 보여주는 현미경이라 할 수 있다. 유신체제와 반드시 결부하여 설명해야 하지만, 박정희 정권의 이러한 폭력적인 전향공작, 귀순공작에는 일제 천황제와 군부 파시즘의 유산, 분단된 대한민국의 탄생의 비밀, 그리고 민주공화국임을 자임하는 한국 헌정체제의 본질, 양심과 사상의 자유의 실질적 보장 여부 등의 의제가 응축되어 있다.

출판과 독서도
국가의 안전과 존립을 위협?

반공법 체제하 남정현의 「분지」 필화사건

1965년 소설가 남정현이 「분지(糞地)」라는 단편소설을 발표한 이후 이것이 북한 노동당 기관지 『조국통일』 5월 8일자에 게재되자 중앙정보부는 이를 수사하기 시작했고, 결국 남정현은 반공법 위반 혐의로 구속되었다. 1966년 7월 11일 서울지검 공안부 김태현 부장검사는 그를 반공법으로 기소했다. 소설 내용이 반공법 위반이 된 최초의 사례였다.

  이 소설의 내용은 이러하다.[31] 우선 작가는 미국에 지배당하는 한국을 '똥덩어리 땅'이라 불렀는데, 홍길동의 10대손인 홍만수(洪萬壽)의 아버지는 항일투사로 독립운동에 뛰어들었다가 행방불명되었고, 어머니는 8·15 이후 태극기와 성조기를 들고 미군 환영대회에 나갔다가 미군에게 능욕당했는데 이 일로 화병에 걸려 세상을 떠났다. 그의 유일한 누이동생인 분이는 그가 군 복무를 마치고 돌아와보니 미군 상사 스피드의 첩이 되어 갖은 성적 학대를 당하고 있었다. 작가는 한 가족의 이야기를 통해 미국에게 '첩 노릇'을 하면서도 잘 보이려 안달을 하는 한국의 처지를 이렇게 그려놓았다. 김태현 검사는 그의 소설이 "한국이 마치 미국의 식민지인 양 기술하는 등 북괴의 6·25 남침을 은폐하고 남한의 현실을 왜곡, 허위 선전하여 빈민 대중에게 반정부 의식을 부식, 조장하고 반공의식을 해이하게 하는 동시에 반미 감정을 조성, 격화시켜 반미 사상을 고취하여 한미 유대를 이간함을 주 내용으로 하는 … 북괴의 대남적화전략의 상투적 활동에 동조했다"고 공소장을 썼다.[32]

남정현은 1966년 7월 11일 기소된 후, 1967년 6월 28일 서울형사지법 박두환 판사에 의해 징역 6개월 자격정지 6개월의 선고유예 유죄판결을 받았다. 그의 죄목은 반국가단체나 그 구성원 또는 국외의 공산 계열의 활동을 찬양·고무·동조하거나 기타의 방법으로 반국가단체를 이롭게 하는 행위를 한 자는 7년 이하의 징역 및 자격정지에 처한다는 반공법 제4조 1항에 해당한다. 남정현은 이후에도 1974년 민청학련사건에서 대통령 긴급조치 제1호 위반 혐의로 다시 구속되어 반년 가까이 옥고를 치렀고, 그 일로 불안신경증을 앓게 되어 신경안정제를 먹지 않으면 사람을 만날 수 없게 되었다.[33] 그는 1980년 5·18항쟁 당시에도 예비검속에 걸려 연행되기도 했다.

「분지」 필화사건에 관한 남정현의 재판에서 검사 진용은 이종원 부장검사의 지휘 아래 당시 반공계의 제1인자로 손꼽히던 한재덕, 이명영, 그리고 북한 공작원 출신 전향 인사 최남섭, 오경무 등으로 갖추어졌는데, 그들은 "제아무리 철저한 공산주의자가 소설을 쓴다 해도 이「분지」만큼 용공적인 작품은 도저히 쓸 수 없다"고 강조했다.[34] 그러나 피고 측의 증인으로 나온 소설가 이어령은 문학 작품이 북에 이용되게 했다는 검사의 비난에 '장미는 자신을 위해 뿌리를 뻗는 것이고 그걸 파이프로 만든 것은 인간'이라는 촌철살인의 반론을 펼쳤고, 이항녕 변호사는 「분지」는 '언론의 자유를 과시한 작품'이라고 변호를 했으며, 한승헌 변호사는 "민주 한국의 명예를 위해 분지(墳志, 분한 뜻) 해하여 분지(焚紙, 종이를 태움)하는 우를 범해서는 안 된다"는 특유의 촌철살인의 말을 남겼다.[35]

남정현은 그의 소설이 실정법의 제재를 받으리라고 전혀 예상하지 못했는데, 왜냐하면 그는 그 소설이 '정치적인 이념을 테마로 한 것이 아니라 외세의 예속권에서 벗어나 민족자주를 선양하려는 우리 민족의 사무친 희원을 다소나마 표현하려는 작품에 불과'하고, '반공을 만능의 보도로 삼아 그것을 치부와 출세의 수단으로 삼는 자들이라고 하더라도 그들도 백의의 겨레임을 부정하지 않는 한, 아 어떻게 백의의 민족정신을 강조한 「분지」를 그들이 처벌하리라고 생각이나 할 수 있었을 것인가'라고 생각했기 때문이다.

그가 보기에 검사들은 "몸도 마음도 모두 미국에 내맡긴 상태"였으며, "미국에 대한 비판은 곧 그들에 대한 도전으로 간주하는 것 같았다."[36] 미국이 한국의 은인이자 혈맹이며, 친미 반공을 최고 가치로 삼는 분단국가 한국에서 반미란 반공의식의 해이 정도가 아니라 곧 반국가, 친북으로 간주될 수 있다는 것을 뒤늦게 알게 된 '순진한 백의의 겨레'임을 자임한 소설가의 때늦은 현실인식이었다.

영국의 「유토피아」와 같은 소설도 당대에는 금서(禁書)였고, 저자인 모어(Thomas More)는 반역죄로 처형을 당했다. 중국 역사 최대의 사상탄압사건으로 알려진 명 말기 이지(李贄, 이탁오)의 투옥 자결사건도 불교와 노장을 넘나들던 그의 저서가 불온한 것으로 취급받았기 때문에 일어났다. 그는 유학(儒學)만을 존중하고 주희의 학설만이 진리라는 것을 거부했다.[37] 그런데 어떤 서적이 위험한 사상을 전파한다는 이유로 금서로 지정하거나 저자를 반역자로 처형하는 것은 모두 19세기 이전의 일이다. 20세기에는 솔제니친(Aleksandr Solzhenitsyn)과 같이 노벨문학상을 받은 소설가가 사상적인 이유로 유형생활을 한 일도 있고, 지금 중국에서는 여전히 이러한 사상탄압이 진행 중이다. 그렇다고 해도 반미사상을 고취한다는 이유(남정현의 「분지」)나 제주 4·3사건 당시 학살사건을 들추어냈다는 이유(현기영의 「순이 삼촌」)로 작가를 투옥하거나 고문한 일은 20세기 후반의 이 지구상에서는 찾아보기 힘든 반문명적인 탄압이 아닐 수 없다.

시인 김지하의 반공법 위반 기소사건은 그가 『월간 창조』 4월호에 「비어(蜚語)」라는 담시를 써서 박정희를 풍자했다는 것이 이유였다.[38] 옥중에서의 작품 구상 메모, 그의 독서 이력, 언행 등을 입건 사유로 제시했다. 18세기 볼테르(Voltaire)가 가톨릭교회를 조롱하고, 그 도그마에 복종하는 사람을 '멍에를 씌워도 가만있는 소'라고 조소했듯이 김지하도 시「오적(五賊)」에서 권력자들을 짐승에 비유하고, 그들이 사는 부자 동네를 도둑촌이라며 조롱했다. 정권을 비판하거나 조롱하고 풍자하면, 그것이 시든 소설이든 간에 모든 표현물을 적을 이롭게 하는 선전물로 간주해서 기소했다. 중세의 종교권력이 볼테르의 책을 불사르고 그를 국외로 추방했듯이 1970년대 박정희 군사정권은 문필가의 조소와 풍자에도 사법의 칼을 들이댔다.

박정희 정권은 김지하의「비어」를 '북괴의 선전활동에 동조하는 이적행위'로 몰아 잡지 발행인 유봉준 신부와 편집주간 구중서를 연행하고, 판매를 금지했다. 피신 중이던 김지하는 4월 12일 서울 은신처에서 체포되었다. 그가 체포되기 전에는 지인, 문인, 교수, 학생 등 무려 170여 명이 정보부에 연행되어 은신처를 대라고 고문을 받았다.[39] 박정희 정권은 그에게 "공산주의 계급사상을 고취시켰다"며 사형 선고를 내렸다.

반공법은 사실상 '관제 공산당 제조 기구'였다. 검찰은 김지하가 마오쩌둥(毛澤東) 사상을 받아들인 공산주의라고 전제한 다음 모든 증거를 그것에 꿰맞추었다.[40] 당시에는 과거 전력이 있거나 사상이 의심스러운 대학생이나 지식인의 체제비판적 발언 중 약간이라도 '냄새'가 나면 모두 친공, 친북 담론으로 간주했다. 그러나 당시의 인권 변호사들은 이들이 공산주의자가 아니라는 것을 계속 호소하며 반박 증거를 들이댔다. 즉 그들은 공산주의자라면 처벌해도 좋다는 전제 위에서 변호를 진행했다.[41]

반공법 체제하의 중앙정보부와 공안검찰은 사실 '내부의 적'과 심리전을 수행하는 중이었다. 그래서 지식인을 비롯해 모든 국민의 사상을 흑백논리로 재단했다. 그리고 국가의 공식 교의인 반공주의에서 이탈하는 해석이나 주장을 모두 처벌 대상으로 삼은 점에서 그 자체가 중세 유럽과 조선시대 왕조국가에서 사상적 이단자에게 가한 폭력과 다름없었다. 문학작품에 반공법, 국가보안법의 칼을 들이댔던 검찰 공안 당국의 흑백논리는 1987년 민주화 이후 한 세대가 더 지난 최근까지도 계속되었다. 정부는 소설과 영화에도 여전히 검열의 칼을 들이대고, 극우단체는 작가들에게 테러에 가까운 행동을 한다. 자유민주수호애국연합 및 6·25한국전쟁 참전군인연맹 등 8개 우익단체가 영화 〈태백산맥〉을 상영하면 화약, 휘발유, 석유, 가스 등 모든 수단을 동원해서 저지하겠다고 밝히기도 했다.[42]

그런데 국가보안법이나 반공법의 논리처럼 남북한이 군사적으로 대치하는 상황에서 시, 소설이나 에세이와 같은 저작물이나 비판적 교육활동, 언론 보도 등이 전쟁 수행을 방해하거나 적을 이롭게 하는, '명백하고 현존하는 위험(clear and present danger)'이라고 볼 수 있는가? 그 위험의 여부는 과연 누가 판단하는가? 통치세력이 '주관적으로' 체제 존립의 위험을 매우 심각하게 느낀 나머지 위험을 객관적인 것으로 만들어 법을 제정하거나 긴급명령을 발동한 것은 아닌가? 권력이 특정 서적의 독서, 신앙의 포지(抱持), 발언, 일기나 노트의 메모까지의 표현도 정치성을 가진 것으로 보거나 범죄라고 규정하는 것은 국민이 어떤 생각을 갖고 있어서 그것을 표현하는 것도 국가에 위험요소라고 본다는 말이다. 독재체제에서 정치적인 것과 범죄는 권력자가 규정하기 나름이다. 전체주의체제에서는 보통 사람들의 일상도 정치적 사안이다.

1951년 냉전 초기 미국의 데니스(Dennis) 판결에서 연방대법원의 다수는 공산당을 창당하려는 음모 자체가 명백하고 현존하는 위험을 창출한다고 보았다.[43] 그러나 당시 반대 의견을 낸 더글러스(W. Douglas) 대법관은 정부 전복을 공모한 것이 아니라 교육, 홍보하는 사람들이 당, 단체, 집회를 조직하는 것을 공모했으므로 명백하고 현존하는 위험이 없고, 그것은 표현의 자유 범위 안에 있다고 보았다.[44] 이후 예이츠(Yates) 판결에서도 불법 행동으로 직결되는 선동과 추상적인 원리의 선동을 구분했다. 이 모든 판결에서 이견을 낸 법관들은 체제의 위험에 대한 평가는 객관적으로 입증할 수 없고, 과학적으로 분석할 수도 없다고 보았다.[45]

결국 한국의 1970년대와 같은 상황에서 국가안보의 위험요소 여부는 수사기관인 검사와 판정을 수행하는 판사의 의견과 대통령의 판단에 좌우되었다. 독재체제에서는 경찰이나 검찰은 대통령의 명령과 의지에 충실히 따르기 때문에, 대통령이 자신을 비판하는 작가나 지식인에 대해 불편한 심기를 보이면 그들은 곧바로 범법자로 지목되어 치도곤을 당할 각오를 해야 한다.

반공 친미라는 터부를 건드리면 소설가도 처벌 대상?

한국에서 반공 친미주의를 절대 선이라고 전제한 뒤, 그것과 다른 생각을 표현한 모든 글, 서적, 영상물을 금지하고, 그런 작품을 만든 시인, 소설가, 예술가를 법정에 세웠는데, 그것은 코페르니쿠스(Nicolaus Copernicus)의 지동설을 지지하고 천구가 우주의 전부가 아니라고 주장했던 부르노(Giordano Bruno)를 고문해서 화형에 처한 중세 말 유럽의 종교재판과 같았다. 코페르니쿠스의 지동설을 받아들인 갈릴레이(Galileo Galilei)는 '신을 얕잡아보거나', '성서의 가르침과 배치되는 이단'이라고 탄압을 받았다.[46] 서구 중세에서 근대로의 이행은 성경의 무오류성, 교회의 신성모독 논리와 불관용에 대한 투쟁의 역사였다. 중세 유럽의 교회는 이성적 판단, 과학적 사고를 신성모독으로 간주해서 100만 명도 넘는 사람을 처형했다.

유럽 중세 시절의 종교적 도그마, 중국과 조선에서의 주자학 비판이나 천주교를 엄격히 탄압하고 금서를 정한 일,[47] 러시아혁명 직후와 냉전 시기 미국의 매카시즘(McCarthyism)하에서 좌익소탕(Red Purge) 선풍이 불 때[48] 공산주의자뿐만 아니라 체제 비판적인 생각을 가진 지식인들도 정치적으로 위험한 인물로 간주하여 공직에서 추방하고 탄압을 한 일이 모두 사상탄압의 사례이다. 그런데 오늘날처럼 자유민주주의를 표방하는 국가에서도 헌법상의 양심과 사상의 자유가 실제적으로는 지켜지지 않는 경우가 많았고, 특히 종교, 도덕, 그리고 정치적인 표현의 자유도 상당히 제한되어 왔다. 20세기 대부분의 신생국가들도 개인의 양심, 종교·사상의 자유를 허용한다고 말했지만, 이들 국가가 전쟁을 벌이고 있을 때는 지배세력에 대한 비판을 제대로 할 수 없고, 모든 개인은 국가 혹은 기성 권력층에 무조건으로 순응할 것을 강요받았다.[49]

그런데 분단체제하의 한국 말고는 공산당 가입이나 조직활동을 한 것도 아닌 사람을 표적으로 삼아 반공 친미 사상을 비판하거나 민족주의에 공감을 표시하면 그것을 국가에 대한 신성모독으로 간주해서 그런 생각을 가진 사람들을 종교재판의 화형대와 같은 심판대에 올려서 처벌한 나라는 그렇게 많지 않을 것이다. 한국에서의 이러한 사상탄압은 국가보안법과 반공법에 근거를 두고 있다. 국가보안법과 반공법의 기본 취지는, 북한은 무조건 악이어야 하고 남한은 무조건 선이어야 한다는 것이다. 이승만 정부하에서는 북진통일 대신에 평화통일을 주창해도 반국가적인 위험분자로 간주되었다.

권력에 맞서 저항, 반역, 모반 행동을 감행하는 것과 그러한 생각을 글로 표현하여 사람들이 읽고 영향을 받는 것, 그 둘은 분명히 결이 다르다. 인간에게 타인과의 관계를 통해 전달되지 않는, 즉 어떤 형태로든 표현되거나 행동으로 연결되지 않는 사상이라는 것은 의미가 없기 때문이다. 마음속의 생각은 반드시 표현되지 않을 수 없고, 표현은 대체로 말과 글, 서적이나 예술작품의 형태로 나온다. 그러나 일개 작가의 시나 소설이 적을 이롭게 하거나 국가를 위험에 빠트린다면, 그것은 그런 국가의 사상적·정신적 기반의 취약성이나 도덕적인 결함을 거꾸로 드러내는 것이 아닌가?

즉 한 국가가 사상의 자유를 제한하는 것은 체제의 동의 기반이 매우 취약해서 논리나 교육으로 사람들을 설득할 수 없다는 것을 말해준다. 발표된 말과 글이 기존의 가치나 지배질서를 위협할 정도로 '객관적으로' 위험한 행동이 아니라 대통령, 공안기관, 검사나 판사 등 지배층이 그것이 위험하다고 생각한다는 말이다. 즉 봉건주의나 절대주의적 종교지배, 현대의 전체주의체제에서는 소설이나 문학도 범죄가 될 수는 있다. 왜냐하면 그들은 책을 읽는 것도 일종의 행동이고, 가족이나 친구들 간에 대화를 하는 것도 행동이며, 나아가 이들에게 자신의 생각을 말과 글로 전달하는 것은 매우 적극적인 정치적 행동으로 보기 때문이다.

한옥신은 "사상범죄(thought crime)라는 것은 자기가 가지고 있는 내면적 사상체계를 표현함에 있어 국가의 형벌 법령에 위배되는 유책한 행위를 말한다"고 정의한다.[50] 달리 해석하면 개인의 정치적 의견이나 생각이 권력자가 만든 법령에 위배되면 범죄가 될 수 있다는 것이다. 제헌헌법 제정 시 양심의 자유는 허용해도 사상의 자유는 안 된다는 논리가 제기된 것도 같은 것이다. 당시 제헌의원들은 "모든 국민은 양심의 자유를 가진다"는 내용을 헌법 제19조에 포함했는데 여기서 '사상'은 빠졌다.[51] 당시 사상의 자유를 헌법에 포함해야 한다는 주장도 있었으나, 양심의 자유에 사상의 자유가 포함되기 때문에 구태여 넣을 필요가 없다는 반론도 있었고, 사상의 자유를 넣으면 스탈린과 김일성 만세를 부르는 특정 사상, 즉 불온한 행위를 불러일으키는 사상을 허용하게 된다는 주장도 있었다. 그래서 이후 한국에서는 사상이라고 하면 주로 적과 내통하는 '적색사상'을 의미하게 되었다. 제헌의원들은 사상의 자유를 보장하면 한국이 공산화가 될 수 있다고 두려워했다.

국가보안법이 건재하기 때문에 지금도 '불온서적'을 읽은 것만으로 국가보안법 제7조에 적시된 찬양·고무의 적용 대상이 되어 수사 기소의 대상이 될 수 있다. 한국에서 사상의 자유는 박홍규가 갈파하듯이 '이불 속에서만' 혹은 '꿈속에서만' 가능할지 모른다. 국가가 허용한 범위까지만 생각할 자유가 있고, 그것과 배치되는 것을 표현할 수 없거나 그런 표현을 한 사람은 공직에 나갈 수 없다. 오늘날까지 한국에서 지식인이나 시민이 국가의 공식이념을 반대하거나 그것에 회의를 품고 그 내용을 말이나 글로 표현하면 사회적으로 매장된다.

그런데 남정현의 경우가 잘 보여주듯이 일제강점기 이후 지금까지 한국에서는 마르크스주의만이 위험한 사상이었던 것이 아니라, 자주독립·반미·반외세·통일 민족주의도 포지해서는 안 되는 위험한 사상이었다. 20세기 내내 한반도에서는 천황제부터 국가보안법까지 일관되게 반공 국시(國是), 국체(國體)를 의심하는 사람은 불온하고 불순하다고 지목했다. 사상의 표현이 범죄가 되는 세상에서 사상은 오직 국가의 몫이었고, 시민들은 주로 복종을 해야 일신과 가족의 안전을 보장받을 수 있었다. 한국은 자유민주주의라고 우익 정치집단은 늘 강조하지만 친미 반공이 국가의 공식 종교처럼 되어 터부가 된다면, 실제로는 이슬람 국가들, 공산당 일당 독재로 당의 이념이 국가의 이념이 되어 국민을 통제하는 중국, 북한, 베트남과 더 유사한 국가가 아닐까?

사상이나 표현의 자유가 보장되지 않는다면 개인주의적 아나키즘에 영향을 준 허무주의 철학자 슈티르너(Max Stirner)가 말한 것처럼 국가 아래 개인, 자아라는 것은 원래 성립할 수 없는 것일 수도 있다. 그는 국가는 언제나 자아의 제한, 자아의 노예화를 목표로 한다고 보았다.[52] 그가 말하듯이 국가의 신성함을 건드릴 수 없다면 근대 주권국가인 한국은 성경 교리가 도그마였던 중세적 상상에서 벗어나지 못한 상태에 있는 것이 아닌가? 이런 나라에서 국가와 국민이란 어떤 존재인가?

공직 후보자
사상검증 폭력

2011년 헌법재판관 인사청문회

2011년 6월 28일 국회의원회관 245호실에서 조용환 헌법재판관 후보자 인사청문회가 열렸다. MBC 기자 출신의 자유선진당 박선영 의원이 후보자에게 "6·25가 북침입니까, 남침입니까?"라는 질문을 한 후 다음과 같은 대화가 오갔다.

> 조용환 그것이 남침이라는 것을 대한민국 국민 중에 모르는 사람이 누가 있겠습니까?
> 박선영 천안함 폭침은 누가 한 겁니까?
> 조용환 아까도 여러 번 말씀을 드렸고요.
> 박선영 본인의 확신을 말씀해주세요, 정부가 뭐라고 얘기하는 것이 아니라.
> 조용환 저는 이렇게 생각을 합니다. 확신이라고 하는 것은 제가 법

률가이기 때문에 제가 직접 보고 경험을 하면 제가 확신을 할 수 있는 것이고, 제가 직접 보지 않고 다른 사람의 얘기는, 그 사람의 신뢰성을 봐서 그 말을 받아들이느냐, 안 받아들이느냐의 문제이겠지요. 그런 점에서 저는, 제가 아는 북한의 문제, 우리 정부에 대한 신뢰성, 그걸 통해서 제가 정부의 발표를 받아들이는 것입니다. 그렇지만 확신이라고는, 제가 보지 않았기 때문에 아무리 그래도 확신이라는 표현을 하는 것은 적절하지 않은 것 같습니다.

박선영 대한민국 국민 가운데 두 눈으로 폭침 장면을 본 사람이 있습니까? 없지요. 그러면 후보자의 답변은 문제가 있는 것 아닙니까? 북한의 소행이 분명하다고 믿고 있는 대한민국 대다수의 국민은 어떻게 되는 겁니까? 두 눈으로 보지 않았기 때문에 확신할 수 없다는 말씀이시잖아요, 답변의 요지는?

조용환 확신할 수 없다기보다는 그렇게 표현하는 게 적절하지 않다고 생각을 합니다.

박선영 그러니까 요지는, 후보자가 두 눈으로 보지 않았기 때문에 확신할 수는 없고, 정부가 그렇다고 발표를 하니까 그냥 신뢰를 해줄 뿐이다 이런 말씀 아니세요?
...

조용환 역사적인 사실에 대해서 저희들이 믿는다, 안 믿는다 하는 문제는 굉장히, 사실은 가변적일 수 있는 문제이겠지요. 6·25라든지 천안함이라든지 이념적으로 어떤 사람을 공격할 수 있는 이런 문제를 떠나서 생각을 해보면, 표현을 확신이라고 하든 믿는다고 하든 사실은 자기가 경험하지 않고 알 수 없는 것을 여러 가지 환경을 통해서 내가 그걸 진실로 받아들인다, 결국 그 이상을 얘기할 수 없는 것인데, 사람에 따라서 표현을 확신이냐, 믿느냐 이런 정도로 하는 것이겠지요.

당시 한나라당 배은희 대변인은 "조 후보자는 지난 28일 인사청문회 과정에서 북한의 천안함 폭침에 대해 '정부 발표를 신뢰하지만 직접 보지 않았기 때문에 확신할 수 없다'고 답변했다"며 "이는 헌법재판관 후보가 할 발언이 결코 아니"라고 비판했다. 결국 배은희, 박선영 의원은 대한민국 국민이라면 누구나 '확신한다'라는 표현을 써야 한다고 강요했다. 결국 이런 논리 때문에 조용환이 헌법재판관이 될 수 없었던 것은 성서의 무오류성을 비판한 페인(Thomas Paine)이 유죄 판결을 받고 공민권을 박탈당한 정도에 버금가는 것이다.[53]

천안함 침몰이 북한 소행이라는 이명박 정부의 공식 설명은 여러 과학자들의 합리적 의심 제기와 반론을 설득하지 못했다. 재미 물리학자 이승헌과 학부 물리학 전공자인 정치학자 서재정의 반론이 대표적이다. 이들은 "합동조사단 보고서에는 수중폭발 증거가 없을 뿐만 아니라 어뢰와 천안함을 인과관계로 연결지어 주는 핵심적 물증으로 제시된 데이터는 조작되었다"고 주장했다.[54] 캐나다 매니토바대학교(University of Manitoba)의 양판석 박사와 안동대학교의 정기영 교수가 천안함 함체와 어뢰 파편에서 채취한 흡착물을 분석한 결과, 이 물질은 폭발로 생성될 수 없는 저온에서 서서히 생긴 수산화알루미늄 계열의 침전물질인 것으로 밝혀졌다. 즉 천안함 폭침의 원인은 논란의 여지가 있고, 정부는 과학자들의 상식적인 의혹 제기에 대해 충분히 답변하지도 않았다. 더구나 생존 군인들은 완전히 입을 다물고 있으며, 사회에 책임을 져야 할 지휘관은 이상하게도 승진을 했다. 폭침 주장에 대한 합리적 의심은 너무나 당연한 것이다.

그러나 『조선일보』, 『동아일보』, 자유선진당은 모두가 천안함에 대한 합동조사단의 공식발표에 대해 믿음을 가져야 하고, 그렇지 않은 사람은 북한의 천안함 관련 부인에 동조하는 '종북 좌파'일 수 있다고 낙인을 찍었다. 사건 직후 며칠 동안 침묵하던 이명박 대통령은 "이들(북한)의 주장을 그대로 반복하는 우리 내부의 종북세력이 있다"고 주장했다. 이명박 정부와 국정원은 북한의 '만행'은 절대로 의심해서는 안 되며, 국가의 설명에 대한 무조건적인 추종을 요구한 셈이다. 결국 천안함 침몰에 대한 의견은 6·25한국전쟁과 더불어 사상검증의 한 '시험문제'로 추가되었다. 이승헌과 서재정은 "과학을 부정하고 데이터를 조작하는 것으로도 부족해 이제는 과학과 합리적 이성에 빨간색 칠을 하는 중세 유럽식 종교재판을 벌이고 있다"고 비판했다. 17세기 계몽주의 이전의 종교재판이 재연되는 양상이었다.[55]

6·25한국전쟁의 발발 책임에 대한 질문은 전향공작 과정에서 전향공작전담반이 언제나 좌익수들에게 사상검증의 잣대로 던졌던 단골 문항이었다. 이제 우파 매체나 국회의원마저도 민주, 인권을 주창한 인물이 공직 후보로 올라오자 검증의 칼을 휘

두르기 시작했다. 민주화가 되고 개혁 자유주의자들이나 소수 중도좌파들이 점차 공직이나 대학 등 지식사회에 진출하여 영향을 끼치자 『조선일보』 등 우익 매체나 극우단체가 사상검증의 선봉장으로 나섰다. 북한의 침략성을 강조하지 않으니 "당신의 사상이 의심스럽다"라거나 "당신은 북한과 비슷한 주장을 하고 있으니 틀림없이 '종북'인 것 같다"고 보수 진영이 낙인을 찍으면 "나는 친북 사회주의자가 아니다"라는 변명과 방어의 논리를 들이대야 했다.

김영삼 정부에서 통일부장관이었던 한완상, 김대중 정부에서 정책기획위원장이었던 최장집에 대한 사상검증이 대표적이다. 한완상 장관에 대해 당시 『조선일보』 주필 김대중은 그가 민족분단을 냉전체제가 만들어놓은 것이라고 한 주장을 문제 삼으면서 그의 통일론을 "감상적인 것이니까 경질해야 한다"고 주장했으며,[56] 민자당의 이세기 의원은 이인모 노인의 방북 조치를 "김일성 체제의 정당성 논리를 강화시키는 엄청난 계기가 되었다"고 공격했으며, "한국전쟁에 대한 그의 인식은 좌파적 수정주의"라고 사상검증 공세를 폈다.

한완상 장관에 대한 무차별적인 공세를 목격한 한 연구자는 1950년대의 매카시즘을 보는 것 같다는 논평을 했다.[57] 최장집 교수에 대해서는 그가 6·25한국전쟁을 민중적 시각에서 접근한 논문에서 사용했던 용어를 문제 삼았다. 결국 자신은 자유민주주의라는 것을 변명하면서 이런 사상검증 공세에 적극적으로 맞받아치지 못하고 그냥 그 자리에서 물러났다.[58]

한편 김대중 전 대통령은 공산주의운동에 가담한 전력은 없지만 8·15 직후 목포에서 건국준비위원회 활동을 한 이력이 평생 주홍글씨처럼 그를 따라다녔다. 더구나 그는 박정희 정권 이후 영남 출신들이 주도권을 쥔 정치권에서 드문 호남 출신 지도자였기 때문에 검증의 칼을 들이대기 좋은 대상이었다. 1971년 대선 때 박정희 측은 "김대중이 피리를 불면 김일성이 춤을 추고, 김일성이 북을 치면 김대중이 장단을 맞춘다"고 하면서 그가 친북 용공 인사라고 공격한 적이 있었다. 실제로 1973년 김대중 납치사건에서 드러난 것처럼 박정희 정권의 중앙정보부는 그의 목숨을 뺏으려 시도하기도 했다. 1980년 전두환 신군부가 내란음모 조작사건으로 그를 체포하여 북한과의 내통 혐의를 씌우고 사형시키려 한 것도 그 일환이다. 전두환 신군부는 유신정권 하에서 반정부 투쟁을 해온 그에게 '빨간색'을 칠해서 그의 정치적·도덕적 권위에 타격을 입히고, 12·12군사반란과 광주 학살의 부도덕성을 덮으려 했다. 전두환 정권의 문화공보부는 그가 '북괴와 통하는 공산주의자이며 폭력주의자'라는 전제하에 동원할 수 있는 모든 매체를 활용해서 그가 좌경급진주의자라는 것을 선전하려 했다. 그래서 이후 대선에 출마할 때마다 김대중은 극우 매체 앞에서 계속 자신의 사상고백을 했어야 했다.

주류 보수 언론, 조갑제 등의 보수 지식인, 재향군인회 등과 같은 보수세력은 6·25한국전쟁을 남침이라고 명백하게 못박지 않거나 북한을 적이라고 지목하지 않거나 6·25한국전쟁 중 군경에 의한 학살 등 민중의 피해를 강조하는 모든 주장을 위험한 것으로 딱지를 붙였다. 『월간 조선』, 『동아일보』는 2004년 11월 호에 이정우 특집을 실어 참여정부의 정책실장 자리에 오른 그의 사상을 검증했다. "경북대학교 홈페이지에 올라와 있는 책과 논문 중 몇 편을 읽은 모양이었다. … 그래서 내린 결론이 이정우는 사회주의자는 아니고 조지스트(The Georgists)이다. 그러나 요주의 관찰해야 한다"고 보았다.[59] 이들 보수 언론 기자들은 그의 강연장에 취재한다고 와서는 과거 공안기관 요원이나 형사, 밀고자들이 하던 일을 수행했다.

이 중에서도 보수 언론들은 지난 70여 년 동안 시민사회의 검사, 이른바 '빨갱이 감별사' 역할을 계속 수행했다. 그것은 반공주의 공식 논리에 무조건적인 찬성을 하지 않는 모든 사람을 적으로 몰아붙인 무서운 상징폭력(symbolic violence) 행사였다.[60] 주로 보수 언론이 휘두른 이 낙인 배제의 칼은 조용환의 경우처럼 개혁자유주의나 중도좌파 성향의 지식인 중에서 그들이 단순한 시민사회의 활동가일 때는 칼집에 있다가, 권력권에 진입하거나 주요 공직자 후보로 떠오르는 순간 갑자기 격렬히 춤을 춘다. 두렵다는 말이다.

『조선일보』는 보도, 사설, 칼럼 등 동원 가능한 모든 지면을 사상검증에 활용했고, 때로는 신문의 2면 이상을 특정인의 사상검증에 할애하기도 했다. 온 국민을 향해 "이래도 저 사람을 임명할 건가"라고 거의 언어의 융단폭격을 가하거나 국가에 대한 충성을 의심할 수 있는 단초 하나라도 얻으려는 공격적인 질문을 던진다. 이러한 '신앙고백'을 강요하는 사상검증의 칼은 전근대 종교재판석상에 재판관인 성직자들과 1950년 전후 미국의 극우 정치인과 언론이 보여준 공포감 혹은 편집증(paranoid)에 가까운 것이었다.

20세기형 종교재판, 사상검증

제2차 세계대전 중인 1938년에 미국 하원에서는 HCUA(House Un-American Activities Committee, 비미국인조사위원회)라는 일종의 사상검증위원회를 설치해서 공직, 교수 사회 등에서 반역자 및 잠재적 반역자, 주로 비밀 공산당원을 조사 색출하는 작업을 했다. 1940년에는 외국인등록법(Alien Registration Act)을 만들어서 독일, 일본 등 미국의 적국 출신 미국인들을 통제하기 시작했다. 일본이 진주만을 공격한 이후에는 전쟁복무규제(War Service Regulation)를 발표하여 특정 관리의 충성심에 대해 '상당한 의심(reasonable doubt)'이 제기될 경우 해고할 수 있도록 했다. 그리고 1941년 10월 FBI가 '비충성스러운' 관리에 대해서 조사를 할 수 있도록 했다.

트루먼독트린(Truman Doctrine)이 선포된 1947년 무렵에는 250만 명의 정부 관리 모두의 충성을 심사해서 그중 수백 명을 해고했다. 한편 당시 노조 지도자들은 태프트하틀리법(Taft-Hartly Act)[61]에 따라 자신이 공산주의자가 아니라는 것을 서약해야 했다. 공직자 교수, 할리우드 극작가 등을 대상으로 한 사상검증과 충성서약은 1950년대 초 미국의 매카시즘하에서 가장 전형적으로 나타났다. 사실 미국에는 실로 다양한 형태의 매카시즘이 1940년대 말 이전에 이미 존재했다.

음모론(conspiracy theory), 편집증, 공포증, 의심, 이분법, 혁명 등에 대한 거의 알레르기적 혐오증, 애국주의와 인종주의 등과 같은 극우세력 특유의 정서는 이미 19세기에 태동되었다. 매카시즘을 선동한 것은 매카시(Joseph McCarthy) 상원의원을 비롯한 정치권과 정부, 언론이었으나 기업들도 이에 보조를 맞추어 공산주의 사냥에 나섰다. 그래서 전직 공산당원, 노조활동가를 비롯한 '미국식 생활방식'을 위협한다고 판단되는 모든 사람들을 정부, 기업 등에서 축출했다.

1884년 이래 미국에서는 정부 관리들에게 어떤 정치적 지향을 갖고 있는지 묻지 않도록 되어 있었는데, 두 차례의 세계대전을 겪으면서 그런 원칙은 거의 무너졌다. 정치적 지향은 단순히 정당 가입이나 조직 가담 문제보다는 매우 복잡한 측면이 있다는 사실이 드러났다. 미국 정부는 관리의 충성도를 시험할 수 있는 다양한 방법을 개발해냈으며, 최고 정책결정자에서 교사, 사무원, 관리자에게 이르기까지 충성서약, 시험, 질문 등을 통해 심사했다. 그래서 종신재직권(tenure)을 보장받은 일부 교수들도 대학 행정기구의 모욕적인 신문 과정을 거쳐야 했으며, 종신재직권이 없는 교수들은 형식적인 절차도 없이 해고되었다.[62] 과학자가 체제 전복 혐의로 조사를 받으면 그 길로 연구비는 끊겼다. 냉전 초기의 매카시즘의 광기에서 공산주의 활동에 동조한 지식인은 물론 자유주의 성향의 지식인들도 사상검증의 칼날을 피해 가기 어려웠다.[63] 미국식 기독교 근본주의와 극우 반공주의가 결합된 현대판 종교재판이었다.

후버(Edgar Hoover)[64] FBI 국장이 관장한 이러한 1940년대 후반 이후 미국의 사찰과 좌익사냥은 호프스태터(Richard Hofstadter)가 말한 19세기 미국의 '편집증 정치'의 차원에서 이해할 수 있다.[65] 냉전하의 한국과 미국은 공직자 사상검증을 거의 종교재판식으로 진행했다는 점에서는 유사하지만,[66] 그래도 미국은 대통령이나 정치권이 FBI 같은 수사기관의 좌익사냥을 못마땅하게 생각하거나 그들과 긴장관계에 있었기 때문에 한국보다는 훨씬 더 숨통이 열려 있었다. 그런데 민주화 이후의 한국에서는 우익 정치세력, 보수 언론기관, 수사 사찰기관이 한몸이 되어 움직였다. 매카시즘이 휩쓴 미국처럼 전쟁 상황에서 공직자가 정말 공산당원이거나 실제 간첩이라면 국가안보를 위해 그의 적격 여부를 검증하는 것은 어느 정도 정당화될 수는 있다. 그런데 애국심이라는 내심의 사상을 검증하는 것과 실제 공산당 가담 여부를 검증하는 것은 전혀 다른 문제이다. 공직자가 반공·반북·친미주의에 대해 신앙적 확신을 갖고 있다는 것을 공개선언해야 하거나 심지어 북한은 악이기 때문에 천안함이 북의 소행이라는 것을 무조건 믿어야 하는 것은 아니다. 그것은 합리적 이성과 판단의 영역이 아니라 신앙의 영역이기 때문이다.

이 사상적 흑백논리와 이분법, 편집증적인 이단자 배척의 논리에 기초한 공직자 사상검증은 종교화된 반공주의에 기초한 것이기도 하지만, 그보다는 미국이나 한국의 모든 주류 보수 기득권 세력이 갖게 된 지위 상실에 대한 두려움의 결과일 가능성이 크다. 오랫동안 권력을 거의 독점해오던 한국의 주류 보수세력은 민주화가 이뤄진 이후 주요 공직자 자리에 자신들과는 이질적인 이력을 가진 사람들이 들어서는 것을 매우 위험한 일로 받아들였을 것이다. 그래서 '사상이 의심스러운' 공직자는 사상적 이유에서가 아니라 자신의 이익과 지위를 위협한다는 이유에서 빨갱이임을 들추어내서 공직 후보에서 탈락시켜야 한다고 생각했을 것이다. 미국과 한국에서 빨갱이란 좌익이 아니라 주류 보수의 이익을 위협하는 모든 세력 및 모든 개인이다. 사회학자이자 경제학자인 베블런(Thorstein B. Veblen)이 러시아혁명 이후 미국을 휩쓴 좌익 공포증을 분석한 글에서 지적했듯이 미국에서는 재산을 많이 가진 사람들이 그것이 위협받는다고 생각할 때 '공포감'을 전 사회적으로 조성했다.[67]

중세 유럽의 교회나 성직자, 동아시아의 황제나 왕처럼 사상 검증의 칼을 휘두르는 측은 언제나 기존 권력자들이고, 그들의 체제 정당화 이데올로기를 더 이상 현실에 적용할 수 없다는 불안감을 가질 때 그들은 설득보다는 폭력을 동원한다. 이들은 자신의 '사상'이 투철하기 때문에 상대방을 검증하는 것이 아니라, 자신의 지위가 불안하기 때문에 주먹을 휘두른다. 진정으로 자신의 이론이나 사상에 자신이 있는 조직이나 사람은 훨씬 더 관용적인 법이다. 이명박 정부는 천안함 좌초에 대한 모든 합리적 의문에 답하지 않으며, 그냥 그것이 북한의 소행이라는 것을 믿으라고 강요했다. 사실 합리적 의문에 답할 필요를 느끼지 않았을지 모른다. 그들은 조용환 후보자를 헌재에서 탈락시키는 것이 목표였고, 그 소재가 천안함이었을지 모른다.

극단적 이분법과 편집증은 혁명, 전쟁과 같은 위기 속에서 입게 된 트라우마, 그런 위기 속에서 권력과 부를 상실하지 않을까 하는 두려움 등에 기초를 두고 있지만, 진리/거짓, 정통/이단의 기독교 종교 심리 혹은 사고 구조에서 기인하는 것이기도 하다.

6·25한국전쟁의 경험에서 온 극우 반공주의 도그마와 더불어 미국의 복음주의와 기독교가 전후 한국의 문화에 미친 심대한 영향도 무시할 수 없을 것이다. 특히 6·25한국전쟁의 피해와 상처에서 출발한 교회의 '십자군' 담론은 중세 말 종교재판에서 나타난 기독교 근본주의와 극보수주의와 매우 유사한 양상을 보여주었다.

호프스태터가 말한 미국 정치의 편집증이 주로 19세기 개신교의 반가톨릭 공포의식에서 유래했듯이 한국의 반공주의 사상 검증 역시 전통사회의 유교적 명분주의와 교조주의, 혹은 근대 이후 기독교 선/악 이분법의 반지성주의와도 관련되어 있을 것이다. 20세기 전반에는 일제의 조선총독부가 천황을 신처럼 받들도록 강요했고, 20세기 후반에는 미국발 반공주의가 한국인들에게 반공이념을 국시로 여길 것을 강요했다. 그러나 이 반공주의는 일제가 항일운동가를 탄압하고 토벌하는 논리이기도 했고, 이후 과거 일제 부역 세력이 1945년 8·15 직후의 통일 독립 국가 건설이라는 당시의 지배적인 흐름에 맞서고 사활적으로 자신의 존립을 보장받으려는 논리이기도 했다.

  민주화 이후 한국 정치권과 언론에서는 여전히 준종교적 도그마가 지배하고, 이단자를 검증하고 처벌하는 관행이 지속되고 있다. 색깔론,[68] 낙인찍기, 공격성과 사상검증의 폭력이 지속되는 이유는 무엇일까? 한국의 지배세력은 과거 혁명, 전쟁, 급진적인 사회운동의 도전에 대해 가졌던 공포와 트라우마를 여전히 갖고 있기 때문일까?

제1부

사상통제 연구를 위한 서설

1 사상통제 관련 쟁점과 접근방법론

사상통제 관련 이론적 쟁점

사상통제란?

프루동(Pierre J. Proudhon)이 말했듯이 "인간에게서 사상, 의지, 그리고 인성을 빼앗을 수 있는 권력은 곧 생사 여탈의 권력"이다.[1] 즉 권력이 인간의 사상을 빼앗겠다는 것은 그를 노예로 만들겠다는 것이다. 그래서 사상상실은 곧 노예화다.

사상통제란 이데올로기 혹은 정치적 도전을 받은 교회, 국가가 사회 구성원의 생각을 일정한 방향으로 가두어두기 위해 위험한 생각을 차단하거나 그 확산을 막기 위해 사찰·검열·감시를 하고, 위험한 사상을 가진 인물들을 구금 수용하여 공식 사상을 주입하거나 지속적인 교육을 통해 그들을 바꾸려 하는 것이다. 종교적·준종교적 도그마가 헌법상 가치 위에 존재하거나 사실상의 통치 이데올로기 혹은 지배담론으로 작용하는 나라들이 그렇다. 근대 국가 중에서도 사회적 터부가 작동하는 나라들이 여기에 해당한다. 이런 국가에서는 체제에 반대하는 사상을 갖거나 그것을 공개 발표하거나 타인에게 전하는 행동도 범죄로 간주한다. 이런 국가에서는 국가가 구성원들에게 공식화된 오직 하나의 생각만을 가질 것을 요구하고, 그것과는 다른 생각을 가진 사람을 '이단' 취급하여 처벌을 하거나 추방하거나 사회적으로 매장한다.

사상통제는 인간이 자신의 이성과 판단력, 그리고 자유의지로 다른 의견을 가질 권리,[2] 인격의 독립성 추구, 그리고 자유의지와 독자적 판단으로 정치체제를 선택할 권리를 제한한다. 이 점에서 사상통제는 근대의 문을 연 계몽주의, 자유주의 이념과 정면 배치된다. 사상통제는 정치적 통제와 거의 같거나 그것과 반드시 결합되어 있다. 정교 분리와 종교의 자유를 전제로 수립된 근대 국가에서 정치적 통제와 무관한 사상통제는 거의 없다. 조직 결성이나 집회 시위에 대한 통제는 정치적 통제의 성격이 강할 것이지만, 언론·출판·교육·종교·집회 등에서 나타난 표현이나 발언, 주장, 논설 등을 범죄시하는 것은 전형적인 사상통제에 속한다. 비공식적·사적인 모임에서 기존의 체제를 부인하거나 비판하는 발언을 한 것도 문제 삼고, 반체제적인 생각을 갖고 있다고 추정, 의심되는 과거의 정치범이 출옥 이후에 그가 다른 사람들에게 영향을 미치지 않도록 지속적으로 사찰·감시, 예방 조치를 하는 것도 포함한다.

근대 국가의 정치사상통제는 그람시(Antonio Gramsci)가 말한 '강압과 동의'의 두 방식으로 진행된다.[3] 근대 국가가 구성원에게 행사하는 이념과 사상선택 자유의 제한, 즉 사상통제는 부르디외(Pierre Bourdieu)의 장(場, champ) 개념을 동원해서 설명할 수 있다.[4] 한 국가 내의 권력의 장은 부르디외가 말한 것처럼 각 세력들이 처한 위치의 공간이자, 이 세력들이 소유한 자본의 분배가 구조화된 것이다. 장은 인간 사회활동의 분화와 분업의 산물이지만, 동시에 사회세력 간의 힘이 각축하는 공간이기도 하다. 사상통제는 기본적으로 권력의 행사이고, 그 성격과 양상은 권력관계를 반영한다. 전쟁기에는 폭력이 곧 권력행사이지만, 통상 법과 담론, 이데올로기와 교육의 장에서 사상통제가 작동한다. 그래서 이들 각 장은 사상통제의 시행 주체와 대상, 그것이 집행되는 방식을 차별화한다.

위험한 이데올로기 강제적 금압, 국가이념의 강제 주입, 사상범 예비검속, 적대적 생각을 가진 사람의 격리와 감시, 서적이나 언론 검열, 일상적인 사찰과 감시 등을 '강압'적 사상통제라고 한다면, 정치 선전, 교육과 교화 등을 통한 설득은 '동의'의 방법을 사용한다. 국가의 이 두 기능은 알튀세르(Louis Althusser)가 말한 억압적 국가기구(Oppressive State Apparatus)와 그람시가 말한 헤게모니를 구축하기 위한 이데올로기적 국가기구(Ideological State Apparatus)에 의해 각각 수행된다.[5] 전자의 국가기구란 곧 경찰, 검찰, 군대, 사법부 등이며, 후자의 국가기구는 주로 학교, 언론, 교회 등이다. 모든 국가에는 이러한 사상통제를 고안, 집행하는 주체인 지배블록 혹은 지배집단이 존재하며 그들끼리도 주도권을 둘러싸고 서로 다툰다. 그러나 강압과 동의는 경계 짓기 어렵고, 완벽한 동의는 하나의 이상이므로 국가체제 안에서는 언제나 강압의 요소가 스며들어 있다.

이들 관료화된 사상통제기구는 모든 국가에 존재하지만, 특히 중앙집권적 전통을 가진 국가, 부르주아(bourgeois) 혁명과 자본주의 발전, 그리고 제국주의의 길로 나간 서유럽 국가에서 정교하게 발달했는데, 이들은 내부의 반체제 세력과 식민지 원주민의 저항을 저지하기 위해 거대한 억압·감시 국가기구를 구축했다. 사실 모든 근대 국가는 기본적으로 감시국가이며, 감시는 국가의 내재적 특징이자 기본 활동이기도 하다.[6]

근대 이전에도 동서양의 모든 국가는 사상통제를 실시했지만, 14~16세기 피렌체 등의 도시국가나 유럽에서 절대주의 왕정을 고수한 국가, 동북아시아의 중국, 조선, 일본 등에서 전형적으로 나타났다. 중세 유럽에서는 로마교황청의 권위는 함부로 건드릴 수 없는 성역이었고, 그 체제를 뒤흔들거나 그 핵심 원리에 대해 이견을 제시하는 사람을 '불온한 자', 심지어 '이단'으로 간주해서 탄압했다.[7] 교황청과 그들의 독점적인 성경 해석이 사상통제의 근거였고, 그들은 살해, 박해, 마녀사냥 등과 같은 폭력적 방법으로 이단자를 처벌했다. 근대 합리적 사고, 특히 상인과 기업가의 형성과 결부된 과학적 사고의 확산과 일반화, 경험주의와 자유주의 사상이 이러한 교회권력에 도전했다. 특히 천문학, 지리학, 물리학은 중세 기독교의 도그마를 흔들었다.

분서갱유(焚書坑儒)의 전통을 가진 전근대의 역대 중국은 언제나 엄격한 사상통제를 실시해왔다. 조선은 주자학을 통치이념으로 삼았고, 특히 정주학(程朱學)만을 주희의 가르침으로 도그마화했고 그것에서 약간이라도 벗어나는 양명학은 물론이고, 불교나 노장(老莊)을 거론해도 정치적으로 박해를 가하는 등 엄한 사상탄압을 했기 때문에 주자학의 원산지인 중국보다도 사상통제의 강도와 억압성은 훨씬 강했다.[8]

근대 이후 파시즘과 전체주의, 군사독재가 횡행하던 당시에는 사법부, 정당 등 공식 국가기관의 활동 상위에 특권적 공안기관이 군림하면서 각종 사회조직 및 개인의 정치적 의견 표현을 제한했다. 특히 파시즘체제의 지배세력은 사회주의, 공산주의, 무정부주의를 탄압했으며, 그런 사상을 흡수해서 자본주의를 넘어서는 새로운 체제를 건설하려는 사상적·조직적 활동을 하는 사람들을 투옥, 추방, 해고, 살해했다. 자본주의나 사회주의 국가가 경제 공황이나 전쟁 위기와 맞물려 전체주의 양상을 지니면, 권력층은 기존 지배질서에 위협이 되는 세력을 표적으로 삼아 의견이나 생각의 차이를 용납하지 않고 국민과 '비국민'을 엄격히 분리한 다음, 국민들에게 충성심을 요구하고 비국민이나 소수자들을 정치·사회적으로 '절멸'하려 했다. 그들은 강제수용, 테러, 인간개조, 그리고 대량학살을 자행했다.[9]

제2차 세계대전 이전의 파시즘은 근대 속의 야만, 근대 이후의 반문명체제였으며, 가장 대표적인 사상통제체제였다. 독일 나치즘을 피해 미국으로 망명했던 노이만(Franz Neumann)은 "20세기 전체주의는 하나의 지배질서이며, 인민들의 공동체 형식"이라고까지 말했다.[10] 또한 그는 "국가는 단순히 정치적으로 만들어진 것이 아니라 절대화되고, 국가는 정신적이고 도덕적인

사실 그 자체"라고 강조했다.[11]

물론 자본의 지배 극복, 인간 해방의 이상과 이념을 갖고 출발한 사회주의 국가의 사상통제와 사유재산권 추구의 논리에 근거한 자본주의 국가의 사상통제는 다를 것이다.[12] 전자는 강압에, 후자는 대체로 동의에 무게를 둘 것이다. 과거 소련이나 중국 사회주의체제하에서 자유주의 성향의 지식인들은 공개적으로 비판을 받거나 오랜 세월 수용소에 갇혀서 사회로부터 완전히 격리되었다. 특히 일본 천황제와 치안유지법 치하의 사상통제나 사회주의혁명 후의 중국과 북한, 타이완에서의 사상통제는 중세 유럽에서 무신론자들에 대한 탄압 등과 가장 유사한 양상을 지녔다.[13] 중국, 타이완 등에서는 반체제 인물을 대상으로 교화(rehabilitation), 교조주입(indoctrination)을 실시했다. 아시아적 전제주의(Oriental Despotism)의 전통과 정치문화가 오랫동안 착근했고, 자유주의나 개인주의가 미약한 중국, 북한 등에서의 사회주의혁명기의 사상개조 작업은 전근대 동아시아의 전제정치나 국가주의 유산과도 무관하지 않을 것이다.[14]

그런데 제1차, 제2차 세계대전 등 전쟁 상황에서는 자유와 인권을 가장 앞장서서 내세웠던 영국, 프랑스, 미국 같은 나라들, 특히 국가를 어떤 '유기체'가 아니라 자유로운 개인으로 구성된다고 본 나라들도 파시즘적 형법이 존재했던 나라들처럼 반체제 인사를 간첩으로 몰아서 처벌하기도 했고, 국제 공산당이나 적색 노조에 가담했다고 의심되는 공직자를 청문회에 호출하여 애국심 심사를 했으며, 사상적으로 의심을 받는 일반인도 직장에서 추방했다. 즉 이들 자유주의 국가들도 전쟁 상황에서는 권위주의·전체주의화되어 반국가 사상을 가진 사람에 대해 관용적이지 않았다. 그 대표적인 나라가 인종주의, 보수 기독교 이념, 반공주의가 결합되어 적색공포와 편집증, '반지성주의'가 국가와 정치를 휩쓸었던 미국이다.[15]

미국식 자유민주주의는 개인의 자유, 민주적 절차를 국가의 핵심적인 정신으로 삼지만, 냉전 안보국가의 틀 안에서는 기존의 보수주의, 인종주의, 기독교 근본주의 기반 위에서 반공주의를 준종교화하기도 했다.[16] 전후 미국의 보수 기독교 부흥과, 일종의 권위주의적 세속종교인 반공주의는 깊은 관련성을 갖는다.[17] 냉전 초기, 그리고 9·11테러 이후의 미국이야말로 전형적인 사상통제 국가, 사찰·감시 국가, 검열 국가였다.[18] 9·11테러 이후 미국은 국민들에게 '애국'을 강요했으며, 미국 애국법안(U.S. Patriot Act)으로 FBI는 무슬림에 대한 통제뿐만 아니라 대학의 강좌, 서적 판매, 도서관 대출까지 검열할 권한을 갖게 되었다. 2002년 이후 미국에서 무슬림 테러세력을 지원한 사람은 그가 시민권자이건 비시민권자이건 상관없이 변호사의 조력도 제공하지 않은 채 관타나모 기지에 구금했다. 심지어 이슬람교를 믿는 것 자체를 테러행위와 동일시하기도 했다.

20세기 중반 이후의 여러 후발국가들도 대체로 자유민주주의, 공화주의의 가치를 헌법에 넣기도 했지만, 내전과 정치 갈등이 만연함에 따라 선거로 선출된 지도자나 군부와 경찰은 거의 전제적인 권력을 행사하여 사찰 및 감시 체제를 유지했다. 이들

나라에서 권력은 군부 지도자, 대통령이나 총통 1인에게 집중되었다. 그리고 계엄 등 비상사태(emergency)가 자주 선포되어 기존 체제를 비판하는 언론을 검열·통제했으며, 체제를 위협하는 사상을 행동으로 옮긴 사람은 처형하거나 체포 구속했다. 그뿐 아니라 반정부·반체제 사상을 갖고 있을 것으로 의심되는 사람을 계속 사찰·감시·검증했고, 국가는 교육기관을 통해 학생들에게 국가나 대통령의 사상을 일방적으로 꾸준히 주입했다.

법적 통제와 사회적 통제

법치국가에서 사상통제는 법적 근거 위에서 작동하고, 법은 사회관계를 규율하는 최고의 장치로 기능한다. 전근대 정치 공동체는 형법에 의해 규율되며, 억압적인 법은 전근대 사회의 기본 특징이다.[19] 근대 자본주의 사회는 사인(私人)들 간의 거래를 규율하는 민법이 중심인 시대다.[20] 자본주의 국가에서 법적 규율의 근거는 권력관계, 사회·경제적인 힘의 관계이며, 법 제정과 법 해석을 둘러싼 다툼의 저류에는 정치·사회 세력 간의 대립이 있다. 지배집단의 의지와 의식이 의회 통과 절차를 거쳐 수립된 형법은 지배세력의 의지나 공식 담론에 따라 국가 내에서 범죄/비범죄의 범위를 규정한 뒤 그것을 법률적 언어로 명문화하고, 정치사회적으로는 국민/비국민, 양민(良民)/위험분자로 구분해서 이들의 지위를 차별화한다.

특히 형법이나 각종 비상조치는 기존 국가질서를 위협하는 사람을 처벌함으로써 국가의 규율을 수립하고 구성원의 복종을 이끌어내려 한다는 점에서 교육 등과 같은 '동의' 수단과는 성격을 달리한다.[21] 그런데 근대 국가에서 법은 단순히 사회통제 수단의 하나일 뿐 아니라, 다른 모든 통제의 수단을 복속시킨다. 엥겔스(Friedrich Engels)는 종교가 봉건주의에 대해 제공한 것을 부르주아 사회에서는 법이 대표한다고 보았다. 즉 오늘날에는 국가가 과거 교회가 했던 역할을 맡게 되었다는 것이다.[22] 국가와 법은 규율하고 심판하지만, 그것은 이데올로기적 정당화 담론을 중심으로 하는 상징적인 권력투쟁(symbolic power struggle)의 지평 위에서 작동한다. 국가나 권력자는 국가의 '이익'이라는 상징적 목표 아래 언제나 국가안보, 법치, 질서 등의 담론을 내세운다.

귀르비치(Georges Gurvitch)는 법은 정의를 실현하기 위한 시도라고 보았으며, 정신적 가치의 집합적 실현이 곧 법이라고 보았다. 그는 법에는 사회법, 개인 간의 법, 그리고 지배의 법(law of domination) 혹은 인간을 종속시키는 법 이렇게 3가지의 법이 있다고 보았는데, 그가 말하는 지배의 법이 바로 정치사상통제 관련 형법들이다.[23] 현실적으로 모든 형법, 지배의 법은 권력자의 이익을 대변한다. 지배의 법인 형법은 시민 혹은 그들의 대표자들이 토론과 합의를 거쳐, 즉 루소(Jean Jacques Rousseau)가 말한 '일반의지'를 결집해서 제정되는 것이 아니라 군주나 귀족, 부호들이 자신들의 권력 유지를 위해 국민적 동의 절차 없이 위로부터 제정, 선포된다. 군주제의 전통, 외세의 점령과 지배, 그리고 관료 군부의 힘이 막강한 경우 법 해석과 집행의 선택성(selectivity)은 매우 노골적이고, 법의 제정과 집행은 중립성의 외피를 던지고 군림하는 양상을 보인다.[24]

라드브루흐(Gustav Radbruch)는 근대 형법의 연원과 성격이 계급투쟁과 가장 밀접하게 연관되어 있다고 말했다.[25] 그는 형법은 "'자신과는 다른' 하위의 열등한 것으로 간주되는 민중의 범법을 대상으로 한다"고 강조하면서 민중의 저항과 반란을 진압하기 위한 것이 형법의 기원과 정신이라고 보았다.[26] 특히 제국주의 국가들이 식민지 정복 후 적용한 법은 피치자의 동의 절차가 완전히 생략되어 있기 때문에 그 자체가 지배권력의 의지였다. 즉 법은 사실상 명령이자 폭력적 규율권력이었다고 본다. 특히 독재나 권위주의 체제하에서는 독재자의 말 한마디가 사실상 최고의 법의 역할을 해왔다는 것이다.

그래서 포스피실(Leopold Pospisil)은 '법은 권위자의 결정이 담긴 규칙'이라고까지 말했다.[27] 즉 체제가 범죄라고 규정하는 것, 정치범이나 사상범을 지목하는 것, 그리고 그들에 대한 처벌의 수위나 방식 등은 국민적 대표자로서 국가의 법 집행이라기보다는 최고 권력자 혹은 지배집단의 권력의지에 좌우된다. 과거 유럽이나 중국, 조선에서도 형사법 집행, 즉 반역·반란죄에 대한 처벌은 왕이나 귀족 등 권력자가 자신의 지위가 위협받는다고 생각할 때 그들에게 도전하는 세력을 향한 보복과 처벌 의지를 집약하여 내린 경우가 많았다. 근대에 들어서도 계엄령과 같은 비상사태 선포는 주로 국가 비상기에 내부의 반란을 제압하기 위한 것이었다.

특히 국가나 지배집단이 전쟁 상태에 놓여 내외의 적으로부터 위기에 처할 경우에는 '법률의 지시가 없이도', 심지어 법률을 위반해서라도 국가의 '특권'을 행사할 수도 있다.[28] 벤야민(Walter Benjamin)이 말한 것처럼 정치통제나 사상통제는 폭력 그 자체이며, 국가는 이 폭력 과정에서 수립되고, 수립 후에도 그 폭력을 내장하고 있다.[29] 특히 내외부의 위기가 발생할 경우 국가는 그 탄생 과정에서 내장한 폭력의 발톱을 드러낸다. 그래서 한 국가가 어떤 폭력적 갈등을 거쳐 수립되는가는 이후 그 국가의 사상통제 양상을 이해하는 데 매우 중요하다. 국가가 만들어지는 과정에서 조성된 '권력의 장' 및 제반 법과 제도와 이데올로기 등은 이후 권력 쟁취를 위해 갈등, 대립하는 주체들의 힘의 역학관계뿐 아니라 이들 세력들이 취할 수 있는 수단과 행동의 범위, 특히 저항세력이 동원할 수 있는 담론을 좌우한다.

법은 폭력에 기초해 있지만 담론인 동시에 이데올로기이기도 하다. 부르디외도 법은 "권력의 언술이며 국가 구성의 일부이고 국가의 정당화에 기여한다"고 보았다.[30] 법과 순수하게 분리된 통제의 언술은 없고, 경찰이나 검찰, 군대, 형무소가 권력의 물질성을 보여준다면 교육, 학문, 언론은 이 법을 정당화해준다. 범죄처벌, 수사나 판결의 언술은 공식적으로는 정치적이지 않은 것처럼 보여도 실제로는 '정치를 질서 짓는' 수단으로서 상징적인 힘을 갖고 있으며, 이 상징적 자본을 가진 판검사들이 특별한 권력자본을 소유한다.[31] 수사 기소 판결과정에서의 법률적 심리가 곧 정치, 즉 권력관계를 직접 반영한다. 그래서 기소 여부를 결정하기 위한 검찰의 판단에서 동원된 법논리, 사법부의 판결 담론 역시 강한 권력정치적 성격을 갖고 있다.[32]

그래서 국가에서 형법의 제정은 국회를 거치는 과정에서 최소한의 사회적 합의를 거칠 수 있지만, 경찰이나 검찰, 교도소 등 국가기관들의 법 해석과 집행은 더 노골적인 편향적 권력행사인 경우가 많다. 독재국가나 전체주의 국가에서는 법이 아닌 최고 권력자의 명령에 따라 움직이는 공안기관이 법 위에 군림한다. 사법적 판결이나 행정기관의 법 집행이 과거에는 군주, 귀족 등 권력자의 사무였다가 오늘날에는 공식적으로는 '국민'의 사무가 되었으나, 독재국가에서는 여전히 권력자의 사무인 경우가 많다. '국가 위의 국가'인 공안기관, 법을 근거로 활동하는 경찰과 검찰은 대체로 그들에게 명령을 내리는 최고 권력자들의 의지를 표현한다. 이런 나라에서 삼권분립과 민주주의 원칙은 오직 법전과 교과서에만 있을 따름이다. 독재정권에서는 특수 행정조직인 검찰이 사법부를 압도하기도 한다.[33]

법의 담론, 즉 국가안보, 국가이익, 반국가단체, 반공 등은 행정 집행의 근거가 되고, 간첩이나 의심되는 이웃을 고발하도록 고무·격려하는 정부의 방침이나 각종 고시, 선전은 학교교육과 사회교육의 시행 근거가 됨과 동시에 법의 집행을 정당화하는 기반이 된다. 법과 명령에 따라 여러 이데올로기 기관들, 곧 학교, 교회, 언론, 출판사 등은 국가가 독점한 공식 담론, 현실 해석, 공식 기억과 이미지를 선전·유포한다. 그리고 국가가 설정한 분류 체계, 즉 범죄/비범죄, '불순' 좌익세력/양민의 도식을 내면화한 교사, 언론인, 목회자 등은 학생, 독자, 신도에게 그런 도식을 전파함과 동시에 자기 스스로도 그러한 분류 도식을 내면화하여 '자발적 검열'을 한다. 이것이 더욱 일반화되면 사회 전반과 모든 조직들도 자체 검열을 한다.

검찰이 국가보안법, 반공법 등 사상통제 관련법의 시행 지침을 마련하여 수사에 활용하고, 대상자를 구속, 처벌하면 사회와 학교는 교육을 통해 국가의 안보논리를 전파하고, 지역사회나 직장에서는 민간인들끼리 의심되는 사람을 고발하고 신고한다. 이것이 바로 법에 근거한 물리적 폭력이 부르디외가 말한 상징폭력의 형태로 발전되는 상황이다.[34] 이 경우 시민사회의 고발자뿐 아니라 가족과 친족 구성원, 학교의 학생, 그리고 민간인 사이에 심어놓은 경찰 끄나풀의 감시와 고발도 큰 역할을 한다. 이들 경찰이나 공안기관의 하수인들은 은밀하게 보상을 받으면서 이웃을 감시하고 고발하는 사설 검찰, 경찰의 역할을 한다. 이렇게 되면 공식적 담론을 거부하는 개인은 사회에서 완전히 외톨이가 된다. 일반 사람들은 이제 이견이나 질문을 제기하지 않으며, 진리 혹은 진실을 찾으려는 노력 자체를 포기한다. 아도르노(Theodor Adorno)가 『계몽의 변증법』에서 말한 것처럼 사람들은 자기 보존을 위해 자발적 복종을 하게 된다.[35] 이때 법적 통제가 사회적 통제로 변한다.

이제 평상시에는 국가의 법적 통제는 뒤로 빠져서 잘 보이지 않는다. 검찰의 수사나 사법 판결은 소수의 '위험한 사람'에게만 해당되는 일처럼 보인다. 법적 처벌은 거의 드물게 행사될지라도 사회 구성원이 이미 그러한 국가의 통제를 내면화해서 위반자, 낙인찍은 사람을 배제하고 고립시키는 일에 동참하고, 이웃 심지어 가족까지도 이들을 제재하는 데 한몫을 한다. 법은 사상 통제의 최종 근거로 존재하는 것만으로도 효과를 발휘한다. 지금 기소, 구속되는 사람이 일 년에 수십 명도 안 되는 국가보안법이 사문화되었다고 하지만, 한국 주류 보수세력이 그 폐지를 결사반대하는 정치적 이유가 여기에 있다.

정치범죄와 사상범죄: '다른 사상'은 어떻게 범죄가 되나

정치범죄(political crime)는 인류 역사의 시작부터 지금까지 모든 지역 모든 나라에서 존재해 온 보편적 현상이다. 셰퍼(Stephan Schafer)가 말한 것처럼 정치범죄라는 것은 대체로 권력자들이 '위험'하다고 규정하는 행동이므로, 국가가 군주국인가 공화국인가, 종교적 도그마에서 벗어난 계몽주의와 자유주의 정신이 어느 정도 헌법적 질서에 반영되었는가에 따라 달라지고, 한 국가 내에서도 정치적 위기의 정도에 따라 가변적이다.[36]

   군주나 집권세력은 자신의 권력, 부, 지위, 그리고 자신이 신봉하는 가치 체계와 질서를 유지하기 위해 자신에게 도전하는 모든 행동이나 사고를 배척하거나 그것을 위험한 것이라고 딱지를 붙이는 경향이 있기 때문에 세상의 모든 범죄는 어느 정도는 정치범죄이다.[37] 즉 지배계급의 이익이나 기성의 질서나 가치관을 위협하는 모든 행동은 정치범죄이다.[38] 통상 법적 통제는 사후적인 것이고, 집권세력은 자신을 위협하는 저항운동이 발생하면 곧바로 공권력을 발동하여 진압한 다음, 나중에 법적 근거를 찾는다. 정치통제, 사상통제는 바로 피지배층의 도전을 막기 위한 지배세력의 권력행사라 볼 수 있다.

정치범이란 자신의 신념과 사상에 기초해서 기존 국가나 사회체제의 전복과 새로운 질서의 구축을 기도하거나 주장하는 사람이기 때문에 정치범은 크게는 양심범(Gewissenstater, a prisoner of conscience) 혹은 확신범(Überzeugungstäter, convictional criminal)의 일종이다.[39] 이들에 대한 처벌이 매우 부당하다고 본다면 양심범은 사실 범죄자가 아니라 영웅일 수 있다. 소크라테스나 예수도 당시 지배집단에게는 위험한 '정치적' 발언을 했기 때문에 정치범으로 처형되었다. 소크라테스는 젊은이들을 현혹하고 타락시켰다는 정치적 이유로, 예수는 하나님의 아들임을 참칭(僭稱)했다는 정치적 이유로 각각 처형되었다. 종교적 박해를 포함하여 모든 공식이념 및 가치와 배치되는 활동이나 생각을 탄압하거나 통제하는 것은 언제나 정치적 통제였다. 로마에서 기독교도를 탄압한 것도 이들이 '사회를 교란하는 불순세력'이라고 보았기 때문이고,[40] 중세 말 근대 과학적 사고를 탄압한 이유도 그것을 '질서를 교란하고 혁명을 꾀하는 것'으로 간주했기 때문이다.[41] 근대 이전 사회에서는 사상이 곧 정치였다.

일본 온라인 사전 〈웨블리오(Weblio)〉에서는 사상범 혹은 사상에 관한 범죄를 "국가의 정치 이데올로기에 반대하는 범죄(an criminal offense against the political ideology of the state)"라고 설명하고, 정치범죄와 유사한 것으로 본다.[42] 정치범이란 특정 정부나 정치제도를 거부하여 공공의 평화를 해치는 범죄자이며,[43] 왕이나 최고 권력자, 혹은 국가에 대해 반역(treason), 모반(conspiracy), 반란(mutiny)을 일으킨 사람이다.[44] 1886년 '미·일 범죄인인도조약(extradition)'에서 '정사상(政事上)의 범죄' 용어가 사용되었다고 한다.[45] 기성 권력체가 정치범이나 사상범으로 지목하는 대상은 잠재적으로나 현실적으로 체제에 위협적인 발언이나 행동을 하는 사람이며, 과거에 그러한 행동을 해서 구속 수감되었다가 풀려난 사람도 잠재적 정치범이다. 그리고 이들 정치범의 발언이나 행동에 동조하는 주변 사람들, 그와 한 몸인 가족들도 잠재적 범죄자로 분류되어 감시 대상이 된다.

비록 종교적 동기에 기초한 것이라도 해도 전쟁 참전이나 군 입대를 거부한 퀘이커 교도들이나 여호와의 증인 신자들의 양심적 병역 거부행위도 국가의 전쟁 수행을 위한 국민의 의무를 무시한다는 점에서 정치범죄의 측면을 가진다. 또 오늘날 동성애와 같은 사인들의 사적인 행위도 가부장제 질서를 어지럽힌다고 본다면 넓은 의미의 정치범죄의 성격을 갖는다. 사회주의 국가에서는 단순한 도둑질도 사회주의 계획경제 질서를 어지럽힌다는 점에서 범법행위로 간주한다. 그러나 기성 종교, 사회적 규범 등의 가치 일반에 도전하기보다는 지배권력 자체에 도전하는 좁은 의미의 정치범죄는 앞에서 거론한 반란과 모반, 반체제 조직

활동 등 여러 형태의 저항운동이라 볼 수 있다.[46]

그렇다면 모든 정치범죄가 곧 사상범죄인가? 오웰(George Orwell)의 소설 『1984』에서는 가상 국가 오세아니아의 지배적인 이데올로기와 모순되는 신념이나 비정통적인 사상을 가진 사람을 사상범죄자라고 불렀다. 사상범, 사상범죄라는 말은 "사상의 자유를 보장하는 근대 국가의 자유주의, 법치, 자유권의 원칙과 모순되며, 입헌국가와 양립할 수 없다".[47] 그래서 논리적으로는 근대 세속 민주주의 국가에서 정치범죄와 구분되는 사상범죄가 별도로 존재하지는 않는다.[48] 국가가 종교적 이유로 국민 중의 이교도를 탄압하는 경우는 거의 없으므로 정치범죄와 분리된 순수한 사상범, 사상범죄는 개념적으로 성립하지 않기 때문이다.

그런데 전체주의 군사독재, 파시즘은 그렇지 않다. 천황제 파시즘하의 일본, 1945년 8·15 이후 남북한, 그리고 중국이나 타이완 등에서는 사상범이라는 용어가 사용되었다. 워드(Max Ward)는 일본의 치안유지법과 1938년 사상범보호관찰령 제정 이후의 전향정책을 연구하면서, 1920년대에서 1930년대에 걸쳐 공산주의, 무정부주의 등 정치적 급진주의를 탄압하는 과정에서 사상이 범죄가 되는 '사상범' 개념이 만들어졌다고 지적한다.[49] 결국 사상범은 전 세계적으로 보더라도 1945년 이전 천황제 아래의 제국주의 일본에서 사용되었던 개념일 뿐, 20세기 대부분의 근대 국가에서 반체제 정치활동과 무관하게 개인의 생각과 사상을 이유로 탄압을 하거나 범죄시한 사례는 거의 없었다. 과거 일본에서는 천황제와 제국주의를 거부하는 공산주자와 조선인이 주로 잠재적 사상범이었다.

그래서 양심과 표현과 사상의 자유가 인정되는 근대 민주주의 국가에서 사상범은 공식적으로 존재하지 않는다. 한옥신은 제2차 세계대전 중의 미국, 나치하의 독일, 천황제하의 일본, 19세기 영국, 프랑스 등의 예를 들어서 사상범죄가 여러 나라에 존재하는 것처럼 설명하고 있으나,[50] 그것은 역설적으로 유신체제하의 한국이 그가 그런 주장을 했던 1945년 직전 전시 파시즘하의 일본과 독일, 제2차 세계대전 중의 영국과 미국, 혹은 근대 국가 수립 이전의 19세기 유럽과 거의 같았다는 것을 말해준다.

그런데 한국에서는 정부의 공식문서에 사상범이라는 용어가 공공연히 사용되었고, 언론이나 공론장에서도 사상범, 사상범죄, 사상검사 등의 용어가 사용되었다. 사회주의 국가를 제외한다면 20세기 자유민주주의 헌법을 가진 국가 중에서는 보기 드문 경우이다. 그것은 민주주의를 표방했음에도 불구하고 반공주의가 준종교화되고, 독재와 전체주의가 암암리에 작동되었기 때문이었을 것이다. 무엇보다도 국가가 공식적으로 표방하는 정치이념과 다른 생각을 가진 정치가나 지식인, 그러한 정치적 이상을 실행하려는 시도를 북한을 이롭게 한 '범죄'라고 규정한 국가보안법이 건재하고 있기 때문이었을 것이다. 과거 반공법 제4조의 '고무·찬양 조항', 그리고 국가보안법 제7조의 '찬양·고무 조항'은 대표적인 사상통제 조항이다.[51]

사상범 통제의
목적과 방법

보복과 응징, 그 정치적 의도

행형제도의 목적은 범죄자를 사회와 격리하여 사회를 보호하고 교화, 교육을 통해 예방, 재발 방지를 도모하는 것이다.[52] 그래서 교화(rehabilitation), 교정(correction), 혹은 재교육(reeducation)을 통한 사회복귀가 행형정책의 통상적인 목표다.[53] 그런데 자신의 행동에 대한 죄의식이 없는 반역자나 간첩, 확신범에게 교화, 교육이 먹혀들 수 있을까? 전쟁 중이라면 간첩이나 국가 내부 반란세력은 군사재판 절차를 거쳐 처형해야 하는가, 아니면 포로로 간주하여 적국으로 돌려보내야 할까? 한옥신은 라드브루흐를 인용하여 "확신 범죄자는 개선, 교육, 응보로서가 아니라 … 내적인 적에 대한 정당방위로서 내적 투쟁에서의 전쟁포로의 일종으로서 대할 뿐"이라고 말한다.[54] 간첩은 국제법에 따라 포로 교환의 형태로 적국으로 송환할 수도 있겠지만, 전면전은 종료된 지 오래되었고 '적'과는 여전히 준전쟁 상태에 있다면 국가 내부의 '적' 혹은 반체제 인사들을 어떻게 처리해야 할 것인가?

정치범이나 사상범은 "권력투쟁에서 패배했기 때문에 범죄자로 지목되어 처벌을 받는 것이지 만일 그들이 승리했더라면 정치권력의 담당자일 것"이다.[55] 사상범은 대체로 확신범이고 감옥에서의 보복적 징벌이나 각종 유인책으로 그들의 생각을 변화시키기 어렵다. "선비는 죽일 수는 있어도 욕을 보일 수는 없다(士可殺不可辱)"는 말도 있다. 독일에서는 라드브루흐의 독일 형법 초안 제71조(1922)를 둘러싸고 40여 년 동안 논쟁이 있었는데, 그것은 바로 '확신범, 양심범에게 특별형(명예를 떨어뜨리지 않는 금고형)을 가하는 것이 타당한가?'라는 질문을 둘러싸고 전개되었다. 자신의 사상을 확신하는 사상범에게 '양심의 자유' 원칙을 존중할 경우 형벌 배제 사유가 강조될 수 있으나, 확신범을 양심범과 같이 취급하여 형벌을 배제할 경우 법질서는 구속력 없는 권고에 그친다는 반론이 제기되었다.[56]

국가가 특정 위험 행위를 범죄로 규정하고, 그런 생각을 전파하거나 조직, 저항을 한 사람을 처벌하는 이유는 다른 모든 국민의 복종, 혹은 국가의 질서유지와 권위를 유지하려는 목적을 갖기 때문이다.[57] 푸코는 형벌이라는 것은 법률 위반을 제거하는 역할을 하는 것이 아니라 도리어 그것을 구별하고 배분하고 활용하는 역할을 부여받고 있으며, 법률을 위반할 우려가 있는 사람들을 순종하게 만드는 것을 목표로 하는 것이 아니라 복종 강제의 일반적 전술 속에서 법률에 대한 위반을 계획적으로 배치하고자 기도하는 것이라고 말했다.[58] 즉 위법행위를 억제하는 것이 아니라, 그것을 차별화하고 그것을 통하여 일반적인 경계책을 확보하는 것이 목적이라고 보았다. 그렇다면 좌익수 대상의 장기구금과 감옥 내에서의 응징적인 처우, 전향공작, 감옥 안팎에서의 사찰과 감시, 이들 가족과 이웃에 대한 감시와 통제 등의 각종 형벌은 일반 국민으로 하여금 국가가 규정한 범죄자의 편에 서지 않도록 단속하고, 지배세력의 편에 서도록 유도하기 위한 것이었다고 볼 수도 있다.

권력이 '위험한 사람'으로 낙인찍은 사람의 행동이나 발언, 글까지도 형사법 저촉 사안으로 간주하여 그를 구속 처벌하면, 그들에 의해 대표되는 생각과 사상까지도 국가정책 어젠다에서 배제한다.[59] 사상범 통제방식은 국가의 성격과 이념, 그리고 상황적 역사적 요인에 의해 좌우되므로 국가의 최고 결정권자나 기존 지배집단이 느끼는 위험의 정도에 따라 처벌 수위가 좌우될 것이다. 이것은 근대와 근대 이전의 사회통제, 즉 범죄 처벌방식의 차이를 구분한 뒤르켐(Durkheim)이 『사회분업론』이나 푸코가 『감시와 처벌』에서 분류 제시했던 처벌 유형,[60] 신체형/자유형의 구분과도 연관되어 있다.

근대 이전에는 반역죄, 모반죄, 불경죄 등을 저지른 정치사상범에 대한 처벌은 매우 보복적이었고, 그래서 방식도 매우 잔인했다. 동서양에서 모두 적과 내통하거나 반란을 감행하는 것은 군주 혹은 정치 공동체에 대한 반역이므로 군주에 대한 인격적

도전, 즉 불경죄로까지 간주되어 가혹한 처벌을 받았고, 이런 반란죄는 단순한 음모만으로도 처벌이 가능했다. 19세기까지 정치범에 대한 교회와 국가의 처벌은 신체형인 데다가 보복이 목적이었기 때문에 당사자에게 최대의 고통을 주는 방식으로 이루어졌다. 프랑스나 러시아 등에서 전형적으로 나타났지만, 정치사상범에 대한 처벌은 처형, 추방 혹은 유배(exile), 금고형, 재산 박탈 등이었다.[61] 구 러시아에서 범죄자를 시베리아에 유형을 살게 하면서 강제노동을 하게 한 것은 가장 악명 높은 사례다.[62] 1825년 데카브리스트(Dekabrist) 반란에 연루된 정치범에 대한 종신형이나 장기유형은 대표적인 보복적 처벌이다.

　뒤르켐은 전근대의 형사법은 '사회'의 이익을 위해 처벌하기보다는 처벌을 위해서 처벌한다고 말한다. 그는 근대 이전에서는 아무 죄도 없는 범죄자의 아내와 자식도 처벌의 대상이 된다고 말하는데,[63] 그것은 복수의 '열정'을 만족시키기 위한 것이다. 20세기 초반 이후 여러 나라에서 나타난 대량학살이나 고문, 그리고 19세기 이후 유럽 제국주의 국가들이나 일본이 아프리카와 아시아를 침략하는 과정에서 원주민들의 저항을 응징적·보복적 방식으로 토벌한 것에도 그런 성격이 있다. 뒤르켐은 국가가 형벌을 가하는 목적은 '보복'과 '국가 이익 보장' 두 가지라고 정리했는데, 뒤르켐이나 푸코처럼 행형원리에서 보복과 교화를 대립 설정하는 것이 타당한지는 의문이다. 권력이 반체제 세력에게 학살과 고문을 가하는 것은 권력의 이익을 보호하려는 심리와 보복심이 동시에 작용하기 때문일 것이다.

근대 국가의 자유형은 그 이전의 신체형보다는 분명히 문명화된 범죄 처벌방식이지만, 근대 국가에서 전형적으로 나타나는 대표적인 응보적 처벌인 점도 무시할 수 없다. 근대 사회에서 범죄자들을 구금하여 그들의 신체와 정신을 통제하는 기관은 유치장, 수용소나 노역소, 보호소, 정신병원, 교육대 등의 명칭을 갖고 있다. 그중에서 범법자를 대상으로 한 가장 일반적인 구금제도는 감옥이다.[64] 감옥은 신체적·사회적으로 격리하여 열악한 조건에서 고립된 생활을 겪게 함으로써 범죄자에게 고통을 느끼고, 재범의 의지를 꺾도록 유도한다는 점에서 무엇보다도 응보의 기구로 볼 수 있다. 범죄자를 인간적인 생활이 불가능한 수용소나 감옥 등에 수감하여 육체적 고통을 주고, 몇 년 아니 몇십 년 동안 고립된 생활을 하도록 하는 것은 문명사회에 있어서는 안 될 매우 가혹한 보복이다.

그래서 푸코는 '감옥 그곳은 죄인의 신체와 시간의 치밀한 장악, 권위와 지식에 근거한 하나의 체계에 의한 죄인의 동작과 행동의 규제, 죄인을 한 사람 한 사람 교정하기 위해서 그들에 부과하는 신중한 정형수술'이며,[65] '엄중한 병영', '관대함이 결여된 학교', '음울한 공장'이라고 일컬었다.[66] 수용소나 감옥은 전체주의적 지배체제가 작동하는 기관이다. 벤담(Jeremy Bentham)이 제안한 파놉티콘(panopticon)은 수감자들에 대한 가장 효과적인 감시를 위해 고안된 공간 모형이다. 고프먼(Erving Goffman)은 수용소를 총체적 기관(total institution)이라고 불렀는데, 이러한 장소에서는 수감자의 이동의 자유가 제한되고 하루 전체가 통제되며 자율성, 자기결정권이 완벽하게 박탈된다.[67] 감옥은 수감자의 신체, 행동, 생각, 그리고 자결권을 완벽하게 통제한다.[68] 죄수들의 격리, 고립화, 침묵의 강제는 근대 감옥의 기본적인 특징이고, 개개인의 거실(감방)이 바로 그 장소다. 감옥의 전체주의적 성격은 감옥 공간의 배치에서 충분히 이해할 수 있다. 감옥은 수형자들 간의 의사소통과 이들 간의 조그마한 교류와 연대도 차단하고, 개인을 완전히 무력화·고립화하는 방식으로 설계된다. 이것은 모두 수감자들 간의 모의와 저항 가능성을 차단하기 위한 것이다.[69]

재소자들은 매일 동작과 행동의 통제를 받는다. 이들은 시간표, 의무로서의 운동, 규칙적인 활동, 개인적인 명상, 공동 노동, 정숙 유지 원칙을 지킨다. 죄수는 감옥 내에서의 시간과 공간 사용의 권한을 완전히 박탈당한 상태에 놓인다. 감옥의 엄격한 규율 준수, 자기 신체에 대한 통제를 거치지 않을 수 없기 때문에,[70] 재소자들은 완벽하게 명령에 복종하는 개인이 된다. 통상 정치범은 독방에 유폐된다. 독방에 고립되는 것은 전면적인 복종의 제1조건이다.[71] 사실 감옥은 사회에서 빈자나 노동자가 살아가는 삶의 공간과 유사하고, 군대나 학교에서 적용되는 규율이 가장 극단적으로 집행되는 곳이기도 하다.

특히 앞에서 본 좌익수에 대한 폭력적인 전향공작은 '교화' 보다는 '응보'의 성격, 즉 지배세력이 분노에 차서 적에게 보복하는 양상을 지니는데, 그렇다면 확신범인 정치사상범을 극한 상황에 밀어 넣고, 보복적으로 괴롭히는 것이 과연 이후 이들의 저항 포기, 즉 범죄 예방에 도움이 될까? 그리고 그렇게 함으로써 과연 지배집단은 어떤 이익을 얻을 수 있을까? 사회적 위험을 방지하기 위해 수십 년 동안 감옥에 격리하는 것만이 능사일까? 사상범으로 몰린 사람들이 자신은 정의의 편임을 자처하면서 체제의 정당성을 부인하고, 감옥의 규율 자체를 거부하면서 탈주한 경우도 있다. 이것은 바로 정당성이 약한 권력이 정치범이나 사상범을 처벌하는데서 초래된 모순이고, 식민지나 군사정권, 그리고 극도로 불평등하고 부패한 국가가 안고 있는 자기모순이기도 하다.[72]

그러나 앞의 테러적 전향공작처럼 국가가 감옥 내에서의 범죄자들에게 복수하는 것, 폭력과 괴롭힘은 교육, 교화의 목적과는 명백히 충돌한다. 그렇게 하면 범죄자들이 체제에 더 반감을 가질 수 있기 때문이다. 도둑, 사기 등 잡범들의 경제범죄나 개인적 일탈을 크게 부각하여 사회구조적인 불평등 문제나 부정의 등을 덮어버리는 신자유주의적인 형벌국가(penal state)[73]의 기만적 양상이 사상범에 대한 응보적 처벌의 딜레마와 무관하지 않을 것이다. 심지어 독재정권이 사상범을 간첩으로 '조작'하여 이들을 엄하게 처벌하는 것은 대중의 공포를 유도하고 위축시키려는 정치적 목적을 갖는 것이지만, 그들의 내면에 깔린 이해를 알고 있는 사상범들이 감옥체제를 전면 부인할 경우 그 조작의 부도덕성은 들추어진다.[74]

현대 민주주의 국가에서의 감옥 수감과 괴롭힘이라는 응보적 처벌이 잠재적 범죄자들의 범죄 의지를 꺾는 효과가 거의 확인되지 않았음에도 불구하고, 그러한 응보적 처벌이 계속 유지되는 것은 범죄 예방이라는 형식화된 목적 외의 다른 목적, 즉 감옥 유지의 상징적인 효과가 있기 때문일 것이다.[75] 즉 사상범에 대해서 응보적 처벌을 가하는 것은 확신범인 이들의 반성을 유도하거나 전향하도록 하는 데는 거의 효과가 없었을 가능성이 크다. 그렇다면 사상범에 대한 응보적 처벌은 또 다른 상징적·정치적 목적이 있기 때문이 아닐까?

교육, 교화, 사상개조, 사상주입

근대 국가의 각종 형법이나 특별법은 처벌을 위한 도구임과 동시에 사회적 통제의 근거가 되고, 교육을 통해 사회적 통합과 질서를 유지하기 위한 수단이기도 하다. 형법과 감옥도 앞의 뒤르켐이나 푸코가 말한 것처럼 처벌의 목적으로만 설치된 것은 아니다. 형법도 범죄자들이 진심으로 자신의 죄를 뉘우치면 그들을 국가나 사회의 충성스러운 일원으로 받아들인다는 목표를 담고 있다. 정치범·사상범 통제는 국가가 폭력과 강제력을 동원해서 먼저 시작하지만, 사회적 보호의 명분하에 교육, 사상주입 등을 통한 사회적 통제 또한 진행한다. 한국에서 '순화교육'이라는 이름으로 시행된 모든 폭력적 사상주입이 여기에 속한다.

과거나 오늘날이나 형벌은 언제나 범죄자를 응징하고 그들에게 보복하는 것만을 목적으로 하는 것이 아니라 처벌을 통해 사회의 규율 유지의 효과, 즉 다른 모든 사회 구성원에게 미칠 교육적 효과를 고려한다. 따라서 범죄자 수감과 격리, 고통 부여는 언제나 사회적 훈육이나 교육, 혹은 생명정치(bio-politics) 과정이다.[76] 뒤르켐의 영향을 받은 기능주의 사회학과 자유주의 행형이론은 감옥은 교화와 교육, 사회복귀, 즉 사회통합을 위한 기능을 한다고 본다. 처벌과 통제는 보복적 성격보다는 질서의 '복원'에 초점을 둔다는 것이다. 그러나 감옥은 신체적 통제기관이지만 법과 질서의 원칙, 국가의 공식이념을 주입하는 학교이기도 하다. 그래서 국가는 사상범의 재사회화를 위해 사상개조, 사상주입을 실시한다.

국가는 죄수들 간의 연대의 가능성이 완벽하게 차단한 이후 이들에 대한 이념 주입을 효과적으로 진행할 수 있을 것이다.[77] 개인의 자유의사를 무시하고 국가가 특정한 이념과 가치를 수용소의 포로, 죄수에게 일방적으로 주입하는 것은 부르디외가 말한 상징폭력의 가장 극단적 양상이다. 과거 혁명 후 중국의 일본군 패잔병 대상의 사상개조 전략, 일제시기 일본의 공산주의자나 무정부주의자 대상의 교육과 교화, 그리고 1949년 이후 중국에서 시행된 정치범 사상개조,[78] 6·25한국전쟁 시기 미군이 좌익 포로 대상의 사상주입 작업, 북한과 중국이 미군·영국군 포로를 대상으로 하는 사상개조 작업, 타이완에서 적색공포 시기에 체포된 공산주의자 대상의 장기구속과 사상개조 작업은 그 대표적인 사례가 될 것이다.[79]

지속적 교조주입 작업은 중국, 북한과 같은 혁명기의 사회주의 국가에서 전형적으로 나타났다.[80] 교육을 통해 '부르주아 물이 든' 자유주의자를 사회주의자로 변화시키기 위한 공작은 특히 학살이나 전쟁 범죄를 저지른 자들, 자본주의 사상을 버리지 못한 내부의 반체제 지식인들을 주로 대상으로 해서 지속적인 반성문 작성과 죄책 인정 유도,[81] 그리고 자본주의 문제점과 사회주의 우월성 주입 방식으로 진행되었다. 특히 혁명 후 중국의 재교육이나 사상주입, '두뇌 세척' 작업은 정치투쟁의 일환이었으며, 단순히 정신교육을 통해서보다는 하방(下方), 즉 육체노동을 통해 간부들의 관료화를 막기 위한 작업으로 진행되었다.[82]

감옥이나 수용소뿐만 아니라 학교, 군대, 그리고 기업에서도 이런 사상주입이 이루어졌는데, 이런 국가 내 여러 조직에서 진행된 신체적·정신적 통제 및 사상주입과 통제는 적군 포로나 사상범에 대한 사상주입과도 공통점이 있다. 근대 이전의 수도원, 교회 등에서 일상적으로 시행된 수도자 및 학생들에 대한 사상통제나 교리주입도 이와 매우 유사하다. 군은 정훈교육을 통해 병사들에게 국가나 정권의 이념을 주입하는 정치교육을 실시하고, 학교는 교사나 학생들의 활동을 통제하며 언제 생길지도 모르는 비판자들을 사전에 경계하고 교육의 이름으로 사상주입을 한다. 독재국가에서 학교는 군대와 거의 같은 정치교육의 중요 기관이다. 일제 말기 학교에서는 교사가 칼을 차고 수업을 하기도 했고, 8·15 이후 최근까지 한국의 교실에서는 교사가 특별히 임명하거나 선출된 학생 대표인 반장이 학생들의 행동을 통제 감시하도록 했다. 사상의 교조주입은 언제나 특정한 장소에 집결된 사람들의 행동 감시와 결부되어 있다.

사상전향과 갱생

전향(conversion)이란 사람이 자신의 신앙이나 가장 소중하게 견지하는 교의(doxa)를 바꾸는 일이다. 현대 세속국가 중에서 이러한 신앙 개종을 요구하는 국가는 이스라엘이다. 이스라엘은 전 세계의 여러 곳에서 들어오는 유대인 이주자들에게 유대교로 개종하도록 요구한다.[83] 이런 경우를 제외하면 오늘날의 전향이란 대체로 개인적, 정치적 노선 전환을 의미한다. 우파에서 좌파로 전향하는 경우도 있으나, 대부분의 전향은 좌익 또는 공산당 활동을 포기하고 우파로 이념을 돌리는 경우이다. 사상의 자유가 완전히 보장되어 있는 나라에서 전향은 대체로 자발적인 것이지만 독재, 전체주의, 파시즘이 지배하는 나라에서 전향은 거의 강제적인 것이다.

전향은 자신의 내면의 생각과 사상, 인간과 세계에 대한 관념의 근본적인 전환을 의미하기 때문에 푸코가 말하는 인간의 몸과 정신에 대한 국가의 생명정치가 작동하며,[84] 중국 문화권의 국가에서 '귀순'이라는 표현이 사용된 것처럼 전향한 본인이나 국가는 언제나 강한 도덕적 의미를 부여한다. 유교적 정치문화 전통에서 귀순이란 '적이었던 사람이 반란의 의사를 포기하고 아군으로 투항하여 복종하는 것'을 의미한다. 국가의 입장에서 볼 때 반체제 지식인들이 공개적인 전향, 즉 귀순선언을 하는 것은 우리 측의 지배체제가 적의 것에 비해 정치적·도덕적으로 우위에 있다는 것을 보여주는 것이므로 체제에 회의적인 대중의 정신적·정치적 지지와 동의를 얻어내려는 국가나 지배집단의 중요한 헤게모니 전략의 일환이다.[85]

교육과 교화, 사상주입은 궁극적으로 전향을 유도하기 위한 것이다. 사회주의 사상개조 전략은 가장 대표적인 전향공작이다. 과거 일본의 사법관료나 지배세력은 1928년 치안유지법 개정 이후 사상범에 대한 기존의 엄벌주의 노선을 수정해서 응보형보다는 교육형을 실시하는 정책을 택했다.[86] 특히 그들은 사상범이 전향한 이후에 '갱생'을 할 수 있도록 조치를 마련했는데,[87] 사상범의 특성상 응보형의 방식으로는 그의 사상을 교정할 수 없다고 보았기 때문이다. 일본 검찰은 대표적인 공산주의자 사노 나마부의 전향을 치안유지법의 개정보다 낫다고까지 적극적으로 평가했다.[88] 그것은 법적인 처벌보다는 유명한 좌파 지식인들의 공개 전향선언이 체제 유지에 훨씬 더 도움이 된다고 보았기 때문이다.

체제비판적 지식인은 반역, 모반을 할 가능성이 있는 매우 '위험한 존재'인데, 분명히 현행범은 아니다. 사람의 내면을 처벌하는 심정법이 존재할 수 없는 국가의 법치체제에서 적극적인 반체제 행동을 하지는 않지만, 여전히 반체제 사상을 견지하고 있으며 그것을 행동으로 옮길 위험이 있다는 의심만으로 이들을 처벌하기는 어렵다. 그래서 이들의 사상을 개조하고, 자신의 사상을 버리도록, 즉 귀순 혹은 전향하도록 조직적으로 교화·교육하거나, 출옥 후에도 예방구금(preventive detention)을 할 수 있는 법과 제도를 마련한다. 그러나 더 중요한 것은 감옥에서 이들이 자발적으로 전향을 선언하는 것이다.

전향한 이들이 출옥 후에도 자신의 전향 사실을 널리 알리고, 체제의 일원으로서 행복하게 살아가는 모습(갱생)이 널리 홍보된다면, 그것은 형벌보다 훨씬 더 큰 효과를 가질 것이다. 전향자가 과거의 자신을 반성하고 '새사람'이 되었다는 것을 강조한다면, 그것은 온 국민 대상의 효과적 정치교육이 될 것이다. 한국에서 학교, 각종 주민 교육, 언론을 통해서 자주 시행되었던 '귀순자'들의 반공 강연은 바로 그러한 정치적 효과를 노린 것이었다. 즉 전향공작은 좌익들이 사상적 노선 전환을 하여 국가의 품으로 들어오는 것에만 목표로 하는 것이 아니라 이들을 대공 심리전 요원으로 특별 채용하여 어제의 동료를 귀순하도록 적극 선전하고, 중도적 입장을 취하는 사람들에게 확실히 국가에 충성하거나 우파를 지지하도록 유도하는 프로젝트와 연결되어 있다.[89] 결국 국가로서는 사상범 전향이나 갱생이 최종 목표가 아니라 이들을 체제 선전의 도구로 적극 활용하는 것이 더 중요한 목표였다.

진정한 내심의 변화를 겪어서 자발적으로 전향을 한 사람도 있겠지만, 사회주의에서 자유주의자로 사는 것이나 자본주의에서 사회주의자로 사는 것에는 엄청난 고통이 따르는 것이기 때문에 모든 전향은 반드시 국가와 사회의 강한 압력의 결과이다.

특히 국가가 귀순/전향자를 체제 선전요원으로 동원하는 것은 처음부터 강한 폭력성을 내장하고 있다. 교육과 교화의 방식을 포함한 전향유도는 인간의 소중한 내면성을 국가가 장악하려 하고, 체제를 거부하는 사람을 비인간화하려 한다는 점에서 그 기본 성격이 매우 폭력적이지만, 전향자들로 하여금 자신의 실제 전향을 계속 공개적으로 증명하도록 함으로써 끊임없이 과거의 자신을 부인하는 인격 파탄 상태에 빠지도록 하는 것이야말로 살인에 준하는 것이라 할 수 있다.

사상통제의
정치·사회적 배경

세계 권력의 장과 국가주권

자본주의 국가는 지구적 자본주의의 생산, 소비, 투자, 무역 거래의 큰 시스템 속에 있고, 한 국가 내에서는 경제 성장, 자본 축적의 요구에 부응한다. 자본주의 경제질서에서 국가는 자본주의적 생산관계의 재생산을 위해 다양한 방식으로 개입하고, 정치권력은 그것에 부응할 수 있도록 구성되고 행사된다. 시장경제 질서는 인간의 이윤 추구 욕망을 바탕에 깔고 있기 때문에 자본주의 국가란 원래 시장의 거래 규칙이 자연법칙처럼 인간의 사고에 내면화될 수 있도록 환경을 조성하는 역할에 그치고, 특별히 국민의 사상을 통제할 필요는 없을 것이다. 그럼에도 불구하고 국가의 사상통제가 작동한다면 사유재산의 보호, 노동자들의 순응을 이끌어내기 위한 것일 가능성이 크다. 그런데 국내외에서 자본주의체제를 거부하거나 비판하는 세력이 강력하게 도전할 때

국가는 사상통제의 칼을 뽑는다.

여기서 국가는 정치세력 각축의 장, 사법의 장, 행정집행의 장을 포괄하고 있으나, 지배세력과 다양한 피지배세력이 이데올로기나 담론으로 각축하는 '장'이기도 하고, 강제력과 헤게모니가 동시에 작동하는 권력의 '장'이기도 하다. 이 개별 국가의 권력 장은 세계 자본주의라는 정치경제적 하부구조 위에 서 있다. 즉 국가의 정책적 선택은 이러한 세계 자본주의의 작동, 그 위기와 모순, 그 결과로서의 전쟁 등으로부터 심대한 영향을 받는다. 특히 경제력과 인구 규모가 작은 약소국일수록 세계 자본주의와 세계 권력 장으로부터 더 강한 영향을 받는다.

즉 개별 국가의 권력 장은 물론 그 지배집단의 정책 결정은 이런 세계 자본주의 혹은 권력 장 질서 속에서 자율성을 갖기가 어렵다. 베스트팔렌(Westfalen)조약 이후 근대 국가에서 '주권(sovereignty)'은 보편적 원칙이라고 하지만, 19세기 이후의 개별 국가는 세계 자본주의 혹은 냉전 정치경제 질서 속의 '주권국가'로 보기 어려운 경우가 많다. 자본의 해외 진출이 본격화된 19세기 이후 모든 국가의 주권은 세계 자본주의체제, 즉 제국주의 간의 각축과 전쟁에 의해 어느 정도 제한되었다. 특히 1945년 이후 냉전 시기의 세계는 금융, 무역 등을 통해 더욱 하나로 긴밀하게 얽혀 미국의 전폭 지원을 받은 서유럽 국가들은 물론, 막대한 원조를 받은 동아시아 국가까지 자국의 경제정책을 자기 의지대로 결정할 수 없게 되었다. 세계 자본주의체제 내 한 국가에서의 국가기구 형성, 근대화, 법적 장치 역시 초국가적인 지배질서가 직간접적으로 반영되어 있으며, 국가 형성 이전의 제국주의, 식민지 역사적 유산과 나름대로 연속성을 갖고 있다.

특히 냉전시기에는 미·소 간의 핵 무장과 이념적·군사적 대립이 전 지구 차원의 정치, 경제를 주조했다. 특히 초강대국 미국의 군사·정치 이데올로기 경제 패권은 그 영향권 아래의 '자유세계' 혹은 제1세계에 속한 모든 나라의 정치·경제 질서의 기본 방향을 심대하게 지배했다. 제2차 세계대전 이후 세계 패권국가로 등장한 미국은 자유와 민주주의의 복음을 전파하는 새로운 형태의 로마제국이다. 즉 문명의 사도이자 최고 권력자이고, 세계, 지역, 그리고 각국의 권력 장을 조성한 주체였다. 자유무역, 국제금융체제, 달러본위제 등을 축으로 내용적으로는 자국의 이해를 최우선하면서, 냉전 자유주의(cold war liberalism)의 보편주의적 이상, 자본주의 시장경제의 확장이라는 기본 방향 설정 위에서 반공주의를 동아시아 모든 나라를 묶어주는 사상적 틀로 설정했다.[90] 미국에 비해 소련은 이데올로기 전파보다는 영토적 경계, 즉 지정학적 냉전체제 구축을 중시했다.[91]

자본주의는 처음부터 세계체제였다. 그래서 세계 경제라는 하부구조 위에 있는 이들 개별 국가가 주권국가임을 전제한 뒤, 각국의 정책을 독립 변수로 설정하고서 각국 사상통제의 양상들을 설명하기는 어렵다. 개별 국민국가의 주권 행사는 제국주의/식민주의, 그리고 그 이후의 냉전과 미·소 패권 경쟁, 국제 무역기구 등의 개입이라는 역사성과 현재성의 틀 내에서 볼 필요가 있다. 일제의 천황제와 치안유지법 질서, 1948년 중국의 사회주의 건설 과정에서의 문화혁명 등의 사상통제 광풍도 마찬가지다. 어떤 개별 국가의 권력구조, 지배 이데올로기, 법과 행정, 교육체제도 한 국가 내 집권세력이나 권력자들이 완전히 독자적으로 결정해서 수립한 것이라고 볼 수 없으며, 기든스(Anthony Giddens)가 말했듯이 한 주권국가의 정책 선택은 전후 미·소의 냉전적 대립, 미·소와의 근접성 등 지구 공간 내에 처한 위치의 구속을 받으며,[92] 자본주의 세계체제와 국가 간 체제(inter-state system)에서 처한 위치, 그리고 자국 내의 계급 간의 갈등 구조를 반영한 복합적 결과이다.

1945년 독일과 일본이 패망한 이후 탈식민 국가건설의 길을 걸은 제3세계, 즉 아시아, 아프리카, 남미의 여러 나라는 미국식 자본주의와 소련식 공산주의, 그리고 비동맹 국가들의 민족주의가 결합한 사회혁명과 내전, '작은 전쟁(small wars)'[93]이 벌어진 전쟁터였다. 구제국주의는 사라지거나 점차 후퇴했으나, 모든 후발국이 독립된 주권국가가 되어 독자적인 권력 장을 구축한 것은 아니었고, 1960년대 이후 미국의 원조를 받은 후발국의 경제 발전과 근대화 작업 역시 과거 제국주의를 이어받은 미국의 국가 이익을 반영한 반공자유주의[94]와 국가 간 체제의 틀 속에서 진행되었다. 후발국 각국의 정치체제, 즉 이념과 노선, 그리고 법과 사상통제제도 또한 미·소의 대립, 미국 패권이 만든 냉전 권력의 장 속에서 구축되었다. 대부분의 제2차 세계대전 후 독립한 국가에게 냉전이란 그 직전의 제국주의 지배질서가 변형되어 연장되는 것을 의미했다.

미·소 두 패권 국가가 조성한 냉전의 권력 장이 각국의 권력 장을 지배하거나 구조화했기 때문에 냉전 시기 국가의 대외·대내적 주권은 제한을 받았다. 미국이 전후 유럽과 일본의 국가 경제를 직접 부흥시키려는 국면에서 전후 황폐화된 유럽이나 일본과 같은 피후원국가(client)의 주권은 일정하게 제약된다. 전후 일본에서 맥아더 사령부(GHQ) 지배와 "미국의 지령은 절대적이며 교섭할 여지가 없었다."[95] 미군이 점령한 시기는 말할 것도 없고, 미군이 떠난 1951년 이후의 일본과 1948년 이후의 한국도 미국이 조성한 냉전 권력의 장 중심에 위치했고, 미국, 일본, 한국, 필리핀, 인도네시아 등의 각 지배집단은 미국의 지배엘리트 주도하에 서로 간에 긴밀하게 연결되어 있었다.[96] 특히 개별 국가의 안보 주권은 제약되었다. 안보가 국가 이데올로기를 좌우하고, 국가는 '안보' 명분으로 국민의 사상을 통제한다. '자유세계'의 이데올로기, 즉 반공주의는 개별 국가 위에 군림하는 지구적 상징권력(symbolic power)이었다.

탈식민 '국가 형성', '국민 형성'과 민족주의

사상의 자유란 개인이 자신만의 독자적인 생각을 갖고서 그것을 표현할 수 있는 자유를 지니는 것, 그리고 생각의 독립성을 통해 인격의 독립성을 보장받는 것이다. 국민으로서의 충성 여부를 개인의 자유와 독립성 앞에 놓으면 사상의 자유는 제한된다.

그래서 국가 내 사상통제란 국민, 시민이 누릴 수 있는 권리와 비국민에 대한 탄압과 배제, 국민 내의 다수자와 소수자의 관계, 그리고 이들의 법적·정치적·사회적 지위와 관련되어 있다.

국가에 소속되는 것을 전제하는 '국민(nation)'과 정치 공동체 내에서 특정 권리와 의무를 갖춘 구성원인 '시민(citizen)'은 같은 범주이나 서로 간에는 약간의 개념상의 긴장이 있다. 국가 내에서 시민권(citizenship)을 갖고 있다는 것은 국가의 주권자로서의 권리, 자유롭게 의사를 표현할 권리, 종교와 사상의 자유, 재산 소유권, 선거 참여권, 재판을 받을 권리와 여타 의무를 견지한 '법적 구성원'[97]임을 뜻한다. 국가는 국민의 법적 권리와 의무, 즉 시민권을 부여하는 과정에서 완전한 국민과 비국민 혹은 이등 국민(second-class citizen), 비시민을 구분한다.[98] 이 경우 '이등 국민'이나 '비국민'에게는 다른 국민과 동등한 권리가 부여되지 않는다. 미국과 유럽에서는 흑인, 이주자, 유대인 등이 비국민이었다면 냉전체제하에서는 좌익 사상을 가진 사람이 비국민이었다.

과거 식민지 지역의 신생국가의 '국가 형성', '국민 형성(nation-building)'은 반제국주의 투쟁의 연장선상에 있었고, 그 가장 중요한 동력은 민족적 유대와 민족주의였다. 그래서 자유와 인권, 국민주권의 개념이 이들 신생국의 헌법 등 실정법에 반영되기는 했으나, 그 정신적 기반은 민족주의였다. 물론 이들 지역에서 종족적·민족적 정체성이 근대 이전에 형성되었는가에 대해서는 많은 논란이 있지만, 반제국주의 투쟁 과정에서 본격적으로 형성된 것은 틀림없는 사실이며, 그것이 신생국가의 가장 중요한 정신적 자원이다. '국민'의 범위가 제국주의 지배 이전 혹은 그 과정에서 형성된 종족적·종교적·민족적 경계와 일치할 경우는 큰 문제가 없지만, 구제국주의의 구획에 의해 다른 민족, 인종, 종교를 가진 사람들이 하나의 국민으로 강제 구획될 경우 갈등, 내전, 학살이 발생한다.[99]

영국, 미국, 프랑스 등 근대 국가들은 중세의 종교권력에 맞선 여러 형태의 혁명, 자유주의와 합리주의 사상, 자본주의에 토대를 두고 있다. 이 국가들이 중세 이후에 사상의 자유를 향한 오랜 투쟁과 내전을 거친 후 수립되었다면 일본, 중국 등은 서세동점(西勢東漸)의 충격 속에서 군부나 관료 주도의 국가 건설, 즉 국민 형성의 길로 들어섰다. 그 과정에서 천황제, 총통제 등 전제적인 지배체제를 유지했기 때문에 시민의 권리나 자유도 심각하게 제한되었다. 입헌군주주의, 군부관료 독재는 전쟁 상황에서 파시즘, 전체주의의 양상을 지니게 되었기 때문에 국민은 시민이라기보다는 신민(臣民)이었다. 후발 '하청 제국주의' 일본은 이웃 타이완, 한국 등의 인근 민족을 기만적인 동화정책하에 실제로는 '이등 국민'으로 취급했다.[100]

과거 식민지 지역의 국가 형성, 국민 정체성 형성 작업은 제국주의와 식민주의 유산으로부터 자유롭지 않았다. 종족과 민족은 제국주의 이전부터 존재했으나, 제국주의는 자신의 의도와 목적에 맞게 식민지 영토를 재구획하거나 효율적인 지배를 위해 피식민지 사람들을 분할통치(divide and rule)했고, 특히 제2차 세계대전 후 미국과 영국 등은 아시아, 아프리카 구식민지 지역에서 자의적으로 국경, 국민을 구획하여 국민 형성을 피비린내 나는 과정으로 만들었다. 1945년 이후 탈식민주의 과정에서 발생한 내전과 학살은 거의 모두 제국주의가 의도적으로 남긴 종족간 분열의 유산 위에서 굴절된 국민 형성, 국민 정체성 만들기 과정에서 발생한 것이다. 지금까지 지속되는 팔레스타인 분쟁 및 한반도의 분단과 폭력은 탈식민주의가 국민국가 수립으로 연결되지 않은 비극을 웅변적으로 보여주는 대표적 사례다.[101]

한편 냉전체제의 두 헤게모니 국가인 미·소, 그리고 중국은 물론이고 탈식민주의 국가는 대체로 과대성장 국가(overdeveloped state)의 특징을 지니고 있는데, 이들 강대국은 국민의 기본권을 허용하지 않거나 극히 제한적으로만 허용했다.[102] 국가 내 소수 종족, 이등 국민 혹은 비국민은 일차적으로 차별과 배제의 대상이었으며, 인권운동, 소수자들의 저항, 독립운동 등의 반격을 맞아 동화, 전향, 추방, 학살 등의 조치를 자행했다.[103]

냉전체제하에서 발생한 정치폭력 및 학살은 19세기에서 20세기 초까지 프랑스, 영국 등 서유럽의 근대 부르주아 혁명을 겪었던 국가에서 나타난 혁명과 반혁명이 다른 형태로 반복된 것이다. 이미 19세기 초 프랑스의 나폴레옹과 이후 나폴레옹 3세, 이후 독일의 비스마르크(Otto von Bismarck)의 등장에서 예고되었다. 20세기 들어서는 제1, 2차 세계대전, 대공황, 폭민(mob)의 등장,[104] 국가주의와 인종주의 등의 영향으로 한편으로는 파시즘이라는 중세적 야만주의가 부활되었다. 독일, 일본, 이탈리아 등 후발국에서는 사회주의 이념과 운동, 농민·노동운동의 도전에 직면한 귀족 지배엘리트와 신흥 부르주아의 불안과 '강박증'이 반동적 폭력을 낳았다.[105]

특히 파시즘의 시대를 끝내고 자유민주주의의 복음을 온 세계에 전파한다는 미국의 이상은 소련과 제3세계 민족주의를 새로운 적으로 설정한 반공주의 기조하에서 실제로는 사상의 자유를 제한했다.[106] '역사로서 파시즘'은 사라졌으나, '구조로서 파시즘'은 미국과 서방국가에 다른 방식으로 스며들어 갔다. 오웰이 『1984』에서 경고했듯이 전체주의(totalitarianism)는 과거 형이 아니라 소련과 미국에서 각각 다른 방식으로 작동하기 시작했다.[107] 물론 후발국의 경우 국가에 도전하는 세력의 말과 행동을 전면적으로 통제하기 위해 계엄령, 긴급조치 등 각종 비상조치를 선포한 다음 각종 비밀경찰, 특수임무를 지닌 군을 운용했다. 1945년 이전의 파시즘에서 그러했듯이 제2차 세계대전 후에도 여전히 국가 위의 국가 혹은 특권국가(prerogative state)인 경찰과 공안기구가 형법상의 조항, 반역죄, 간첩죄, 국가보안법 등을 제정하여 국민들의 사상의 자유를 제한해왔다.[108]

독일, 베트남, 한국과 같은 국가의 분단은 지구적 냉전 권력장의 산물이다. 각 나라의 분단 배경은 다르지만 민족과 국가가 강압적으로 분리되었다는 점, 민족 정체성을 부인한 국가 정체성, 즉 적대하는 반공주의/공산주의 국가가 수립되었다는 점에서 공통점이 있다. 반제 투쟁이 독립국가로 연결되지 않았던 분단국가 베트남과 한국에게 국민과 비국민의 경계는 생사의 경계선이 되었다. 제주 4·3사건과 여순사건은 좌우 대립의 산물만이 아니다. 그것은 탈식민 민족국가 건설의 요구가 미·소 주도의 냉전질서 아래의 두 분단국가 노선과 충돌하여 '국민/비국민'을 강압적으로 구획짓는 사건이었다.

  1945년 이후 식민지였던 나라의 사상통제는 국민 형성, 특히 국민과 비국민의 경계 긋기의 과정으로 접근해야 한다. 국민 만들기 과정이 포용적 방식으로 진행되는가, 배제적 방식으로 진행되는가가 이후 국가의 사상통제를 구체적으로 좌우하였다.

전쟁과 심리전, 비민분리

국가가 전쟁 상황 또는 체제 위기에 직면하면 내부의 적들이 외부의 적과 결탁하지 않을까 하여 엄격히 사찰 또는 감시를 하거나 통제하고, 심지어 그들을 강제구금하거나 학살하기도 한다. 근대 국가에서의 정치적 억압과 통제는 모두 국가적 위기 상황에서 나타났고, 전쟁은 여러 가지 위기 상황 중에서 가장 으뜸가는 경우이다. 20세기의 파시즘, 전체주의 역시 전쟁 상황에서 주로 발생했다. 전쟁은 사상의 자유, 인민주권, 민주주의 원칙을 제한한다. 전쟁 중 잠재적 적이나, 적과 내통한 사람은 토벌, 즉 학살의 대상이다. 후방에서 적에게 협력할 위험이 있는 불온한 사람들도 부드러운 형태의 토벌 대상이거나 강제 교화의 대상이 된다. 전쟁 중의 국가는 계엄사령관이나 군 지휘관을 법 집행 영

역에서 예외로 두거나 거의 신의 반열에 올린다.[109]

슈미트(Carl Schmitt)가 말했듯이 전쟁 중의 모든 국가에서는 '적'과 '나'라는 이분법적인 정치 논리가 작동한다.[110] 전쟁 중에는 적과 나의 구분을 '죽여야 할' 적과 '생존해야 할' 우리로 구분하고, 적을 없애기 위한 각종 법과 명령이 선포된다. 그리고 이 상황에서 군사재판은 전쟁 논리의 연장이기 때문에 형식적인 법적 절차조차 지키지 않는다.

비상 입법은 전쟁과 같은 국가위기를 명분으로 하여 제정된 것이 많다. 19세기 중반 프랑스혁명과 나폴레옹전쟁을 목격한 미국에서는 외국인 및 선동에 관한 법률(Alien and Sedition Act)이 제정되었고, 남북전쟁은 링컨(Abraham Lincoln) 대통령으로 하여금 인신보호영장(Writ of habeas corpus)을 연기하게 만들었고, 제1차 세계대전은 대대적인 좌익 공포를 만연시켰으며, 1917년 러시아혁명 시기에 간첩 및 선동법(Espionage and Sedition Acts)이 제정되었다. 그리고 제2차 세계대전 중 미국은 독일계 및 일본계 미국인들을 강제수용소에 구금했다. 그리고 2001년 9·11테러는 시민에 대한 사찰과 감시를 정당화한 미국 애국법안을 통과시키는 결과를 낳았다.

20세기 중반 이후 총력전(total war) 상황에 놓인 국가는 사회의 저 밑바닥까지 국가 권력을 침투시켜 주민의 일상을 지배하며, 징병제를 통해 청년 남성을 모두 군인으로 만들고 모든 물적·인적 자원을 동원했다. 전쟁은 무력전이지만 무력전 이상으로 중요한 것이 후방 심리전이다. 심리전 수행을 위해서는 정치, 군사, 경제, 사회, 역사, 문화, 예술 분야 전문가들까지 총동원된다. 전쟁 중 내외부의 적은 통상 물리적으로 제거해야 할 존재이고, 적의 편에선 민간인도 학살 대상이지만 국가는 이들 모두를 제거할 수는 없다. 그래서 국가는 직접 전투 중인 경우를 제외하고는 심리전 차원에서 내외부의 적이 '귀순'하거나 아군의 작전에 동조, 지지하도록 선전하고 교육한다.

전쟁 수행 과정에서 '적'에 속하는 민간인을 학살하거나 인권 침해를 자행해도 내부의 비판이나 도전이 미약한 이유는 국가의 엄격한 언론, 지식, 문화 생산물 검열로 객관적이거나 정확한 정보가 사람들에게 전달되지 않기 때문이기도 하지만, 전쟁으로 국가의 존립 자체가 흔들릴 수 있다는 공포와 위기의식이 사람들로 하여금 학살을 용인하게 만들기 때문이다. 특히 최소한의 인민 주권, 자유, 민주의 개념과 법적 보장 장치가 확보되지 않은 후발국가에서는 전체주의 통치방식이 개인과 사회를 옥죈다. 전근대적인 신분 차별 의식과 함께 제국주의의 억압 아래에서 복종에 길들여진 신민(臣民)적 존재인 후발국의 주민들은 전쟁으로 인한 군부의 지배, 즉 계엄 상황은 법이 중단되어도 좋은 상태라고 받아들인다.[111]

레더러(Emil Lederer)가 말했듯이 전쟁은 한 국가 내부에서는 새로운 사회관계를 만들어낸다.[112] 그는 일본의 전시 파시즘 하의 병영국가(garrison state) 체제를 직접 겪고 나서,[113] 퇴니에스(Ferdinand Tönnies)가 말한 '공동사회(Gemeinschaft)'가 사라진 것이 아니라 오히려 새롭게 등장했다는 점을 주목했다. 그는 현대에서 강압적인 공동체가 등장하는 것을 주목했다. 전쟁 상태에서는 군사적 질서가 사회적 질서를 모두 장악하기 때문에 국가는 사회 전반을 보편적으로 재구성한다. 즉 전쟁 중 사회관계는 국가 대 국가의 전쟁관계에 지배를 받으므로 국가와 사회가 분리되지 않는다. 이데올로기는 국가의 전쟁 수행을 정당화하고 전쟁 수행을 위한 사상적 무기, 즉 심리전을 위해 활용된다. 전쟁 중의 국가는 국민들이 일체가 될 것을 요구한다. 국가의 존립 위기 앞에서 개인의 독자적 판단이나 이의 제기나 저항이 용납되지 않는다.

전쟁 중의 '적'과 '우리'의 구분은 국민 정체성(identity)의 기초다. 특히 '국민'과 '비국민'의 구분은 국민적 정체성을 폭력적으로 강요하는 것이다. '국민 만들기'는 전근대적 신분제를 넘어서는 평등주의적인 요소도 갖고 있으나,[114] 국민이 반드시 시민권을 누리는 것은 아니다. 국가는 존폐의 위기 앞에서 총력전 수행을 위한 사회-심리적 동원을 필요로 한다. 전쟁 중에는 적의 군인과 민간인뿐만 아니라 자국의 국민도 심리전의 대상이 된다. 그래서 대량의 선전 삐라가 살포되고, 라디오로 아군의 사기 진작을 독려하고 적측의 군인과 인민들은 항복하도록 각종 선전활동을 한다.[115] 국가는 국민 내부의 간첩, 즉 '제5열'을 색출하는 선전전을 벌인다. 일제 말 일본의 국방보안법(1941) 제정과 간첩 색출, 미국의 비미국인조사위원회 같은 경우가 대표적이다. 국가는 군대, 학교를 통해 잠재 전투원들이 국가에 대한 충성과 헌신의 마음을 가질 수 있도록 그들에게 사상을 주입하고, 그들이 적과 내통하거나 적의 생각을 지지하지 않을까 계속 감시한다.

정치가 전쟁의 연장으로 볼 수 있다면 법과 명령, 그리고 선전과 교육까지도 정치, 즉 전쟁 수행, 즉 적과 나, 즉 비적(匪賊)과 양민의 구분이 전제된다. 마을, 이웃, 가족, 친족의 관계도 '전쟁 정치'가 작동한다.[116] 그래서 이런 조건에서는 부모나 형제도 고발의 대상이 된다. 즉 전쟁의 필요로 적과 나가 구분되어야 한다면 가족 내에서도 적과 나가 구분되어, 적의 편에 선 부모를 고발하지 않으면 내가 처벌된다(과거 국가보안법상의 '불고지죄'의 조항). 헤겔(G. W. F. Hegel)은 법은 인륜성을 보장하는 것을 목표한다고 말했으나, 결국 인륜성을 파괴하는 흉기가 된다. 한국에서 계엄과 국가보안법은 바로 이 전쟁의 논리이자 가장 무서운 칼이다. 전쟁 시 법은 사람들을 변란을 일으키는 자(비적)와 순종하는 자(양민 혹은 순수한 국민)로 구분한다. 국민의 개념이 수립되지 않는 내전 중의 국가는 '비민(匪民)분리', 즉 공비와 양민의 분리 작업을 수행한다. 그래서 생각이 다른 가족, 친구, 친척이 이제 비국민, 적으로까지 규정될 수 있다.

전쟁 중에는 정치범, 사상범을 격리 수감하는 교도소나 각종 수용소, 감호소뿐만 아니라 군대, 학교, 각종 집단 기숙시설도 하나의 국가처럼 구성원의 일거수일투족을 통제한다. 군대나 학교는 거대한 수용소처럼 되어 국가가 인정한 범위 밖의 행동과 발언은 엄격히 금지한다. 개발주의가 전쟁 논리로 진행된 1970년대의 한국이나 최근까지 중국에서 공장은 작업 중에는 물론 퇴근 후 기숙사에 가서도 노동자들이 자유로운 생각과 활동을 하지 못하도록 막는 감옥처럼 된다. 이처럼 전쟁·준전쟁 시기의 국가는 전체주의 국가의 성격을 띠는데, 학교나 군대, 그리고 때로는 사기업조차도 작은 전체주의 조직이 된다. 여기에서 인간의 신체, 발언, 행동에 대한 통제는 언제나 동시에 이루어진다.

'자유세계'에서 반공주의를 앞세운 좌익사냥, 대게릴라 전쟁, 심리전과 선전전은 냉전 시기의 일관된 특징이다. 냉전체제하 미국과 유럽에서의 인종주의는 반공주의와 동전의 양면을 구성했다. 두 사상은 세계 자본주의 질서의 상부 구조를 이룬다. 미국이 후원한 후발국의 대게릴라전에서는 '비민분리'가 가장 중요한 전략이었다. 냉전 초기와 중기 미국과 그 영향권하의 남미, 아시아 각 나라에서는 무장반란 세력과의 전투에서 내부의 적을 향해 비민분리, 귀순공작, 심리전, 사상전, 사상주입, 검열과 감시가 일상적으로 진행되었다. 냉전 초기 미국은 경제 원조와 군사 지원을 통해 신생 독립국의 반공체제를 지탱함과 동시에 각종 문화적 냉전정책, 특히 할리우드 영화, 각종 교육지원 사업을 통해 일종의 심리전을 수행했다.

전쟁 중인 국가를 거부하거나 반대하는 것은 곧 적을 이롭게 하는 것으로 간주된다. 유치장, 수용소, 감옥, 경찰, 검찰, 법원, 간수로 표상되는 전쟁 중의 공안기관이나 행정기관은 이제 학교, 마을, 이웃, 가족까지 심리전의 전선으로 본다. 예를 들어 2009년 한국의 국정원이 선거에 개입하는 댓글조작사건을 벌였는데, 이 담당 부서가 국정원 심리전단(Defense Psychological Operation Group)이었다. 그들에게는 댓글도 전쟁이었다.

접근방법론:
지구 권력의 장과 국가 권력의 장

한국의 사상통제를 분석하기 위해서는 한국의 국가, 정권의 정책만을 대상 혹은 독립 변수로 설정할 수는 없다. 1945년 이후 남한은 동아시아 식민주의의 유산과 지구적 냉전이라는 동시대의 세계적 조건, 그리고 미국과 소련, 중국이 지리적으로 충돌하는 지구정치적인(geoplitical) 위치에 놓여 있었기 때문이다. 일본 제국주의의 역사적 유산은 미국 헤게모니하의 냉전 세계질서 속에 아말감처럼 녹아들어 갔다. 통상 역사학자들은 일국, 일민족 중심으로 역사를 서술하는 경향이 있지만, 한국 사상통제에서 일제의 유산은 '잔재'로 남아 있는 것이 아니라 전후 일본-미국모델의 공시적(synchronic)/통시적(diachronic)으로 구축된 세계질서의 일부 그 자체이다. 한국에서 '좌익사냥(red purge)'과 반공주의는 일제강점기의 항일 독립군 토벌 과정에서 나온 담론과 전략이지만, 전후 냉전과 매카시즘의 전 지구적 확산이라는 미국 헤게모니하의 공시적 권력의 장에서 통시적으로 전개

되었다.[117]

한 국가의 정치사회, 그 과정에서 발생한 여러 현상은 '방법론적 일국주의'의 틀을 넘어서야 제대로 설명할 수 있다.[118] 한 국가 내의 권력 장은 자본주의 세계체제, 그리고 헤게모니 국가를 축으로 한 국제정치체제의 일부로 존재한다. 국가 내 지배세력의 힘은 그 사회 내부의 힘의 각축을 통해서만 형성된 것이 아니라, 이러한 세계 정치경제 질서, 특히 미·소의 미국의 정치경제 지배의 반영이고, 세계 지배세력과 피지배세력의 각축의 반영이기도 하다. 즉 국가주권은 언제나 제한적이고 국제관계 속에서 상대적이다. 미국의 첩보기관과 군산복합체(military-industrial complex)는 냉전 시기 세계 최고의 권력체였다. 소련 핵 개발이 미·소의 관계를 변화시켰듯이 냉전과 미국 헤게모니의 성격과 양상은 시기에 따라 계속 변했고, 그에 따라 일국의 권력의 장도 변했다. 역사적 지구 권력의 장 및 국내 권력의 장이나 사회세력 간의 역학이 탈식민화 과정에 놓인 후발국가 내의 각종 담론, 법과 행정에 영향을 끼쳐 제도와 행위가 '구조'로 정착되었다.

그래서 일국의 사상통제를 분석하기 위해서는 한 국가가 처한 국제 정치경제적 조건을 먼저 고려해야 한다. 그리고 그 아래에서 형성된 개별 국가 내의 권력의 장, 사법의 장, 이데올로기나 담론의 장, 그리고 행정집행의 장을 각각 분리해 접근하는 동시에 이들이 국가 내에서 하나의 총체를 형성하며 상호 보완·강화하는 메커니즘을 분석해야 한다. 특히 1945년 이후 한국은 지구 정치경제 질서에서 남(South)에 속한 나라이므로 세계체제와 식민주의(colonialism), 주변부(periphery)의 문제의식과 시야에 기초해야 그 정치·사회적 전개 과정을 제대로 분석할 수 있다.[119] 한국 사상통제는 냉전체제하 세계적 현상의 일부이지만, 그 특성은 식민 지배를 받았던 국가들에서 일반적으로 나타나는 것이기도 하다. 한국의 정치경제의 모든 부분이 그렇지만 세계적 보편성과 한국적 특수성을 동시에 파악해야 할 필요가 있다.

국가는 시민사회에 대해 독립적인 것처럼 군림하지만, 각 사회세력의 각축의 결과이기도 하며 국가는 편향적인 법과 행정 집행을 통해 사회관계의 재생산에 개입한다. 제숍(Bob Jessop)이 제기한 국가의 전략적 선택성(selectivity), 독립변수로서 국가가 아니라 정치사회적 역학의 결정체로서 법과 정책을 만든다는 주장도 이것을 강조한 것이다.[120] 그래서 국가의 최고 행위자인 대통령이나 집권당의 의지가 법과 행정을 집행하지만, 그것은 사회세력의 역학을 반영하는 것이기도 하다. 국가의 억압기구라는 주권 권력, 법과 행정이라는 규율권력과 정부의 각종 공권력 집행, 그리고 시민사회의 세력 관계나 의식의 분포는 서로 긴밀히 연관되어 있어서 서로를 강화/약화한다. 지배세력의 폭력수단, 담론과 이데올로기가 법의 제정과 집행, 행정권의 행사를 규정하는 동시에 이런 법과 제도, 행정집행이 거꾸로 국민들의 의식을 주조하고, 이 의식이 또다시 법과 행정을 지지한다.

국가의 사상통제는 국가기관, 대통령, 군부 지도자 등 특정 권력 주체가 나머지 피지배층을 향해 일방적으로 행사하는 것이 아니라 여러 권력 장 속에서의 사회적 역학이 법을 거쳐 행사

된다. 국가 내 사상통제의 가장 일차적인 장은 권력 장, 즉 군사력과 경찰력이 행사되는 영역이고, 이차적인 장은 법과 이데올로기의 영역, 그리고 선전과 교육의 장이다. 한국처럼 미군의 군사점령 같은 외적인 힘으로 국가가 건설된 경우에는 군과 경찰이라는 억압적인 권력기관이 법과 담론 이전에 존재했다. 전시에는 군이, 평시에는 경찰과 검찰, 교육과 언론이 사상통제의 집행 기구로서 중심적인 역할을 했다.

예를 들어 1920년대 이후 일본의 천황제, 치안유지법, '국체' 이데올로기, 사상검사와 사법관료의 제도적 확대, 전향제도, 신민(臣民)적·식민지적 주체의 형성 등이 결합된 사상통제체제는 일본이 탈아입구(脫亞入歐), 즉 유럽 제국주의를 추격·모방하여 발전하려는 후발 제국주의라는 위상, 그리고 20세기 초 제국주의 국가들 간의 경쟁과 전쟁의 권력 장 속에서 형성된 것이다. 여기서 제국주의 일본의 역사성과 동시대성이 결합되어 일본식 군사 파시즘체제가 만들어졌다. 서구 제국주의의 충격, 따라잡기 근대화의 요구, 군부관료 지배, 천황제와 유교적 충효 이데올로기, 식민지 지배의 필요, 일본 내 공산주의와 조선 독립운동, 중일전쟁과 태평양전쟁 등 여러 조건들이 상호 접합하면서 제국주의 일본의 사상통제가 제도화되었다.

남한에서의 사상통제 역시 비슷한 연관구조 속에서 설명할 수 있지만, 일제강점기의 법, 제도적 담론적 유산, 집행자인 경찰과 집권 친일부역 세력이 가장 결정적 초기 주체였다.[121] 알튀세르가 말했듯이 자본주의 생산체제, 지배질서, 이데올로기, 문화는 각각 다른 생성의 역사와 주기를 갖고 있으면서 특정 역사적 국면에서 접합, 과잉 결정되어 모순적으로 재생산된다.[122] 일본 제국주의는 한국에 단순히 '유산', '잔재', '영향' 등으로 남아 있지 않다. '일제 잔재'라는 담론은 한국이 일본, 미국이라는 국가와 분리된 독자적 주권국가라는 전제 위에 있다. 그러나 한국은 독자적 주권국가가 아니라 미국-일본으로 연결된 동아시아 제국주의-냉전체제의 하부단위다. 1945년 이후 한국, 타이완, 일본의 국가주권은 미국과의 관계에서 제한적으로 보장된다. 한국의 국가보안법은 단지 일제의 치안유지법을 계승한 것이 아니라 변형된 치안유지법이고, 한국 검찰과 경찰은 냉전체제하에서 현존하는 일제 검찰과 경찰이다. 반공주의 국체·국시는 일제의 잔재나 유산이라기보다는 냉전시기의 공시적 담론이자 규율권력이다.

한 국가 내에서 사상통제를 수행하는 최고기구는 언제나 국가 위의 국가, 즉 공안기관이다. 특히 전체주의, 파시즘, 독재는 언제나 국가 위의 국가 권력의 행사 주체, 특히 사상통제를 위해 비밀경찰을 창설하는데,[123] 일제의 특별고등경찰(특고), 독일의 게슈타포(Gestapo), 미국의 CIC[124]와 CIA 등이 대표적이다. 비밀경찰이나 공안기관의 조직, 예산 수립, 활동은 실정법을 초월해 있고, 국민의 감시권 밖에 있다. 이 조직은 지구 권력의 장, 특히 미국의 군·민간 첩보기관과 매우 긴밀하게 연결되어 있으며, 대통령이나 정치집단보다 더 긴 생명력을 가질 뿐 아니라 자체의 논리를 갖는다. 각국의 계엄령·긴급조치 등 비상사태 선포,

쿠데타세력 등이 국회 밖의 권력체를 거쳐서 제정한 법률이 사상통제의 최고 규율이 되어 국가 권력행사의 법적 근거가 되고 이데올로기적 정당화의 근거가 된다.

　법 제정, 언론을 동원한 공안기관의 수사 과정 발표와 이후 법원에서의 형벌 부과는 그 자체가 최고의 사상주입 교육이다. 수사기관이 간첩사건을 발표한 뒤, 간첩이 국가안보를 어떻게 위협하는가를 언론이 대대적으로 보도하면, 국가 내부의 '양민'들은 자신의 내면성을 스스로 통제한다. 국가 밖의 불순분자 혹은 비국민에 대한 엄한 처벌은 자신이 양민이라고 생각하는 사람들에게는 '가장 강력한 설득력 있는 언어'로 다가와,[125] 그 진실 여부에 대해 그 어떤 질문도 포기한 채 무조건 복종을 하는 '사상적 무뇌아'가 된다. '간첩 아닌 사람', 즉 불온한 국민 혹은 비국민이 아니라는 것을 보여주기 위해 자기 검열을 하거나 권력에 복종하게 된다.[126] 물론 법의 이름으로 시행된 사상통제가 국민적 동의나 도덕적 정당성을 획득하는 것은 아니다. 즉 담론, 이데올로기적 정당화, 헤게모니적 가능은 국가 권력행사의 매우 중요한 부분인데, 그래서 설득과 동의의 기제인 교육, 언론은 언제나 핵심 국가기관이다.

　자본주의 국가에서의 정치권력의 행사는 궁극적으로는 경제가 좌우한다. 근대화, 성장, 높은 수준의 경제 발전, 새로 형성된 노동자층의 체제 내 포섭 등의 과정이 전제되어야 억압적 권력이 행사될 수 있다. 그리고 노동자의 중산층화는 억압적 통제기구의 동원을 점점 불필요하게 만들 정도로 사회적 동의의 기반을 확대한다. 경찰과 검찰 등 수사 사찰기관보다는 학교나 언론과 같은 헤게모니 기구의 역할이 더욱 커질 것이다. 개인의 물질적 욕망 충족과 지위 상승의 실현, 그 자체가 가장 강력한 동의의 기반이다. 그 어떤 사회주의나 민족주의의 이상도 자본주의적 이기심과 물질적 욕망을 이겨내기는 어렵다.

이 책은 '방법론적 일국주의'의 극복, 지구 권력 장이 국가 권력 장에게 영향을 주는 과정, 또 동북아시아에서 개별 국가와 미국 헤게모니하의 권력층과 지배계급의 연계와 지배담론인 반공주의 공유,[127] 그리고 제국주의 식민통치의 역사적 유산이 냉전 권력의 장이라는 틀 속에서 공시적/통시적으로 지속/변형/강화되는 양상을 주목함으로써 한국의 사상통제, 특히 1987년 민주화 이전까지의 사상통제를 분석한다. 1987년 민주화 이후에는 언론, 교육의 사상통제, 행정기관의 검열과 검찰의 법적 통제의 비중이 훨씬 커졌지만, 이 부분은 별도의 연구과제이기 때문에 여기서는 부분적으로만 다루었다. 특히 이 책은 1948년 이후 1970년대까지 좌익수 대상의 전향공작, 사상주입, 대민 감시와 사찰 등을 주요 분석 대상으로 삼았다.

사상통제 분석은 한국의 근대성을 묻는 작업이기도 하다. 여기에는 한국의 역사적 특수성과 세계적 보편성이 결합되어 있다. 사상통제는 단지 반정부·반체제운동에 대한 통제를 넘어서서 사회관계, 그리고 일상의 사회적 삶을 규정한다. 정당, 정책, 학교교육, 문화, 시민참여, 일상 모든 것이 이것과 직간접적으로 관련되어 있다.

근대 이전 서구에서 절대자인 '신'의 자리에는 동북아시아 한국에서는 곧 '국가'가 놓여 있다. 그래서 서구 근대화를 설명하는 세속화는 적어도 동아시아 근대화에는 적용하기 어렵다. 근대와 전근대의 구분을 할 수는 있으나, 양자의 성격과 연결 방식은 다르다. 우리는 사상통제를 통해서 한국의 근대성을 엿볼 수 있고, 그것을 통해 후발국 근대화 과정의 보편적 모습을 그려낼 수 있으며, 더 나아가 시민의 존립 가능성과 인간 자유의 실현 가능성을 그려볼 수 있다.

2 사상통제의 전사(前史):
조선과 일제강점기

조선의 사상통제

근대 이전에는 반란의 음모를 꾸미거나 정치적으로 군주에게 도전하지 않아도 이단적인 사상, 종교, 교의를 갖고 그것을 전파만 해도 심각한 탄압을 받았다. 조선과 같은 전근대 국가에서는 이데올로기가 지배체제의 핵심을 이루고 있기 때문에 그런 이데올로기를 거부하거나 비판하는 종교적 신념을 전파하거나 포교하는 행위도 '정치를 어지럽히는(亂政)' 행동으로 간주되었다. 이것은 중세 유럽에서 교회의 확고한 세계관이었던 천동설 비판을 곧 체제비판으로 받아들인 것과 같다. 뒤르켐이 말한 전근대 사회의 특징, 즉 기계적 연대에 기초한 환절형(segmental) 형태의 사회, 형법 우위의 지배체제의 특징이다.[128]

중세 유럽에서는 기독교와 교회가 지배질서의 중심을 이루었다면, 조선은 불교를 엄격히 배척하면서 송의 주자학을 통치 이데올로기로 채택했다. 그런데 기독교에서 신은 절대자이고 초월적인 존재로서 강력한 배타성과 복종을 요구하는 성격을 갖고 있었으며, 십자군전쟁, 마녀사냥 등을 통해 이단 종교에 대한 불관용과 탄압의 기조를 유지했다. 세속 윤리인 주자학을 통치의 근간으로 한 조선은 이론, 명분을 둘러싸고 여러 파당 간에 정치적 갈등이 발생했고, 주자학 이외의 모든 이론과 사상은 사문난적으로 배척되었다. 조선의 주자학 도그마화는 중세 로마가톨릭의 이단자 박해와 별로 다르지 않았다. 그러나 조선에서는 유럽과 달리 수학과 과학, 천문학이 발달하지 않았기 때문에 이 도그마에 대해 아래로부터 도전하는 세력은 나타나지 못했다.

그럼에도 불구하고 주자학적 세계관과 신분질서를 위협하는 불교, 노장사상, 양명학 등에 기웃거린 유교적 지식인도 있었으나 정치적 탄압이 두려워 자신의 사상을 감추면서 살았다.[129] 사상탄압의 성격이 짙은 사례로는 대역죄인으로 처형당한 조선 중기의 지식인 허균이 대표적이다. 허균은 평등주의와 신분질서 타파에 열망을 갖고 있었고, 불교에도 심취한 자유분방한 지식인이었다. 허균을 위험한 존재로 간주하여 결국 참살한 이유는 양반귀족 출신인 그가 서자들과 몰려다녔다는 행동도 중요했지만, 자유분방한 말과 글이 주변의 주자학으로 무장한 양반 관료들을 몹시 불편하게 했기 때문이다.[130] 주자학의 조선은 그를 역적으로 몰아서 죽였고,[131] 그를 죽인 조선도 무너졌다. 조선 왕조의 붕괴나 일제의 한반도 강점도 무기력한 왕조와 지식인들이 민중의 마음을 알지 못한 채 동학사상 등을 가혹하게 탄압하고 주자학만이 건드릴 수 없는 진리라고 고집한 데서 기인한다.

무엇보다 조선 후기의 대표적인 사상탄압은 역시 천주교 박해를 들 수 있다. 천주교는 주자학에 대해 가장 전면적으로 도전한 종교 이데올로기였다. 물론 권철신, 이가환, 정약용 등 천주교인들이 순수한 사상탄압을 받았다기보다는 노론과 남인, 그리고 남인 내 시파와 벽파 간의 권력투쟁이 그 밑에 깔려 있었다.[132] 이들은 왕의 명을 거역한 불경(不敬)과 왕이 다스리는 정부를 거역한 모반, 대역부도(大逆不道)의 죄목으로 체포되어 처형되었다.[133] '부모가 낳아준 육신을 미워하라고 명령하는 것, 왕이 다스리는 세상을 원수라고 고발하니 왕을 원수로 취급하라고 명령하는 것, 동정이 결혼보다 더 완전하다고 가르치니 인류를 멸하려고 하는 것' 등이 이들이 처형당한 죄목이었다. 신자들끼리 모여 그들끼리 신앙생활만 해도 당시 조선 사회는 그런 행위를 그냥 두지 않았다.

　동학을 창시한 최제우에 대한 처형 또한 사상탄압의 성격이 강하다. 동학교도들의 종교적 신념과 예배 등의 신앙 의례는 정치적으로는 체제를 위협하지 않았으며, 이들은 중국의 태평천국의 난처럼 종교를 매개로 하며 반체제 행동을 하지도 않았다. 최제우의 죄목은 〈대명률(大明律)〉의 사도난정(邪道亂正)이었는데, 이는 '삿된 도로 바른 질서를 어지럽힌다'는 뜻이다. 최시형의 경우 '혹세무민하고 좌도난정(左道亂正)하는 사교(邪敎)를 편 죄목'으로 참형을 당했다.[134] 동학사상 전파가 주자학적 질서를 어지럽힌다는 것이었다. 이처럼 신앙과 교리를 전파하기 위한 종교활동이라고 해도 지배 이데올로기의 근간을 건드리거나 그것을 거부했기 때문에 심각한 처벌을 당했다.

조선시대에는 반란이나 정치행동의 위험 정도에 따라 유배 지역, 그리고 유배된 곳에서의 신체의 자유 제한 정도가 달랐다. 조선이 범죄자에게 태형(笞刑), 장형(杖刑), 도형(徒刑), 사형(死刑) 등의 신체형을 가한 것이나, 유형(流刑)과 같은 자유형을 내린 점에서 다른 전근대 국가들과 차이는 없다. 특히 군주 혹은 국가를 위태롭게 할 것을 모의하거나(謀反), 국가를 등지고 가짜를 따르거나 오랑캐의 편에 서는 것(謀叛),[135] 대역죄 등 반역을 저지른 정치범에 대해서는 교형(絞刑)과 참형(斬刑) 등 가혹한 처형이 내려졌다.[136] 모반의 '정을 알면서도 방임하거나 숨겨 준' 자는 교형, '모반한 자'는 두목이나 따르는 사람을 가리지 않고 모두 참형에 처했다. 특히 대역죄, 즉 사직을 위기에 빠트려 망하게 하려고 공모한 자는 주범, 종범을 가리지 않고 모두 사지를 절단하여 죽이는 능지처사(陵遲處死)를 했다.[137] 또한 오늘의 사상통제와 유사하게 요서(妖書), 요언(妖言)을 조작하여 이를 유포 전파하는 자는 주범, 종범을 가리지 않고 모두 참형에 처했다. 즉 유언비어 유포도 처벌 대상이었다.

조선 초 세조의 집권 과정의 계유정난(癸酉靖難) 이후 계속된 정치투쟁과 4대 사화 과정에서 지배집단은 모두 정적을 처형하거나 유형에 처했다. 유형은 형기가 정해지지 않고 반영구적으로 거주를 제한하는 자유형이었다. 유형에는 부처(付處), 안치(安置), 천도(遷徒) 등이 있었는데 일정한 지역을 지정하여 머물며 거주하도록 한 것이 부처, 유형지에서 일정한 지역에 거주하도록 하는 것이 안치, 범죄자와 그 가족들을 국경 지역에 거주하

도록 하고 주거지를 벗어나면 도주의 죄로 다스리는 것이 천도였다.[138]

　천주교도나 동학 지도자들에 대한 처형도 매우 잔혹했다. 교수형, 참수형이 가장 많았으나, 생매장, 자리개질(사람의 머리를 쇠도리깨로 치거나 큰 형구 틀 위에 머리를 놓고 죽이는 형벌), 대들보 형틀(머리 위에 대들보를 내리쳐 죽이는 형벌)도 있었다.[139] 이후 1894년 갑오개혁으로 행형제도가 개선되어 장형을 폐지하고 도형을 징역으로 바꾸고 유형은 정치범에 한해서만 적용했다. 징역형을 받은 자는 감옥에서 노역에 종사하도록 했다. 이것은 근대 자유형제도를 확립하려는 것이었다.[140] 이를 계기로 정치사상범에 대해 응보적 신체적 처벌은 중단되었다. 그러나 1910년 일제가 조선을 강점하면서 갑오개혁 당시 폐지가 논의되었던 태형과 같은 전근대적인 신체형이 오히려 부활했고 가혹한 고문이 시작되었다. 그리고 반일·반제국주의 사상을 가진 것 자체가 범죄가 되었다.

　한국 근현대 국가의 사상탄압은 분명히 전제적 조선 왕조에서 수없이 반복된 내부의 반역자 처벌과 결합된 사상적 획일성 강요의 유산인 점도 있을 것이다. 그러한 일본 제국주의 지배가 없었다면, 일제가 동학농민혁명과 같은 아래로부터의 저항을 가혹하게 진압하지 않았다면 이런 전근대적인 사상탄압은 근대적인 자유민권 사상에 의해 사라지거나 약화되었을 것이다. 하지만 일제의 통치상의 필요 때문에 전근대적 탄압은 변형 지속되었고, 오히려 더 가혹한 양상으로 나타났다.

'천황제'라는 근대 국가?
군부 파시즘과 지배체제

일본식 근대 국가의 천황제와 조선 강점

1867년 메이지유신(明治維新) 이후 일본의 천황제 국가는 근대 국가인가? 일본 천황제는 봉건시대 말 지배계급이 처했던 위기 극복시도의 산물이다. 일본은 서구의 도전과 불평등조약의 강요 등 위기 국면에서 두려움과 공포로부터 벗어나고자 국민의 통합을 위해 중앙집권적인 국가와 천황이라는 상징을 만들어냈다.[141] 일본은 사무라이 출신 관료가 주도하여 프로이센 입헌군주국을 모델로 했으며,[142] 군대와 경찰, 학교 제도 등에서 유럽 근대 국가의 형식을 갖고 있었다. 천황제 군부관료체제는 메이지유신의 산물로 동아시아 유교문화와 일본 자체 전통을 활용하되 서구 근대 국가의 대열에 동참하기 위해 그들의 제도를 모방한 것이다. 특히 경찰, 군대, 감옥, 학교 등의 조직과 그 조직의 원리는 영국, 프로이센과 프랑스의 제도를 받아들인 것이었으며, 국가의 지배이념은 일본식 만세일계(萬歲一界)의 천황이라는 종교적 상징, 황족에서 사족으로 이어지는 신분제의 잔존, 가족주의, 유교적 충성 논리와 근대 자유주의를 결합한 것이었다.

이후 민권론자들의 요구로 서양의 자유주의, 사회주의 사상이 유입되었고 천황제에 대한 비판이 제기되었다. 다이쇼(大正) 말기인 1922년 과격사회운동취체법이 귀족원 특별위원회에 제출되었다. 이것은 공산주의나 무정부주의 등 외국에서 유입된 '과격사상'을 통제하기 위한 것이었다.[143] 이 법안의 '국헌을 문란케 한다', '선전하고자 하는 자'라는 문구는 모호하고 '기타 등'은 거의 정확한 정의가 불가능해서 당시에도 논란이 일었다.[144] 이후 과격사상 확산과 관동대지진 같은 재난, 노동운동의 등장에 대처하기 위해 1925년 치안유지법이 제정되고, 근대 일본의 사상통제가 제도화되었다.[145] 치안유지법상의 사상범이란 일본인 무정부주의자, 공산주의자와 더불어 조선인 민족주의자를 주 표적으로 삼았다. 치안유지법 체제하에서 아카이(赤い, 빨갱이)라는 말이 사용되었는데, 그것은 천황제라는 국체와 사유재산제를 비판하는 모든 사람을 지칭했다. 일본의 아카이라는 용어에는 비하와 공포가 뒤섞여 있었다.[146]

근대 국가는 자본주의와 사유재산권 논리에 기초해 있고, 일본의 천황제와 유교적인 가족국가 관념, 사유재산제라는 두 축이 지배질서의 기둥이었다. 따라서 치안유지법에서 명시한 것처럼 천황이라는 역사·문화적 상징과 지배 이데올로기, 그리고 사유재산제도를 부정하면 사상범 또는 반체제 사범으로 취급했다. 일본의 메이지 국가, 천황제가 일종의 세속 종교기관의 성격을 갖고 있지만, 그것은 분명히 자본주의 경제체제를 바탕에 깔고 있기 때문에 국가주의뿐만 아니라 공리주의적 요소를 포함하고 있었다. 이후 치안유지법에서 사유재산권 부정을 범법으로 규정한 점을 주목할 필요가 있다. 천황제와 자본주의를 일관되게 반대하는 사상이 사회주의와 무정부주의였기 때문에 과거의 일본은 두 사상과 그것에 기초한 운동을 '용납할 수 없는' 범죄로 간주했다. 그것은 1917년 러시아혁명 직후 미국을 휩쓴 적색공포처럼 국수주의와 인종주의에 기초한 것이었다.[147] 미국의 적색공포가 기독교 복음주의를 문화적 기반으로 한 데 반해 천황제는 가부장주의와 순응·복종적 일본식 종교 심리에 기초한 것이었다.

치안유지법이 제정된 이후 1928년 특별고등경찰(특고)의 신설이 결정되었고, 1,000명의 경찰이 증원되었다. 그리고 같은 해에 고등법원 검사국 내에 사상부가 설치되었다. 그리고 사상검사를 소련에 파견하여 『사상범죄수사 실화집』 같은 책자를 발간했다. 사상 사법(司法)이 제도화되자 사상검사라는 조직과 기능이 등장했고, 사상범이라는 용어가 등장했다. 이제 사상범은 사상에 근거한 목적 기도자(목적범)를 넘어 사상을 배경으로 하는 모든 행위자(목적범+실행범)로 확장되었다. 그래서 사상검사의 독자적인 판단과 결정에 따라 반체제 사상을 가진 사람은 사상범이 되어 구속 수감되고 재판을 받았다. 치안유지법 제정, 정부 내에 특고와 사상부 설치, 경찰과 관료 조직의 동원 등으로 수많은 사상범이 갑자기 만들어졌다. 즉 법과 통치체제의 변화가 갑

자기 '범죄자'를 만들어낸 것이다.

　치안유지법을 집행한 일본 사상검사들은 전향자들에게 공산주의를 버리는 정도가 아니라 큰 자각을 해서 천황이라는 국가종교에 귀의하거나, '진정한 일본인'으로 되돌아오는 모양새를 취하도록 했다. 대표적 공산주의 지도자였던 사노 마나부와 나베야마 사다치카는 옥중에서 전향선언을 발표하면서 공산주의를 버리고 국체주의와 일본주의로 '귀일'한다고 했다.[148] 즉 천황이 국체인 자본주의 국가, 또 가족과 민족의 유기체적 일체화가 강조되는 국가에서 전향이란 사유재산 부정이라는 좌익사상 포기만을 의미하는 것이 아니라 개인, 외래사상을 버리고 가족과 국가, 민족의 품으로 다시 돌아가는 것을 의미했다. 일본이 'state'를 '國家'로 번역한 것은 서구의 통치조직으로서 국가 개념보다는 '확대된 가족(家)'의 의미를 내포하고 있다. 그러므로 좌익의 전향은 공산주의 활동이나 사상을 버리고, 이제 고향 공동체 혹은 국가와 가족으로 돌아간다는 의미를 포함하고 있었다.

　일제는 사상통제를 위해 법을 통한 처벌, 폭력을 통한 강제 교화, 교육, 사회적 제재의 모든 방법을 사용했다. 1890년에 제정된 군국주의 교육방침인 〈교육칙어(教育勅語)〉가 말해주는 것처럼 교육은 모든 학생들에게 천황의 충실한 신하가 되도록 가르치는 것이다. 사상범에 대한 국가의 탄압은 주변의 모든 사람들로 하여금 이들을 기피하게 만들었는데, 즉 법적·정치적 통제는 사회적 통제를 수반했다.

　일제가 수립한 괴뢰국가 만주국은 국경을 맞댄 소련에 맞서자는 방공(防共)국가였다. 만주국을 소련과의 최전선 방공국가, 국방국가로 만들기 위해 일본은 관동군, 간도 특설대를 창설하여 중국인과 조선인 항일세력을 토벌했다. 그리고 동시에 이들의 영향력을 차단하기 위해 도시와 농촌에서 공산주의와 반일사상이 형성될 수 있는 기반을 제거하고자 했다. 이들은 장제스(蔣介石)의 국민당이 '사상적 방공강화'를 위해 사용했던 신생활운동을 주목하고, 규율운동, 위생운동, 상무운동(즉 학생과 국민생활의 군사화) 등의 대민 통치를 위한 생활운동을 전개했다.[149]

일본은 이러한 운동을 통해 서구의 자유주의, 자본주의, 공산주의의 폐단을 극복하려는 '일본주의'의 내용을 주입하려고 했다. 만주국 내에서의 비민분리정책, 보갑제, 집단부락 조성, 특고를 동원한 중층적인 주민감시체제는 이후 1948년 여순반란, 제주4·3사건 당시 지리산 일대와 제주도 중산간 등 게릴라 활동 지역에서 그대로 시행되었는데, 일본군 토벌군으로서 만주에서 활동을 했던 김백일, 백선엽 등이 일본인에게 배운 전략을 그대로 6·25 전후에 시행했다.[150]

일제의 식민지 조선에 대한 정치사상통제

서구의 '문명론'을 그대로 학습해서 서구를 추종하고 모방하여 제국주의의 길을 가려던 일본에게 조선은 19세기 말 정한론(征韓論) 제기 시점부터 '미개'의 땅이었다. 조선에서 일제강점기로 넘어가는 과도기인 통감부 시기에도 보안법이 존재했으나, 강제 병합 이후 조선에서는 군부의 폭력이 직접 행사되었다. 일본 본국은 입헌군주국이었기 때문에 그래도 귀족들로 구성된 의회가 존재했으나, 조선에서는 그와 같은 대표기구가 없었기 때문에 제령, 즉 총독이 일본의 내각총리대신의 제가를 얻어서 선포한 명령이 법의 기능을 했다. 사실상 식민지 조선에는 왕조시대의 전제주의에다 일제의 조선총독부와 그 첨병인 헌병과 경찰이 직접 통치하는 더 강화된 전제정이 수립되었다.

1919년 3·1운동 직후 일제는 조선인의 항일행동을 통제하기 위해 제령 제7호로 정치에 관한 범죄 처벌의 건을 발표했는데, 제1조는 "정치의 변혁을 목적으로 하여 다수 공동으로 안녕 질서를 방해하거나 방해하고자 하는 자는 10년 이하의 징역 또는 금고에 처한다"고 되어 있다. 이것은 강제 병합 이후 최초의 사상통제법이라 할 수 있다. 여기서 '안녕질서의 방해'가 어떤 것인지는 전혀 언급되어 있지 않다. 관동대지진(關東大地震) 당시에는 불령선인(不逞鮮人)에 대한 예비검속령이 존재했다.[151] 한편 일제의 예심제도는 치안유지법 이전부터 존재했는데, 일제의 사상통제의 성격을 아주 잘 보여주는 형사소송법이라 볼 수 있다.[152] 예심판사는 광범위한 강제 처분권을 행사할 수 있었다. 즉 죄의 유무가 가려지지 않은 상태에서 판사가 기간 제한이 없는 미결 상태의 혐의자 인신구속을 할 수 있었다.

모든 제국주의가 그렇듯이 천황제는 식민지 조선인들에게는 인종주의적 태도를 갖고 있었다. 일본의 혈연 조상을 받드는 한 일본 민족주의는 당연히 조선인에 대한 멸시, 타자화를 전제로 했다. 일본 제국주의의 인종주의는 3·1운동 당시 수원 제암리와 관동대지진 당시 조선인 집단학살이 자행된 근거였다. 일제하에서 가장 중요한 범죄자, 즉 정치사상범은 천황제와 일본의 식민지배를 거부하는 조선인들, 특히 항일투사들이었다. 특히 공산주의, 무정부주의 사상뿐만 아니라 민족주의를 견지한 조선 청년들은 일본 천황제와 국체의 개념을 전면 거부했다. 이들은 일본의 사법부, 법정과 재판을 조롱했다.[153] 그것은 천황제라는 것이 사실상 일본의 군부관료 주도의 지배체제이자 민족주의, 즉 일본의 반체제 지식인과 열등한 중국인과 조선인을 탄압하는 정책임을 알고 있었기 때문이다.[154]

치안유지법은 '국체' 또는 '정체 변혁', 즉 천황제를 부정하는 정치범죄를 처벌하기 위한 법이었지만, 식민지 조선이나 타이완에서는 항일운동가를 처벌하기 위한 법이었다.[155] 일본에서 이 법을 둘러싼 논란이 지속되자 당시 조선총독 사이토 마코토(齋藤實)는 만약 이 법이 통과되지 않으면 조선에서 제령 형식으로라도 치안유지법을 실시하겠다고 말하기도 했다. 조선에서 항일운동가 처벌이 일본 본토에서의 사상범 처벌보다 더 다급했다는 것을 말해준다. 1926년에 사법성 사상과가 설치된 이후 조선도 그 통제를 받았다. 사상범죄의 경우 검사 수사 사건 중 공판 청구된 것과 예심 청구된 것 가운데에서 후자가 전자보다 월등히 많았다. 그리고 열악한 구금 환경 때문에 예심에 넘겨진 상태에서 수감 중 사망하는 사례도 많았다.

조선총독부는 경성지방법원 복식판사 이토 노리오(伊藤憲郎)를 고등법원 검사국 소속 사상 전문 검사로 발탁하여 조선 내의 모든 정치범, 즉 항일운동 관련자를 담당하게 했다. 그는 사상범죄의 박멸을 위해서 조선 사회주의 운동뿐만 아니라 러시아나 해외의 사회주의 운동을 연구했고 수많은 글을 발표했다. 그는 사회주의를 '위험사상', '불온사상', 사회질서를 어지럽히는 '악'으로 보았고, 범죄행위이자 박멸의 대상이라 보았다.[156] 그들에게 일제의 지배를 받아들이지 않는 식민지 조선인은 모두 잠재적인 정치범이었다.

한편 조선과 함께 일제의 식민지가 되었던 타이완의 사정은 조선과 달랐다. 1926년부터 1943년까지 치안유지법으로 검사국에 수리된 인원은 24,441명이고, 이를 근거로 추산하면 경찰에 검거된 조선인 정치사상범은 대략 6~7만 명 정도로 추산한다.[157] 타이완의 경우에는 2,000명 위반에 500명 정도밖에 기소되지 않았다. 타이완은 1896년 일제 식민지로 전락한 이후 비도(匪徒)형벌법에 의한 원주민 및 내성인에 대한 탄압이 매우 괴멸적이어서 이후 치안유지법의 통제 대상이 많지 않았다. 그리고 중국의 공산주의가 타이완에 영향을 미치지 않도록 하려는 목적이 더 컸기 때문에 한국에서처럼 직접 항일운동가를 통제하는 것과는 양상이 달랐다. 결국 치안유지법과 전향정책은 식민지 조선에 주로 적용되었다고 볼 수 있다.

1928년 개정된 치안유지법 체제하의 전향정책은 처음에는 주로 일본인 반체제 인사를 대상으로 한 것이었으나 '국체 변혁'의 개념을 확장해서 조선인의 항일독립운동도 국체 변혁을 기도한 것으로 확장 해석했다.[158] 그래서 1930년대 이후 '사상사건'이란 노동·농민운동을 포함한 조선인 항일운동가 탄압사건을 주로 지칭했다.[159] 이러한 논리에 따라 항일 조선인들에게도 전향을 강요했다. 그러나 일본 사상검사들은 조선인 사회주의자나 민족주의자들에게는 전향정책이 적용되기 어렵다는 것을 알았다. 그들은 한 민족으로부터 민족의식을 뽑아버리고 타민족에게 동화하는 것은 거의 불가능한 일이라는 것을 실토했다.[160] 그들은 조선의 '특수사정'이 있고, '편협한 민족의식'을 갖고 있기 때문에 일본 내의 사상범에 비해 전향이 극히 곤란하며 악질적인 비전향자 중에는 사상범 보호관찰제도로는 선도의 효과를 내는 것이 불가능하다고 판단하기도 했다.[161] 즉 그들은 일본인 사상범과 조선인 사상범의 차별성, 결국 제국주의와 식민지 간의 간극을 인지한 것이다.[162]

일제 말 '전시 파시즘' 체제와 사상통제

중국을 본격적으로 침략하기 위해 1937년 만주사변을 일으킨 일본은 세계를 방공국가군과 용공국가군으로 나누어 도쿄-베를린-로마를 축으로 하는 방공국가군이 "공산주의 세력을 격멸할 거화를 들고 인류 구제의 대도로 매진하고 있다"고 주창했다. 치안유지법이 개악되어 재범 방지를 위해서 예방구금, 특별구금제도가 도입되었다. 그래서 일본 본토에서는 실시하지 않았던 조선사상범보호관찰령(1936)을 제국명령 제16호로 제정했다.

1941년 소련의 대일전 참전은 일본의 대조선인정책을 변화시켰다. 1941년 2월 12일 조선총독부 제령 제8호로 일제는 사상범의 선도와 재범 방지를 위해 조선사상범예방구금령을 실시하여 조선인 사상범, 즉 항일투사들에 대한 감시와 통제를 강화했다. 그래서 "치안유지법 위반자 중에서 형이 종료되었거나 집행유예처분을 받아 보호관찰에 회부된 경우 동법의 죄를 범할 염려가 현저할 경우 재판소는 검사의 청구에 의하여 사상범을 예방구금에 처할 수 있다." 예방구금위원회의 의장은 검사이고, 기간은 2년이며 필요에 따라 연장할 수 있다. 일본은 보호관찰령은 '엄모자부(嚴母慈父)와 같은 사랑으로 사상범을 선도'한다고 선전했고, 예방구금령에서는 구금소가 '형무소보다 훨씬 시설과 대우가 좋은 문화형무소 같은 곳'이라고 선전했다.[163] 치안유지법은 조선인 사상통제법의 성격을 더 강하게 지니게 되었다. 조선인들은 실정법을 위반하지 않더라도 언제나 구금될 수 있었다.[164]

조선사상범예방구금령은 26개조의 간단한 법령이었다. 이 법은 조선사상범보호관찰령에 의해서도 전향하지 않았던 사상범에 대해 엄격한 감시와 통제를 실시할 목적을 갖고 있었다. '사상 국방전'에서 위험하다고 생각하는 인물이 대상이었다.[165] 일제는 보호관찰령에 의거해서 출옥한 항일투사들을 보호관찰소에 주기적으로 출두하게 하거나 시국대응전선사상보국연맹(時

局對應全鮮思想報國聯盟)(1938)의 지방 지부를 개조한 대화숙(大和塾)에 입소하도록 종용했다.[166] 일제는 조선의 지정학적 위치, 즉 소련에 직접 접해 있기 때문에 공산주의 사상 침입의 방어에 있어서 '특수한' 위치에 있으며, 조선이 일제의 대륙병참기지 사명을 다하고 있는 위치에 비추어 '사상의 정화는 초미의 급무'라고 보았다.

조선 내에서 실시된 이러한 사상통제법과 함께 1943년 9월 18일 만주국 괴뢰정부는 사상교화법을 발표했다. 그 법은 임박한 일본 제국주의의 패망을 예상하여 도입한 것으로, 그 근본 목적은 더 이상 항일인사들의 사상을 지배, 억압하기보다는 '사상수형자'를 구금하여 노역케 하는 것이었다. '예방적'이라는 명목으로 구금하여 광물 자원 약탈 등을 목적으로 '사상 수감자'를 광산으로 끌고 가기도 했다. 중국은 사상탄압, 특히 중국과 조선의 항일투사들을 대상으로 하는 사상통제나 전향제도, 그리고 '빨갱이' 담론은 "권력의 자리에 있는 사람들이 그 적대세력을 공격하기 위한 총체적인 잡동사니 자루 같은 것이었다"[167]고 평가한다.

중국 당국은 만주사변 이후의 일제의 사상범통제정책을 다음과 같이 설명한다.

일본 괴뢰정권은 '범죄 가능성'을 빌미로 누구든지 마음대로 체포하고 무급 노동을 하게 할 수 있다. 사상교정법 제1조는 "이 법에서 말하는 정신교정은 예방 및 보호 감독을 말한다"고 규정하고 있다. 교정은 범죄 예방, 치안 유지이며, 무엇을 하든 하지 않든 누구든지 '사상범죄자'로 낙인찍힐 수 있다. 이른바 '예방수감'은 교도소에 구금돼 사생활의 자유를 박탈당하고 '급진적 발상 유포'를 방지하고 강제노동을 하는 것을 말하며, 통신은 엄격히 제한되고 노동은 강제적이다. 감독 기간은 2년이며 계속해야 할 경우 변경할 수 있다.[168]

중일전쟁 후 일본의 전시체제, 즉 총력전체제는 전체주의 파시즘 성격을 갖고 있었다. 전시체제하에서 입법·사법·행정이 군부의 지휘하에 들어갔고, 정당의 활동이 제한되었으며, 온 국민이 전쟁 수행에 동원되었다. 일제는 모든 일본 국민들과 식민지 백성들이 천황에 복종해야 하며, 오직 하나의 생각을 가지도록 통제하고 교육했다. 출옥한 사상범이나 반일 인사들은 요주의 인물 혹은 요시찰인(要視察人)으로 분류되어 관찰지역 경찰의 엄격한 감시를 받았다.

중일전쟁 발발 후 1937년 10월 2일 조선총독부는 〈황국신민서사(皇國臣民誓詞)〉를 제정해서 신사에 참배를 강요하고 학교와 사회의 모든 의례에서 복창하도록 했다.[169] 일제 말 조선에서 황민화 교육은 동화정책과 병행해서 천황의 충성스러운 신민을 기르는 것을 목표로 했고, 창씨개명에 저항하는 사람도 '비국민(非國民)'으로 몰아세웠다.[170] 조선인들이 일본의 천황제를 내면으로까지 받아들이지 않았지만, 이러한 충성을 강요하는 정치교육은 권위와 질서에 순응하는 인간형, 내선일체(內鮮一體)라는 명분하에 군 징집에 응하고, 군에 동원된 조선인들에게 일본

군으로서 전투에 나가서 불쏘시개가 되라고 교묘하게 강제했다. 그것은 다카시 후지타니가 말하듯이 저속한 인종주의(vulgar racism)에서 고상한 인종주의(polite racism)로 전환한 것이었다.[171] 그러나 동화정책의 허구성을 간파한 조선 청년들을 설득하는 것은 불가능한 일이었다.[172] 민족적 차별을 전제로 한 내선일체론이 어떻게 '일왕을 위해서는 절대 죽을 수 없다'고 생각하는 조선 청년들을 설득할 수 있었겠는가?

그런데 이 총력전체제하의 전시통제는 학생들, 특히 사범학교 학생들의 일거수일투족, 일상을 통제할 정도로 철저하고 완벽한 것이었다. 일본인 교유(교사)들은 학생 교육보다는 경찰과 협력하여 제자들 중 불순한 자를 잡아내는 데 더욱 몰두했고, 기숙사를 불시에 수색하여 꼬투리가 될 것을 찾아냈다. 좌익서적은 물론 한글로 된 책도 모두 압수 대상이었고, 사상뿐만 아니라 모든 방면에서 금욕적이고 집단적인 생활을 요구했다. 교사들이 학생의 일기를 검사했고, 오직 자신만이 볼 수 있는 일기가 사상범죄 증거물로 사용되었기 때문에 자기 검열을 통해 자신의 생각조차 일기에 그대로 적을 수 없었다.[173] 그것은 전체주의와 종교성을 완전히 결합시켜 개인의 내면까지 국가가 통제하려 한 것이었다. 식민지 청년들이 그런 정치사상통제를 내면화하지는 않았지만, 일본 군인 또는 경찰이 되어 권력을 얻은 다음 식민지 백성이 겪는 차별을 극복하자는 사람도 있었다. 교사직을 버리고 군인이 된 박정희가 바로 그런 인물이었다.

공산주의, 무정부주의에 대한 사상탄압과 더불어 반공주의는 이미 일본 제국주의 말기에 본격화된 용어였고, 종교화된 국가이념의 표현이었다. 이것이 일본이 항복한 이후 분단국가인 대한민국의 국가이념이자 목표가 되었다.[174] 8·15 이후 한반도에 밀어닥친 냉전은 일본 본토 대신 식민지였던 조선에 일본 제국주의 지배체제를 다른 형태로 연장시켰다.

제2부

사상통제의 장(場, champ)과 집행

1 권력의 장과 사상통제: 전쟁과 폭력

냉전이라는
지구 권력의 장

미국과 동아시아 냉전 권력의 장

제2차 세계대전이 종료되었을 때 미국은 세계 인구의 6%만을 차지했지만 산업생산량은 세계의 거의 절반을 차지할 정도로 막강한 수준이었다. 유일한 핵보유국이라는 사실을 제쳐두고라도 미국 공군과 해군의 힘은 소련은 물론 세계의 거의 모든 나라를 합쳐도 상대되지 않을 정도로 압도적 우위에 있었다. 그러나 전후 미국 자본주의가 제대로 작동하기 위해서는 전후 복구, 그리고 새로운 경제질서가 필요했다. 미국은 세계은행과 국제통화기금(IMF)라는 국제경제기구, 금본위제와 달러를 기축통화로 해서 각국의 환율과 무역에 일정하게 개입하는 브레턴우즈체제(Bretton Woods system)를 구축했다. 서유럽의 경제부흥을 위한 마셜플랜(Marshall Plan), 일본의 경제부흥은 미국 자본의 투자와 재생산을 위한 관건이었으며, 그와 같은 전후 경제부흥의 가장 큰 적은 바로 소련과 공산주의의 팽창이었다. 결국 냉전은 전후 미국 자본주의, 즉 세계 자본주의의 부흥을 위한 군사·정치 전략의 일환이었다.

1945년 이후 1960년대 초반까지의 냉전 초기는 인류 역사상 대호황의 시기였다. 서방 자본주의 각국에서 생산성의 증대와 실질임금의 증대, 대량소비의 시대가 열렸으며, 풍요로운 자본주의와 낙관적 미래가 점쳐졌다. 한편 미국은 서방 자본주의 생산성의 확대 및 복지국가의 구축과 더불어 후진 독립국의 탈빈곤, 공공시설의 구축, 그리고 근대화 작업을 통한 공산주의 확산을 차단하려는 또 다른 정책도 추진했다. 일본, 한국 등 동아시아에 대한 경제 원조와 개발 지원, 이후 근대화 전략도 냉전 전략의 일부였다.

냉전이라는 지구 권력의 장은 소련의 동구 침략, 핵무기 사용을 통한 일본의 항복, 그리고 소련의 핵 개발 등의 조건에서 시작되었지만, 이후 초기 대소, 대공산주의 봉쇄기, 1960년 전후 냉전정책의 변경기, 1970년 데탕트(détente) 국면에서의 냉전 이완기로 나누어볼 수 있다. 시기에 따라 지구적 권력 장의 성격이 바뀌었고, 그 주도세력은 미국의 군산복합체, 즉 군사-자본이었다. 이러한 변화는 미국 영향권하 각국 내부의 권력 장에 결정적 영향을 주었다. 이 냉전 권력 장은 미국이 주도한 것이지만 미국 자본주의의 위기, 제3세계 비동맹국가들의 등장, 중국의 입지 확대, 동아시아의 경제 성장 등 경제 및 국제정치 질서의 변화에 대한 대응이기도 하다.

1917년과 1949년에 각각 혁명을 거친 소련과 중국은 여전히 내부의 반혁명세력의 진압과 사회주의체제 안정화에 골몰했다. 서방 각국도 내부의 공산주의 세력을 제압하여 자본주의체제를 안정화하는 데 총력을 기울였다. 이런 전후 세계 자본주의 질서의 원활한 작동을 위해 미국은 외부 적과의 전쟁뿐만 아니라 내부 적과의 전쟁을 치르게 되었다. 반공주의는 이 두 전쟁을 관통하는 기본 이념이었다. 그래서 냉전은 1917년 러시아혁명 이후 이미 시작된 것으로 보기도 한다. 러시아혁명은 미국에서 윌슨(Thomas W. Wilson)식 자유주의를 후퇴시켰고, 극우 인종주의 단체인 KKK(Ku Klux Klan) 등이 주도한 적색공포를 만연케 했다.[1] 1944년에 미국 공산당은 불법화되었다.[2] 소련은 얄타회담에서 제안한 것처럼 동아시아 지역에서의 거점 확보에 초점을 두었으나, 중국이나 아시아 공산당과의 관계는 매우 복잡했다.

미국과 서유럽은 19세기 이래의 계몽주의, 자유주의 전통이 제도화된 국가들이었기 때문에 1945년 제2차 세계대전 종료 전후에는 사상의 자유도 허용되었고, 공산당도 복원되어 합법적인 활동을 했다. 그러나 1947년 트루먼독트린 이후 냉전체제가 강화되자 미국에서도 전쟁 중에 행해진 비미국인조사위원회의 활동을 이어서 공산당이 탄압을 받았고, 당원으로 활동하고 있거나 활동 경력을 가진 사람은 각종 공직에서 추방당했다. 1947년 노동세력의 파업을 통제하기 위해 태프트하틀리법이 통과되었다. 상원의원 비엔츠(Tomas Bienz)는 워싱턴대학에 최소 150명의 공산당과 그 동조자들이 있다고 폭로했고, 이후 3명의 교수를 파면하기도 했다.³ FBI는 약 3만 명의 공산당이 활동한다고 보고하면서 이 숫자는 미미한 것이지만, 이들이 엄청난 선전술을 갖고서 여론을 형성하고 주변 사람들에게 침투하여 사상적 영향을 미칠 가능성은 매우 크다고 진단했다.⁴ 1949년에는 미국 22개 주에서 교사들에게 '충성서약(Oath of allegiance)'을 하도록 했다. 이후 미국은 충성-안전위원회(Loyalty-security panel)를 구성했다. 그래서 모든 공무원은 그들이 공산당이나 노조에 가담하고 있는지 여부를 검증하는 시험대에 섰다. 그래서 미국은 공산주의에 대처하기 위해서는 자신이 가장 소중한 가치로 여긴 바로 그 '자유'를 양보하게 되었다. 이로써 미국에서는 1950년 1월 이후 매카시즘으로 본격화되었다.

1945년 이후 미국은 원조를 받게 된 후발국에서의 노동조합이나 공산주의운동은 물론 민족주의운동조차 그 배후에 소련의 입김이 작용한다고 보았다. 그래서 미국은 후발국의 이런 좌파 민족주의 정치세력에 맞선 이들 나라의 우익세력을 경제·군사적으로 후원했다. 그래서 지구정치 공간에서 미국과 소련이 대치하는 전선에 위치한 나라들, 특히 중국 공산주의 혁명이 직접 영향을 미칠 수 있는 동아시아의 여러 나라에서는 공산주의나 사회주의뿐만 아니라 민족주의 세력까지 탄압의 대상이 되었다. 세계를 '자유와 공산', '민주와 공산' 등과 같이 이분법적으로 보는 극단적 반공주의 이데올로기 때문이었다. 이러한 이분법, 반공주의는 미국의 심리전 수행기관이 아시아 등 전 세계에 전파한 것이다.⁵

냉전 초기 매카시즘이 만연한 미국, 그리고 유럽의 주변부 국가들인 그리스나 스페인, 아시아나 아프리카의 신생 독립국에서 나타난 군사독재는 지식인 개인의 비판적인 발언, 풍자나 조롱까지도 처벌했다. 미국과 서유럽 자본주의는 풍요를 구가했으나, 소련 공산주의의 위협은 다소 과장되었다. 냉전은 개별 국가 내에서 끊임없이 적을 창출, 색출하는 체제이며, 온 국민을 감시하는 체제이기도 하다. 냉전 초기 미국에서의 '좌익사냥'은 교회가 재판권을 가졌던 중세 유럽에서 성서의 교리를 의심해도 탄압의 칼을 마구 휘둘렀던 것과 유사했다. 그것은 국가이념을 거의 경전의 반열에 올린 다음, 정통과 이단을 이분화하여 '이단'으로 몰린 집단을 절멸하려는 양상을 보였다.[6]

냉전을 자유주의와 공산주의 간의 이념 대결 구도로만 보는 것은 미국 중심 시각의 한계다. 무엇보다도 동아시아 냉전은 사회주의 및 민족혁명 세력 대 우익 친제국주의·반혁명 세력 간의 대립으로 볼 필요가 있다.[7] 1947년 트루먼독트린 이후 미국 내에서 전개된 좌익 색출, 매카시즘 선풍은 남한과 타이완 같은 동아시아 반공국가에서는 자유주의 대신에 학살과 테러, 고문 등으로 나타났다. '역사'로서의 파시즘은 사라졌으나 제도나 '구조', 그리고 심성(mentality)으로서의 파시즘은 미국을 필두로 한 구제국주의 서방국가는 물론 선진 자유민주주의 국가에도 스멀스멀 들어왔다. 즉 '자유'를 찾았다고 하는 구식민지 신생국가에서는 계엄, 국가보안법, 군사독재나 권위주의체제가 오랫동안 지속되었는데, 그것은 제2차 세계대전 이전 독일을 비롯한 유럽의 파시즘 국가에서 나타난 학살, 고문, 테러와 같은 국가폭력이 더 가공할 만한 양상으로 지속된 것이었다. 냉전은 이들 국가 내에 봉건주의, 제국주의, 전체주의 지배체제를 부활시켰다. 그래서 냉전의 기획자 케넌(George Kennan)은 "우리 한 사람의 마음속 깊은 곳 어딘가에 전체주의적인 생각이 조금씩 묻어 있다"고 한탄하듯이 말했다.[8]

제1세계에게 냉전은 대내적으로는 공산주의, 노동운동과의 전쟁이었고, 제3세계에서는 작은 전쟁, 즉 게릴라전을 의미했다. 냉전 시기의 '적', 즉 토벌 대상은 국가 내부의 공산주의 세력 혹은 서구 자본주의를 비판하는 세력 모두를 포함했다. 냉전하 각 국가에서 친공 민족주의 세력의 힘이 클수록, 그리고 그들이 무장 저항을 시도할 경우 이들을 제압하기 위한 극우 폭력은 노골적이었다.[9] 그래서 독일과 일본의 패망, 연합국, 특히 미국의 승리는 경제적으로는 자유시장 경제를 부활시켰으나 정치적으로는 자유민주주의를 안정화하지는 않았다. 즉 냉전 권력의 장에서 자유민주주의는 유보되거나 제한적으로만 적용되었다.

동아시아 전선에서 일본 대신에 한국이 분단된 것은 태평양전쟁을 종결시키는 과정에서 미·소의 기여 정도, 소련의 동아시아에 대한 상대적으로 소극적인 관심, 핵무기 사용으로 미국이 일본의 즉각 항복을 받아낸 결과이다. 한반도처럼 전전 피점령 국가였다가 전후 냉전의 전선이 된 곳은 그리스였다. 그래서 유럽 권역에서 한국과 가장 비슷한 정치지리적 조건에 놓인 그리스는 한국처럼 내전을 거친 이후 오랜 군사독재와 정치적 억압이 지속되었다.[10] 동아시아에서는 중국 사회주의혁명이 미국에게 가장 큰 변수였다. 남한과 타이완은 미국이 중국과 충돌하는 전선이었다. 타이완은 한국과 달리 본토에서 패퇴한 우익세력이 점령한 일종의 이주국가(settler state)였다. 이 본토에서 패퇴한 국민당 세력과 외성인(이주자)들이 원주민(내성인) 중 타이완 독립을 주창하는 세력과 친공 노선을 걷는 사람들에게 백색테러를 가했다.[11]

동아시아 지역에서의 냉전은 1930년대 이후 중일전쟁과 태평양전쟁이 다른 방식으로 지속된 것이었다. 냉전은 공간적으로는 중국과 맞닿은 한반도와 일본, 타이완, 베트남, 필리핀으로 연결된 동아시아에서 지속된 '다른 방식의 전쟁'이었다. 특히 남한은 정치지리적·시공간적으로 1945년 8월 15일 이전 일본이 소련과 전선을 형성했던 괴뢰국가 만주국과 유사한 위치에 놓였다.[12] 미국은 이제 공산화된 중국이라는 새로운 적을 맞아서 타이완과 남한을 군사적·경제적으로 전폭 지원했고, 분단된 월남의 우익정권을 지지했다. 1945년 8월 15일 이전까지 미국의 적이었던 일본은 동아시아의 방공국가를 지원하는 '기지'로 자리매김하게 되었고, 샌프란시스코강화조약(1952)으로 식민지 지배의 책임을 면제받은 뒤 미국의 하위 파트너 자리를 보장받았다. 미국은 이들 동아시아 각 나라와는 개별적인 안보·방위조약을 체결했다. 미일안전보장조약, 한미상호방위조약, 미국과 오스트레일리아, 뉴질랜드의 태평양안전보장조약 및 미국과 중화민국의 상호방위조약 등이 그러한 것이었다.

미국-일본-타이완-한국-필리핀 등으로 연결되는 동아시아의 새로운 정치경제 질서, 특히 국가와 지배세력의 형성은 동아시아 냉전체제와 긴밀히 연동되어 있다.[13]

동아시아의 근대화 전략과 발전주의(developmentalism)는 냉전과 반공주의의 또 다른 얼굴이다. 태평양전쟁과 6·25한국전쟁, 그리고 냉전은 동아시아에서의 국가 형성과 새로운 자본주의 질서, 특히 동아시아의 우익체제 혹은 군사독재와 발전주의 등과 뗄 수 없게 연결되어 있다. 일본의 전쟁 범죄자의 정계 복귀와 자민당 일당체제의 구축(55년 체제), 타이완의 오랜 계엄체제, 한국의 이승만 독재와 박정희가 일으킨 5·16쿠데타는 하나의 고리 속에서 진행된 사건들이다. 태평양전쟁기에는 미국의 적이었으나, 이후 미 패권질서의 일원이 된 일본은 1951년까지 계속 미군의 점령하에 있었기 때문에 미국은 전후 헌법 제정은 물론 경제부흥, 자민당 건설 등에 직접 개입했다. 그래서 1945년 이전 식민지였던 한국과는 달리 일본에서는 탈군사 파시즘, 재벌 해체, 자유민주주의 제도화가 이루어졌다. 그리고 이 시기 일본에서는 독립노조와 공산당도 허용되었다.

전쟁 중 후방에서는 적을 무력화하고 아군의 힘을 극대화하기 위한 사상전·심리전이 전개된다. 그래서 아군을 찬양하고, 적을 악마화하는 담론이 생산, 유포된다. 모든 언론은 선전의 도구가 되어 철저한 검열을 받고, 적에게 유리한 모든 정보는 차단된다. 교육 역시 심리전의 한 도구로 이용되는데, 학생들에게는 '우리편'의 절대 우위만을 강조하는 내용만 가르쳐 학생들은 적은 물리쳐야 할 존재, 무조건 나쁜 존재로 인식하게 된다. 반공 이데올로기는 사상전이나 심리전의 가장 중요한 무기이다.

　냉전은 사상전이나 심리전, 이미지의 전쟁, 혹은 상징과 담론의 전쟁이기도 했다. 심리전에서 단연 앞선 국가는 바로 대일 심리전, 대공산권 심리전을 수행한 미국이다.[14] 그 대상은 적군, 적 지역의 민간인이었다. 미 극동군 사령부는 태평양전쟁기 남서태평양 지역의 일본군을 향해 뿌린 낙하산 뉴스를 6·25한국전쟁기에는 북한이 점령한 지역의 민간인, 한국의 민간인을 대상으로 대대적으로 투하했다.[15] 〈미국의 소리〉, 〈유엔의 소리〉 등 단파방송도 이용했으나 라디오 단말기를 갖고 있지 않은 사람이 많았기 때문에 전단이 가장 중요한 매체였다. 심리전에서 사용된 담론은 '자유', '노예'라는 전형적인 이분법이었다.[16]

　할리우드가 영화를 통해 냉전 문화의 생산지기 역할을 했고,[17] 각국의 교육자들은 미국에서 훈련을 받고서 자국의 교육체제를 설계했다. 자유아시아위원회재단, 포드재단 등은 미국 문화나 가치, 학술, 교육철학의 전파를 냉전전략, 즉 심리전 차원에서 수행했다. 미국은 한국의 교육자·학자 초청과 유학을 통해 한국 교육의 구축에도 결정적으로 개입했다.[18] 세계반공연맹과 같은 민간단체는 시민사회 내의 반공주의를 확산시켰다.

　전쟁기 심리전·사상전의 주요 매체는 주로 비행기로 투사한 각종 삐라, 라디오 방송, 교육이었다. 이미지는 담론보다 영향력이 직접적이면서도 더욱 크다. 그림, 만화로 적과 나를 표현하여 적에게는 '귀순'을 하라고, 중간지대의 주민에게는 '불순'세력과

거리를 두라고 각종 선전물 엄청나게 배포한다. 전쟁이 끝난 후에는 언론과 교육이 그 역할을 했다. 한국의 군사정권 시기 모든 영화관에서 본영화 이전에 상영되었던 〈대한뉴스〉는 대북 대민 심리전을 위한 선전물의 일종이었고, 모든 관람객이 기립하여 애국가를 제창하는 것은 중요한 국민 충성의례였다.

일제하 전시체제와 8·15 이후 반공체제 상황에서 극우 노선을 일관되게 견지한 보수 언론은 가장 강력한 심리전 수행 매체였다. 그래서 보수 언론은 군사정권 시기에는 한국 내 민주화·반정부세력을 악마화하거나 심지어 적으로까지 지목하여 공격하는 역할을 하다가 민주화 이후에는 전교조(전국교직원노동조합), 민주노총(전국민주노동조합총연맹), 진보적 지식인 등의 발언을 과장하여 폭로하거나 이념을 검증하는 사상검사의 역할을 해왔다. 1987년 이후 보수 언론들의 운동권 관련 각종 의혹 보도는 곧바로 검찰의 국가보안법 관련 수사 대상이 되었다. 그중에서도 『조선일보』는 일제 말 전시체제의 조선총독부의 선전매체였다가 정부 수립 후 지금까지 반공전선의 심리전 매체의 역할을 충실하게 수행해왔다.[19]

미군정과 정부 수립 직후 남한 권력의 장

1945년 이후 남한에서는 일제의 법적·제도적 유산, 그리고 8·15 이후 미군의 점령과 반공주의 기조, 6·25한국전쟁, 이후 동서 데탕트나 월남의 붕괴 등 냉전시기 동아시아 권력의 장이 국내 권력장을 지속적으로 지배했다. 이러한 장 속에서 경찰, 검찰, 공안기관과 같은 국가기구가 활동의 근거를 보장받았고 국방경비법이나 국가보안법 등이 제정, 집행되었으며, 이 같은 법과 행정이 거꾸로 반공 이데올로기와 담론의 장을 강화했다. 즉 개별 국가가 여러 정치세력과 담론이 각축하며 행사되는 장소라고 본다면, 냉전시기 분단 상황에 놓인 한국은 미국의 헤게모니가 여과 없이 관철되는 장이었다. 그것은 6·25한국전쟁과 이후의 정전체제, 간헐적인 계엄 등과 같은 비상사태의 선포와 군부 통치에 의해 지탱되었다.

한반도는 1945년 이후 소련과 미국이 마주친 곳, 즉 동아시아 냉전의 최전선에 위치한 탓에 6·25한국전쟁이라는 비극적 내전을 겪었다. 한반도에서는 인근 분단국인 타이완, 유럽의 대소 전선이었던 그리스와 더불어 미국의 봉쇄정책에 의해 폭력과 극단주의가 가장 심각하게 나타났다.[20] 이들 구식민지 분단국가에게 냉전과 반공주의는 독립, 즉 탈식민 주권국가 수립이라는 제2차 세계대전 이후 신생국이 가졌던 가장 중요한 목표나 가치를 굴절, 좌절시켰다.[21] 8·15 직후 한반도 남단에 진주한 미군은 일본을 대신한 실질적인 주권세력이었다. 그러나 미 국무부는 한국에 대한 일본의 주권은 연합국이나 한국인에게 이양되지 않았다고 보았다. 결국 한반도의 38 이남 땅은 법 없고, '임자 없는 땅' 이었다.[22] 남한은 모든 군사점령 지역이 그렇듯이 법이 아니라 군사력과 군의 명령에 의해 질서가 유지되었고, 그 명령을 내린 주체는 점령군이었다.

　패전국 일본의 주권을 장악한 맥아더(Douglas MacArthur)의 연합국 최고사령부는 1946년까지 일본에서는 기존 정부를 인정하고 어느 정도의 민주화 조치를 취하기는 했으나 천황제는 그대로 두었다. 그리고 냉전이 본격화되지 않았는데도 불구하고 주한 미군정은 자주독립과 자치를 열망하는 당시 조선인들의 요구를 좌익으로 몰아서 탄압하기 시작했다. 38선은 불과 2년 전까지 일본이 소련과 마주했던 동아시아 대소전쟁의 전선을 대신하는 지구 냉전의 최전선이 되었다.

　맥아더 사령관이 내린 포고령 제1호, 포고령 제2호에 의해 만들어지거나 법적 효력이 인정된 규칙과 법이 최고의 규율 권력이었다. 포고령 제1호에서는 "적당한 시기에 조선을 해방 독립시키리라는 연합국의 결정 … 인권 및 종교의 권리를 보호함에 있다는 것을 보장"한다는, 그전에 연합국이 합의한 목적을 제시하면서도 "모든 사람은 급속히 나의 모든 명령과 내 권한하에 발표한 명령에 복종해야 한다. 점령 부대에 대한 모든 반항행위 혹은 공공의 안녕을 방해하는 모든 행위는 엄중한 처벌을 받을 것"이라고 명시했다.[23] 그리고 포고령 제2호에서는 점령의 목적이 일차적으로 "점령군의 안전(security of the armed forces under my command)을 도모"하고, 그다음으로 "점령 지역의 공중치안, 질서의 안전을 기하기 위한 것"이었다고 밝혔다. 조선의 독립과 해방을 위해 점령을 한다고 하면서도 일차적으로는 점령군의 안전과 점령 지역의 치안을 가장 중요한 목표로 제시하고 있다.

미군정이 1945년 10월 9일에 발표한 군정청 법령 제11호, 일제가 남긴 법령에 대한 효력 인정/부인은 최고의 주권권력 행사였다. 미군정은 법령 제11호를 통해 "한국인을 차별하거나 억압을 가하는 모든 정책과 주의를 제거한다"는 취지하에 일제의 법령 중 '정치범 처벌법', '예비검속법', '치안유지법', '출판법', '정치범 보호관찰령', '신사법(神社法)' 등 6개 법령과 경찰의 사법권 등을 폐지한다고 선포했다. 그러나 미군정은 법령 제21호 '법률의 존속'에서 "이전의 정부에 의해 발하여진 법률의 효력을 가진 규칙, 명령, 고시, 기타 문서는 이미 폐지된 것을 제외하고 한국 정부의 명시적 명령에 의해 폐지될 때까지 효력을 유지한다"고 밝히기도 했다. 이러한 조항은 어떤 것이 폐지되고 어떤 것이 유효한지에 대한 논란의 여지를 남겼다.

군사적 점령은 점령군에게 저항하는 무장·비무장세력이 있다는 전제 위에서 활동한다. 그리고 점령의 최고 목적은 점령군과 그 모국의 이익이다. 당시 미군정의 모국인 미국이 한반도에서 취하려 한 이익은 무엇인가? '임자 없는 땅'에서 미군정은 총독부 관료기구를 그대로 유지했다.[24] 형식적으로는 군정이 기능할 때까지 총독부를 그대로 유지하자는 것이었는데, 미군과 총독부는 결국은 양국에 우호적인 정권, 즉 반공 정권의 수립을 위해 공조했다.[25] 조선총독부 관료체제, 경찰로 상징되는 일본의 국가기구는 곧 활동을 중단했으나, 조선 지배를 위해 만들어놓은 제도와 법은 부분 폐지 또는 유지되었으며, 일제의 억압 대신 일정한 자유의 공간이 열렸으나 일제의 통치 요원들은 거의 그대로 남겼다. 즉 미군정은 '일본 제국주의 없는 제국주의의 기둥'인 식민지 군대, 경찰을 그대로 두었다.

미군정은 기본적으로 당시의 조선인 엘리트인 일제의 관료, 지주나 자본가 등 유력자의 지지 위에서 통치를 유지할 수 있었던 군사·관료주의 체제였다.[26] 미군정은 남한 진주 이후 현지 고문을 선임할 때 이미 12명 중 11명을 우익 또는 친일 인사로 골랐다. 이 결정은 고도로 정치적인 것이고, 이후 지금까지 한반도의 운명을 좌우한 결정적인 선택이었다. 미군정에 협력한 사람이 그렇지 않은 사람에 대해 내부 권력의 장에서 확실한 우위를 점할 수 있었기 때문이다.

미군정은 치안 유지를 위해 1945년 12월 경무국을 신설했으며, 1946년 4월 법령 제46호로 경찰조직을 13부 6처의 하나인 경무부로 승격시켜 하나의 독립부서로 만들었다. 미군정과 가장 긴밀한 관계를 유지하던 한민당이 추천한 조병옥을 군정청 경무부장으로, 장택상을 수도경찰청장으로 임명한 것이 가장 중요한 결정이었다. 미군정은 경찰 하위급은 새롭게 충원했으나 총경·감찰관·경감급의 100%, 경위급의 75%, 경사급의 60%를 일제 경찰 출신자로 다시 기용했는데, 일제 경찰 당시의 직급을 유지하거나 1계급 승진시켜 등용했다. 한국 경찰의 수뇌부는 일제 경찰과 월남자들로 충원되었다.[27] 서울 시내 8개 경찰 서장 전원이 친일 경찰 출신이었다.[28]

조병옥과 장택상이 최연, 노덕술, 이익흥, 최진하 등 일본 제국주의의 하수인으로서 항일운동을 탄압하는 데 악명이 높았던 친일 경찰들을 가장 적극적으로 기용했다.[29] 조병옥은 경찰이 친일, 즉 프로잽(pro-Jap)이 아니라 프로잡(pro-job), 즉 그냥 전문기술자라고 보았다. '치안 유지'라는 기술을 가진 경찰을 기용하는 것에는 '정치적 의미'가 없다고 보았던 것이다. 한국의 통치를 위해 관료조직이 필요했던 미군정에게 일제가 훈련시킨 경찰은 준비되지 않은 통치를 위해서 가장 효과적으로 움직일 수 있는 조직이었다. 이들이 갖고 있었던 전문기술이란 강압적 수사, 즉 폭행, 구타, 고문, 불법체포 등 일제 경찰의 수법을 의미했다.

일제에 복무했던 한국인 경찰, 검찰 등의 관료들은 개인적 출세를 위해 외세의 하수인 노릇을 했던 그들의 과거를 가장 잘 알고 있는 항일민족주의 및 사회주의 세력을 가장 두려워했다. 지주나 자본가 등 부호들과 이들 일제 관료 출신 엘리트들에게 공산주의 세력의 일제 부역자 처벌 요구는 최대의 위협이었고, 그 자체가 공포이자 이후 트라우마로 작용했다. 물론 조선인 관료 출신들도 일제하에서 차별을 느끼기는 했으나, 그들은 조선인으로서의 자유를 옹호하기보다는 일제 지배하에서 그들이 얻은 지위, 출신 학교 동문으로서의 연대감, 특히 극히 어려운 시험을 통과해서 얻은 자신의 지위 등에 더 강하게 집착했다. 그래서 일제가 물러간 위기 국면에서 자신의 지위를 포기하려 하지 않았다.[30] '반공'은 상실의 위협에 처한 그들의 기득권을 보호해줄 수 있는 가장 결정적인 상징 자원이자 정치 자본이었다.

미군정이 일제 말 통치기구를 남긴 것과 더불어 경제적인 측면에서 이후의 지배질서에 가장 큰 역할을 미친 것은 일본이 남겼거나 일제하에서 축적한 한국인들의 재산권을 보장한 것이 었다. 당시 미국 본토에서도 비록 좌익사냥의 광풍이 불기는 했으나 미국은 노조와 정당 설립의 자유 등 자유민주주의의 헌법적 기초를 완전히 무시하지는 않았고, 점령지 일본에서도 노조와 공산당을 허용했다. 그러나 구식민지 남한에서는 거의 우익 독재에 가까운 통치를 실시했다. 미군정의 초법적 권력행사의 가장 중요한 주체는 군 정보부처(G-2), 방첩대(CIC)였는데, 그것이 이후 한국 방첩대, 특무대의 산파 역할을 했다.[31] 그리고 1947년 이후 미 본국 정치의 우경화, 지구적 냉전체제의 강화와 발맞추어 미군정에 저항하는 좌익들을 군법회의에 회부하여 엄한 처벌을 가하는 등 일제 말 억압적 통치를 유지했다.

  1948년 8년 15일 이후 정부 수립 당시 미군의 일부는 여전히 한국에 남아 있었다. 미군은 주력부대가 철수한 후에도 일 년 동안이나 제주나 여수 지역 반란군에 맞서서 실질적으로 한국 군과 경찰에 지휘권을 행사했다. 그리고 1950년 6·25 발발 시까지 군사고문단(PMAG, KMAG)은 그대로 남아서 미대사관 내부의 정보 관련 요원들과 함께 한국의 정치적·군사적 정책 결정에도 깊이 개입했다. 정부 수립 후 공식 규율권력은 한국군과 경찰에게 있었으나, 미대사관과 미군사 고문단은 한국군, 이승만 정부에게도 지휘권 혹은 영향력을 행사했다. 한국의 단독정부, 즉 분단국가는 미군의 점령 상태, 즉 미국 군사력과 한국 헌법이 공존하는 상태에서 탄생했다.

  1948년 5·10총선거는 미군정과 한국 경찰의 철저한 감시와 통제하에 진행되었다. 미군정 3년을 거치면서 한국 내 권력집단의 분포와 역할은 거의 180도 달라졌다. 남조선로동당(이하 남로당) 등 좌익정당은 사라졌고, 공산주의 사상은 통제되었으며, 친일 부호와 경찰, 관료 출신들이 중앙과 지방의 권력을 차지했다.[32] 단독정부를 반대하는 2·7투쟁이 발생한 이후 4·3봉기로 이어진 제주도에서는 선거가 치러질 수 없었다. 대한민국은 이러한 내전 상황 속에서 탄생했다.

1948년의 제주4·3사건과 여순사건은 좌익의 봉기에서 시작되었으나 민간인 학살로 귀결되었다. 두 사건 모두 지구적 냉전 질서가 강화된 국면에서 반공주의정책 전환을 한 미군정과, 사회주의 지향 혹은 통일국가 건설의 열망을 가진 대중들 간의 충돌이었다. 일제 경찰 등 친일세력의 부활에 대한 대중의 분노가 그 불쏘시개 역할을 했다. 이승만의 국립경찰, 국방경비대 등 군경 폭력기구는 반공주의를 앞세우고 탄압 일변도의 정책을 폈다. 미군정은 4·3사건이 발생한 제주를 비롯한 지리산 일대에 계엄, 즉 전시상황을 선포했다. 슈미트가 말했듯이 비상사태를 선포하는 자가 주권자인데,[33] 당시 미군정이 주권권력을 갖고 있었으므로 미군정이 임명한 경찰부장이 이 주권권력에 힘입어 전시체제를 선포한 셈이다.

미군정 지휘하의 경찰과 미군 정보부대는 좌익단체를 비롯하여 김구 등 민족주의 계열 인사들도 사찰 대상으로 삼았다. 그들은 단독정부 수립을 반대하는 항일민족주의 세력, 반이승만 인사 모두를 불온하거나 위험한 세력, 즉 넓은 의미의 '빨갱이'로 취급했다.[34] 이승만은 여순사건 직후 "전남사건(여순사건)의 여파를 완전히 발근색원(拔根塞源)하여야 그들의 원조는 적극화할 것이며 지방 토색 반도(叛徒) 및 절도 등 악당을 가혹한 방법으로 탄압하여 법의 존엄을 표시할 것이 요청된다"[35]고 하였다.

미군정과 이승만 정부가 제주도에서 4·3봉기를 진압, 토벌할 당시 제주도민의 60~90%가 좌익이라고 판단했던 것은 제주도 사람 대다수가 단독정부 수립을 반대했다는 의미였을 뿐 이들이 사상적으로 좌익이라는 의미가 아니었다. 미군정하에서 공산당 활동은 불법화되었지만, 정부 수립 후에도 좌익활동을 했던 사람들을 모두 제거할 수는 없었는데, 그 잔존 '비국민' 세력을 제거하기 위한 법적 조치가 국가보안법이었다. 국가보안법은 이후의 대대적인 전향공작과 좌익 토벌을 정당화한 법이었다. 5·10총선거라는 혼란기의 선거와 간접선거로 선출된 이승만의 권력은 매우 취약했으나, 제주4·3사건과 여순사건의 발발, 국가보안법 통과를 거치면서 그는 점점 더 조선 시대의 군주와 같은 권력자가 되기 시작했다.

1948년 정부 수립 이후 남한에서 발생한 모든 것은 일제 말 일본의 대소련 방공전쟁, 정보사상전쟁, 그리고 내외부의 공산주의 세력에 맞서서 국민을 동원하고, 내부의 적, 비국민을 색출하는 전쟁 캠페인과 심리전의 일상화라는 관점에서 봐야 할 것이다.[36] 특히 제2차 세계대전 중 독일과의 정보전쟁에 투입된 미국의 첩보요원들은 8·15 이후 맥아더 사령부와 미 국무부의 지휘하에 일본과 한반도 문제에 개입했다.[37] 한반도는 대공 전선이었으며, 미국은 그 지휘부에 해당했다.

1945년 이후 미국과 한국, 일본 각국의 국내 권력과 담론의 장의 양상은 매우 유사하다. 한국의 국회에서 프락치사건이 발생한 것, 그리고 미국의 비미국인조사위원회와 같은 비한(非韓)조사위원회 설립을 검토한 것 등도 같은 맥락에서 나온 것이고.[38] 미국에서 매카시즘이 6·25한국전쟁 중 대량학살사건과 동시에 진행된 것도 그러한 냉전 권력 장의 동시성 효과이다. 그런데 미국에서는 오펜하이머(Oppenheimer)사건 등이 상징적으로 보여주듯이 공직, 정부위원회에서의 추방이나 해고 조치로 나타났다면,[39] 한국에서는 학살, 처형과 같은 양상으로 나타났다. 한국에서는 이후 70년 동안 훨씬 더 강력한 매카시즘이 만성적으로 작동했다. 즉 미국과 한국에서 내부의 적, 비국민을 소탕하기 위한 국가 권력의 작동, 즉 심리전은 그 이후 오랫동안 진행되었다.

지구적 냉전체제가 한반도의 남한 지역에서 현실화된 미군정의 가장 큰 역할은 그 이후 지금까지 70년 이상 지속된 남한 권력 장의 판을 깔았다는 것이다. 미군정이 만든 권력의 장에서 대립·갈등하는 주체들의 힘의 역학, 동원의 기반, 상징투쟁과 담론의 장, 그리고 국민의 범위와 정치범을 정의했다. 이 남한의 권력 장은 공간적으로는 한국의 국민국가를 넘어서는 세계질서, 동아시아와 한반도의 냉전질서의 일부이고, 시간적으로는 일본 식민지 시대와도 어느 정도 연속적이다.

6·25한국전쟁의
권력 장과 정치사상통제

국민보도연맹원 학살

혁명과 전쟁의 시기에는 내부의 적이 외부의 적보다 더 두려운 법이다. 전시체제하 일제는 내부의 적을 제거하기 위해 예비검속, 대화숙, 사상보국연맹(思想報國聯盟) 등을 만들어 이들을 단속·사찰하고, 유사시에 제거하려 했다. 그런데 정부 수립 이후 한국의 이승만과 보수세력도 같은 상황에 놓였다. 한국의 권력집단은 좌익단체에서 활동했던 사람이나 반이승만 세력 모두를 단속하지 않으면 지배체제가 유지될 수 없다고 생각했다. 그래서 검찰과 경찰은 국민보도연맹을 고안했다.

 1949년 4월 정부는 남로당이나 좌익 계열 사회단체에 가담해서 활동했던 사람을 '자수'의 시간을 거쳐 국민보도연맹에 가맹시키겠다고 발표했다. 국민보도연맹은 일제 말기의 출옥 반체제 인사를 묶어두기 위해 결성된 대화숙, 시국대응전선사상보국연맹에서 유래한 것인데, 일제 말 검사 서기보였던 오제도 등에 의해 고안되어 1949년 4월 21일 결성되었다.[40] 현행범이 아닌 사람들, 전향한 사람들로 조직하여 그들을 구금, 동원한 정책은 일제시기보다 정부 수립 이후 한국에서 더 강력했다. 국민보도연맹은 표면적으로는 자발적 조직인 것처럼 보였으나, 실제로는 검찰, 경찰 등이 주도해서 좌익 관련자들을 강제 가입시킨 조직이었다.[41] 현행범이 아닌 정치범이나 사상범 전력자들을 현행범으로 처벌을 할 수 없으니 이들을 전향시켜 감시, 통제가 가능한 조직으로 묶어놓겠다는 것이었다. 오제도는 국민보도연맹을 '사상전향 선도단체'로 규정했는데, 1주년을 맞은 연설 석상에서 "사상전향운동을 시작한 지 1년 만에 … 반국가와 반민주 인사가 애국적으로 반공전위대로서 같이 구국민족 투쟁을 하게 되었다"고 자평했다.[42]

국민보도연맹 조직이 검찰, 경찰 주도로 서울에서부터 시작되자, 전국 모든 지역의 지방 공무원 및 경찰은 읍, 면, 동, 리까지 다니면서 좌우익이 무엇인지도 모르는 사람들까지 마구잡이로 이 조직에 가입시켰다. 즉 주변의 권유, 강압, 혹은 비료를 타기 위해서나 정부에 잘못 보이지 않기 위해서 가입한 사람도 있고, 이 단체가 어떤 성격인지 모르고 가입한 사람도 많았다.[43] 당시 증언에 의하면 6·25 발발 직전까지 국민보도연맹 가입자는 약 30만 명이었다고 한다.

정부 수립 직후인 1948년 10월경 제주도에서 대대적인 예비검속이 이루어졌고, 여순사건 직후 전라도 광주와 이리에서도 예비검속이 실시되었다. 예비검속제도는 1914년 일제가 제정한 행정집행상의 예비검속이 적용된 것인데, 일제의 즉결처분권, 조선형사령(1910)의 강제처분권과 함께 경찰력 강화의 주요 무기였다.[44] 일제 말 1945년 4월 조선총독부 경무국은 소련이 한반도에 침입하면 '요시찰인을 예비검속'해서 후방으로 옮길 여유가 없으면 '적당한 방법으로 처치', 즉 학살하라는 극비명령을 내린 적이 있었다. 이 조치는 소련이 선전포고를 하고 만주로 내려온 상황에서 일본 경찰이 전국의 경찰서장에게 암호로 타전한 것이었다. 일제 말의 예방구금령에서는 석방자들도 구금할 수 있도록 했다. 구금 장소는 감옥과 다른 곳 두 곳을 설정했고, 검사의 요청에 의해서 재판 없이 출옥자들 중 위험한 자, 즉 전향을 거부한 자들에 대해서 구금을 할 수 있도록 했다.[45]

일제가 계획했던 사상범 집단처형의 전 단계인 '예비검속'은 역설적으로 독립국가인 대한민국의 이승만 정부에 의해 자국민을 대상으로 시행되었고, 집단학살의 예고편이었다.[46] 1950년 6·25가 발발하자 이승만 정부는 패닉 상태에 빠졌고, 곧 계엄령을 선포했다. 계엄령은 '국회 절차 무시한 채' 선포되었고, 국회와 사회의 견제 없이 비국민을 구금, 살해할 수 있는 특별조치령이 발표되었다.[47] 전쟁은 공포감과 위기의식을 극대화한다. 또 군사적 필요는 법에 앞선다. 권력이 패닉 상태에 빠지면 군과 경찰은 폭력행사와 평소 '비국민'으로 의심했던 집단을 학살하려는 유혹을 물리치지 못했다.

미국 첩보요원 출신이자 이승만의 최측근인 장석윤 치안국장

명의의 〈전국 요시찰인 단속 및 전국 형무소 경비의 건〉이 각 경찰국에 하달되었는데, '전국 요시찰인 전원을 경찰에서 구금할 것'이라는 내용이 포함되어 있었다. 이어 6월 29일에는 〈불순분자 구속의 건〉이, 30일에는 〈불순분자 구속 처리의 건〉이, 7월 11일에는 〈불순분사 검거의 건〉이 계속 하달되었다.[48] 따라서 전쟁 발발 다음 날인 26, 27일 무렵 이승만 정권, 아니 대한민국 자체가 무너질 수도 있는 극도의 위기 상황에서 이승만 정부는 형무소에 수감된 정치범들과, 전향을 했다고는 하나 내심으로 전향했는지 의심스러운 국민보도연맹원들을 '처리'할 계획을 세우고 이를 각 경찰서에 하달했다.[49] 예비검속 명령이 곧 학살 명령이 되는 비극적 순간이었다.

울산경찰서 자료에서 확인된 것처럼 6·25 발발 직후 각 경찰서는 보도연맹원 및 예비검속 대상자 명단을 들고 마을마다 돌아다니며 이들을 호출했다. 이승만 정부는 곧바로 각 경찰서에서 파악하고 있던 보도연맹원과 반정부 혐의자들에 대한 예비검속을 실시했다. 7월 8일 전국적으로 계엄령이 선포되고 사법권과 행정권이 군으로 통합되면서 좌익사범에 대한 구금과 처형이 모두 군의 지휘하에 이루어졌다. 이어 7월 12일에는 체포·구금 특별조치령이 발표되어 계엄 지역에서 '예방구금'을 할 수 있다고 명시했다. 공식적 '처형'의 외양을 지닌 학살은 이와 같이 전쟁 발발 직후의 초법적인 명령에 의해 이루어졌다.

국민보도연맹원 집단학살의 법적 근거는 6월 28일 발표된 것으로 알려진 비상조치령 제1호이다.[50] 이 조치령에서 이승만은

"공산군의 남침으로 인해 생겨진 국가적 위기에 당하여 반국가 죄는 될 수 있는 대로 조속히 또는 엄격하게 처벌하여야 될 것이오. 이 위기는 대한민국에 치안이 확보될 때에 비로소 해소될 것"이라고 밝혔다.[51] 즉 내부의 적인 '불순분자'에 대한 불법적인 검거와 구금, 그리고 즉결 처형, 즉 학살을 사실상 명령한 것이다. 그 후 이승만은 "반역도배들이 민간과 단체 사이에 끼어서 지하공작을 도모하는 폐단을 일일이 지적해서 불법한 행동을 감행하지 못하도록 만들어야 할 것입니다"라고 언급했다.[52]

특무대, 헌병, 경찰 등이 일사불란하게 협조하여 전국 각 지역에서 구금과 학살을 진행했기 때문에 학살 명령은 국가의 최고 권력층에서 내려왔다고 봐야 할 것이다.[53] 미군 25사단 방첩대(CIC)의 보고에서나 영국의 위닝턴(Alan Winnington) 기자도 지적했으며, 2000년 무렵 공개된 대전형무소 수감자 학살 관련 기록과 사진 자료를 살펴보면 당시 미군 CIC, 주한 미대사관, 미군사 고문단 등은 대전 학살의 전 과정을 미리 알고 있었으며 처형 과정에도 입회한 것으로 보인다.[54]

6·25 발발 직후 전국의 어떤 지역에서도 지방 좌익이나 국민보도연맹원들이 인민군을 환영하는 성명을 내거나 집단적인 반란을 꾀했다는 자료는 없다. 통상 국민보도연맹원에 대한 집단학살은 6·25 발발 직후에 이루어진 것으로 알려져 있으나, 유격대가 활동하던 대구, 경북, 경남 산간 지역에서는 이미 1949년 말부터 지역의 좌익활동 관련자 또는 보도연맹원들에 대한 '토벌', 즉 학살이 시작되었으며 1950년 3~4월 무렵에도 간헐적인

학살이 있었다.55 즉 북한의 남침으로 내부 좌익들과 반이승만 세력에 대한 학살이 시작된 것이 아니었다. 단지 6월 25일 북한의 남침은 이러한 내부의 적을 조직적으로 제거하는 촉발제 및 결정적 계기이자, 산간 지방에서 진행되던 '비국민' 대상의 간헐적인 학살을 전면화·전국화시키는 계기가 되었다. 학살의 전국화는 바로 일제가 만들어놓은 고도로 중앙집중적인 경찰기구, 관료기구의 동원으로 가능했다.

6·25 발발 전후 비민분리

이미 제1, 2차 세계대전 이후부터 전쟁은 총력전으로 성격이 바뀌었는데, 총력전쟁기에는 전선과 후방의 구분이 없어진다. 한반도는 적어도 1937년 중일전쟁, 1941년 발발한 태평양전쟁 이후에는 청년들이 군대에 징집되고, 일반인들은 노동 현장에 강제·자발적으로 동원되고, 토지는 군대의 작전을 위해 수용되는 상태에 있었다. 총력전 상황에는 민간인도 적과 나로 구분된다. 6·25한국전쟁기 국민과 비국민, 나와 적은 곧 공산당 반대자와 지지자 간의 구분이었다. 이승만은 "미국 백성으로서 공산당 된 사람은 미국 백성 아니요, 영국 백성으로서 공산당 된 사람은 영국 백성이 아니요, … 한인으로서 공산당 된 사람은 한국의 대접을 받을 수 없다"고 하면서 공산당 지지자, 친북적인 사람은 비국민, 즉 제거할 수도 있는 대상이라고 규정했다.56

6·25 전후 토벌작전에서, 그리고 그 이후에도 만주국에서 적용되었던 비민분리의 원칙은 지속되었다. 타이완에서 '비첩(匪諜)'을 반도(叛徒) 혹은 반도와 결탁한 사람으로 분류한 것과 유사하게,[57] 6·25 발발 직전 보도연맹 가입 대상자 선정 혹은 이후 국가보안법의 이적죄 조항에서도 단순히 체제에 반대한 사람뿐만 아니라 그들에게 협조한 사람도 비첩, 즉 공비로 분류했다. 민족이 분단되었기 때문에 민족의 반을 '비국민', 심지어 '비민족'으로 규정하면 국가는 생과 사의 경계선에 선다. 정당성의 기반이 취약한 분단국가, 그 국가의 통치세력이 추진한 '국민 만들기' 작업에서 내부의 적에게는 폭력이 동원되었다.[58]

제주4·3사건과 여순사건 이후 좌익 유격대나 반란군에게 협조한 주민은 토벌 또는 선무공작의 대상이 되었다. 특히 군은 이들 '부역자'의 '귀순'을 촉구하는 심리전을 폈다. 1948년 말 여순사건에 대한 국무총리 겸 국방부장관 이범석의 담화도 그러한 내용을 담고 있다.

> 본관은 제군의 대부분이 전도요원한 청년이며, 또 단순 무지한 병사이며, 동기도 피동적이었음을 안다. ⋯ 제군의 대부분은 역시 충량한 국민이므로 지금쯤은 제군들도 국가와 민족을 생각하고 자기들의 행동을 반성하고 후회하여 즉시 행동으로 표현할 것으로 믿고 있다. 더욱이 제군의 운명을 정부에서는 눈물로 심려하고 있는 제군의 부모와 처자 또는 친척을 생각할 때 본관의 마음은 아프고 슬픈 바가 있는 것이다.[59]

내전 중 전투의 바로 후방 지역은 '제5열', 즉 잠복해서 적을 지원하는 각종 활동을 하는 존재들이 거주하는 지역으로 간주된다.[60] 군 특무대는 "시도군읍면 단위의 행정기관과 국민반, 언론 등은 시도군읍 주변의 제5열을 색출하는 데 협조하지 않으면 제5열로 간주하겠다"고 위협적인 발표를 했다.[61] 내전 중에는 반란군이나 빨치산이 활동하는 산악 지역에 거주하는 사람이나 그들이 이용할 수 있는 물자 등 모든 것이 이들 빨치산의 전략 자산이 될 수 있다. 그래서 이승만 정부는 산간벽지의 가족을 모두 소각하고, 이들을 다른 곳으로 이주시켜 집단부락을 조성하여 반란군과의 접촉을 단절시키는 작전을 폈다.[62] 그리고 집단부락 내에 '불순분자'와 내통하는 사람이 있을 경우 주민들이 연대 책임을 지도록 했다.

그러나 산간 지역 사람들은 입산한 야산대 혹은 빨치산의 가족이거나 친인척 관계에 있는 경우가 많을뿐더러 생계의 터전을 떠날 수 없어서 군의 소개 명령을 거부하는 경우가 많았다. 그래서 토벌군은 집단부락을 설치하도록 강권을 했고, 소개를 거부하는 사람들은 적으로 간주한다고 계엄포고문을 공포했다.[63] 실제 소개를 거부한 주민들은 적으로 간주되어 사살의 대상이 되었다.[64] 1949년 지리산 중산간 지역의 학살사건, 그해 12월 24일 문경 석달동 학살사건도 이런 맥락에서 발생한 것이다. 적과 내통을 한 아무런 혐의가 없는 산간 지역 주민들도 적의 활동을 위한 근거지가 될 수 있다고 보았기 때문에 이들을 비적으로 취급하여 학살한 것이다.

6·25한국전쟁은 북한의 침략으로 시작했기 때문에 남북한의 군인과 민간인 사이에서 적과 나를 구분할 수 있는 외형상의 증거는 제복을 제외하고는 없었다. 양측의 군인들은 사방이 적으로 포위되어 있다는 생각을 가질 수밖에 없어서 모든 민간인을 일단 적으로 의심할 수밖에 없다. 그래서 과거 이력을 근거로 하여 피아를 구분하되, 그 판단을 최대한 확인하여 예방적인 차원에서 적을 없애려 할 것이다. 이런 전쟁 중에는 민간인 중에 적과 간첩이 넘쳐난다. 주로 피란민 대상의 심문이나 사찰이 전쟁 중 비민분리 업무의 가장 중요한 부분이 된다. 노근리사건도 이런 혼란 속에서 발생했다. 미군 방첩대가 한국 경찰 등의 협조하에 주로 피란민 심문작업을 수행했다.[65]

당시 한국군 특무대는 사상전은 직접 전투 이상으로 전쟁 승리의 결정적인 보장이 될 것으로 보았다. 그래서 일차적으로는 군인들의 절대적인 명령 복종과 충성을 요구했고, 어떤 명령 불복종도 처벌 대상으로 삼았다. 민간인에게는 적이 아님을 증명하도록 요구했다. 가족주의가 강한 한국에서 '적이 아님'을 확인할 수 있는 가장 중요한 증거는 그가 군인과 경찰 가족인가 아닌가 하는 것이다. 반대로 "월북자나 월남자, 인민군에 의용군으로 나간 사람의 모든 가족은 적으로 취급될 것"이라고 선포했다. 6·25한국전쟁기 국민들은 '말조심'을 하지 않으면 '제5열 분자'로 지목되었고, 유언비어 유포자는 간첩으로 지목될 확률이 높았다. 따라서 수많은 국민들이 유언비어 하나 때문에 '비국민'으로 취급받는 상황이 되었다. 전시에는 신분증, 즉 도민증 등이

없어도 제5열, 곧 적에 동조하는 사람으로 취급될 수 있었다.[66]

포로수용소에서의 사상전과 심리전

이승만 정부는 6·25 발발 이전에는 어느 정도 민족주의적 기조를 갖고 있었다. 이승만은 "한인 공산당원들이 모두 회개, 귀화해서 우리와 같이 악수하고 조상 때부터 지켜오던 고국산천을 다시금 완전무결한 한 덩어리로 만들어 사천 년 동안 한 자손으로 내려온 우리 민족이 다 같이 한 목적으로 민주정부 밑에서 자유복락을 누리며 살자"고 했다.[67] 그런데 6·25가 발발하고 계엄령이 선포되자 이승만은 특별담화를 발표했는데, 그는 "군경이나 관민을 막론하고 가장 말을 삼감으로써 무한한 풍설로 민심을 요동케 하거나 국방 치안에 혼선을 주지 말아야 할 것입니다. 군사상 기밀을 한 사람에게 더 알리는 것이 여러 백 명 여러 천 명의 생명을 위태롭게 하는 것이고 전면전의 승패가 달린 일이므로 공연히 불평을 품고 민심을 현혹케 하는 일이 없어야 할 것입니다"[68]라고 말하면서 정부에 대한 불만 표시는 곧 적을 돕는 것이라는 극단적 이분법의 논리를 폈다.

전쟁 중 이승만 정부와 국군은 심리전 차원에서 가능한 한 국민들의 일방적 충성을 확보하고, 반대편 군인과 민간인을 대한민국 편으로 끌어들이는 사상전·심리전을 전개했다. 미 극동군의 지휘하에 '자유세계' 찬양, 김일성과 공산주의 악마화 선전전이 실시되었다.[69] 북한 측도 역선전물을 투하했다. 양측의 군대는 엄청난 분량의 전단지를 한반도 전역에 투하했다. 미군과 한국 측의 전단지에는 소련의 스탈린, 중국의 마오쩌둥, 북한의 김일성이 악마로 묘사된 각종 표어와 뉴스, 만화 등이 실려 있었다.

6·25한국전쟁기 사상전과 심리전, 재교육, 사상주입, 전향 압박, 그리고 감시와 통제가 가장 극단적으로 진행된 현장은 포로수용소였다. 당시 미군과 남북한 당국은 모두 제네바협약(Geneva Conventions)에 따라 포로들에 대해 인도적 대우를 하기로 약속을 했지만, 실제 포로수용소의 설치와 운영은 국제법적인 감시 규정이 없었기 때문에 군의 군사 매뉴얼과 표준 작업 절차(SOP, Standard Operational Procedure)에 의해 설치, 운영되었다. 포로수용소는 '적을 억류'할 목적으로 세운 공간이었고, '예외적인 군사적 지배지구'의 성격을 갖고 있었다. 사실상 법의 진공지대가 포로수용소였다.[70]

제네바협약의 정신은 '자유로운 송환의 원칙'인데,[71] 이것은 포로들이 자신의 원래 고국에 대한 충성을 변경하도록 강제하는 것을 금하는 것이다. 이렇게 보면 포로들에 대한 사상주입교육과 전향공작은 제네바협약 위반이 될 수 있다. 결국 한국에서 좌익수 대상의 전향공작은 전쟁기 포로수용소에서 시작되었다고 볼 수 있다. 미국과 한국 정부는 포로 대상의 전향공작이 불법적인 것임을 알고 있었지만, 대소관계 및 대북관계에서 정치적 우위를 과시하기 위해 가능한 한 많은 중국군, 북한 포로를 대상으로 사상 재교육 혹은 전향공작을 시도했다. 이러한 작업을 거쳐 이후 반공포로 석방 조치가 이루어졌다. 물론 북한 역시 미군과 한국군 대상의 교화 및 교육을 실시했다. 미군과 한국 측이 공산주의에 대한 부정적 측면을 주로 부각하고 주입했다면, 북한 측의 교육은 자본주의와 미국의 부정적 역사, 그리고 마르크스·레닌주의의 장점, 공산국가의 긍정적인 측면에 집중하는 내용으로 채워졌다.[72]

당시 포로수용소의 모든 운영과 관리는 유엔군, 즉 미군 관할하에 있었다. 거제도포로수용소에서 친공산주의 포로를 전향시켜 '반공포로'로 만드는 작업은 트루먼(Harry S. Truman) 대통령이 행정명령으로 1951년 심리전략위원회(Psychological Strategy Board)를 설치하고, 포로송환 문제는 심리전 차원에서 다루어야 할 문제라는 점을 강조한 이후에 본격화되었다.[73] 즉 친공산주의 포로들을 대상으로 사상공작을 펼쳐 포로들에게 '자유'냐 '노예'냐를 선택하는 문제라는 점을 강조하면서 미국 자유주의 가치의 우월성을 설파하려 했다. 냉전 시기 미국은 자신들의 국제적 위상과 성격을 소련의 제국주의에 맞서는 자유의 사도라고 설정했는데, 포로수용소는 그것을 선전·주입하는 미시 현장이었다.

거제도포로수용소에서 행해진 미군의 포로정책은 국제협약의 무력화와 새로운 정책(사상전향교육)을 '기정사실화'하는 데 있었다. 미 육군 극동사령부 심리전과에서는 현장연구팀에 행정적 지원을, 극동사령부 일반참모부 군사정보과에서는 군사정보

심문보고서를 제공했고, 정보참모부 참모실 심리전과 사무실 및 육군 헌병감실의 실무진들과 여러 차례 회의를 통해서 나오게 되었음을 밝히고 있다.[74] 미국은 친공 포로들이 북한이나 중국으로 되돌아가지 않고 대한민국이나 타이완을 선택하도록 유도하려 했다. 인민군이나 중국군이 자기 조국을 버리고 반공포로로 전향할 경우 그것은 국제적으로 미국이 주도하는 반공주의체제의 우월성을 입증할 수 있는 중요한 선전 자료였다.

그런 이유 때문에 1951년 포로수용소 설치 초기부터 미국은 한국군과 함께 포로들에 대한 사상심사를 매우 엄격하게 진행했다. 육군본부 자료에 의하면 당시 당국은 "반공애국 청년 입대자나 8250부대 입대자 중에서도 친공적 사고나 사상적으로 불순한 생각을 가진 사람이 많을 것이고, 확고한 군인정신을 갖지 못하고 사상적으로 동요하는 사람이 있을 것"으로 추정했다. 그리고 특무대로 하여금 이들의 사상에 대한 내사를 은밀하게 진행하고, 민주이념에 대한 정훈교육을 수시로 실시하라는 명령을 내렸다.

물론 이승만 정부는 1949년 제네바회의에서 협정된 제4조에 조인했기 때문에 "귀순자와 포로는 그 법에 따라 처단될 것"이라고 하면서 "동포를 잔혹한 방법으로 괴롭힌 자들에게 경고하고자 하는 바는 살인 방화와 반역 행동으로 국가를 전복하려는 자를 다스리는 법은 준엄한 것이며 이 법은 반드시 실시되어야 한다"고 강조하기도 했다.[75] 그러나 실제로 그러한 약속은 거의 지켜지지 않았고 포로들에게 더 가혹한 전향정책을 폈다.

국제적십자위원회(International Committee of the Red Cross) 대표 비에리(Frederick Bieri)는 1950년 10일 20일 서울의 감옥을 방문할 것을 요청했으나 들어갈 수 없었고, 동료인 레니어(Reynier)가 서대문형무소 등 서울의 형무소 두 곳을 방문했다. 9,200명의 수용자들이 거의 아사 직전이었다. 여기서 법무부 장관은 이들은 범법자들이며 공산주의자이거나 공산주의 사상을 지지하는 사람이기 때문에 치안의 이유로 감옥에 집어넣는 것은 자신의 의무이며, 이들이 다른 사람을 죽일 기회를 갖기 전에 이들을 먼저 죽일 필요가 있다고 말했다. 비에리는 이 충격적인 조건은 제네바협정 위반이라고 말했다.[76]

특히 1952년 2·18사건, 즉 신임 수용소장인 도드(Francis Dodd) 준장 억류사건을 계기로 하여 포로수용소 당국은 모든 포로를 공산포로와 반공포로로 분류한 다음 공산포로에 대해서는 매우 엄격한 통제를 실시함과 동시에, 이들을 반공포로로 전향시키기 위한 작업을 본격화했다. 거제도포로수용소에서 전향 강요와 사상심사, 심리전 차원에서 진행된 심문은 미군 CIC가 주도했는데, 중국군 포로들은 장제스의 교시를 언제나 들어야 했다. 여기서의 전향공작은 일종의 재교육 시스템의 일환이었다.[77] 한국 정부는 포로를 대상으로 단순히 거주지나 출신 지역을 알아내는 기초조사가 아니라 적대적 사상심사를 실시했다. 중국군 포로들이 공산주의자인지 아닌지를 심사한 다음 그들이 공산주의자임이 드러나면 재교육을 실시했다. 국민당계 포로들이 다른 포로들에게 반공주의 사상을 주입했다.[78]

정전체제와
남한 권력의 장

1945년 이후 남한은 두 번의 전쟁을 치렀다. 첫 번째는 열전인데 1948년에서 1953년에 이르는 좌우세력 간의 내전 및 전면전이며, 두 번째는 1960년대 말에서 1975년에 이르는 데탕트시기 박정희의 준전시체제 선포 상황이었다. 그러나 이 모든 시기는 냉전체제라는 지구적 권력 장과 맞물려 있다. 냉전체제의 형성과 이완이라는 국제 정치경제 질서의 변화가 그것이다. 한 번의 전면전과 그 이후의 전시체제 상황은 한국 내부의 지배질서와 사상통제를 좌우한 가장 결정적인 권력의 장이었다. 앞의 시기에는 국가보안법이, 뒤 시기에는 반공법이 권력의 장을 뒷받침하는 법적 장치였다. 그리고 앞의 시기에는 방첩대와 특무대가, 뒤의 시기에는 중앙정보부가 사실상 최고 사상통제기관의 기능을 했다.

6·25한국전쟁 이후 세계는 마루야마 마사오(丸山眞男)가 정리했듯이, 미국 내정에서의 매카시즘, 미국에 대한 종속성이 두드러지는 나라에서의 파시즘, 과거 식민지·반식민지 민족해방운동에 대응하는 토착 반동세력의 파시즘 등이 다양하게 나타

났다.[79] 1950년대 한국과 타이완에서 19세기 프랑스의 보나파르트체제와 유사한 보나파르티즘(Bonapartism)이 등장한 것[80]도 이러한 토착 파시즘의 한 양상이었다. 타이완이나 한국에서는 미국의 힘에 의해 극우세력이 강압적으로 관료, 경찰, 군부 등 지배기구를 장악하게 되었으며, 아직 자본가계급의 세력이나 노동자나 농민의 역량도 미약했다. 그런 조건에서 정권은 정당성과 합법성의 위기에 만성적으로 직면했으며, 그것에 대처하기 위해 비상 입법과 명령, 그리고 경찰력을 발동했다. 당시 한국의 산악지역에서는 말단 경찰이 '산골 대통령'으로 불릴 정도로 무소불위의 권력자였다.

6·25한국전쟁과 베트남전쟁은 서구가 만든 냉전의 개념 자체를 허무는 열전이었지만, 아시아와 남미 여러 나라에서 발생한 '작은 전쟁', 즉 게릴라전이나 사실상의 전쟁과 유사한 반란이었으며, 무장 저항과 그것을 제압하려는 국가폭력은 지구적 냉전체제하에서의 일상적인 전쟁의 성격을 갖고 있었다. 이러한 전면적인 물리적 충돌로서 전쟁(war) 말고 정치적·사회적 통제로서의 넓은 의미의 전쟁(warfare), 또 군사독재 등과 같은 전쟁에 준하는 억압적 지배질서를 어떻게 개념화할 수 있을까? 각국의 지배체제로서의 냉전에 주목을 해보면, 전체주의 혹은 파시즘과 유사한 군사독재, 그러한 군사독재의 정치사상적 통제로서 사상전쟁의 측면을 주목해야 할 것이다. 아마 정전체제하의 남한은 만성적 계엄체제하의 타이완과 더불어 '냉전의 전장'에서 어떤 일이 일어났는지 가장 잘 보여주는 사례일 것이다.[81]

냉전, 분단, 그리고 정전 중의 국가는 명목상 민주공화국 혹은 국민주권주의에 기초해 있더라도 국가와 사회의 분리가 아닌 유기체, 즉 전체주의 국가모델이 자리 잡기 쉽다. 이 경우 국가 권력에 대한 민주적 통제의 여지, 개인과 집단의 자율성은 극히 제한된다.[82] 국가가 위기에 처했다는 '상황 규정' 역시 객관적인 것이라기보다는 거의 군주적 권한을 행사하는 대통령이나 집권세력의 자의적 판단일 가능성이 크고, 설사 그런 위험이 있다고 하더라도 그것은 주로 집권세력이나 통치자가 맞게 된 위험을 의미한다. 국가는 거의 인격체로 간주되어 일방적으로 충성을 바쳐야 할 대상이 되거나 국가와 최고 권력자는 '모독'되거나 '불경'한 대우를 받을 수 있는 존재로 간주된다.

1953년 7월 27일 정전협정 이후 지리산 일대의 빨치산은 1954년 정도에 대체로 진압되었고, 극소수 남은 빨치산도 1957년경에는 거의 사살, 체포되었기 때문에,[83] 남한 내부의 전투는 사실상 종식되었고 이후 무장 저항세력은 사라졌다. 1952년 이승만의 자유당 창당과 자유당의 이념인 '일민주의(一民主義)'는 독일 극우 파시즘을 학습하고 돌아온 안호상의 영향을 받아 분명히 국가유기체론 혹은 파시즘적 민족주의의 내용을 갖고 있으나 그 사상이나 이론이 일관되지 않고, 전통주의·반자본주의·평등주의의 담론도 구사하고 있다.[84] 그러나 그 기조는 국가 지상, 민족 지상의 극우 파시즘이었다.

이범석, 안호상 등의 족청계를 제거한 이후 이승만은 더욱 강한 반공주의를 내세웠는데, 그것은 1955년 인도네시아의 반둥

회의에서 신생국의 민족주의를 소련과 연계된 것으로 공격한 미국식 냉전 진영 논리를 그대로 표현한 것이었다.[85] 그래서 자유당과 이승만을 반대하거나 통일을 지지하면 소련의 앞잡이, 곧 '공산당'을 지지하는 것으로 간주했다. 이후 이승만은 국부(國父)를 자처했으며 자유당 간부들도 법 위의 존재로 군림했고, 한국은 완전한 경찰국가가 되었다.

미국과의 관계에서 경제원조와 방위조약으로 맺어진 한국의 이승만 정권과 타이완의 장제스 정권은 마루야마 마사오가 말한 것처럼 "혁명적 상황이 긴박하고 혁명세력과 직접적으로 대치하고 접촉하고 있는 곳일수록 파쇼적 통치방법을 취하는 정권이 성립하기 쉽다"는 것을 보여준 사례였다.[86] 과거 반공주의 본산인 미국은 아무리 매카시즘 선풍이 불어도 극우단체나 재향군인회가 곧바로 정치적으로 동원되지는 않았다. 일본의 자민당 지배체제도 비교적 온건한 우익 보수주의 양상을 지니고 있었으나, 타이완과 한국에서는 적색공포가 압도하였고 정치깡패나 경찰에 의한 테러가 공공연하게 발생했다.

사실 이승만의 수족 역할을 한 특무대나 헌병, 경찰은 여전히 많은 국민을 의심하여 사찰·감시하되 이들이 반기를 들면 소탕할 태세를 갖추고 있었다. 그들은 학생 등 비정치적인 정권 비판 세력이나 단순한 남북통일 지향의 지식인, 조봉암과 같은 전향한 진보정치가, 그리고 6·25한국전쟁의 희생자들의 항의마저도 '적'이 등장한 것과 같은 위협감을 느꼈다. 조봉암의 사형 집행에서 보여준 것처럼 북진통일론을 비판한 평화통일론조차 용인할 수 없을 정도로 이승만 정권의 기반은 취약했다. 이승만은 자신에 대한 비판을 '반역'으로 간주했다. 1958년 국가보안법 개정안 통과와 1960년 3·15부정선거와 시위대 발포는 정권 유지를 위한 이승만 정권의 국가폭력 행사였다.

결국 4·19혁명으로 이승만이 퇴진하자 국내 권력 장의 성격이 변했다. 자생적인 반체제 세력이 등장했기 때문이다. 8·15 직후 등장했던 세력 중 살아남은 민족주의 세력, 여운형계의 온건한 좌파나 사회민주주의 세력, 그리고 이승만 퇴진의 승리감에 고무되어 새로운 사회운동을 전개한 대학생들과 청년들이 민주화와 민족주의, 통일의 기치를 들었다. 이들은 중립화 통일론까지 제기했다. 이것은 군사적인 '내전'이 종식된 마당에 이제 남한 내부에서 정치사상적 내전이 부활한 것을 의미했다.

통일운동은 구 자유당 세력뿐만 아니라 굴러온 권력을 거머쥔 민주당도 체제 위기, 즉 기득권 상실의 위기를 감지했다. 이것은 당시 보수 지배블록 측에게는 사실상 '후방교란'과 같은 것이었다.[87] 특히 6·25한국전쟁 전후 피학살자 전국 유족회(이하 피학살자 유족회) 활동과 민족주의·사회주의 세력, 학생들이 주도한 '가자 북으로, 오라 남으로'의 통일운동은 이들 지배블록을 위협했고, 그래서 이들은 박정희의 쿠데타를 사실상 지지하거나 묵인했다.

1961년 3월 10일 집권 민주당은 반공임시특별법 시안을 발표했다. 이 법안은 기존 국가보안법 제1조의 '단체(團體)' 항목에서 '공산주의에 따라 활동하는 단체'를 단속 대상으로 하는 것으로 설정해서 기존의 국가보안법보다 사상통제의 측면을 더 강화한 법이었다. 특히 이 법안에는 제4조로 국가보안법에는 없던 '찬양·고무 등'에 관한 조항이 설정되었다.[88] 4·19혁명 이후 민주당 정권이 자유민주주의 기반을 강화하기보다는 오히려 데모규제법과 반공임시특별법을 통과시키려 한 것은 매우 의미심장한 대응이었다. 집권 민주당은 이승만 퇴진 이후의 열린 정치 공간에서 통일운동의 확산과 사회주의적인 구호까지 나와서, 냉전 분단 질서가 이완되는 것에 두려움을 갖고 있었다. 이후 5·16 박정희 군부 세력이 민주당을 대신해서 반국가단체의 범위를 확대하여 관련자 2,014명을 검거했으며, 민주당이 입안한 반공임시특별법을 이어받아 반공법을 제정했고, 반공을 위한 국민운동인 재건국민운동을 전개한 것은 매우 역설적이다.

1960년 4·19혁명은 학생운동이라는 새로운 도전세력을 등장시키고 통일 담론을 확산시켜 한국의 냉전 권력 장을 크게 위협했다. 5·16쿠데타, 반공법 제정, 중앙정보부 창설이 바로 이러한 도전에 대한 반동이었으며, 이후 박정희 군부정권의 개발주위와 성장주의는 일종의 '수동혁명'이었다.[89]

5·16쿠데타 세력은 1961년 국가재건최고회의 포고 제6호로 사회단체 등록에 관한 법률을 제정해서 모든 사회단체는 창립취지문, 회칙 규약, 사업계획서, 간부들의 명단·이력서·호적등본, 구성원의 인적 사항·재산 목록, 출연자 명단을 제출하도록 했다. 또 정당법을 제정해서 중앙당은 반드시 수도에 두어야 하고 국회의원 지역구 총수의 1/3 이상의 지역에 지구당을 두어야

하는데 5개 이상의 시도에 분산되어 있어야 한다는 조항을 넣어 정당 창립은 사실상 허가제로 했다. 아래로부터의 시민단체나 정당 결성을 사실상 차단했다. 이후부터 오로지 반공주의 이념을 표방하는, 군사정부의 입맛에 맞는 정당과 사회단체만이 수립될 수 있었다.

데탕트 이후 권력의 장:
준전시체제로서의 유신체제

이승만 정권에서 박정희 군부세력으로의 권력 이동은 미국의 동아시아 냉전정책의 변화를 반영한 것이기도 하다. 극도의 빈곤 상태에 있던 제3세계에서 사회주의와 민족주의의 영향력을 제압하기 쉽지 않다고 본 미국은 1950년대 말 근대화(modernization)와 발전 전략을 고안했다. 제3세계 근대화와 발전 전략의 교과서 역할을 한 로스토(Walt Rostow)의 저서 『경제성장의 제 단계(The Stages of Economic Growth)』의 부제가 '반공산주의 선언(Non-communist Manifesto)'이라는 점에서 알 수 있듯이 미국의 제3세계 전략은 기본적으로 반공주의가 경제개발, 근대화론과 결합된 것이다.[90]

아시아의 최후진국이었던 한국에서 근대화, 경제 발전은 기존의 반공주의와 달리 상당히 포섭적 성격을 가진 이데올로기였다. 실제로 한·일 국교정상화 이후 본격화된 경제 개발로 한국은 탈빈곤의 시동을 걸기 시작했다. 비록 북한에 비해 경제 개발은 뒤늦었으나, 박정희의 성장주의 드라이브는 생활의 변화를 피부로 느낀 국민들의 상당한 동의와 지지를 받으면서 진행되었다. 이러한 경제 성장과 산업화, 빈곤 탈피, 계층 이동의 기회 확대는 미국의 예상대로 쿠데타로 집권한 박정희 정부를 점차 안정화하고, 반공주의의 물질적 기반을 강화하는 효과가 있었다. 미국의 베트남전쟁 개입은 국제적인 비판을 받았으나, 한국은 베트남 특수를 통해 경제 발전의 기회를 얻을 수 있었다.

1968년 전후 북한의 무장공비 침투 청와대 습격사건은 박정희 정권에게는 가장 심각한 '후방교란' 상황이었다. 반정부 학생운동과 지식인들의 정권 비판 역시 북한의 무장공비 도발과 더불어 체제에는 매우 위협적인 요인이었다. 1968년은 정전 이후 가장 전시에 근접한 해였다. '제2의 6·25전쟁설'이 확산되고, 박정희 정권은 '총력전의 시대'라고 상황을 규정한 이후 국방국가화, 즉 안보와 발전을 연계하는 전략을 추구했다. 1968년 〈국민교육헌장〉 제정 등으로 전 국민을 정신적으로 무장하고, 향토예비군을 신설하여 '게릴라에 맞서 역게릴라'로 향토를 방위하는 등 국력을 총집결하여 북한의 '제2 6·25전쟁' 도발에 맞서자는 캠페인을 벌였다.[91] 새마을운동은 변형된 대게릴라 투쟁, 국민 대상 심리전의 일환이었다.

박정희는 군인과 공무원 동원 같은 온갖 선거 부정을 저지르고도 1971년 대선에서 100만 표 차이로 겨우 당선되었다. 김대중은 이 선거에서 이후락 중앙정보부장 때문에 졌다고 말했다. 국정원 과거사건진실규명을통한발전위원회 보고서에 따르면,

1971년 총선에서 중앙정보부는 '풍년사업'이라는 공작명으로 김대중 후보의 낙선활동을 벌였다. 이 선거에서 거의 전 공무원과 군인이 박정희를 찍은 것은 주지의 사실이며, 그 결과 박정희는 대통령이 되었다. 한편 그전인 1967년 총선에서 박정희는 김형욱 중앙정보부장에게 김대중, 김영삼 등 유력 야당 후보가 출마한 7개의 선거구를 '정책지구'로 선정하여 반드시 이길 것을 지시했다고 한다.[92] 국내에서의 집권 불안과 더불어 미군 철수 움직임은 박정희의 안보 불안을 극대화했고, 개인적으로는 강박증적 증세를 보이는 발언을 반복했다.[93] 민주적인 선거를 한다면 다음 대선에서는 박정희가 더 이상 승리를 할 수 없다는 사실이 분명히 확인되었다.

그러나 미국 주도의 냉전 권력 장은 1960년대 이후 크게 변했다. 전후 경제특수가 후퇴하고, 미국 단일 패권이 도전을 받기 시작했다. 미국은 제3세계 사회주의혁명의 물결, 1968년 혁명의 도전, 그리고 베트남전 참전으로 인해 도덕적 지도력에도 큰 손상을 입었다. 중국이 6·25한국전쟁 참전 이후 제3세계에서 차지하는 위상도 높아졌다. 이런 조건에서 미·소 양대 패권은 흔들리기 시작했고, 그것은 지구 권력 장의 변화를 가져왔다. 이 지구 권력 장의 변화는 냉전의 틀 속에서 반공주의의 길을 걸었던 남한의 국가 권력 장을 크게 뒤흔들었다.

결국 1971년 12월 박정희는 국가비상사태를 선포했다. 박 정권은 중국의 유엔 가입을 비롯한 국제정세 급변으로 한국이 한반도에서 유일한 합법정부라는 기존 국제사회의 분위기가 흔들리고 있다는 것을 알아챘을 뿐 아니라 미 의회의 주한미군 감군 논의와 국내 민주화운동 세력의 등장으로 인한 심각한 위기의식을 느꼈다. 박정희 정권은 북한과의 전쟁을 '인민전쟁'이라 규정했고,[94] 국민들이 환상적인 평화 무드에 젖어서 퇴폐, 무사안일, 방위 의무에 대한 인식 부족 상태에 있다고 보았으며, 국가비상사태에서 민주체제가 보전되기 위해서는 "자유를 유보할 수 있다"고 주장했다. 국제적 냉전체제의 급격한 변동은 분단체제에 편승해온 박정희 대통령에게 오히려 심각한 체제 위기로 다가왔다. 이는 북한의 김일성에게도 마찬가지였다.

박정희의 영구집권을 제도화한 유신체제는 객관적 안보위기의 산물이라 보기 어렵다. 유신체제는 준전시체제를 제도화한 것이었고, 일제 말기와 유사한 총력전체제였다. 히틀러의 수권법 전례처럼 권력을 대통령 1인에게 집중시키고, 입법부와 사법부의 독립성을 부정하는 유사 군주제였다. 그리고 온 국민을 개인화·파편화하려는 점에서 전체주의 성격을 지녔으며, 반정부·반체제 세력에는 가공할 만한 테러를 동원했다는 점에서 파시즘적 통치체제였다. 1972년 10월 박정희는 "조국의 현실이 백척간두에 처해 있다", "우리가 직면하고 있는 오늘의 상황은 준전시 상태가 아니라 전쟁을 하고 있는 상태"라고 규정했고,[95] 이런 상황 규정에 따라 국가의 자원을 총동원하고 내부의 적, 적으로 지목된 '위해집단'을 외부의 적, 즉 북한과 동일시했다. 입법·사법·행정부가 사실상 국가안보라는 지상 목표 아래 통합되었다. 이러한 총력전체제에서 체제의 안과 밖을 구분하고, '내부의 적'

에 대해서는 무자비한 억압, 법의 이름을 빌린 처형(사법살인)을 가했다.

1970년 이후 북한 공작원 남파가 뜸해지자 박정희 정권의 중앙정보부는 과거 좌파나 재일동포, 서독 유학생, 납북어부 등 분단체제의 경계에 있는 사람들을 '간첩'으로 조작했다. 최대의 조작사건은 이른바 인혁당(인민혁명당)사건과 민청학련(전국민주청년학생총연맹)사건일 것이다. 이 두 사건은 박 정권이 위기를 돌파하기 위해 관련자들을 고문해서 '만들어낸' 대표적인 조작사건이었다.[96] 1974년 4월 25일 중앙정보부는 민청학련이 조총련, 인혁당과 결탁하여 국가변란을 기도했다고 발표하면서 1,034명을 검거하여 57명을 구속했고, 인혁당 재건위 관계자 27명을 구속했다고 발표했다. 박 정권은 학생데모를 국가변란을 기도한 반국가단체사건으로 확대 발표했다. 1975년 4월 8일 인혁당 및 민청학련 관련자 8명에게는 무기징역, 6명에게는 징역 20년, 8명에게는 사형을 선고한 후 18시간 만에 전격적으로 사형을 집행했다. 안보 위기, 정권의 위기를 내부의 적 소탕으로 돌파하려 했다. 미국은 최종길 교수 고문치사, 인혁당 조작과 관련자 처형 등의 인권탄압에 대해 한국 정부에 경고를 하기는 했으나 유신체제 자체는 묵인했다.[97]

미국에게나 한국에게나 냉전체제는 군사적인 것과 민사적인 것의 구분이 없어지는 상황, 일상화된 심리전·사상전 상황을 의미하는 것이기도 하다. 사실 냉전은 전쟁과 평화 사이의 특정한 일상적인 전쟁체제이다. 물리적으로 보면 군대가 동원된 군사작전과 경찰이 동원된 치안의 중간 상태이고 법적으로 본다면 계엄선포하의 토벌과 실정법에 의한 사법적·행정적 통제 사이의 중간 상태이다. 전장에서 무장한 적을 즉각 사살하는 상황, '잠재적 적' 혹은 반체제 세력을 각종 비상조치나 형법 및 특별 형법 등의 실정법에 근거하여 체포 구금하거나 사법적 심판을 거쳐 처형하거나 구속하는 상황이다.

일제 말 총력전체제에서 천황이 갖고 있었던 국가상징 대신에 유신체제하에서는 사실상의 종신 대통령이라는 법 위의 최고 권력자가 곧 국가였다. 대통령과 정부의 각종 명령이 국회의 입법을 대신했으며, 공권력의 노골적인 폭력이 법의 이름으로 행사되었다. 전쟁 위기를 빌미로 국민들에 대한 사상적 통일성 강요, '국민운동'의 이름을 빌린 위로부터의 동원,[98] 동네의 최말단까지 연결된 주민 세포조직을 통한 상호감시, 상명하복의 철저한 관료체제, 공격적인 업적주의와 극단적인 위계질서,[99] 학교의 군사교련 수업과 병영화, 반공도덕 교과서를 통한 사상주입, 즉 근검, 절약, 청결, 위생, 질서 등 가족, 개인적 가치의 강조 등은 일제 말의 사상통제가 부활한 것이었다.

박정희 정권은 동서 데탕트, 남북한의 대화와 교류 국면을 이용해서 안보 위기를 과장하거나 조작하면서 전시 상황을 조성했다. 1967~1968년에 북한의 대남 도발이 격화되기는 했지만, 1969년 이후에는 현저히 줄어들었으며 유신 직전인 1970~1971년에 들어서는 오히려 대남 적대행위가 감소했다. 당시 북한은 일본, 유럽 등 서방국가들과의 관계 개선을 적극적으로 추진했고, 미국과의 접근도 모색했다. 게다가 1971년 들어 북한은 군사비를 삭감할 계획을 세우기도 했다. 닉슨독트린(Nixon Doctrine)과 데탕트가 남북한의 냉전적 적대관계를 완화시킬 수 있는 국제적인 조건을 조성했을지언정 한국의 안보 위기를 가중시켰다는 증거는 찾을 수 없다.[100] 당시 미대사관 역시 유신은 박정희의 장기집권 의지의 표현이었으며, 북한의 위협과는 무관하다고 판단했다.[101]

일제 말의 총력전체제는 일본이 미국과 태평양전쟁을 벌이는 중인 실제 상황에서 조성된 것인 반면, 유신체제의 명분이 된 안보 위기는 박정희 자신이 규정한 것이고, 어떤 점에서 보더라도 매우 주관적·심리적인 것이었다. 그것은 국가위기가 아니라 냉전체제하에서 미·소 대결을 명분으로 지배질서를 유지해 온 박정희 정권의 위기였다.[102] 1975년 4월 30일 월남의 패망은 박정희 정권의 위기의식을 최극단으로 몰아갔다. 미국은 이러한 한국의 파시즘적 통치 강화의 전 과정을 지켜보면서도 일절 말리거나 개입하지 않았다.[103] 그런 박정희 독재체제가 미국의 이익에는 도움이 된다고 본 것이다.

일제강점기나 8·15 직후, 그리고 이승만 정권하에서는 국가의 직접 폭력에 국민과 비국민을 구분하는 국가의 가시적 통제와 훈육 등의 방법이 동원되었다면, 한국이 경제 발전과 근대화로 약간의 국민적 지지와 동의를 확보하기 시작한 1970년대 이후에는 법과 행정의 집행, 위험인자 예비검속과 국민 사찰·감시, 언론과 교육에 대한 통제 등 심리전적인 사상통제의 방법이 동원되었다. 가시적 통제는 점점 비가시적 통제로 변화했다. 살해와 신체적 고통 대신에 해고나 낙인찍기, 주변의 따돌림 등이 비국민과 잠재적 비국민에 대한 더 주요한 처벌 방식이 되었다. 가장 심각한 형벌은 가족이나 친구관계로부터의 단절이었는데, 그것은 결국 생존 기반의 박탈이었다.

2 선전, 담론, 교육의 장

'불순'의 담론

권력의 장은 언제나 담론의 장과 결합되어 있고 상호작용한다. 권력투쟁은 상징투쟁과 동시에 진행된다. 전쟁 시기나 평상시에도 폭력의 행사는 정당화를 언제나 필요로 하고, 직접 폭력은 상징폭력을 따른다. 담론, 이미지 등을 통해 이루어지는 상징질서는 사회관계를 분류하고 그 차이를 언술화하여 언론매체와 교육기관을 통해 유포되거나 주입된다.[104] 권력의 장과 결부된 선전과 담론의 장은 법과 행정을 집행하는 논리이고, 또 그것을 정당화한다. 국체, 국시, 좌익, 양민, 비국민, 공비, 간첩, 불순, 정화, 순화, 귀순 등의 담론은 일제 말 이후 한국을 비롯한 동아시아 각국이 발화한 상징폭력의 언술이다.

1948년 여순사건 발발 직후 이승만은 "각 학교와 각 정부기관에 모든 지도자 이하로 남녀 아동까지 일일이 조사해서 불순분자는 다 제거하고 조직을 엄밀히 해서 반역적 사상이 만연되지 못하게 하라"며 "앞으로 여하한 법령이 혹 발표되더라도 전 민중이 절대 복종해서 이런 비행이 다시 없도록 방위해야 할 것"이라는 성명을 발표했다.[105] 당시 학생들이 반란군에게 협조한 것을 알린 언론 보도는 이승만 정부에게 큰 충격을 주었다. 그래서 이청천은 모든 국민을 대상으로 이데올로기 교육을 해야 한다고 역설했다. 그는 공산주의 사상을 극복하려면 무력이나 금력만으로 안 된다고 보면서 공산주의 사상에 대해서는 사상으로 대항하여야 한다고 강조하였다.[106] 그는 민족의 중심사상이 필요하다면서 학생들이 반란에 동조하지 않도록 사상적인 주입, 즉 국민주의 고취를 해야 한다고 강조했다.[107]

여순사건 직후 문교부의 문인조사단 소속으로, 사실상 정부 선전 홍보원으로 여수·순천 지역을 다녀왔던 소설가 박종화는 현지 작전참모의 말을 다음과 같이 인용했다.

우리 정부가 엄연히 선 이상 국시와 국헌이 뚜렷이 서서 전 민족이 이곳에 움직여야 됩니다. 아무리 민족지상, 국가지상을 천 번 만 번 부른댔자 추상적임에 그칠 뿐 군인, 온 학생, 온 민족에게 그 이념이 철저하도록 침투가 되지 못했습니다. … 확고부동하게 머릿속에 깊이 넣어 주어야 할 것입니다. 공연한 미국식 민주주의, 자유주의가 이러한 혼란을 일으켜놓은 것입니다. 이 악랄한 세계 제패의 공산주의자의 사상은 학교뿐 아니라 군인과 사회 속 각층 각 방면에 침투가 되었던 것입니다. … 정부에서는 우리 민족이 가져야 할 국시를 하루바삐 명확하게 세워서 3천만 전 민족의 머릿속에 깊이깊이 뿌리박고 일어나도록 교육하고 선전해야 할 것입니다.[108]

우선 이승만 정부와 군은 지역 주민을 설득하기보다는 적 토벌에 치중했다. 5여단 정보참모는 12월 1일까지 등교하여 정상적인 수업을 받지 않은 학생은 폭도로 인정하여 처단하겠다는 극단적인 경고문까지 발표했다.[109] 1949년 1월에는 학교에서 불온교사를 추방하기 위한 협의가 개최되었고 '불온교사처벌위원회'가 만들어졌다. 그리고 1949년 3월 1일에는 초중등학교와 교육부 직원 중 1,641명을 추방했다. 그리고 문교부장관 안호상이 학도호국단을 설치하도록 했다. 독일 나치하의 유겐트와 유사한 방식으로 학교를 병영화하려는 시도였다. 안호상은 학도호국단은 반공주의 사상을 강화하기 위한 것이 목표라고 말했다. 안호상은 교사와 학생 지도자를 훈련하기 위해서 사상연구소를 설치하기도 했다. 그의 뒤를 이은 백낙준 문교부장관은 '투쟁하는 교육'을 강조했다. 이처럼 처음부터 한국 교육과 학교의 목표를 공산주의에 맞서 싸우는 전사 양성에 두었다.

앞의 정비석 등 작가들의 현지 시찰 보고는 지역 민심이 이승만 정부를 지지하면서 반공주의 옹호로 돌아섰다고 보기 어려운 징후를 우회적으로 드러내주었다. 제주나 여수·순천 지역뿐만 아니라 당시 남한 주민들도 두 분단 정부 수립은 잠정적인 것이라 보았고, 일제에 부역한 경찰과 군인이 득세하는 남한 정부를 별로 신뢰하지 않았기 때문이다.[110]

권력 장의 극단적 형태가 전쟁이라면, 주민들은 전쟁 시 생명을 보전하기 위해 자신을 보호해주는 편에 서야 하며, 자신이 적이 아님을 계속 증명해야 한다. 그리고 이제 정치적 입장은 물론 생각도 감추어야 한다. 아직 주권자 혹은 시민으로서 자각도 거의 없었던 당시 남한의 보통 주민들은 '양민'이 되어 민족의 자주독립이라는 말을 잊어버리고, 일제강점기 이전 '백성'의 시대로 되돌아갔다. 백성은 통치의 대상으로 정치에는 전혀 관여를 해서는 존재이며, 통치는 오로지 군주의 소관이다. 여순사건을 계기로 일제 말기의 '불순', '양민' 담론이 다시 부활했다.

일제시기 이른바 불순세력은 천황제에 반대하면서 민족 독립을 꿈꾸던 사상인, 즉 불령선인이었다. 일제 말기 조선에서 〈황국신민서사〉가 학교나 직장 등 지역사회 모든 곳에서 공식 주입, 제창되면서 조선인은 황국신민으로서 본분과 의무를 지키지 않는 사람인 '비국민' 또는 '국민의 자격이 없는 자'로 지목되지 않기 위해 충성 발언을 하고, 충성 행동을 과시해야 했다. 조선인 대다수가 창씨개명에 응한 것은 물론이고, 일부 청년들이 징용, 징병에 자원한 것도 바로 불순세력으로 지목되지 않고 당당한 국민의 자격을 얻기 위해서였다. 그런데 이 비국민 담론을 "해방 후 친일 '권세가'들이 좌익 척결의 명분하에 자신을 공격하는 사람들을 향해 사용"했다.[111]

국민과 비국민을 완전히 구분한 다음 우리 국민은 곧 '반공국민'으로, 우리 국민이 아닌 불순한 사람은 비국민, 외국인, 그리고 극단적으로는 '죽여도 좋은 대상'으로 간주했다. 나치 시절 독일에서 유대인 학살을 정당화한 우생학의 논리가 반공주의하에서 유사 인종주의적 뉘앙스를 지니고 부활했다.

6·25한국전쟁기 인민군 치하에서 부역한 사람을 재판석상

에서 만난 유병진 판사가 "적은 다른 지배하에 있는 사람이지만 부역자는 우리 지배하에 있는 국민이 아닌가. 그러한 우리 국민으로서 남의 사람과 공모하여 그들에게 협력한다는 것은 필경 그 남의 이상의 악독한 것인가"라고 탄식한 것과 같은 회의감을 표시한 것처럼 동일 국민에 외국인 취급이라는 상황이 발생했다.[112] 그는 좌익활동한 장본인보다도 남은 가족이 부역자로 몰려 더 가혹하게 처벌당하는 역설을 보게 되었다고 한탄했다. 6·25한국전쟁기 비국민에 대한 보복의 정점이 바로 인민군 점령기 부역자를 학살한 일이다.[113] 그러나 유병진 판사 정도로 보통 국민에 대한 동정심을 가진 사람은 당시 수많은 부역자 재판을 했던 판사 중 오직 그 한 사람뿐이었다. 국가가 신성시되고 이념이 도그마화되면 그 어느 편에도 설 수 없는 보통 국민의 처절한 처지나 백척간두의 삶은 관심 밖으로 밀려난다.

특히 산악 지역의 '불순세력'을 토벌하여 '귀순'하도록 한 여순사건 이후와 6·25한국전쟁 전후의 권력 담론은 이후 전향공작으로 연결된다. 앞에서 언급한 조용환의 사례처럼 심지어 21세기 들어서도 천안함 침몰이 북한의 소행이라는 정부의 공식 설명을 '믿지 않는' 사람까지 불순한 존재, 친북적 존재라고 공격한다. 여기서 사람들이 공산주의 사상이나 체제에 대해 구체적으로 어떤 생각을 갖는가는 중요하지 않다.[114] 반공주의라는 국가 종교를 무조건 믿고, 그와는 다른 정치적 의견을 갖지 않는 것이 중요하다.

이처럼 여순사건 전후에 좌익소탕 작전과 더불어 온 국민을 대상으로 하는 감시와 사상교육의 필요성이 제기된 것도 사실상의 내전 상황이 후방의 모든 주민이 국민 정체성을 확고하게 견지할 것을 요구했기 때문이다. 국가보안법이 통과되자 경찰과 공안기관은 반정부적 태도를 가진 사람까지 '적'으로 간주하고, 이들을 포함하여 이들에게 동조할 가능성이 있는 주민들도 일종의 심리전, 선무공작의 대상으로 삼았다. 이제 언론과 교육 활동도 이 심리전의 일환이 되었다.

불순 담론은 일본이 물러간 지 70년이 지난 지금까지도 정치권이나 행정기관에서 종종 등장한다. 1989년 전교조 탄압 당시 '순수'라는 말이 사용되었다.[115] 교사는 정치와 무관한 '교육'만 해야 하고, 노동자는 '근로자'로서 열심히 일하고 임금만 받으면 되는 존재인데, 그들이 사회운동에 참여하거나 불만을 행동으로 표출하면 '순수하지 않은 존재'가 된다. 과거의 노사분규 탄압 문서에는 언제나 '불순'이라는 용어가 들어갔다. 사용자에게 일방적으로 충성을 맹세하지 않는 노동운동가, 곧 불순세력을 구금하여 육체와 정신을 길들이는 것이 '순화' 혹은 '정화'였다. 전두환 정권 초기 삼청교육대를 설치해서 '불순분자'를 정화시키겠다고 한 것도, 녹화사업·순화교육을 시행한 것도 모두 사상주입의 일환이었다. '정치성'은 약자에게만 적용되는 체제 혹은 정권 비판행위와 사실상 동의어이다. 2004년 이후 교사들이 민주노동당에 후원한 것은 '정치적' 행동이지만, 사교육업자들과 학교 교장들이 보수적 교육감 당선을 위해 모금한 것은 정치적인 것으로 간주되지도 않았고 법적 처벌도 받지 않았다.

여기서 순수한 혹은 선량한 백성이란 곧 탈정치적인 존재, '정치적 무뇌아'를 의미하며, 순화 혹은 정화를 하겠다는 권력은 신성한 국가, 즉 종교화된 국가이다. 선량한 백성이 '정치적'인 존재가 되는 순간, 곧바로 사찰과 감시의 대상이 된다. 위험한 세력이나 개인을 불순분자라 부르거나, 이들을 정화시키겠다는 정부나 언론의 담론은 국민들이 단일한 목소리를 가져야 한다는 것을 강조한다. 이는 이 담론의 기저에는 정권에 대한 일방적인 충성심 확보를 위해 비판적인 생각을 가진 사람은 제거할 수도 있다고 보는 전체주의 사고가 깔려 있다.

한국에서는 이데올로기적으로 회색지대에 있는 것, 즉 북한이나 공산주의 이념에 대해 강한 비판이나 거부감을 보여주지 않는 행동도 '사상이 의심스러운', 즉 친북·친공 의식을 가진 것으로 간주되기도 한다.[116] 그래서 생존하기 위해서는 반공을 내세워야 하고, 심지어 가족 간에도 북한과 연루된 사람이 있으면 무조건 고발을 해야 했다. 즉, 자신이 사상적으로 순수하다는 보증을 얻기 위해서는 공산주의자를 '범죄자'라고 공격해야 한다.[117]

국체·국시 담론

'국체' 개념의 부활

권력, 즉 폭력의 장은 언제나 이데올로기와 담론의 장, 즉 상징적 권력의 작용, 지배/종속 담론의 틀과 관계를 구성한다. 권력, 법, 담론, 주체는 권력투쟁의 역사와 힘의 관계를 반영하고 있으며, 상호 영향을 주면서 서로를 강화한다. 한국에서 국가의 관념을 보려면, 일제 천황제하의 국가 담론이 정치투쟁을 거친 이후 한국 정부 수립 전후의 국가 관념으로 어떻게 연결되는지를 살펴보아야 한다. 국가의 사상통제와 관련해서는 국체·국시의 개념이 가장 핵심적이다. 국시·국체의 개념은 헌법이나 실정법상 법적 용어가 아니다. 군과 경찰이 저지른 학살을 들추어낸 것을 '국시를 흔드는 사건'이라 본 것이다.

  1948년 제헌헌법에는 민족, 우리 대한민국이라는 표현은 사용되었지만 '국가'라는 용어는 나타나지 않은 데 반해, 1958년 국가보안법까지는 '국헌(國憲)'이라는 용어가, 그 이후에는 '반국가단체'라는 용어가 나타났다. 그러나 오제도의 국가보안법 해설서에는 일제의 용어인 '국체'가 등장한다. 이후 정부 수립 후에도 일제시대의 관념과 용어로 훈련받은 엘리트와 언론은 헌법 위의 체제의 근본을 강조할 때 국체 혹은 국시라는 용어를 계속 사용했다. 그들이 그런 용어를 사용하는 이유는, 오제도처럼 일제강점기 제국주의 통치기구의 말단 하수인 역할을 했던 법조인, 친일 관료가 일제로부터 학습했기 때문이었다. 물론 일반 한국인들, 특히 일제강점기에 몸서리친 한국인들은 결코 국체라는 용어를 사용하지 않았고, 도저히 사용할 수도 없었다.

국체는 1889년 2월 11일 선포된 메이지헌법에서 구체화되었는데 천황이 지배하는 유일무이한 신성한 국가를 지칭한다.[118] 그것은 국가를 절대적으로 보존해야 할 몸, 모든 구성원을 하나로 일체화하는 몸으로 본다. 메이지헌법에서 일본 국체는 천황이 주권을 가진 주권재군(主權在君)을 원칙으로 했다. 이러한 준종교적 실체인 천황의 지배를 지칭하는 국체 개념이 치안유지법으로 법적 지위를 갖게 된 것이다. 1925년 치안유지법 제정 과정에서 국체 개념의 모호함이 지적되었지만, 일본은 '천황을 받드는 제국'이라는 것, 즉 "국체는 곧 천황제를 의미한다"[119]는 설명이 공식화되었다. 일본 국민의 자유와 권리는 모두 주권자인 천황에 의해 보장된다고 보았다. 미첼(Richard H. Mitchell)이 강조한 것처럼 자유주의 민권론자들의 시각에서 보면 국체는 치안유지법 제정 당시에도 이미 시대착오적인 용어였다.[120]

국체 개념은 국가가 진선미의 모든 도덕적 가치를 독점한다는 의미를 갖고 있었는데,[121] 외국 사상은 국체에 해를 가하는 위험하고 불순한 사상으로 간주된다.[122] 공산주의와 무정부주의는 물론 자유주의도 '비일본적'인 것이다. 일제 사법관료들은 공산주의자, 무정부주의자를 특정하기가 어렵다는 점 때문에 '국체 혹은 정체의 변혁'이라는 용어를 사용했다.[123] 그러나 1912년 도쿄제국대학 법학교수 미노베 다쓰키치(美濃部達吉)는 『헌법강화(憲法講話)』에서 '천황기관설(天皇機關說)'을 주장했다. 국가는 법인격을 가지며, 천황은 국가 최고기관으로서 의회, 내각 등 타 기관의 보좌를 받아 국가를 통치한다는 것이다. 그러나 1935년 2월 귀족원 의원인 기쿠치 다케오(菊池武雄)가 돌연 천황기관설이 국체에 반하는 모반(謀反)이라며 미노베를 비판한다.

1945년 쇼와천황(昭和天皇)은 일본을 향한 연합국의 항복 요구를 지연시키면서 국체호지(國體護持)를 요구했다. 즉 일본이 포츠담선언의 수락을 미루었기 때문에 결국 원폭이 투하되었고, 조선의 독립은 지연되었다. 그러나 식민지 지배하에 있었던 조선인들에게 일본의 국체 유지는 식민지체제의 지속을 의미했고, 일본의 늦은 항복은 소련의 한반도 진주에 이어 분단을 가져온 가장 결정적인 원인이 되었다. 맥아더는 일본 극우세력이 끈질기게 요구한 '국체호지'를 받아들이면서 천황의 전쟁 책임을 묻지 않았고, 미군을 오키나와에 영구 주둔시켰다. 미국과 일본 극우세력의 이해가 결합된 결과였다.[124] 그것은 일본에서 국가에 절대 복종해야 한다는 국가주의와, 국가 속 개인은 매몰시키는 지배체제의 지속을 의미했으며, 동아시아 반공주의체제하에서 인민의 권리나 자유를 제한하는 것을 의미했다.

전후 맥아더 사령부가 입안한 천황제 폐지를 담은 신헌법 초안은 일본 지배층을 불안하게 만들었다. 요시다 시게루(吉田茂) 수상은 신헌법이 국체를 변경하는 것이 아닌가 하는 우려에 대해 "황실의 존재는 일본 국민 그 자체다. 황실과 국민 사이에는 구별이 없으며, 군신일여(君臣一如) 군신일가(君臣一家)이다"라고 답변했다.[125] 그들은 "천황은 국민 속에 있으면서 스스로 실제 정치의 밖에 서고 국민 생활의 중심, 정신적 지도력으로서 권위를 보유한다"는 애매한 설명으로 전후 헌법의 국체 문제를 설명했다.[126] 결국 그들이 말한 국체란, 국민의 완전한 일체화를 의미하는 전체주의의 요소를 지니고 있고, 사유재산제도와 같은 경제체제까지 포함하고 있으나 사실은 그 이상의 것이다. 그래서 그들에게 공산주의운동까지는 허용될 수 있는 것이었으나 '국체 변경', 즉 천황제의 폐지는 절대로 받아들일 수 없는 것이었다.

국체, 즉 국가의 몸이라는 것은 천황 개인은 아니다. 추격 발전을 추진한 일본 근대 지배층, 부르주아의 정신적 취약성이 국체 개념을 만들어냈고, 천황을 신격화한 것이다. 마루야마 마사오는 "지배층의 일상적 모랄을 규정하고 있는 것은 추상적인 법의식도, 내면적인 죄의식도, 민중의 공복 관념도 아니다. … 자신의 이익을 천황과 동일시하고 자신의 반대자를 곧바로 천황에 대한 침해자로 간주하는 경향이 배치되는 것은 당연한 일이다. 정부의 민권운동에 대한 증오 내지는 공포감에는 확실히 이러한 의식이 잠재되어 있다"고 진단했다.[127] 일본 극우세력이 국체라는 용어를 사용한 것은 천황이라는 상징을 신봉하는 그들의 종교 문화 혹은 가족주의 정신이 깔려 있을 것이지만, 구체적으로는 사회주의와 자유주의 민권운동에 대한 두려움과 강력한 거부감이 깔려 있었다.[128]

결국 일본에서 천황 혹은 국체는 지배층의 기득권 유지를 위한 고안물이었다. 사실 국체라는 것은 공허한 기표였다. 국가의 종교화는 지배계급의 경제적 이해를 감추고 있다. 국체에 집약된 국가주의와 공리주의는 일본의 조선 지배의 일관된 두 가치였고, 그것은 대한민국에 그대로 이어졌다.

일제가 조선인에게 강요했던 국가와 국민/비국민의 관념, 즉 천황을 의미하는 국체 담론은 8·15 이후 한국에서는 당연히 사라졌어야 했다. 하지만 한반도에서 천황은 사라졌으나, 국가나 대통령이 천황의 역할을 대신하게 되었다.[129] 오제도는 일본의 치안유지법의 현대판인 국가보안법 해설서를 썼는데, 여기서 "대한민국의 국체 개념과 혼용 본 법의 근본 입법정신을 주지 납득할 수 있도록 선전 계몽한다"고 말한다. 오제도는 국체란 헌법 제2조의 국민주권이라 말한다. 그런데 오제도가 말하는 국민주권의 개념에 국가로부터 독립적인 개인의 자유나 권리가 설 자리는 없다. 국가변란 혹은 국체 변혁은 일제시기의 치안유지법이 그러했듯이 사유재산제와 국가지상주의를 거부하는 것을 의미했다.

특히 천황제와 국체의 개념 자체가 일본 우월주의와 조선인을 비롯한 주변 민족의 이등 국민화.¹³⁰ 국민과 '비국민'의 엄격한 구분에 기초한다. 그런데 그들의 국체 개념을 대한민국의 사상 검사들이 반체제·좌익 세력을 비국민으로 몰아 사상검증의 무기로 사용했다는 점에서 '해방'되었다는 대한민국의 독립국가로서의 실상 및 헌법상 개인의 권리 보장과 자유의 한계가 적나라하게 드러났다. 일제하 항일독립운동가들이 치안유지법상의 국체 변혁죄로 처벌을 받았는데,¹³¹ '해방된' 한국에서는 국가보안법으로 좌익을 비국민화하게 되었기 때문이다.

정전협정 이후 한국의 언론 보도를 검색해보면 지금까지 '국체'라는 용어를 가장 많이 사용한 언론은 『조선일보』였고, 가장 많이 사용한 정치세력은 자유당, 공화당, 민정당, 한나라당으로 내려온 한국의 냉전 보수세력이었다.¹³² 상징권력의 행사 주체가 바로, 일제시기부터 연결되는 한국의 지배세력과 천황제를 찬양했으며, 그 이후에도 지속적으로 보수세력의 대변지 역할을 한 언론임을 보여준다.

민주화 이후 10년이 더 지난 시점에 김종필은 1997년 3월 "신한국당도 국체를 보존할 수 없다"는 표현을 사용했다.¹³³ 1998년 이철승은 김대중 대통령의 제2건국 선언, 남북 화해협력정책에 대해 '흡수통일 포기 선언'이고, 그것은 국체를 위반한 것이라고 비판했다.¹³⁴ 2018년 한나라당 조직강화특별위원회 전원책 위원은 이날 "철학과 소신 없이 자리만 탐내는 기회주의자들을 척결하고 대한민국의 국체와 헌법에 대한 확고한 이해가 있는 사람들을 중용하겠다"고 했다.¹³⁵ 2020년 자유한국당 원유철 대표도

"권력구조 개편만을 위한 논의라면 야당도 참여해야겠지만, 자유민주주의, 시장경제 같은 국체를 바꾸려는 개헌 논의는 받을 수 없다"고 했다.[136] 같은 해 정진석 의원은 "대한민국 국익, 국체를 생각해달라"며 "중국, 북한은 혈맹을 전 세계에 재확인하는 연설을 하는데, 이수혁 주미대사는 동맹 허무는 말이나 한다"고 했다.[137] 자유민주주의가 국체라고는 하지만 내용적으로는 사실 친미, 반공이 국체라는 점을 강조한 셈이었다.[138]

물론 8·15 이후 보통의 자유민권의식을 한국인들이 자유민권사상을 견지하고 있었다고는 볼 수 없을 것이다. 국가가 '주권자인 국민'의 자유의지로 구성된 정치체라는 관념은 지식인, 정치가나 당시의 헌법기초 위원에게는 교과서적 공리였겠지만, 보통의 한국인들은 그렇게 생각하지 않았을 것이다. 대다수의 사람들은 개인이 아닌 민족을 국가의 주체로 보았을 것이다. 그러나 1945년 말 반탁운동 과정에서 친일·우익세력은 민족이 신생 국가의 기본 단위가 되어야 한다는 생각을 흔들었다. 민족이 국가의 단위가 아니라면 새롭게 건설해야 할 국가의 구성원은 누구일까? 그 국가의 정체성은 어디서 구해야 하는 것일까?

분단 반공주의 국가 건설이 지상과제가 되면 헌법이 인권보장과 민주주의 원칙에 서지 않아도 좋고, 국가가 개인과 민족 혹은 자주독립 투쟁을 해온 세력을 배제한 채 건설되어도 무방해진다. 이제 분단 한국에는 미국을 축으로 하는 세계 반공 진영, 즉 '자유세계'의 일원이라는 냉전 정체성과 일제가 남긴 식민주의, 국가지상주의와 결합되었다.

초법적 반공주의와 국체·국시 논란

6·25 침략을 겪은 이후 한국 지배층의 대북·대공 공포감이 강화되어 이제 친미·반공은 거의 터부시되었다. 이승만 정권은 북진통일론을 '국시'로까지 승격시켰다. 헌법이 아니라 국가보안법이, 그리고 반공이 곧 국시이자 국체가 되었다.

이승만 정권 말기인 1958년 함석헌이 「생각하는 백성이라야 산다」라는 글을 『사상계』 8월호에 실었는데, 6·25 싸움이 주는 역사적 교훈에 관한 내용 중 "북한도 남한도 모두 꼭두각시뿐이지 나라가 아니다", "이남에서는 이북을 괴뢰라고 하고 이북에서는 이남을 괴뢰라고 하는 우리는 괴뢰로서 나라 없이 살아간다"는 내용이 '국체'를 부인했다고 검찰이 그를 국가보안법 위반 혐의로 기소했다.[139] 공산주의 사상으로 국체 변혁을 노린다는 것이었다. 그러나 이후 그는 혐의가 없다고 불기소처분을 받았다.

진보당 당수 조봉암은 진보당 강령에 평화통일론을 적시하자, 그것이 국시와 국체 위반이라는 공격을 받았다. 조봉암 등 진보당 관계자가 구속되었는데, 1심 공판에서 법원은 "괴뢰와 내통하여 국체 변혁을 기도했다"는 죄를 논고했다. 진보당의 강령을 둘러싼 논란에서 당시 조봉암사건의 재판관이었던 김갑수는 평화통일론이라도 국체를 변경할 목적을 가진 것이 아니라면 문제가 없다고 보면서 국체의 변경도 전 국민이 원하면 가능하다는 판단을 하고 있었다. 그러나 오제도는 남한과 북한을 일대일로 따지는 괴뢰식 평화통일론과 근본적으로 성격이 같기 때문에 수사 대상으로 삼아야 한다고 주장했다.[140] 헌법은 바꿀 수 있는 것이니 당연히 국체는 바꿀 수 있는 것이라는 김갑수 판사의 의견에 대해 오제도는 국체는 헌법 이상의 것이니 바꿀 수 없다고 주장했다.[141] 조봉암은 결국 사형 판결을 받고 형장의 이슬로 사라졌다.

이승만 정부는 1960년 선거에서 정권을 상실할 위기에 처하자 1958년 국가보안법 개정을 시도했다(이른바 '2·4정치파동'). 검사 문인구는 국가보안법 개정을 '총력전'에 대비하기 위한 것이라고 정당화했다.[142] 총력전 상황에서 야당과 언론의 입을 막으려 한 것이다. 그런데 이 국가보안법 개정 논란 과정에서 조병옥 민주당 최고위원이 국제정세로 보아 북진통일론보다 평화통일론이 유익하다고 주장하자, 당시 집권 자유당 측에서 그것은 국시 위반이라고 비판했다. 이 정국에서 국가보안법은 "치안유지법이 폐지됨으로써 생긴 후 법적 공간을 메우기 위하여 제정된 것"이라는 지적이 나왔다.[143] 그것은 한국 집권층이 국체 유지라는 명분으로 독립국인 대한민국이 일제와 연속성에 있다는 것을 실수로 은연중 드러낸 것이었다. 이 국가보안법 개정안은 국가기밀의 범위를 확대하여 군사적 기밀에만 국한되지 않는 정치·경제·사회·문화 등 '국가방위상의 이익' 개념을 추가하자는 내용이 들어갔는데, 간첩의 처벌을 위해서는 이러한 기밀 확대가 필요하다는 이유에서였다. 일제 말 전시체제하에서 국방보안법이 제정된 것과 동일한 논리였다.[144]

반공 국시론은 5·16쿠데타 세력에 의해 전면적으로 공식화되었다. 박정희 군부의 혁명공약 제1조에는 "반공을 국시(國是)의 제일의(第一義)로 삼고, 지금까지 형식적이고 구호에만 그친 반공태세를 재정비 강화한다"고 명시되어 있다. 5·16쿠데타와 반공 국시론은 4·19혁명 직후 터져나온 통일운동과 피학살자 유족회의 거센 진상규명 요구에 대한 위기의식의 산물이다. 즉 국민들이 공개적으로 북한을 지지하거나 남한과 미국을 비판하는 등의 '정치적' 의견을 전혀 표명하지 않더라도 남한의 체제 정당성을 의심하거나 비판하는 발언이나 집단행동을 하면 국시 위반이 될 수 있었다. 그중에서 6·25한국전쟁기 이승만 정부가 저지른 온갖 국가폭력사건들, 특히 학살 피해자와 그 유족 등과 같이 '의심받던' 국민들이 전쟁 중 한국군과 경찰이 재판 없이 학살한 사실을 들추어내거나 국가의 해명과 책임을 물어도 국시 위반이 될 수 있었다.

사실 1960년 4월 26일 이승만 하야 직후 봇물처럼 터져나온 수많은 집단적 항의, 고발, 의혹 제기 중에서 기존 한국의 분단세력의 도덕성과 정당성을 가장 심각하게 위협한 것이 바로 6·25한국전쟁기 국민보도연맹원 등에 대한 학살사건 관련 피학살자 유족회의 진상규명 요구였다. 이승만 정권 10년 동안 국민보도연맹 피학살 유족들은 가족이 한국 군경에 의해 학살을 당한 사실을 감추며 그냥 '사망'이라고 호적에 표시하고, 빨갱이 가족으로 몰리는 억울함을 꾹꾹 누르고서 숨죽여 살았다. 그런데 5·16쿠데타 세력은 이들 피학살자 유족회 활동의 주동자들을 모두 구속했다. 당시 이 활동을 주도했던 유족이자 대구의 저명한 지식인이었던 이원식이 5·16군사법정에서 사형 언도까지 받았을 때 당시의 재판부는 다음과 같이 밝혔다.

반공 국시에 위배하여 6·25동란 시 사망한 국민 중 보련원 및 국가보안법 관계 미기결수 등 북한 괴뢰를 환영, 동조할 수 있는 유가족들을 규합하고 사망한 보련원 및 국가보안법 관계 미기결수를 애국자인 양 찬양, 선전하고 그들의 사고가 정당하고 애국적인 것같이 선량한 국민들에게 시위, 과시하며 용공사상을 고취하고 국민을 오도함으로써 북한 괴뢰의 간접 침략에 기대되는 행위를 함은 북한 괴뢰의 이익이 된다는 점을 알면서….[145]

당시 박정희 군부는 4·19혁명 직후 활발하게 전개된 피학살자 유족회의 활동에 대해 "특히 유족회사건은 엄히 다루되 반공을 국시의 제일의로 다루는 혁명정부에 유족회사건이 가장 위태로운 사건이므로 엄격히 수사하라"고 지시했다. 그러나 5·16쿠데타 세력에 동원되었던 검사 이택돈은 전쟁 중 이적행위로 처형된 자를 군사정부가 반국가행위자로 판단했는데, 유족들이 가족을 처형한 군경을 색출하여 처단하라고 한다면 그 자체가 반국가행위에 해당한다고 판단하여 공소장을 작성했다고 한다.[146] 그런데 그는 "천륜으로 보면 어찌 유죄가 될 것인가?"[147]라며 안타까운 소회를 밝혔다. 그러나 국시는 천륜을 넘어선다.
한국전쟁기 피학살자 유족회는 남한, 북한, 미국 등 어떤 국가나 정권에 대해 어떤 정치적 비판 발언을 하지 않지만, 유해를 발굴하고 유족들을 결집하여 진상규명을 외치고 책임자 처벌을 요구하면서, 즉 '마땅히 죽었어야 할 좌익들의 죽음'을 '억울한 것'이라고 반박하면서 6·25에 대한 국가의 공식 기억에 도전했다. 그것은 5·16 군부로 대표되는 한국 보수세력의 역린을 건드린 가장 위험한 행동이었다. 가족 구성원의 억울한 죽음을 애도하는 것이 국시 위반이 될 수 있었다.

그러나 박정희 군부세력이 5·16쿠데타 당시 제기한 반공 국시론은 이후 대선에서 박정희 자신에게 부메랑이 되어 돌아왔다. 1964년 대선에서 야당 후보였던 윤보선은 "박정희 씨야말로 이질적 사상의 소유자입니다. 나는 그를 중립주의자라고까지 단정할 수는 없지만 그가 자유민주주의자가 아니라는 것은 확인할 수 있습니다"[148]라고 공격했다. 야당이 박정희의 남로당 경력을 문제 삼자, 박정희는 더욱 방어적 방식으로 자신의 반공주의 신념을 입증하지 않을 수 없었다. 자신의 형 친구이자 북한 밀사인 황태성을 서둘러 처형한 것도 자신의 좌익 전력 시비를 없애기 위한 것이었고, 박정희의 대구사범 동기 황용주가 통일론을 제기했다가 반공법을 위반했다고 구속된 사건에 대해서도 손을 쓸 수 없었다.[149]

세월이 지나 1987년 민주화 직전에 당시 유성환 신한민주당 의원이 반공이 아닌 통일이 국시라고 주장했다가 국가보안법 위반으로 기소된 일이 있었다. 공안기관과 주류 보수세력은 한국의 국시는 헌법상의 민주공화국 혹은 자유민주주의가 아니라 반공주의라고 전제했으나, 국시가 법적 용어가 아니라는 점은 누구도 부인할 수 없었다. 당시 최재구 의원은 다음과 같은 의견을 피력했다.

> 국론의 분열을 막고 또다시 국시문제로 인한 사상논쟁이 일어나지 않도록 하기 위해서 차제에 국시의 정의를 명확히 밝힐 필요가 있다고 생각하는 것입니다. 국시의 개념이 무엇입니까? 또 그리고 우리의 국시가 과연 무엇인가 명확히 밝혀주시기를 바랍니다.[150]

그리고 장기욱 의원은 다음과 같은 의견을 밝히기도 했다.

> 어째서 50년대 … 61년도 5·16 당시에 좀 거론했던 반공이 국시의 제일의라고 하는 그러한 전 시대적인 망령이 다시 살아나느냐 이 말이오. 과연 그렇다면은 정부와 민정당은 통일을 기피하는 세력인가 이렇게 묻지 않을 수가 없는 것입니다. 만일 통일을 기피하지 않는 세력이라면 어째서 통일을 국시로 주장한 유성환 의원을 잡아넣느냐 이 말이오! … 다음으로 유성환 의원 문제에 대해서 정부가 두 번째로 또 조작을 한 것이 있어요. 유성환 의원은 분명 그 연설에서 반공정책의 포기를 주장한 것이 아니올시다. 그런데 여러분! 어떻게 했습니까? 반공을 포기했다! 무슨 적화통일도 상관없다! 월남식 통일도 좋다! 그 사람이 언제 그런 얘기를 했습니까? … 용공사상이 국회로 무슨 오염이 됐느니 하는 문제가 아니라 용공 조작의 문제가 국회에까지 나와 있다 이 말이오.[151]

장기욱 의원은 헌법이 아니라 국체와 국시가 과연 국가의 최고 규범이 될 수 있는지 물었다.

초법적인 반공주의, 국시, 국체 담론은 지배세력의 입지를 위협하는 정치적 비판으로, 또 그들의 치부나 약점을 들추어내거나 공격하는 모든 개인이나 집단의 움직임을 자신의 지위에 대한 위협으로 받아들이고서 자신의 지위 상실에 대한 두려움을 가장 공격적인 방식으로 맞받아치는 담론이다. 권력의 정당성이 약할수록, 권력자가 약점을 많이 가질수록, 그리고 권력이 국민의 비판에 직면하여 설득할 수 있는 논리나 근거가 약할수록 그들은 저항세력을 두려워하면서 그 저항세력을 적으로 취급하려 하고 국가를 더 신격화한다.

사실 한국에서는 일본의 천황 숭배와 같은 종교 문화적인 기반도 없었다. 조선 왕조나 고종황제는 일제 강점으로 철저하게 그 허상이 폭로되었다. 유교는 완전히 무너졌고, 가족과 일상을 지배하는 것 이상의 국가의 공식 가치로 등장할 수 없었다. 그랬기 때문에 신생 한국 정부가 동원할 정신적 자원을 과거에서 찾기 어려웠다. 전쟁을 거친 후 1950~1960년대 국회의원이나 법관, 검찰, 군부의 지도층은 일제하에서 '자유'를 위해 투쟁하지도 않았고 '공화제'를 지키려 한 사람들이 아니라, 오히려 그 반대 진영, 즉 민족을 배반하고 일본 제국주의의 편에서 하수인 역할을 한 사람들이 많았다. 그래서 이들은 자신의 지위와 권력을 지키기 위해 일제가 사용했던 국체 담론에 기댄 것이다.

신성국가, 전체주의, 국가의 인격화

헌법 위의 국체와 국시 관념, 국가의 종교화와 권력자의 신격화는 과거 일제가 천황을 일종의 신앙 대상으로 삼았던 통치 방식이 연장된 것이다. 중세 유럽의 종교재판 법정이 교회와 자신들의 성경 해석을 성역으로 설정한 것과 같다. 이 경우 신성 모독, 이단적 사상 자체가 죄악이다.[152] 이승만 정권 시기에는 반이승만 발언을, 박정희 정권 시기에는 박정희에 대한 비판을 전근대 시기 군주에 대한 반역과 같은 것으로 보고 죄악시했다.

전주이씨 왕족의 일원이었던 이승만은 처음부터 한 당의 지도자가 아니라 국가의 지도자임을 자임했다. 그는 "우리나라에 사색당쟁의 역사와 그 습관성이 있어서 정당이라는 것을 그런 성질대로 구성이 된다면 우리 민국에 대단한 위험을 준다"는 명분 아래 정당 결성을 반대했다. 그는 자신의 일민주의가 파당과 분열을 초월하고, 폐단이 되었던 반상과 빈부와 남녀와 지방 등의 구별도 통일에 방해되는 습관을 타파하고 한 민족 한 정신으로 통일을 이루어가자는 사상[153]이라고 강조하면서 그러한 사상에 기초한 정당을 만들자고 역설했다.[154] 이것은 국민들 사이의 이해관계와 사상의 차이를 인정하지 않는다는 점에서 전체주의의 요소를 갖고 있으며, 동시에 그러한 다양한 이해를 가진 국민들을 대표하는 정당이 곧 국가여야 한다는 점을 비춤으로써 사실상 정치적 다원주의를 부정하는 견해이다.

정전 이후 정치 지형이 극우 보수로 기울어진 상황에서, '사회'와 완전히 분리된 정당이 위로부터 제도화되었다. 6·25한국전쟁 이전, 특히 1948년 이전만 하더라도 노동자, 농민 등 사회계급을 대표하거나 좌우의 이념적 균열에 기초한 정당이 존재했다. 그러나 전쟁으로 좌익은 물론 중도 좌익 정당도 설 자리가 없어지고, 우익을 표방하는 정당만이 등장할 수 있었다. 그래서 이승만이 주장한 것처럼 오히려 극우 집권당이 서민의 이익을 옹호한다는 담론을 구사하는 도착적인 양상이 나타났다.

이승만이 경찰 관료조직을 기반으로 자유당을 결성하고, 자신과 자유당을 거의 국가와 동일한 것으로 전제하자, 전체주의 국가처럼 모든 사회단체도 자유당의 하부기구이자 국가의 일부가 되었다. 이들은 일제 말의 극우 군국주의자, 천황 종교 숭배자들처럼 형벌이 도의와 결합되어야 한다는 전근대적인 생각도 갖고 있었다.[155] 이승만 정권 시기에 이러한 전근대 군주주의와 근대 전체주의가 혼합된 국가상이 조성된 이유는 국가와 정당이 일체화되고, 시민사회의 독자적 기반이 제거되었으며, 반공주의 외의 어떤 이념도 나타날 수 없는 극우 파시즘적인 이데올로기 지형이 조성되었기 때문이다. 또 6·25한국전쟁을 겪으면서 민중들이 완전히 탈정치화, 개인화되어 어떠한 자발적 사회활동 참가도 기피하게 되었기 때문이다.

일본의 메이지헌법에는 '천황의 신성불가침' 조항과 '황실에 대한 죄' 조항이 있었다.[156] 이 조항을 근거로 천황제를 비판한 사회주의자나 무정부주의자가 처벌을 받기도 했다. 이승만, 박정희 대통령의 정권 말기 이들 개인을 신격화하고 국가를 신성화한 분위기가 조성된 것도 그것과 비슷하다. 1958년 2·4파동을 거쳐 통과된 국가보안법에는 '헌법기관에 대한 명예훼손' 조항이 들어갔는데, 이것은 국가를 하나의 인격체로 본 것이며 대통령을 사실상 국가와 동일시한 것이다. 이 법으로 국민들이 정부, 국회, 법원이나 대통령, 장관, 국회의장, 국회부의장 등을 비판하면 국가보안법 위반죄로 걸릴 수 있게 되었다.

현대판 황실모독죄로 볼 수 있는 형법 제104조 2항의 '국가모독죄'는 유신 치하인 1975년 3월 25일 제정되었다. "내국인이 국외에서 대한민국 또는 헌법에 의하여 설치된 국가기관을 모욕 또는 비방하거나 그에 관한 사실을 왜곡 또는 허위사실을 유포하거나 기타 방법으로 대한민국의 안전·이익 또는 위신을 해하거나 해할 우려가 있게 한 때에는 7년 이하의 징역이나 금고에 처한다"는 조항이 포함되었다. 국가 자체가 아닌 '국가원수모독죄'로도 알려진 이 법에 의해 박정희 대통령의 최대 정적 장준하는 두 번 투옥되기도 했는데, 이 법은 이처럼 박정희의 유신정권 비판을 차단하기 위한 무기로 사용되었다. 결국 국가모독죄는 "명확성이 결여되고 처벌의 가치가 없는 행위가 포함되며, 광범위하여 실행이 불가능하거나 목적 달성이 불가능하며, 위헌 무효이며 정책적으로 불필요한 조항이었다"는 비판을 받고 1988년 폐기되었다.[157]

이 법안에서 모독을 당한 '국가'란 '헌법에 정한 국가기관'이라고 명시되어 있다. 국가는 사인(私人)이 아니기에 당연히 기관으로 존재한다. 그런데 국가기관은 비판을 받을지언정 인격체가 아니므로 '모독'을 당할 대상은 아니다. 국가를 대통령과 동일시하면 모독을 당한 대상은 대통령 개인이 될 수 있는데, 그런 논리는 현대 국가에서 성립할 수 없다. 그래서 이 법은 20세기판 불경죄라 볼 수 있다. 그러나 형법 제105조에 대한민국을 모욕할 목적으로 국기를 손상, 제거 또는 오욕한 자를 처벌하는 법(1995.12.29. 법률 제5057호로 개정된 것)은 여전히 살아 있고, 이 조항이 표현의 자유를 침해하여 위헌적이라는 제소에 대해 공용에 공하는 국기의 상징성과 위상이 뚜렷하므로 이러한 국기 훼손행위는 표현의 자유를 제한하는 것이 아니라는 헌법재판소의 판결도 나왔다.[158]

결국 국시·국체론, 국가모독죄의 정신은 국가를 일종의 신성한 권위를 갖는, 인격체에 준하는 존재로 보는 것이다. 박정희 정권 시기에 대통령과 권력 당국이 가장 많이 사용한 단어는 '국론'이었는데, 주로 '분열'이라는 단어와 함께 사용했다. '국론 분열'은 국민이 단일한 생각을 가져야 한다는 전제 위에서 정권 비판 세력들을 공격하기 위한 용어였다. 대통령의 발언이 곧 국론으로 간주되고, 그것을 비판하면 국론 분열이 된다. 국론이 하나여야 한다는 생각 자체가 전체주의적인 것이다. 이 경우 헌법상의 양심과 표현의 자유의 가치는 무시된다.

한국의 헌법은 자유민주주의 정신을 깔고 있고, 그러한 이념도 미국과 유럽 국가들의 헌법과 사상사에서 들어온 것이므로 한국적인 것이라고 주장할 수는 없었다. 분단국가 한국은 민족해방운동의 연장으로 수립된 것이 아니다. 오히려 민족의 반을

'적'으로 규정한 전제 위에서 수립되었다. 지구적 반공주의 권력
장에서 남한은 사실 주권국가의 원칙을 앞세우는 것보다 반공
진영에서 미국과 일체화되거나(혈맹), 그 진영의 일부라는 정체
성이 먼저였다. 과거 천황제 일본에서는 치안유지법을 제정할
때 공산주의가 외국 사상이라는 이유로 탄압했다면, 이승만 정
권하의 한국에서 '통일론'은 국시 위반이었다.

 이런 국가 관념은 국가 구성원에 속하지 않는 존재의 제거,
즉 비국민에 대한 인종주의적 학살의 근거가 된다. 비교적 단일
한 인종과 민족으로 구성된 한국에서는 서구에서 '인종'이 갖는
자리를 '반공국민'이 차지했다. 인종주의와 마찬가지로 반공주
의도 위생학적 개념에 기초해서 좌익을 절멸의 대상으로 간주
한다. 이승만과 박정희는 종종 공산주의를 바로 위생학적 비유
를 사용해서 설명했는데, 그들은 공산주의는 병균과 같은 존재
이므로 소독해야 할 대상이라고 보았다. 타 인종처럼 공산주의
자도 '병균'으로 간주되면 공산주의자, 즉 빨갱이에 대한 무자비
한 폭력행사나 살해까지도 용인된다.[159] 6·25한국전쟁 전후 월
남한 기독교 단체인 서북청년단이 좌익 학살에 앞장선 것은 이
러한 논리 위에서 정당화되었다. 식민지에서 피식민지 주민은
언제나 '잠재적인 적'이었듯이,[160] 이승만 정부의 경찰과 자유당
에게 반이승만 시위대는 적이었다. 그래서 4·19혁명 당시 경찰
은 초등학생을 향해서도 총을 겨누었다.

 일본과 한국에서는 불경죄, 최고 권력자의 인격화, 국가의 인
격화는 냉전, 그리고 분단 이후의 한국 사회에 심대한 영향을 미

친 기독교 근본주의와도 관계가 있을 것이다. 사실상의 정교 일치, 국가 종교의 등장은 권위주의적인 종교 심리 및 반공주의와 기독교 근본주의라는 미국 기독교 사상이 한국인들의 전통적 권위주의와 결합한 점도 있었다. 미국의 기독교적 이분법과 냉전적 이분법은 동일한 사고 구조에서 나온 것이다. "냉전의 압박은 … 정치적으로 매우 포괄적인 특별한 형태의 종교성을 불러일으켰다"는 지적도 이 점을 말해준다.[161] 냉전에서 승리해야 한다는 미국 지배층의 담론은 곧 기독교적 언술로 바꿀 수 있는 것이었고, 실제로 '정신적 확신'을 확고하게 해야 한다는 아이젠하워(Dwight D. Eisenhower)의 생각은 곧 "미국의 교회는 개인의 자유와 인간적 존엄에 대한 신념을 지켜주는 보루"라는 연설에서도 드러났다.[162] 즉 냉전 시기 미국 기독교는 '자유세계', 즉 반공의 보루 역할을 했다.

그런데 기독교 인구가 전 인구의 5%에 미치지도 못했던 이승만 시기의 한국에서 이 외래 종교인 기독교는 미국과 마찬가지로 '자유'의 보루를 지키는 정신적 기둥이 되었다. 그래서 수년 전까지 한국 사람들의 정신세계를 지배했던 일제 말의 전체주의적이고 군국주의적인 일제의 국체 개념이 절대화된 권력인 미국에 대한 의존 심리와 더불어 종교적 권위주의와 결합되었다. 이승만과 집권층에게 한국은 곧 기독교의 나라, 신의 선택을 받은 땅으로서의 의미가 부여되었다. 월남 기독교인들은 자신들을 구원받은 이스라엘 민족이라고 생각했다.

대통령의 신격화, 국가의 신앙화는 물론 조선 시대 왕조국가와 신분제의 유산, 유교적인 충효사상에 기인하는 것이기도 할 것이다. 그러나 보다 직접적으로는 일제 말기의 천황제와 전체주의적인 지배 논리가 이후 냉전이라는 지구 권력의 장 아래에서 6·25한국전쟁을 거치면서 지배세력에 의해 다시 동원되고, 대중의 망탈리테(mentalites)로 지속되었기 때문이다. 특히 국시와 국체, 극단적 반공주의는 제주4·3사건과 여순사건, 북한의 6·25 남침 이후의 절체절명의 국가 존립 위기, 특히 이승만과 한국 지배층의 위기의식과 공포, 불안을 표현한 것이다. 과거 치안유지법상의 국체 개념에는 메이지유신 이후 일본 군부관료층이 민권론자들의 도전에 대해 가졌던 공포감, 즉 프로이트(Sigmund Freud)가 말한 강박불안증이 깔려 있었는데, 남한 지배층의 위기의식과 강박불안증도 그와 유사한 것이었다.

카시러(Ernst Cassirer)는 언제나 신화적 사고가 이성적 사고에 우세한다고 말했다. 사회학의 창시자인 콩트(Auguste Comte)는 인간의 정신이 신학, 형이상학의 단계를 거쳐 실증적 단계에서 발전한다고 보았지만, 실제로는 실증주의와 신학은 공존한다. 모든 나라에서 신화는 불사신이다. 정치적 행동에서도 그렇고 정치적 문제를 해결하는 데에도 신학은 반드시 동원된다.[163] 천황제하의 일본은 이러한 종교 문화가 세속정치를 매우 강하게 지배하는 나라이다. 일본 정도는 아니지만, 한국에서도 권위주의적인 종교 문화가 국가의 관념, 정치에서 중요한 요소로 작용했다.

3 사법의 장:
국가보안법과 기타 사상통제법

한국 사법의 장,
형법 제정 집행의 담론과 정치

부르디외에 따르면 사법의 장(champ juridique)은 '외부의 요구와의 관계에서 상대적으로 독립적인 세계'이고, '법적인 권위가 생산되고 집행되는 영역'이다.[164] 현대 국가 내의 사법의 장은 경찰, 군사, 비즈니스, 언론, 교육 등과 경합하고 각축하는 장인 동시에 강제력을 동반한다는 점에서 언론, 교육이나 비즈니스와는 다른 장, 그 상위의 장이다. 법 조문은 담론의 형식으로 존재하는 것이 아니라 사람의 행동을 규율하는 강제력, 즉 형벌을 결정, 집행하는 힘과 결부되어 있고, 사회적 규율권력이자 비판하거나 거부할 수 없는 권력 담론이기도 하다.

즉 사법은 법조문, 기소장, 수사 기록, 판결문 등과 같은 담론으로 존재하고, 강제력의 근거가 되어 인신을 구속한다. 즉 법은 그것의 제정과 집행을 둘러싼 모든 행위자들의 언술, 주장, 정당화, 반박의 논리이며, 감정과 편견과 의지도 포함되어 있다. 예를 들어 국가보안법 제정 당시 논란을 보면 공산주의 및 유사

정치사상과 운동에 대한 적대시, 공포, 거부감 등 감정적인 요소가 들어가 있다.[165] 국가보안법과 이후 반공법의 정치적 효과를 알기 위해서는 그것이 어떤 형태의 범죄자를 만들어냈는가, 법의 담론이 어떻게 제도화되고 누구를 범죄자를 규정했는가, 1990년의 헌법재판소의 국가보안법 한정합헌의 판결이 왜 재판관들을 그렇게 결정하도록 했는가를 봐야 한다.[166]

국가보안법은 일제에 부역했던 한국 엘리트층의 일제 사상통제의 기억, 그리고 8·15 후 친일파 청산론에 대한 공포의 산물이지만, 이후에는 법 집행이 반공주의를 실질적인 힘으로 작동하게 했다. 국가보안법 체제하에서 국가보안법에 대한 이데올로기 비판은 가능하지만 "담론으로서 자유주의를 극복하는 것은 사실상 불가능하다"는 비관론도 바로 법이 단순한 담론이 아니라 강제력을 수반하고 있다는 점을 주목하기 때문이다.[167]

제주4·3봉기 이후의 계엄령 선포, 그리고 정부 수립 후 여수 14연대 군인 반란 직후의 국가보안법 제정은 현대 한국의 사상통제 역사에서 가장 결정적인 계기였다. 그때부터는 경찰의 폭력 대신에 법과 제도가 좌익의 탄압을 담당하는 국가기관 설립이 보장되었고, 국민의 사상을 통제하게 된 조직이 정당성의 기반을 얻었다. 국가보안법은 그전까지 활동을 해오던 사찰경찰, 군 첩보기관의 정치사상통제의 행동을 강화하거나 정당화하고, 이런 기구들의 경쟁적 확장, 권한 확대의 지렛대 역할을 했다. 그리고 국가보안법은 이제 이후의 권력관계를 구조화했다. 미국과 한국 우익의 좌익세력 말살 혹은 통제의 의지→경찰력 구축과 집행→ 국가보안법 제정→ 국가보안법 집행을 위한 국가기구, 즉 경찰·검찰·공안기관·형무소 등의 기능 확대와 조직 확장→ 이 기구 담당자들의 자체 이익을 보장받기 위한 간첩 조작, 안보 위기 조성→ 지배엘리트의 권력 강화라는 순환적인 과정이 작동한다.

절차적 정당성을 갖지 않은 법과 그 법의 집행은 폭력이다. 일제의 총독부가 조선인의 동의를 구하지 않고 각종 명령(帝令) 형태로 식민지 백성들에게 강제했던 법령들, 5·16쿠데타 직후 군부세력의 국회 해산, 각종 비상기구가 선포한 각종 입법과 중앙정보부 등 국가조직 설치, 유신체제하에서 대통령의 긴급조치 등 모든 것이 합법의 형식을 빈 폭력적 권력행사였다. 항일운동가들은 일제가 식민 통치를 위해 제정, 공포한 법의 폭력성을 잘 알고 있었기 때문에 구속되어 재판을 받을 때 대체로 일본 법정을 조롱했다. 예를 들어 무정부주의자 박열(朴烈)은 법정에서 애인 가네코 후미코(金子文子)를 무릎에 앉히는 행동을 함으로써 일본의 법과 재판부를 조롱하여 큰 파문을 일으켰다. 박정희 정권기 긴급조치 판결 법정에서 학생들은 소리를 지르거나 야유를 하는 등의 방법으로 법정을 조롱했다.

미군정은 법령 제11조, 제21조를 선포해서 일제의 조선 통치를 위한 법 중에서 폐지, 유지되는 법령이 무엇인지 밝혔는데, 계엄령이 그중 가장 큰 쟁점이 되었다. 1948년 정부 수립 이전 미군정 시기는 물론 정부 수립 이후에도 계엄법이 제정되지 않은 상태에서 일제의 메이지계엄령(1882)이 그대로 적용되었기 때문이다. 1946년 대구10·1사건 발발 다음 날인 10월 2일, 그리고 여순반란사건 발생 후 10월 25일 여수·순천 등에서, 11월 7일 제주에서 계엄이 각각 선포되었으며, 이때 통행이 금지되고 통신이 제한되고 언론이 검열을 받았다.[168]

제주, 여수·순천 등지에서의 내전 상황, 지리산 일대의 빨치산 토벌 과정에서는 군사작전이 법치 밖에 있었고, 제주와 여수·순천 등지에서의 군사재판은 학살과 거의 구별할 수 없었다.[169] 박정희 정권 당시 군부정권 대통령 직속기구인 중앙정보부는 법과 국회의 통제 밖에 있었다. 그러나 민주화 이후에는 법이 점차 정치와 사회통제의 중심적 장으로 부상했다. 공안기관 대신에 검찰이, 그리고 경찰의 사찰이나 구금 대신에 사법부의 판결이 국가 규율체제의 최상위 위치로 올라서게 되었다.

모든 법은 주권국가 내에서만 적용되는데, 내전 상황에서는 주권이 흔들린다. 전쟁 상황이 원래 그렇지만, 특히 내전 상황에서는 계엄사령관과 군 지휘관의 명령이 법 위에 놓인다. 그런데 형법, 특히 내란죄나 국가보안법이 아무리 지배체제 옹호를 위한 무기라고 하더라도 그것은 사회적 동의의 범위 내에서 작동한다. 그래서 절차적 정당성을 결여한 법이라고 하더라도 사람들의 행동에 규율을 가함으로써 정의 수립과 사회 통합에 기여한다는 이상을 계속 주장할 수 있어야 그 법이 집행되고 유지될 수 있다. 법은 특정 사회가 기초하고 있는 도덕적 코드를 위반하지 않았을 때 작동한다.[170] 그런데 지배세력이 도덕적 코드를 심각하게 위반하더라도 전쟁과 같은 비상사태가 유지된다면 설득력이 약한 법이나 명령이 노골적 폭력이 된다.

　정전 전후의 남한은 사실상 내전 상태였고, 그래서 계엄령, 비상사태 특별조치령, 위수령, 긴급조치처럼 명령의 형식을 지닌 경우가 많았고, 국가보안법, 반공법 등도 대체로 국회에서 날치기로 통과되거나 쿠데타세력이 급조한 위원회 등에 의해 제정되었기 때문에 사회적 동의의 기반은 언제나 매우 약했다. 정부 수립 이후 국민들이 선거를 통해 국회의원을 선출했지만, 특정 세력의 정치·사회적 행동, 의사 표현이나 사상을 규제하는 형법은 대체로 국가, 즉 권력 최상부의 대통령과 행정부의 의지로 발의되는 경우가 많았고, 설사 의원들이 발의했다고 하더라도 그것이 뒤르켐이 말한 '집합의식'과는 거리가 멀었다.[171] 특히 전쟁 등 위기, 비상사태 국면에서 조성된 국가 특권의 강화, 안보의 이름으로 행사되는 독재권력의 행사, 그리고 그와 수반된 구성원에 대한 통제는 슈미트가 말한 주권권력행사라 볼 수 있는데, 이 경우 주권이 국민에게 있다고 보기 어렵다.[172]

　공론장을 거치지 않는 법과 명령이 국가의 최고 규율체제라면 그런 법이 집행되는 나라에서 사람들은 시든 고목처럼 '생각없는 존재'가 될 것이다. 사상범 수사와 처벌이 경찰과 검찰의 자의로 집행되고, 법원이나 국회가 그러한 수사와 기소를 막을 방법이 없는 한 보통 사람들도 불온한 존재 혹은 범죄자로 지목되어 구속 감금되거나 직장에서 해고당하지 않기 위해 발언까지 조심할 것이다. 모든 국민은 사상범으로 지목될 위험을 피하려하기 때문이다.

제정, 공포된 적 없는
국방경비법의 정치범 통제

점령군은 피점령민의 주권을 부인한다. 미군정 시기는 일제 식민지체제와 마찬가지로 점령군인 미군에게 적용되는 법률과 한국인에게 적용되는 법률이 달랐다. 미·소가 적대관계로 본격 돌입하기 이전인 8·15 직후 시기에 미군정의 적은 누구였을까? 즉 점령군의 적, 점령군의 스파이는 결국 한국인 중 점령군을 비판하거나 반대하는 사람이나 조직이었을 것이다.

일본에서는 맥아더 사령부가 1945년 10월 4일 제국주의 시대의 시민적 자유를 제한하던 법을 폐지했고, 10월 15일 그 핵심적 악법인 치안유지법도 폐지했다. 그러나 일본 정부는 3일 후 대중운동통제법을 제정하여 대중적인 민주화 요구를 통제하기 시작했다. 한편 미군정이 유일한 정부였던 남한에서는 앞서 살펴본 미군정의 포고령이 그 역할을 대신했고, 이듬해인 1946년 6월 15일 미군정은 조선국방경비법을 선포했다. 그러나 아직 미·소가 협력관계에 있던 시점이었고, 남북한 통일정부 수립이

암묵적인 미·소 간의 합의였기 때문에 미군은 남한만의 독자적인 군대를 창설할 수 없어서 이 법은 공식적으로 공포되지 않았고, 그래서 관보에 실리지 않았다. 즉 1948년 7월 5일 제정, 공포되었다고 하는 한국의 국방경비법은 미군정하의 이 법을 모태로 한 것이다.[173] 그것은 미군정 장관 딘(William Dean)이 발포한 것이다.[174]

한국의 국방경비법은 미군정의 국방경비법 조항을 확대해 범죄행위를 구체적으로 적시했다. 국방경비법 제5장 전시범 중 제32조와 제33조는 이른바 이적죄와 간첩죄인데, 한국 정부는 1948년 여순사건과 제주 4·3사건 당시부터 '민간인' 공산주의자들을 처벌할 수 있는 법적 근거로 이 조항을 활용했다.

제32조 이적행위 종류에 대하여 "다종다양이나 적을 유리하게 하는 일체의 행위는 직접간접 또는 평시전시를 막론하고 이적행위로 간주할 수 있다. … 방조, 은닉(숨겨두는 것을 알면서도 침묵 또는 묵인하는 것도 포함)" 등이라고 하고 있다.

제33조 간첩에 대하여 다음과 같이 정의하였다. 간첩은 스파이라고도 한다. 적국 혹은 예상 적국으로부터 아국의 군사 및 행정에 관한 기밀을 탐지 혹은 파괴하기 위하여 잠입 암약하는 자를 말한다. 즉 … 적의 정보원이다. 제5열이란 주로 간첩을 원조하여 주는 동시에 후방의 안녕질서를 소란 식히는 것을 목적으로 한다. 본 조는 간첩과 오열을 포함하여 취급 처벌한다. 간첩에는 사형 이외에 타 형벌은 없다.

그러나 당시 법무부는 국방부의 민간인 처벌방침에 대해 반대했다. 국방경비법 32, 33조 적용자의 93%는 6·25한국전쟁 시기에 집중되어 있다.[175] 국방경비법을 위반한 사람들에 대한 재판, 즉 군법회의는 단심제로 유지되었다. '대한민국 건설을 파괴하고 임무 수행을 저해할 목적을 가진' 이들을 처벌하기 위해서였다. 여기서 적은 누구인가? 또 오열은 누구인가? 비국민, 즉 단독정부 반대세력이었다.[176]

그런데 대한민국 정부 수립 이전 미군정하의 미군정 장관에 의해 사실상 명령의 형태로 제정되어 군인에게만 적용되던 이 법이 정부 수립 이전은 물론 수립 이후에도 오랫동안 민간인 반체제 인사와 빨치산 등을 체포, 구속하는 법적 근거가 되었다. 여기서 미군정과 대한민국 법의 연속성이 확인되는 점도 중요하지만, 더 중요한 것은 법이 사실상 불법 군사 경찰력 행사를 정당화한 측면을 갖고 있었다는 점이다. 그런데 이 국방경비법에 의해 거의 평생 동안 감옥생활을 한 '민간인' 장기수가 생겨났다.

그런데 민주화 이후 국방경비법의 위헌적 측면에 대해 헌법소원이 제기되었다. 입법절차, 관보 게재 사실을 찾을 수 없는 법이기 때문이다. 그러나 헌법재판소는 완벽한 입법절차를 거친 것은 아니지만 "아무런 의심 없이 국민들에 의해 유효한 법률로 취급받았다"는 이유로 그 규범력이 인정되는 법률이라고 판결했다.[177] 절차적 미비점이 있어도 이미 그 법에 의해 처벌이 이루어졌고, 관보에 게재되지는 않았다고 하더라도 공포방식이 정형화되어 있지 않았던 시기였기 때문에 규범적으로 유효하다는 것이다. 제정 과정의 절차적 정당성이 없더라도 실제 집행되었다면 위헌은 아니라는 것이다. 국가가 과거 공권력 행사의 불법성을 부인한 셈이다. 그런데 이런 법이 수많은 사람의 생사 여탈권을 좌우했다.

어떤 행위를 범죄라고 규정하는 것은 법이 아니라 사실상 국가 권력, 즉 경찰력이고 경찰을 움직이는 주권권력이다. 주권권력이 법 개념과 용어를 만들어내고, 범죄와 비범죄를 분류하고, 그러한 분류 기준에 따라 특정 부류의 사람을 범죄 혐의자로 지목하면 갑자기 온 사회는 범죄자로 넘쳐난다. 법은 통제를 위한 가장 중요한 정당한 근거이나 국가 수립 단계에서는 법 외의 방법, 공권력의 폭력과 불법 행사가 다반사였다. 대한민국 정부 수립 직후부터 국가보안법이 제정되기 이전까지 국가의 규율은 내란죄 등 형법상의 조항이 있기는 했으나 국방경비법, 계엄령 등 한국의 국회가 제정하지 않는 법에 의존했다.

한국 사상통제의 법제화,
국가보안법

반공주의 법제화로서 국가보안법

1878년 비스마르크는 한 무정부주의자의 독일 황제저격사건을 빌미로 제국의회에서 반사회주의법을 통과시켰다. 사회주의 노동자당의 당 조직들은 금지되었고, 간행물들은 모두 폐간되었으며, 회합과 집회를 여는 것이 금지되었다.

한편 한국의 반사회주의법인 국가보안법은 여순사건이 계기가 되어 제정되었다. 국가보안법은 원래 여순사건 직전인 1948년 9월 20일 제출된 내란행위특별조치법을 토대로 했고, '국체' 보전을 위한 목적으로 제출되었다. 현행범이 아니라도 내란과 유사한 목적을 가진 결사, 집단의 구성과 가입을 처벌하자는 주장이 제기되었다. 불과 몇 달 전에 통과된 제헌헌법에서 국민의 자유와 권리를 보장한다는 조항, 양심과 신체의 자유에 대한 보장 조항은 이제 '비상한 시기'에는 유보될 수 있는 것이 되

고 말았다.[178]

　1948년 12월 1일 제정된 국가보안법에는 '국헌을 위해하여 정부를 참칭하거나 … 국가를 변란할 목적으로 결사 또는 집단을 구성한 자'를 최고 10년형에 처할 수 있도록 했으나, 이듬해의 개정 법률안에는 '나라를 뒤집어엎는데 사형을 할 수 없다는 것은 모순'이라는 논리하에 최고 사형에까지 처할 수 있도록 했다.[179] '국체 변혁과 사유재산을 부인할 목적으로 결사를 조직하거나 그 점을 알고도 이에 가입한 자'를 처벌한다는 일제의 치안유지법의 입법 목적과 정신이 그대로 한국의 국가보안법 조항에 부활되었다. 이들 두 법은 국가를 위험에 빠트리는 행위를 처벌하는 것이 아니라 그것을 기도한 결사, 조직행위, 예비행위, 그리고 그러한 생각을 표현하는 것을 처벌하자는 데 초점을 두었다. 국가보안법이란 곧 "내란죄의 예비음모죄에 해당된다"[180]는 주장처럼 이들 두 법은 모두 실행범이 아니라 목적범을 처벌 혹은 예비검속하자는 법이었다.[181] 국가보안법의 칼은 사상을 가진 반란자 외에 "사상을 배경으로 하는 모든 행위자(목적범 실행범)" 모두를 향했다.[182]

　내란죄가 제정되었는데도 국가보안법이 필요했던 이유는 무엇일까? "위험한 주의사상을 인심에 침투시키어 내부로부터 국가조직을 파괴하려는 계획은 내란죄에 해당치 않고 본 법에 해당할 것"[183]이라며 내란 계획을 처벌하자는 것이 그 이유였다. "내란 소요 등의 전 단계에 있는 행위를 대상으로 하여 국가치안에 완벽을 기하는 데 그 주안점이 있다. … 사상범죄에 있어서의 사상은 단순한 이론적이고 추상적인 사상이 아니고 실천적이고 구체적인 사상으로서 소위 이론과 실천이 불가분리의 관계로 결합되어 있는 것이며, 본 법의 처벌 대상은 어디까지나 불법 목적 수행을 위한 실천행동이고 다만 그 행위가 일정한 실천적 이론 내지 사상을 수반하고 있기 때문에 그 이론과 사상을 포지하고 있으므로 위험행위의 전제라고 충분히 실지에서 고찰함을 요한다"[184]는 논리였다. 즉 국가보안법의 유일무이성은 바로 사상통제법의 성격에 있다.[185] 그러나 여기서 '사상'이란 곧 내란 준비 사상을 의미한다.

국가보안법은 정치형법(politische strafrecht)이기 때문에 "법적 차원 외의 외적 요인에 의존하는 정도가 높고, 위험 단계에서 그것을 예방하기 위한 예방형법의 성격을 갖고 있다".[186] 일제의 치안유지법은 예비, 음모, 선전, 선동 단계에 불과한 것들을 처벌하자는 것이고, 단순한 표현에 대한 처벌을 하자는 것인데, 한국의 국가보안법도 이러한 체제를 위협하는 생각과 사상의 표현에 대한 두려움을 바탕에 깔고 있다. 위험한 표현을 그대로 두면 국가의 존립이 위태로울 수 있다는 것이다. 일제하에서 치안유지법이 제정된 1925년 이전에도 과격사회운동취체법이 있었음에도 불구하고 별도로 치안유지법이 제정된 것이나, 정부 수립 후 한국에서도 내란죄가 있음에도 불구하고 이 법이 제정된 것은 이러한 이유 때문이었다.

권승렬 법무부장관은 "이것은 물론 평화시기의 법은 아닙니다. 비상시기의 비상조치이니까…"라고 국가보안법이 비상사태에서 필요한 법이라는 점을 언급했다.[187] 윤치영 의원도 '혁명시기이고 비상한 시기'이기 때문에 이 법을 빨리 통과시켜야 한다고 주장했다.[188] 그리고 그것이 일제의 치안유지법과 같은 '공산당 취체법'이라는 사실을 인정했다. 그는 좌익을 '예비검속을 해야 하는데' 법 논리를 앞세운 검사들이 반대하기 때문에 이 법을 제정하게 된 주요 이유라고 밝혔다. 최국현 의원도 국가보안법은 '공산당 제재법'이라고 말했다. "전시 사변과 같은 비상사태하에서 주로 조직적·집단적 반국가적 범위를 처벌하기 위한 법규"인데 한국이 전시하에 처하여 공산주의자들의 적극적 침략행위와 직면하고 있으므로 이에 대처하여 장기적·점증적 위험성을 극복해야 하는 시대적 요청의 산물일 것이다.[189]

타이완에서는 한국의 국가보안법에 해당하는 감란시기검숙비첩조례(戡亂時期檢肅匪諜條例)가 1950년 6월 13일 제정되었다. 한국의 국가보안법과 마찬가지로 국내 치안과 안전을 위협하는 반역자를 검속한다는 취지를 갖고 있었다. 1914년 영국에서 제정된 국토방위법(Defence of the Realm Act), 1920년의 비상대권법(Emergency Power Act) 등이 이와 유사하고, 미국에서 공산주의자 탄압법인 1940년의 스미스법(Smith Act) 등도 비슷하다.[190] 이와 같은 영·미의 국가보안법도 공산당 탄압법인 것은 맞지만, 구체적 실행을 탄압하는 데 초점을 둔 점에서 한국의 국가보안법과는 다르다. 국가보안법은 결사나 집단 구성 자체가 아니라 변란을 기도하려는 '결사나 집단의 구성원', 실행을 '협의, 선전, 선동한 사람'을 처벌하자는 것이었다. 그래서 오제도도 국가보안법의 입법 목적은 좌익세력의 구체적인 폭동이나 범행을 막기 위한 것이 아니라 좌익세력의 존재를 말살하기 위한 것이라고 지적했다.

권승렬 법무부장관이 1949년의 국가보안법 1차 개정 당시 국가보안법은 '총과 칼'이라고 지적한 것처럼, 국가보안법은 신생 대한민국의 존립을 지키기 위해 민족주의 세력을 포함한 반이승만 세력 모두를 체포, 구금할 수 있었던 국가폭력의 법제화였다. 노일환 의원은 "국가보안법은 히틀러의 유대인 학살을 위한 법, 진시황의 분서사건이나 일제의 치안유지법과 무엇이 다른가"라고 반박했다. 또 그는 "민족적 양심을 가진 애국 투사가 이 법망에 걸려서 불순도배의 손에서 쓰러지리라는 것을 역력히 앞날을 보는 것이기 때문에 흥분으로 이런 무의식한 법을 만들어서는 안 된다"고 강조했다.[191] 박혜정 의원은 "사상정화운동을 하지 않고 이와 같은 혹독한 법을 내가지고 제정한다고 할 것 같으면 부지불식간에 사상대립에 혼란하고 있는 많은 청년 동포들은 전부 좌익으로 몰아가지고 처벌을 받게 될 것"이라고 우려했다.[192] "존경하는 독립운동가를 탄압하고 우리 주위에 있는 죄 없는 사람을 가두고 잡은 경우에 장차 무슨 낯으로 인민 앞에 가겠습니까?"라고 호소하기도 했다.

그러나 박순석 의원은 "남한이 이 법안이 잘되고 못되는 데에 의해서 인민공화국으로 변하느냐, 그렇지 않으면 우리 자손만대의 자유스러운 국가를 만들어줄 수 있느냐 하는 중대한 문제"라고 주장했다.[193] 김동원 의원은 "헌법을 위반하는 것은 역적입니다. 국가가 있는데 역적은 도저히 용서 못 하는 것입니다. 국가보안법은 역적을 처결하자는 법입니다. 오히려 이런 미지근한 법으로는 200만 명에 달하는 공산주의자들을 다 교화시킬 수 없습니다. … 공산주의 유물론을 지지하는 사람을 1년, 3년 수감한다고 해서 기일이 찼다고 석방하면 그런 사람은 안 합니까?"라고 하면서 "그런 사람 중 영영 고칠 수 없는 사람은 섬으로 귀양살이를 보낸다든지 38 이북으로 견학을 보낸다든지 또는 감옥소에 분리시켜서 그 사람이 달라질 때까지 언제까지 두는 방법"을 거론하기도 했다.[194]

중도파 조헌영 의원은 국가보안법 초안의 폐기를 주장했다.[195] 하지만 그의 제안은 재석 128명 중 44명만 찬성하여 부결되었다. 이후 11월 16일 제105차 회의에서 김옥주(무소속 소장파) 의원 외 47인은 다시 국가보안법 폐기에 관한 동의안을 제출했으나 부결되었다. 11월 16일 법안 폐기를 주장하던 반대 의원들의 주장이 부결되고 나서 며칠 후 논의를 거쳐 국가보안법은 국회에서 통과되었고, 1948년 12월 1일 공포, 시행되었다. 국가보안법의 명분이 되었던 여순사건이 국가의 존립을 위협한다고 보았기 때문이다. 그러나 당시 제정의 명분이 되었던 여순사건 상황 보도는 매우 편향된 것이었다. 즉 반란 진압에 투입된 경찰과 군이 여수·순천·구례 일대의 반란 동조자나 그들의 가족들을 대량학살한 사실은 거의 알려지지 않았고, 그 사실은 또 법안 심의과정에서 거론조차 되지 않았다. 당시의 모든 언론 보도나 정부 선전은 매우 과장되었다.

국가보안법 제정으로 헌법 제1장의 '민주공화국' 조항이나, 제2장의 각종 기본권 관련 조항은 무력화되었다. 국가보안법과 1972년 제정된 유신헌법 전문의 '자유민주적 기본 질서' 조항은 1956년 서독에서 공산당(KDP)을 불법화한 결정, 즉 방어적 민주주의, 방어적 국가 형성의 정신과 상통한다고 볼 수 있다.[196] 그러나 독일에서의 방어적 민주주의 논리는 냉전 이데올로기의 산물이 아니라 '인간의 가능성을 박탈했던 전체주의의 경험에 대한 반성의 산물'이었다.[197] 전후 서독은 공산주의에 대한 방어보다는 사실상 극우 나치체제가 도래하는 것을 막자는 방어 민주주의를 강조했지만, 국가보안법 체제하의 한국, 유신체제하의 한국은 오직 공산주의에 대한 방어만을 내세웠기 때문에 역설적으로 나치체제의 편에 선 셈이었다.

국가보안법은 미군정이 조성한 권력의 장, 즉 친일 관료와 경찰, 우익세력의 국가기구 장악과 반공주의 이데올로기를 제도화한 것이고, 반공국가 정체성을 법적으로 강요한 것이었다. 일본에서 구제국주의 세력이 일본을 반공국가로 재구축하려는 맥아더 사령부의 정책에 편승하기 위해 '천황제=국가'라는 논리하에 상징적으로나마 천황제를 존속시킨 것처럼,[198] 한국에서는 이승만 정부를 구성한 친일부역 세력이나 지주 등 부유층의 공포감 때문에 좌익세력뿐만 아니라 통일 지향의 민족주의 세력까지 제거, 통제하기 위해 국가보안법을 제정했다. 당시 일부 의원들이 우려한 대로 한국에서는 남한 내부의 친북·반미세력, 그리고 김구 계열의 임시정부 세력까지 적이 될 수 있었다. 이승만 정부나 대한민국 비판은 곧 적인 북한을 이롭게 하는 것이기 때문이다. 그것은 냉전이라는 지구 권력 장 아래의 좌익사냥 논리가 남한에서 극단적 형태로 나타난 것이었다.

국가보안법 제정으로 분단된 남한에서 반공은 헌법 위의 최고의 국가이념이 되어 헌법은 단순한 규범으로서만 작용하고, 국가보안법이 최고의 규율체계로서의 역할을 했기 때문에 국가보안법을 '실질헌법'이라고도 부르기도 한다.[199] 이것은 한국이 헌법상의 기본권 보장을 최고의 가치로 삼기보다는 국가 내부의 비국민 혹은 잠재적인 '반란세력'에 대한 감시와 통제를 최우선에 두고 있다는 것을 말해준다. 국가보안법이 실질헌법의 기능을 한다는 말은 비록 그 적용 대상이 전체 인구 중에서 차지하는 비중이 극히 소수였다고 해도 단순한 표현이나 단체 가입 정도로도 처벌 대상이 된다는 것을 보여줌으로써, 헌법 위에서 국민의 정신세계를 규율하게 되었다는 것을 의미한다.

사상통제법으로서 국가보안법

일제하 치안유지법 제정 당시 국체 개념이 애매하다는 비판이 제기되었던 것처럼 국가보안법상의 '국헌', '참칭', '변란' 등 용어도 모두가 애매해서 법적 용어로서 결격사유가 있다는 지적은 수없이 제기되었다. 베카리아(Cesare Beccaria)는 법률의 자의적 해석도 나쁘지만, 그런 해석을 나오게 만드는 불명확성

(obscurity)은 또 다른 악이라고 말했다.[200] 국체, 국헌, 변란 등 국가보안법의 용어는 법률용어라기보다는 오웰이 말한 '정치적 언어'였다. 해석의 여지가 있거나 모호하거나 사실 모든 행동을 다 걸 수 있는 법 조항은 법률적 언어가 될 수 없다. 그래서 국가보안법 조항의 각종 용어는 모두 '명확성과 정확성을 기본 특징으로 하는' 근대 형법의 기본 원칙과 배치된다.[201] 이는 법의 집행이 사실상 권력자의 의도를 따르는 공안기관이나 검찰의 자의적 판단에 의거할 여지가 매우 크다는 것을 말해준다.

국가보안법 제1조의 '국헌 위배' 조항은 '내란죄 예비음모죄'의 성격을 갖고 있다고 보는데,[202] 바로 그런 점 때문에 '변란을 목적'으로 한다는 조항은 모호한 점이 있고, 행위가 아니라 심리를 범죄화한다는 우려가 제기되었다.[203] 즉 법은 인간의 내심의 생각이 아니라 드러난 행위를 처벌해야 한다는 것이 법률가의 기본 상식이기 때문이다. 조헌영 의원은 "고양이는 쥐를 못 잡는다고 할지라도 씨암탉을 잡는다는 격으로 이 법률로 발표하면 … 정치적 행동하는 사람은 다 걸려들어갈 수 있는 위험이 있다"고 비판했다.[204] 김옥주 의원은 "여순반란사건에 아무것도 모르고 가담한 남녀노소는 모두 공산당 좌익분자라고 규정을 받을 것"이라고 우려했다.[205] 즉 형법상의 반란죄나 국가보안법 조항들처럼 위험과 위법사항들이 자세하게 명시되지 않은 채 추상적이고 광범위하게 정의될 경우, 사회 구성원 중 누구라도 처벌할 수 있고, 사실상 지배세력을 반대하는 모든 개인이나 집단을 제거하기 위한 정치적 목적으로도 사용할 수 있었다.

즉 국가보안법상의 범죄 혐의, 수사 대상 설정은 검찰과 법원, 즉 정치권력의 자의에 의존할 가능성이 컸다. 인터넷에 북한 사진을 올린 교사들에 대해 보수 언론이 '친북 교사'라고 보도하면, 공안검찰은 이들을 기소하고, 이들은 법정에 선다.[206] 사실 국가보안법 집행은 표적이 되는 '사람'이 누구인가가 중요하기 때문에 법의 기본 요건인 평등성의 원칙에 반한다. 즉 '불온'한 사람이 읽는 책, 불온한 사람의 발언이 중요하고, 그것이 국가에 반해서 '적을 이롭게 할 위험'이 있다고 검찰이나 공안기관이 판단하면 곧바로 수사 대상이 된다. 과거 리영희 교수의 저서 『8억 인과의 대화』는 그가 친정부적 인사이면 문제가 되지 않을 수 있지만, 반정부 인사이기 때문에 반공법 위반이 되었다.[207] 같이 휴전선을 넘어도 문익환 목사는 국가보안법 위반으로 처벌되지만, 정주영 회장은 처벌되지 않는다.

'이적 표현물' 소지가 범법이 되는 것도 그 표현물이 사회에 미치는 객관적 위험성 때문이 아니라 사실상 그것을 소지하거나 읽은 집단이나 개인이 그전부터 '위험한' 존재로 낙인찍혀 있기 때문이다. 사상이나 이념 혹은 특정한 정치노선에 대한 확신과 그 결과로서 나온 의사 표현이나 행동이 구체적으로 국가보안법에 저촉되는가는 대상자의 실제 행동보다는 혐의자의 기존 활동, 반체제운동 전과, 그 심정의 확신 등을 확인하는 것이 중요하다.[208] 예를 들어 카(Edward Carr)의 『역사란 무엇인가』라는 책은 그 자체로는 친공산주의 혹은 반체제적인 성격을 갖지 않지만, 반정부·반체제 지향의 학생들이 읽으면 '불온도서'가 되고, 이 도서를 읽은 사람도 '불온한 인물'이 된다.[209] 국가보안법의 적용과 처벌이 대상에 따라 달라질 수도 있다는 것은 한국이 베카리아 이전의 시대, 중세적 표적 사상탄압의 시대에 있다는 것을 말해준다. 슈미트가 말한 군주의 처벌 의지, 즉 정치적 '결단'이 법 집행을 좌우했다.

국가보안법상 행위자의 의도 혹은 목적 관련 조항은 1948년 최초 법안에는 '정을 알고서도'였으나 1958년 개정 국가보안법에서 '적을 이롭게 한다'[210]는 목적을 명시했다. 그런데 '이롭게 하는 것'이 무엇이고 어느 정도인지는 법 제정 당시부터 논란이 되었다. 분단하에서 국가의 이념에 대한 비판뿐만 아니라 특정 정권을 비판하는 것도 적을 이롭게 하는 것으로 해석할 수 있다. 준전쟁 상황에서는 남한 정권 비판은 북한에게 이로운 것이라는 흑백논리가 작동한다. 그래서 북한에 대해서는 비판하지만, 사회주의나 마르크스주의 일반을 옹호하거나 심지어 계급론에 기초해서 남한 사회를 비판하는 책도 이적 표현물이 될 수 있다. 즉 반드시 친북적인 노선이 아니더라도 남한 자본주의체제를 비판하거나 노동자 주도의 혁명을 주창하면 국가보안법 위반이 된다.[211]

당국이 규정한 이적 표현물이 '국가의 존립'을 위태롭게 할 정도의 파급력을 갖고 있는지는 객관적으로 입증할 수 없다.[212] '국가변란'이라는 개념 역시 포괄적이고 추상적이며 그래서 경험적인 사실을 판단하기가 매우 애매하다. 예를 들어 IS(International Socialist) 조직 관련자 163명을 10년 동안 구속시킨 사건의 경우에 노동자 연대 기관지를 판매한 사진, 그리고 소지한 책을 복사한 것이 증거의 전부였다. 사실 북한식 사회주의에 대해 매우 비판적인 이 단체에 대해 당시 검찰은 '이적단체'로 규정했지만, '적'인 북한과는 거리가 멀었다. 검찰의 주장대로 '사회주의혁명을 선전 선동한다는 것', '국가의 존립이나 안전과 자유민주적 기본질서를 실질적으로 위태롭게 한 것'일 수는 있어도, 그것이 이적행위인지 아닌지는 알 수 없었다.

국가보안법 판결문을 보면 "북한의 주장과 외형상 동일한 것이니 자유민주적 기본질서를 위태롭게 한다"는 내용이 많았다. 실제 전쟁 상황이 아니라면 '위험'은 사실상 정부나 집권층이 주관적으로 감지한 것인데, 그러한 상황이 국민의 신체의 자유를 포함한 자유와 권리를 제한할 수 있는가? 1990년 헌법재판소의 국가보안법 위헌 여부 심리 중에서 '위험' 기준 논란이 되었을 때, 소수의견은 '명백하고 현존하는 위험'의 기준을 세워야 한다고 주장했으나, 다수의 의견은 자유민주주의 질서와 체제 자체를 파괴하려는 행위까지도 관용해서는 안 된다고 주장했다. 즉 반국가 사상에 대해서는 그 파급력과 위험 정도와 무관하게 통제해야 한다고 보았다.

국가보안법의 제7조(찬양·고무죄)는 가장 애매한 부분인데, 찬양, 고무, 동조의 범위가 너무 애매하고, 법 조항이 막연하여 수사기관의 자의적·정치적 해석의 폭이 너무 넓게 적용될 수 있기 때문이다. 부림사건은 1981년 여러 교사와 부산 지역 학생운동 관련자 19명이 북한 찬양 등의 이적행위를 한 혐의로 구속된 사건이다. 이들은 독서모임을 하면서 자본주의 모순을 비판하고 공산주의 우월성을 주장했다거나 하는 죄목으로 구속되었는데, 독서모임이 국가보안법상의 찬양·고무 행위로 간주된 대표적인 사건이다. 상록회사건은 1983년 12월 한국YMCA중등교육자협의회 소속 교사 9명과 대학교수 3명이 한국기독교사회문제연구원 연구작업의 일환으로 초·중·고 교과서에서 통일문제를 어떻게 가르치고 있는가를 연구, 분석하다가 전원 연행되어 조승혁 목사, 리영희 교수, 강만길 교수 3인이 국가보안법상 찬양·고무 혐의로 구속된 사건이다. 민중교육지사건은 1985년 8월 17일에 교육무크지 『민중교육』이 국가보안법에 저촉된다고 필자 김진경, 윤재철 등이 구속되고, 이 잡지에 기고한 교사 10명은 파면, 7명은 강제사직, 2명은 감봉, 1명은 경고 조치된 사건이었다. 운동권집단이 모여서 책을 읽은 것, 그들이 다방이나 술집에서의 나눈 대화도 찬양·고무 조항에 걸렸다.[213]

　이외에도 국가보안법이 직접 행동이 아니라 표현과 사상을 통제하는 법이라는 것을 보여준 수많은 사례가 있다. 정권이나 대통령에 대한 모든 비판적인 발언이나 각종 영상물도 찬양·고무를 통해 적을 이롭게 하는 것일 수 있다. 국가보안법 해석에서 특정의 행동이 남한 체제를 위협하거나 북한을 지지하는 행동 정도에 미치지 못하더라도 그냥 북한을 긍정적으로 묘사한 것만으로도 '표현의 자유'의 한계를 벗어난 것으로 본다. 즉 이적 목적의 해석에서도 "적을 이롭게 하겠다는 적극적인 의욕이나 확정적인 인식까지는 필요 없고 미필적 인식으로 족하다"고 보기 때문이다.[214] 술자리에서 북한 군가를 부른 경우, "북한이 남한보다 중공업이 더 발달되었다"고 발언을 한 경우, "공산주의의 목적은 나쁘지만 방법은 나쁘지 않다"는 발언 등도 모두 찬양·고무에 해당되었다.

'이적성 표현물' 소지에 해당하는 국가보안법 위반 사례가 가장 많다. 1986년 9월 송원재 등 교사들은 국가보안법 및 집시법 위반으로 기소되었는데, 그 이유는 러시아혁명에 관한 소책자를 소지, 탐독하여 국외 공산 계열의 활동에 동조, 찬양했다는 것이다. 즉 좌익 서적의 소지와 탐독이 공산주의 활동에 동조하고 찬양하는 것이 되었다.[215] 화가 신학철의 모내기 그림이 이적 표현물에 해당한다고 원심의 무죄를 깨고 상급법원이 파기환송한 것도 그 예다. 대법원은 "북한의 모습은 통일 저해 요소가 없는 평화롭고 풍요로운 곳으로, 남한을 미일제국주의 독재권력 매판자본이 가득한 곳으로 묘사하고 있다"고 판결했다. 이것은 결과적으로 북한을 찬양하고 민중민주 혁명을 일으켜 연방제 통일을 실현하려는 북한의 주장과 궤를 같이하는 것이기 때문에 반국가단체인 북한 공산집단의 활동에 동조하는 적극적이고 공격적인 표현물에 해당한다는 것이다.[216]

김대중 정부 초기 법무부장관을 했던 검사 출신 박상천은 이 국가보안법 7조가 "폭력에 의거하지 않는 체제 전복의 선전 선동을 처벌할 수 있는 유일한 조항"이라고 말했다. 국가보안법의 사상통제법의 성격은 이 조항에 담겨 있다는 것을 강조한 셈이다. 실제 대부분의 국가보안법 위반은 바로 이 조항과 관련되었다. 제5공화국 시기 동안 국가보안법 사건 기소자 1,565명의 95%인 1,495명이 이 찬양·고무 조항에 해당되었다. 제6공화국 시기 적용 조문을 보면 이적 표현물 제작·반포, 찬양·고무·동조를 합쳐 전체의 약 80%를 차지한다.[217] 결국 지금까지 국가보안법 위반자의 90%가 찬양·고무 조항에 의한 것이라는 점은 이 조항이 국가보안법의 핵심이며, 한국의 우익세력이 국가보안법을 계속 지키려는 목적이 무엇인지를 가장 잘 보여준다. 결국 국가보안법은 간첩행위나 적극적인 친북 정치활동을 통제하려는 목적을 갖기보다는 모든 비판적 지식인이나 활동가들의 입을 묶어서 비판을 잠재우고, 결국 지배집단의 기득권을 지속시키기 위한 사상통제법의 기능을 해온 사실을 보여준다.[218]

일상화된 계엄으로서 국가보안법

국가보안법 제정된 후의 국가의 사상통제, 즉 반공주의의 법제화는 그 이전과 판이하게 다른 상황을 조성했다. 국가보안법 제정으로 어제까지 범죄가 아니었던 것이 오늘은 범죄가 되었다. 경찰과 검찰과 사법부, 특히 공안사건 담당 검사들의 조직과 권한은 엄청나게 확대되었다. 국가보안법이 제정된 이후 헌법 위반으로 문제가 된 정권과 권력자는 없었지만, 국가보안법 제정 직후 1년 만에 118,621명이 검거되고, 132개 정당과 사회단체가 곧바로 해산되었다. 특히 국가보안법 수사권을 가진 검찰이 경찰을 제압하게 되었다.

한국에서 계엄과 국가보안법은 형제라고 볼 수 있다. 계엄령은 최고 권력자와 군사령관에게 비상 대권을 부여하여 민주주의의 외양을 지닌 국가를 전제국가로 변화시킬 수 있고,[219] 모든 민간인까지도 심리전의 대상으로 만든다. 계엄하에서 군은 무소불위의 권력을 행사할 수 있다. 1948년 후반 이후 제주도나 여수 일대에 거주하는 주민들은 계엄을 '사람을 재판 없이 죽여도 아무런 문제가 되지 않는' 상황이라고 알고 있었다. 타이완처럼 1987년까지 계엄이 유지된 나라도 있지만, 계엄은 특정한 시기, 특정한 지역에만 발동되기 때문에 반드시 이후 법적 제도화로 연결되어야 한다. 이 점에서 특별 형법으로서 국가보안법은 전시에 준하는 비상사태에 대응하기 위한 법, 혹은 계엄령을 평시에 유지하기 위한 것이었다.[220]

앞에서 본 것처럼 국가보안법 제정에 근거해서 현행범이 아닌 좌익 전향자를 통제·관리하기 위한 국민보도연맹의 조직, 일제하의 예방구금제도에 버금가는 보도구금(輔導拘禁)제도와 보도소의 설치가 요청되었다(1949년 국가보안법 1차 개정안). '사상전향' 강제는 헌법상의 양심의 자유 조항과 배치되는 것이고, 전향한 사람까지 일상적으로 감시하고 사찰하는 것 역시 헌법의 정신과는 배치되는 것이지만, 국가보안법이 헌법상의 기본권을 제약할 수 있었기 때문에 문제가 되지 않았다. 국가보안법은 좌익활동 경력자, 즉 '반란' 위험성이 있는 사람은 비국민 혹은 잠재적 비국민으로 간주했으며, 사찰이나 감시, 심지어는 예비검속의 대상으로 보았다.

6·25한국전쟁은 '임시법'으로 제정된 국가보안법의 생명을 무한 연장시켜주었다. 1953년 7월 국회 법사위원회는 국가보안법의 내용을 신법(안)의 내란선동·선전죄, 각종 외환죄의 선동·선전죄, 폭발물사용 선동죄에 포함시키는 대신 국가보안법을 폐지하는 안을 마련하여 본회의에 상정한 바 있지만, 또다시 부결되었다. "북괴의 새로운 전술하에서는 북괴를 이롭게 하려는 적극적인 목적을 가진 활동이 아니더라도 국가안보에 중대한 위협이 될 수 있다"[221]는 판단이 지배했기 때문이다. 즉 "전시 상태란 항구성을 띠고 있는 우리나라의 현하의 정세로 보아 적국의 비밀전 책동과 점증하는 도발행위를 봉쇄하기 위해 총력전 태세를 강화하기 위해서 필요하다"고 보는 논리가 휴전체제를 만성적 전쟁상태로 정의했다.[222]

1958년, 1962년, 1980년에 각각 개정된 국가보안법에서는 '반국가단체'의 범위를 확대하여, 그러한 단체를 사실상 '적'으로 규정함으로써 '반국가단체의 활동에 대한 지원'의 의미도 확대하고(이른바 제7조의 '찬양·고무' 조항,[223] 제9조의 '회합·통신' 조항), 반국가단체 활동을 신고하지 않는 행위까지 처벌(제10조의 '불고지' 조항)하도록 했다.

1958년 2·4파동 당시 검사 문인구는 국권과 민권의 개념을 동원해서 국가보안법 개정을 옹호했다.[224] 즉 "국권이 위태롭게 되는 경우에는 민권도 또한 약화되는 것이니 먼저 국권을 보호하지 않고서는 헌법이 보장한 민권이 설 수 없는 것"이라며 "정부를 약하게 만들거나 국권을 손상할 언론과 행동으로 사실 없는 말을 조작하거나 왜곡해서 치안을 방해하거나 인심을 선동하거나 또는 사람들의 명예를 손상하는 것은 이 공산 침략의 위기가 계속될 때까지는 절대로 용납될 수 없다"고 주장했다.[225] 당시 야당은 국권의 이름으로 민권을 억압하는 것을 비판했는데, 민주당의 윤제술 의원은 "새로운 파시즘이 민주주의 보위라는 미명에 쌓여 등장하고 있다"고 국가보안법 개정론자들을 파시즘의 선봉장이라고 비판했다.[226]

국가보안법이 평시의 계엄령 성격을 갖는 점은 그 제정 과정에서도 그랬지만, 이후의 개정 과정에서도 국회 등 공론의 장에서 충분한 논의나 동의의 절차를 거치지 않았고, 거의 '날치기'로 통과되거나 군부 쿠데타 직후에 통과된 사실에서 확인할 수 있다. 1961년 이후 국가보안법 관련 수사기관은 실정법의 통제 위에 있는 중앙정보부(안기부), 경찰 내 특별조직인 대공분실, 수사본부 등의 명칭을 갖는 초법적 조직이었다. 심지어는 민간인에 대한 수사권이 없는 국군 보안사 등 군 공안기관이 불법적으로 수사에 참여했으며, 이들 수사기관의 활동에 대해 국회나 사법부는 거의 개입할 수 없었다.[227]

군사정권 시기는 물론이고, 민주화 이후에도 국가보안법 위반자는 인권보호의 대상에서 배제되는 '벌거벗은 생명'이었다. 국가보안법 적용에서는 불구속기소가 거의 없었으며, 보석이나 구속적부심도 받아들여지는 경우가 거의 없었다. 1975년 인혁당 재건위사건의 피의자들처럼 국가보안법 위반자들에 대해 합법적인 처형의 형식을 빌린 사법 살인도 자행되었다. 수사기관은 국가보안법 관련 사건 피의자를 영장도 없이 강제연행, 불법구금, 고문했다. 수사도 폭력적이고 비인간적이었으며, 재판도 편파적이었으며 정치적이었다.[228]

국가보안법 위반 혐의자는 불법적인 고문에 의해 '조작'되기도 했다. 한국에서는 비국민과 국민의 경계지대에 있는 사람들, 구체적으로는 6·25한국전쟁기 월북자 가족, 피학살자 가족, 재일동포와 재일동포 친척을 둔 사람, 그리고 귀환한 납북어부들이 주요 대상이었다. 가족과 친인척 중에 이러한 범주에 속한 사람이 있는 경우나, 그 가족 구성원과 사람들은 접촉한 사실만으로도 '간첩'으로 간주되었다. '반란조직 만들기' 혹은 '간첩 만들기' 작업에는 법 위의 국가조직, 즉 국가안보의 일선에 있다고 자처하는 국군 보안사와 중앙정보부, 검찰 공안부, 경찰 정보과(보안과)가 언제나 개입했다. 초법적인 공안기관이 실재하지 않는 조직을 조작하거나 혐의가 없는 사람을 간첩으로 만드는 과정 자체도 중대한 국가범죄라 볼 수 있지만, 출옥 후 이들이 '시민'으로 생존하기 어렵게 만들고 사회적으로도 배제한 것은 생명권 박탈에 준하는 가혹한 처벌이었다고 볼 수 있다.

그래서 국가보안법 적용 과정에서 자유, 인권, 존엄성 보장, 관용, 도덕적 배려 등과 같은 근대 국가의 기본 가치는 작동하지 않았다. 게다가 전통적인 가족관계 도덕률, 일제가 도입한 호주제 등 가족주의적 통제방식은 매우 정치적으로 활용되었다.[229] 즉 북에서 내려온 부모 가족 구성원을 만나서 신고하지 않은 것이 국가보안법상의 '불고지죄'가 되었기 때문이다. 즉 국가보안법은 상식적 도덕을 파괴했다. 혈육의 정을 배신하고 부모나 자식을 신고하는 것이 애국이 되었다. 박정희 정권 시기의 '반공=도덕'이었다. '반공도덕'은 신설된 교과서 제목이지만 그것을 뒷받침해준 것이 국가보안법과 반공법이다.

베카리아가 말했듯이 모든 형벌은 공포를 주기 위한 정치적 의도를 갖고 있으며,[230] 일제하의 치안유지법도 좌익에 대한 탄압의 무기 이상의 의도가 있었듯이 국가보안법과 그 집행도 엄한 형벌을 부과함으로써 사람들에게 공포감을 주려는 의도가 있었다. 그러나 오늘날의 국가에서는 공포감만으로 법이 제대로 집행되는 것은 아니고, 최소한의 윤리성과 도덕성이 필요하다. 일제의 치안유지법은 적어도 겉으로는 '국가의 통일과 융화를 추진하는 것, 즉 사상범 억압뿐만 아니라 사회를 진정하고 통합을 이룬다는 사회통합적·윤리적 목적'을 표방하고 있었다. 치안유지법상의 국체 개념은 기만적이기는 하지만 '천황에 대한 외경'과 '신민의 교화'의 내용도 포함되어 있다.[231] 그러나 국가보안법 조문에는 그 어떤 도덕적 내용도 포함되어 있지 않았다. 오직 '국헌', '국가변란', '정부 참칭' 등 공허한 국가주의 용어만 내세워 '위험 인물'을 색출, 탄압하려 했다.

국가보안법은 '예외 상태'를 명분으로 제정된 '상황법'이었지만 실제로는 일상적인 규율체제가 되었다.[232] 국가보안법이 작동하고 있다는 것은 한국이 아직 슈미트나 아감벤(Giorgio Agamben)이 말한 '제헌권력', 즉 국가 형성 국면의 내전 상황에 있다는 것을 말해준다.²³³ 사실 정전체제, 즉 준전시체제를 달리 보여주는 것이 이런 법들이다. 뒤르켐은 전근대 사회에서 주로 나타나는 가혹한 처벌의 방식은 기본적으로 종교적 규제와 유사한 것이며, 그리고 규제가 초자연적인 이유로 정당화된다고 보았다. 그리고 그러한 가혹한 처벌이 현대 사회에서 전제적인 정권이 들어서는 경우에는 존재하기는 하나 그것은 병리적이거나 '예외적인 것'이라고 보았고, 사회가 근대화되면 그러한 처벌은 약화될 것이라 보았다.

준종교화된 반공주의와 그것을 지탱하는 법적 장치가 국가보안법이다. 포이어바흐(Ludwig Feuerbach)가 강조한 것처럼 신의 표상은 인간의 세속의 억압과 고통을 뒤집어놓은 것이니 반공주의라는 신은 세속의 억압을 거꾸로 보여준 것이고,²³⁴ 프롬(Erich Fromm)이 말한 것처럼 인간의 강박증이 권위주의적인 신을 만들어냈다면 바로 국가보안법은 집권세력의 불안강박증을 법제화한 것이다.²³⁵ 이러한 법적 규율체제가 군림하는 한 시민, 노동자, 농민의 항의 발언이나 자주적인 조직화 시도도 자기검열을 하고 스스로 억제한다. 이 만성적 예외 상태에서 지배세력에게 거슬리는 '주의나 주장'은 모두가 불온하거나 위험한 것이 될 수 있다.

사상통제 강화법으로서 반공법

반공법은 4·19혁명 직후의 권력 장 속에서 탄생했다. 이승만 정권의 붕괴와 그 직후에 시작된 통일운동은 분단국가체제를 옹호했던 남한 지배집단의 큰 위기였다. 그런데 이 위기를 직접 감지한 정치세력은 구이승만 계열의 자유당이 아니라, 그들과 투쟁했던 집권 민주당이었다. 4·19혁명 직전인 1958년 국가보안법 개정을 반대했던 그들은 이제 한국 사회 내부에서 자생적으로 형성된 '민족통일운동'을 제압하기 위해서는 더 강한 법이 필요하다고 생각했다. 즉 북한의 직접 침략이 아니라 국내의 '간접 침략'을 막는 데 입법의 목적이 있었다.[236]

5·16쿠데타 직후 제정된 반공법은 바로 제2공화국의 민주당이 입안했던 것이다. 애초에 그것은 국가보안법을 보강하기 위해 제정된 것인데, 찬양·고무 조항, 불고지죄 조항 등을 포함하여 '적을 이롭게 할 목적'까지 처벌할 수 있도록 했다. 국내 반정부·반체제 세력을 제압하기 위한 사상통제법의 성격을 훨씬 강

표1 제1심 기소 인원

연도	1980	1981	1982	1983	1984	1985	1986	1987	합계
국가보안법	23	169	171	153	93	176	318	432	1,535
반공법	136	65	13		3	2	5		224

자료: 박원순, 『국가보안법연구』 2, 역사비평사, 1992

화한 것이다. 즉 반공법의 단속 대상은 북한과의 직접 연계된 집단이나 공작원 등이 아니라 4·19혁명 직후 분출한 통일운동과 혁신정당운동이었다.[237] 이렇게 보면 반공법은 한국의 보수 지배집단 일반이 냉전과 반공체제의 이완에 대한 두려움을 표현한 것이었으며, 냉전·분단·대북 적대라는 권력의 장 속에서 진행된 것이었고, 4·19혁명 후 재등장한 남북통일운동과 사회주의 세력에 대한 방어적 반격이었다.

　제3, 제4 공화국 동안에 국가보안법에 의한 검거 인원은 1,968명이었으나, 반공법에 의한 검거 인원은 4,167명이었다. 1심 접수 인원을 비교해보면 반공법이 국가보안법의 4배에 이른다. 이 역시 반공법 제4조 찬양·고무 조항의 남용에 기인한 것이다.[238] 반공법 위반자는 북한의 게릴라 남파 등이 정점에 달했던 1968년, 그리고 대남 공작원 파견은 거의 없었으나, 남한 내의 반정부운동이 격화된 1971년 이후, 특히 긴급조치가 발표된 1974년 이후 크게 증가한다. 결국 권력집단이 느끼는 정치적 위험 정도, 수사 사법 당국의 처벌 의지가 반공법 위반자를 증가시킨 것을 알 수 있다. 1980년 이후에는 다시 국가보안법 위반자의 비율이 반공법을 앞서가고, 사실상 반공법은 유명무실해졌다.

반공법은 앞에서 예를 든 남정현이나 김지하의 경우처럼 남한 체제나 정권 비판, 미국 비판을 한 자유주의 성향의 지식인까지 모두 친북 공산주의 활동 혐의로 기소했다. 그래서 공안기관이나 검찰은 반공법 위반을 입증하기 위해서 직접 쓴 시나 소설이나 평론, 읽은 서적, 발언, 메모 등을 사용했다. 한승헌 변호사는 동백림사건으로 사형당한 김규남의 사례를 보고 사형제의 문제점을 지적하는 조사(「어떤 조사」)를 썼는데, '북한의 선전활동에 동조'했다는 이유로 반공법 제4조 1항, 국가보안법 제11조 등을 위반한 죄로 구속되었다. 즉 간첩인 김규남의 죽음을 애도해도 "반국가단체의 활동을 찬양, 고무, 동조"한 용공고의성(容共故意性)이 있다는 것이다.[239]

"남한에서는 돈이 있어야 살 수 있지만 북한에서는 빈부의 차이가 없고 모두가 평등하게 살 수 있다. 우리같이 돈 없고 외롭게 살 바에는 월북해야겠다"는 표현도 북한 집단에 동조하는 행위가 되어 반공법 제4조 1항 위반으로 1심에서 징역 3년, 2심에서 징역 2년을 받은 일도 있었다. "월북자의 말로라는 승공교육을 받은 후 중대장이 말한 것은 모두 다 거짓말이다. 직접 이북에 가봐야 알 수 있다"고 말하고 다음 날 동료 사병에게 '멸시받기 싫다. 월북한다'는 문구를 쓴 바지를 보여주는 등의 행동이 '북괴활동을 동조한 것'이 되어 징역 3년을 받은 경우도 있었다.[240]

서민호 의원은 1967년 대중당 당수로 대통령 후보로 출마하여 "국제올림픽 등에 대표를 파견하는 현실로 보아 (북한을) 국가로 인정할 수밖에 없지 않느냐"는 발언을 했다고 징역 1년, 집행유예 2년을 선고받았다. 또 "카스트로는 혁명적 기질을 가진 인물이기에 혁명에 성공했다"고 말해서 징역 3년형을 받은 경우도 있었다. 그리고 리영희의 『전환시대의 논리』를 읽은 다음 독후감을 말하면서 중국 교육제도를 찬양하고 마오쩌둥을 찬양하는 발언을 하는 등 국외 공산 계열의 활동을 동조했다고 반공법 위반 징역 2년형을 받은 일도 있었다. 그 밖에도 "우리나라가 제3세계 국가이면서 제3세계 국가들로부터 인정받지 못하는 것은 월남전에 참전했기 때문이며 미군이 우리나라에 주둔하고 있기 때문이다. 경부고속도로는 월남전에서 죽은 국군의 피의 대가이다. 미군이 하루속히 철수해야 독립국가로서 성장할 수 있다"고 말했던 인하대학교 학생이 '북괴활동이 동조하여 반국가단체를 이롭게 한' 반공법 위반으로 구속된 일도 있었다.[241]

1979년 크리스찬아카데미사건에서는 반공법 제4조 2항 적용되어 『현대사상연구』를 복사 노트한 것, 엥겔스의 『가족, 사유재산, 국가의 기원』 등을 보관, 반포, 획득한 행위 등이 모두 반국가단체인 북괴 또는 국회 공산 계열을 이롭게 할 목적으로 한 행위가 되었다. 이 중 『현대사상연구』는 북한이 대남 선전 및 공산주의 이론학습용으로 만든 책으로 철학, 경제학, 과학적 사회주의 세 편으로 나뉘어 있었다. 변호인들은 관련자들은 학문적 관심에서 서적을 읽었으며, 이들은 대표자도 규약도 확고한 목적도 없이 몇 차례 모인 것에 불과하기 때문에 '단체'의 형식이나 실질을 갖추지 못하는 단순한 인적 회합에 그친 것이라고 강조했다. 또한 변호인들은 민주사회주의를 사회주의 및 공산주의와 동일시할 수 없으며,[242] 연구 목적으로 '불온'서적을 구입, 보관하고 탐독 또는 연구하거나 같은 목적으로 이를 노트하거나 책자를 빌려서 공부하고 빌려준 사실만으로 반국가단체 또는 국제 공산 계열의 활동을 찬양·고무 또는 이에 동조하거나 기타의 방법으로 반국가단체 등을 이롭게 할 목적으로 노트 보관, 취득했다고 볼 수 없다고 비판했다.[243]

크리스찬아카데미사건 경우에서 볼 수 있듯이 반공법 체제하에서는 이념 서적 학습모임이나 교육활동도 반국가단체 건설 범죄 혐의로 기소, 처벌될 수 있었다. 서적 몇 권 읽고 복사, 반포, 취득하고 독서모임에서 그런 책에 대해 발제를 한 것이 반국가단체의 활동에 동조해서 적을 이롭게 했다는 것이다.[244] 그러나 1979년 10월 26일 박정희가 사망한 뒤 크리스찬아카데미사건 관련자였던 황한식에게는 전부 무죄, 신인령에게는 집행유예, 김세균에게는 선고유예 후 항소심에서 무죄가 선고되었고, 이들이 반국가단체를 구성했다는 원심 판결도 인정되지 않았다. 이 사건에서 변호인들도 그전처럼 방어적으로 변호하기보다는 사회주의 공부모임은 문제가 안 된다고 적극적으로 변론했다.[245]

국가보안법 위반도 그렇지만 반공법으로 유죄를 받은 사람들의 상당수는 비밀리에 월남한 북한의 가족을 만난 것이 죄가 되었다. 1968년 발표된 동백림사건의 경우 상당수의 피의자들은 독일 체류 중 월북한 자녀와 가족, 친척의 소식을 듣기 위해 사람들을 만나거나 북한에 직접 가기도 하고 금품을 받기도 했다. 가족을 만난 것이 반공법의 안경을 쓰고 보면 포섭, 교양, 공작금, 잠입 탈출 등의 용어로 묘사되어 곧 유죄가 된다. 물론 이들 일부의 행동에는 북한 이념과 체제를 동조하거나 남한 체제를 부정적으로 보는 생각이 깔려 있었을 것이다. 그런데 그것을 모두 간첩행위로 간주한 것은 비상식적이고 반공법의 반인륜적인 성격을 보여준 것이었다.

중앙정보부장 김형욱도 동백림사건과 서울대 학생운동 조직인 민족주의비교연구회(민비연)를 '묶은 것', 즉 반공법으로 조작한 것은 잘못이라고 실토하기도 했다.[246] 이 사건으로 구속되었던 서울대 황성모 교수는 '공산주의는 폭력이고, 자본주의는 법치와 민주주의'라는 공안기관과 검찰의 해석에 대해 다음과 같은 근본적인 반론을 제기했다.

> 자본주의 철학도 우리 민족의 국가 건설과 발전을 위한 논리로 부적당하다고 보고 있습니다. 자본주의 안에도 무시 못 할 폭력성이 잠재해 있습니다. 사회의 모든 질서와 법이 가진 자에게 절대적으로 유리하게 되어 있고 이에 대해 못 가진 자의 불만을 법과 질서라는 이름으로 폭력으로 억누르는 불평등사회가 이룩될 가능성이 많습니다.[247]

반공법은 국가보안법보다 더 적나라한 국내 반정부세력 탄압법이었고, 국가보안법과 달리 그것은 주로 지식인 학생층을 표적으로 했다. 당시 박정희 정권을 비판하거나 공격한 세력 중에서 남북통일과 사회주의를 지지하는 사람도 있었지만, 그들의 사적인 만남도 거대한 조직 결성 음모로 간주되는 등 이들의 활동은 공안 당국에 의해 대부분은 과장, 의도적 조작 혹은 기획된 것들이었다. 당시 서울 주재 CIA 책임자조차 박 정권이 말한 공산주의자 위협이라는 것은 정권 비판 세력 탄압을 위한 조작이라고 보았다.[248]

유신체제하의 긴급조치

계엄령, 긴급조치와 같은 각종 비상조치나 명령은 국가의 전체주의화, 온 국민의 인신 구속, 그리고 내부의 적에 대한 무한대의 폭력행사를 예고하는 신호탄이다. 독일이 나치의 독재로 본격 치달은 계기는 1933년 2월 28일 히틀러의 공산주의 방어를 위한 비상사태(Emergency Decree for the defense against Communism) 선언에서 시작되었다. 당시 독일은 나치 정권에 입법권을 위임했는데 그것을 수권법 혹은 전권 부여법이라고 한다. 한국에서는 유신헌법에서 규정된 긴급조치가 그와 같은 것이었다.[249]

특히 5·16쿠데타 이후에는 최고 권력자인 대통령의 의지에 따라 계엄령, 비상사태, 긴급조치 등 각종 비상조치가 선포될 수 있었다. 5·16쿠데타 세력은 국가재건최고회의를 구성한 다음, 최고회의령을 발표하고 그것에 의거하여 국가재건비상조치법을 공포했으며, 이 비상조치법에 의해 최고회의는 입법권을 갖게 되었다. 비상조치법 제24조는 헌법규정에 배치되는 규정이 있을 경우 비상조치법에 따르도록 했는데, 이는 비상조치법이 헌법보다 상위의 법률이라고 규정한 것이었다.[250]

이후 1971년의 국가비상사태 선언과 위수령, 1972년 유신헌법 이후 긴급조치, 국가비상사태 선언, 1980년 5월의 비상계엄 확대 등은 모두 헌법을 중단시킨 상태에서 대통령 명령이 입법권을 대신하면서 헌법을 무시한 사례들이었다. 그중에서도 유신헌법 선포 이후 헌법은 실제로 사문화되고, 대통령이 사실상 독단으로 선포한 긴급조치는 유신헌법에 대한 비판조차 허용하지 않았으며 민간인을 군사법정에 세웠다는 점에서 사실상 국민의 신체의 자유, 사상과 표현의 자유를 거의 완전하게 제압한 최고법이었다. 그래서 독일의 1933년 이후와 같은 파시즘 상황이 도래했다.

1974년 긴급조치 제1호 이후의 거의 모든 긴급조치 위반 판결은 사실상 판사의 재량이 거의 발휘될 수 없었던, 즉 청와대의 방침으로 처벌이 거의 붕어빵식으로 동일하게 내려진 대표적인 사례다. 특히 1975년 5월 13일 발동된 긴급조치 제9호는 박 대통령 사망일까지 지속되면서 집회, 시위는 물론 신문, 방송, 문서 등의 표현물에 의한 유신헌법의 부정, 반대, 왜곡, 비방, 개정 및 폐지를 주장·청원·선전하는 행위를 일체 금지했다. 그래서 시민이나 학생들이 "박정희 그 자식 육군소장이지 별거냐", "정부가 농민을 위해 해준 것이 무엇이냐", "박정희는 독재다. … 중정은 인간지옥이다", "독도는 박 대통령이 일본에 팔아넘겼다더

라" 등 사석에서 한 이야기 모두가 긴급조치 위반이 되어 징역을 살거나 자격정지를 당했다.[251]

반공법과 더불어 긴급조치 제9호는 한국 사상탄압의 역사에서 최악을 장식했다. 유신체제 후반기 5년 여의 기간은 일제 말 군국주의 파시즘에 버금가는 정치사상적 암흑기였다.

1990년 헌재의 국가보안법
한정합헌 결정의 의미

 국가보안법은 애초부터 한시법으로 제정되었다. 이승만과 보수 우익 세력이 분단된 자유주의 대한민국이 한반도의 유일한 합법정부라는 정체성을 확인하기 위한 것이었고, 그것을 반대하는 사람들을 비국민으로 분류하여 처벌하기 위한 것이었다. 그런데 이후 개정된 국가보안법 제7조의 '찬양·고무죄' 등이 헌법상의 표현의 자유를 침해할 여지가 많다고 보았기 때문에 민주화 이후 제7조의 개정 문제, 혹은 국가보안법의 위헌 여부가 1990년 헌법재판소의 판단에 맡겨졌다.

 기존 대법원은 국가보안법 제7조의 해석과 관련해서 적극적인 공모행위나 실행행위는 물론 주관적인 의사 표현도 포함한다는 입장이었다. 즉 반국가단체를 이롭게 하려는 목적을 갖지 않아도 "정상적인 정신, 상당한 지능 지식을 가진 사람이 그 행위가 반국가단체를 이롭게 한다는 것을 인식하거나 이익이 될 수 있다는 미필적 인식이 있으면 충분하다"는 것이다.[252] 그러나 헌법재판소는 "7조의 완전 폐기에서 오는 법의 공백과 혼란, 국가적 불이익, 내란죄가 우리가 처한 국가의 자기 안전·방어에는 다소 미흡하기 때문에 국가보안법의 해석을 제한하고 법의 운영에서 당국의 오용과 남용을 예방할 수 있다면 헌법과 합치한다"고 한정합헌 결정을 내렸다.[253] 헌재는 자유민주적 기본질서의 수호에 관계없는 범위까지 찬양·고무·동조의 범위를 확대할 수는 없다고 보면서도 "남북 간에 일찍이 전쟁이 있었고 아직도 휴전 상태에서 남북이 막강한 군사력으로 대치하며 긴장 상태가 계속되고 있는 마당에 완전 폐기에서 오는 국가적 불이익이 폐기함으로써 오는 이익보다는 이익형량상 더 클 것"이라고 판단했다.[254] 그런데 국가의 이익과 불이익은 어떻게 가늠할 수 있으며, 국가보안법 제7조의 남용의 여부는 과연 누가 어떻게 판정해서 막을 수 있는가?

당시 헌법재판소 결정에서 소수의견을 낸 변정수 재판관은 국가보안법 제7조 1항과 5항은 너무 막연하고 불명확하며 애매모호하여 죄형법정주의(罪刑法定主義)에 위반되고 표현행위가 대한민국의 안전보장이나 질서유지, 또는 공공복리에 명백한 현실적인 위험이 있거나 없거나를 가리지 아니하고 다만 반국가단체에게 이로울 수 있다는 이유만으로 무조건 제한하고 처벌하는 것은 표현의 자유는 물론 양심과 사상의 자유를 규정한 헌법 제19조, 학문과 예술의 자유를 규정한 헌법 제22조에 위반된다고 보았다.[255] 그리고 "대한민국의 안전 존립을 위태롭게 하는 행위냐 아니면 자유민주적 기본질서에 위해를 주는 행위냐 아니냐 역시 객관적으로 뚜렷한 기준과 한계를 정할 수 없는 매우 애매모호하고 불명확한 것이어서 수사관이나 법관의 주관적 해석에 맡길 수밖에 없다"고 비판했다.

법무부는 찬양·고무 개념의 구체적 의미와 내용이 판례와 학설로 정립되었기 때문에 포괄적이고 막연한 것은 아니고, 표현의 자유를 침해하는 것도 아니라고 반박했다.[256] 즉 국가보안법은 드러난 표현을 문제 삼는 것이지 인간의 내면세계를 통제하는 것이 아니라고 보는 주장도 있는데, 그 이유는 "인간의 내면세계의 사상만으로 처벌한다는 것은 헌법에만 위배되는 것이 아니라 현실적으로 불가능"하기 때문이라는 것이다. 즉 "공안사범은 내면세계의 사상 때문에 수감 중에 있는 것이 아니라 그들의 행동과 말이 실정법에 위배되었기 때문에 수감된 사람들"이고 "사상의 자유와 양심의 자유가 행동의 자유까지 보장하는 것이 아니라면 실정법을 위반한 그들의 말과 행동은 이미 처벌받을 각오, 즉 교도소에 갈 각오로 저지른 것이라고 하지 않으면 안 된다"고 보기 때문이다.[257] 여기서의 표현은 타인과의 접촉 과정에서 어떤 발언을 한 것이기 때문에 '영향을 미치기 위한 행동'이라는 것이다.

제2차 세계대전 중 미국의 권력층은 반역활동방지법(Act to prohibit certain subversive activities, McCarran Act)을 제정해서 표현의 자유를 제한했다.[258] 그런데 비록 국가를 비판한다고 할지라도 표현이나 의견 그 자체가 명백하고 현존하는 위험일까? 언론이나 출판이 아니라 주변의 몇 사람에게만 전달될 수 있는 의사 표현이나 대화, 독서 회합도 국가의 존립을 위태롭게 할 수 있을까? 국가보안법 옹호론자들은 독일에서 나온 '위험의 모자이크론'을 들어 "한 개의 정치적 표현 자체는 위험하지 않지만, 그러한 사소한 장애가 많이 모이면 큰 위험의 상이 생겨나기 때문에 그것을 고려해야 한다"[259]고 주장한다. 국가보안법과 같은 특별 형법에서는 기존의 형법상의 인과관계 이론이 적용되기 어렵다는 주장도 있다. 커뮤니케이션의 특성상 많은 인과의 고리가 교차하면서 서로 강화 또는 약화하기 때문에 경험적인 근거로 위험성을 판단하기는 어렵다는 것이다. 그런데 특정 표현과 국가의 위험 간의 인과성이 확인되기 어렵다면 결국 그 법은 권력자나 수사 당국의 정치적 의지대로 수사 재판이 이루어질 수 있다는 말이다.

결국 헌법재판소는 국가의 존립과 안보가 헌법상에 명시된 '표현의 자유'보다 더 중요하다는 이유로 7조를 축소 적용하면 헌법에 위배되지 않는다고 국가보안법 한정합헌 결정을 내렸다. 1990년대 이후 남한의 경제력과 군사력이 북한을 압도한 이후에도 국가보안법은 더욱 활발히 작동하여 적극적인 반국가적 조직 결성이나 친북행동과 거리가 먼 사회주의운동도 국가보안법 위반으로 기소가 되었다. 박원순은 1989년 국가보안법이 "마지막 숨을 거두며 헐떡이는 공룡"이라고 보았지만,[260] 그 이후의 진행 과정을 보면 그러한 판단은 착오였다. 객관적인 국가안보 위협, 즉 북한의 위협이 아무리 미미해도, 남한의 군사력이 아무리 북한에 비해 압도적 우위에 있어도 국가보안법은 건재할 수 있다. 남한의 국방비 지출이 북한의 수십 배가 되어도, 북한에 핵무기 등이 존재하는 한 국가안전은 완전히 보장받을 수는 없다는 논리를 들이댈 수 있기 때문에 국가보안법을 그대로 둘 명분은 언제나 존재해왔다. 나치의 유대인 학살에 대한 비판론 중 '만약 독일에 한 명의 유대인도 없다면 그들은 유대인을 만들어낼 것'이라는 논리가 한국에도 적용될 수 있다.

그런데 민주화 이후 헌법재판소가 국가보안법을 한정합헌으로 결정한 것은 매우 중요한 정치적 의미가 있다. 국순옥은 이 결정으로 국가보안법이 헌법상의 자유민주주의와 충돌한다고 주장해왔던 기존의 비판을 잠재우고, "국가보안법을 헌법의 틀 내로 들여와 한국의 법체계가 헌법을 최고규범으로 하여 다시 통일성을 확보할 수 있는 기회가 열렸다"고 보았다.[261] 특히 그는 유신헌법에서 처음 들어간 '자유민주적 기본질서'라는 개념은 독일 기본법의 내용을 옮겨놓은 것인데,[262] 이것은 'freiheitliche demokratische grunddordnung', 'basic free and democratic order', 즉 자유로운 민주주의이고 국순옥은 이것을 부르주아 민주주의의 가장 반동적 형태라 말한다. '자유민주적 기본질서'는 국민주권, 다수결, 평등 등 고전적 자유주의 이념, 인간의 존엄, 자유 평등의 총체라고 보았으나,[263] "자유의 적으로부터 자유를 지킨다"는 전체주의의 그림자가 어른거린다는 것이다.[264]

유엔인권위원회나 한국의 국가인권위원회도 국가보안법의 폐지를 권고했다. 그러나 헌재의 한정합헌 해석 후 국가보안법은 더 위세를 발휘했다. 특히 이명박 정부에서는 2008년 7월

22일 〈군대 불온도서 차단 대책 강구 지시〉처럼 '불온'이라는 용어가 다시 등장했다. 심지어 『세계화의 덫』이나 『삼성왕국의 게릴라』 같은 신자유주의 자본주의 체제나 재벌을 비판적으로 보는 책들도 '불온'서적으로 선정되었다. 국가보안법의 찬양·고무 조항이 표현행위의 불온함의 잣대로써 이런 책까지 포함시킨다면 일제하 치안유지법이 그러했듯이 거의 모든 자본주의 비판 발언은 불온한 것이 된다.[265] 국방부의 불온서적 지정에 대한 헌법소원 심판에서 국방부는 의견서에 "사상이나 태도 따위가 통치권력이나 체제에 순응하지 않고 맞서는 성질이 있음"이라는 〈네이버 국어사전〉을 원용했다. 그것은 사실 사상과 양심의 자유의 본질적인 내용을 부인하는 것이지만,[266] 국방부는 책을 통한 인식은 알 권리의 영역에 속한 것이지 양심의 자유와는 관련이 없다고 반박했다. 군인들은 일방적으로 명령에 복종해야 하는 존재이므로 사상의 자유를 누릴 수 없다는 것이다.

　국순옥은 헌법재판소의 열 손가락 안팎의 법복 관료가 현대의 군주가 되었다고 비판했는데,[267] '선출되지 않는 권력'이 국가이념과 가치의 근간을 이루고 인권보장 차원에서 사실상 헌법보다 상위의 법인 국가보안법의 유효성을 보장해준 셈이다.

4　행정집행의 장:
　　사상통제의 집행

사상통제의
주역으로서 경찰

국가 이전의 국가, 한국 경찰

1946년부터 남한이 "경찰의 세상이라는 것은 바보가 아니면 누구나 아는 사실이었다."[268] '해방'이 되었다고들 하는데, 왜 또다시 사람들을 지긋지긋하게 만들었던 경찰의 세상이 온 것일까? 한국에서 경찰은 국가 이전의 국가였고, 일제가 남긴 가장 큰 자원이자 '쇠말뚝'이었다. 미군정은 1945년 9월 진주 직후에 일본인 경무국장을 파면하고 조선인으로 경찰 발족을 운영한다는 성명을 발표했다. 그런데 1945년 9월에 4,819명이던 경찰 규모는 그해 11월에는 15,000명으로 크게 늘었다. 1948년 1월 미군정 말기에 경찰 규모는 29,792명으로 늘었고, 6·25한국전쟁 발발 시점에는 48,101명으로 더 크게 늘었다.[269]

법적 국가기관이 치안과 질서유지를 담당한다. 경찰, 검찰과 사법부, 감옥과 교도소 등이 그것이다. 국가가 유지되기 위해서는 법이나 명령이 제정되거나 발표되고, 이 법이나 명령의 효율적인 집행을 위해 각종 국가기관이 설립되고 그 활동이 확장된다. 그런데 한국에서는 일제가 물러간 이후, 주권 공백 상태였기 때문에 미군정의 지휘하에 일제가 남겨놓은 경찰조직이 주권자의 역할을 담당했다. 이후 제정된 법에 근거해서 특무대(방첩대), 검찰 등의 국가기구가 창설되고 그 역할이 확대, 강화되었다. 대한민국의 치안, 국가의 질서유지 및 통제의 모태는 경찰이다. 이 경찰 출신들이 이후 군 출신과 더불어 중앙정보부 등 1960~1970년대의 공안기관 창설의 주역이 된다.

언제나 그렇듯이 법은 멀고 주먹은 가깝다. 모든 국가에서 주먹은 바로 경찰이다. 경찰력 행사는 '법이 없는 상태의 법'이라 볼 수 있고, 벤야민이 말한 것처럼 경찰은 전제 군주의 모습으로 입법 전권과 행정 전권을 통합하는 지배자의 강제력이다.[270] 즉 다급한 상황에서는 법적 근거가 있다는 것을 확인하거나 법을 의식하고 주먹이 나가는 것이 아니라, 주먹이 먼저 나간 이후에 주먹을 행사한 것을 정당화하기 위해 법을 끌어대거나 정당화하는 논리를 동원한다.

경찰은 가장 가까이에서 일상적으로 시민들과 접촉하고, 시민들은 국가가 자신에게 어떤 존재인가를 경찰을 통해 느낀다. 발베르데(Mariana Valverde)는 경찰은 무력을 사용해서 사람들을 구속하고 체포할 수 있는 유일한 집단이라고 했다.[271] 경찰의 무력이 제대로 사용하면 그 국가는 국민의 생명과 재산의 보호를 최고의 과제로 아는 국가인 셈이고, 그렇지 않으면 국가는 폭력

조직과 같아지는 셈이다. 전쟁 등 국가의 비상시기나 일제하에서나 현대 한국에서처럼 경찰은 '즉결'의 이름으로 사법권까지 행사한다. 그래서 경찰은 전제 군주의 모습에서 자애로운 보호자의 모습까지 다양하게 나타난다. 전제 군주로서의 경찰은 오직 군주의 전권의 집행자이며, 자애로운 보호자로서의 경찰은 사회적 약자의 보디가드이다.

국가기관으로서의 경찰은 독립된 조직이 아니라 사회의 산물이며, 그 성격은 사회적 권력관계를 반영한다.[272] 사실 경찰은 국가기관으로서 '군림'하기도 하지만, 본래는 주민들의 자치기구로써 기능하는 것이 이상적이다. 경찰의 본래 임무는 질서유지, 즉 치안이며, 그것은 국가가 아니라 지역사회, 동네 단위로 활동하는 것이 그 본래의 이상에 부합한다. 8·15 직후에 다양한 형태의 자치조직과 치안조직이 자연발생적으로 형성되기도 했다. 그러나 사실상의 경찰국가였던 일제강점기, 그리고 경찰이 독재자의 수족이 되어 선거를 비롯한 중요 정치활동에 직접 개입했던 이승만·박정희·전두환 정권 시기까지 거의 한 세기 가까운 시간 동안 국민 위에 군림해왔던 경찰은 자치조직이 아니라 국가의 무서운 얼굴이자 주먹이었다.

역사적으로 볼 때 경찰조직의 국가기관화, 군사화, 중앙집권화는 산업화로 인한 도시의 빈곤과 폭동, 노동자 저항, 그리고 제국주의의 식민지 정복 과정에서의 원주민 진압의 역사와 깊은 연관성을 갖고 있다. 특히 제국주의 국가가 원주민 저항을 진압하고 통제하는 과정에서 경찰은 군사조직의 성격을 갖게 되었다.[273] 영국에서 경찰은 북부 산업지역에서 노동자들에게 도시의 질서와 규율을 주입하기 위한 역할을 했다. 또 식민지 곳곳에는 본토에서의 군사적 역할이 그대로 적용되었다.

　미군정이나 정부 수립 전후 계속 시행되던 경찰 주도의 좌익 통제는 이제 법과 제도의 힘을 빌려서 전면화되었다. 일제 말 군국주의 파시즘의 상징이었던 경찰을 민주화하는 과정에서 일본과 한국 간에는 상당한 차이가 있었다. 미군정은 일본의 침략주의 기반을 없애기 위해 일본에서는 탈군사화, 민주화 정책을 어느 정도 실시했으나, 남한에서는 그렇게 하지 않았다. 호프만(Vincent Hoffman)이 말했듯이 "일본에서는 시민에게 봉사하는 조직으로서 경찰조직과 문화가 재구조화되었으나 한국에서는 정부에 봉사하는 조직으로서의 성격이 그대로 유지"되었다.[274] 미군정은 일본에서 경찰은 국가경찰과 자치경찰의 이원적인 체제로 만들었으며 지방자치단체 사무로 만들었으나, 남한에서는 여전히 중앙정부의 사무로 두었다.[275] 일본에서는 경찰의 중립성과 비정치성을 가장 중요한 개혁과제로 설정했으나, 미군정은 한국에서는 그러한 조치를 취하지 않았다.

　정부 수립과 법 제정 이후에는 경찰 위의 검찰이 최고 통제기관으로 부상했다. 사상범죄라는 말은 일제의 유산이며, 상당수 사람들에게 거부감을 주는 애매한 용어임에도 불구하고 검·경 수사기관이 사상범죄의 위험을 강조하면 경찰은 누구에게든 사찰과 통제의 칼을 들이댄다.[276]

　국가보안법 제정 이후 검찰 대공과나 경찰 사찰과의 인력과 권한이 확대되었고, 국가의 막대한 재정 지원 또한 가능해졌다. 경찰의 모든 좌익 관련 수사는 형식적으로는 실정법에 근거하지만, 실제로는 계엄령이나 국방경비법의 경우처럼 국회를 통과하지도 않고, 관보에 게시된 적도 없는 법이 집행되어 수많은 사람들은 그런 법이 있는지도 모른 채 체포, 구속, 처형되었다. 1950년대 5·16쿠데타 이후 중앙정보부가 설립되기 이전까지는 군과 경찰이 최고의 권력기관으로서 대공, 국민 사찰, 정보 수집 등 사상통제를 주도했다. 이들의 수사·사찰 활동은 국가의 이름으로 집행되었으나 자체 조직의 권력 확대와 관련되었다. 국가 안보와 사상통제가 이들에게는 돈과 온갖 권력을 보장하는 하나의 사업(business)이 되어버렸다.

한국의 비밀경찰, 사찰과의 부활

1945년 10월 20일 미군정은 일제의 조선 지배의 상징인 특별고등경찰, 이른바 특고를 폐지했다. 특고는 '과격한' 반체제 사회운동 단속, 정당활동 규제 등을 임무로 하면서 천황제 유지를 조직의 목표로 했다. 일본 경찰은 메이지유신 이후 군사관료적 근대화 과정에서 만들어진 것이지만, 조선에 들어오기 이전에 이미 타이완의 식민지 경영 과정에서 통치술을 익혔다. 프랑스, 영국 등의 제국주의 점령 권력과 마찬가지로 일본의 제국 경찰은 애초부터 시민에게 봉사하기보다는 최고 권력에 봉사하고 시민에게 군림하는 조직이었다. 일제 경찰은 매우 억압적이고 공포를 주는 조직이었지만, 특히 식민지 백성인 조선인들에게 그 억압성과 난폭성은 본국인 일본에서보다 훨씬 심했다.[277]

특고경찰은 "시대의 움직임에 대해 조금이라도 다른 생각은 허용하지 않고, 중요한 문제에 대해 상당한 지위에 있는 지식인을 조사하는데 극히 저급한 하급관료가 담당했으며, 죄가 확정되지 않는 사람을 죄인 다루듯이 했다"[278]는 비판을 받았다. 1945년 10월 3일 특고경찰 폐지령이 나오기 전날에 야마자키 이사오(山岐巖) 내무대신은 정부 형태의 변혁, 즉 천황제 폐지를 주장하는 자는 모두 공산주의자라 여기고 치안유지법에 따라 체포한다고 말하기도 했다.[279] '국체의 변경', '불경죄'를 구성하는 운동은 엄격히 단속한다는 그의 주장은 이후 일본에서 새로운 헌법이 제정됨으로써 더 이상 효력을 갖지 못했다.

1946년 1월 지방에 사찰과가, 각 경찰서에 사찰계가 설치되어 정보경찰의 임무를 담당했다. 정부 수립 후 1948년 12월 검찰총장 권승렬은 사상범과 테러범에 대한 온정주의를 비판하면서 이들을 정치범이라고 하여 온정적인 조치를 취하는 것을 일소하고 건국을 방해하는 일종의 반역 도배로 취급하여 철저 준열하게 처단하라고 지시했다.[280] 당시 경찰의 주요 업무는 '적과의 대치' 상태에서 일선의 사병과 같은 처지에서 '사회사조'를 경찰하는 것이었다.[281] 미군정의 스타링 경찰부장은 정보과는 "항간의 여론을 수집하여 상부에 전달함으로써 인민의 이익을 위하여 일하는 것"이라고 했지만, 세상 사람들은 그것이 '왜정 시 고등경찰'

의 부활임을 금방 알아채고 비난했다.[282]

경기도 경찰부장으로 임명된 장택상은 1946년 1월 12일에 취임하여 포고문을 발표했는데, "본 관은 전 경찰력을 총동원하여 전시편제로 돌입함"이라고 명령을 내렸다.[283] 경찰 총수가 당시를 전시체제로 규정했다는 것은 매우 의미심장하다. 그는 8·15 이후 남한의 상황을 일본이 중국, 미국과 전쟁을 벌이던 1940년대 전시 상황의 연장으로 보았다. 즉 이 전시체제하에서 토벌, 즉 제거해야 할 적은 바로 공산주의 세력이었다. 실제로 경찰은 자신의 모든 활동 중점을 '좌익세력'의 제거에 두었다.[284] 당시 경찰은 무고한 '양민'도 '빨갱이'로 제조하는 기술자들이었다.[285] 이들은 합법적 영역을 제도화된 법질서의 차원에서 인식하는 것은 아니었으며 단지 주도권이라는 차원에서 인식하고 있었다. 즉 지역민들에게 각인된 주도권은 공권력에 대한 의미는 아니었으며 빨갱이에 대한 폭력과 차별화된 경찰 특유의 폭력을 가리키는 말이었다.[286]

미군정하에서 경찰의 피의자 검속은 거의 일상적이었다. 대구10·1사건 당시 경찰은 거리에 다니는 사람들 중에서도 수상쩍다 싶으면 무조건 경찰서로 끌고 갔다. 당시 경찰의 시민들에 대한 지나친 신체구속이 문제가 되자 장택상은 "법치국 인민의 가택은 절대 불가침이다. 법률에 정한 규정에는 군경이라도 무단침입을 불허한다. 경찰 관리는 상사의 승인 없이 일반 인민의 가택을 수색지 못하고 입택검문(入宅檢問)의 필요가 유할 시에는 반드시 주인의 승인을 요한다"고 지시했지만,[287] 그것은 사실상 상황을 다 알고 있는 상태에서의 면피용 발언이었다. 정부 수립 후 경찰은 전제 군주국가에서의 군주의 수족과 같은 존재, 일반 주민의 생사여탈권을 가진 염라대왕 같은 존재가 되었다.

일제 경찰로부터 해방된 나라에서 살기를 간절히 원했던 한국인들은 8·15 직후 '왜정 시의 경찰관이라 하여 경찰을 적대시'하는 태도가 노골적이었다.[288] "그 시절에 경찰을 싫어하지 않는 사람이 있었다면 그들의 가족뿐이었다"[289]고 지적할 정도로 과거 일본 경찰의 행태를 그대로 갖고 있었던 한국 경찰은 모든 국민의 증오와 공포의 대상이었다. "사람의 속을 갉아먹어 들어가는 경찰의 심문은 빨갱이를 잡아내겠다는 것인지, 전 국민을 부역자나 이적행위자로 만들어야 하는 이유가 달리 있어서 그러는지 알 수가 없었다. 이런 방식으로 일관되어도 이 안하무인의 독주를 꺾는 장치가 없었다. 언제부터였는지 경찰은 '산골 대통령'으로 불렀다".[290]

1948년 여순사건 이후 경찰 병력은 35,000명에 달했는데, 1년 뒤인 1949년에는 49,250명으로 약 15,000명이 보충되었다. 이렇게 신규 채용된 경찰은 주로 치안 업무, 제주4·3사건이나 여순사건 진압이나 국가보안법 관련 업무에 투입되었다.[291] 정확한 통계는 없지만 당시 경찰 병력의 3분의 1 정도가 사찰업무, 즉 사상통제에 종사했다고 한다. 6·25한국전쟁 전후 각 시군 단위 경찰서 내 사찰계는 가장 많은 인력을 보유한 가장 강력한 부서였다. 김제경찰서의 경우 1953년 당시 직원 136명 중 28%인 38명이 사찰계 소속이었다.[292] 경찰의 활동은 치안과 경비, 대민

사찰, 좌익 토벌과 '비국민' 사찰 및 수사까지 확대되었다.

1948년 11월 4일 내무부 치안국의 수사국 산하에 있던 사찰과가 분리 독립하여 사찰과로 개편되었고, 지방경찰서에도 사찰계가 만들어졌다. 사찰과는 '국체를 부인, 파괴, 변혁하려는 일체의 요소 등에 대처하는 것'이 임무였다. 즉 사찰과(계)는 정시 사회단체 범죄정보 수집, 비합법적인 집회 및 집단행동 사찰 업무를 주로 담당하는 임무를 부여받았다. 그리고 대공 지하공작을 주임무로 하는 '분실'이 별도로 만들어졌다. 당시 경찰의 직제를 보면 중앙의 내무부 치안국에는 '보안과'와 '특수정보과'가 설치되었고, 시도에는 '사찰과'가 별도로 설치되었다. 특수정보과의 임무는 "정치·문화·민정의 사찰, 외사경찰 특수정보, 대북 특수사찰에 관한 사항을 분장한다"고 되어 있어서 정치권에 관한 정세 파악과 사찰을 담당한 것을 확인할 수 있다.[293] 경찰은 사찰경찰을 다음과 같이 정의했다.

> 사찰경찰이라 함은 반국가적 운동을 취체의 대상으로 하는 경찰작용을 말한다. 즉… 민주공화제인 대한민국의 국체에 대한 안전보위와 사회공공의 안녕질서를 유지하기 위하여 폭동소요 등에 대하여는 물론 국체를 부인, 파괴, 변혁하려는 일체의 불순요소 등에 대처코 행하여지는 일련의 조직적인 경찰활동을 말한다.[294]

여기서 '국체'라는 표현이 두 번 등장한다. 일제가 패망해서 천황제는 없어졌으나 사찰경찰은 천황제의 보위부대였던 일제 특고의 후예라는 것을 스스로 밝힌 셈이다.

사찰과의 업무는 국회, 정당, 사회단체, 언론·교육·출판·문화단체 등 국가의 모든 영역을 포괄했다. 사찰경찰의 활동은 나치하의 게슈타포와 유사한 것이었는데, 경찰 내에서 가장 힘이 세고 사람들을 공포에 떨게 한 부서였다.[295] 사찰과 내의 사상경찰은 국내의 좌익세력 사찰을 담당했고, 정치경찰은 정당에 관한 규칙, 정당 및 사회단체의 집회 허가 등을 담당했으며, 외사계는 해외 내왕자, 특히 중국인 사찰을 담당했다. 1949년 중국이 공산화되자 중국인들을 감시해야 할 필요성도 제기되었다.

사찰경찰의 국가, 대한민국

독일의 게슈타포는 제국안전중앙청에 속해 있던 비밀경찰로서 나치에 반대하는 모든 적대적 정치행위를 감시하고 그 결과를 예측, 평가하는 임무를 맡았다. 나치하의 독일에서 경찰이 다룬 영역은 살인에서부터 공공장소에서의 흡연, 교통에 이르기까지 매우 다양했다. 그러나 한국 사찰경찰의 영역은 이보다 더 넓었다. 이승만 정부가 경찰국가라고 불린 것은 야당, 정치사상범이나 '비국민'으로 분류된 사람에 대한 사찰 업무가 가장 중요한 활동이었기 때문이다. 특히 각 경찰서의 사찰 분실은 좌익사건을 담당하는 비밀 공간이었고, 혐의자에 대한 고문과 폭력이 상습적으로 이루어진 가장 악명높은 곳이었다.

6·25 발발 직전 경찰은 사찰활동을 강화하기 위해 서울 시내 구청별로 민보단을 창단했다. 민보단은 좌익 관련자 사찰과 정보 수집 업무를 주로 하는 경찰 보조기관이었다. 이들은 동에서 수상한 자가 발견되면 경찰에 보고를 하고, 요시찰인의 동향감시 업무를 수행했다. 6·25한국전쟁 시기 사찰경찰은 군사조직의 기능을 담당했고, 군 특무대의 지시를 받아서 좌익 혐의자 학살에 개입했다. 이미 전쟁 이전의 내전 상태에서 좌우 양측에 의한 폭력과 학살이 발생했을 때, 지방에서 경찰은 불법적인 구금과 고문, 그리고 사찰을 계속했다.

정전 무렵인 1953년 7월 6일 대통령령 제804호 〈내무부직제 중개정의 건〉의 '특수정보과는 정치, 문화 및 민정의 사찰, 외사경찰 및 특수정보에 관한 사항을 분장한다'는 규정에 따라 정보수사과는 수사지도과와 특수정보과로 분리 개편되었고, 휴전 이후 계속하여 정보경찰 본연의 임무를 담당했다.[296] 1950년대 이승만 정권 시기 경찰의 정보 수집은 주로 선거 등에서 야당의 동향에 대해 정보를 수집해서 대응하는 것이었고, 사찰은 주민 중에서 요시찰인으로 분류된 사람들의 일상을 사찰하여 그들의 사상동향을 확인하는 것이었다.[297] 사찰경찰은 선거 국면에서 야당이 약진하여 이승만 정권이 위기에 처할 때 가장 적극적으로 활동했다. 이들은 노골적으로 대통령과 여당의 집권 연장을 위해 움직였으나, 그것을 국가 공권력 집행이라고 포장했다.

사찰, 정보, 보안으로 변해온 사찰경찰의 업무는 '좌익사범', '보안사범', '보안', '남북교류와 관련된 보안경찰 업무' 등인데,

이 업무는 합리적 기준이나 일정한 개념 규정이 어려운 대단히 모호한 것들이다. 사찰경찰은 국가보안법의 '반국가단체', '이적단체', '이적 표현물' 등의 개념을 동원해 접근했지만, 국가보안법 자체가 가진 자의적 성격과 더해져 '예방경찰'이라는 이름으로 거의 모든 영역에서 걸친 사상통제가 가능했다.[298] 보안경찰은 정권 안보, 자본 안보와 연결되는 모든 사상과 표현에 대한 통제권을 행사하기도 했다.

5·16쿠데타 이후 경찰의 대민 사찰 업무는 중앙정보부의 지휘 감독하에서 진행되었다. 정치인을 포함한 모든 민간인 대상의 사찰과 감시는 사찰과(계)가 담당했지만, 대공 관련 업무는 군 특무대(방첩대, CIC)가 주로 담당했고, 5·16쿠데타 이후에는 경찰, 군, 민간(중앙정보부)의 세 조직이 각각 별도로 움직였다. 5·16쿠데타 이후 경찰 사찰과(계)는 정보과로 명칭을 변경하여 업무를 지속했다. 사찰과가 정보과로 개편되면서 공식적으로 사찰이라는 용어는 사용되지 않았지만 일정 기간 동안 치안정보 수집과 사찰은 혼용해서 사용되었다. 이승만 정권 말기 3·15부정선거 당시 경찰이 전방위적으로 선거에 개입한 사실이 비판을 받은 후, 경찰 정보과는 국회나 정당에 대한 정보 수집 등의 업무는 수행하지 않았다. 내무부 치안국의 사무분장표를 보면 정보 1계는 신원조사 관계, 2계는 대공 및 전복과 관련되는 정치, 경제, 사회, 문화, 정보 수집, 3계는 간첩의 침투 봉쇄, 요시찰인 관련 사항을 담당하는 것으로 업무가 분장되어 있다.[299]

중앙정보부가 지휘하고 경찰 정보과가 담당한 정보사찰 업무는 도청과 감청, 사건 조작, 폭력과 고문, 협박, 부인 등 범죄조직 활동을 연상케 했다. 경찰을 비롯한 공안기관의 사찰활동은 대체로 불법적이었으나, 모두가 국가안보의 이름으로 정당화되었다. 이들은 사찰 정보망을 활용했는데, 동네의 경찰 하수인, 망원(網員), 프락치는 일반 주민이었다. 1990년 윤석양 이병의 보안사 사찰 폭로 당시 경찰이 학원과 종교계에 대규모 유급 망원을 조직적으로 운영해온 사실이 드러나기도 했다. 학교, 직장, 지역 단위로 이웃의 요시찰인을 사찰하여 경찰에 보고하는 활동은 6·25한국전쟁 이전부터 1990년대까지 지속되었다. 한국에서 주민 내에서 국민과 비국민을 분리하고, 비국민인 요시찰인을 감시한 일은 마을 공동체의 파괴 행위였다.

1974년 경찰이 치안본부로 개편되면서 정보과는 3부에 설치되었고, 1981년 6월 18일 치안본부 4부였던 대공과는 1986년 1월 28일 대공부로 승격되었다. 이에 앞서 경찰은 1979년 남영동에 치안본부 산하 대공분실을 설치하여 시국사범을 사찰, 체포, 고문했다. 그리고 산하에 내외정책연구소를 설치해서 '철통보안'으로 경찰청 '대공국(현 보안국)'의 업무를 지원했다. 1970년대 이후에는 과거 일본군 스파이 출신이 경찰부설 공안관련 연구소나 첩보기관에 들어가서 활동하기도 했다. 내외정책연구소 수석연구원을 역임한 홍지영(홍성문)의 경우가 대표적이다. 홍지영은 일제 말 스파이 양성을 위한 나가노학교 출신이다.[300] 나가노학교는 조선과 중국의 항일독립군을 깨기 위해 만들어진 일본군 첩자 양성소였다. 그는 검찰 측 감정인으로 주로 활동했다. 그는 내외정책연구소의 연구위원 자격으로 박정희 정권 시절 "도산이 들어가면 도산한다"는 구호를 만들어서 노동자와 학생을 탄압하는 데도 중요한 역할을 했다. 그는 "민족을 팔아넘기고 독재정권에 충성해도 아주 뻔뻔해 조금도 부끄러워하거나 그런 기색이 없었다."[301]

제5공화국 들어 각 경찰서 대공과는 크게 확대되었다. 1970년대까지 대공과는 대공정보 수집, 간첩사건 수사 등을 담당했으나, 제5공화국 들어서는 좌경 용공 및 시국관련사범의 수사까지 범위가 확대되었다. 대도시 경찰서에만 있던 대공과가 전국 경찰서로 확대되어 전국 200개 경찰서 중 102개 경찰서에 대공과가 생겼다. 치안본부 직할 대공수사단은 간첩·반국가 사범을 다루는 대공수사1단과, 학원·노동·문화·종교 분야 좌경의식화 사건을 다루는 대공수사2단으로 분리, 확대 운영되었다. 전국의 시도 경찰국에도 대공분실이 생겼다.[302] 결국 남영동 대공분실에서 있었던 박종철 고문치사사건이 드러나 1987년 6월 항쟁의 도화선이 되었다. 그러나 경찰의 사찰활동은 민주화 이후에도 계속되었다.

1988년 10월 20일 남영동 대공분실 산하에 있던 내외정책연구소는 공안문제연구소로 개편되었다. 공안문제연구소는 지식인이나 사회단체가 발행하는 각종 도서나 간행물, 유인물을 '사상감정서'의 형식으로 감정해서 국가보안법 관련 수사나 재판에 활용하도록 지원하는 역할을 했다. 이 기관은 '좌익성, 친북용공 성향, 용공성, 반정부적 성향, 문제 없음' 등과 같은 감정 결과를 내렸다. 공안문제연구소 운영규칙 제2조에 의하면 공안문제라 함은 공산주의 기타 국가안전보장의 저해와 관련된 사상, 조직, 이론 및 그 대책에 관한 문제를 말한다. 즉 공안문제연구소는 시국사건 관련자들의 사상검증을 담당하는 기관이었다. 공안문제연구소는 1991년부터 2004년 8월 31일까지 77,934건을 감정했다.[303]

공안문제연구소의 감정에 따르면 좌익성의 유인물은 신자유주의 구조조정 저지, 자유무역협정 체결 저지, 반자본·반독점 투쟁 등 자본주의에 대한 비판 내용이 담긴 경우가 해당되었다.[304] 마르크스·레닌주의 공산주의적 계급투쟁을 수용, 동조하는 것으로 파악되면 포괄적으로 용공성이 있다고 판단했다. 공안문제연구소는 조세희의 소설 『난장이가 쏘아올린 작은 공』은 '문제성'으로 분류했고, 유시민의 『거꾸로 읽는 세계사』를 용공서적으로 분류하기도 했다.

1987년 민주화 이후에도 경찰은 대민통제, 특히 '비국민'을 사찰하고 감시하는 사상통제기구의 성격을 버리지는 못했다. 경찰의 충성 대상은 조선 총독, 미군정, 이승만, 박정희, 전두환이었고, 철저히 정치화되었으며 국민들의 생명과 안전은 거의 부차적인 고려 사항이었다.[305]

'국가 위 국가'로서
공안첩보기관

육군 정보국, 특무대(방첩대)

지금까지 한국의 현대 정치사의 결정적인 고비, 특히 사상통제에서 실질적으로는 가장 중요한 역할을 했으면서도 가장 알려지지 않는 조직은 무엇일까? 아마 군 특무대(현 국군기무사령부)와 중앙정보부(현 국가정보원)일 것이다. 그 이유는 이들 두 조직의 활동 자체가 국가 기밀이기 때문이다. 그러므로 우리가 알고 있다고 생각하는 한국 현대사는 사실과 다르거나 제대로 알려지지 않은 것이 대부분일 수도 있다. 미군 CIC, CIA도 마찬가지일 것이다. 이들 비밀 공안 및 첩보 조직은 냉전 전시기 세계 전역의 정치사상통제에서 가장 결정적인 역할을 했던 조직이었지만, 미국 시민을 비롯한 지구상의 일반인들은 선출된 대통령이 각 나라 역사를 움직인 것으로 알고 있다. 냉전 권력의 장이 각국 권력기구의 장을 조성했다고 본다면, 일본과 한국의 공안 및 첩보기관 역시 미국의 첩보기관의 타국 내 정보 수집 활동과 긴밀한 협조관계에 있었을 것이지만 그 연계는 거의 밝혀져 있지 않고, 큰 사건이 터졌을 때 언뜻언뜻 그 연관성이 드러나기도 한다.[306]

전쟁 중의 국가는 국가 밖의 적뿐만 아니라 국가 내의 적, 즉 체제비판자들을 사찰, 체포, 살해하는 일까지 수행한다. 그래서 전쟁 중의 국가는 언제나 이런 임무를 하는 비밀조직을 가동한다. 이런 국가조직을 앞에서 말한 '특권국가' 혹은 '국가 위의 국가'라 부를 수 있다. 즉 이 비밀첩보 조직은 거의 법 위에 있다. 일제의 특고가 그러했고, 정부 수립 후 사찰경찰이 그러했고, 군 특무대, 5·16쿠데타 이후 지금까지 국정원이 그러했다. 이들은 최고 권력자인 대통령의 비공식적인 명령을 받아서 움직인다. 그런데 실정법을 무시하고, 최고 권력자의 명령을 받아 은밀하게 움직이는 이들 국가기관이야말로 국가 그 자체이다. 이런 조직은 대체로 군과 경찰 내에서도 특권부서로 존재하며, 국회의 감시도 받지 않고, 국민은 그 활동이나 예산도 모른다.

파시즘, 전체주의, 군사독재와 같은 상황에서 최고 엘리트들이 이들 '특별 정보기관'에 채용되고, 이들 기관의 요원들은 모두 자신들이 나라를 지킨다는 자부심으로 일한다. 이 비밀첩보 조직은 정치적 성격의 수사 사찰 즉, 대공, 방첩, 국가기밀 수집을 임무로 한다. 이들은 국가안보를 명분으로 도청과 감청, 거짓말, 사건 조작, 폭력과 고문, 협박, 부인 등 통상의 범죄조직이 저지르는 행위와 유사한 일을 한다. 그런데 무엇이 국가안보의 위해요소 또는 국가의 적인가에 대해서는 이들 기관이 자의적으로 판단하고, 이들은 안보의 위해요소 또는 국가의 적, 혹은 잠재적 적으로 지목된 대상에게 언제나 사찰, 감시, 통제를 한다.[307]

전쟁 중에는 외국인 간첩이 가장 두려운 존재이지만, 국민 중 비국민, 즉 간첩활동에 동조하는 사람, 국가전복을 시도하는 사람이나 조직 역시 두려운 존재이므로 이들을 색출하기 위해 이런 기관이 활동한다. 제1, 2차 세계대전이 발발하고, 각 나라의 군사화가 진척되자 첩보활동의 중요성이 증대했다.

냉전 시기 미·소를 비롯한 모든 나라에서 이들 기관은 전쟁을 명분으로 활동해왔다. 지금도 러시아, 중국에서는 이런 비밀 정보사찰기관이 활발하게 활동하면서 내부의 비판자들을 체포하여 암살하거나 어디론가 데려간다.

사상통제 심리전 수행의 최고 지휘부는 바로 이와 같은 군의 첩보조직이다. 한국에서는 육군 정보국(G-2) 산하 방첩대→특무대→육군방첩부대→보안사→기무사로 연결되는 군 조직과, 5·16쿠데타 이후 창설된 민간 공안기관인 중앙정보부가 양대 산맥이다. 국정원과 기무사는 대공수사 기능을, 검찰과 경찰은 정보 수집 기능을 보유하는 등 이들 정보기관은 수사 권한을, 수사기관은 정보 수집 권한을 모두 가지고 있다.[308]

미군정이 한국군에게 남겨준 가장 중요한 기관이 바로 군 특무대(방첩대)이다. 미군 441방첩대가 한국 특별수사대(SIS), 즉 특무대 설립에 깊이 개입했다. 방첩대는 원래 '군 안전을 위협하는 활동을 미리 탐지, 방지하고 적에 대한 정보·첩보를 수집하여 궁극적으로는 군의 안전을 보장'하는 것을 목적으로 한다. 그런데 전쟁 상황, 계엄 상황에서는 적국의 스파이뿐만 아니라 그들의 선전에 노출된 자국의 모든 주민도 심리전의 대상으로 삼고, 군이 입법·행정·사법부를 장악하거나 그와 유사한 비상 상태가 될 경우 군 정보 수집, 적 동향 탐지, 각종 공작을 임무로 하는 이들 특무대는 정치권 일반과 사회에 '숨어 있는' 적을 색출하는 임무를 갖는다. 한국에서는 1948년 제주4·3사건과 여순사건 등이 발생한 후, 남로당이나 김구 계열 등 국가와 이승만의 정적의 제거에 이들 조직이 전면에서 활동했다.[309]

1948년 11월 30일 국군조직법이 통과되고 육군 정보국 산하에 4개의 과가 신설되었는데 2과와 3과가 이런 업무를 전담했다. 이 정보국 산하 3과를 방첩대로 부르기도 했는데 이 방첩대는 국가전복 세력을 색출한다는 미명하에 정당·사회단체의 모든 활동을 조사, 감시했으며,[310] 주로 이승만의 정적을 감시하고 필요시 은밀하게 제거하는 일까지 담당했다. 육군 정보국 소령 김창룡은, 당시 한국군 첩보요원을 훈련시키고 이승만의 정적 제거 등 사적인 정보요원으로 활동하면서 군 자체를 넘어서 한국 전체의 방첩활동에 막강한 영향력을 행사했던 미 공군 방첩대원인 니콜스(Donald Nicholes)와 친밀한 관계를 유지하면서 한국 정치와 대공 관련 첩보의 거의 모든 영역을 관장했다.[311]

이후 정보국 3과는 1950년 10월 21일자로 육군 정보국에서 분리되어 별도의 부대, 즉 특무대라는 명칭을 갖게 되었다. 특무대는 피란지 대구에서 창설되어 1348부대로 불리면서 전국에 파견대를 설치했다.[312] 이 특무대의 가장 중요한 역할은 '적색분자', 즉 대한민국의 좌익을 모두 제거하는 일이었다. 이 특무대는 6·25 발발 직후 경찰, 헌병과 협조하여 국민보도연맹원을 비롯한 당시 국내의 '위험세력'을 검거, 학살했다. 특무대는 요시찰인 사찰 업무, 간첩 유격대원 취급, 방첩활동, 피란민을 가한 침투 간첩 색출, 입산 공비 야산 침투 봉쇄, 석방 민간인 억류자 동향사찰 등을 주요 업무로 삼았다.[313] 즉 6·25한국전쟁기, 그리고 이후의 심리전 지휘부가 특무대였다. 이승만 정부하에서 반정부·반체제 인사들에게 사찰경찰이 '빨갱이 제조공장의 기능공'으로 불렸다면, 특무대는 '빨갱이 만드는 기계'였다.[314]

사상전·심리전 수행에서 가장 중요한 것은 군인들의 사기와 정신적 무장이고, 그것이 군의 정치사상 교육, 즉 정훈 업무였다. 실제로 국방부는 정훈은 군인들이 "확고한 국가이념을 체득케 하고 민족과 국가에 대한 의무를 완수케 하며 … 군인정신의 함양과 사상의 선도를 담당한다"고 명시했다.[315] 그런데 국민들의 확고한 정신무장도 무형적인 전투 요소이기 때문에 군도 여기에 무관심할 수 없어서 일반인도 정훈공작 대상이 된다고 강조했다. 일반인 대상의 정훈이란 바로 국가나 대통령의 반공주의 이념을 주입하는 것이다. 군 복무를 거친 모든 한국인 남성은 정훈교육을 받았고, 제대 후에도 예비군 동원훈련과 민방위훈련 때 이런 정훈교육, 즉 일방적 사상주입 교육을 받는다.

특무대는 4·19혁명 직후 다시 육군 방첩부대로 명칭을 바꾸었고, 5·16쿠데타 이후 중앙정보부에 정보 업무의 최고 지휘 조직의 자리를 물려주었다. 이 방첩부대는 1968년 1월 21일 북한 게릴라 청와대습격사건을 계기로 육군 보안사령부(보안사)로 명칭을 바꾸었다. 이후 전두환의 제5공화국 탄생에 결정적인 역할을 했고, 전두환 정권 시기에는 또다시 과거와 같은 정치공작, 프락치 활용, 학생·노동자 사찰 등의 심리전을 수행했다. 1980년대 학생운동의 '좌경의식화'를 차단하기 위한 '녹화사업' 등 과거와 마찬가지로 자신의 법적 임무에서 벗어나는 고문, 사찰, 감시, 수사활동을 벌였다. 특히 노동 현장, 대학에서 광범위한 정보 수집과 불법 수사를 벌였다. 결국 1990년 윤석양 이병의 보안사 민간인 사찰사건 폭로를 계기로 보안사의 불법 정보 수집 사실이 다시 드러났고, 비판을 받아 1991년 국군 기무사령부로 명칭을 변경했다.

원래 군 수사기관의 법적 권한을 갖는 방첩대 또는 보안사는 그 출발부터 불법적으로 민간인 수사 사찰을 지속하는 활동을 했다. 그런데 윤석양 이병의 보안사 민간인 사찰 폭로에서 드러났듯이 민주화 이후에도 보안사는 그러한 불법 정보 수집과 수사활동을 결코 중단하지 않았다. '국가 위의 국가'로서 위세를 과시한 이 조직을 정치적으로 견제할 세력이 없었기 때문이다. 한국 사상통제의 모든 역사는 곧 특무대, 방첩대, 보안사의 역사이다. 그리고 이들 기관의 설립과 운영 매뉴얼 수립, 이후의 활동에 미군 방첩대 등 첩보부대가 깊이 개입했거나 한·미 이중 소속을 가지고 관련된 사람도 있었지만, 그 자세한 내용은 아직 밝혀져 있지 않다.

국정원(중앙정보부, 안기부)

군사정권 시절 중앙정보부와 국가안전기획부(안기부)는 오늘날 국가정보원의 전신으로, 당시에는 산천초목을 떨게 했던 가장 무서운 조직이었다. 이들은 야당 정치인과 사회운동 인사들을 사찰하거나 '북풍사건', '댓글조작사건'처럼 선거에 깊이 개입했다. 사실 이들 기관이 관여하지 않은 국내 정치가 없었다고 봐도 과언이 아니다. 이들 조직은 첩보조직의 모태인 8·15 직후의 사찰경찰과 마찬가지로 사상범·정치범 수사와 검거를 목표로 했던 일제 특고의 후계자라 볼 수 있다. 일제하 특고의 대공 업무 노하우와 고문기술이 사찰경찰을 거쳐 공안 및 첩보 조직으로 전승되었다.

육군 정보국, 특히 특무대가 해온 정보 업무, 즉 정치 사찰·사상통제 업무의 상당 부분은 5·16쿠데타 이후 중앙정보부로 넘어갔다. 주도세력이나 임무 등 여러 가지 점에서 중앙정보부는 육군 정보국의 후예라 볼 수 있다.[316] 중앙정보부의 창설 자체가 국민의 대표인 국회의 입법절차를 거치지 않고 이루어졌다. 5·16쿠데타가 헌법 위반이라면 국회 해산 상태에서 설립된 중앙정보부도 불법조직으로 볼 수 있다. 5·16쿠데타 직후 5월 28일 국가재건최고회의 내무위원회의 1호 안건으로 중앙정보부 창설안이 상정 및 의결되었다. 곧바로 국가재건최고회의 제12차 본회의에서 상정 및 의결되어 6월 10일에 공포되었는데, 이는 쿠데타 직후 한 달도 지나지 않은 시점이었다. 5·16쿠데타의 가장 중요한 이유나 목표가 무엇인지 잘 보여준다.

중앙정보부의 직무 범위는 '국외·국내 보안정보(대공 및 대정부 전복) 수집·작성·배포, 군 형법상의 반란죄와 이적죄, 그리고 국가보안법과 반공법 위반 범죄사건 수사'로 집약되는데, 이는 1961년 중앙정보부 창설 이후 안기부를 거쳐 국가정보원으로 명칭을 바꾼 지금까지 큰 변화가 없다.[317] 결국 중앙정보부는 창설과 더불어 반정부·반체제 인사, 야당 정치인, 감옥 내외의 전향/비전향 좌익수의 사상동향 점검과 전향공작, 일반 국민의 정치사상통제 등과 관련된 국가정보의 '수집·작성·배포' 업무를 담당한다고 되어 있는데, 이런 규정에 따라 중앙정보부는 사실상 국내 정치사상통제를 관장하는 최고의 기관이 되었다.

특히 국가보안법과 중앙정보부의 활동은 떼려야 뗄 수 없는 관련성을 갖고 있다. 국가보안법이 있기 때문에 중앙정보부 창설이 정당화될 수 있었고, 중앙정보부가 자신의 존립 근거를 확보하기 위해 과도하게 국가보안법이나 반공법을 적용한 수사, 각종 정치 사찰이나 간첩사건 조작을 꾀하여 국가보안법의 정당성이 오히려 강화되는 상호작용을 했다. 법이 국가기관의 확대를 정당화하고, 조직적 활동이 법의 존립을 강화한 셈이다. 물론 이런 상호 강화는 1960년대 북한의 대남 전략, 즉 남조선 혁명론에 기초한 공작원의 대거 남파 및 청와대 인근까지 공비의 침투, 국내의 반정부 투쟁 격화라는 외적·내적 위기가 작용했기 때문에 가능했다.

특무대와 마찬가지로 중앙정보부의 활동도 사실상 법적 규제를 받지 않았다. 대부분이 군 출신인 박정희 정권 시기 중앙정보부장은 이승만 정권 시기의 특무대장과 마찬가지로 대통령과의 독대를 거쳐 대통령의 명령을 직접 집행했던 국가 권력의 2인자였다. 박정희 정권 시기의 중앙정보부장 이후락은 대통령의 명을 받아 비밀리에 북한을 내왕하면서 7·4공동성명을 이끌어내는 막후의 역할을 하기도 했다. 국가보안법이나 반공법 사건 수사, 좌익수 전향공작과 사상동향 점검도 일차적으로 중앙정보부가 조정, 관장했다. 특무대와 마찬가지로 중앙정보부는 통상적인 지휘명령 계통을 완전히 무시했다. 예를 들어 실미도사건으로 알려진 특수부대는 지휘 계통상은 공군 소속이었지만, 공군 2325부대장과 209파견대장은 중앙정보부에 보고를 했고, 실제로 중앙정보부 소속 부대처럼 운영되었다.[318]

중앙정보부의 국내 파트 임무에는 선거 개입도 포함되어 있었다. 중앙정보부는 특히 여당 내의 반대파까지 사찰하고, 고문하거나 약점을 잡아서 정치적으로 매장시키는 등 미국 CIA가 수행했던 이른바 '더러운 임무(dirty work)'를 수행했다. 이것은 대공 심리전의 일환으로 시행되었으나 실제로는 최고 권력자의 보위부대 역할을 한 것이었다. 1973년 김대중 납치사건도 그 일환이며, 야당 의원의 유신반대 발언을 불순발언으로 규정하고 대통령 모독 발언으로 간주하여 개인 비리를 캔 것, 대통령을 비판한 여당 의원들을 잡아서 고문한 것도 모두 그에 해당하는 것이었다. 심지어 정주영 등 기업인과 공무원 21명을 조사하여 야당 의원에게 정치자금을 제공했는지 여부를 캐고 그를 협박하여 반성각서 제출을 요구하기도 했다.[319] 박정희 대통령의 최대 정적인 장준하에 대해서는 '위해분자'로 분류한 후 관할 청량리경찰서 정보과장을 조장으로 해서 일일동향 파악, 정보원을 통한 정치활동 및 불순동향 파악, 우편 감청, 첩보 확인 작업을 실시했다. 1975년 8월 18일에는 하루 동안 장준하 상가(喪家)를 다녀간 120명의 신상과 조의금 액수까지 파악해서 보고하기도 했다. 결국 장준하 사망사건의 진실은 아직도 규명되지 않았다.

1974년의 민청학련사건, 그리고 인혁당재건위사건 조작은 중앙정보부가 저지른 최악의 국가범죄였다고 볼 수 있다. 다른 사건과 달리 이 사건에 대해서는 대통령이 직접 특별담화를 통해 민청학련이라는 "불법단체가 불순세력의 배후조종하에 … 인민혁명을 수행"하려 했다는 사실을 발표하여 수사도 제대로 진행되기 이전에 사건의 성격을 규정했고, "불순세력을 발본색원하겠다"고 형벌의 방향까지 지정했다. 중앙정보부는 민청학련의 실체를 조작하고, 이들이 '공산주의 사상의 보지자임을 입증'하는 데 초점을 두고, 민청학련 배후에 인혁당이 있다는 것, 이들 대학생들이 간첩의 지령으로 활동했다는 것을 발표했다. 인혁당재건위 관련자들이 북한 방송을 청취해서 이를 돌려본 사실을 근거로 이들에게 심각한 고문을 자행했고, 이 단체를 거대한 혁명조직으로 조작했다.[320]

중앙정보부는 노동운동 지원조직인 도시산업선교회(산선), 가톨릭노동청년회(JOC, 지오세) 등에 대해서도 지속적인 사찰을 했다. 한국노총은 사실상 어용노조였음에도 불구하고, 산하 산별 노조나 대기업 노조의 선거에 중앙정보부가 깊이 개입했다. 대의원 선거에서 혹 민주파 후보가 진출하지 않을까 하여 지속적인 사찰 대상에 포함했다. 노조활동가들에 대한 신상자료도 수입하여 'AR대책 소위'라는 이름으로 노조원 순화작업도 실시했다. 특히 노조활동가 교육을 진행했던 크리스찬아카데미에 대해서는 지속적인 내사를 실시하는 등 체계적인 사찰을 했다.

제5공화국 등장 이후 1981년 중앙정보부는 국가안전기획부, 즉 안기부로 명칭을 변경했다. 유신체제하에서도 그러했지만 전두환 정권기에도 안기부는 재야인사, 학생운동·노동운동 관계자에 대한 사찰활동을 이어갔다. 특히 이 시기에는 안기부가 재판에까지 개입했는데, 송씨 일가 간첩사건이 대표적이다. 1982년에서 1984년 사이 대법원과 고등법원이 무려 세 번씩 사건을 주고받은 핑퐁재판으로 유명하다. 대법원이 불법구금과 고문으로 인한 자백을 증거로 인정할 수 없다고 무죄로 파기환송한 사건을 고법이 두 번 불복해 결국 대법원에서 유죄를 확정했다.

안기부는 재판에만 개입한 것이 아니라 법관 인사에도 개입했다. 자신들이 조사한 피의자를 보석했다는 이유로 대법원에 압력을 넣어 두 부장판사의 사표를 강요하기도 했다. 안기부는 남북가족면회소 설치를 제안한 이만섭 의원을 용공 차원에서 조사를 하여 국회 안건 상정을 막기도 했다.[321]

이명박 정권 시기 원세훈 원장의 지시하에 진행된 국정원 심리전단이 수행한 댓글조작사건, 탈북 공무원 유우성 간첩조작사건에 이르기까지 국정원은 많은 재일동포 관련 사건을 비롯한 수많은 간첩사건을 조작했다.[322] 국정원은 대북정보 수집이라는 기본 임무 외에도 이처럼 전체주의적인 국민 일체화 작업, '복종하는 국민 만들기' 작업을 수행했다. 국정원은 수사 과정에서 불법구금과 고문, 폭행 같은 가혹행위를 자행했고, 그것은 모두 수사 대상자가 '대공 위해분자'라는 전제로, 즉 좌익 혐의자들은 '비국민'이며 법의 보호 밖에 있다는 전제로 정당화했다.

공안검찰의
정치성과 사상통제

일제강점기 치안유지법 위반자를 대상으로 한 사상 관련 수사는 주로 검찰과 경찰의 업무였다. 특히 치안유지법 위반자의 기소권, 그리고 미결수 중에서 사상전향을 한 사람들에 대해 기소보류처분을 할 수 있는 권한은 검사에게 있었다. 수많은 미결수에 대한 처분권을 검사가 쥐고 있었던 것이다. 그러나 전체 검사 중에서 한국인의 비중은 10% 정도에 지나지 않았는데, 그 이유는 일본인이 경찰을 지휘·통제하는 검사의 직무는 해야 한다고 생각했기 때문이다.

  1948년 여순사건 발생 이전까지 검사들은 유치장 감찰 등의 업무나 좌익 관련 수사에서 당시 막강한 위세를 과시하던 사찰경찰에 계속 밀렸다.[323] 그러나 국가보안법과 검찰청법이 통과된 후 좌익 관련자나 사상범 사찰 수사에서 검찰은 점차 주도적인 역할을 하기 시작했다. 당시 반공체제 강화 과정에서 좌익 관련 사건 담당 검사들이 사상검사로 이름을 날리게 되었다.[324] 검찰은 수사, 기소, 공판, 재판 집행이라는 형사절차의 모든 과정에 관여하여 형벌권을 능동적으로 실현하는 권한을 가졌다. 법무부에 속한 특수행정조직인 검찰은 상관의 지휘 명령에 따라야 하는 군대조직과 같다. 그래서 검사들은 인사권을 쥔 이들 상관의 의도에 따라 움직이며, 공소권을 남용해도 어떤 처벌도 받지 않는 등 시민사회의 감시와 통제를 받지 않기 때문에 지휘 명령자의 의중에 따라 고도의 정치 편향성과 일사분란함을 갖는다.

검찰은 원래 수사단계에서 수사 개시권, 수사 지휘·감독권, 수사 종결권 등 수사 주재 권한을 갖는 형사사법기관이다. 특히 검사는 경찰과의 관계에서 수사 지휘·감독권을 행사함으로써 경찰보다 우월한 위치에서 권한을 행사한다. 특히 형사사건 수사는 체포, 구속, 압수 수색 등 물리력을 동원한 강제수사의 형태로 행해지는 경우가 많고, 이에 따라 피의자를 포함하여 여타 시민의 기본권이 침해될 소지가 다분하다. 그렇기 때문에 수사의 전 과정을 법률 전문가인 검사로 하여금 통할하게 하여 국민의 기본권을 보장하자는 것이 검사 권한 부여의 취지였다. 기소에서도 경찰서장에 의한 즉결심판권을 제외하고는 오로지 검사만이 공소를 제기하고 수행할 권한을 갖게 되었다. 그러나 검찰의 기소독점주의가 출세주의, 관료주의와 결합하면 공소권 행사가 정치권력의 의지에 따라 매우 편향적으로 이루어질 위험이 있으며, 검찰의 정치적 중립성이 확보되지 않은 상황에서 이루어지는 공소권의 독점적 행사는 더욱 위험하다.[325]

한국에서 검찰 공안부가 힘을 갖게 된 것은 국가보안법과 반공법이 존재했기 때문이었으며, 6·25 발발과 반공주의체제의 수립 및 그에 수반된 사상범 기소·구금 업무가 폭증하는 등 국가안보 관련 사안이 체제 유지의 핵심과제가 되기 시작했기 때문이다. 앞에서 지적한 정전체제 수립 이후 냉전체제가 조성한 지구 권력의 장은 경찰과 검찰 간의 힘의 관계를 역전시켰다. 그래서 일본에서는 전후 맥아더 사령부에 의해 해산된 사상검찰이 한국에서는 본격적으로 등장했다.[326] 일제 검찰조직에서 검사시보로 조직의 말단에 있던 오제도 등이 이승만 정권과 반공체제에 편승하여 자신의 권력과 입지를 강화하기 위해 '관제 빨갱이'를 만들어내는 등 사상검찰의 선봉장 역할을 했다. 친일 경력 때문에 항일투사나 민족주의자에게 갖고 있었던 도덕적 열등감과 더불어 일제하에서 법조인 선발을 위한 어떤 시험에도 합격한 경력이 없었던 열등감이 그를 '반공' 전선의 선봉장으로 만든 것으로 보인다.[327]

오제도 검사가 주도한 서울지검 정보부를 중심으로 전국에서 사상검찰 진용이 구축되기 시작했고, 경쟁적 위치에 있던 경찰과 헌병(군 수사기관), 육군 방첩대(군 정보기관)와의 주도권 싸움에서 상대적 우위를 확보하면서 사상전 활동을 주도했고, 이른바 '반공사법'의 주축이 되었다.[328] 8·15 이후 정부 수립 직후까지는 사찰경찰이 가장 먼저 일제식 사상통제의 주체였다면, 1949년 국가보안법 통과 이후에는 검찰이 주도하게 되었다. 사상검찰, 즉 공안검찰의 형성은 일제하 조선 통치의 기둥이던 사상검찰의 부활을 의미했다. 검찰은 '안보위해사범'으로 부른 공안(관련)사범의 구속 기소, 좌익수의 전향 여부 심사, 가석방 조치, 보호감호소 수감 결정, 보안관찰 지속이나 해제 등을 관장했다. 공안검찰은 국가보안법 체제, 즉 분단 반공주의체제의 최대 수혜자였다.

국가보안법 통과 이듬해인 1949년에는 국가보안법 관련 사건이 검찰 전체 사건 중 무려 41.9%를 차지했고, 1950년에는 30.6%를 차지했다.[329] 검찰은 국민보도연맹 조직화 작업과 관련해서 '좌익 계열 교화전향 보도(輔導)사업을 한층 더 공고히 하고자' 각 검찰청에 정보부를 설치했다. 이 보도사업은 검찰청과 각 경찰이 일체가 되어 활동한다고 발표했다.[330] 전쟁과 분단 체제하에서 내부의 적, 즉 비국민을 표적으로 하는 대공(對共)수사와 기소가 검찰의 주 업무가 되었고, 검찰이 수사 및 기소 과정에서 행사한 독점적인 권한은 가공할 만한 힘을 갖게 되었다. 전쟁 기간인 1950년 10월에는 특무대의 지휘하에 공안합동수사본부에서 인민군 치하 좌익부역자 색출에 가담하기도 했다.

1950년대 이후 대검찰청과 각 지방검찰청 부서 편재에서 제2부는 '정보사상범의 사찰 및 외국인에 대한 범죄사건'을 다루는 것이 임무였다.[331] 즉 일제의 사상검사가 '좌경사상운동 관련 범죄', '내란죄', '출판죄', '노동·농민운동'을 주로 담당했듯이,[332] 한국의 공안검찰의 업무도 그와 유사했다. 한옥신이 열거한 일제강점기의 사상계 검사의 사무분담 규정에 의하면 좌경사상에 기인한 범죄, 출판범죄, 노동운동 및 노동쟁의에 의한 범죄, 노동운동 및 소작쟁의로 인한 범죄, 수평운동에 기인한 범죄, 소요죄 등이 대상이었는데, 이것은 한국 공안검사의 업무가 되었다. 수사 영역이 확대되는 만큼 권한도 커지고, 권한이 커지는 만큼 국가기관 내에서 검찰의 영향력은 확대되었다.

박정희 정권하의 공안검찰은 대공 업무를 주도하는 중앙정보부의 하수인 역할을 했다. 1977년 3월 12일 당시 전국 공안검사회의에 참석한 공안검사의 규모는 60명 정도였는데, 이 자리에서 공안사범 단속 및 처리 방안을 보면 "우리에게 가장 절박하고 기본적인 인권은 우리 민족이 이 지구상에서 살아남아야 한다는 생존권의 본능"이라고 지적하며 "국내외 정세가 중차대한 시기에 우리의 국기에 대한 북괴의 끊임없는 도전이 예상된다"고 밝히고 검찰은 이에 동조, 혼란을 조장하는 무분별한 분자를 색출 엄단해야 한다고 밝혔다.[333] 검찰총장은 '위해분자 사찰', '반국가 사범 엄단'을 지시하면서 "검찰이 직접 대공전선에 뛰어들어야 한다"고 강조했다. 유신체제하에서 검찰 일반, 특히 공안검찰은 국내 '불순분자' 사찰에 총력을 다해야 하기 때문에 자신들의 임무는 사실상 군대와 다를 바 없다고 생각했다.

1980년대에는 학원자율화 이후 학생 데모가 확산되자 서울지검에 공안부가 설치되고, 지방검찰청 특별수사부 내에는 공안과가 별도로 신설되었다. 이후 선거, 노동, 학원, 집회와 시위 관련 사건이 모두 공안검사의 업무로 편입되었다. 안기부는 법원의 형량에 대해 '학원사범에 대한 중형 선고'의 원칙을 제시하고 법원이 이를 따르도록 했다. 1987년 민주화 이후에는 공안합동수사본부가 설치되어 검찰이 본부장 역할을 맡아서 대대적인 국가

보안법 구속사건을 정치적 의도로 '만들어냈고', 납북어부들을 간첩으로 조작하기도 했다.[334]

박정희, 전두환 정권 내내 공안검찰은 경찰, 안기부, 보안사가 수사 과정에서 피의자에게 고문을 저지른 것을 알고서도 그것을 거의 묵살하고, 안기부나 보안사의 의중대로 매우 가혹한 구형을 내렸다. 법정에서 각종 시국사건 피고인들이 "수사관들이 고문을 하여 할 수 없이 수사관들이 쓴 것을 보고 베낀 것"이라고 지푸라기라도 잡자는 심정으로 검사에게 고문 사실을 토로하면 오히려 "간첩 새끼는 맞아야 바른말을 한다", "개새끼 무릎 꿇어라", "이들을 조사실로 다시 데려가라"고 협박을 하거나 수사 과정에서 직접 고문과 폭력을 가하기도 했다.[335]

이승만 정권 시기는 물론이고 군사정권 기간의 한국 검찰, 특히 그중에서 가장 핵심적인 부서인 공안검찰은 일제시기의 악명 높은 이토 노리오와 같은 사상검사의 후예이자 그 제자라 볼 수 있다. 1990년대 중반까지 공안검사는 양지에서 햇볕만을 받았던 엘리트 검사의 대명사였다. 일제하 사상검사들도 그러했지만, 박정희 정권을 거쳐 1980~90년대 초 전두환·노태우 정권에 이르기까지 정치사상사건 수사 기소를 담당해온 대검 공안부는 검사들이 가장 가고 싶어 하던 '끗발 있는' 부서였기 때문에 동기생 가운데 가장 우수하다고 평가받는 엘리트 검사들이 주로 배치됐다.[336]

과거 치안유지법과 사상전향제도를 고안한 일본인 사상검사는 일본 제국주의의 첨병으로서 조선인 사회주의자들과 독립 투사들을 처벌하는 역할을 했는데, 한국 공안검사들 역시 그런 정도의 국가관을 가졌는지는 의문이다. 사상검사 오제도의 이력과 활동이 보여주는 것처럼 이들은 개인적 출세에 목을 맸다.

민주화 이후 국가보안법 개정 요구가 계속 제기되자, 검찰은 개정은커녕 한 줄도 고쳐서는 안 된다는 입장을 고수했다.[337] 김대중 정부 시기 박상천 법무부장관은 '공안검사의 정치적 중립성'을 확보하겠다고 공언했는데, 그것은 공안검사가 안보의 이름으로 언제나 보수 집권당의 정권 이해에 충실하면서 '국가안보 위해요소의 제거'를 앞세우는 안기부, 국정원 등 상위 공안기관의 의중을 의식하여 '국가안보'의 이름으로 '빨갱이 사냥'을 서슴지 않았다는 것을 거꾸로 말해준다. 물론 박상천의 공언 이후에도 공안검사들은 간첩조작사건을 일으키는 등 사상사건 수사의 중립성과 공정성의 원칙을 지키지 않았다. 오히려 민주화 이후 국정원과 기무사 등 공안기관의 역할이 축소되자 사상통제기관 또는 우익 정치편향 기관으로서 검찰의 기능은 더 강화되었고, 수사의 자의성은 그대로 지속되어 막강한 권력을 한층 더 부정적으로 행사하는 결과를 낳았다.

전체주의 공간,
한국의 감옥

조선 말 일제강점기 직전의 대한제국 시기, 특히 갑오개혁 이후 한국의 행형제도나 감옥에서는 과거의 잔인한 사형제도, 능지처사(陵遲處死), 참형(斬刑), 장형(杖刑) 등이 폐지되는 등 여러 인본주의적인 요소도 새롭게 도입했으나,[338] 일제강점기 직후 처벌방법이나 감옥은 잔인하고 응보주의 형태로 퇴보했다. 교도소 내 폭행이나 가혹행위는 일제시기 행형에서 시작된 것이다.[339] 1907년에 설립된 서대문형무소는 1902년에 설치된 중국의 뤼순(旅順)감옥, 타이완의 자이(嘉義)감옥과 마찬가지로 일제의 제국주의 침략에 저항하는 식민지 주민을 박해하기 위한 도구로 기능했다. 일본 제국주의는 항일인사들을 심판, 선고, 수감, 구금 등 각종 잔혹한 방법으로 박해하고 살해함으로써 식민지 지역 피압박민의 반항정신을 없앤 다음 영구적으로 조선을 지배하고자 했다.[340]

그래서 일제하에서 형무소 내에서의 고문이나 폭행이나 가혹행위는 거의 일반적이었다. 특히 만연한 고문, 일상적인 린치, 물리적으로 생존이 매우 어려운 열악한 감옥 공간, 급식 등에서의 각종 부당한 대우, 독서와 집필 차단 등 인간 이하의 대우를 받으면서 상당수의 항일독립운동가들이 감옥에서 생을 마치거나 박헌영처럼 거의 미치광이가 되어 출옥하기도 했다. 그래서 일제하에서 정치범이자 사상범인 항일운동가들에게 감옥은 거의 죽어서 나오는 곳에 가까웠고, 그것이 식민지 조선인들에게 주는 공포감 조성 효과는 매우 강력했다.

그렇다면 8·15 이후 대한민국의 감옥은 과연 '자유형'의 정신을 구현했을까? 정부 수립으로 한국 감옥제도는 근대 국가 행형정책의 정신을 공식적으로 내걸었다. 대한민국은 1953년 3월 2일 법률 제105호로 행형법을 제정하여 제1조에서 "…수형자를 격리 보호하여 교정 교화하며 건전한 국민사상과 근로정신을 함양하고 기술교육을 실시하여 사회에 복귀케 함을 목적으로 한다"고 교육형주의, 기본권 보장, 갱생 복귀, 자급자족 원칙을 세웠다. 대한민국의 행형의 지도이념도 "범죄인을 교정 보호하여 사회에 복귀케 하는 교육형의 구현"이었다.[341] 1961년 12월 23일 행형법을 개정하여 형무소를 범죄인의 교정 또는 개선을 추구한다는 이념과 가치를 가진 교도소(矯導所)라는 명칭으로 변경했고, 이후에도 수차례 행형법을 개정했다. 특히 김대중 정부 시기 1999년 제7차 행형법 개정에서는 수용자에 대한 인권존중의 원칙이 천명되었고, 그래서 기존의 누진제도, 귀휴제도, 가석방제도, 부부접견제도, 외부통근제도 등에 더해서 서신에 대한 검열 금지, 수용자의 전화 통화 허용 등이 제도화되기도 했다.

군대와 학교처럼 감옥에도 일제강점기의 모든 관행과 용어가 거의 그대로 남아 있었다. 감옥이 징벌과 교정·교화의 이중적 역할을 수행하는 기관이라 한다면 양자의 결합을 통해 재범의 발생을 막는 것이 존재 이유가 되어야 할 것이다. 그런데 정치사상범은 말할 것도 없고, 일반 사범들에게 감옥은 과연 회개와 갱생의 기회를 제공해주는 기관이었을까? '큰 도둑이 작은 도둑을 잡아넣는 곳'이라는 죄수들의 통념이 있는 한, 감옥의 담벼락에 '유전무죄, 무전유죄'라는 글이 적혀 있는 한, 잡범들에게는 엄벌이 내려지고 경제사범이나 일부 정치가들에게는 쉽게 사면 복권이 이루어지는 나라에서 죄수들이 감옥생활을 거치면서 개과천선할 가능성은 크지 않다. 자신이 죄도 없이 잡혀왔다는 사람들은 당연히 사회와 감옥을 비웃을 것이다.

자유의 박탈이라는 감옥생활은 사실 초보적인 처벌에 불과한 것이다. 과거 한국의 감옥 그리고 교도소장이나 교도관들이 전제적 권력을 행사하고, 좌익수나 시국사범에게 거의 동물적 삶을 강요한 것은 우리가 상상할 수 있는 '지옥도'였다. 과거 군사정권 시기 교도소장은 모든 수감자에게 절대군주와 같은 존재였고, 마음만 먹으면 못 하는 일이 없었다.[342] 전제적 권력을 행사하는 교도소장 앞에서 과장급 정도도 자유로운 의사를 표현할 수 없고 모든 직원은 명령에 무조건 복종을 해야 했다. 교도소장을 제외한 모든 사람은 아무런 권력이 없어서 소장 단독으로 모든 것을 처리하게 되어 있었다.343 재소자들은 수시로 교도관이나 교회사의 폭언과 폭행에 시달렸다. 교도관들은 재소자의 나이가 적으나 많으나 무조건 반말을 사용했다.

간수와 재소자 간에는 최소한의 수직적 인간관계가 성립될 수밖에 없었고, 감옥 내의 각종 처우, 특히 의식주의 조건 마련에서 재소자에게는 극한적인 고통이 가해졌다. 게다가 이들이 여러 가지 방식으로 저항할 경우, 그에 대한 보복적 처벌은 가중되었다. 사실 과거 한국 감옥의 거의 모든 운영 자체가 무법과 불법으로 가득했다.

그런데 사회 내에서 어떤 계층이 주로 법이라는 그물에 쉽게 걸리는 범법자가 되어 감옥에 들어가는가, 그리고 형량 즉 수감 기간이나 가석방 가능성이 계층, 집단에 따라 어느 정도 차별적인가와 같은 특정 범죄자에 대한 자유 박탈의 기간과 감옥 내에서의 다양한 처우는 그 사회가 무엇을 범죄로 간주하는지 보여 준다. 자본주의 사회에서 위험한 사상은 사회주의이며, 가장 위험한 계급은 빈민이나 노동자인데 이들은 잠재적인 범죄집단으로 간주된다. 그래서 자본주의 사회에서 "온순한 노동자들은 공장으로 내몰고, 저항하는 노동자들은 격리 구금한다"344는 말도 있다. 빈민이나 부랑자들도 위험한 집단이다. 그래서 한국에서도 5·16쿠데타, 5·18항쟁 전후 군부세력은 이런 재건대, 삼청교육대 등 특별 구금기관을 만들어 빈민, 범죄자, 부랑자, 노조 간부, 심지어 멀쩡한 길거리의 시민들까지 잡아서 그들에게 특별 훈련과 무자비한 폭력을 가했다. 선감학원이나 형제복지원처럼 부랑 청소년들을 가두어 폭력을 가하거나 사실상 죽게 만드는 시설도 있었다.

그런데 근대 국가 수립 과정에서 빈민, 부랑자나 노동자들보다 더 위험한 집단이 바로 자본주의체제를 거부하는 반체제 운동가, 혁명가 등 정치사상범이었다. 한국에서는 국방경비법, 국가보안법, 반공법 위반자들이 바로 정치적으로 가장 위험한 집단이었다. 노동자뿐만 아니라 이들 반체제 인물에 대한 수형기간과 감옥 내의 처우, 그들의 감형 가능성은 국가와 체제의 성격, 헌법적 가치의 실제 내용을 보여주는 잣대가 될 것이다.

한국에서의 감옥생활이 주는 고통, 즉 수형자들이 겪은 비인간적인 처우는 감옥 밖의 사람들에게는 거의 알려지지 않지만, 수감자 개인에게는 무서운 징벌의 효과를 갖는다. 감옥 내 징벌은 교육·교화를 성취하기 위한 것이라고 말할 수도 있으나, 실제로는 반감과 원한이 증폭될 수도 있는데, 이런 사실을 검·판사들이나 행형 당국도 어느 정도는 알고 있다. 정치사상범에게는 응징적 처분으로 이들이 국가에 대해 더욱 반감을 갖는 효과가 감옥이 표방하는 교화·교육의 목표를 실제로 달성하지 못하게 만든다. 그뿐만 아니라 재교육을 통한 사회통합이라는 목표가 사실상 허구적이거나 실패할 수밖에 없다는 것도 교도소 당국의 행동을 통해 알 수 있다.

결국 감옥 일반이 그렇지만, 정치범이나 사상범에게 한국의 감옥도 거대한 모순덩어리이다. 한국 감옥은 좌익수들에게 교화·교육을 내걸면서도 사실상 징벌과 보복을 가하는 모순적인 기관이었다. 그러나 실제로는 사상범들을 수십 년간 작은 독방에 가두어둔다는 사실 자체, 그리고 국가가 이들 '반역자'들을 그렇게 다룰 수 있는 권력을 갖고 있다는 것을 일반 국민들이 암암리에 알도록 하는 것 자체가 숨겨진 목적이었을 수 있다.

신체와 정신 통제기관으로서
군대, 학교, 공장

　감옥, 그리고 검찰과 경찰은 국민 중 극히 일부인 범법자, 잠재적 범죄자를 수사, 구속, 통제하는 기관이다. 그러나 대다수의 국민들은 군대, 학교, 공장 등에서 신체적·정신적으로 국가의 통제하에 놓여 있다. 사실 근대 감옥과 공장, 감옥과 군대, 감옥과 학교 간에는 모두 형성 과정에서 상호 의존적이며 보완적이고, 깊은 연관성을 갖고 있었다.
　신체적 통제를 통한 생각과 정신의 통제는 감옥에서만 이루어지는 것은 아니다. 감옥과 거의 같은 방식의 전체주의 지배원리가 제국주의 일본과 군사정권 시기 한국의 군대에서 작동했다. 모든 학생들에게 같은 종류의 제복을 입히고 시간과 행동 등 모든 일상을 철저하게 통제했던 과거 일본과 한국의 학교는 신체뿐 아니라 생각과 사상까지 통제하는 총체적 지배기관의 일종이었다. 군대는 신체적 단련을 꾀하고, 24시간 일상을 구속하고 통제를 한다는 점에서 감옥과 가장 유사하고, 학교 주입식 교육과

성적 평가를 통해 학생들의 정신을 지배한다는 점에서 유사한 측면이 있다. 일제강점기 이후 1987년까지 한국의 군대와 감옥은 일상적 구타와 기합, 폭언이 계속되던 인권유린의 현장 그 자체였으며, 개인의 신체적·정신적 자유를 완벽하게 통제하던 전체주의 조직이었는데, 학교도 그러했다.

한편 근대 공장제도를 만든 기업가들도 감옥에서의 지배와 권위 체계에서 큰 영감을 얻었다. 중일전쟁기 전시 보급품 등을 생산하기 위한 동아시아의 공장, 그리고 과거 군사정권 시기 한국의 공장, 최근까지 중국의 공장은 기숙사까지 운영하면서 노동자들의 24시간, 즉 모든 일상을 통제했기 때문에 거의 감옥과 유사했다. 특히 군사정권 시기 한국의 공장들은 가부장주의 문화에 익숙해 있었던 농촌에서 올라온 청년 노동자들에게 유니폼을 입혀 동일한 장소에서 단일한 권위 아래 두었다. 그렇게 사용자나 관리자의 지배에 순응하면서 생산 목표를 달성해야 하는 존재로 몰아가면서 임금이라는 사적 보상으로 끊임없이 유인했다. 그들에게 기숙사와 유니폼은 또 하나의 신체적·정신적 통제장치이기는 했으나, 당시의 상황에서 노동자들에게 그것이 큰 거부감을 일으키지는 않았다. 물론 학교와 공장은 하루 중에 일정한 시간만 학생과 노동자를 통제한다는 점에서 총체적 지배의 정도는 감옥과 다를 것이다.

이 중에서 모든 국가가 가장 역점을 둔 핵심 통제기관은 학교였다. 교육체제는 국가가 국민을 훈육하는 가장 핵심적인 이데올로기 장치이다. 학교의 설립은 국가가 관장하고, 교사는 공무원의 신분을 갖고 있으며, 교과서의 발생과 모든 내용은 국가가 엄격하게 범위를 정한다. 일본 제국주의의 조선 지배의 기둥은 학교에서의 신민 양성, 충량(忠良)하고 근면한 국민 양성 교육이었다.[345] 학교는 높은 수준의 지식 함양, 비판적 사고의 형성을 엄격하게 차단했으며, 부림을 잘 받을 인물의 육성, 개인적 덕성의 함양에 초점을 두었다. 일제시기 "교육의 시급한 일은 사상감시에 있었다".[346] 따라서 교사는 '당국에 복종하고 온순한 사람'이 대부분이었다.

한편 정부 수립 후 초등학교는 헌법의 정신에 의해 의무교육이 되었다. 그러나 학교제도, 교육내용은 일제시대의 것이 그대로 이어졌다. 그것은 국가 이데올로기를 일방적으로 학생들에게 주입하는 방식이었다. 학교의 설치와 운영, 교사의 충원, 교육과정은 모두 중앙정부, 즉 국가가 관장한다. 교과서에 실릴 내용과 교과과정은 여전히 국가가 거의 관장하고 있으며, 지자체나 개별 학교의 자율성은 거의 없다. 1989년 전교조교사 해직사태가 보여주었듯이 그러한 교육의 국가 통제를 벗어나 자율적인 교육을 하려는 교사들에게는 매우 엄격한 처벌이 가해졌다. 한국에서 교사는 교육대학이나 사범대학에서 양성하고, 공립은 물론 사립학교 교사도 준공무원이며 그래서 교사들은 정치적 시민권을 제대로 누릴 수 없다.[347]

제3부

사상통제의 여러 장면

1 전향공작

전향공작의 대상: 정전 이후의 좌익수

국민국가의 외곽과 주변: 공안사범 혹은 좌익수

국가보안법 제정은 다수의 국민들이 분단된 정부 수립은 임시적인 것이라고 생각하던 시점에 국민적 정체성을 법으로 강제하는 것이었다. 이 법이 제정되자 신생 대한민국에서 대량의 '비국민'이 만들어졌다. 즉 남한 반공체제를 거부하거나 민족통일을 여전히 실현하려는 사람들이 갑자기 반국가적 인물이 되었다. 국가보안법은 일제강점기의 치안유지법이 그러했듯이 좌익이념을 견지한 사람뿐만 아니라 자유주의나 중도적 사상을 가진 인사들도 모두 범죄자로 만들 수 있었다. 이들이 좌익 계열의 조직에 가담하거나 활동을 하지 않았더라도 단독정부 수립이나 이승만 정권에 비판적인 태도를 보이면 반체제적 인물로 간주되었다.[1]

그래서 중도좌파 민족주의자들까지도 제주4·3사건, 여순사건, 그리고 6·25 발발 직후 불법체포 또는 구금되었고, 다수가 학살당했다. 또 살아남은 좌익세력, 중도좌파 혹은 중도파 민족주의자들과 그의 남은 가족들도 이후 이승만·박정희 정권에서 비국민, '요주의 인물'로 분류되어 지속적인 감시를 받았다. 그 외에 8·15 이후 중국이나 38선 이북에서 이주해온 사람들, 일본으로 건너간 부모 밑에서 태어나고 개방된 일본 사회에서 자라나 사상적으로 비교적 자유로운 입장을 갖고 있었던 재일동포 출신 학생들, 납북어부 출신들도 분단국가의 외곽 혹은 경계선에 있었기 때문에 비국민이라는 의심을 받게 되었다. 이들은 사찰이나 감시의 대상이 되었고, 특히 이 중에서도 북한과 내왕이 가능했던 재일동포들이 주로 희생양이 되었다.

  남파 공작원의 대부분은 남한 출신이거나 남한에 연고가 있는 사람들이었다는 점을 생각해보면,[2] 한국에서 좌익수는 20세기 미국이나 유럽 여러 나라에서 제1차 세계대전 후 크게 문제가 된, '적국이 파견한' 간첩과는 성격이 달랐다. 잔존 빨치산, 북한이 남파한 공작원, 그리고 민족주의 성향의 통일운동가들도 모두 '조국통일 전사'로 자임했는데, 그래서 좌익수라 하더라도 기본적으로 민족주의 성향을 강하게 갖고 있었다. 그래서 출발부터 한국에서 정치사상범은 좌익세력이거나 공산주의 이념을 견지하는 사람들만이 아니고 남북의 분단을 비판하거나 그 경계를 넘나들 수 있는 사람들이었다.

  그중에서 6·25한국전쟁 전후 활동했던 빨치산 출신과 남파 공작원들은 남한에게 푸코가 말한 '통치권력의 근본을 공격하는 절대적이고 완전한 범죄자'로 볼 수 있다.[3] 1953년 7월 27일 이후 정전체제가 일종의 전쟁 상태라고 본다면 이들은 송환의 대상이고, 남한 체제 유지의 관점에서 보면 가장 엄한 처벌을 받을 존재, 즉 처형되거나 완벽하게 격리되어야 할 존재였다.

『한겨레신문』 보도에 의하면 김영삼 정부 당시 최형우 내무부장관이 취임 전 시사지 『월간 말』과의 대담에서 사상범에게는 고문도 용인할 수 있다는 취지의 발언을 했다. 이때 최 장관은 "사상문제로 잡혀들어간 사람은 잠을 안 재워도 되느냐?"는 기자의 질문에 "물론이지. 그것은 정권의 문제가 아니고 국가문제"라고 대답했다. 기자가 "질문을 잘못 들은 것 같다"며 "사상문제로 잡혀온 사람에게 안기부에서 잠 안 재우는 고문을 해도 되는가 하는 질문이었다"고 말했으나 최 장관은 또다시 "국가를 전복하자는 것은 안 되지. … 사상문제라면 철저히 다뤄야지. 그것은 국가문제로, 지금 사상문제를 다루지 말라면 큰일나요"라고 강조했다.[4] 이는 민주화 이후에도 여전히 정치사상범이 '법 밖의 존재', 즉 호모사케르라는 점을 보여주었다.

정부의 공식 입장으로는 공안사범 혹은 공안관련사범이 모두 정치범·사상범에 속한다. 형법 제87조(내란), 국방경비법, 반공법, 국가보안법, 군사기밀보호법 등의 위반자를 공안사범으로 보고, 집시법(제22조 중 제5조·제8조 위반에 한함) 위반자, 노동관계사범, 좌경사범, 학생사범 등을 공안관련사범으로 분류한다.[5] 공안관련사범 중에는 공안사범과 마찬가지로 국가보안법이나 반공법을 위반한 사람도 있었지만, 각종 집회 시위에 관한 법률, 긴급조치 등을 위반한 국내 반정부·반체제 활동가, 민주화운동가, 노동운동가가 주로 해당된다.

공안사범이 곧 좌익수라 할 수 있는데, 국내 반체제 조직사건 관련자나 남파 공작원, 빨치산 출신들이 여기에 해당한다. 1970년대 중반까지 좌익수는 주로 빨치산 출신과 공작원이었는데, 1960년대 말 이후 각종 반체제 조직사건이 발생하면서 자생적 좌익수 비중이 늘어났다. 반정부운동 관련자, 대다수의 학생시위 관련자는 흔히 '시국사범'으로 불렸는데, 이들은 대한민국 체제를 부정하지 않는 '민주화'운동가인 경우가 많기 때문에 좌익수 혹은 공안사범과는 다르다. 결국 좌익수가 가장 좁은 개념이며, 공안사범 혹은 공안관련사범(시국사범), 혹은 이들을 모두 포괄하는 정치사상범이 좀 더 넓은 개념이다.

1970년대 이후 한국의 민주화운동 진영에서는 반정부 '시국사범' 일반을 양심수라 불렀다.[6] 이 양심수라는 용어는 당시 민주화운동가인 지학순 주교, 김지하 시인의 연이은 양심선언 전후에 일반화되었다. 1974년 민청학련 구속자 가족들이 양심수라는 용어를 가장 많이 사용했다. 국제사회에서의 인권 담론도 양심수라는 용어가 확산되는 한 배경이 되었다.[7] 여기서 양심은 내면의 진실, 혹은 보편적 도덕 원칙이라는 이름으로 옹호되었지만 어떤 경우든지 정치성을 피해가는 용어였다.[8] 최정기의 분류에 의하면 시국사범 중 7년 이상의 형을 사는 경우는 거의 없었기 때문에 이들은 공안사범, 즉 좌익수나 반체제 사범과는 그 성격이 분명히 다르다. 그러나 1970년대 이후 사회운동 진영이

'양심수'로 부른 집단은 시국사범만 지칭하는 것이 아니라 정치사상범(공안사범과 공안관련사범) 모두를 포괄했다.

1997년 10월 31일 김대중 대통령 후보가 공산주의자가 아니면서 조국을 사랑했다는 이유로 구속된 사람을 석방, 사면시키겠다는 발언을 한 데 대해 보수 언론들이 시비를 걸어서 11월 7일에는 양심수 문제 긴급 토론회가 열리기도 했다. 여기서 시민사회단체가 국제앰네스티(Amnesty International)의 정의, 즉 '폭력을 주창하거나 직접 사용하지 않았는데도 자신의 신념이나 인종, 언어, 국적, 사회·경제적 지위 때문에 감금된 사람들'이라는 해석 등이 거론되었다. 변협은 "특정한 사상을 가지고 있다는 그 사실 자체 또는 그 사상을 언술 또는 행동으로 외부적으로 표현했다는 그 사실을 주된 이유로 하여 구속 기소되거나 형을 선고받은 사람들"로 규정했다.[9] 양심범 혹은 양심수는 그의 행동을 절대적 윤리 구속성에 기초한 점에서 이데올로기와 결부시켜 자신의 정치적·사회적 가치관을 법에 반해서까지 실현하려 하는 존재다. 정부 측이 주로 사용하는 '확신범'이라는 개념과는 의미상으로는 차별성이 있다.[10]

확신범이란 '익히 알려진 형벌 규범을 위반하고 이러한 위반 행위를 자기의 윤리적·종교적·정치적 확신 위에서 일종의 의무라고 생각하는 자'를 말한다. 자신의 사상과 이념에 근거해서 실정법을 인정하지 않는 사람들을 지칭하는데, 이 확신범의 범주에는 종교적 확신범과 정치적 확신범이 있다.[11] 한국에서 종교적 확신범은 여호와의 증인 신도들이 대표적인데, 이들은 자신의 종교적 양심에 의해 집총과 군 입대를 거부했기 때문에 거의 병역 거부자로서 자발적으로 처벌을 감내했다. 반면에 정치적 확신범은 좌익수들, 즉 주로 공안사범들이다.

한국의 헌법 제19조는 자기 양심에 반하는 신념이나 행동을 강요당하지 않고서 자유롭게 양심을 형성, 결정하고 실현할 수 있는 양심의 자유를 보장하고 있다. 그러나 양심범들에게 행형상의 책임 감경 방식의 별도 처우를 할 수 있는가는 논란의 여지가 많다. 과거의 행형법 누진처우규정 제2조 5항에는 '확신범으로서 그 사상을 바꾸지 아니한 자'라는 조항이 있었는데, 확신범 중 비전향자들은 어떤 누진처우 혜택도 받을 수 없었다. 결국 '확신범'은 법적 용어로 사용되고 있었고, '사상을 바꾼다'는 표현에서 나온 것처럼 이들은 국가의 사상개조 대상, 즉 전향 대상이기도 했다. 이상의 논의를 도표로 정리하면 확신범과 좌익수의 구분은 〈표2〉와 같다.

분단 냉전체제하의 대한민국은 지리적으로 섬나라라고 볼 수 있지만, 정신적·심리적으로도 그렇다. 한국에서는 정치적 이유로 심각한 탄압을 받은 사람이 국가를 탈출하고 싶어도 바다를 거치지 않고서는 북한으로는 물론 일본, 중국으로도 갈 수 없다. 이런 나라에서 국민은 사상을 의심받지 않도록 언제나 주의를 해야 한다. 한국에서 시민권을 누릴 수 없는 사람들에게 정치는 언제나 계엄 상태이다. 대한민국에서 국민주권을 충분히 향유할 수 없는 비국민들은 언제나 현행범이 아니어도 예비검속의 대상이 될 수 있고, 전쟁 상황이면 죽임을 당할 수 있었다. 특히

표2 수형자 및 정치범 분류도

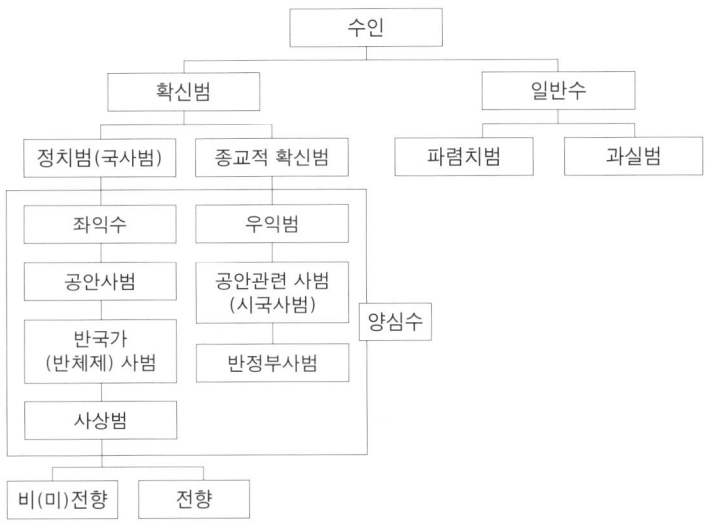

출처: 徐勝, 『獄中19年』, 岩波新書, 1994, 39쪽

  1949년 제정된 계엄법에는 "계엄 시행 지역에서는 예비구금을 할 수 있다"고 명시되어 있어서 전시체제에서는 현행범이 아닌 모든 사람의 인신통제를 할 수 있었다.[12]

  5·16쿠데타 직후 군부는 4·19혁명 직후 정국에서 활동한 과거 좌익 경력자, 통일운동가, 혁신정치 활동가들을 또다시 학살하려 했다.[13] 5·16군부가 설치한 혁명재판소는 "학살당한 사람들은 공산주의 괴뢰집단의 동조자들"이고 학살당한 국민보도연맹원과 민간인들은 "공산 괴뢰군과 통모 또는 서로 호응하여" 우리 국군의 작전상 치명적인 타격을 가했다고 보았다. 그리고 유족들을 "반공 국시에 위배하여 북한 괴뢰를 환영 동조할 수 있

는" 존재로 간주했다.[14] 즉 좌익 경력자나 그들의 가족은 계속 국가의 감시 속에 있어야 하고, 전쟁 등으로 국가가 위기에 처할 때는 또다시 이들을 불법구금하여 학살할 수 있다는 생각이 드러나 있다. 피학살자의 유족들도 연좌제의 굴레 아래 있었으며, 국가보안법 전과자들 모두는 '잠재적 포로',[15] 혹은 집행유예 상태의 요시찰인이었다.

좌익수 규모: 공안(관련)사범 및 기타

한국에서 1953년 7월 27일 정전 이후 1989년 사회안전법이 폐지되고 보안관찰법으로 대체될 때까지 수감되어 있던 공안(관련)사범 혹은 좌익수 규모는 어느 정도였을까? 1970년대 중반까지 북한 공작원 및 빨치산 출신으로 구성된 좌익수와, 1960년대 이후 국내의 각종 조직적인 반체제운동 관련 사건, 국가보안법과 반공법 위반자까지 포함하는 공안(관련)사범의 전체 규모를 파악할 수 있는 자료는 아직 공개되지 않았다.

6·25 발발 직후 대전, 대구, 부산, 마산 등지의 형무소에 수용되어 있던 최소 수천 명의 좌익수가 재판 없이 처형, 즉 학살되었다. 정부 수립 후 처형된 정치사상범은 250여 명에 달했다. 이 중 230건이 국가보안법 위반이었고, 1970년대의 긴급조치 위반 처형까지 합하면 정부 수립 이후 사형 집행자의 27%는 공안 관련 사건이었다.[16]

좌익수, 즉 빨치산 출신이나 남파 공작원 재소자 규모를 보면 1954년에는 3,453명이었는데 1960년에는 2,156명 정도로 줄었다.[17] 1952년 전쟁 중 수감자의 60.7%가 좌익수였다.[18] 한옥신이 검찰 내부 자료를 통해 제시한 통계를 보면, 1970년 11월 30일까지 좌익수 중 출소자가 12,492명이었다(전향 7,621명, 미전향 4,871명). 무기징역형을 받았거나 1960년 4·19혁명 직후 무기징역에서 15년 형 정도로 감형을 받아서 계속 수감 중인 사람을 제외하면, 1970년 이전에 형기를 마치거나 가석방 등으로 대거 출소했다는 사실을 확인할 수 있다.[19]

1970년 정도까지 좌익수의 대부분은 공작원(간첩)이었다. 1951년부터 1967년까지 자수·체포·사살된 공작원이 1,429명이었으며 그중 남한 출신이 1,230명에 달했다.[20] 국정원에 의하면 1996년까지 남한이 검거한 공작원 수는 4,495명이고, 한옥신이 좌익수 규모를 집계한 시기와 거의 겹치는 1951~1969년까지 자수·사살·생포한 간첩은 3,360명이다.[21]

자료에 따라 약간의 편차는 있지만 〈표3〉을 보면 사상범(좌익수+공안사범)의 전체 규모는 1961년 5·16쿠데타 직후 약 2,000명이었고, 1975년 사회안전법이 제정될 무렵에는 700명을 상회한 것으로 보인다. 여기에 국내 조직사건 관련자, 즉 공안사범도 포함되어 있다.

이 중에서 비전향수의 규모는 어느 정도였을까? 〈표3〉에 표시한 것처럼 좌익수들의 증언에 따르면 1961년 5·16쿠데타 직후 대전형무소에 수용된 비전향 좌익수는 약 800명이었다고

표3 좌익 재소자(좌익수+공안사범) 규모

연도	규모	전향	비전향	초범	비고
1954	3,453	-	-	-	
1960	2,156	-	-	-	
1961	2,039	-	800	-	
1971	969	-	-	-	
1972	913	-	-	-	『한국교정사』, 710쪽. 이 중 종교적 확신범 파악 어려움. 대다수를 좌익수로 볼 수 있음
1973	822	-	400	42	서준식 추산. 〈이제는 말할 수 있다〉(MBC, 2001)
	427	259	168	-	
1975	735	-	185	49	서준식 추산. 〈이제는 말할 수 있다〉(MBC, 2001)
1981	537	-	-	-	
1986	385	-	-	-	
1988	260	-	-	-	감호소 수감자 포함
1990	149	-	58	-	서준식(「장기구금 양심수 문제와 국가보안법」, 1990)에 의하면, 149명 중 19년 이하 수형자는 105명. 비전향자수는 〈이제는 말할 수 있다〉(MBC, 2001) 방송자료집 집계

출처:『교정수용통계 백년보』(법무부, 1988), 『사상범죄론』(한옥신, 1975), 『한국교정사』(법무부, 1987)

한다. 1973년 전향공작전담반이 만들어졌을 당시 여러 교도소에 수감되어 있던 비전향 좌익수 규모는 400여 명 정도였다고 추정되는데, 한옥신은 1973년 무렵 대전교도소 수감자(전향, 비전향 포함) 427명 중에서 비전향수가 168명이라고 밝혔다.[22]

1975년 사회안전법이 제정될 무렵 비전향수로서 감호 처분되어 재수감된 사람은 155명이었다. 1988년까지 260명의 좌익수가 감호소 및 대전, 대구, 광주, 전주 등의 감옥에 수감되어 있었다. 260명 중 청주보안감호소에 남아 있던 52명의 비전향수

중에서 17명이 석방되어 1989년에는 35명의 비전향수만이 남았고, 기타 감옥 수감자가 225명이었다. 그중 가장 많은 비중을 차지한 것은 남파 공작원으로 62명이었다.[23] 이후 2000년 9월 2일 북으로 송환된 비전향 좌익수는 63명이며, 그 시점 남한에 남은 비전향수는 23명이었다.

이들의 수형 기간은 20세기 전 세계 어느 나라의 정치범보다도 길었다. 1989년 당시 이미 30년 이상 복역자는 21명이었다. 2000년 애초 북으로 송환 의사를 밝힌 좌익수 53명의 수형 기간을 보면 40년 이상이 3명, 30년 이상이 41명, 20년 이상이 7명이다.[24] 2000년까지 모든 좌익수가 석방되었기 때문에 이들의 수형 기간을 보면 김선명이 최장기로 45년이며, 이종환 43년, 안학섭 43년, 우용각 42년, 김우택 42년, 윤용기 41년 등이었다. 이 중 우용각과 윤용기를 제외한 4명은 6·25한국전쟁기에 남파된 사람들이다.[25] 이들 중에는 1970년대 초에 출옥해서 생활을 하다가 1975년 사회안전법이 제정되어 다시 수감되어 원래의 수형 기간보다 더 긴 시간 동안 감호소에 구금되었던 사람들도 있다. 최후까지 전향하지 않았던 94명의 좌익수의 수감 기간은 총 2,954년이고, 1인당 평균 수감 기간은 31년이다.[26]

물론 송환 의사가 없는 남한 출신 좌익수까지 합하면 30년 이상의 수형자 수는 더 많을 것이다. 아마 19세기 이후 근대적 감옥제도가 도입된 이후 이렇게 오랫동안 수형생활을 한 사상범이 있는 나라는 한국밖에 없을 것이다. 19세기 프랑스의 혁명가 블랑키(Louis Blanqui)가 27년, 일제하의 박열이 27년, 만델라

표4 장기복역 양심수 분류 통계표(1989년 2월 현재)

구분		교도소	대전	광주	전주	대구	안동	미확인	계
형량	무기		57	5	9	12	-	-	83
	20년		2	15	13	14	2	1	47
	20~15년		4	1	2	5	-	-	12
	15~10년		-	17	3	11	5	-	36
	10~5년		4	17	9	8	4	-	42
	5년 미만		-	-	-	1	1	-	2
	미확인		4	1	-	-	-	2	7
복역연수	30년 이상		21	-	-	-	-	-	21
	30~20년		27	-	-	2	-	-	29
	20~10년		8	23	17	22	4	-	74
	10~5년		2	21	10	19	3	-	55
	5년 미만		9	11	9	8	5	-	42
	미확인		4	1	-	-	-	3	8
사건별	구미유학생		3	-	1	1	1	-	6
	재일동포		3	5	2	5	2	-	17
	일본관련		6	20	9	13	3	-	51
	월북기도		-	4	4	1	2	-	11
	불고지죄		1	7	3	3	1	-	15
	납북어부		1	7	4	4	-	-	16
	통혁당재건		2	2	5	4	1	-	14
	개별국보·기타		1	7	6	15	2	-	31
	공작원·안내원		50	4	3	5	-	-	62
	미확인		4	-	-	-	-	2	4
교도소별 통계			67	55	37	51	12	3	225

남파공작원 연령, 복역연수별 분류 통계표	복역 연수 연령	36년 이상	36~34년	34~32년	32~30년	30~28년	28~25년	25~20년	20~15년	15년 미만	미확인	계
	75세 이상	-	-	-	3	-	-	-	-	-	-	3
	75~70세	-	-	1	3	-	1	1	-	-	-	6
	70~65세	3	2	-	3	-	1	1	-	1	-	11
	65~60세	1	-	-	1	1	4	1	4	2	-	14
	60~55세	2	-	1	1	1	4	10	2	1	1	23
	55세 미만	-	-	-	-	-	1	-	-	1	1	3
	미확인	-	-	-	-	-	-	-	-	-	2	2
	계	6	2	2	11	2	11	13	6	5	4	62

최고령자: 차만성(78세)   최장기 복역수(39년): 김선명(63세), 김우택(69세), 한장호(66세)
출처: 민주화실천가족운동협의회·양심수후원회, 『장기복역 양심수 실태보고서』, 1989

(Nelson Mandela)도 27년 수형생활을 했다. 이것은 국가가 이들을 사형시키고 싶었으나, 실정법이 작동하여 재판 없이 사형이 불가능하니까, 결국 이들에게 가할 가장 가혹한 처벌과 철저한 격리가 실시되었기 때문일 것이다.

타이완의 경우, 2009년 7월 타이완 정부가 공식 조사를 통해 발표한 계엄기 부당반란 및 비첩 재판사건 보상기금회 통계를 보면, 백색공포 43년 동안 사상, 언론, 반란 관련 죄목으로 8,296명을 체포했으며 그중 1,061명이 사형되었다. 타이완 법무부가 입법원에 제출한 자료를 보면 계엄령 당시 군사법정에 접수된 정치사건은 29,407건이며, 가장 보수적으로 추산해도 무고한 피해자가 약 14만 명에 이른다고 한다. 그중 정치사건은 약 6~7만 건으로 사건당 평균 3명으로 계산하면 군사재판을 받은 정치적 수난자는 20만 명 이상이다. 1960년 한 해만 해도 126,875명을 행방불명자로 분류해 호적을 소멸시켰다고 한다.[27]

그러나 타이완은 한국과 같은 전쟁은 겪지 않았고, 중국에서 파견된 공작원도 없었기 때문에 좌익수 상황에 대해 한국과 단순 비교를 하는 것은 어려울 것이다. 처형자, 장기수감자의 수도 그렇지만, 국가보안법·반공법 위반 수감자 등을 모두 합하면 좌익수 혹은 넓게 잡아 공안관련사범이나 시국사범 등의 총규모면에서 한국이 타이완보다 월등히 많을 것이다.

전향공작의 과정

6·25한국전쟁 이전의 전향공작과 예비검속

이승만 정부는 국가보안법이 통과된 이후 국가보안법 위반자를 대상으로 이들이 일차적으로 '자수' 절차를 밟게 하고, 공개적으로 전향을 선언하도록 유도한 후 국민보도연맹에 가입시켜 맹원으로 활동하는 과정을 계속 지켜보고, 이들이 사상적으로 완전히 전향해서 대한민국의 '충성스러운 국민'이 되었다고 판단될 경우 공식적으로 '탈맹'하여 대한민국의 품으로 '귀순'시키려 하였다. 즉 자수→ 전향→ 국민보도연맹 가입→ 귀순, 탈맹(탈맹, 귀순)의 절차를 염두에 두었다. 그런데 국가보안법 통과 이후 법 위반자가 갑자기 11만 명에 달했다.

제주4·3사건과 여순사건 이후 남로당 등에 가입한 경력이 있던 좌익 인사들을 전향시켜 이들 '귀순자'를 대공 심리전의 요원으로 활용하는 데 성공을 거둔 오제도는 "사상범은 교화될 수 없다"는 주장을 반박하면서 전향공작의 유용성을 주장했다. 그는 전향을 "아직도 사상적 미로에서 방황하는 동포에게 반성, 회개케 하는 지도 교화에 따라 가능한 대상자에게 실시하는 온정 정책"이라고 규정했다. 그는 전향을 '사상의 고차적 비약', '세계관의 일대 혁신', '인간생활의 양심적 혁명'이라고 한 일본 검사들이나 일본 전향 좌익들의 담론을 그대로 차용했다. 그것은 우리 민족적 도의와 전통에 적절한 "국체 개념에 입각한 것이며 공산주의 독재의 모순과 자본주의 독재의 모순을 모두 지양한 위대한 영도자 이 대통령하의 일민주의 건국이념의 정통성과 필연성을 철저히 체득하는 것"[28]이라고 설명하면서 과거 천황의 자리에 이승만을 올려놓았다.

정부 수립 이후 남로당은 불법화되었지만, 좌익정당·단체에 속했던 사람들의 탈당, 전향 성명 발표는 반공국민 형성의 대대적인 선전의 일환이었고,[29] 언론 보도나 영향력 있는 지식인들의 공개 전향선언은 매우 중요한 국가행사 중의 하나였다.[30] 성명서 낭독 등의 방식을 통해 공개적으로 자신의 전향을 천명하고, 동료들이 자신과 같은 행동을 하도록 유도하는 것은 당국의 강요 이상으로 정치사회적 압력을 가하는 효과를 가져왔다. 경찰은 지역사회, 마을 단위까지 다니며 국민보도연맹에 가입하면 '반공국민'이 되고 그렇지 않으면 살아남을 수 없다고 압박을 가했다. 자수, 귀순, 전향 선풍은 지리산과 제주도에서 진행되던 게릴라 토벌 과정의 비민분리와는 또 다른 형태의 비민분리 작업으로 국가의 국민 만들기 전략의 일환이었다.

정부 수립 이전에 자발적으로 전향을 한 과거 공산주의자로는 조봉암과 양한모가 대표적이다. 둘 다 공산당과 결별을 했으나, 조봉암은 박헌영 등 화요회계 주류와의 대립이 주요 전향 동기가 되었기 때문에 대한민국 체제는 긍정했으나 진보이념이나 개혁의 이상을 버리지는 않은 반면, 김준연, 박순천, 박일원, 양한모, 박정희의 경우 공산당과의 완전한 결별을 하고 과거의 동료를 밀고하거나 좌익을 파괴하는 작업에 앞장을 선 경우도 있다.[31] 이들의 행태는 1948년 말 제주나 지리산 일대의 토벌 과정에서 자수하여 동료를 밀고한 빨치산의 행동, 일경에 체포되어 일제의 밀정 노릇을 했던 이전 항일운동가들의 행태와 유사하다. 경찰이나 군에 체포되어 궁지에 몰려서 전향한 이들은 자신의 진정한 전향을 입증하기 위해 극우체제의 선봉장 역할을 했는데, 그러한 전향은 자유의지에 기초한 진정한 내심의 변화, 사상의 전환이라 보기는 어렵다. 조봉암은 이승만과 대한민국 체제를 긍정했으나 후자의 전향자들처럼 행동하지는 않았다. 무엇보다 더 농지개혁 등의 중요한 개혁작업에 앞장서기도 했고, 이후 진보당을 결성하기도 했다.

비전향자는 여전히 반란을 일으킬 위험이 있기 때문에 예비구금의 대상이 된다. 예비구금제도는 1948년 통과된 국가보안법과 1949년의 개정 국가보안법에 명시되어 있다. 오제도는『국가보안법 실무제요』의 '엄벌주의'에 대한 서술 다음에 '교화 전향운동을 전개할 것'의 내용을 집어넣었고, 법 조항에 예비구금의 내용을 포함했다. 즉 선량한 국민으로 잘 보호, 선도, 교화하여 내심으로 완전 전향함과 동시에 우리 민국을 절대 지지하도록 하자는 내용이 포함되어 있다. 연맹의 취지서에서도 전향자를 무조건 포섭하거나 무조건 배격도 하지 말고 '지도 계몽' 하되 '사상은 사상으로 극복시켜야 할 것'이라고 취지를 밝혔다.[32]

그런데 과거 남로당 등 좌익단체 활동 경력을 가진 사람들만 자수, 전향, 국민보도연맹 가입 등의 압박을 받은 것은 아니었다. 경찰 측이 작성한 경남 지역의 보도연맹 가입 대상을 보면 이승만 정부에 불만을 품은 사람들까지 모두 포함되어 있다. 즉 사회주의자뿐만 아니라 중간파, 아나키스트, 자유주의자, 민족주의자들도 보도연맹 가입 대상이었다. 그리고 8·15 직후 좌익이 강력한 힘을 갖고 있던 시점에 좌파 성향의 여러 정당이나 사회단체에 가입한 경력이 있거나, 심지어 좌우익 어느 쪽도 선뜻 지지를 하지 않아 주변 사람들로부터 좌익이라는 낙인을 받은 사람까지도 포함되었다. 시인 정지용의 경우가 가장 대표적이다. 그는 8·15 이후 조선문학가동맹에 가입한 적이 있어서 중간파 혹은 좌익이라는 의혹을 받고 있었는데, 그런 의혹을 떨쳐버리기 위해 자진해서 국민보도연맹에 가입했다.

> 나는 한 개의 시민인 동시에 양민이다. 나는 23년이라는 세월을 교육에 바쳐왔다. 월북했다는 소문에 내가 동리 사람에게 빨갱이라는 칭호를 받게 되었다. 그래서 나는 집을 옮기는 동시에 경찰에 신변보호를 요청했던바, 보도연맹에 가입하라는 권유가 있어 오늘 온 것이다. 그리고 앞으로는 우리 국가에 도움되는 일을 해볼까 한다.[33]

김태선 경찰국장은 좌익 계열 문학인을 3급으로 분류했는데, 월북한 1급 외에 2, 3급에 속한 "좌익 계열 문인들이 자수 시간 내에 자수하지 않으면 이미 간행한 서적을 전부 압수할 것이며, 앞으로 창작, 간행 등을 못 하게 할 것"이라고 엄포를 놓았다.[34] 이것은 문인들뿐만 아니라 모든 지식인들, 그리고 지역사회의 일반 주민들에게도 가해진 압박이었다. 당시 극단적인 좌우 대립, 좌익 탄압의 광기 속에서 중간파도 좌익으로 간주되었기 때문에 사실상 8·15 직후 극우 계열이나 이승만 계열이 아닌 사회단체에 가입했거나 사회운동 집회 등에 참여한 경력을 가진 사람들도 심한 자수압박을 받았다. 검찰은 남로당 미자수자는 '검거'하여 죄의 경중에 따라 '처단'한다고 발표했다.[35]

당시 김태선 경찰국장은 국민보도연맹을 조직하면서 "이렇게 민족적 양심으로 돌아오는 사람들은 … 필사적으로 이들의 신변을 보호해주겠다"고 말했고, 오제도 역시 "전비를 회개하는 자에게는 정당한 도의와 인류에 어긋나지 않는 정의감으로 그들을 보호하겠다"고 말했으나,[36] 일제 말을 경험한 지식인들은 그 말을 믿을 수 없다고 생각했다. 음악가 박용구의 경우도 자신은 자유주의자였으나, 일제 말의 사상보국연맹, 예비검속 등의 사례를 알고 있었기 때문에 전쟁이 일어날 경우 국민보도연맹에 가입하면 위험에 처할 것이라고 예단했다. 그래서 그는 국민보도연맹 가입압박을 피해 일본으로 도피했다.

박용구나 국민보도연맹 가입을 끝까지 거부한 지식인들의 판단이 옳았다. 6·25한국전쟁 발발 직후 국민보도연맹원들이 모두 체계적으로 검거, 학살된 사실은 김태선과 오제도 등이 전쟁 이전에 공언한 것이 모두 거짓말이었다는 사실을 그대로 입증해 주었다. 사람들의 삶과 죽음이 달려 있는 이러한 극히 중대한 사안에 대해, 이승만 정부 최고 권력자들이 거짓말을 한 것을 새삼 확인한 좌익 인사들과 지식인들이 정부의 모든 약속을 처음부터 끝까지 불신하게 된 것은 너무도 당연한 일이었다. 특히 이런 학살 장면을 직접 보거나 겪고 난 생존 좌익 인사들은 대한민국에서는 설사 전향을 해도 의심을 받거나 사찰을 당하며, 전쟁과 같은 국가 위기 국면에서 여차하면 불법체포 또는 처형을 당할 수 있다는 것을 분명히 알게 되었다. '전향', '귀순자'를 속이고 학살한 사실처럼 한국 국민들에게 몸서리치는 교훈을 준 사건은 20세기에 찾아보기 어려울 것이다.

결국 한국 정부가 국민보도연맹이라는 '비국민'으로 의심되는 사람들로 구성된 관변조직을 결성해서 운영한 것은 전향을 선언한 좌익을 완전히 전향시키기 위한 목적보다는 오히려 국가비상사태 시 내부의 잠재적 적을 효과적으로 통제하기 위한 것이었을 수도 있다. 그뿐 아니라 대대적인 자수·검거 선풍을 통해 국민의식을 갖지 않은 사람도 여기에 가맹하지 않으면 생존할 수 없다는 것을 보여주고자 경찰과 검찰이 기획한 '국민 만들기'일 수 있다. 그렇다면 일제의 전향정책과 이들을 전향시켜 '갱생'과 사회 복귀를 하도록 한다는 정책은 애초부터 거짓 구호였을 가능성이 크다.

결국 자수·전향한 국민보도연맹원은 실정법을 어긴 범죄자가 아님에도 불구하고 전쟁이라는 비상 상황하에서 사실상 적으로 간주되어 모두 제거당했고, '귀순'한 사람은 물론이고 그냥 도피하다가 겨우 목숨을 부지한 사람과 그 가족도 평생 사찰과 감시, 경찰의 시달림과 연좌제의 굴레에서 벗어날 수 없었다.

정전 이후 전향정책의 제도화

전쟁 중인 국가는 국가에 반역하는 세력이나 적군과 은밀하게 내통한 사람을 처형, 학살하는 경우가 많다. 전쟁 중 체포한 적은 제네바협약 등 국제 전쟁규범 준수 요청과 그에 대한 각국의 비준 동의가 있었기 때문에 대체로 포로로 간주해서 수용소에 감금했다. 전쟁 상황이 종식되면 적군 포로들은 적국으로 돌려보내거나, 재판 절차를 거쳐 수용소 등에 수감했다. 그러나 적의 전사들에 대해서는 인도적인 처우를 하라는 것이 제네바협약에도 명시되어 있다.[37]

앞에서 본 것처럼 1950년 6월 25일 이후 1953년 7월 27일까지, 즉 6·25한국전쟁 기간 중에는 국민보도연맹원이라는 이유로, 또 국방경비법·국가보안법·특별조치령 등의 죄목으로 체포, 수감된 사람은 재판 없이 처형당했다. 전향을 공개적으로 선언한 사람이라고 하더라도 그 내심을 판단하기 어렵고, 따라서 전쟁이 발발하자 이들이 다시 적의 편에 설 수 있다고 예단했기 때문이다. 제주4·3, 여순 사건과 빨치산 토벌 과정에서 체포되어 재판을 받아 수감된 사람들이나 전쟁 중 인민군 치하에서 부역한 사람들도 거의 군법회의 단심으로 처형을 당했기 때문에 전쟁 중 처형과 학살의 경계는 분명하지 않았다. 정전 이후에도 남북한 간의 적대가 계속되었기 때문에 한국군과 경찰에 의해 체포되어 수감된 좌익은 미처 '죽이지 못한 적'이었다.

그렇다면 정전협정 이후에 수용소나 감옥에 수감된 좌익수들은 어떻게 했을까? 이들은 당국에게는 내놓자니 그렇고 가둬놓자니 오히려 '사상이 굳어지고' 그것이 딜레마였다. 사실 좌익수는 국가 권력의 보복 대상이었으므로 감옥에서 자유를 박탈하거나 고통을 부과하는 정도의 행형정책으로는 당국의 보복심을 충족시킬 수 없었다. 특히 좌익수는 풀려나기만 하면 사람들에게 '나쁜' 영향을 미치거나 다시 반란을 감행할 수도 있는 '위험한 존재'이기 때문에 이들이 완전히 자신의 사상을 버리고, 대한민국에 충성하는 사람으로 변화할 수 있도록 심리전 방식의 접근이 필요했다.[38] '이들 적군 전사나 정치사상범이 비전향 상태로 형기를 마치고 그대로 출옥해도 좋은가'라는 고민에서 일제의 전향정책이 다시 호출되었다.

정전 직후 한국 정부는 사상범 교도원이라는 수용소를 별도로 만들어 사상범 대상의 교도 및 사상정화 사업을 시도하려고 했다. 서울사법보호위원회가 이 작업을 담당했는데, 수용소 내에 별도의 건물까지 두었다.[39] 그런데 당시에도 좌익수 중 출옥자가 있어서 치안국에서는 각 시도에 지시하여 가능한 사상범 출옥자에게 직장을 구해주어 선도하는 동시에 동태 파악에 만전을 기하라고 지시했다.[40] 서울사법보호위원회는 검찰 등과 협의하여 사상 교양 선도와 취업 알선, 직업 보도 등의 조치를 취했다. 이들은 출옥한 사상범이 의지할 곳이 없어서 '자칫하면 죄악의 구렁텅이로 빠질 것'을 우려했다.[41] 즉 1950년대 초중반만 하더라도 사상범에 대한 정책은 일제 말과 유사했는데, 이들을 감시하되 교화 교육을 통해 체제에 통합하려 했다. 그리고 당시 일반 시민들도 이들에 대한 선도책을 환영한다는 의견을 올리기도 했다.[42]

그러나 이승만 정부는 지도자급 좌익수에 대해서는 진술서, 자서전 형태의 사실상의 전향서를 요구하기 시작했다. 그리고 수감자 사상 동태조사를 실시하여 "민주주의가 좋으냐, 공산주의가 좋으냐" 등의 질문을 한 다음, 그 대답에 따라 전향과 비전향을 구분했다.[43] 이런 방식의 초보적인 전향공작은 1955년 무렵 여러 형무소에 수감 중인 좌익수를 대상으로 실시된 것으로 확인된다. 1955년 2월 15일 대전교도소 좌익수가 탈옥을 시도한 사건인 이른바 '이일호사건'을 전후하여 당국은 수감자들에게 백지를 돌리고서 전향서 작성을 요구하기 시작했다.

1955년 서대문형무소가 신축된 이후 공주, 군산 등에 수감되어 있던 좌익수 약 300명이 서대문형무소로 이감되었는데, 여기서 전향서 작성을 거부한 200명은 A, B, C로 분류되어 A급은 특별사동에 독거 수용, B급은 특별사동에 혼거 수용되었으며, C급은 일반 재소자와 함께 수용되었다. 그리고 2, 3개월마다 한 번씩 쪽지를 나누어주고 전향서의 작성을 요구했다.[44] 같은 시기

대전형무소에서는 좌익수들이 모여 정치학습을 하고 작업대 단위로 책임자도 선출하고 열쇠와 단도까지 만들었는데, 이 조직활동이 탄로가 났다.[45] 당시 대전형무소에는 약 4,000명의 수형자가 있었는데, 그중 3,000명 정도가 좌익수였다고 한다. 이일호 사건과 감옥 내 좌익 조직 사건을 겪고서 당국은 전향공작을 제도화한 것으로 보인다.

당시 대전형무소 이용기 소장이 "전향을 하지 않고서는 살아서 특별사를 나올 수 없다", "전향하느냐 뒷문으로 나가느냐의 선택권은 바로 너희들에게 있다"[46]는 최후통첩 방식의 방송을 했다고 한다. 1956년 4월에 〈좌익 수형자 동태조사 보고에 관한 건〉이란 장관 명의의 공문을 내렸고, 그 이전까지는 좌익수에 대한 동태 변동만을 보고하라고 했는데, 그때부터는 '전향, 미전향, 전향불능으로 기재하여 3개월마다 극비문서로 취급하여 보고할 것'을 지시했다.[47]

한편 1956년 10월 가석방심사규정(법무부령 제19호)이 제정됨으로써 전향공작이 어느 정도 공식화되었다. 그 규정 제7조 2항에서는 "국가보안법 위반 등 수형자에 관하여는 특히 그 사상의 전향 여부에 대하여 심사하고 필요한 때에는 전향에 관한 성명서 또는 감상록을 제출하여야 한다"고 명시함으로써 전향서를 작성해야 가석방 대상이 될 수 있도록 했다.[48] 그러나 이 전향을 전제로 한 가석방 규정은 "국가의 안정보장, 질서유지, 공공복리를 위해서 필요한 경우에 한하여 법률로써 제한할 수 있다"는 헌법 제37조 2항의 기본권 제한의 법률 유보 조항에 위

배되어 법률상 그 효력을 인정받지 못했다.[49]

그러나 1950년대 말까지 좌익수 전향방침은 아직 확고하지 않았다. 행형 당국은 '좌익 수형자의 처우는 어떻게 할 것인가'라는 주제의 현상 논문을 공모하기도 했는데, 별로 뾰족한 방안을 찾지 못했다.[50] 한 교도관은 "풍부한 경험과 역량을 가진 유능한 일선 책임자의 교화방안에도 불구하고 이들의 '돌머리'에는 두 손을 높이 들고 있을 수밖에 없었다"고 실토했다. 그리고 "이들의 돌머리를 부수기 위해서는 돌 이상의 강인한 쇠망치나 쇄석기가 준비되어 있어야 한다"고 말하면서 "조국 대한의 따뜻한 애정을 이들에게 베풀어야 하며, 전향을 할 경우 그만한 혜택이 있어야 한다"는 결론을 내리기도 했다.[51] 일제강점기와 유사한 교화를 통한 전향정책이 강조되었다.

그러나 5·16쿠데타 이후 강압적 전향정책이 본격화되었다. 그것은 중앙정보부 주도의 대민 심리전, 혹은 전쟁 전후 빨치산 귀순 전략의 연장이었다. 당시 5·16쿠데타 이후 교도소 내의 비전향수는 가슴의 수번 위에 네모난 붉은 천 조각을 붙이고 있었다. 소장이 와서 붉은 천이 무엇이냐고 물었다. 교도관이 미전향수라고 대답하자 그는 버럭 역정을 내면서 "저런 것들은 쏴 죽이지 왜 쌀 아깝게 밥을 줘"라고 말했다.[52]

5·16 군부세력은 비전향자들을 대전교도소에 집결시킨 후에는 일체의 가족면회를 금지했고,[53] 학생 수감자들은 이 특별사에 접근시키지 않았다. 1961년 1월 전향 재확인·재성명 제도가 도입되었는데, 전향의사를 보인 사람에게 교도소 측이 만들어놓

은 안을 그대로 다 수락하고 "전향함을 선언합니다"라고 선언하게 해서 그러한 절차를 마무리하면 완전 전향한 사람으로 인정했다.[54]

중앙정보부는 1964년 1월에 좌익 수형자 "전향심사에 각 지구 중정 관계관을 참여시켜 전향심사의 효과적 운영을 기하도록 할 것"이라고 심사방안을 추가 지시하여 중정이 본격적으로 전향공작을 관장하기 시작했다. 1966년 각 지역의 중정은 경찰국, 방첩대, 해병, 헌병부대 등을 통관하는 대공활동통합조정위원회를 실질적으로 주도하면서 대간첩 작전, 대공 심리전 차원에서 수감된 좌익수들의 동태, 만기출소, 감형, 사면, 가석방, 징벌, 이송 등을 관장했다. 당시 상황에서 석방 좌익수들이 북한 공작원들과 실제 접촉할 가능성이 컸기 때문일 것이다.

교도소 당국은 이들의 등급을 분류하기 위해 일찍부터 '사상조사표', '재소자 사상동향카드', '사상범의 전향 실태조사' 등의 수많은 양식을 만들어서 좌익수를 면담하거나 관찰한 다음 사상전향 가능성과 대상자의 생각을 계속 기록했다. 사상조사표에는 범죄의 동기, 현재 복역에 대한 감상, 민주주의에 대한 견해, 공산주의에 대한 견해, 민주주의와 공산주의는 어느 편이 좋다고 생각하는가, 신의 유무, 사상전향할 의사 유무, 전향서 제출할 의사 유무, 장래희망, 기타 사항을 동시에 적게 되어 있다. 사상범의 동향 실태표를 작성해서 이들 중 출소자들의 동향에 대해서도 조사를 했다. 좌익수 재소자사상동향카드를 보면 그가 일반수와 같은 수준의 접견, 서신, 가석방 등을 요구한 내용이

나온다. 좌익 재소자들의 동향카드 등을 보면 특수교화 이후 지속적으로 '공작면접'을 실시하여 전향의사를 물은 것이 확인되고,[55] 이들 좌익수는 완강히 전향을 거부하기 때문에 "온건한 가족 접견보다는 강한 자극이 필요하다"고 평가하기도 했다.

한편 1969년 5월 13일 법무부령의 교정누진처우규정 제5항에 의해 '확신범으로서 그 사상을 바꾸지 아니한 자'는 어떤 누진처우 혜택도 받을 수 없도록 했고, 이 규정에 의해 1950년대의 분류와 유사하게 수형자들은 A급(개선가능), B급(개선곤란), C급(개선곤란, 개선극난), D급(급외)으로 분류되었는데, 전향한 좌익수는 대체로 C급으로, 비전향 좌익수는 D급으로 분류되었다.[56] 여기서 C급의 '개선극난(改善克難)'으로 분류된 사람 중에는 '개전의 정이 있는 자유민주주의 질서파괴범'이 포함되어 있고, D급은 '개전의 정이 없는 자'를 지칭한다. D급에 속한 비전향 좌익수는 좌익사상의 확신 정도에 따라 또다시 A, B, C급 유형으로 세분했다.[57] 이 세 분류의 등급 중 A급은 반공법 위반자로서 주로 단기수, B급은 5~10년의 유기수, C급은 주로 남한 출신의 무기수로 행정 당국이 전향 가능성을 두는 경우, D급은 주로 전향 가능성이 없는 무기수였다.

여기서 D급으로 분류된 비전향 좌익수는 아무리 성실하게 수형생활을 해도 누진처우 대상이 될 수 없었다. 그리고 이들은 가석방이나 특별사면 대상에서 완전히 제외되었으며, 단지 월 1회의 접견과 서신 왕래만이 가능했다. 이들은 라디오 청취나 사회 견학을 할 수 없었고, 신문 열람은 '교화'상 필요 시 허가를 받아야 했고, 감방에는 일체의 책상, 서화, 화분, 거울, 시계 등을 비치할 수 없었다.[58] 즉 좌익수는 감옥 내의 모든 혜택에서 완전히 배제되어 인간 생존에 필수적인 기본 조건을 완전히 박탈당했다. 당시 이들을 대상으로 한 '감화활동', '교화행정'에 동원된 성직자들은 "사형대의 마지막을 앞에 놓고도 그들의 사상적인 승리를 믿고 그들 도당의 승리를 호언하는 망상을 버리지 않는 태도를 갖고 있다"고 비판했다.[59] 이들 대상의 교육과 회유를 통한 방법이 거의 소용이 없었기 때문에 교도소 내의 각종 규칙을 엄격히 적용하여 고통과 불이익을 주자고 제안하기도 했다.

가석방제도나 누진처우규정 등은 분명히 좌익수의 전향을 유도하는 효과가 있을 것이다. 그런데 앞의 모든 대부분의 규정은 법무부의 '명령'이었지, 실정법적인 근거는 약했다. 재소자의 처우가 법에 근거하지 않을 경우, 장관이나 교정 당국의 지시나 공문이 강력한 영향을 미친다.[60] 행형 당국은 "이들(좌익수)에게는 엄격한 법 집행이 필요한데, 그렇지 않으면 이들은 그것을 이용하여 더욱 관규를 어기고 타 수용자에 비하여 어떤 특권의식을 갖게 되어 수용 처우는 점점 더 어려워지는 문제점이 있다"고 보았고,[61] "관의 조그마한 처우의 잘못 또는 여건상 집행이 어려운 약점을 들어 전체 질서를 문란케 하거나 심지어 자상 등을 하여 직원에게 그 책임을 돌리며 사회 여론을 환기시키며 자극하려는 야비하고 교묘한 술수를 쓰기도 한다"고 좌익수 다루는 일의 어려움을 토로했다.

과거 일제의 전향정책을 살펴보면 다양한 단계의 유인책을 사용했음이 드러난다. 일제는 기소 전에는 기소유예,[62] 기소보류, 불기소처분 등의 유인책을, 기소자에게는 공판 시 집행유예라는 유인책을, 복역자 대상으로는 가출옥을 시키는 다양한 단계의 유인책을 사용했지만, 한국에서 시행된 좌익수 대상의 전향 유인제도는 가석방을 제외하고는 거의 없었다고 해도 과언이 아니다. 가석방 자격을 얻어도 즉각 석방 조치를 내리는 것이 아니었으므로, 사실상 좌익수 입장에서 전향으로 얻을 수 있는 혜택은 거의 없었다. 특히 전향은 단순히 좌익사상을 버리고 '국가의 품'으로 들어오는 문제만이 아니었다. 과거의 자신과 동료를 배반하고 국가의 심리전 요원이 되어 양심상의 가책을 각오해야 하는 문제이기도 했다. 그들이 판단하기에 '적'의 선전요원이 되어 동료들의 전향을 설득한다는 것은 단순한 이념의 전향을 넘어 엄청난 도덕적 부담을 겪어야 하는 일이다.

전향공작의 합법화, 사회안전법

각종 압박과 불이익, 폭력을 가해도 끝까지 전향을 거부한 좌익수가 형기를 마치고 출옥하면 어떻게 될까? 1970년대 초반 이 중 젊은 사람도 이미 40대를 넘어섰고, 최소 10년 이상 수감되어 있었기 때문에 남한 출신이라고 하더라도 인간관계도 거의 끊어졌고 반체제 조직활동에 또다시 가담할 가능성은 거의 없었다. 더구나 북한 공작원 출신들은 남한에 연고가 없었기 때문에 경찰이 이들의 동향과 일거수일투족을 사찰하는 한 출옥 후 공작원으로서 제대로 활동할 가능성은 크지 않았다. 그래도 이들이 대거 석방될 경우 '사회 각계에 분산된 채 현실적 위해(危害)요소로 방치될 위험'은 있었을지 모른다.

한옥신은 국가적 위험성 때문에 "사상범죄인에 대하여 부단히 감시 감독하는 보안처분제도의 필요성"이 시급하다고 보았다.[63] 그는 "사상교정처분이 시행되어야 한다. 자급자족적인 원리를 통한 민주사상교정소 같은 보안구금소를 설치하여 민주적 사상의 건전한 인간성 개발을 기하여야 할 것"이라고 주장했다.[64] 그는 국내에 '현존하고 명백한 위험성'을 가진 비전향 형기 완료자, 그리고 부역 후 행방불명자, 조총련 가맹자, 남북 귀환자 등 '대공위해요소'를 대략 85만 명 정도로 추산했는데, "그 가족을 계량하고 나면 한국은 간첩의 아성 속에 거동하고 있다고 해도 과언이 아닐 것"이라고 우려했다.[65]

이진우는 사회안전법이 필요한 이유에 대해 특정 범죄(형법 중 내란죄·외환죄, 군형법 중 반란죄·이적죄, 국가보안법 중 반국가단체의 활동과 관련된 죄)를 다시 범할 위험성을 예방하자는 것, '국가적 불행'을 사전 예방하자는 취지였다고 보았다.[66] '국내 불순분자들을 적절히 보호 관리, 교화 선도함으로써', '안전 위해 요소'를 제거해야 한다는 것은 법무부나 당시 검찰의 기본 입장이었다. 이처럼 법률가의 훈련을 받은 사람들이 법의 가장 기본적인 상식인 형벌은 법률에 기초해야 한다는 점을 이렇게 쉽게 무시해버렸다.[67]

1972년 제정된 유신헌법에 "모든 국민은 법률에 의하지 않고서는 … 보안처분을 받지 않는다"는 종래에 없는 규정이 들어간 이후, 결국 보안처분을 제도화하기 위한 법적 장치가 발표되었는데, 그것이 바로 사회안전법이었다. 박정희 정권은 1975년 4월 30일 월남 함락 직후의 안보 위기를 명분으로 하여 사회안전법을 민방위기본법, 방위세법, 교육기본법 등 4대 전시 입법과 함께 야당 의원들이 없는 틈을 타서 날치기로 통과시켰다. 사회안전법 제정으로 출옥해서 직장생활을 하거나 결혼을 해서 가정을 꾸렸던 비전향 사상범들이 느닷없이 체포되어 또다시 수감되었다. 그런데 이번에는 사실상 재판 없이 죽을 때까지 구금될 수도 있었다. 보안처분상의 면제 결정이 내려지기 위해서는 '반공정신이 확립되어 있을 것'(제7조 1항), 즉 전향이 '석방의 조건'으로 법에 명시되었기 때문이다.

　시행령 제11조에서는 '반공정신을 확립하여 국가에 충성을 다할 것이며, 법령을 준수할 것을 맹세하는 서약서', 즉 전향서를 관할 경찰서에 제출하도록 했다. 이를 거부할 경우 그들이 재범 위험이 있다는 판단하에 무기한 수감할 수 있게 한 제도를 고안한 것이다. 보호관찰은 주거 제한은 없으나 관할 경찰서장에게 모든 일정을 신고하게 한 것이고, 보안감호는 교도소 안의 보안감호 시설에 수감하는 처분으로 사실상 범죄자에 대한 형벌과 동일하다. 주거 제한은 일정 주거 지역 외의 지역에 주거하지 못하도록 하는 제도였다.

　사회안전법 제정으로 비전향수 153명이 청주보안감호소에 재수감되었고, 그중 52명이 1988년 5월까지 전향을 거부하여 감호소에 남아 있었다.[68] 사회안전법에 의해 보안감호처분을 받았던 사람은 총 128명이었다.[69] 사회안전법상의 보안처분의 유효기간은 2년이지만, 검사의 청구가 있을 경우 법무부장관은 심의위원회의 결정을 거쳐 기간을 갱신할 수 있기 때문에 2년이라는 기간은 거의 무의미했다. 실제 좌익수 상당수는 원래 감옥에서의 수형 기간보다 사회안전법에 의한 보안감호 기간이 더 긴 경우가 많다. 한국의 좌익수 중 여러 사람이 20세기 세계 최장기수가 된 까닭은 여기에 있다.

국가보안법 위반, 군형법상 내란 외환죄 전력이 있는 사람 중 이런 범죄를 다시 저지를 '위험성'이 있는 사람, 즉 현행범은 아니지만 사상적으로 반체제적인 생각을 갖고 있는 사람을 보도구금하는 제도는 이미 1949년 개정 국가보안법에 명시된 적이 있다. 당시 국가보안법 제12조에서 "법원은 적당하다고 인정하는 때에는 피고인에 대하여 형의 선고를 유예하는 동시에 피고인을 보도구금에 부할 수 있다", "보도구금은 검사의 청구에 의하여 법원의 결정으로 한다", "보도소의 수용 기간은 2년으로 한다. 단 … 갱신할 수 있다"고 정했다. 그러나 1949년의 개정 국가보안법에서는 이 조항이 삭제되었다.

사회안전법은 일제 말 조선사상범보호관찰령(1936), 치안유지법 체제하의 예방구금제도를 구체화한 조선사상범예방구금령, 즉 치안유지법 위반자 중에서 전향을 표하지 않거나 '사상국방전'에서 위험하다고 판단되는 사람을 예방구금의 대상으로 삼았던 전례를 따른 것이었다.[70] 일제하에서 전향을 거부하고 출옥한 사상범, 특히 조선인 항일운동가들을 어떻게 관리할 것인지는 일본 관료들에게 매우 중요한 문제였다. 예방구금과 보호관찰은 이러한 문제를 해결하기 위한 방법이었다. 감옥에서 출옥한 사상범은 완전히 전향했다는 사실이 확인된 다음에야 국가의 통제에서 벗어날 수 있었다.[71] 당시 예방구금제도의 경우도 만약 일본 본토에서는 실시되지 않을 경우 조선총독부가 독자적으로 실시하려 했었다. 그것은 조선인들의 전향이 극히 어렵다고 판단했기 때문이었다.

유신체제하에서 법무부, 공안검찰 등이 사회안전법을 제정해야 한다고 생각했던 이유는 일제 말 일본 검찰이 조선의 항일투사들에게 가졌던 판단과 동일했다. 그래서 사회안전법에서는 일제하의 보호관찰을 보호관찰처분과 주거 제한으로, 예방구금을 보안감호처분으로, 그리고 예방구금소를 보호감호소로 변경해서 그대로 시행했다. 일제하에서는 예방구금의 결정을 법원이 할 수 있도록 하고 이에 대해 항고할 수 있도록 한 반면, 사회안전법에서는 보안감호처분을 법무부장관이 하게 되어 있어서 법원의 선고도 없이, 행정적으로 '국가안보 위해요소'를 절대적 부정기형으로 무한정 구금할 수 있었다. 그래서 박정희 정권의 사회안전법은 일제의 것보다 더 가혹했다.

특별예방(개선, 교육)과 이를 통한 사상범의 재사회화란, 사실상 전체주의의 체제 유지 이데올로기에 불과했다.[72] 그것은 박정희 정권이 감옥에 갇혀 있거나 출옥하더라도 사회활동을 하기 어려운 사상범들을 기존의 형벌로 다스릴 수 없어 보안처분까지 이중 삼중으로 해서 이들을 완전히 통제하에 두거나 폭력으로 전향을 강제할 정도로 허약한 체제라는 것을 보여준 셈이다. 그래서 이진우는 사회안전법 제정과 보안처분을 통해 비전향 사상범을 구금하려는 이유를 말하면서 그것을 '두려움'이라고 표현했다.[73]

결국 사회안전법상의 보안감호처분은 사실상 수형생활이었고, 사실상 형기가 없었기 때문에 재판을 받고 수형생활을 하는 형벌보다 더 가혹한 처벌이었다.[74] 우선 그것은 일사부재리나 죄형법정주의에 위배된다. 헌법상의 삼권분립을 위반한 것으로 재판을 받을 권리마저 제한한 것이다.

감호소에서는 '피보안 감호자 사상동향카드', '경호 요시찰인 카드'를 만들어 이들의 독서, 발언, 접견 시 태도 등을 기록하며 사상동향을 계속 사찰했다. 재일동포 서준식처럼 전향을 완강하게 거부하는 사람을 대상으로 '특별 사상전향 공작계획' 같은 것도 수립해서 심리 분석을 하기도 했다. 공식적으로는 교도소가 아니라 감호소였지만, 감옥특별사와 거의 같았다. 1, 2명의 독방 수용수에게는 하루 1시간 반의 운동 시간이 허용되었다. 비전향 장기수 임방규는 이렇게 말한다.

> 인류 역사상 지구상에 이런 법이 이 땅 말고 있어본 적이 있는가? … 국가보안법과 사회안전법을 기안하고 법으로 제정하고 집행한 상층부의 어느 한 사람도 조국이 일제 식민지 치하에 있을 때 분단시

대에 조국과 민족을 위해 싸우다가 한 밤이라도 철창 안에서 자본 적이 있는가. 보리밥 한 덩이 먹어본 적이 있는가. 감옥을 이승의 지옥이라고 한다. 지옥 속에 사람을 가둬놓고 수십 년을 온갖 방법으로 괴로움을 주고 그도 모라자서 죽을 때까지 괴롭히는 자들….[75]

즉 사회안전법상의 보안구금은 '전향'을 공식 명시한 최초의 법이었다.[76] 서준식은 보안처분은 "형벌인데도 형벌이 아니라고 주장하는 일종의 상표 사기", "비전향자는 누구라도 무조건 종신징역을 살리겠다는 무시무시한 폭력"이라고 주장한다.[77] 그는 보안구금이란 법률이라기보다는 원시적 폭력에 가깝다고 평가했다.[78]

사회안전법의 법조문에 들어간 '보호되어야 할 국가와 사회'란 과연 무엇인가? 심희기는 국가를 유기적 실체로 보면 결국 국가를 감정을 가진 자연인과 같은 존재로 보는 국가 유기체론으로 귀결되는 문제가 있다고 보았다.[79] 전향제도, 비전향자를 영원히 구금하려는 사회안전법이나 보안관찰법은 전체주의 정신에 기초한 국가보호제도라 볼 수 있다. 국순옥이 한국의 유신헌법의 전문의 '자유민주적 기본질서'라는 개념은 사실 국가라는 전체를 보호하기 위해 반체제 인물의 내심도 국가가 통제할 수 있다는 사고방식에 기초하고 있다고 지적했는데, 유신체제하의 감호소야말로 전체주의 기관 그 자체였다.

감옥 내에서의 전향공작

교화·교육을 통한 회유

수감, 격리, 통제는 모두 교정의 기본 목표, 즉 교육을 통한 회유를 지향한다. 교정 당국은 수감자들을 수감 기간을 거쳐 심도 있는 입체적인 순화교육이 필요한 존재로 본다.[80] 순화를 위해서 영향력 있는 인사나 성직자와의 상담, 가족, 친지에 의한 순화 유도를 하고 안보이념 교양교육, 국내외 정세교육, 산업시설 시찰 등도 실시했다. 그래서 규율에 순응하고 재범의 우려가 없을 경우 가석방 등을 통해 조기에 사회에 내보내는 것이 바람직하다고 본다.[81] 행형이 사회적 재교육, 사회화의 기능을 하기 위해서는 행형 시설이 사회에서의 생활 수준과 유사하거나 열악해야 하고, 피구금자의 주체성이 존중되어야 하며, 사회복귀를 위한 교과적인 지도나 행정이 이루어져야 한다.[82] 이러한 조건이 없는 모든 교화·교정정책은 실패할 가능성이 크다.

회유, 교화와 교육을 통한 전향 유도작업도 강압책과 더불어 초기부터 실시되었다. 1960년대 말까지 법무부는 반공교육을 통한 교화작업과, 목사·승려 등 종교인을 교회사로 동원한 교화작업을 병행했다. 법무부는 공안사범교화요강(법무부령 제227호)에 근거해서 사상범을 교화 대상으로 설정했다. 법무부의 공안사범 전향 회유 기본 방향을 보면 "공산주의 모순성을 인식시키기 위한 논리적 이념 교육과 실증적인 남북한의 사회상 비교, 그리고 자유민주적 인간성 회복과 민주시민으로서 사회복귀를 위한 신앙지도, 정서순화 등으로 하여 … 사회참관, 실증적 가시적 교화활동, 상담 교화, 시청각교육, 이론교육, 연고자 활용 등을 실시"하려 했다. 한편 심사 판정에서 사상전향서는 "자유스러운 상태에서 자주적 의사에 따라 자필로 작성하고 날인하도록 하며, 그 내용에는 '대한민국의 법질서를 준수하고 선량한 자유시민으로서 생활의지'를 반영"한다고 정했다.[83]

1971년 법무행정 계획에는 좌익 재소자를 위한 특수교화 방법이 제시되어 있는데, 사회참관 월 1회, 가정통신문 발송, 반공자료 간행, 도서 열람, 반공 강연 등이 그것이다.[84] 구체적으로는 공산주의 이론에 밝은 학자들의 강연을 듣게 하거나 기독교나 불교 성직자들을 동원하여 이들을 인간적으로 회유했다. 그뿐 아니라 영화감상이나 사회참관을 하게 해서 자신이 견지한 공산주의 및 북한에 대한 신념이 잘못된 점이라는 것을 깨닫도록 유도했다. 1960년대에는 국방대학원 교수인 윤원구, 1980년대에는 세계도덕재무장 한국본부 정준 이사장, 반공연맹 전남지부장 ○○○ 등의 강연이 있었다. 윤원구는 이들을 대상으로 한 주에 두 번씩 계속 강연을 했다.[85] 그러나 러시아어를 배운 일부 공작원 출신들은 윤원구의 강연을 듣고 레닌의 군사강령에 대한 설명이나 "마르크스의 가르침은 전능하다"는 번역된 표현의 문제점까지 지적하면서 논박하거나 북한의 통계자료를 잘못 인용한 점을 지적하면서 강사를 면박하기도 했다.[86]

사상주입, 대화와 설득을 통한 전향유도는 1949년 혁명 이후 중국이 포로를 대상으로 실시했던 방법이고, 체포된 일본인 전범, 그리고 내부의 반혁명 분자들을 대상으로 한 교화 교육 방법이었다.[87] 그러나 한국에서 반공 강연을 통한 전향유도는 거의 성과를 거두지 못했다. "북괴는 자유가 없다. 대한민국은 돈만 있으면 하고 싶은 것 뭐든지 할 수 있다. 얼마나 좋으냐"고 천박한 논리로 회유해도[88] 좌익수들 중에서 '자신들보다 수준이 낮은' 강의를 듣고 전향한 사람은 한 사람도 없었다고 한다. 강사들이 '치졸한 반공 이론, 지식·인격 부족 등으로 비웃음만 사는' 경우가 많았고, 이들의 마음을 돌리는 데 기여하지 못했다.[89]

좌익 수형자 대상의 사회참관은 1966년부터 시작되었다. 그것은 대한민국의 경제 발전상을 직접 본 다음 공산주의 사상을 포기하라는 취지에서 시행된 것이었다. 대전교도소의 단체참관은 5명에서 10명까지 아침에 출발해서 대전 시내의 산업시설들을 참관하고 돌아오는 방식이었고, 개별참관은 한 명을 서울이나 기타 고적지, 가족이 있는 지방으로 데려가면 그 가족들이 좌익수의 전향을 유도하거나 좌익수 대신 무인지장을 찍는 방식의 전향유도였다.[90] 1980년대에 들어서는 예산이 많이 확보되면서 사회참관의 횟수가 늘어나고 각종 교화대책이 시도되었다. 이 경우 전향한 사람들에 대해서는 OB맥주 등을 참관하여 한국의 산업 발전을 피부로 느끼게 만들고, 영화를 관람하게 했고, 모친이 사망하면 하루 귀휴를 허용해주기도 했다.[91]

1960년대 중반 이후 한국이 경제적으로 크게 발전했기 때문에 좌익수 대상의 사회참관을 시도한 것으로 보인다. 그러나 당시에도 한국 경제가 북한에 월등히 앞서지는 않았기 때문에, 남한의 경제 발전을 보여줌으로써 이들이 마음을 돌리려 한 시도는 그다지 성공적이지 않았을 것이다. 한국의 감옥이나 행형제도가 일반수에 대해서도 교화·교정의 기능을 어느 정도 잘 수행하여 재범의 가능성을 낮추었는지 의문이지만, 좌익수의 경우는 더욱 그 효과가 크지 않았을 것으로 보인다.

행형정책 효과 차원에서 볼 때 좌익수들을 거의 평생 동안 수감 격리한 한국 정부의 정책은 과연 성공한 것일까? 만약 이들에게 가벼운 처벌을 내려서 사회에 복귀시켰다면 국가나 사회가 갖는 위험은 더 커졌을까? 좌익수 안재구는 감옥생활을 겪은 후 전향정책의 문제점을 다음과 같이 지적하기도 했다.

전향 좌익수와 미전향 좌익수의 대우에 관하여 접견 서신 왕래, 독서 등에 있어서는 다소의 차별대우를 하고 있으나 사면, 감형, 가석방 등에 있어서는 5·16 이후 일체의 차별을 두지 않고 일률적으로 좌익수를 제외하는 정책을 취하여 왔으므로 전향수들의 불평이 다대할 뿐만 아니라 전향공작에도 지장이 많으니 앞으로는 전향 좌익수에 대하여는 미전향수와 구별하여 상당한 은사(恩赦)를 베풀 필요성이 있다고 봅니다.[92]

전향이 인정되면 형무소(교도소) 내에서의 각종 처우가 달라진다. 가석방 대상이 될 수 있고, 보안감호에서도 해제된다. 그렇지만 "실제 전향서를 쓴 사람도 그 형을 에누리 없이 다 살아야 하고 무기형을 받은 사람은 20년이 넘어 25년 이상을 살기도 했다"는 좌익수들의 지적처럼 전향을 해도 수감 중인 비전향자들에 대해서 당장 출옥이나 가석방을 해주는 것도 아니고, 감옥 안에서 특별대우를 해주는 것도 아니었다. 그러나 전향하면 독방이 아니라 혼거방으로 옮길 수 있었고, 특별사를 나와서 일반수와 같이 생활할 수는 있었으며 출역(노동)과 가족면회가 가능했다. 그것은 과거 일본처럼 석방해서 직장까지 잡아주는 당근책은 아니었지만, 무기수나 감호소 수감 좌익수에게 이 같은 처우는 약간의 당근 효과가 있었을 것이다.

사실상 가장 일반적이고 일차적인 전향공작은 일제시기에 그러했듯이 가족이나 지인을 동원하여 가족과 사회로 복귀할 것을 설득하는 것이었다. 좌익수 김영승은 "배고파서 나간 사람이 가장 많고, 처자식이 와서 울고불고하니까 나가는 사람이 있고, 감형 등의 혜택 이유도 있다"고 말한다.[93] 남한 출신 좌익수들에게는 혈육, 특히 가족을 동원한 회유가 1950년대 중반 이후부터 1990년대까지 시행된 가장 일반적인 전향유도 방법이었는데, 사실 가족, 특히 부모의 눈물 어린 호소에 못 이겨 가장 많은 좌익수가 전향을 결정했을 것이다.[94] 효의 가치는 한국인에게 가장 강한 죄의식과 책임감을 불러일으키기 때문에 가족의 눈물 어린 호소를 무시할 수 있는 완고한 투사는 많지 않았을 것이다.[95] 일제시대의 통계를 보더라도 사상범 수형자의 전향 동기 중 가장 많은 비율을 차지한 것은 가족관계였다.[96]

감옥 내에서의 학대와 징벌

감옥 그 자체는 처벌, 응징, 학대의 공간이다. 좌익수들에게는 '변화 없는 감방생활' 그것 자체가 최대 고통이다.[97] 이런 곳에서의 생활 그 자체가 그들에게 최고의 형벌이었다. 감옥은 전체주의 공간인데 그 가장 밑바닥에 좌익수와 정치사상범들이 있었다. 1960년대 이후 한국의 좌익수를 수용한 각 교도소 특별사의 경우 대우가 사실상 6·25한국전쟁기 포로수용소보다 별로 낫지 않았다. 언제나 감옥 여건이 사회보다 더 좋아서는 안 된다는 원칙이 있고, 당시 한국 사회 구성원의 대다수가 빈곤과 열악한 주거환경에 처해 있었기 때문이라고 볼 수도 있을 것이다. 좌익수에 대한 처우, 이들의 수형생활은 한국에서 좌익수, 정치범, 반정부세력을 어떻게 대하고 처벌하는지를 보여주는 현미경이라 할 수 있다.

1950년대의 감옥에는 수감된 사람의 거의 반이나 그 이상이 좌익수였다. 그래서 좌익수는 일반수와 함께 수감되었으며, 전향수와 비전향수도 분리되지 않았다. 그리고 한국에서는 좌익수를 감옥 내외에서 출역을 시키지 않았는데, 그것은 보안의 이유 때문이었다.[98] 정치사상범은 확신범이고 상당한 지적 수준을 갖춘 경우가 많았기 때문에 회유나 교육을 통해서 변화시키기 매우 어려우므로 이들이 서로 만나는 것 자체를 차단하여 의사소통과 연대 가능성을 엄격히 통제할 필요가 있었다. 이들은 "모이면 단결하여 그 힘이 세어지고, 자기들의 이론을 더 깊게 하여 점점 더 헤어나오기 어려운 문제아로 빠져들어갈 뿐만 아니라

집단소란, 불식 등으로 관규를 위반하고 또 그 힘을 과시하려고" 했기 때문에 당국은 "효율적 관리를 위해서는, 특히 일반 사범에게 미치는 영향을 고려하여 … 별개의 시설을 설립하여 집금 수용하는 것이 가장 바람직하다"고 생각했다. 즉 교도소 측은 일반 재소자와 완전 격리가 필요하다고 보았다.[99]

이에 따라 5·16군사정부는 전국 형무소에 분산 수용되어 있던 비전향 좌익수를 대전형무소로 집결시켰는데, 그래서 대전형무소 특별사동이 설치되었다. 이때부터 대전교도소는 정치범 감옥을 상징했다. 1968년 북한의 대남 공비 침투 등 위기가 고조되자, 정부는 대전교도소 특별사에 수감되어 있는 좌익수를 대구(90명), 전주(80명), 광주(90명), 목포(90명)로 분산 이송하고, 대전에는 120~150명만 남겨두었다가 이후에 다시 집결시켰다.

각 교도소에서의 전향수와 비전향수의 분리는 다음과 같은 논리에서 실시되었다.

미전향 좌익수 독방 수용에 대해서 대전교도소에는 미전향 좌익수 651명을 수용하고 있는데 시설의 협소로 각 사방(舍房)에 많은 사람을 혼거시키고 있으므로 동 재소자 상호 간에 좌익사상을 고취해서 전향하지 못하도록 상호 격려·견제하고 있는 실정이어서 불온한 음모를 도래할 우려성이 농후함으로 또 전향공작에도 지장이 지대함으로 독방을 증설해서 미전향 좌익수를 격리 수용케 하는 필요성이 있다고 보는 바입니다.[100]

감옥의 방은 독거감방, 혼거감방, 징벌감방 세 종류가 있었다. 좌익수는 원칙적으로 독거감방에 수감된다. 한 방에 여러 명이 수용될 경우 상호 학습과 소통을 통해 기존의 '반역' 사상과 이념을 공고하게 할 위험성이 있기 때문에 이들을 독거수용하는 방침을 세웠다.[101] 그러나 특별사의 독거감방이야말로 권력의 응보의 의지가 가장 잘 드러난 현장이다. 독거, 즉 완벽한 고립 상태에 두는 것은 이들에게 가장 가혹한 이중 형벌을 가하는 것이다. 그것은 죄수들 간의 의사소통, 상호 격려, 그리고 연대는커녕 인간으로서 존재할 수 있는 최소의 기반을 없애버리는 것이기 때문이다. 그런 생활이 한 달, 아니 1년 지속된다면 여간한 정신력이 아니고서는 한두 해 만에 정신이상이 안 될 수 없다.[102] 독거는 반생을 넘는 장기복역 동안 이들을 가장 괴롭힌 것이었고, 밖 사람들과 접촉조차 차단당한 것은 참을 수 없는 고통이었다.[103]

리영희는 당시 좌익수들이 수용된 감방을 다음과 같이 묘사했다.

당신은 길이 여덟 자 너비 넉 자 크기의 관 속에 들어가 누워본 적이 있습니까? … 이 관 속의 공간은 변소 벽에 뚫린 사방 한 자의 틈에서 그것도 널빤지로 가려진 틈으로 희미한 불빛이 새어들 뿐이라고 생각해봅시다. … 여름이면 낮에도 이 컴컴한 관 속 방바닥에 식사라는 것을 차려놓고 먹을지라면 막힘이 없이 통해 있는 변소의 구멍에서 누런 구더기가 줄줄이 시어나와 더불어 살기를 요구합니다. 처음 며칠 동안은 음식이 목에 넘어가지 않습니다. 그러나 그것도 잠깐이지요. 며칠 지나면 빗자루로 쓸어내면서 맛있게 먹어야 합니다. … 시체를 넣는 관이 아니라 지난 세월 비인간적인 독재정권들 아래서 수천수만의 정치수, 사상수, 확신수, 양심수 들이 처넣어져서 살아야 했던 독방감옥의 모습입니다.[104]

1970년대 초까지는 비전향 장기수를 수감할 수 있는 시설은 대전교도소밖에 없었는데, 1970년대 초에 대구, 광주, 전주 교도소에 특별사동이 신축되었다. 0.75평짜리 특별사 독방도 이때 설치되었다. 일제시기부터 주로 정치범 수용소의 기능을 해온 대전교도소는 감옥 중에서도 가장 악명높은 곳이었다. 대전교도소의 독거감방은 냉장고 3개가 들어갈 정도의 크기여서 키 큰 사람은 제대로 누울 수도 없는 아주 좁은 공간이었다. "한여름 0.75평 방에 12명을 넣어놓으면 밤새 한잠도 잘 수가 없다. 앉아 있어도 땀이 줄줄 흐르고, 삼복더위에 사람의 열이 더해서 방 안에 들어온 모기가 툭툭 떨어졌다"고 한다.[105] 교도소의 감방은 냉난방 시설을 갖추지 않아서 여름에는 덥고, 겨울에는 추위로 동상이 걸리게 되어 있었고, 30촉 백열등을 천장에 매달아놓고 하루 종일 켜놓고, 작은 창문이 있어도 그나마 북향이라 33년 동안 보름달을 한 번밖에 보지 못한 경우도 있었다.[106]

감방은 가로 1m, 세로 2m, 높이 2m 정도의 관 같은 방. 한쪽 구석에 시멘트로 된 50센티 정도의 폭에 직경 7센티 정도의 구멍이 뚫려 있어 그것이 변소. 운동은 하루에 30분. 이것도 좁은 운동장에서 두 사람이

하는데 서로 만나지 못하게 거리를 두고 같은 방향으로 돌기. 하도 좁은 공간이라 좀 빨리 돌면 어지러워 넘어질 것 같았고 실제 당시 28년을 살아온 김 모(60세가량)라는 정치범이 열심히 운동을 하다가 넘어져서 뇌일혈로 반신불수에 언어 능력을 상실했다.[107]

이처럼 좌익수는 독거감방에서 생활하는 24시간 중 운동 시간 30분을 제외하고 하루 종일 그곳에 있어야 했다. 근무자 한 사람이 재소자 한 사람씩 데리고 나와 운동하게 하는 경우도 있었는데, 그 경우 실제 운동 시간은 3분밖에 안 되어서 좌익수 김동기는 그것이 전향공작을 위한 가장 노골적인 탄압이라고 항의하기도 했다. 1960년대 후반까지 교도소의 감방에는 화장실이 별도로 없었기 때문에 변기통을 사용했다. 중국의 정치범 수용소에서도 재소자는 자신의 오물을 직접 치워야 했다고 하지만, 별도의 화장실이 생기기 이전까지 이들은 변기통이 막힐 경우 손으로 변을 치워야 했다. 징벌감방에는 변소가 없고, 방 안 구석의 콘크리트 바닥에 지름 7센티 정도의 구멍으로 배설물을 배출해야 한다. 바깥 창문틀에 합판을 못으로 쳐서 가리면 빛도 없는 깜깜한 방에 갇힌다. 김동기는 0.75평 독방에서 감옥생활한 것이 아니라 사실상 '화장실에서 징역살이한 것이나 마찬가지'라고 말했다.[108]

북한 공작원 출신들은 편지를 하고 싶어도 편지를 받을 사람도 없었지만, 남한 출신들도 가족이나 연고자의 면회가 차단된다면 이들도 하루 종일, 아니 일주일 동안 말을 할 기회를 갖지 못해서 언어조차 잊어버릴 수도 있었다. 실제로 장기수들 중에서는 실어증에 걸려 출옥 후 언어 구사를 제대로 할 수 없었던 사람도 있었다. 항상 머리를 숙이고 꿇어앉아 있어야 했기 때문에 그 자세가 화석처럼 굳었다.[109] 행형규정상 독거는 2년인데 실제로는 연장되었고, 교도소 측은 이들을 며칠 동안 합방시켰다가 다시 독방으로 보내는 방법을 사용하기도 했다. 약 0.8평의 독거감방에 때로는 8명에서 10명, 심지어 11명까지도 수용하기도 했다.

혼거감방도 크기가 1.6평 정도의 작은 방인데, 4명이 누우면 꽉 차는 방에 5, 6명, 심지어 7명까지 수감했다. 신영복의 여름 감방 이야기 즉, 그는 "모로 누워 칼잠을 자야 하는 좁은 잠자리는 옆 사람을 단지 37°C의 열 덩어리로만 느끼게 합니다. 이것은 옆 사람의 체온으로 추위를 이겨나가는 겨울철의 원시적 우정과는 극명한 대조를 이루는 형벌 중의 형벌입니다"도 그런 상황을 말한 것이다.

이들은 집필을 할 수 없었고, 독서도 극히 제한적으로만 허용되었다. 지식인이 다수였던 좌익수들은 독서와 집필 차단에서 가장 심각한 고통을 느꼈다. 그것은 인간이 가질 수 있는 최소한의 자기 표현의 권리, 즉 연필이나 필기도구를 갖고서 자신의 생각을 적을 수 있는 권리, 그리고 독서를 통해 생각을 할 수 있는 권리를 박탈하는 것이었고, 거의 동물적 수준의 삶을 살도록 요구하는 것이었다.

1988년 10월 교정완화지침이 발표되어 도서 열람이 비교적 자유로워졌지만, 여전히 불허 도서목록을 비치하고 검열을 실시했다. 사실 독방에서는 독서 자체가 힘들기도 했다. 독방의 전구는 60촉 백열등인데, 광주교도소의 최 모 소장은 전기요금이 많이 든다며 "징역 사는 놈이 책은 왜 보는가? 여기가 공부방인 줄 아는가" 하면서 20촉으로 낮추는 바람에 많은 사람들이 시력을 상하게 되었다고 한다. 1994년 11월 1일이 되어서야 이들에게 종이와 필기구 보관이 허용되었다. 즉 집필이 허용된 것은 민주화 이후에도 시간이 한참 지난 다음이었다. 좌익수 김인수는 당시의 기쁨을 이렇게 표현했다.

모레가 되면 옥살이 삼십여 년 만에 처음으로 제 소유로 된 볼펜을 가지고 제 방에서 일어나서 잠들 때까지 글씨를 쓸 수 있게 됩니다. 볼펜 한 자루와 노트 한 권이 갖는 의미는 비자유 속의 자유, 문명으로의 질적인 비약입니다. … 밖에서는 컴퓨터로 글을 찍어내는데 이제 겨우 펜이라니 문명의 이기로부터 소외야말로 가장 큰 형벌임을 절감합니다.[110]

결국 1990년대 중반이 되어야 좌익수, 공안사범에 대한 처우가 개선되었다. 동료 수형자와 대화를 나눌 수도 있었고, TV시청이나 영화감상도 할 수 있었다.

한편 한국과 달리 타이완의 백색터러 시기 정치범을 수용하는 감옥은 뤼다오(綠島)라고 하는 유형지 섬 안의 신생도훈처였다. 뤼다오는 타이둥(臺東)에서 동북쪽으로 약 30킬로미터 떨어진 태평양 해상에 위치해 있고, 면적은 약 16평방킬로미터로 타이완에서 네 번째로 큰 섬이다. 수용소는 6·25 발발 직후인 1951년에 지어졌는데, 본격화된 백색테러 상황에서 정치범이 급증하자 설치된 것이다. 이 신생도훈처는 1965년까지 운영되었는데, 약 2,000~3,000명의 정치범이 거쳐갔다고 한다. 그러나 섬 자체가 감옥이었기 때문에 막사에서는 한국의 좌익수 특별사에서처럼 엄중한 경비가 이루어지지는 않았다. 비록 이곳의 노동은 혹독하고 힘들었으나 그곳에 거주하는 주민들과의 접촉도 가능했고, 닭이나 돼지 등 가축도 기를 수 있었다.[111] 그 밖에도 문화활동을 하거나 체육대회도 열릴 정도였다고 한다.

  물리적인 조건으로만 본다면, 한국 1950년대에서 1980년대 말까지의 감옥, '해방' 후 처음으로 건축했다는 1970년 전후 새롭게 지은 여러 교도소 특별사 독방의 크기와 그 내부, 이들에 대한 행형 당국의 처우와 통제의 조건은 19세기의 프랑스, 19세기나 20세기 초의 러시아, 20세기 후반 동시대의 타이완의 정치범 수용소, 아니 한국 정치범 행형정책의 원형인 식민지 시대 일본의 것보다도 훨씬 더 열악하고 비인도적이었다.[112] 그것은 권력의 보복성을 그대로 보여주었다. 특히 타이완의 정치범 행형정책은 보복보다는 교육을 통한 사상개조에 초점을 두었기 때문에 사상교육 그 자체가 폭력이기는 했으나, 어느 정도의 자유 공간이 허용된 것으로 보인다.

  좌익수에 대한 감옥 내 학대는 항상적인 일이었다. 당국은 독방 수감, 음식 줄이기, 질병 치료 거부, 징벌방 투입, 가족면회 금지 등의 각종 보복적인 방법으로 전향을 강요했다. 독거나 징벌방, 그리고 음식을 적게 주는 방법을 통한 고통주기는 가장 가혹한 처벌이었다. 당국은 전향서를 쓰지 않으면 "면회, 서신을 모두 금하고 밥도 큰 것을 먹을 수 없다"고 압박했다.[113] 당시 대전 등 여러 교도소 특별사에서는 중병에 걸린 좌익수를 제대로 치료해주지 않아 죽게 내버려두기도 했다.[114]

인간 생존의 기본인 음식이라는 수단으로 전향을 압박하는 것은 가장 잔인한 이중 형벌이었다. 배고픔은 인간이 겪을 수 있는 가장 심한 고통이다. 1960년대 한국에서는 감옥 밖에서도 배고픔이 심각했지만, 감옥 안은 더 심했다. 이들 좌익수들은 허기진 배를 채우기 위해 세숫물을 마시는가 하면, 영양을 보충하기 위해 담장 밑의 풀을 모두 씹어 삼키기도 했다.[115] 그런데 식사량 부족은 곧 단백질 부족을 의미한다. 단백질이 부족하면 사람들은 무릎을 쓸 수 없게 된다고 한다. 그래서 심각한 단백질 부족 상태의 죄수들에게 의무과에서 볶은 콩 한 홉을 처방해줘서 그것을 먹으면 일어날 수 있었다. 건강의 한계 상황에서 발생할 수 있는 일이다.[116] 1950년대 대전형무소의 소장은 특별사 4사에 수용된 정치범의 내의를 빼앗았고, 가족 차입을 모두 차단하고, 기아정책을 실시했다. 이 기아정책은 4·19혁명 이전까지 계속되었다.[117]

김선명은 "하루에도 몇 번씩 너무나 배가 고파 전향을 생각한 적도 있다"고 말했다. 김영승도 3등식을 먹었는데, 한창 먹을 나이의 소년수들에게 '전구 다마' 한 개 분량의 3등식은 견딜 수 없는 것이었다고 기억한다. 당시 그 나이 또래의 소년수들은 배가 너무 고파서 교도소 안의 샘터 근처 수챗구멍에 떨어진 밥알도 주워 먹었다고 한다.[118] 이들은 식사에서 최하등급인 5등식을, 그것도 600그램에 못 미치는 400그램을 제공받기도 했다. 그래서 권낙기는 "우리의 소원은 통일이 아니라 밥 한번 실컷 먹는 것이었다"고 말한다.[119]

배고픔 다음의 고통은 추위였다. 겨울 이른 아침에 영하 7도가 되는 마루 바닥 방에서 생활했는데, 빈 통 안이 얼어버리고 식기에 밥을 받아도 금세 얼어서 밥이 빙그르르 돌았다. 겨울에는 감방 내 공기통과 천장 양쪽의 환기통 바람을 막지 못하도록 하기도 했고, 바닥에 물을 부어 얼어붙게 하기도 했다.[120] 그래서 이들은 '맞아 죽든 얼어 죽든 죽는 것은 매일반'이라는 생각까지 하게 되었다. 교도소 측은 죄수들의 몸 크기를 고려하지 않고 그냥 집히는 대로 솜옷을 한 벌씩 넣어주었다. 그래서 차가운 독방에서 가마니 한 장 깔고 모포 한 장 덮고 자기도 했다. 이들은 11월까지 솜이불이나 솜옷 없이 지내야 했다. 그런데 4월 초에 솜옷을 거둬가고 5월 초에 솜이불을 거둬가면 엄동 못지않게 오들오들 떨 수밖에 없었다. 추워서 전향서를 쓰겠다고 말한 사람도 있을 정도였다.[121]

감옥 내 엄격한 규율도 이들을 고통스럽게 했다. 예를 들어 "수형자의 수염과 두발은 단속한다. 수형자의 이발은 월 1회 이상, 수염은 10일에 1회 이상 짧게 깎아야 한다. 접견, 서신, 수발은 교도관의 참여 또는 검열을 요한다. 접견 시간은 30분 이내로 한다. 도서·서신 검열 담당자는 간부 직원으로 임명, 철저히 검열한 후 감독자가 재확인 검열한다. 도서 검열 시에는 매 장마다 검열을 철저히 하여 필기구 이외의 물건 등으로 문자 등의 표시에 의한 부정 연락 등도 빠짐없이 차단되게 한다. 재소자의 서신 작성 등은 집필이 허가된 자에 한하여 필기도구 등을 대여하고 일정한 장소에서 작성토록 한 후 필기도구를 즉시 회수 조치하여 임의로 부정 서신 등이 작성되는 사례가 없도록 한다" 등의 규정이 있었다.

1980년 7월 8일에는 감방에서 소지할 수 있는 책 권수를 둘러싸고 감호소 측과 비보안 감호자 사이에 시비가 붙었다. 이 일로 단식에 들어간 장기수들에게 교도관들이 수갑을 채우고 강제급식을 실시했는데, 이 과정에서 좌익수 김용승은 호흡에 곤란을 느껴 헉헉대다가 무릎을 꿇은 상태에서 거품을 물고 사망했다. 감호소 측은 굵은 호스를 식도까지 쑤셔넣어 강제급식을 강행했다.[122]

그래서 좌익수들은 감옥에서의 처우, 교도관이나 폭언이나 부당대우에 수시로 항의했다. 특히 좌익수들은 서로 소통하여 규정을 위반하고, 또 교도관이나 교회사의 부당한 처우에 항의를 했기 때문에 징벌을 당하는 경우가 많았다. 교도관들은 좌익수들이 '불식(不食), 구호 불온낙서, 극렬소란, 접견거부, 출정거부, 재판거부, 자해, 자살미수극, 부정쪽지 작성 및 유출, 부정도서 및 부정물품 유입, 직원 폭행, 가족 농성, 타소와의 비교 개선 요구' 등을 했다고 보고했다. 그러면서 교도관들은 "좌경의식이 심화된 자를 엄격히 분리 수용하고 도서 검열 등을 철저히 하여 불순 외부세력의 개입을 차단, 좌경 불온의식의 전파 방지에 노력"하기로 했다.[123] 징벌로는 독서 금지, 가족면회 금지, 서신 왕래 금지, 목욕 금지, 영치금 사용 금지, 과밀 수용과 독방 수용뿐만이 아니라, 더 나아가 심한 욕설, 수갑 및 포승의 과잉 사용, 발로 차기, 손찌검, 몽둥이로 구타, 물고문, 회초리, 바늘로 온몸 찌르기, 통닭구이 상태에서 몽둥이질과 발길질 등이 있었다.[124]

먹방, 즉 징벌방에 갇히는 것 역시 심한 처벌이었다. 징벌방은 보안과 지하실에 위치해 있는데, 공포의 대상이었다. 내규를 어겼다는 이유로 끌려가 집단구타를 당하고 법으로는 금지된 혁수정이나 쇠사슬에 묶이는 일도 많았다.

좌익수들은 인간 생존의 최저 수준, 상상할 수 있는 최악의 상황에서 겨우 목숨을 부지했다. 정부에게는 아무리 '죽이고 싶어도 죽이지 못한 적'이라고 하더라도 그것은 인격과 인간 존엄성에 대한 무자비한 테러 그 자체라고 해도 과언이 아닐 것이다. 이들 교도소에 수감된 좌익수들의 '자아의 축소', 즉 비하, 모멸, 조롱 등 인간으로서의 존재를 부인하는 처우는 1990년대 초까지 계속되었다.[125] 교도소 당국은 이들의 일거수일투족을 완벽하게 통제하려 했다. 사형수들은 수갑을 차고 살아야 했고, 옷을 갈아입을 때나 몸을 씻을 때만 간수가 수갑을 풀어주었다. 수갑을 찬 채로 잠을 자는 일은 가장 고통스러운 일이었다고 한다.[126]

1961년부터 대전교도소 촉탁의로 근무했던 현무섭의 논문을 보면, 500여 명 정도의 특별사 수감자 중에서 반수가 평균 이상의 혈압인 고혈압 환자였고, 혈압이 200이 넘는 환자가 60명이었다. 그는 이들의 상황을 조사한 이후 '구금성 고혈압'이라는 학술명을 만들어내기도 했다.[127] 최한무는 대구교도소의 독방에서 산더미 같은 부푼 배를 안고 신음했지만 단 한 번도 약을 지급받은 적이 없었다. 그는 결국 1969년 8월 독방에서 숨을 거두었다. 한태갑은 고혈압과 고문으로 정신이상 상태가 되었으나 회유책을 거부한 결과 6개월 동안 죽만 식구통으로 배급받았는데, 결국 혼자 신음하다 똥오줌도 가리지 못하고 사망했다.

당시 감옥에서 수형자나 교도소 당국자도 모두 '금수와 같은 존재'가 되었다.[128] 감옥 내에서의 가혹한 징벌을 생각해보면, 전향서를 쓰지 않으면 불이익을 당하는 정도가 아니라 인간으로서 생존 자체가 불가능했다. 그래서 교화·교육이라는 구호는 이들에게 사실상 무의미한 것이었다.[129] 감옥 내에서 수감자들이 거의 짐승 같은 생활을 하게 한 교정행정, 이들에 대한 학대와 구타, 욕설의 일상화는 이들이 스스로 반성해서 전향을 할 가능성을 높이기보다 보복심과 적대감만 불러일으켰다. 애초부터 한국정부를 인정하지 않았던 사람들이기는 하나, 이런 처우 때문에 일말의 전향 가능성까지도 포기한 경우가 많았다.

파시즘이나 전체주의에서 공산주의는 병균과 같은 존재이므로 소독, 제거되어야 할 대상으로 보는 경향이 있는데, 유신체제하에서 좌익수들이 바로 소독, 즉 절멸의 대상이었다.[130] 가장 확실한 절멸방법은 학살이지만 재판 없이 죽일 수 없으므로, 달리 이들을 절멸할 수 있는 방법은 비인도적인 감옥생활이나 고문을 겪도록 해서 이들의 머리를 소독하고, 제 발로 귀순하게 만드는 것이었다.

일본 경찰이 조선 독립운동가들에게 자행한 악명높은 고문은 8·15광복 이후 1년쯤 지난 시점에 이제 한국 경찰들이 체포된 좌익과 반이승만 인사를 대상으로 그대로 시행했다. 그 1년 사이에 경찰이 주민들을 폭행, 구타, 불법검속한 사례는 수없이 발생했다. 당시 경찰들은 아무런 죄의식을 갖지 않았다. 1946년 대구10·1사건의 도화선도 경찰 고문이었다. 대구경찰서 부근에 가면 경찰서 안에서 비명 지르는 소리가 길가에까지 들려온다는 소문이 파다할 정도였다.[131] 1953년 휴전 이후 구치소나 감옥도 마찬가지였다. 좌익수들은 '매 맞지 않는 날이 하루도 없을 정도'로 폭행을 당했다.[132]

6·25한국전쟁 초기 전국 형무소에서 비상조치령 위반죄, 국방경비법 위반죄로 재판을 받은 주민들 중 대부분이 고문에 의해 조작되었거나 누명을 쓰고 실형을 받았다. 이것은 당국이 만든 각본대로 진술을 강요하기 위한 것이다. 당시 인간이 인간에게 가할 수 있는 가장 잔인한 고문방법이 동원되었다. 죽도, 대나무관, 5자 정도의 곤봉, 사람을 채찍질하기 위해 사용된 로프, 사람을 찌르기 위해 사용하는 우산 꼭지, 부젓가락, 사람의 몸을 밟아 뭉개기 위한 도구, 하복부에 곤봉을 찔러넣기 등 일제 경찰이 사용하던 도구와 방법이 그대로 동포들에게 사용되었다.

김근태는 자신이 고문당한 남영동을 "인간 도살장, 고문기술자 이근안을 인간 백정"이라고 하면서 "그곳은 독가스 대신에 전기고문과 물고문이 설치는 나치수용소였으며, 그리고 시간이

종국적으로 멈춰버린 저주의 세계, 당해보지 않은 사람은 도저히 알 수 없는 곳"이라고 했다.[133] 김근태는 "고통, 고문, 이 '고'씨 돌림은 죽음의 단순한 그림자가 아니고 죽음의 핵심 정수"라고 갈파했다. 치안본부 대공과장 신 모 씨는 김근태의 부인 인재근에게 "이번에 김근태의 사상을 뜯어고쳐 놓겠다"고 말했다고 한다.[134]

1970년대 인혁당재건위사건 당사자들의 고문 피해 사실들은 대표적이다. 이태환은 가혹한 고문을 받아서 대인공포증이 생겼고, 오른쪽 엄지발가락이 움직이지 않아 오른쪽 팔도 제대로 들지 못했으며, 귀도 잘 들리지 않아서 보청기를 대도 소용이 없고, 말을 하면 목에 뭔가 걸리는 것 같아 마치 실어증에 걸린 사람처럼 말도 잘하지 못했다. 구속 이전에는 건강하던 사람이 구속된 지 3년이 지난 이후에는 고혈압 약을 먹다가 결국 2001년 뇌출혈로 사망했다고 한다.[135]

좌익수, 공안사범에 대한 감옥 내 고문과 폭력은 너무나 일상적이고 가혹해서 모두 열거할 수 없지만, 1973년 이후에 가장 극심했다. 그것은 박정희 군사정권의 성격은 물론이고, 당시 감옥 밖 보통 사람들의 인권 수준까지 가장 잘 드러내주는 현미경이다. 그러나 좌익수들은 사회적 동정과 공감을 얻기 어려운 한국판 불가촉천민, 즉 '벌거벗은 생명(호모사케르)'이었기 때문에 그 당시나 지금이나 사람들은 이들이 겪은 일에 무관심하고, 그것은 자신과는 무관한 일이라고 생각한다.

좌익수에 대한 대대적인 고문은 1973년 6월 좌익 수형자 전향공작전담반이 구성되어 폭력과 고문, 테러적 방법의 전향공작을 수행하는 과정에서 발생했다. 전향공작전담반은 서기관 상당의 교무과장(부소장급) 지휘하에 사무관 상당 교회관 2, 3명과 주사 및 주사보 상당 교회사 및 교회사보 7, 8명으로 구성되었는데, 1973년 8월 2일 법무부 예규 제108호로 좌익 수형수 전향공작전담반 운영지침이 시달된 이후 본격적인 업무를 개시했다.

좌익수 김영승이 1973년 이후 전향공작 과정에서 당한 고문, 1980년대 간첩조작사건으로 수감된 박영준이 보안사에서 당한 고문을 열거하면 다음과 같다.

- 동태고문: 한겨울에 팬티만 입혀놓고 창문 다 뜯고 꿇어앉혀 놓고 떨게 만드는 고문. 두 시간, 세 시간, 네 시간 이상까지도 함[136]
- 로프고문: 앞철창과 뒷철장에 로프를 연결해서 발끝만 땅에 닿을 정도로 몸을 매단 고문
- 물고문: 눕혀서 뒤로 수정을 채우고, 타월에 물을 적셔서 얼굴에 덮고 주전자로 물을 붓는 고문. 숨이 넘어가려 하면 수건을 살짝 들어주고 다시 시작한다. 한 시간 이상
- 목욕탕 고문, 수돗물 샤워, 손바닥·발바닥 치기, 다리 문지르기, 잠 안 재우기, 굶기기, 남자 성기 고문, 심야에 소총 위협, 동네북 구타, 사지 책상다리에 묶기, 여자 성고문, 작문쓰기 고문, 가족들 고문한다고 위협하기…[137]

1979년 10월 26일 박정희 대통령이 사망한 뒤 1982년 광주

5·18항쟁으로 수감되었던 박관현이 감옥 내에서 사망한 사건을 계기로 1980년대에는 1970년대 말과 같은 고문을 수반한 폭력적 전향공작은 지속되지 않았다.

1989년 사회안전법이 보안관찰법으로 변경된 이후에도 전향서 대신 '준법서약서' 작성이 요구되었기 때문에 정부의 정신적 고문은 사실상 지속되었다. 이 기간에도 감옥이나 감호소에서 '전향공작 계획서', '좌익 재소자 사상동향카드' 등의 수많은 공문을 보면 당국은 비전향자들의 전향 여부를 계속 주시하면서 개인별 전향의 장애요인 등을 분석하고 심리도 파악하는 등 대책을 마련했다. 특히 서준식과 같이 완강하게 전향을 거부하는 사람을 대상으로는 '특별사상전향공작계획'까지 만들어 집요하게 전향을 유도했다.[138] 전향압박이라는 정신적 고문은 이들이 수감된 모든 기간 동안 지속되었다.

테러적 전향공작의 정치적·심리적 이유

1970년 당시 공문을 보면 "최근 북괴는 무력 침공을 위한 전쟁 준비에 광분하고 있는 실정으로서 적의 게릴라 기습 등 불의의 사태하에 있어서 좌익 수형자의 탈취, 석방 등 불상사태가 일어날 것이 예상되므로 … 좌익 수형자 집금 수용 방법을 일부 변경"하라는 지시를 했다.[139] 이러한 지시하에 1970년 1월 20일 현재 '취약지'인 춘천, 의정부, 영등포, 인천, 군산, 순천, 목포 교도소 및 영등포구치소에 수용 중인 좌익 수형자는 전향, 미전향을 불문하고 1970년 1월 30일까지 대전, 대구, 광주, 전주 등 남쪽의 교도소로 이송하라는 지시를 했다.

결국 북한의 무장공비가 청와대까지 내려오는 사태가 발생하자 이들에 대한 강제 전향정책이 입안된 것으로 보인다. 당시 감옥에서 매달 15일 북한과의 가상 전쟁 훈련을 할 때, 이들 비전향수는 한곳으로 소개당해 집단학살당하는 연습을 되풀이했다고 한다.[140] 이것은 6·25한국전쟁 발발 직후, 그리고 5·16쿠데타 직후 안보위해인물을 학살하려 했던 시도에 이은 일종의 학살 도상연습이라 해도 좋을 것이다.

1972년 유신 전후 사상범을 "급히 처형하라"는 박정희 대통령의 지시가 있었다고 한다.[141] 실제 당시 좌익수들은 박정희가 "우리나라에는 사상범 하나도 없게 만들어라"는 지시가 내려왔다고 증언했다.[142] 7·4남북공동성명 발표 직전에 박 정권은 간첩사건 관련자 10여 명을 실제로 처형했다. 김선명의 증언에 의하면 당시 이들의 전향을 유도한 교회사가 "대한민국에서 제일 높은 사람이 전향시키라고 했습니다. 북에서 자꾸 송환을 요구하니 귀찮다고 죽여도 좋으니 한 명도 남김없이 전향시키라구요"라고 말했다고 한다.[143] 또한 다른 사람들은 박정희가 "모두 다 전향을 시켜라. 그 전향시키는 데 있어서 생사는 불문해도 좋다"고 명령했다는 이야기를 들었다. 당시 대구교도소 교무과장 강철형은 "너희들은 전향하든지 죽든지 하나만 택해야 한다"고 말하기도 했다.

이것은 피해자들의 증언이고 전향정책을 정부 공식자료로 확인할 수는 없지만, 무조건 전향시키라는 명령은 박정희가 직접 중앙정보부를 통해 지시한 것으로 보인다. 그러나 박정희 자신과 군부세력은 지배체제의 가장 중요한 사상적 기둥인 반공주의 이념을 지키기 위해 좌익수의 사상전향을 폭력적으로 강제한 것은 아니었던 것으로 보인다. 여기서 반공이란 사실 명분에 불과한 것이었으며, 이들 집권세력의 위기 돌파와 생존을 위한 정치적 이유 때문에 이런 정책을 편 것으로 보인다. 즉 미국의 한반도정책, 특히 북한과의 적대관계가 이제 경쟁관계로 변화된 상황에서의 위협감과 불안감이 크게 작용한 것으로 보인다.

전향공작의 특징과
전향거부의 논리

전향의 의례: '귀순'의 정치

역대 정부는 좌익수뿐만 아니라 공안사범인 국가보안법, 반공법 위반자 모두에게 전향서를 쓰도록 했다. 그래서 국내 반체제운동, 사회운동에 가담했다가 조직사건에 연루되었던 사람들, 그리고 당국의 간첩조작사건에 연루된 수감자들은 대체로 큰 고민 없이 전향서를 썼다. 전향이란 개념적으로 보면 공산주의 사상을 갖고 있는 사람들이 대한민국의 '자유민주적 기본질서'를 준수한다는 고백이다. 법무부가 작성한 공안사범 전향 회유 기본 방향을 보면 이념 교육, 남북한 사회사상 비교, 자유민주적 인간성 회복과 민주시민으로서 사회복귀를 위한 신앙지도, 정서순화 등으로 방향을 설정하여 심사판정에서 사상전향서는 자유스러운 상황에서 자주적 사상에 따라 자필로 작성하고 날인하도록 하며, 그 내용에는 대한민국의 법질서를 준수하고 선량한 자유

시민으로서 생활의지를 반영하도록 했다. 1960년대의 공산주의 사상전향선언서에 "자유민주주의 사상으로 전향했음으로…"라는 문구는 거의 단골로 나온다.[144]

1960년대 사상전향서(전향문)는 다음과 같은 항목으로 구성되어 있다.[145]

1. 좌익사상자로 지목받게 된 동기(범죄의 동기)
2. 좌익 진영에서 활동한 상황
3. 좌익사상에 대한 개념
4. 민주주의에 대한 견해
5. 전향하게 된 동기
6. 전향한 후의 태도

좌익수, 공안사범들은 대체로 남한 체제의 장점으로 자유로운 사회, '자신의 노력 여하에 따라 생활 수준을 향상시킬 수 있는 사회' 등의 판에 박힌 답변을 적어넣었다. 반공법 등 위반으로 공안(관련)사범으로 분류된 사람은 자신은 '좌익도 아닌데, 좌익으로 활동도 하지 않았는데 활동한 것을 적으라 하고, 전향이 필요도 없는데 전향이라고 하니 그냥 대충대충 써서 제출'하기도 했다.

그러나 좌익수의 경우는 달랐다. 그들에게 전향서는 단순한 형식은 아니다. 전향이란 자신이 범죄를 저질렀다는 점을 인정하는 것을 전제로, 공산주의 사상을 버리는 것과 대한민국 체제,

그 이념인 반공주의·자본주의를 받아들이겠다는 이중적인 전환이다. 과거 일제 사법관료들은 모든 혁명사상을 버렸다고 자백한 전향자들 중에서도 위장 전향의 가능성이 있기 때문에 '준전향'의 단계, 즉 모호한 상황을 공식 설정했다.[146] 그리고 공산주의 사상을 버리는 것과 국가에 충성을 맹세하는 것은 별개일 수 있다. 어느 경우든지 전향은 '내심'의 선택의 결과이기 때문에 제출한 전향서, 전향고백은 진정한 전향을 확인할 결정적인 증거는 아닐 수 있다. 그래서 전향서를 썼다고 하더라도 이들은 감옥 내, 출옥 후 지속적인 감시 사찰의 대상이다. 사찰과 감시는 이들이 죽어야 끝이 난다.

전향 절차를 살펴보면 수감자가 사상전향서와 사상전향성명서를 작성하면 교도소에서 그것을 확인하는 절차를 거치고, 변호사는 전향서가 접수되었다는 것을 확인하는 서류를 작성한다. 그런 다음에 그것을 교도소 간부와 중정 요원이 포함된 전향심사위원회에 보낸다. 이 과정에서 정부는 그들의 내심의 생각이 완전히 변했다는 것을 확인할 수 있는 방법을 고안했다. 바로 공개발표 행사였다. 전향은 자신의 서명이 있는 반성문이나 각서, 보다 적극적으로는 자필로 쓴 전향선언을 공적 모임에서 낭독하거나 공개지면에 발표를 함으로써 확정된 것으로 인정했다. 감옥 내 전향성명 발표회에서 전향자는 동료 재소자 앞에서 낭독하도록 하고, 스피커를 틀어놓고 동료들이 확실히 들을 수 있도록 했다.[147] 자신의 전향을 공개적으로 선포하면서 동료들의 마음을 움직이도록 하는 이 방식은 1949년 국민보도연맹의 공개

적인 성명 발표나 자수 행사 이래 가장 자주 사용되었던 것이었다.[148]

전향 여부는 사상범의 고백으로 확정되는 것이 아니라 당국과 동료에 의해 평가되고 인정되어야 하는 것이었다.[149] 마치 남녀 관계에서 동거나 사실혼이 결혼식을 개최한 경우와 차이가 있는 것처럼 전향은 국가나 사회에 의해 공인되는 절차와 세레모니가 중요하다. 감옥 내에서나 북한을 향해서 송출하는 육성 방송을 하는 것도 중요한 절차였다. 결국 공개 전향선언은 사상범의 '귀순' 확인을 통한 체제 우위 과시, 북한에 대한 선전, 그리고 동료의 전향유도 등 이중 삼중 효과를 노린 것이었다.

전향자에게 공개적인 전향선언은 자신의 정신적·사상적 죽음을 스스로 선언하는 것이다. 그래서 비전향수들은 강력하게 반발하거나 강제 전향을 당한 사람은 성명서를 읽다가 오열하기도 했다. 어제까지의 비전향 동료였던 사람들 앞에서 공개 전향선언을 하라는 압박은 전향을 거부하게 하는 가장 중요한 이유이기도 하다. "이렇게 잘해준다 하면서 영화를 돌려가지고 너희들도 전향해 나오라는 태도 … 자꾸 공산주의에 대해 비판 논문을 써라. 어디 다니면서 강연을 해라 이렇게 해서 우리하고 도저히 타협을 할 수 없게끔, 비전향자가 적의를 갖게끔 전향자를 그런 위치로 몰아넣는다니까"[150]라면서 오히려 극도로 반감을 갖기도 했다. 심지어 강제로 전향서를 쓰게 하고서 "아파서 제대로 걷지도 못한 상태로 강당에서 이 사람은 과거를 뉘우치고 대한민국에 충성하기로 맹세했습니다 식의 발표를 강요"하기도 했다.[151] 이런 방식에 대해 좌익수들이 격렬하게 거부하자, 1980년 이후 공개 전향선언은 폐지되었다.

전향심사위원회에서 전향이 인정되었다고 하더라도 그것은 임시적인 것이고 잠정적인 것이기 때문에 전향수들은 형식상으로는 일반 재소자와 동일한 처우를 받는다고 할지라도 '사실상으로는 요시찰에 붙여 위장 전향 여부와 타 재소자에 대한 사상 전파 등 불순행동 예방을 위한 동정 사찰을 철저히' 해야 할 대상이었다.[152] 교도소 측은 이들 전향 수감자들을 계속 신문하고 사상동향을 수시로 파악하여 그 상황을 중정 등 공안기관에 보고했다. 전향자들이 사실상 집행유예 처지에 있기 때문에 위기에는 다시 잡아서 처형할 수 있다는 것을 가장 잘 보여준 사례가 바로 국민보도연맹원 학살사건이다.

1960년 전후 분명히 전향서를 작성했으나 미전향수로 다시 분류된 사람들도 있었다. 앞에서 언급한 손윤규가 그 경우이다. 그는 1961년 1월 19일 대구교도소에서 전주교도소로 이감되어 전향서를 작성했으나, 1968년 이후부터 사망한 1974년 5월 20일까지 전향공작전담반으로부터 상담 17회, 영화관람 5회, 사회참관 1회, 위문공연 1회 등을 통해 전향을 요구받았다.[153] 이와 같이 좌익수가 작성한 전향서를 위장된 것으로 간주하여 재차 전향서를 요구한 사례가 상당히 많았을 것이다.

그러나 전향, 귀순의 의례는 체제의 밖에서 안으로, 즉 비국민에서 국민으로 편입되는 것을 의미하므로 만약 사회적으로 영향력 있는 사람이 그러한 의례를 감행할 경우 그는 하루아침에 적에서 권력권의 지도적 인물로 부각될 수도 있었다. 진보당사건으로 구속되고 사형을 언도받은 조봉암은 모든 조간신문에 「조국에의 충성 불변」이라는 제목으로 사실상의 재차 전향선언을 발표했다. 그는 "나는 비록 법 앞에 죽음의 몸이 되었으나 나의 조국 대한민국에 대한 충성은 의심할 수 없다는 것을 밝힙니다. 조국에 대한 나의 충성만은 생사를 초월한 나의 신조이고 또 어느 애국자를 막론하고 다 같은 심정일 것입니다"라고 했다. 그러나 이러한 성명에도 불구하고 결국 그는 사형을 당했다.[154] 그가 사형당한 지 오랜 세월이 지나 진실·화해를위한과거사정리위원회(이하 '진실화해위원회')가 그는 결국 이승만과 특무대의 공작의 희생양이었다는 것을 '아주 뒤늦게' 밝혔다.[155]

전향서와 준법서약서

민주화 이후에도 여전히 전향 여부가 가석방의 전제조건이었으므로 '충성스러운' 국민이 되겠다는 준법서약서가 전향서를 대신했다. 1998년 건국 50주년 8·15특별사면 당시 준법서약서 제도가 도입되었다. 법무부는 가석방심사 등에 관한 규칙, 공안사범 교화요강 개정을 통해 60여 년 동안 적용되었던 공안사범에 대한 '사상전향제도'와 '반성문제도'를 폐지하고 공안사범의 준법 의지를 확인하는 '준법서약제도'를 도입키로 했다고 밝혔다. 보호관찰의 면제 사유가 사회안전법 시절에는 반공정신의 확립

(사회안전법 제7조)이었는데, 보안관찰법에서는 준법정신의 확립(보안관찰법 제11조)으로 변경되었다. 그러나 다수의 좌익수들은 이것이 새로운 형태의 사상통제라고 반발하고 준법서약서 작성을 거부했다.

당시 박상천 법무부장관은 준법서약서와 전향서는 다르다고 강조했다. "그 사람들 마음속을 안 바꾼다고 해서 바로 범죄가 된다고는 볼 수 없습니다. 그렇지만 법을 지키지 않겠다는 것은 다시 그런 짓을 하겠다는 뜻이 됩니다. 이걸 확실히 구별해야 합니다. 사상전향은 대한민국 국법을 위반하느냐 그렇지 않느냐를 묻지 않고 네 마음 생각을 바꾸라 하고는 안 바꾸면 박해를 가한다는 것이고, 준법서약은 생각을 바꾸면 좋지만 안 바뀌도 최소한 법질서에 위반하는 행동을 하지 말라는 것"이라고 그 차이를 설명했다.[156] 그는 "물어보지 않고 풀어줘서 범법행위를 하면 누가 책임을 집니까?"라고 되물었다.[157]

김대중 정부는 법질서 수호 의지만 보이면 되기 때문에 준법서약서는 요식행위에 불과하다고 설명했다. 좌익수가 해당 교도소 소장에게 준법하겠다는 내용을 담은 편지를 보내면 이를 준법서약서로 인정하겠다는 방안도 검토했다. 그러나 서약서를 내지 않은 장기수 17명과 한총련 소속 대학생들은 사면 대상에서 제외되었다. 준법서약서가 변형된 형태의 전향서에 불과하다고 본 인권단체는 "양심의 자유란 무엇이 옳고 그른가에 대한 확신인데 준법서약서는 양심의 자유 안에 포함된 침묵의 자유를 침해한 것"이라고 보았다.[158] 그리고 양심의 자유는 인간의 존엄성을 지키기 위해 인류 역사의 반성을 통해 마련한 최소한의 것인데, 국가 권력이 한 개인에게 양심을 표명하도록 강요할 수는 없다고 보았다. 그리고 준법서약을 석방의 조건으로 삼는 것은 과거의 전향제와 마찬가지로 양심의 자유를 침해하는 것이라고 비판했다. 그리고 양심수들에게만 준법서약서를 요구하는 것도 형평의 원칙에 맞지 않다는 지적도 있었다.

물론 박상천이 말하듯이 준법서약서는 '민주적 기본질서' 혹은 '대한민국의 국법질서'를 지키겠다는 서약이고, 자신의 사상이나 이념·신념이나 지조를 포기하기를 강요하는 것은 아니며, 국가나 정부에 대한 충성서약도 아니며, '출소 후 법질서 의지를 확인하려는 것'에 불과하고,[159] "어떤 구체적이거나 적극적인 내용을 담지 않은 채 단순한 헌법적 의무의 확인·서약에 불과하기 때문에 양심의 영역을 건드리는 것은 아니"라고 볼 수도 있다.[160] 박상천은 "확신범이므로 윤리적으로 타락해서 범죄를 저지른 것이 아니라 신념에 의해 범죄를 저질렀으므로 석방 후 재범을 막기 위한 약속이 필요하다"고 보았다. 그러나 준법서약서는 이들의 재범 가능성을 전제로 한 것이기 때문에 전향서 강요와 같은 동일한 논리구조를 갖고 있다. '왜 준법서약을 받아야 하는가'는 '왜 공개적으로 전향선언을 요구했는가'라는 논리와 동일하다. 여기에서 우리는 국가의 불안을 읽을 수 있다. 좌익수 대상의 감상문이든 서약서든 모든 문서화된 서약 요구는 기본적으로 국가 혹은 지배세력의 불안의 표현이다.

2002년 헌법재판소는 "준법서약은 단순한 확인서약에 불과하기 때문에 양심의 영역을 건드리지 않으며 정책 수단으로서의 적합성이 인정된다"고 밝히며 합헌 결정을 내렸다.[161] 결국 준법서약서와 연동된 보안관찰법상의 문제는 그대로 남았기 때문에 전향제도는 폐지되지 않았다. '준법정신 확립', '사회의 선량한 일원' 등을 요구하는 개방적 구성요건으로 매우 포괄적인 간섭과 감시를 받아야 하는 법이 과연 필요하고 법치국가적으로 정당한 것인지는 의문이었다.[162] 보안관찰처분의 목적은 재범의 위험성 예방과 건전한 사회복귀의 촉진인데, 출소자가 7일 이내에 신고하도록 의무를 부여한 것은 재범의 위험성 예방이나 사회복귀 촉진과는 무관하다는 비판도 제기되었다. 법학자들은 보안관찰 대상자 중에서 재범의 위험성이 없는 사람도 미신고로 같은 법정형에 처하도록 한 것은 불법이라 할 수 없는 행위를 처벌하는 것이라고 비판했다.[163]

결국 준법서약서제도는 2003년에 공식적으로 폐지되었다. 그러나 보안관찰법 시행령상의 준법서약서 제출을 통해 보안관찰 대상자에서 면제하던 시행령 조항은 그대로 남았다. 강용주의 오랜 투쟁으로 2019년 10월 8일 법무부는 보안관찰처분 면제를 신청할 때 제출하는 서류 가운데 '법령을 준수할 것을 맹세하는 서약서'를 삭제하는 내용의 보안관찰법 시행령 일부 개정령 및 보안관찰법 시행규칙 일부 개정령을 공포·시행한다고 밝혔다. 이로써 개인의 서약이 아닌 객관적 자료를 통해 보안관찰처분 면제를 결정하게 되었다. 결국 2019년에 와서야 사상전향 제도가 완전히 폐지되었다고 볼 수 있다. 결국 비전향 좌익수, 정치

사상범에게는 출옥 이후에도 평생토록 전향의 압박이 따라다녔다.

준법서약, 냉정히 말하면 헌법이 아니라 국가보안법을 지키겠다는 서약을 하는 조건으로 석방을 한다는 것은 여전히 법치에 맞지 않는다. 장차 법을 위반할 가능성은 가능성으로만 존재할 뿐 현재 시점에서 판단할 수는 없기 때문이다. 변형된 전향서인 준법서약서는 과거의 전향서와 마찬가지로 양심의 자유를 침해하는 점이 있다. 또한 좌익수 입장에서는 자신의 범법을 인정하는 것이므로 이후 재심을 통해 이를 바로잡을 기회가 사라진다. 준법서약서를 쓴 사람들도 전향서를 쓴 사람들과 마찬가지로 굴욕감을 안았고 서약서를 쓰고 나오면 이후에도 계속 다른 사람 앞에 나서기를 꺼린 이유가 되었다.[164]

전향/비전향의 논리와 의미

전향의 이유

1949년 국민보도연맹 결성 직전에 나타난 대대적 자수, 전향 선풍은 1973년 이후 좌익수를 대상으로 한 전향공작처럼 폭력이나 강압에 의한 것은 아니었다. 물론 당시에도 남로당 불법화 등의 반공 캠페인과 국민보도연맹 가입 압박이 있었기 때문에 대상자들이 자유로운 선택을 한 것은 아니었으나, 약간의 자발성도 있었다. 당시 전향은 단지 좌에서 우로의 전향이 아니라 대표적 전향자인 양한모가 지적하듯이 '신경질적인 반공주의'로 전향한 것이 아니라.[165] 일제시기의 사상범 전향과 유사하게 '인간으로서 성숙' 혹은 '자기 완성'이라는 의미를 부여하기도 했다.

　일제하의 전향 선풍은 다이쇼(大正) 시대 좌익들 내부에서 프롤레타리아운동의 방향 전환을 논의하는 과정에서 시작되었다. 1922년 야마카와 히토시(山川均)나 후쿠모토 가즈오(福本和夫) 등 공산주의 이론가들의 사상 전환을 '전향'이라고 불렀는데, 이후 일본의 사상검사들은 이것을 변절 등의 부정적인 용어로 사용하기보다는 외래사상에 물들었다가 천황제의 품으로 들어온다는 의미로 사용해서 일반화했다.[166] 즉 공산주의자들 사이에서 먼저 사용된 용어가 이후 일본의 사상검사들에게 역이용되어 치안유지법 위반자, 즉 공산주의나 사회주의자들이 천황제에 충성하는 사람으로 전환하는 것을 지칭하는 개념이 되었다.[167]

　일제하 전향이란 외국 사상, 특히 사유재산을 부정하고 천황제를 거부했던 기존의 공산주의, 무정부주의 사상과 '비국민적인 행동'을 반성하고, 국가 즉 천황에게 충성을 맹세하겠다는 '내심의 의사의 완전한 전환'을 의미하는데, 그것은 주체적인 사상의 전환을 의미하는 것으로 간주되었기 때문에 일제 사법 당국은 전향제도가 치안유지법보다 우수한 것으로 보았다.[168] 그리고 1943년 일본 사법성이 발표한 공산주의자 2,440명 중 비전향자는 37명에 불과하다는 통계가 보여주듯이,[169] 일제의 전향정책은 공산당과 반체제운동을 무력화하는 목적을 달성한 것으로 평가할 수 있을 것이다.

서준식은 전향에는 세 가지 유형이 있었다고 보았다. 첫째는 고문에 의한 무조건 굴복, 둘째는 상황주의, 즉 집단전향의 경우가 여기에 속한다. 셋째는 가족주의였다. 혈연관계를 소중하게 생각해서 가족의 품으로 회귀하려는 태도를 갖게 된 것이다.[170] 1973년 이전의 전향은 대체로 둘째와 셋째에 해당할 것이다. 여기서 상황주의는 결국 출옥 후 한국 사회에서 어떤 지위를 갖고서 사회적 역할을 할 여지가 어느 정도 있는가의 문제였다. 아무리 이념적으로 단단한 투사였다고 하더라도 생존 요구가 사고나 행동을 지배하기 쉬울 것이다.

미첼은 일본에서의 전향 성공의 대부분은 견고하게 구성된 가족제도에 기인한다고 평가했다.[171] 이것은 가족주의가 정서적으로 보수적 가치의 핵심이자, 일본과 한국에서의 가족과 국가를 일치시키는 관념이 있기 때문이기도 한데 국가의 성원이 되는 것은 개인적 권리와 자유를 전제로 하기보다는 가부장주의와 혈연적 유대에 주로 근거하고 있기 때문이다.[172] 사실 좌익수 입장에서 보면 독방에서 나올 수 있는 것, 출역을 할 수 있는 것, 그리고 가족면회를 할 수 있는 것 등의 유인책이 작용했을 것이다.[173]

전향/비전향의 선택에서 북한 출신과 남한 출신의 차이가 있을까? 대체로 남파 공작원 출신과 국내 빨치산 출신 간에도 전향/비전향에서 의미 있는 차이는 별로 없는 것으로 나온다. 단지 좌익수들 중에서 공작원들은 대부분 남한 출신이지만,[174] 북한에서 결혼해서 자녀를 두는 등 가족이 있는 사람들도 북의 가족들이 당할 불이익을 고려하거나,[175] 이후 북으로 돌아가지 못할 것을 우려하여 전향을 거부하기도 했다. 그들의 우려대로 강압에 의해서든 자발적이든 전향한 북한 공작원 출신들은 김대중 정부의 송환 대상에서 빠졌다. 결국 63명만이 송환 대상으로 선정되었고, 비전향수 6명은 남한에 남기로 했다.[176] 전향서는 단순한 종이 한 장이 아니라는 점이 무섭게 확인되는 순간이었다.

좌익수 출신 김영승은 '기본 계급' 출신보다는 인텔리 출신들이 전향을 많이 했다고 보았다. "지식이 있으니까 그걸 활용할 수 있고 팔아먹을 수 있는 사람들 … 세력에 따라 왔다 갔다 하는 중간층이 기회주의적인 태도를 갖는다"고 말한다.[177] 국내 정치사상범의 경우에는 확실히 그의 지적이 타당하다고 볼 수 있다. 국내 조직사건, 간첩조작사건 관련자인 공안사범들 대부분은 곧 전향서를 작성한 경우가 많았는데, 상당수 지식인 출신이었던 이들이 출옥 후에도 대한민국에서 활동할 기대를 갖고 있었기 때문일 수 있다. 이처럼 학력의 차이 혹은 출신 계급도 전향에 영향을 미치는 점은 어느 정도 확인할 수 있다.[178] 그러나 전향/비전향은 학력이나 지식과는 상관이 없이 그 사람의 기질이나 인생 경험과 더 관계가 깊다는 지적도 있다.[179]

1970년대 이후 통혁당(통일혁명당), 남민전(남조선민족해방전선준비위원회) 등 조직사건에 연루되었던 반체제 인사, 정치사상범들은 대부분 지식인 출신으로 개인적으로 혹은 감옥 내에서 '큰 고민 없이' 전향서를 썼다.[180] 그러나 북한 공작원, 재일동포 간첩사건 관련자, 빨치산 출신들의 경우는 끝까지 전향을 거부하다가 고문과 테러에 굴복한 경우가 많았다. 좌익수 안영기는 "8시간 정도 맞고 나니까 몸에 땀이 나고 열이 오르기 시작하고 야, 이거 이렇게 해서 내가 죽게 생겼구나. 이렇게 죽게 되었는데 이 죽음이 과연 옳은 죽음이냐. 내가 이렇게 그냥 저항 없이 죽어가지고, 혁명에 기여하는 길인데 이걸 순간적으로 생각해서, 이렇게 소리 없이 소문 없이 감방에서 죽는 것보다는 일단 핑계를 대가지고 꺾이는 체하고 나중에 기회를 봐서 다시 제자리로 돌아오면 되지 않겠느냐 이런 생각을 순간적으로 했다"고 말했다.[181]

그런데 전향서를 쓴다는 것은 자기 사상, 즉 공산주의를 포기하는 것인가? 신영복의 입장은 이렇다.

> 우리는 한 번도 우리 스스로를 사회주의자라고 말한 적이 없습니다. 따라서 그 논리대로라면 바꿔야 할 사상도 없었던 거지요. 별로 큰 의미를 두지 않았습니다. 전향서를 썼느냐 안 썼느냐가 문제의 본질은 아니라고 생각해요. 전향한 사람 중에도 조직 역량을 침탈하거나 동지를 배신하는 사람도 있고, 전향하지 않은 사람 중에도 그런 사람이 있지요. 나는 형식보다 내용에 집중해야 한다고 봅니다. 그런 의미에서 순교자적 입장보다는 실천적인 자세가 더 중요하다고 생각합니다.[182]

자본주의체제하에서 사유재산제나 임금노동 등 자본주의의 기본 원리를 거부하는 완고한 사회주의자는 언제나 있었다. 그리고 탈식민 과정에서의 구 제국주의에 협력했던 세력이 정부 수립 후에도 여전히 집권세력이 된 반공 권력의 장 안 제3세계 경우에는 사회주의나 공산주의 사상 때문이라기보다는 민족적인 이유로 반공국가를 전면적으로 비판하기도 했다. 사실 자본주의 체제의 모든 경제활동과 사회적 일상은 반자본주의 또는 사회주의에 동조하는 사람들을 친자본주의자로 전향시키는 거대한 장치이다. 자본주의 시장경제라는 규율체제는 모든 인간이 지닌 물질적인 욕망, 안락함을 추구하고자 하는 심정을 자극하여 그들을 그 질서에 순응하도록 유도하는 강력한 포섭체제이다. 물론 자본주의 비판자들조차 이러한 욕망에서 완전히 자유로울 수 없다. 전향유인은 생활세계에서 언제나 작동한다.

전향을 법의 이름을 빌린 폭력이나 각종 불이익, 감시 사찰을 통해 실현할 것인가, 아니면 해고 등 경제적 처벌 위협을 동원해서 실현할 것인가는 국가와 지배체제의 성격에 따라 다를 것이다. 국가의 억압적 활동이 축소된다고 하더라도 그 어떤 자본주의 반대자도 종교적 금욕주의자가 아닌 이상 생각과 태도의 변화, 즉 전향의 유혹을 거부하기 어렵다. 특히 출옥 후에도 여전히 사회에서 자신의 자리가 있다고 판단하는 엘리트층은 더욱 그럴 것이다.[183] 그러나 시인 김수영의 두 번의 전향(1948년 이후, 1960년 이후)이 보여주듯이 한국처럼 폭력과 억압에 의해 사상적 선택을 강요당하는 상황에서는 어떤 정치사상의 선택도 순수하고 자발적인 것이 될 수 없다.[184] 따라서 사상범이 전향 이후 그 어떤 주의 주장을 표명해도 그 정신적 기초는 매우 허약한 것이다.

비전향의 논리: 비전향 200여 명은 대한민국의 패배?

전향서는 우선 자신이 공산주의자라는 것을 인정하고, 그런 사상에 빠졌던 자신을 반성하는 1단계 과정과 그다음 대한민국을 조국으로 받아들인다는 2단계 과정이다. 따라서 신영복이 말한 것처럼 사회주의나 공산주의를 철저히 신봉하지 않는 반체제 인사나 통일지향의 민족주의자도 전향서에 자신이 공산주의자임을 인정해야 한다. 즉 한국에서 전향은 공산주의 이념을 버리는 것과 더불어 대한민국에 '귀순'하는 것이다.[185]

물론 분단된 남한이 아직 자신이 생각하는 조국이 아닌 여전히 외세의 식민지이자 계급독재국가라고 생각하는 좌파 민족주의자들, 특히 빨치산 전사나 북한 공작원들에게 전향은 분명히 완전한 자기부정이고, 결코 받아들일 수 없는 선택지였다. 즉 비전향의 이유는 대한민국에 대한 분노, 민족적인 것, 사회주의적인 것, 그리고 인간 근본의 양심 등 복합적이다.

서준식은 우선 전향을 강요하는 것 자체가 국가 권력의 부당한 요구이며, 인간에게 무슨 주의냐 아니냐, 남이냐 북이냐의 대답을 강요하는 질문들은 인간다운 감수성을 싸그리 냉소하는 분명 파쇼의 폭력이었다고 본다.[186]

나는 물론 북쪽과 함께 남쪽도 내 조국이라 생각한다. 나는 나가서도 여기서 살고 싶다. 그런데 내가 대한민국을 인정한다고 해서 그것을 쓰라고(맹세하는) 하는 국가 권력의 부당한 요구에 굴복한다면 그것은 사랑하는 조국에 대한 올바른 태도가 아니라고 생각한다. … 서약서

설령 그것이 백지에 돼지 그림을 그리는 것뿐이라 할지라도 그것이 석방을 위한 조건으로서 요구되는 한 어차피 '항복문서'인 것이다. 이 엄연한 사실을 똑똑히 시인해야 한다. 이것을 그 어떤 표현을 사용해가며 '항복'이 아님을 주장하는 것은 부정직이요 자기 기만이요 '변절의 논리'일 뿐이다.[187]

극한적인 감옥생활을 도저히 견딜 수 없는 경우, 특히 질병을 앓고 있는 사람들이 전향압박을 이기지 못한 경우가 많았지만, 그러한 혹독한 상황을 수십 년 겪고도 끝까지 전향을 거부한 비전향수가 존재했다는 사실은 한국의 전향공작이 정책적 모순을 갖고 있다는 것을 보여준다. 좌익수 입장에서 사상전향서를 쓰지 않은 상태에서의 고통과 불이익이 아무리 심각하더라도, 전향이라는 것이 자신의 존재 자체가 부인되는 것이라고 생각한다면 각종 유인책의 실효성은 별로 없는 셈이다. 특히 전향을 해도 가석방 대상만 되는 것이고, 수감생활에서 편의만 얻는 것이라면 전향의 당근 효과는 크지 않다.[188] 한국의 전향공작에서 채찍은 가혹했으나 당근은 그다지 매력적이지 않았다. 이것이 과거 일본의 전향공작과 다른 점이었다.

한편 가장 중요한 비전향 이유는 대한민국에 대한 분노와 적대감이었다. 김선명은 비전향 이유를 다음과 같이 밝혔다.

> 내가 인민군을 따라 월북한 뒤 내 아버지와 두 누이동생이 죄 없이 학살당했소. 이들의 원통한 죽음 한 맺힌 원혼을 달래주지는 못할망정

나 혼자 편하자고 전향을 한다는 것은 사람으로서 할 수 없는 짓이오. 난 죽으면 죽었지 전향할 수 없소.[189]

그래서 가족을 통한 회유, 가석방 등의 유인책에도 불구하고 끝까지 전향을 거부하다가 1973년 이후 1년 정도의 테러적 전향공작에 굴복한 사람들은 거의 고문과 폭력에 의해 '전향당한' 것에 가깝다. 장기수 이인모는 "우리가 굴복하지 않은 것은 빨갱이 사상 때문이 아니다. 인간의 탈을 쓴 야수들에 대한 분노 때문"이라고 말했다.[190]

허영철은 "보안관찰 갱신할 때는 꼭 남이 좋으냐 북이 좋으냐 묻는다. 나를 37년간 징역살이를 시키고 나와서도 15년이나 감시를 해대는데 여기가 뭐가 살기 좋으냐? 어떤 창자 빠진 놈이 여기를 살기 좋은 데라 하겠느냐?"고 말하기도 했다.[191] 장의균이 만난 감옥 내의 장기수 한 사람도 전쟁 중 인민위원회 활동을 했고, '누구든지 일을 할 수 있어야 하고 배고픈 사람은 없어야 한다'는 사회주의 노선을 지지하기 때문이기도 하지만, "전향을 안 한 것이 뭘 알아서가 아니라 전향을 권하는 사람들을 도통 믿을 수가 없었기 때문이며 전향할래야 전향할 이유를 찾을 수 없었기 때문"이라고 말하기도 했다.[192]

과거 드골(Charles de Gaulle)은 베트남전을 비판하고 알제리 독립을 옹호한 비판적 지식인 사르트르(Jean P. Sartre)를 처벌해야 한다는 여론이 일어나자 "그도 프랑스인이 아닌가"라며 포용하자는 의견을 표명한 적이 있다. 그러나 한국의 이승만은 "빨갱이는 포살해야 한다"고 언명했고, 박정희는 좌익수들에게 살인적인 테러를 가했다. 이들에게 '빨갱이'는 동족이 아니었다. 이승만과 박정희의 국가주의와, 이들 남한 지도자들은 제국주의의 '앞잡이'라고 생각했던 비전향수들 간의 타협은 거의 불가능했다. 두아라(Prasenjit Duara)가 말했듯이 탈식민 과정에서 하나의 민족국가를 수립하려는 세력의 '진실성(authenticity)'과 확신은 공산주의는 민족의 적이라고 본 반공주의와 충돌했다. 공산주의자들을 절멸해야 한다는 한국의 지배세력과 그들은 민족적 반역자라고 본 좌익수들의 화해는 불가능했다.[193] 그래서 양쪽이 모두 동원한 '애국' 담론은 반드시 폭력을 수반할 수밖에 없었다. 그것이 6·25한국전쟁이었고, 이후 남한의 전향정책, 즉 '귀순' 전략은 6·25한국전쟁의 연장을 의미했다.

일제의 굴욕과 억압을 체험했던 항일운동가들, 그리고 그 정신이 부일협력 세력을 기둥으로 수립된 이승만 단독정부에 대한 거부감으로 연결된 사람들에게 민족은 단순한 '상상의 공동체'이거나 정서 공동체가 아니라 매우 실체적인 것이고 '진실한 것'이었다. 이 점에서 일제하 항일투사들의 비전향과 정전 이후 좌익수의 비전향 이유는 사실상 동일하다. 과거 천황제하의 일본인 사상범과 달리 남한의 좌익수들에게는 대한민국은 '돌아갈 민족'이나 가족이 아니었다.[194]

한 가족이나 친척들까지 전부 무조건 서로 적이라고 규정하고 있는 국가보안법 같은 법이 무슨 법일 수 있는 것입니까? 백 번 양보해서 두 개의 정권이 서로를 적이라고 할 수도 있습니다. 그렇다면 그럴 경우에도 일반 국민(인민)들은 좀 구별을 해서 뺄 수 있는 한 빼고 나서 적이라고 해야 할 것 아닙니까? 오히려 이건 자기네 당국자들끼리 무슨 공동선언이다 남북선언이다 하고 함께 먹고 마시면서 국민(인민)들만 서로 적으로 남아 있으라니, 본말의 전도에도 무슨 푼수가 있어야 하는 것 아닙니까?[195]

물론 사상범에게 반외세 자주독립 건설이라는 민족적 대의, 사회주의에 대한 신념은 분리되지 않는다. 서준식은 감옥에서 일본인 니시무라 간이치 의원을 만났을 때 이미 자신의 생각을 밝힌 적이 있다. 그는 한국에 와서 2년 정도 지나고 공산주의자가 되었다고 했으며, 방학 때면 일본에 들어가 사회사상 책을 읽었고, 공산주의에 대해 확신이 있기 때문에 죽임을 당하더라도 전향서는 쓰지 않겠다고 답했다.[196] 그리고 자신이 사회주의를 신봉하기 때문에 전향하지 않았다고 분명히 말했다. "기본적으로 국가가 사회주의적인 방향으로 나아가야 한다고 생각하고 경제적 착취가 없는 경제적 평등이 이루어져야 한다고 생각하기 때문에 전향을 하지 않았다"는 것이다.[197] "나의 사상이 어떠한 변용을 겪을지라도 마르크스주의의 흔적은 끝끝내 나의 정신에 남아 있을 것임을 예상할 수 있고 … 마르크스주의의 근본정신으로부터는 멀리 떨어지는 일이 없이 살아가기를 희망하고 있다"고도 했다.[198]

빨치산 출신 임방규 역시 계속되는 전향회유 속에서도 "총살과 죽음의 근처, 한 번은 죽는다. 개죽음에 비하면 조국과 인민을 위해서 싸우다가 놈들에게 총살당하는 나의 죽음은 얼마나 값진 것인가?"[199]라고 하면서 사회주의에 대한 신념을 굽히지 않았고, 다음과 같이 사상적 순결성을 강조했다.

> 산과 감옥에서의 삶은 참으로 순수했다. 그런데 사회에 나와서는 일상적으로 오물을 접하고 있어서 나 자신도 모르는 사이에 젖어들고 있다. 강물은 오물이 스며들지라도 자체의 정수 작용에 의해 언제나 맑다. 물에서 배워야 한다. 물은 흐름에 의해 정수되지만 사람은 목적의식적으로 참습한 오물을 배제하고 새로운 것을 전폭적으로 받아들이면서 끊임없이 창조적인 삶을 이어가는 데서 순수성을 지켜내고 발전이 있다. 사람의 육체적인 성장은 이십 대에 멎지만 정신 사상적 발전은 90세 100세까지도 가능하다고 본다. 정지란 없다. 자신이 발전하고 있는가 후퇴하고 있는가를 돌아보고 엄격히 총화하면서 부단히 전진할 때 생의 보람이 있지 않은가, 인생은 아름답지 않은가?[200]

앞에서 언급한 최석기의 경우 대한민국을 지지하지 않은 이유는 '민주제도가 말살되었기 때문'이라고 적었다.[201] 박융서는 "전향 강요 말라"고 혈서를 쓰고 자결했다.[202] 그들에게 전향은 죽음과 바꿀 수 있는 문제였다. 역대 정부는 언제나 '미전향', 즉 '아직 전향하지 않은 사람'이라는 표현을 썼으나 좌익수들은 '비전향'이라고 자신의 입장을 분명히 밝혔다.

거짓으로 전향서를 쓸 경우에는 양심의 가책을 받고, 실제 전향 의사를 갖고서 전향서를 쓴 경우에는 그것이 자유의지에 의한 것이 아니라 강제와 폭력에 의한 것이므로 폭력에 굴복한 자신에 대한 비하, 인격 살해의 자포자기의 감정을 가질 수 있다. 아무리 전향서가 형식이라고 하더라도 형식은 내용을 규정한다.203 그래서 비전향자들은 전향서를 쓰면 이후의 삶도 파탄을 맞을 수밖에 없다고 보았다. 그래서 그들은 비전향 이유를 '지조', '변절' 등의 도덕적 담론으로 설명했다. 전향은 단순히 이념을 지키려고 하는 문제를 떠나 인간의 근원적인 도덕성과 존엄성을 지키고자 하는 인간으로서의 최후의 자존심이라고 생각했다. 최석기는 1961년 9월 수형자 동태조사표에 전향하지 않은 이유를 '지조를 지키기 위함'이라고 밝혔고, 전향 여부는 '양심의 문제'라고 적었다.

더구나 조작간첩 피해자들의 경우 전향서를 쓰면 실제로는 당국이 정치적 목적으로 만든 극히 부도덕한 그림, 조작사건을 인정하고, 자신이 실제 범법행위를 한 것을 시인하게 된다. 이들에게 전향강요는 고문 조작을 한 독재권력과 공안 당국이 자신의 범죄를 감추는 '비열한 폭력'으로 받아들여졌다.204 김근태의 경우 고문을 가해서 반체제 조직을 인정하라는 고문기술자들에게 "살려달라고, 곱게 죽여달라고" 애걸애걸했던 자신을 부끄러워하면서 "이 폭력적 정치군부를 어떻게 용서할 수 있단 말인가. … 나는 다시는 이들 인간 파괴자들의 소매에 매달리지 않기로 결심했다"고 말하기도 했다.205

1988년 국정감사 당시 의원들이 비전향 장기수들을 향해 "왜 전향하지 않았느냐"고 질문한 적이 있다. 당시 좌익수 김영승은 "우리에게는 양심의 자유가 있다. 왜 사상이 문제가 되느냐. 당신들이 조사해야 할 것은 투표권까지 있는 우리들이 왜 이런 인권유린을 당해야 하는가에 대한 문제"[206]라고 항의했다. 한국의 비전향자들은 결코 전향을 개인적 선택의 문제로 보지는 않았다. 서준식은 "저는 전향하지 않았다. 왜냐하면 저와 형만의 문제가 아니라 이것은 '전체'의 문제이기 때문이다"라고 말한 적이 있다.[207] 여기서 전체란 민족일 수도 있으나 인간 존재 그 자체, 즉 인격일 수도 있다.

서준식은 전향은 '인간의 길에서 도피하는 것'이고,[208] 죽음을 택하지 않고 살아남은 의미가 무엇인지를 정직하게 되묻는 것이 전향자의 바른 태도라고 말한다. 그는 전향을 거부하는 것은 의심의 여지없이 윤리적으로 옳은 일이라고 말하면서도 비전향=무오류라고 봐서는 안 된다고 했다. 즉 비전향은 관념의 세계에 틀어박혀 대중과 유리된 채 사고를 정지한 상태에서도 가능하다고 보았다.[209]

수많은 당근은 물론 무서운 채찍도 필부의 마음을 돌리기는 어려울 텐데, 강한 투쟁력과 사상으로 무장한 전사들의 마음을 어떻게 돌릴 수 있단 말인가? 대한민국에서 그들은 완벽하게 폐쇄된 교도소 특별사나 감호소에서 수십 년간 고립 수감되어 거의 '납골당과 같은 곳'에서 목숨만 부지했으며, 아무런 사회적 발언을 할 수도 없고, 집필조차 할 수 없었다. 대한민국은 조직적으로는 물론 개인적으로도 저항의 수단도 갖지 못한 채 육체적으로 죽음 직전에 놓인 그들을 '귀순'시키는 데 실패했다. 1975년 테러적 전향공작을 거친 이후에도 185명 정도가 전향하지 않았다. 1990년 시점에서 보더라도 1960년대 이후 전향공작 과정에서 사망한 77명, 전향하지 않고서 가석방되거나 감호소에서 풀려나온 사람 35명, 수감 중인 비전향수 65명 정도를 추산하면 최소 180여 명의 좌익수들은 끝내 귀순하지 않았다.[210] 2000년 무렵에 거의 모든 좌익수가 출옥했다고 본다면, 남파 공작원 출신 비전향수 59명을 포함해서 86명 정도의 좌익수들이 비전향 상태로 한국 사회에 살아 있었다.[211]

그래도 전향한 사람이 압도적으로 많으니 남한의 자유민주주의 체제가 승리한 것으로 봐야 할 것인가? 그렇다면 역사에서는 패배한 것으로 입증된 현실사회주의 또는 북한 김일성 체제를 철석같이 믿는 비전향자 그들이 역사적 정의의 차원에서나 도덕적으로도 승리자인 양 행동하고 당당한 모습을 보인 것을 어떻게 봐야 할까? 이들이 거의 정신병자이거나 맹목적 신앙인이 아니라고 한다면, 대한민국은 정신적으로는 이들에게 패배한 것이 아닌가? 더구나 출옥 장기수 33인이 "강제 전향은 전향이 아니"라고 전향 무효를 선언한 것을 보면 더욱 그렇다.[212] 세계적으로는 자유민주주의가 승리한 듯이 보이나 한국은 여전히 자유민주주의와는 거리가 멀기 때문에 국가가 이들에게 정신적으로 패배한 것일까? 민족이라는 '절대 공동체'를 폭력적으로 부인한 분단 반공주의 국가의 결정적 약점 때문일까?

2 사찰과 감시: 반공국민 만들기

요시찰인 사찰

한국은 거대한 감옥, 사찰국가?

호적제도가 폐지된 지 한참 지났지만, 호적등본의 기억을 갖고 있는 한국의 50대 이상의 사람들은 '호적에 빨간줄이 간다'는 말을 한두 번 들어본 적이 있을 것이다. 이렇게 '호적에 빨간줄이 간 사람'이 대체로 사찰 대상이다. 연좌제 때문에 공무원이나 군 장교가 되지 못하거나 승진에도 탈락하는 등 한평생 뜻을 펴지 못한 채, 심하면 경찰의 수시 방문이나 동향 보고 전화까지 받으면서 고통과 원망 속에 살았던 한국인들이 아마 수십만, 아니 백만 명도 넘었을 것이다. 이들에게는 한국이라는 국가는 탈출하고 싶어도 탈출할 수 없는 거대한 감옥이었다. 기든스는 근대 국가는 모두 감시를 속성으로 하는 전체주의적인 요소를 갖고 있다고 보았다.[213] 그런데 지난 75년 동안 한국은 그중에서도 가장 심한 감시국가에 속했다.

시인 김지하는 1980년 출옥한 이후 감옥 안과 밖의 구분이 없었다고 다음과 같이 고백한 적이 있다.

출옥한 날부터 나는 잠을 잘 자지 못했다. 도리어 감시가 강화되어서다. 한밤 우리 집 건너 공터에는 항상 검은 지프차가 한 대 머물고 있었다. 내가 가는 곳이면 어디서나 정보부 원주 분실에 정보를 전하는 안테나들이 있고 다방, 술집, 성당과 사회개발위원회 사무실에도 각기 자기 나름의 독특한 정보 창구가 있어서, 몇시 몇분에 김 아무개가 박 아무개와 어디서 만나 무얼 했다는 정보가 싸그리 전달되었으니, … 가족과 친구를 만나고 술을 마실 수 있는 것 이외에 석방의 뜻을 어디서 찾을 수 있는 것일까?[214]

특정 인물이나 단체를 대상으로 일정 기간 주기적으로 감시하는 것을 '사찰'이라 한다면, 불특정 다수의 국민을 대상으로 정보를 수집하거나 그들이 위험한 사상에 영향을 받지 않을까 행정 당국이 언제나 주시하는 것을 '감시'라 한다. 반정부 인사 김지하는 출옥 후 사찰 대상이었고, 아마 출옥 후부터 1990년대까지, 어쩌면 죽기 직전까지 계속 사찰을 당했을지도 모른다. 왜 대한민국은 그렇게 집요하게 특정인들을 사찰했을까?
1990년 10월 4일 윤석양 이병의 이른바 '양심선언', 보안사 민간인 사찰 폭로는 한국 정부가 그동안 반체제·반정부 인사들을 어떻게 사찰해왔는지를 가장 잘 보여준 사건이었다. 윤석양 이병은 보안사 서빙고 대공분실에 보관되어 있던 존안파일

(민간인 사찰 관련 파일), 대상자 1,303명의 색인표, 개인 신상 자료철 4부, 개인별 동향 파악 내용이 입력된 컴퓨터 디스켓 30장(447명 분량)을 갖고서 탈영하여 양심선언을 했다. 이 파일로 보안사 대공처 수사과가 좌익사범 색출 업무를 수행해오면서 군 수사기관으로서의 원래 임무를 벗어나 정치인, 법조인, 교수, 종교인, 언론인, 재야인사, 학생 등을 상대로 광범위한 사찰을 진행해온 사실이 확인되었다.[215] 그리고 보안사는 개인의 사생활을 포함한 포괄적 정보를 수집해온 사실도 드러났다.

당시 국방부는 "전시 또는 계엄 시 주요 인사 신변보호를 위해 주요 관심 대상 인물에 대한 첩보자료를 수집 분석한 것이며, 남북한 냉전체제가 종식되고 있지 않는 현실에서 자유민주주의 체제 수호를 위해 필수불가결한 일"이라고 해명했다.[216] 보안사는 순화 대상자의 급수를 A, B, C등급으로 분류했는데, 주로 '좌익활동 배후조종 및 지원 용의자', '좌익단체 핵심 인물', '노사분규 및 사회혼란 시위 용의자', '비공개 좌익단체 결성 용의자' 등이 포함되었다. 보안사는 개인별 사찰카드를 만들어서 이들의 '동향관찰'을 지속해왔다. 노무현 의원(대통령)에 대해서는 상사 ○○○를 담당자로 지정해서 미행, 망원, 탐문 채집 등의 방법으로 매월 1회 동향과 분석 의견을 기재했다.

이 사건을 계기로 경찰, 국정원, 보안사가 각각 이미 오래 전부터 민간인 대상의 사찰을 계속해왔다는 세간의 짐작이 확인되었다. 사찰은 원래 경찰의 업무이다. 진실화해위원회(2005~2010)의 조사 과정에서 전국의 여러 시군 단위 경찰서로부터 입수한 사찰 기록은 〈표5〉와 같다. 이러한 사찰 대상 명부 작성은 일선 경찰서 자체의 결정이 아니라 내무부 치안국 등 경찰 최상부의 명령에 의해 시행된 것이다.

이 경찰의 사찰 기록을 보면 경찰은 정부 수립 전후부터 거의 김대중 정부 초반까지 각종 명칭의 '요시찰인'의 동향을 계속 파악하고, 사찰을 해온 것을 알 수 있다. 사찰은 대상자의 활동, 즉 노동·사회·종교단체에서의 반정부 활동이나 시민사회 활동의 감시 사찰까지 포함했다. 경찰의 사찰 대상을 보면 종친회도 포함되어 있는데, 종친회가 이러한 시민사회 조직으로 가동될 가능성을 두려워했기 때문일 것이다.[217] 사찰경찰은 이들 사찰 대상자를 무작위로 검문하여 신체를 일시 구속할 수도 있었다. 불심검문은 경찰직무법에 의해 허용되었다. 경찰의 주민 대상 신원조사도 사찰활동의 일환이었다. 신원조사 항목에는 '사상관계, 국체관계, 법률상 상벌 유무, 6·25전쟁 당시 동태' 등이 포함되어 있고,[218] 그것을 통해 '불순 용의자'를 파악하려 했기 때문에 모든 주민의 사상과 정치적 태도의 파악이 핵심적인 내용으로 들어가 있었다.[219]

5·16쿠데타 이후 경찰의 요주의 인물 사찰은 주로 중정의 지휘를 받았다. 1961년 6월 10일 중앙정보부법이 제정되고, 1964년 3월 10일 정보 및 보안 업무 조정·감독규정(대통령령 제1665호)이 제정, 시행됨에 따라 중앙정보부가 그동안 경찰이 해오던 모든 정보 수집, 즉 사찰 업무를 관장하게 되었다. 중앙정보부는 여야 정치인을 모두 사찰했고, 의원의 사생활까지

표5　1946년 이후 한국 경찰의 사찰 기록

자료명	작성 연도	소장 경찰서	비고
요경계인 명부	1946~1948	울산	
좌익 계열자 명부	1948. 12	울산	
보도연맹원 명부	1950. 3. 6, 1961	울산	
부역자 기초조사부	1951	강릉	
부역자 명부	1954	평창	
부역자 기초조사부	1954	평창	
요시인 명부	1951~1953	전북 지역	
월북, 부역도피자 환경조사서	1957	평창	
특조령 위반자 의견서철	1950~1953		
신원조사 기록	1958	울산	
부역도피자 유가족 조서	1960	평창	
요시찰인(부역자) 동향 보고	1962	진천	
도피 및 입산자 가족 명부	1961	광주	의용군 자진입대자 포함, 가족 이름과 나이가 적혀 있음
부역자 명부	1962	울진	당시 울진이 속한 강원도의 경찰국장이 각 시군 경찰서에 부역자 명부 작성, 보고를 지시함
요시찰인 명부	?	울진	
도피자 명부	1963	강릉	
좌익수 형기 미만자 석방자 명부	1963	경상북도 경찰국	
딱지 명단 작성(정보)	1966	진도	
정치인 실태조사 관련철	1968	진천	
사살자 및 동가족 동향 명부(대공)	1969	진도	
사살자 및 연고자 명단(대공)	1969	진도	
행불자 명부(정보)	1970	진도	
요시찰인 명부(정보)	1970	진도	
대공 기본대장(대공바인다)	1971, 1975	경북	
용공혁신분자 명부	1971	전남	
월남자 기본통계 조사	1972	영광	
북한동조예상세력 조사서(정보)	1973	진도	
보안처분 대상자 명부	1975	금산	

자료명	작성 연도	소장 경찰서	비고
대공 인적 위해요소 명부	1975		
6·25 당시 처형자 및 동 연고자 명부	1975	경남 지역	
6·25 당시 처형자 명단	1975	중앙정보부	6·25 당시 처형자 26,330명과 그 연고자 38,135명 명단을 작성하여 책자로 발간한 것
대공 인적 위해자 조사표(정보)	1979	강릉, 경북 지역	
대공 인적 위해자 리스트(정보)	1979	강릉	
사실조사서(정보)	1979	강릉, 태백, 남해	
공안사범 자료조사서	1978~1980	태백	
신원조사서	1977~1982	아산, 안동	
외사신원조사	1976~1980	안동	
좌익 출소자 명부			
좌익 계열자 명부, 요경계인 명부	1976	울산	
보안처분 대상자 명부	?	영광	
신원기록 편람	?	영광	
사실조사서	1980		1980년 연좌제 폐지 취지하에 '신원기록 일제정비계획'에 의거, 기존 대장을 기초로 관리 대상자를 재분류한 것
신원기록 존안자 명부	1980	양구, 충남 지역	
신원기록 대상자 연명부	1980	평창	
신원기록 성별 목록	1981	완도	
신원기록 편람	1981, 1982	인천, 충남, 영주, 안성 (1986)	
정보사범 명단(보안)	1983		
신원기록편람연명부 자료 수합철	1984	완도	
대공 신원기록 편람	1984	치안본부, 전남경찰국	
보안관찰처분 대상자 명단	1989	전남경찰국	
긴급신원 조사처리부	1998	강릉	

출처: 제1기 진실화해위원회 조사2국에서 작성한 모든 공식 보고서를 토대로 필자 작성. 모든 관련 보고서는 행정안전부 과거사관련업무지원단(pasthistory.go.kr)에서 확인 가능

사찰하여 약점을 잡은 다음 필요시에 협박용 카드로 활용하기도 했다. 겉으로는 비위사실 수집이라 했지만, 실제로는 여자관계를 포함한 모든 사생활까지 사찰했다. 경찰의 사찰은 사실상 법적 근거가 없는 '연좌제' 적용과 깊이 관련되어 있다. 1966년 공화당은 연좌제 폐지를 위한 행정조치를 정부에 건의하기로 했는데, '요시찰인'을 4등급으로 분류해서 단계적으로 해체하는 의견을 제출하기는 했지만, 선거 이후에도 그러한 정책안이 실현된 것 같지 않다.[220] 1967년 1월 24일 요시찰인 사찰 업무 조정규정 시행요강이 확인되기 때문에 오히려 이때 사찰의 법적 근거가 마련된 것으로 보인다.[221]

1980년 8월 1일 신군부는 연좌제 폐지를 위해 신원기록 일제정비계획을 세워 일선 경찰서에 하달했다. 이 지시에 따라 일선 경찰서는 기존의 요시찰인 명단을 '대공 인적 위해자', '정보사범' 등의 새 명칭으로 분류해서 재정비했다. 한편 〈표5〉에서 보면 보안관찰법 등 법적 규율 대상자가 아닌 자들은 요시찰인 관리지침에 근거하여 요시찰인으로 사찰해온 것으로 드러난다. 1980년 신군부가 연좌제를 없앤다고 발표를 했지만 이후의 사찰 사실이 가끔씩 드러난 것으로 봐서 연좌제를 완전히 없애지 않은 것 같다. 이 수많은 경찰 신원조사는 대체로 연좌제 적용의 공직자 신원 검증 근거자료로 이용되었을 것이다. 1995년 국정감사에서 당시 경찰청장은 "요시찰 카드, 요시찰인 명단, 요시찰 관련지침 등에 대한 시정조치 요구를 받고 1994년 12월 말경 폐기 조치했다"고 답했다.[222] 그러나 경찰청 과거사진상규명위원회는 경찰이 1998년 시점에도 여전히 인물 존안자료, 단체자료를 보관하고 있는 것으로 확인했다.

윤석양 이병의 양심선언 이후인 김영삼 정부 시기에도 국가정보원은 이른바 '미림팀'이라는 것을 만들어 5,400명의 통화 내용을 도감청했다. 2000년 7월 4일 『국민일보』는 경찰이 1980년에서 1989년 사이 각 대학의 학생회 등 운동권에서 핵심적인 역할을 한 5,000여 명의 대학운동권 출신 민간인들을 사찰했다는 사실을 보도했다. 이는 서울지방경찰청이 일선 경찰서 정보과에 지시를 한 것으로 알려졌다.[223] 김대중 정부 이후 역대 정부는 일체의 사찰활동을 중단했다고 여러 차례 공언했지만, 국정원과 경찰은 사찰활동을 계속했다. 당시 법정에서 임동원, 신건 두 국정원장은 대통령의 지시를 어기고 도감청을 했다고 진술하기도 했다. 이명박 정부에서는 국정원 심리전단에서 국방부 사이버 사령부와 합작해서 댓글 올리는 일 등을 통해 대선에 개입했고,[224] 총리실 산하에 공직자윤리지원관실을 두고 공기업 임원, 국회의원, 민선 지자체장, 심지어 기업인까지 사찰을 했다.[225]

요시찰인, 국가 내의 비국민

경찰의 사찰 대상인 '요시찰인', '요시인', '대공 인적 위해자', '주요 관심 대상 인물'은 누구인가? 일제는 1925년 임시정부 요인들의 행적을 기록한 '요시찰인 명부'를 작성했고, 1931년 조선총독부 내훈 1호에 근거해서 항일운동가들 대상의 지속적인 사찰을 했다. 일제는 '요주의 인물'과 '요시찰 인물'을 구분했는데 후자가 더 위험한 인물이다. 일제 말 조선인 사상범이나 항일투사는 형기를 마치고 출옥을 해도 보호관찰령과 예비구금제도에 의해 언제나 경찰의 사찰권 내에 놓여 있었다. 8·15로 이 모든 사찰은 중지되었다. 그런데 8·15 이후 1년도 지나지 않아 경찰의 사찰은 부활했다. 항일운동가, 반이승만 노선을 걷고 있던 우익 인사들, 그리고 좌익계 인사들은 8·15 이전에 자신을 사찰했던 바로 그 '동포' 형사들에게 또다시 사찰을 당하거나 잡혀서 고문까지 당하는 어처구니없는 일을 겪었다.

1946년 대구 10월항쟁 후 일제의 경찰조직이 부활되자 일제시기 고등경찰이 반일운동가와 반체제 정치사상범을 지칭하던 '요시찰인'이라는 용어가 다시 등장했다. 이때부터 경찰은 미군정과 우익세력에 반대하는 좌익, 민족주의 인사들을 '요시찰인'으로 분류하여 사찰하기 시작했다. 경찰은 대상이 특정되지 않은 일반사찰과, 특정 인물과 단체를 대상으로 하는 요시찰로 구분해서 사찰을 했는데, 요시찰인에 대한 사찰과 감시는 미군정 시기뿐 아니라 정부 수립 시점부터 최근까지, 아니 일제강점기부터 한 세기 이상 계속되었다. 그렇기 때문에 사실상 한국의 20세기는 사찰과 감시로 점철된 역사라 봐도 과언이 아니다. 사찰은 합법과 불법의 경계를 넘나들며 계속되었는데, 불법사찰로 경찰이 법적 처벌을 받은 적은 없다. 처음에는 '요경계인' 명부를 작성해서 사찰을 했고, 정부 수립 직후에는 좌익 계열자 명부를 작성했으며, 6·25한국전쟁 후에는 인민군 치하에서 부역한 사람, 학살당한 사람들과 그 가족들을 대공 인적 위해자로 분류한 다음 이들을 사찰했다.

6·25 발발 직전에는 주로 국민보도연맹원 등 좌익활동 관련자들이 요시찰 대상이었다. 김해경찰서가 작성한 자료에는 '불순분자 구속', '미검거 보도연맹원 명부', '중간파 회색분자 명부', '행방불명된 전보련원 및 그 가족 일제조사 보고' 등이 있는데, 정부에 충성을 표시하지 않은 '회색분자'를 포함하여 전향한 보도연맹원은 물론 그 가족까지도 '불순분자'로 분류하여 조사, 검거의 대상으로 삼고 있었다.[226]

6·25한국전쟁 기간에는 이들과 가족을 사실상 적으로 분류하여 엄격하게 사찰했다. 제주4·3사건 당시 제주도 경찰자료를 보면, '좌익 계열'로 이들을 분류한 다음 동리 단위별로 귀순자, 포로자, 자수자로 분류하거나, 형복역자(刑服役者), 형살자(刑殺者), 그리고 이들의 가족으로 각각 분류했다. 그리고 '재산잔비(在山殘匪) 동태보고표'에서는 잔비, 납치자, 각각의 가족으로 분류했다.[227]

6·25한국전쟁 중 도피했거나 학살당하지 않은 채 살아남은 국민보도연맹원, 그리고 전쟁기 인민군 치하에서 인민군에게 부역한 사람 및 의용군에 자진 입대한 사람과 그 가족, 빨치산 출신, 공작원 출신 등 출옥자, 그리고 피학살자 가족도 요시찰인에 포함했다. 그런데 과거 좌익활동가, 월북자, 재일교포 가족을 둔 사람은 물론이고, 월남자, 귀순자, 반공포로 석방자, 전향

자 등 남한의 반공주의체제를 택한 사람들도 계속 사찰·감시권에 두었으며,[228] 제대군인은 물론 미군 첩보부대인 KLO(Korea Liaison Office)부대[229] 출신 상이군인 등 친정부 성향의 사람까지 포함했다.[230]

특히 6·25한국전쟁 중 인민군에게 협력한 사람(부역자)과 그 가족은 집중 사찰 대상이었다. 당시 제정된 부역행위특별처리법에서 명시한 부역자, 즉 '역도(逆徒)에 협력한 자'의 규정과 범위가 대단해 애매했다. 오제도는 『국가보안법 실무제요』에서 적, 역도, 부역자를 다음과 같이 설정했다. 첫째는 이념적 공명자로서 '반정부 감정 포지자, 대세 뇌동자, 피동분자'를 포함했고, 어쩔 수 없는 '본질적인 빨갱이'와 '일시적인 부분적 빨갱이' 두 범주로 구분했다. 그런데 경찰 측의 부역자 규정도 애매했다. 경찰의 규정은 '공산독재의 사상을 이념적으로 공명하거나 또는 이론적으로 맹신하여 대한민국의 민주정치를 반대함은 물론 국가의 기본 조직을 파괴하는 행동을 취하고 그들에 가담하여 반민족적 반인도적 행위를 감행한 자'[231]로 되어 있다.

그런데 전쟁 중 부역행동을 하지는 않았더라도 사상적·이념적·이론적 맹신자도 부역자로 간주했다. 그래서 사실상 인민군 치하에서 '지조를 굴치 않고 지하에 잠복하여 애국운동을 계속한 자'[232]를 제외한 거의 모든 사람을 부역자로 규정했다. 즉 서울에서 피란을 가지 않은 사람들, 즉 '잔류파'도 인민군의 잠정적 부역자로 간주되었다. 여기서 흥미로운 것은 경찰은 상이군인들도 정부에 불만을 품고 반기를 들 위험세력으로 보았다는 점이다. 휴전 직후인 1953년에는 갑·을 요시찰인으로 분류했으나, 1956년 이후 경찰은 요시찰인을 '특수 요시찰인', '갑 요시찰인', '을 요시찰인'으로 분류하여 사찰을 했다. 각 요시찰인 대상은 '전좌익층, 전중간층, 사찰을 요하는 자' 등으로 구분되어 있었다.

김제경찰서의 사찰 내용을 보면 '생업에 종사하여 불순 상태 없이' 생활하고 있다는 보고를 했는데,[233] 여기서 '불순'과 '생업'은 대비된다. 불순은 정치활동, 즉 정권의 반대편이나 좌익 관련 정치활동 가담을 의미하며, 생업 종사란 이제 아무런 사회활동이나 정치활동을 하지 않는다는 것을 의미한다. 결국 사찰의 목적은 '불순행동'을 할 위험이 있는 사람들이 과연 생업에만 신경을 쓰고 있는지, 아니면 또다시 좌익활동이나 반정부운동에 기웃거리는지 살피는 것이었다. 대한민국 경찰의 논리는 일제 특고의 논리와 동일하다.

경찰의 주민 감시, 요주의 인물 사찰은 주로 주민들의 '사찰 정보망', 프락치(망원), 즉 이웃 거주자 끄나풀을 활용해서 진행되었다. 이러한 망원 활용 역시 법적 근거를 찾기 어렵다. 그리고 정권 위기 시에 요주의 인물들을 예비검속했던 공권력 집행 역시 법적 근거가 없다. 그럼에도 불구하고 사찰은 정부 수립 전후부터 이명박 정부까지 거의 60년 동안 계속되었고, 예비검속은 1987년 이전까지 거의 관행적으로 진행되었다. 감시와 사찰, 예비검속은 하나의 체계로 진행된다. 즉 과거에 반체제·반정부 활동을 해서 구속된 적이 있거나, 앞으로 반체제·반정부 활동을 할 가능성이 있는 사람들의 일상을 평소에 계속 감시할 필요가 있고, 더 심한 위기가 닥치면 이들을 예방적 차원에서 구속할 필요가 있다고 생각했기 때문이다. 즉 불순분자, 즉 요시찰인은 언제나 사찰권에 있다가 유사시에 검거해야 할 대상들이었다.

5·16쿠데타 직후 군은 요시찰인들을 6·25 발발 직후와 같이 체포, 구금하여 집단학살하려 하였다. 그 대상은 생존 보도연맹 관련자뿐만 아니라 혁신정당 참가자, 지식인, 사회단체 지도자 등으로 4,000명이나 되었는데, 이들을 사회불안 세력으로 간주하여 대대적으로 색출, 체포하여 학살하고자 했다. 당시 방첩대는 '예비검속 중인 반국가행위자를 단시일 내에 공정하고 합리적인 방법으로 의법 처단'할 계획을 세웠다. "과거 6·25 당시 긴박한 사태하에서 공산분자의 처단을 1개 기관이 전담함으로써 현금에 이르기까지 국민의 원성과 의혹의 대상이 되었던 전례에 비추어 이러한 전철을 답습하지 않고 공정을 기하기 위한 견지에서도 지극히 요구되는 것"이라고 6·25한국전쟁 직후 특무대가 행한 학살조치의 문제점을 검토하면서 "이번에는 계엄사령부 직속하에 합동수사본부를 설치하고 지방에는 계엄사무소 예하에 합동수사부를 설치하여 육군 방첩부대와 경찰이 합동으로 구속자를 수하하여 각 계엄사무소에 파견된 검사 및 군검찰관과 협조하에 의법 처단한다"는 계획을 수립했다.[234]

감옥 안에서도 좌익수는 '경호 요시찰인'으로 일상적인 사찰권에 들어와 있었다. 실제 전향서를 작성했다고 하더라도 본의가 아닌 강압에 의한 경우가 많기 때문에 당국도 전향서 자체를 신뢰하지 않았다.[235] '위장 전향'한 사람들은 타 재소자를 대상으로 '불순행동'을 할 가능성이 있기 때문이다.[236] 그래서 전향 좌익수 중 출옥하지 않았던 모든 재소자들은 언제나 교도관과 다른 재소자 및 동료의 감시, 사찰 대상이었다. 출옥한 사상범은 가장 중요한 사찰 대상이었다. 이들의 석방, 출옥 동향은 검찰, 국정원, 내무부(경찰) 등 관련 모든 정부 부서가 공유해야 할 중요한 국가 정보였다.

출옥 좌익수 요시찰인이 사찰 대상에 포함된 것을 보면 이들은 전향을 해서 출옥하더라도 거주지 경찰의 감시를 피할 수 없었다. 1987년 이후에는 검찰의 공안사범 사후관리지침에 따라 국가보안법 위반 관련 출소자들에 대해서는 2개월에 1회씩 동향을 파악해서 보고했다. 출옥한 사람들도 위험의 정도에 따라 분류해서 갑은 월 2회 이상, 을은 월 1회 이상으로 차등을 두어 사찰을 하고 격하 심사를 거쳐 삭제하기도 했다.[237]

좌익활동이나 반정부운동의 이력을 가진 사람은 거의 비국민으로 분류되어 평생 정부의 사찰·감시권에서 벗어나지 못했다. 결국 죽어야 사찰이 끝난다. 경찰의 지시에 따라 이들을 늘 감시해서 보고하면서 보상을 받았던 동네나 가까운 이웃의 '망원'이 누구인지는 아마도 영원히 밝혀지지 않을 것이다. 그들이 모두 대한민국의 국민으로서 우리 이웃에 살고 있었다.

요시찰인 규모: 간첩과 요시찰인이 득실거리는 나라?

그럼 한국에서 요시찰인의 규모는 어느 정도였을까? 1938년 무렵 일제 경찰이 분류한 조선인 요주의 인물은 5,198명이었고, 요시찰 인물은 2,592명이었다.[238] 이는 반일운동에 가담한 경력이 있거나 그럴 위험이 있는 사람의 수였을 것이다. 이들 중 8·15 후 이승만 단독정부 노선에 가담하지 않았던 사람들은 자신을 사찰, 고문했던 동포 경찰들에게 잡혀 고문을 당하거나 국민보도연맹에 가입했다가 학살당했을 것이다.

1948년 12월 국가보안법이 제정된 후, 제주와 여수·순천 등지에서 반란세력에게 협조한 사람이나 그 가족들이 대체로 국가보안법 위반자가 되었기 때문에 검거 수사 대상인 남로당계 사람들, 사상범과 더불어 새롭게 요경계인과 요시찰인에 포함되었다. 국가보안법 제정 1년 후인 1949년 무렵에는 11만 명 정도가 국가보안법 위반으로 기소되었으므로 6·25 발발 이전에 이미 요주의·요시찰 인물의 규모는 일제 말의 몇 배로 폭증했다. 일본이 물러가고 독립국가가 건설되었다고 하는데, 한국은 일제의 조선총독부보다 훨씬 더 심한 사찰국가가 되었다.

정전협정 이후 정부가 관리한 요시찰인의 규모가 어느 정도인지 정확히 알 수는 없다. 1950년대 이후 각 경찰서, 그리고 이후 중앙정보부가 관리한 요시찰 대상자는 과연 몇 명이나 될까? 6·25한국전쟁 중이던 1951년 평창경찰서의 부역자 기초조사부를 보면 1950년 인민군 치하의 부역 사실 여부와 부역 상황을 기록하고 있는데 면 단위에서 277명이 기록되어 있다. 김제군의 경우 패순자(빨치산 활동을 하다가 귀순한 사람), 검거·비검거한 부역자, 그리고 지방 공산분자를 합쳐서 군 인구의 4.11%인 8,500여 명이 사찰 대상이었다. 1962년 울진경찰서 정보계가 작성한 부역자 명부를 보면 월북 도피자(568명), 전출자(230명), 사망자(273명), 현재 거주자(1,911명) 등으로 분류한 명단(총 2,991명)이 수록되어 있다. 1966년 작성한 울진경찰서 요시찰인 색인목록상 요시찰 대상자는 716명이었다.[239]

『경찰통계연보』에 의하면 1953년에는 90,730명에 해당하던 요시찰인은 1958년 당시 전체 요시찰인이 33,659명이며, 특수 요시찰인이 726명, 갑·을 요시찰인이 각각 16,510명과 16,423명으로 줄었다.[240] 경찰은 월별 집계도 했는데, 1955년 「요시찰인 동태」자료를 보면 보통 요시찰인이 4만 명 내외, 특수 요시찰인이 3천 명 내외였다.[241] 그리고 이 대상자 수는 신편입, 삭제를 거쳐 점진적으로 축소되었다. 당시 경찰의 요시찰인 등 사상 관련자 대상의 사찰 자체가 경찰 업무의 가장 중요한 부분이었다.

경찰 공안 당국은 주로 월북했던 사람들이 공작원으로 내려와 한국 여러 곳에 거주하는 가족, 친지들과 끊임없이 접촉하고 있다는 사실을 알고 있었다. 이런 이유 때문에 1960년 4·19혁명 직후 개정한 국가보안법에서는 '불고지죄' 조항이 들어가서 이제 국가는 가족까지 사찰 대상에 포함했다. 당시 당국이 본 상황은 이러했다.

사람들은 서울이란 도시 안에 얼마나 많은 북한 간첩이 득실거리는지 실감하지 못하고 있다. 그러나 중앙정보부만은 확실한 근거를 갖고 있다. 평균 일주일에 300개의 정체불명의 비밀통신이 나라 밖으로 흘러나가고 있었다. 그 비밀 전파는 24시간 계속되는 것이 아니었다. 일정한 주기를 두고 일주일에 한 번 아니면 10일에 한 번, 매월 1일 몇시 몇분에 간헐적이었다.[242]

앞서 언급한 대로 5·16쿠데타 이후 계엄하에서 육군 방첩대는 요시찰인을 A, B, C급으로 분류했는데, 주로 4·19혁명 이후 정국에서 혁신정치운동(사회당, 사회대중당, 혁신당)과 통일운동(민족통일학생연맹, 민주자주통일협의회), 교원노조 및 민간인 학살 진상규명운동 등에 몸담은 인사들이었다. 당시 계엄사령부 방첩대는 예비검속 대상이 2,769명에 달한다고 보고 그 중 815명을 심사한 결과 A급에 해당하는 사람이 583명, B급이 109명, C급이 128명이라고 추산했다.[243] 이 규모는 1950년대 말 경찰이 집계한 전국적인 특수 요시찰인의 규모와 비슷하지만, 4·19혁명 이후 새롭게 나타난 통일운동가, 혁신계 활동가나 정치가들이 많았으므로 당시 군 정보 당국이 파악한 요시찰인의 전체 규모는 정확히 알 수 없다. 앞서 언급한 방첩대의 요시찰인 예비검속 학살 계획은 철회되었으나, 혁명 검찰은 특수 반국가행위자를 검거했는데, 입건된 사람이 833명, 기소된 사람이 191명이었다.[244]

1960년대 비전향 상태로 출옥한 좌익수가 수천 명이 넘었기 때문에 요시찰인의 수가 크게 늘어났을 것이다. 1970년 11월 당시 한옥신은 한국에는 85만 명의 요시찰인이 있다고 주장했다. 그것은 경찰이 집계한 요시찰인 규모보다 훨씬 크다. 경찰청 통계를 보면 그 시점 요시찰인 수가 10,525명이다.[245] 그렇다면 한옥신이 말한 요시찰인 85만 명이란 어떤 근거에서 나온 것이며, 누구를 말하는가? 여러 군 단위 경찰서가 관리한 요시찰인 갑·을, 그리고 부역자 명부, 신원조사서 등에 기록된 온갖 종류의 사찰 대상자와 그 가족이 있다. 앞에서 본 것처럼 경찰 당국이 공식 집계한 전국 요시찰인 수와 각 시군 단위 경찰서가 관리하던 다양한 형태의 사찰 대상자의 수는 크게 차이가 있다. 앞의 김제군의 사찰 대상자 비율을 전국으로 확대하여 계산해보면 1950년대 중반 당시 한국 인구가 약 2,300만 명이었으므로 인구의 4%인 90만 명이 사찰 대상이 된다. 1962년 당시 울진경찰서의 사례를 전국으로 확대하면 군 단위 사찰 대상자가 2,500명에서 3,000명 사이였을 것이기 때문에 당시 전국적으로 170여 개 군이 있었으므로 서울, 부산 등 대도시를 포함하면 사찰 대상자가 50만 명을 넘을 것이라 추산할 수 있다.

 그런데 1970년대 말 아산경찰서가 관리한 신원조사 대상자는 무려 22,323명이나 된다.[246] 이들 모두가 요시찰 대상이라고 볼 수는 없겠지만, 각종 신원조사에서 연좌제 등의 불이익을 당한 사람 전부일 것이다. 즉 한옥신의 85만 명 요시찰인 주장은 요시찰인을 엄격히 정의한 것이 아니라 신원조사상 여러 가지 특이 사항이 있어서 사찰을 요하는 사람이거나 사찰 대상자 직계가족 등을 모두 포함한 수로 보인다. 아마 이 규모의 사람들이 당시 한국에서 연좌제의 피해를 입은 사람들일 것이다.

단지 1961년 5·16쿠데타 이후 반공법이 제정된 이후에는 국내 반체제·반정부운동과 관련된 공안사범이 늘어났다. 그래서 이전의 빨치산 출신이나 월북자, 대남 공작원이 주를 이루던 요시찰인에 이들 국가보안법, 반공법 위반자들이 추가되었다. 1961년 이후 1983년까지 반공법 관련 전체 피고인 수는 2,016명이다. 반공법 위반자에는 앞에서 말한 좌익수도 포함되어 있으나 대체로는 공안(관련)사범인 경우가 대부분이다. 그러나 1960~70년대 전체 검거 인원수를 보면 국가보안법 관련자 1,968명, 반공법 관련자 4,167명으로 반공법이 압도적으로 많다.[247] 1975년 이후에는 주로 긴급조치 관련 구속자가 많기 때문에 상대적으로 국가보안법이나 반공법 위반자 수는 줄어들었다. 물론 이 모든 사람이 모두 요시찰인으로 분류되지는 않았을 것이다. 특히 시국사범으로 분류된 학생운동 관련자들은 일부 예비검속 대상자이기는 했으나 요시찰인에 속하지는 않았다.

그런데 앞에서 언급한 것처럼 1975년 전후 좌익 관련 수형자들이 만기출소를 하게 된 것을 우려한 박정희 정권은 사회안전법을 제정했고, 사회안전법 제정 직전에 법무부는 중정의 조정을 거쳐 이들의 소재를 대대적으로 파악했다. 울진경찰서 자료에 의하면 1975년 7월 1일 경상북도 좌익 수형자 소재 탐지 지시에 따라[248] 울진 지역의 1945년 8월 15일 이후 좌익수 출소자 22,394명[249]과 실형을 받지 아니한 정보사범 12,319명 및 군

형무소 출소자 좌익수 635명, 도합 35,348명 중 경찰에서 소재 탐지 중인 15,462명을 제외한 19,886명에 대하여 1975년 7월 25일까지 소재를 파악했다.

앞의 경찰 자료에서 나타난 것처럼 안기부는 1980년 이후에도 요시찰인을 대공 위해자 혹은 정보사범으로 이름을 변경하여 일선 경찰서를 통해 명단을 만들어 보고하도록 지시한 것으로 보이고, 그것을 전국 단위로 집계한 뒤 그에 기초해서 사찰을 한 것 같다. 1980년 제5공화국 초기에는 중앙정보부(안기부)의 조정을 거쳐 사찰 대상자를 많이 삭제했다. 울진경찰서의 『신원기록편람(1981)』을 보면 현존자(5명), 현시찰자(333명), 부재자(258명), 처형자(8명), 간첩(3명), 납북 귀환자(28명), 납북 미귀환자(12명), 정보사범(25명) 등 총 672명이 등재되어 있어서 1966년의 규모에 비해 약간 축소되었다. 현시찰자 333명은 요시찰인과 보안처분 대상자를 합한 수이므로, 1980년 이후 울진군의 요시찰인은 300명 정도로 축소되었다.[250]

결국 한국은 정전체제하에서 대북 적대관계를 계속 유지했기 때문에 내부의 '위험' 인사에 대한 사찰을 한 번도 중단하지 않았다. 한국 사람들은 자신의 과거 행위 때문에 사찰당한 것이 아니라 부모나 조부모의 월북, 부역 혹은 피학살 등의 이유로 사찰을 당했다. 이들은 전쟁이 발발하면 적에게 협력할 수도 있을 것이라고 의심받았기 때문에 사찰 대상이 되었다. 국가는 '불순세력의 … 와해 기도'에 능동적으로 대처하기 위해서[251] 집요하게 이들을 사찰해왔다. 그리고 이러한 수사, 정보 수집의 명분으로 각 정권의 주요 정적, 그리고 정권 비판 세력 통제 목적을 슬쩍 집어넣었다. 공안검찰의 사찰 기록은 공개되지 않았지만, 검찰은 경찰, 기무사, 국정원과는 별도로 공안사범을 등급별로 분류해서 정기적인 동태 파악과 감시를 해온 것으로 보인다.[252]

재소 및 석방 좌익수 사찰: 보안관찰

앞에서 본 것처럼 감옥 내에서 좌익수가 전향을 해도 '위장 전향'의 의심에서 벗어날 수 없다. 따라서 감옥 내 좌익수의 일거수일투족은 언제나 사찰권에 있다. 이들 수감 좌익수, 공안(관련)사범 중 요시찰인은 '경호 요시찰인'으로 분류되었다. 이들 개인의 '사찰표', '경호 요시찰인 카드'가 만들어져서 교도관은 이들에 대한 사찰 기록을 작성해서 끊임없이 상부로 보고했다.

좌익수가 가석방이나 형기 만료로 석방되더라도 그들은 자유인이 아니다. 지방 검찰청과 경찰청에 곧바로 신고 등록된 요시찰인이 되기 때문이다.[253] 이들은 사실 집행유예 상태[254] 혹은 '잠재적 포로'의 신세였다고 볼 수 있다. 이들에게는 표현의 자유, 만남의 자유, 집회 시위의 자유가 충분히 보장되지 않았다. 좌익수들은 석방 이전에 검사와 면담을 하는데, 검사는 석방된 이후의 거주지, 보호관계, 대한민국 국법질서 수용 태도, 가족 및 주위와의 유대 정도를 심사했다.[255]

1989년 서준식의 지속적인 고발과 투쟁으로 사회안전법이 폐지되었다. 그러나 정치적 민주화가 되어도 정부는 여전히 이들 비전향자들을 그 상태로 사회에 내보낼 수는 없다고 판단해 사회안전법 대신에 대체법인 보안관찰법을 제정했다. 기존의 사회안전법과 마찬가지로 보안관찰법 역시 국사범·사상범, 즉 국가보안법, 국방경비법뿐만 아니라 6·25한국전쟁기 '비상사태하의 범죄 처벌에 대한 특별조치령' 등 이미 삭제되거나 폐기된 법률의 위반자까지 포함한 국가안보 관련 법령 위반자를 대상으로,[256] '재범의 위험성을 예방하고 건전한 사회복귀를 촉진'하기 위한 것이라는 취지를 포함했다.

보안관찰법 제18조에 따르면, 보안관찰 대상자는 직장의 소재지 및 연락처, 주요 활동 상황, 통신·회합한 다른 보안관찰자의 인적 사항과 그 일시·장소·내용, 여행에 관한 사항, 기타 관할 경찰서장이 신고하도록 지시한 사항 등을 해당 경찰서장에게 신고해야만 한다. 동시에 검찰 및 사법경찰관은 피보안 관찰자의 행동 및 환경 관찰, 신고사항 이행 지시를 할 수 있고, 보안관찰 해당 범죄를 범한 자와의 회합·통신 금지, 집회 또는 시위 장소에의 출입 금지 등(동법 제19조)의 조치를 할 수 있도록 되어 있다. 보안관찰법에는 과거 사회안전법에 포함되었던 주거지역 제한이나 보안감호조치는 없어졌으나 보호감호나 보안관찰 조항은 남았는데, 사회안전법상의 보호관찰을 '보안관찰'이라고 이름만 바꾸었다. 보안관찰법 시행령의 제8조 1항에서 출소한 보안관찰처분 대상자의 '사상전향 여부'를 지체없이 거주 예정지 관찰 경찰서장에게 통보하도록 규정했다. 석방된 좌익수는 사실 반만 자유인이 된 셈이다. 그러나 헌법재판소는 보안관찰법 위헌소송에 답하면서 '사회적 위험성' 예방, 국가·사회 방위의 필요 등을 명분으로 보안관찰법이 합헌이라고 결정했다.[257]

보안관찰의 집행 내용을 보면 대상자는 가족·교우관계, 재산 상황, 직업, 학력, 종교, 경력, 가입한 단체 등을 경찰서장에게 신고해야 한다. 신고서에는 주민등록번호, 거주지 등의 개인정보는 물론이고 사상이나 정치적 견해를 드러낼 수 있는 가입 단체나 경력, 범죄 경력, 죄, 만나는 사람 등 주변의 사람에 대한 정보까지 포함된다. 그리고 보고한 사항이 변할 때마다 신고해야 하는데(제6조 2항), 이러한 의무는 기간의 제한 없이 계속된다. 그리고 이 가운데 어느 하나라도 위반할 경우에는 최고 2년의 징역과 보안관찰 부과가 가능하다(제27조 2항). 이것은 사상전향 제도가 있을 경우에는 사상전향을 하지 않고서는, 그리고 준법서약서 실시 이후에는 준법서약서를 제출하지 않고서는 감시 체제에서 벗어날 수 없다는 것을 의미했다.

보안관찰법은 '자유민주주의' 체제를 유지하기 위해서는 사상범에 대해서 어떤 방법을 쓰더라도 면밀한 감시장치를 두어야 한다는 생각 위에 제정된 것이다.[258] 인간 내면의 생각, 특히 사상과 생각의 변화를 외부에서 추적하거나 판단하는 것은 매우 어렵다는 것을 당국도 알고 있다. 과거와 같이 공개적인 성명서나 본인의 진술 등을 통해 국가에 대한 충성을 맹세했다고 하더라도, 그것으로 내면의 사상적 변화를 확인하기는 어렵다고 생각하기 때문에 사찰밖에 방법이 없다고 생각했을 것이다.

리영희의 경우처럼 중요한 정치사상범에 대해서는 집 담벼락에 초소를 설치한 다음 경찰이 상주하기도 했다.[259] 그런데 관할 경찰서장은 관할 구역 내에 거주하는 보안관찰 대상자가 죄를 범하거나 사망하거나 소재가 불명하거나 도주할 때, 보안관찰 해당범죄를 범할 우려가 있을 때, 국외여행을 할 때 검사에게 보고하게 되어 있다. 그런데 '우려가 있을 때'라는 규정은 매우 추상적이고 확정되어 있지 않아 결과적으로 사법경찰관의 무제한적인 동태 파악이 가능하다.[260] 실제로 사상범에게는 출소 이후 한 달에 1~3회씩 경찰이 찾아와 신고하라고 압박하기도 했다. 신고를 하지 않았다고 등굣길에 경찰에 긴급 체포되거나 밤 11시에 집 앞에서 연행된 사례도 있다. 담당 경찰이 보안관찰자라는 것을 고용주에 알려 피고용자가 일자리를 잃은 사례도 있다.[261]

출옥 좌익수들이 보안관찰법을 위반할 경우, 이들에게 경고를 하거나 조치서만 보내는 것이 아니라 구속까지 할 수 있었다. 실제로 서준식은 보안관찰법이 규정하는 신고의무를 이행하지 않았다고 보안관찰법 위반으로 구속되었다. 또 방양균은 1996년 7월 만기출소를 했는데, 줄곧 '실정법을 위반한 사실이 없다'는 이유로 보안관찰법 대상자 신고를 거부하다가 결국 거주 예정지 관할 광주 서부경찰서장에게 출소 사실을 신고하지 않았다는 이유로 불구속기소되었다.[262] 함세환은 각종 집회에 참석해 "전쟁포로인 나는 제네바협정에 의해 가족이 있는 북한으로 송환되어야 한다"는 주장을 폈다는 이유 등으로 1997년 9월 12일 국가보안법과 보안관찰법 위반 혐의로 불구속기소되기도 했다. 이들은 종교단체가 어버이날 노인들에게 여행을 다니게 해주어도 여기에 참여하면 '회합'이 되므로 금지 조치를 받기도 했다.[263]

만약 누군가가 비국민으로 분류되어 항상 사찰과 감시를 당하고, 연좌제의 굴레에서 벗어날 수 없어서 정치적 발언조차 할 수도 없으며, 생존을 위해 숨죽이고 살아야 한다면 그는 그냥 사회에서 퇴장할 수밖에 없을 것이다. 이것은 소설가 최인훈이『광장』에서 말한 '내부 망명'이고, 허쉬만(Albert Hirshman)이 말한 충성(loyalty), 저항(voice)이 불가능한 상황에서의 내면으로 탈출(exit)하는 행동일 것이다.[264] 이들은 수인(囚人)은 아니었지만 대한민국을 감옥처럼 여겼을 것이다.

국민감시체제

온 국민 상호감시

근대 이전의 중국과 조선에서는 군주가 정적을 제거하고, 지방에 일어난 반란을 진압하기 위해 철저한 감시국가체제를 구축했다. 5가구 혹은 10가구를 하나로 묶어서 상호감시하게 만든 오가작통법(五家作統法)이 그 대표적인 예이다. 1949년 이후 중국의 주민통제가 소련보다 훨씬 더 효과적으로 진행되었다는 것을 주목한 사람들은 그 이유를 전통사회에서 내려온 이러한 제도에서 찾기도 했다. 그것은 주민들 간의 상호감시체제, 즉 주민들 스스로가 이웃의 위험한 생각이나 행동을 하는 사람을 고발하도록 만든 체제였다.[265] 동학농민혁명이 발생했을 때 조선은 보갑제 등의 제도를 활용해서 농민들을 상호감시했다.

태평양전쟁 발발 후 일제는 조선 마을마다 애국반을 만들었다. 전쟁 수행을 위해 주민들을 10가구 단위로 묶어 통제하기 위해서였다. 당시 애국반은 마을 사람들의 생활 구석구석을 감시하고 통제했다. 애국반에 참석하지 않으면 불이익을 받게 했고, 서로 간에 얼굴을 익히게 하여 상호감시를 하게 만들었다. 낯선 자, 수상한 자를 찾아내는 방범·방첩 활동도 하게 했다. 이러한 식민지 조선에서의 주민감시제도는 '내지' 일본에서보다 먼저 생겼다. 그것은 자율적인 협력을 명분으로 했으나 실제로는 대민통제조직이었다. 또 방공 훈련, 노동력 동원 등의 목적도 갖고 있었으나 중요한 것은 사상통제였다.

1941년 국방보안법 통과 이후 일본은 조선에서 방공 방첩 강화, 고도 국방국가의 건설을 표방했고, 조선방공협회의 후원으로 사상전 전람회를 개최했다.[266] 학생들을 대상으로 방공 방첩 포스터 공모전을 열었으며 제5열 간첩 식별법, 신고포상제도를 실시했다. 초등학교 학생이 주변에 의심되는 청년을 신고하여 포상을 받는 일을 신문에 보도하여 사회적으로 이런 신고활동을 격려, 조장했다. 마을 단위까지 촘촘하게 조직된 상호감시망은 사실상 민간인을 경찰과 검찰로 만들었다. 전시체제하에서 제2전선인 후방에서는 적, 즉 간첩을 색출하는 것이 행정 당국의 주된 업무였다. 전쟁 중 '내부의 적'은 외부의 적과 같은 존재, 오히려 더 위험한 존재로 취급되었다.

미군정 시기 이후의 정부의 좌익세력 통제를 보면, 각종 포고령 위반 등 좌익단체 활동을 불법화하여 이들을 범죄자로 만들어서 수감한 다음, 경찰서나 형무소에서 고문이나 린치를 가하는 등 물리적 폭력을 행사하고, 정부 수립 이후에는 법적 통제와 더불어 국가 주도의 사회적 통제를 실시했다. 1948년 이후 지리산 일대 마을 단위로 조직된 자경단, 그리고 향보단과 민보단, 그리고 국민회, 반상회 같은 조직은 처음에는 국가 주도로 건설된 민간자치 조직이다. 그런데 나중에는 이것이 주민들 간의 상호감시 조직으로 변화한다. 여기서 국가통제는 사회적 통제로 전환된다.

미군정은 5·10총선거를 앞두고 경찰 보조조직인 향보단을 창설했다. 15세부터 65세 이하의 남녀가 향토방위에 대한 공동책임이 있다는 전제로, 18세 이상 55세 이하의 남자는 의무적으로 향보단에 가입하게 했는데 이 조직은 경찰의 지휘 감독을 받게 되어 있었다. 이 조직의 목적은 좌익과 남북협상파의 선거 보이콧 전략을 분쇄하고, 주민을 투표장에 가게 하는 것이었다. 향보단은 방공훈련 조직이었으며, 일제 말의 경방단 등 주민동원 조직의 재판이었다. 미군정은 향보단을 민보단으로 명칭을 바꾸어 재조직했다. 이 조직 역시 주민들의 반정부 활동을 봉쇄하고 주민들 스스로 반정부 활동을 감시할 수 있도록 했다.[267] 향보단과 민보단은 선거 감시와 주민 감시를 통해 이승만 지지를 이끌어내기 위한 정치조직의 성격을 지녔지만, 지리산 일대의 산악지대에서는 빨치산의 협력 요구를 차단하거나 그에 맞서는 주민 전투조직의 역할을 해야 했다.

1948년 5·10총선거 반대운동, 제주 4·3사건, 그리고 여순사건으로 정부 수립 전후 한국은 사실상 내전 상태에 있었다. 특히 여수 14연대 반란은 좌익세력 군인들이 주도했지만 사병들이 대거 동조했는데, 친일 경력자로 일색화된 당시 경찰과 이승만 정부에 대한 불만이 깊이 작용했기 때문이다. 이들이 여수, 순천에 진입해서 제일 먼저 경찰과 우익 인사들을 학살한 것도 이런 이유였다.[268] 그리고 반란이 인근 지역 주민의 협조로 확산된 이유도 사상과 이념 때문이었다기보다는 친일 경찰과 우익 인사들에 대한 주민들의 반감이 작용했기 때문이다. 실제 여순사건의 교훈을 지적하는 당시 일부 언론도 친일파 처단과 민심 수습이 중요하다고 진단했고,[269] 심지어 사회부장관 전진한은 북한보다 더 강력하게 좌익개혁을 실시해야 한다고 주장하기도 했다.[270]

  그러나 이승만 정부는 반란군에 동조한 사람을 '한 하늘 아래에서 같이 살 수 없는'[271] '비국민'으로 보았다. 빨치산 토벌 과정 중 선무공작 차원에서 일제시기 혹은 그 이전부터 사용되던 '귀순' 혹은 '전향'이라는 용어가 다시 등장했다. 그것은 반란군에 대해 강경 토벌작전을 수행함과 동시에 그들을 분열시키고, 다수를 유인·포섭하려는 전략 차원이었다. 당시 전남과 제주도, 그리고 경북 산악 지대에서의 토벌작전은 서울 등지에서의 국가보안법 관련자 구속, 국민보도연맹 조직화와 동시에 진행되었다. 실정법을 위반하지 않은 과거의 반정부·반체제 사범, 혹은 사상적으로 의심을 받는 사람들을 대한민국 체제로 '귀순'하도록 하기 위한 작업은 국가보안법의 집행과 맞물려 있었다. 그래서 군경 합동의 자수를 통한 귀순, 전향자의 증가는 선무공작의 일환이었다.[272] 자수자, 귀순자들은 성명서를 공개적으로 발표했는데, 대체로 남로당이나 좌익 계열과의 관계를 단절하고 방공 진영에서 공산 적구(敵狗)와 적극 투쟁할 것, 신생 대한민국의 육성 발전에 헌신 충성할 것을 다짐했다.[273]

이승만 정부는 치안을 위한 강력한 주민조직이 필요하다고 생각해서 주민에 대한 감시와 통제를 보다 강화하고자 유숙계(留宿係)를 제도화했다. 가족 이외의 친척이라고 하더라도 부동인구의 가정에 유숙을 할 때는 반장을 통해 경찰관서에 보고하도록 한 제도로, 주민통제와 좌익 색출이 목표였다.

결국 일제강점기 말기에 존재했던 마을 단위의 주민통제조직인 애국반 개편작업이 본격화되었고, 이 조직은 경찰이 주도했다. 애국반의 규모를 10세대 이하로 축소하고, 동 회장이 반장과 부반장을 임명하게 했으며, 반원 명부는 경찰지서에 배치하였다. 경찰, 민보단장, 동회장, 반장은 주민들의 동태를 감시하기 위해 공조체제를 구축했다. 이런 모든 주민조직은 '비국민'을 색출하기 위한 것이었다. 1949년 10월 1일 애국반은 국민반으로 재편되었다. 국민반은 상호감시와 연대책임을 운영 방식으로 하는 최말단 국가기구였다. 사실상 공산주의자를 색출하기 위한 유숙계의 운영 주체가 국민반이었다.[274]

1948년 12월 내무부 지방국에서는 '시국 대책에 관한 계몽운동'을 전개했는데, 이 목표 중에는 "시국을 정확히 파악게 하며 불순분자의 사상을 파쇄(破碎)하도록 할 것"이 포함되어 있었다. 이승만 정부가 설립한 국민반은 원래 이승만의 기반인 독촉국민회의의 하부조직이었다. 10호, 20호 단위로 전국의 모든 주민을 조직하게 했는데, 이 역시 주민 감시가 주목적이었다.

지역사회에서 애국반, 향보단, 민보단 등의 조직을 결성해서 주민을 촘촘히 조직하여 이웃 간에 서로를 감시하도록 유도한 통치 방식은 남로당 가입자들의 자진 신고 독려와 이들에 대한 수사, 검거 조치가 동시에 진행되었는데, 그것은 국민보도연맹 조직화와도 맞물려 있었다. 동네 주민들은 바로 몇 년 전인 1946년 남로당 조직 배가운동 당시에 누가 남로당이나 좌익 사회단체에 가입했는지 어느 정도 알고 있었다. 따라서 이들은 경찰 끄나풀, 즉 망원 역할을 하기도 했고, 이웃에 살면서 가족 등을 통해 이들의 탈당 성명, 자수, 그리고 전향을 압박하기도 했다. 앞서 언급한 것처럼 정지용 시인의 '자수'도 실제 자신이 좌익활동을 해서가 아니라 자신을 빨갱이라고 공격하는 이웃과 동료들의 압박을 견디지 못해서 한 행위였다.

정전협정 이후 국민반은 어떻게 되었는가? 1957년 이승만과 자유당은 국민반 재편 방침을 밝혔다. 그것은 선거용이자 국민통제를 위한 것이었다. 공무원 성분조사, 학생 사상동향 내사, 동민 간의 상호부조 정신 진작, 관민 사이의 의사소통을 명분으로 내걸었지만, 주민들에 대한 일상적인 감시, 그리고 반정부 성향을 가진 대학생의 사상동향 내사가 국민반 강화의 실제의 목표였다. 전국경찰회의에서 국민반을 중심으로 경찰 정보망을 재정비하라는 지시가 내려졌다. 이것은 경찰이 망원들을 관리하는 은밀한 대민통제의 관행을 드러낸 것이었다. 국무총리가 각 지방 경찰국장이 참석한 회의에서 민심 파악과 오열의 책동을 엄

중히 탐색할 것을 지시했다.²⁷⁵

'비민분리'의 수단으로서 신분증

미군정하에서 좌익 계열의 민주주의민족전선(민전), 민주청년동맹(민청) 등이 지역사회를 장악했지만, 곧이어 미군정의 식량배급정책과 함께 지역조직은 점차 우익이 주도하게 되었다. 우익세력은 동회(洞會)를 장악하여 회원 가입을 강요하거나 정치자금을 징수했다. 일본인의 퇴거, 귀한, 월남 등 극심한 인구 변동이 발생하자 미군정은 주민 파악과 관리를 위해 '주민등록'과 '등록표' 제도를 재도입했다. 이것은 일제 말부터 시행되던 기류제도를 재정비한 것이었다.²⁷⁶ 등록표에는 연령, 몸무게, 개인의 신체 특징 등도 기입하게 되어 있었다. 이것은 범죄자 색출을 위해 사용되었는데, 당시 경찰에게 범죄자란 곧 좌익이었다.²⁷⁷

국가 권력의 시선에서 볼 때 국민들 중 '적'과 '우리'가 누구인지 잘 구분할 수 없었다. 이 경우 국민들 중에서 누가 적을 지지하는지 미리 파악하고 사찰을 해서 이들이 적의 편에서 행동하지 않도록 하는 방법은 무엇일까? 경찰의 호구조사나 신원조사가 그 기초적인 자료의 기능을 했다. 경찰은 1949년 이후 호구별로 조사카드를 만들어 가족 단위의 사적인 사안까지 자세하게 조사를 해서 사찰, 감시 자료로 활용했다.²⁷⁸

호구조사표에는 개인 신상에 관한 것을 포함해서 요시찰이나 요시인 여부, 정당·사회단체 관련, 그리고 기타 사상동향도 포함되어 있었다. 이 호구조사는 1987년 폐지되었다.[279] 1980년대까지 지속된 통반 단위 편성의 주민조직과 주기적인 회의, 그리고 오늘날까지 지속되는 주민등록의 역사는 대한민국 정부의 국민통제, 사상통제의 역사와 긴밀히 결합되어 있다. 주민들 간에 상호감시를 하고, 경찰이 심어놓은 망원이 주민을 감시해서 경찰에 수시로 보고하도록 하고, 경찰이 이들 요주의 주민의 일거수일투족을 감시하게 하는 제도가 일제의 유산을 이어받아 미군정하에서 시작되었고, 대한민국 정부 수립 이후 최근까지 지속되었다.

원래 정부 수립 이전인 1947년 2월 무렵 서울시에서는 '공민증(公民證)'을 발행할 계획을 세웠다. 서울시와 경기도 지역에서 15세 이상의 남녀 전부에게 시험적으로 발행하려 했던 공민증을 통해 서울시는 '정확한 배급, 경찰과 선거에 도움이 될 것'을 기대했다. 애초에 배급과 선거를 위해 필요했던 신분증은 정치갈등이 증폭되면서 '적'과 '나'를 구분하는 국민통제의 중요한 수단으로 변해간다. 여수14연대 반란사건이 발발하자 당시 9연대장 송요찬이 통행금지를 실시하고 포고 위반자는 총살을 하겠다고 했는데, 당시 '간첩'이 아님을 입증하는 증서로써 양민증이 활용되었다. 그리고 그것과 반대되는 특권 신분의 증명은 군관 신분증과 '군 발행 특별 통행증'이었다.[280] 이후 1949년 10월에는 경상북도에서 '도민증'을 발행했는데, '민정을 조정하고 치안을 확보하기 위해' 경찰서장과 국민회 군 단위 지부장 명의로 발행했다. 그런데 여기에서 주목할 점은 '반국가 사상을 포지(抱持)하고 대한민국 정부 시책을 방해하는 자', '치안 교란을 야기할 우려가 있다고 인정하는 자'에게는 도민증이 발행되지 않았다는 점이다. 6·25가 발발하자 도민증의 소유는 사실상 생명을 보장받을 수 있는 권리증이기도 했다. 예를 들면 당시 학생들은 도민증, 학생증 등을 소지해야 외출을 할 수 있었다.[281]

내전 상태에서 '적'과 '우리'를 구분할 수 있는 확실한 방법은 신분증을 발급해서 우리 편에게 나누어주고, 그것을 언제나 소지하게 하고 필요할 때 제출하도록 하는 것이다. 이승만 정부는 여순사건, 제주4·3사건 이후 공비 토벌을 위해 '양민증'을 발급했다. 해군 목포 지역 계엄사령관이 1949년 1월 8일 발행한 전남 목포 거주자의 양민증에는 "오른쪽에 표시된 주소지에 거주하야 사상이 건전한 양민임을 증명함"이라고 되어 있다. 오른쪽에는 본적과 주소가 적혀 있고, 호주와의 관계와 직업, 소속 정당 단체도 기록되어 있었다.

6·25한국전쟁 중에도 주민 중 '적'을 색출하는 문제는 정부의 가장 큰 고민거리였다. 특히 '적'과 '우리'를 구분하는 데 가장 어려운 문제는 월남한 피란민, 특히 서울이나 소개 지역에서 내려와 전국 각지로 흩어져 있던 피란민의 존재였다. 한국 정부는 피란민 신분을 조사하여 증명서를 교부했다. '불순분자'를 제외하기 위하여 "수용소에 수용된 피란민의 신분을 세밀히 조사하여 사상 온건한 자에 한해서 피란민 증명서 교부에 협력할 것"의 명령을 내렸다.[282] 비상시 향토방위령에는 "북괴군 공비, 기타 이에

협력하는 자를 발견하거나 이에 관한 정보를 탐지했을 때는 즉시 경찰관서에 통보하여야 한다"는 내용이 있다.[283] 6·25를 전후한 시기의 신분증 발급은 '우리 편'임을 인정하는 적극적인 신분증, 그리고 결과적으로 '적'임을 표시하는 신분 낙인의 두 차원으로 진행되었다. 국민보도연맹 결성 후 1949년 6월 전후의 대대적인 전향유도기에는 '보도연맹원증'이 등장했다. 국민보도연맹에서 발부한 이 증명서는 전쟁이 발발하자 처형 대상 명부가 되었다.

5·16쿠데타 이후 현재와 같은 주민등록제가 처음으로 실시되었다. 1962년에는 주거 등록 수준이었다. 즉 1948년 초 제주 지역에서 실시된 유숙계와 유사하게 본적지에서 30일 이상 이탈할 경우 신고의무를 부과하는 수준이었다. 하지만 점차 모든 대한민국 성인에게 이름, 성별, 생년월일, 주소, 본적을 시, 읍, 면에 등록하도록 했다가, 이후에 세대별 주민등록표가 아닌 개인 식별코드가 부여된 개인별 주민등록증을 발급했다. 그리고 유신체제하였던 1975년 3차 법 개정 때에는 안보태세를 강화하기 위하여 주민등록을 거주 사실과 일치시키고, 민방위대, 예비군, 기타 국가의 인적자원을 효율적으로 관리하기 위하여 사법 경찰관리가 간첩의 색출, 범인의 체포 등 그 직무를 수행함에 있어서 주민의 신원과 거주 관계를 확인할 필요가 있을 때에는 언제나 주민등록증 제출을 요구할 수 있도록 했다.

한국의 주민등록제도는 기본적으로 간첩의 색출을 위한 것이다. 그런데 6·25 전후 토벌작전 시에는 비민분리를 위해 필요한 증명서로 사용 범위가 넓어졌다. 대한민국 국민으로서의 신원이나 가족의 과거 좌익사건 연루 여부까지 확인할 수 있는 단순 식별번호가 부여되었는데, 거주지 증명을 통해 공간적 이동 여부를 가장 손쉽게 파악할 수 있다.

한국 주민등록제도의 특징은 미국의 사회보장번호(Social Security Number)와 달리 전 국민에게 강제되는 거주지 등록제도이자 전 국민에게 고유 불변의 번호를 부과하는 제도이기도 하고, 지문날인제도이기도 한 동시에 모든 성인에게 강제 발급하는 국가신분증제도이다. 주민등록제도는 자신이 거주하는 지역의 생활 공동체와 동떨어진 가족관계를 보여주는 호적제도에 기초하되, 개인별 식별번호를 부과하고 있다. 따라서 현 거주지와 부모 및 출생 사실을 통합했기 때문에 그것은 현재 지구상에서 존재할 수 있는 가장 완벽한 국민관리체제라 할 수 있다. 한국 국민은 특정 지역에 거주하는 사실을 등록, 확인 또는 증명함으로써 자동적으로 국민이 되는 것이 아니라, 주민등록증을 제시함으로써 내가 '간첩' 혹은 '용공분자'가 아니라는 것을 언제나 보여주어야만 했다. 과거 길거리에서 행해진 경찰의 불심검문을 거부하거나 주민등록증 제출을 거부할 경우, 마치 위험 분자로 취급한 관행이 바로 여기에서 기인한다.

5·16쿠데타 이후
간첩 색출과 국민 상호감시

5·16쿠데타 이후 박정희 군사정부는 기존의 국민반을 재건반으로 부활시켰다. 명칭을 변경했으나 주민통제기구로서의 성격은 일제시기 이후 그대로 유지되었다. 1967년 이후 1975년까지 총력안보체제가 계속되었는데, 특히 1968년 북한 게릴라의 청와대습격사건 이후 주민등록법 개정, 민방위법 제정, 민방위 조직 건설 등을 추진하고, 주민등록을 신고에 의존하던 방식에서 신고 불이행자에 대한 처벌을 강화하는 방식으로 변경했다. 준군사 조직인 민방위 조직 건설은 평상시에 마을과 직장을 자체 경비함과 동시에 경찰의 지휘하에 대간첩 작전까지 참가하는 전국민 동원체제였다. 이후 박정희 정부는 토지 수용, 물자 수용 등 기본권 침해 소지가 있는 재산권 관련 규정을 삭제하고, 법 명칭을 향토방위법으로 변경하여 추진했으나 선거동원 조직이 된다는 여당의 반대에 부딪혔다.

박정희 정권은 국민들의 정신개조, 새로운 가치관의 정립, 사회의 근대화를 제창했다. 그러면서 사치풍조, 배금주의, 복지부동 등의 배격을 강조했다. 1960년대 말 유신체제하의 한국은 그 자체로 거대한 감시사회였다. 이제 간첩과 남한 내의 자생적 '좌익'에 대한 국민 경계가 일상화되었다. "의심나면 다시 보자", "침투간첩 잡아내어 적화야욕 분쇄하자"와 같은 표어들은 심리전 차원에서 온 국민을 감시요원화했으며, 나아가 모든 국민들이 서로 의심하는 분위기를 조성했다. '국민총화(國民總和)'라는 용어에 집약된 1970년대 박정희 정권의 국민 개념은 국민 구성원 사이의 이견을 용납하지 않는 파시즘적인 성격을 띠고 있었다.

'불순분자' 사찰과 별도로 일반 국민들 중에서 약간이라도 '위험한 발언을 하는' 사람을 상호감시하도록 유도하는 정책은 1968년 이후의 박정희 정권, 특히 유신체제하에서 가장 극심한 양상으로 실시되었다.[284] 중정의 '간첩조작'은 다른 편으로는 복종하는 '국민 만들기' 작업이기도 했다. 사상, 즉 정치적 판단력이 없는 국민, 즉 복종적이며 선거에는 여당만을 찍는 국민을 만들기 위한 여러 가지 차원의 국민 훈육이었다고 볼 수 있다. 박정희 정권은 간첩신고 캠페인을 벌였는데, '일상에서의 간첩신고 독려'를 강조한 이유는 사회적 일탈자나 적을 당국이 수사하거나 체포할 때까지 기다리는 것이 아니라, 적극적으로 국민이 직접 나서서 이웃에 숨어 있는 적을 색출하고 처벌하도록 하여 정치체의 안과 밖의 경계선을 분명히 하고 국민적 정체성을 부여하며, '적과 우리'를 구분하는 테두리 치기 작업을 효과적으로 수행할 수 있도록 하려는 의도를 갖고 있었다.

박정희 정권은 1975년 4월 월남 함락 이후 사회안전법과 함께 민방위기본법, 방위세법, 교육기본법 등 4대 전시 입법 작업을 했다. 반상회가 부활되어 반공교육과 국정홍보, 간첩신고, 유언비어 신고를 의무화했다. 박정희 정권은 지역사회 통제를 위해 대공 마을 구축사업을 진행했다. 중앙정보부가 주도한 대유격전은 지역사회 개발을 통한 주민의 단결심과 참여의식 고조라는 목표를 가졌다. 군 특수전 교관 홍승목은 안보의 관점에서 농촌 개발을 추진하자고 제안했다. 농촌 개발, 즉 새마을운동은 대공전, 대반란전 등 비정규전 수행의 관점에서 접근한 것이다.[285] 그래서 1970년대 초반에 본격화된 새마을운동은 1930년대 말 만주국에서의 협화회, 1949년 무렵의 비민분리의 게릴라 토벌작전, 그리고 향보단, 민보단, 유숙계와 국민반 운영의 후속편이었다. 국민반의 후예인 반상회는 새마을운동의 수행 단위였다. 새마을운동은 평상시의 대민통제를 수반했다. 새마을은 지역사회 구성원 중에 항상 '내부의 적'이 존재한다고 여기며 공동체 외부에 대한 감시와 구성원 상호감시라는 중층적인 감시체계를 작동했다. 그것은 모든 지역사회 구성원의 상호불신을 기반으로 삼아 유지되는 '강요된 공동체'였다.[286]

당시 농촌에서는 어떤 사람이 술을 마시고 반상회에 참석했다가 정권을 비방했다는 이유로 구속되는 일도 있었다. 이른바 막걸리 반공법 관련 사건들이다. 수많은 납북어부 간첩조작사건들도 이들이 납북 경험을 술자리 등에서 이야기한 것이 반공법의 찬양·고무 조항에 저촉되었다고 하여 터트린 것들이다. 1975년 유신체제의 찬반을 묻는 국민투표를 실시하기에 앞서 공화당은 반상회를 적극 활용했다. 정부는 모든 사람이 반상회에 참석하도록 지시를 했다. 1975년 11월 서울시는 서울시 통반장 설치 조례를 제정하고 예산을 편성해서 통반장에게 수당 또는 상여금을 지급할 수 있도록 했고, 반장이 필요할 때는 언제나 반상회를 개최할 수 있도록 했다. 즉 통반장의 권한을 강화하고 이들의 활동자금을 지급함으로써 이들의 눈 밖에 난 사람들이 부담을 느끼도록 만들었다. 온 국민을 통제하는 가장 완벽한 형태였다.

1975년부터 각 시군에서는 기존의 동·리적부와 기재 내용이 다른 반적부가 사용되었다. 반적부는 민방위 대원을 포함한 지역사회 방위자원의 상시적인 파악을 세대 단위로 하기 위한 것이었다. 반장의 업무에는 주민의 거주 이동 파악과 반적부 관리가 포함되었다. 5가구 조 감시체제도 작동했다. 북한의 5호담당제 시행은 박정희 정부의 5가구 조 도입에 영향을 미쳤다.[287] 반상회는 회유와 설득의 통로이자 감시 공간으로서의 성격이 더 강화되었다.[288] 수상한 사람 신고, 반공교육, 유언비어 신고 의무화, 출석 체크, 불순한 언동 금지 등이 그대로 유지되었다. 1976년 반상회에서는 북한 동향이 주요 공지사항으로 다루어졌다.[289]

1976년 5월 31일에는 전국적으로 동시에 반상회가 열리기도 했다. 당시 반상회 참석률은 78.4%였다. 통반장과 공무원이 가가호호 방문하여 참여를 독려했다. 반상회에 안 나가면 불순분자로 찍힐 수 있었다. 만인의 만인에 의한 감시체계가 완벽하게 작동했다.[290] 반상회는 정상적인 인간관계, 마을 공동체를 파괴했다. 불순분자로 의심되는 사람을 신고하지 않는 것도 죄가 되었기 때문이다.[291]

　유신정권하의 총력안보체제는 마을 단위에서의 이·동장의 대공요원화, 대공조 운영, 모범 대공 새마을 부락 선정 등의 방법으로 관철되었다.[292] 이장은 당연직 대공요원이었고, 그 아래에 부조장은 지서장, 파출소장과 대공요원으로부터 추천을 받은 대공 조원 중에서 경찰서장이 임명했다. 모든 대공요원들에게는 정기교육과 수시교육을 실시했는데, 이들의 임무는 주민에 대한 반공 계몽을 실시하고, 대공 용의자뿐만 아니라 긴급조치 포고령 위반자 등 시국사범 도피자도 적극 신고하도록 독려하는 것이었다. 정권 비판자들은 모두 신고 대상이 될 수 있었는데 대공 용의자의 범위가 '유언비어 조작 유포자', '장기 출타자' 등 매우 포괄적이고 자의적이었기 때문이다.[293]

　박 정권의 간첩 색출, 온 국민 상호감시체제, 각종 관변단체의 반공 캠페인은 일제 말 조선 방공협회가 주도한 반공 캠페인과 간첩 색출 작업과 거의 동일했다. 또 1940년대 말 이후 백색테러 시기 타이완에서 진행된 작업과도 유사한 점이 많았다. "간첩은 바로 당신 주변에 있다", "간첩임을 알고도 신고하지 않으면 간첩과 같은 죄이다"라는 일상의 포스터는 물론이고,[294] 각종 간첩 관련 영화 상영, 귀순자 혹은 반공 영웅 찬양, '간첩'으로 지목된 사람과 그 가족에 대한 감시와 탄압, 집단 따돌림 등은 같은 시기 남한에서 진행된 국민 만들기, 반정부·반체제 인사 따돌림 작업과 동일했다. 북한 공작원 귀순자와 전향 좌익의 대공요원화, 범국민 간첩신고 캠페인 작업은 온 국민을 상호감시권에 편입시키는 것이었다. 이것은 모두 애초에 미국이 기획한 냉전 심리전이 아시아 각국에서 극단적이고 폭력적으로 전개된 양상이었다고 볼 수 있다.

  말로는 '자조'와 '협동'을 강조했음에도 불구하고 박정희 정부가 추진한 반상회, 농촌 개발, 새마을운동은 순응적 '근면'만을 칭찬했고, 실제로는 주민 감시와 통제를 언제나 수반했다. 권력의 감시는 국민들 중 일부가 국가나 정권에 저항을 할 것이라는 불신과 의혹을 전제로 한 것인데, 이런 국가의 대민 불신은 당연히 정부에 대한 시민의 불신, 시민들 간의 불신을 초래한다. 이런 감시국가, 불신국가, 언론과 사상의 자유가 통제되는 국가에서는 지역사회에서 공론이 형성되고 주민 간에 유대가 이루어지기 어렵다. 물론 시민들이 자발적으로 지역, 사회, 그리고 국가의 일에 참여할 가능성 또한 낮다. 민주화 이후에도 여전히 시민들의 자발적 참여가 드물고, 자치보다는 관치가 지속되는 이유도 이런 오랜 감시사회의 결과로 볼 수 있다.

3   교육과 이데올로기 선전

국가의 학교교육 통제

'순응적 인간'을 길러내는 학교

2007년까지 모든 학교의 모든 의례에서는 애국가 제창과 함께 〈국기에 대한 맹세〉가 울려 퍼졌다.

나는 자랑스런 태극기 앞에 조국과 민족의 무궁한 영광을 위하여 몸과 마음을 바쳐 충성을 다할 것을 굳게 다짐합니다.

군사정권기 매일 5시 국기 하강식에는 사이렌이 울리고, 감옥이나 군대, 학교, 그리고 길거리에서 국기 게양대 앞에서 '부동자세로' 이상과 같은 맹세문이 끝날 때까지 서 있어야 했다. 1992년 제6차 교육과정 이전에는 모든 교과서 제일 앞면에 〈국기에 대한 맹세〉가 실려 있었다. 1997년 제7차 교육과정 때 태극기와 국기에 대한 맹세는 도덕·윤리 교과서를 제외한 모든 교과서에서 사라졌다. 이 무렵 일제의 명칭 국민학교는 초등학교로 변경되었다.

일제하 1930년대 이후부터 대한민국 정부 수립과 군사정권이 지속된 1987년까지 약 60여 년 동안 군대, 감옥, 학교는 신체적 통제기관인 동시에 국가이념인 반공주의 사상을 일방적으로 주입하는 기능을 했다. 특히 군대나 감옥도 주입식 교육이 가장 일상적으로 이루어지는 공간이었다. 좁은 의미의 학교는 초중등학교, 대학교, 즉 전업 학생과 전업 교사의 일상 교육공간이지만, 넓은 의미의 학교는 군대와 감옥, 정부기관, 기업, 교회, 노조, 가족 등 모든 사회조직을 포함한다.

교육은 언제나 국가의 가장 중요한 활동 영역이다.[295] 법과 공권력 집행의 장이 지배질서유지의 가장 중요한 두 장이라면 교육, 문화, 이데올로기의 장은 상징을 만들어내는 공간이자 담론 생산의 기지, 권력과 법을 정당화하고 지배집단의 헤게모니를 창출하는 공간이다. 학교교육은 기본적으로 '순응(conformism)'적인 인간을 길러낸다.[296] 호네트(Axel Honneth)도 학교는 도덕적 순응주의와 권위에 대한 복종을 배우는 장이라고 했는데,[297] 푸코가 말했듯이 규율 권력이 일상적으로 작동하는 공간이다. 특히 파시즘, 독재, 권위주의 국가의 학교는 군대 조직과 유사하게 운영되어 학생의 정신과 신체를 규율하고, 기존 지배이념을 하향식으로 충실하게 전파하는 통로이다. 또한 지배질서에 대한 회의나 비판, 그리고 체제 도전의 사고가 형성되지 않도록 차단하는 핵심 국가기구이자 상급학교 진학을 위한 준비기관의 성격을 갖는다. 일제 말 전시 파시즘 이후 오랜 군사독재 기간에는 학교가 군대 같았고, 교육은 일종의 정치적 교조 주입의 양상을 지녔으며, 학생들은 교과서 내용을 일방적으로 받아들이고 군인처럼 학교 지배구조에 복종해야 했다.

그러나 일제하 치안유지법 범법자들의 분포에서도 드러났지만, 일본 제국주의하에서 학생들은 저항의 주역이었다. 그래서 조선총독부의 교육정책, 교과서 내용과 발생의 국가 독점은 일제 시기 이후 지금까지도 한국 사상통제의 핵심적 부분이었다. 조선총독부는 학생들의 저항과 의식화가 좌익 교사, 교수들 때문이라 보고 이들을 학교에서 추방하거나 독서회를 단속하고, 학생과 교사들의 연구단체 등을 규제했다. 한국의 1970~80년대에도 이런 일이 동일하게 반복되었다. 경찰 등 여러 정보기관은 학생운동 조직을 국가안보를 위협하는 '불순'단체로 보고, 문교부, 대학 당국, 그리고 교수와 교사에게 학생 동태 감시자이자 정보 제공자 역할을 하도록 했다. 정보기관은 학생운동 출신들 일부를 포섭하여 프락치 요원으로 활용했다. 한국의 학교와 교육은 시험능력주의에 기초한 성적 경쟁이 지배했으나, 교과 내용이나 지배구조는 강한 정치성을 갖고 있었다.[298]

일제강점기 모든 조선인들은 1890년에 제정된 〈교육칙어〉의 세례를 받았다고 볼 수 있다. 그것은 '부모에게 효도하고 형제자매들을 사랑하고 남편과 아내로서 화합하고 벗으로서 충실하고 … 헌법을 존중하고 법률을 준수하며, 긴급사태가 발생할 경우 용감하게 자신을 국가에 바치고 천지와 더불어 천황권좌의

무궁한 미래를 지키는' 신민을 이상으로 설정했다. 한국의 초중 등학교에서 오랜 기간 사용해온 '조행(操行)', '품행이 방정하다' 등의 일제식 용어는 모두 틀 지어진 학교 규율을 잘 따른다는 의미였는데, 그것은 행동이자 사고방식까지 포함하는 것이다. 프랑스 가톨릭교회 학교에서 교사의 보조를 위해 행정 담당, 관찰 담당, 충고 담당, 복습 담당, 기도 담당, 필기구 담당 등의 학생을 임명하여 모든 학생들을 감시 통제했듯이,[299] 한국의 초등학교에서도 반장, 부반장, 분단장, 선도반 등을 담당하는 학생들이 교사가 자리를 비운 사이에 일어난 학생들의 모든 일탈행동을 감시 통제했다.

　이승만 정권 시기는 일제 파시즘에서 군사정권으로 넘어가는 정치적 과도기였는데, 국가교육을 통한 학생 사상통제가 아직 체계화되지는 않았다. 단지 홍익인간의 이상과 더불어 도의 교육 등 현대 사회의 요건과 부합하지 않는 윤리적인 측면만이 공허하게 강조되거나 이승만에 대한 개인 숭배가 학교교육을 압도했다. 교육을 통한 학교와 학생의 통제가 본격화된 것은 1960년대 중반 이후였다. 문교부의 교육정책에서 일제 말의 황민화 교육이 부활하였다. 국가는 학교의 모든 규율체제, 즉 각종 의례, 교장의 권한, 학생회의 운영, 그리고 학교의 지시를 불이행하는 학생에 대한 처벌 등을 관장했다. '차려, 열중쉬어' 등의 구호, 조회대를 향한 대열과 줄 맞추기, 학생 군사교련 열병식 등 일제 말의 학교 규율은 모든 학생들의 신체를 통제하여 이들을 국가에 순응하는 '신민'으로 길들이는 것이었다.

군사정권 시기 한국 학교는 군대와 마찬가지로 학생 개인의 인격, 내면세계, 자존심, 사생활, 독자적 의견을 거의 허용하지 않는 전체주의 공간이었다. 1983년 교복 자율화 이전까지 모든 중고등학교 학생들은 제복을 입었는데, 이후 복장 자율화가 되었으나 몇 년이 지나 스멀스멀 교복이 부활했다. 군사정권 시기 학교를 다닌 모든 한국 사람은 정기, 부정기로 시행되는 두발 검사, 용의 검사, 복장 검사, 도시락 검사, 소지품 검사의 기억을 갖고 있다. 교사는 당연히 학생의 가방을 수색할 권리를 가진 존재였고, 거부하는 학생에게 처벌과 폭력을 행사할 수 있는 군주와 같은 존재였다. 학생의 신체에 대한 통제는 정신에 대한 통제와 일체화되어 있다.

　박정희 정권이 학생을 비롯한 온 국민에게 암송을 명령한 1968년의 〈국민교육헌장〉은 일제의 〈교육칙어〉를 모방한 것이다. 박정희 정권은 〈국민교육헌장〉을 학교에서뿐만 아니라 언론기관 등을 통해 사회 전반에 널리 전파하려 했다. 1968년 12월 5일 시민회관에서 거행된 〈국민교육헌장〉 선포식에서 박정희는 "이 헌장에 그려진 이상적인 국민상이 모든 학교교육에 있어서 지표가 될 것을 기대할 뿐 아니라 한 걸음 더 나아가서 널리 국민 생활 전반에 걸쳐 일상생활 속에 뿌리박기를 마음속으로부터 당부"했다. 〈국민교육헌장〉과 그 암송의 의례는 국가와 개인이 완전히 일치해야 한다는 전체주의 국가의 풍경이다. 학교에서는 〈국민교육헌장〉을 모두 암송하지 못하면 학생들이 하교하지 못하게 했다. 〈국민교육헌장〉을 기초한 관변 지식인, 그리고 일제

군부나 관료 출신 한국 엘리트 모두 이러한 일제 말 군사 파시즘에 대한 강한 향수를 갖고 있었다. 그래서 그들은 위로부터의 사상주입 교육을 당연하게 생각했다. 〈국민교육헌장〉 암송은 국가가 강요한 사상통제의 극단적인 형태였고, 그것은 부르디외가 말한 상징폭력의 일종이었다. 박성준은 이를 교육이라는 이름을 빌린 잔혹행위의 가장 희극적인 부분이라고 말한다.[300]

1949년 독일 나치하에서 극우 파시즘과 국가주의를 학습한 문교부장관 안호상이 학도호국단을 설치한 적이 있었는데, 학생회를 대체한 학도호국단은 유신체제 후반기인 1975년에 부활했다. 그에 앞선 1971년, 학생 군사교련 실시 등과 맞물려 학생은 준군인의 신분이 되었고, 학교 운동장은 '연병장'이 되었다. 고등학교에서는 교련 시간뿐 아니라 조회 시간에도 열병, 분열을 실시하거나 전교생이 모인 자리에서 총검술 경연대회를 열기도 했다. 특히 대입 체력장에 수류탄 던지기를 집어넣은 것은 가장 전형적인 군사주의 행정조치였다. 학교는 교련 시간뿐만 아니라 일반 수업 시간에도 교련복을 착용하게 해서 남자 고등학생도 군인처럼 학교 규율에 복종하도록 했다.

군사정권 시기에는 언제나 그러했지만, 민주화 이후 지금까지도 교사들은 언제나 자신의 발언이 정치적 중립성을 벗어난 것, 혹은 불온한 것으로 받아들여지지 않을까 자기 검열을 한다. 교사의 정치적 기본권, 즉 사상적 자유가 공무원으로서 복종의 의무에 종속되는 사회에서 교사들은 토론이 필요한 사회적 의제를 수업에 활용하는 것 자체를 기피할 수밖에 없고, 교과서에서 표현된 지식, 허용된 지식을 기계적으로 전달하는 사람으로 안주하려 할 것이다. 이렇게 해서 교사가 지식인이 될 수 없고 시민이 될 수 없으면, 그 피해는 모두 학생들에게 돌아간다. 학교가 정치사상통제 업무의 말단 집행기관이 되면 교육의 근본이라 할 수 있는 교사나 학생의 자유로운 표현과 의사소통은 사라진다.

교과서 발행 및 내용 통제

한국에서 교과서 내용은 '정답'이고 거의 '경전'에 가깝다. 국가가 교과서 발행을 독점하고, 내용을 관장하는 것은 국가의 대국민 사상통제의 의도가 표현된 것이다. 권력의 의지는 교과서에 사용된 담론을 통해 진리로 등장한다. 학교 교육내용의 국가 독점, 공식 지식(official knowledge) 설정,[301] 국정 교과서, 일제의 황민화 교육과 신민 교육의 방법과 내용은 정부 수립부터 1987년 민주화 시기를 넘어 2000년대까지 그대로 살아남았다. 박정희 정권 시기 제2차 교육과정에서부터 교과서 편찬에 대한 국가의 독점, 교육법에서의 교육내용 결정권에 대한 대통령 위임 내용을 명시했다. 사실상 대통령이 온 국민에게 교육할 내용을 결정할 수 있도록 했다. 문교부는 자신이 선정한 9~12인의 심의위원을 통해 집필 지침을 하달하고, 내용을 통제했다.[302] 실제로 교과서 집필의 최종 단계에서 대통령 보좌관의 직접 통제를 받아 세목이 수정된 경우도 있다.[303]

가장 대표적인 것이 역사 교과서와 도덕 교과서다. 역사 교과서는 주로 반공주의의 기조로 대한민국의 정통성을 강조했다. 1963년 제2차 교육과정에서 국사 교과서의 편찬은 5·16군사정권이 표방한 경제 개발과 반공주의를 교육과정에 반영하여 이를 교과서 집필과 검정 과정에 강제했다. 그리하여 "대한민국의 건국 이념은 인간의 가치를 부인하고 자유를 박탈하며 인간을 기계시하는 공산주의를 철저히 부인하는 민주주의 국가이념"이라고 집필의 지침을 내렸다.[304] 박정희 군사정부의 교육이념은 철저하게 '반공법' 정신에 종속되었고, 그것은 반공주의·개발주의에 사로잡힌 인간의 양성이라고 집약해볼 수 있다. 5·16쿠데타 세력이 구성한 국가재건최고회의는 문교시책을 내세웠는데, 그 첫째와 둘째는 간접 침략의 분쇄와 인간개조였다.

- 간접 침략의 분쇄: 반공 국방교육을 강화하고 학원 내외의 부패와 구악을 일소하여 청소년 학도들의 사상을 순화하고 청신한 생활 태도를 확립, 북한 괴뢰집단이 평화공세라는 가면 아래 자행하고 있는 '간접적인 침략 분쇄'하는 데 선봉적인 역할을 담당케 함이다.
- 인간개조: 제도를 운영하는 근본이 되는 사람을 참된 한국인으로 육성하는 것인바 특히 교육을 질적으로 향상시켜 품성을 도야하고 강건한 신체 육성, 유능한 지식·기능을 습득시킴으로써 바람직한 한국의 새 인간을 양성하자는 것이다.[305]

즉 국가안보와 인간개조는 전형적인 국가 주입식 인간 훈육을 지향한 것으로, 일제 파시즘기 천황에 복종하는 신민 양성의 목적을 그대로 반복한 것이다. '사상을 순화', '새 인간을 양성'하자는 것 자체가 국가, 정확히 말하면 정권에 복종적인 인간을 양성하는 것이었다.

1969년 제2차 교육과정 부분 개정 시 국사 과목의 지도목표에 '반공사상을 강화하고 세계평화 건설에 이바지하여야 함'이라는 내용이 포함되어 있다. 정부는 국민교육에는 국사교육이 가장 중요하다고 강조했다. 민족 주체성과 반공주의가 그 축인데 현대사는 곧 반공주의 투쟁의 역사로 서술되었다. 유신 시기 교육과정에서는 국사가 사회과에서 분리되어 별도의 교과가 되었다. '국적 있는 교육', '주체성 확립'이라는 구호는 당시 박정희 정권이 데탕트 분위기에서의 고립, 미국과의 관계 악화 등의 정치 상황을 반영한 것이다. 이후 이명박, 박근혜 정부가 국사 교과서에서 현대사 부분을 축소한 것과는 대조적으로 당시에는 "중학교와 마찬가지로 현대사에 중점을 두어야겠다"고 했는데, 아직 일제시대사를 포함한 현대사에 대한 학문적 성과가 축적되지 않은 학계의 상황을 제대로 파악하지 않고, 반공주의 기조의 현대사를 주입할 수 있다고 생각했다. 당시 국사과 지도 목표에도 "반공사상을 강화"가 포함되어 있었다.[306]

유신체제 수립 직후 1973년 도덕 교과가 신설된 것도 중요한 변화였다. '바람직한 한국인의 양성'이라는 도덕과 교육의 지향은 박정희 정권의 '반공교육' 강화의 산물이었다. 국민윤리는 유신체제하에서는 정규 교과명이 되었다. 한국인으로서의 정체성을 수립하는 것을 목표로 하는 도덕 교과의 기본 철학과 방향은 실제로는 국가주의와 가부장주의였다. 당시 성장과 안보의 논리는 동일한 궤도에 있었다. 김상봉이 지적한 것처럼 "욕망하는 것과 명령하는 것은 같이 존재하는 것이다. 그것은 더불어 살아가는 논리와 윤리가 결여되어" 있었다.[307] 통제와 욕망적 주체 형성은 동시에 진행되는 것이고, 이 점에서 일제 말기와 유신시기는 거의 동일했다.

제5공화국 역시 국민정신 강화를 강조했다. 문교부장관 이규호는 이데올로기 교육을 가장 강조했다. 그는 유치원과 사범대에 국민윤리 과목을 신설하고, 초·중·고등학교의 국민윤리 교육을 대폭 개편함과 동시에 공무원 교육에 국민윤리 과목을 신설했다. 국민윤리는 유신체제하에서 정규 교과명이 되었고, 서울대에 국민윤리 교육과가 신설되는 등 제5공화국 시기에 도덕 교사 양성이 본격화되었으며, 도덕은 대학 교양필수과목이 되었다. 이규호 장관은 학생들이 이데올로기적 관념의 포로가 되지 않도록 하겠다고 했다. 그러나 그런 방침이야말로 광주 5·18항쟁 당시나 신군부가 저지른 국가폭력을 정당화하고 국가주의를 노골적으로 전파하는 이데올로기적 조치였으며, 교육을 지배 이데올로기에 완전히 종속시키는 것이었다. 이 시기 중학교 도덕 교과서에는 "사람들 사이의 협력을 보장하기 위해서 비협력자를 가려내서 제재하는 일은 국가의 가장 중요한 활동"이라는 내용까지도 실려 있었다.[308]

이 도덕·국민윤리 교과서의 기본 정신과 목표는 가부장주의,

국가주의, 그리고 순응적 인간상이고, '무리를 이룬 비판적 인간'을 가장 싫어한다.[309] 일제의 황민화 교육, 전시 파시즘 시기의 교육이 그러했다. 김상봉은 도덕 교과는 타인의 강요에 의해서가 아니라 자신의 판단 아래 자율적으로 도덕률을 세우는 것을 가르쳐야 하는데, 실제로는 그것과 거리가 멀고, "교과내용에서 가치의 일방성과 교육방법에서 일방적 주입성 등의 특징을 갖고 있어서 모든 면에서 교육적인 가치와 근본적으로 충돌한다"고 주장한다. "그런 학교는 학생들이 스스로 생각하고 판단하여 자신이 궁금하게 생각하는 문제를 제기할 기회를 주지 않는다. 이런 점에서 국가주의는 교육에 가장 여과 없이 반영되었다."[310] 문민정부 초기에 국민윤리에서 '국민'이 삭제되어 과목명도 '윤리'로 바뀌고 국민윤리는 대학의 교양필수과목에서도 빠졌다. 그래도 교과서에서 민족이나 국가는 여전히 절대화되어 있다.

국가의 교육내용 통제는 한국에서는 군사정부 이래 변함없는 정책이었으나, 일본에서는 1990년대 냉전의 권력 장이 이완된 이후 본격화되었다. 전후 일본의 교육법은 민주주의와 평화주의의 정신에 기초했다. 그러나 1990년대 이후 일본의 자민당과 재벌이 후원한 새역모(새로운 역사 교과서를 만드는 모임)가 추진한 '애국심', '전통 존중' 교육 실시 방향과 보조를 맞추어 일본의 총리 및 보수정치 세력은 과거의 이 교육칙어에 대해 존경과 찬사를 보냈다.[311] 일본 새역모와 우익단체는 제2차 세계대전 이전으로 교육체제를 돌이키기 위해 교육기본법을 개정하고 우익 교과서를 보급하려 했지만, 한국은 그럴 필요가 없었다. 왜냐하면 중앙정부가 교과서 발행을 통제하는 관행이 그대로 남아 있었기 때문이다. 일본 우익들에게 애국주의는 제국주의 지배를 정당화하는 것인 반면, 한국의 군부 지배엘리트들의 일본식 국가주의는 일제의 조선 지배를 옹호하는 셈이었다. 또 일본인들에게 국가와 민족은 일치하지만, 8·15 이후 한국의 우익 보수 지배세력에게 민족과 국가는 충돌한다.

일본의 새역모와 같은 우익 교과서 보급운동은 한국에서는 이명박, 박근혜 정부 이후 본격화되었다. 낙성대연구실, 한국현대사학회와 같은 뉴라이트 단체들은 일제 식민지 미화, '자유민주주의' 개념의 교과서 삽입, 교과서 검정제도 부인과 더불어 과거 국정교과서 체제의 향수를 갖고 있었다.

이명박, 박근혜 정부 시기 가장 큰 사건은 이른바 교과서 파동이다. 이명박 정부 시기 교육부는 금성출판사가 발행한 검인정 한국근현대사 교과서를 좌익 교과서라고 규정하면서, 사실상 법을 무시하고 절차를 어겨가면서 개정을 요구했다. 학생들은 한국 정부가 표방하는 공식 역사 해석 외의 어떤 해석도 흡수해서는 안 된다는 전체주의 사고가 어른거렸다. 여기서 '좌파'라 부르는 교과서의 내용은 실제 좌파의 역사관을 반영했다는 의미가 아니라 보수세력의 공식 입장과는 다르다는 의미였다. 즉 당시 교과서 파동에서 주류 보수에서 벗어나는 시각은 금기의 영역이고, 국가 구성원들의 정신세계는 완전히 단일한 사고로 채워져야 한다는 생각이 드러났다. 이들은 기존의 반공주의와 신자유주의를 결합해서 국민 사상통제를 시도했다.

학생운동 사찰과
학생 사상통제

학원 사찰과 학생운동 통제정책

군사정권 시기 한국에서 반체제·반정부 저항운동의 주역은 학생들이었다. 국가기관의 통제와 감시는 학습과 독서를 전업적으로 하는 학생에게 역시 적용되었다. 따라서 군사정권의 학원, 학생단체, 학생운동에 대한 감시와 통제는 국가의 사상통제의 가장 중요한 부분이었다. 일제는 학교의 각종 연구단체 등을 규제하기도 했는데 1970~1980년대 한국 정부도 이런 일을 동일하게 반복했다. 대학의 학생처와 모든 교수를 공안기관원화하여 '문제학생'의 동태를 파악하고 사찰하는 감시자의 역할을 하도록 한 것이다.

군사정권 시기 문교부나 대학의 가장 중요한 과제는 교육을 어떻게 잘할 것인가보다는 사실상 학생운동을 어떻게 통제할 것인가에 있었다고 해도 과언이 아니다. 당시 모든 정부 부처는 국가안보를 위한 비상조직처럼 움직였는데, 그 정도는 문교부가 가장 심했다. 박정희 정권은 1969년부터 학생들의 안보의식을 고취하고 국가방위력을 증대한다는 명분하에 대학생 대상의 교련교육을 시작했다. 이후 1970년대로 접어들면서 교련교육은 점차 강화되었다.

대학생의 경우 1971년부터 1975년 1학기까지는 학기 중 2시간을, 1975년 2학기부터는 주 4시간의 교련교육을 받게 했고, 1976년부터는 모든 대학생들을 10일 동안 문무대에 입소시켰다. 이것은 학생들을 군사적으로 훈련하여 전투원으로 동원할 목적보다는 이들을 군인처럼 국가에 복종하는 존재로 훈육하려는 의도가 강했다. 군대는 감옥과 마찬가지로 개인의 자유를 박탈하고, 자유롭고 비판적인 사고를 차단하며, 상호소통을 금지하고, 생존을 위한 경쟁의 규율이 개인을 지배하는 전체주의적 공간이다. 군대생활 체험을 통해 학생들을 군인과 같은 획일적 사상을 갖는 존재로 단련시키자는 것이 박정희 정부의 의도였다. 특히 박정희 정권은 학도호국단을 설치하여 학생들의 자치와 참여, 민주주의 경험 기회를 봉쇄했다.

문교부의 대학생 동태 파악은 1969년 무렵부터 시작된 것으로 보인다. 문교부 고위 당국자는 2학기를 맞아 학생들의 동태와 개학 분위기 파악, 장학지도 등을 위해 장학관[312]을 각 대학으로 출장 보냈다. 1971년 문교부는 교련 반대 등 대학생들의 반정부 시위 움직임을 차단하기 위해 문교부 내의 장학실, 학사담당관실, 학생군사교관실 등을 동원하여 학생 동태 파악 전담실을 설치하고, 학생 동태 일일보고와 '문제학생' 개별 지도를 하게 하는 등 다각적인 대책을 세우도록 했다.[313] 1973년 10월 국회 문공위는 문교부장관실에서 비공개 간담회를 갖고 당시 서울대 총장으로부터 서울대생 데모 및 처리 경위 등에 대한 설명을 듣기도 했다. 이때 총장은 학생 처벌은 학칙에 따라 한 것이라고 보고했다.[314] 1975년에 문교부는 35개 지방대학 학생처과장 회의를 소집하여 학원소요 방지와 면학 분위기 조성 등 학원 대책을 논의했다.[315]

문교부는 1974년 학사담당관실을 확장했다. 학사담당관실 확장은 학원 사찰 중지 등 대학정책 전환에 따른 것으로 문교부는 이 기구를 통해 학원 동태파악, 상황 분석, 학생들의 여론 수집 및 그 지도 방안 등을 수립했다.[316] 1979년에는 대학 총장이 문제학생으로 지목하면 지도 휴학을 명할 수 있게 했다. 휴학을 당한 학생은 학칙 변동으로 곧바로 군에 입대해야 했는데, 이는 학생운동에 관여한 학생을 처벌 차원에서 병영의 규율에 집어넣자는 의미였다. 1975년 서울대는 교학위원회를 발족시키고 형식에 그친 지도교수 분담, 학생 지도 체제를 강화하여 지도교수가 담당 학생을 책임지고 지도하도록 했다. 학장과 지도교수 이름으로 학생들에게 가정통신문을 발송하기도 했다.

한편 문교부는 교수 재임용제를 강화하여 학생들을 의식화하는 이른바 '정치교수'들을 대학에서 추방하여 '학원 안정화'를 기하려 했다. 1981년부터는 학사담당관실을 교육정책실로 개편하여 학원 대책과 관련한 학사지도 업무를 관장하게 했다. 교육정책실이 담당한 업무는 교수재임용, 교수추천제, 학사경고제, 지도교수제 운영 등을 지도 감독하는 것과, 교수들의 문제학생 지도 실태를 감독하는 것이었다. 그리고 교육정책실은 학생운동 주동자 처리 등을 지시 감독하거나 축제 등 학내행사 등에 대한 규제 업무도 담당했다.

전두환 정권 시기 문교부는 각 시도 교육위에 전담실을 설치했다. 전담실은 교사들에 대한 사찰 업무뿐만 아니라 교사 징계, 학부모 동태 감시, 언론보도 항의, 교사 집회 저지 등에 대한 종합 대책을 수립하여 실행했다. 당시 문교부가 작성한 안보정책 회의 자료를 보면 모든 학원 관련 대책은 '안보대책'의 차원에서 기획되어 있다. 그래서 방학 중에서는 교수 세미나를 개최하여 학생 서클 지도교수들의 의식을 다잡을 것, '관심지도 대상 학생'의 가정방문이나 학부모 면담 등을 통한 집중 지도 등을 지시했으며, 대학 자체 연수도 기획했다. 학기 중에는 학장 등 보직교수들의 회의를 통해 학생지도 등을 지속하도록 했다.[317] 1982년 대학졸업정원제 실시도 안보정책 차원에서 시행한 점을 확인할 수 있다.

문교부는 1980년 6월 심의관실이라는 부서를 신설한 이후 대학정책실을 통해 학사지도 관리를 했는데, 각 대학에 학사지도관 또는 연락관을 두고 학생처를 통해 지시하고 관련된 결과를 보고받았다. 그리고 대학 행정실에는 안기부, 보안사, 경찰 요원들이 상주하면서 '문제학생' 처리를 직접 관장했다. 이들은 학생처(장학과)에 정보교환 장소를 마련하여 군사정권의 학생운동 통제 업무에 서로 협력했다.[318]

대학의 학생처는 지도교수들에게 특별지도 보고서를 작성하게 하거나, 시위에 가담했다가 구류를 당하거나 제적되었던 학생들의 부모를 초치하여 이들에게 각서, 서약서, 반성문 등을 받아낸 다음에 복학 조치 등을 했다. 대학은 '관심지도 대상 학생'을 선정하고 이들을 A, B급으로 분류하여 지도교수들에게 개인별 지도일지를 쓰게 하거나 가정방문 결과 보고서를 제출하도록 했다. 교수들, 특히 국립대 교수들은 사실상 학생 데모를 막는 최말단 공무원 역할을 했다.[319] 전두환 대통령이 결재한「1983년도 학원 대책」을 보면 1982년에 문교부는 적극적 학생 지도를 지시했는데, 노장교수나 보직교수들은 학생 지도에 진력했으나 일부 소장층 교수는 방관적이라고 지적하면서 그 이유로 '교수 신분 보장제를 과신하여 학생 지도를 교수 업무 외로 인식하고, 사태 저지를 외부기관에 의존하거나 교수 스스로가 부정적 의식구조에서 탈피하지 못하기 때문'이라고 비판했다.[320]

이러한 평가를 바탕으로 문교부는 교수의 지도 자세 확립을 강화하기로 했다. 그러고는 세부적으로 평가의 세분화 및 기록 유지, 교수재임용제의 엄정 운용 방침을 세우고, 학생지도 업무의 책임을 강화하여 지도교수 재량권을 확대하고 지도 결과에 대해 신상필벌을 적용하겠다는 계획을 세웠다. 당시 안기부는 교수들의 성향까지 분석하여 정부 시책에 순응적이고 학생 지도에 적극적인지 A에서 D까지 등급을 매긴 다음 이후 재임용 등의 평가 자료로 활용하려 했으며,[321] '문제교수' 대상의 '순화작업'도 지속적으로 실시했다. 안기부와 친분이 있는 인사를 교수 사회 내의 프락치 역할을 하게 해서 순화작업을 실시한 내용을 확인하고, 교수들을 '극렬'과 '순응'의 이분법으로 접근하기도 했다. 국립대 교수 중에서 시국선언 등에 가담한 교수를 승진에서 제외하는 조치를 취하기도 했다.

서울대는 겨울방학 동안 면학 분위기 조성을 위해 모든 지도교수는 학생들을 3회 이상 면담하고, 지도교수 명의의 가정통신문을 발송하도록 했다.[322] 당시 손제석 문교부장관은 학생들의 정치활동 금지, 지도위원회 설치 등의 지침을 대학 측에 시달했다. 1984년에는 운동권 학생들을 대학에서 격리하여 선도교육을 받게 하자는 학원안정법을 통과시키려 했으나 야당의 반대에 부딪히기도 했다. 1986년 문교부는 교권에 도전하는 문제학생들에게 무기정학 등의 조치를 취하겠다고 하면서 교수들이 학생지도를 잘못하면 승진, 재임용에서 탈락시키겠다고 위협을 가하기도 했다. 그리고 학생들의 수업 거부 등의 행동에 대해 교권을 실추시켰다고 비난하기도 했다.[323]

1986년 인천5·3사태 이후 서울대 내의 민민투(반제반파쇼 민족민주투쟁위원회), 자민투(반미자주화반파쇼민주화투쟁위원회) 등 학생운동 조직이 알려지면서 대학별로 이들 조직에 가입한 학생들이 탈퇴하도록 지도교수 담당제를 활용했다. 이들 '급진 좌경조직'에 가입한 학생들이 시위에 가담해 형사처벌을 받을 경우 일반 학생들과 구분하여 학칙을 엄격히 적용하도록 하라고 지시를 했다.[324] 1986년 '건대사태' 등을 겪으면서 안기부는 어떠한 대가와 희생을 치르더라도 극렬 좌경세력을 국가안보 차원에서 완전 발본색원해야 한다는 방침을 세웠다. 그리고 좌경 학생들이 다수의 학생들을 오염시킬 것이라는 전제로 건전 학생의 대항 세력화를 위한 공작도 수행했다. 주로 종교서클 등을 지원하는 방법을 사용했다.[325]

경찰과 공안기관이 문제학생들의 동태를 모두 파악할 수는 없으므로, 정부는 시민들의 단체 신고에 많이 의존했다. 당국은 신고를 독려하기 위해 수배 학생 사진이 포함된 벽보를 붙이거나 삐라를 뿌렸다. 1960년대 말부터 정부는 모든 국민에게 주변에서 과격한 반정부 발언을 하는 사람이 있으면 그를 간첩으로 간주하여 신고하게 만들었는데 모든 국민은 자신이 간첩으로 지목되지 않을까 움츠려왔다. 그런데 1980년대 이후에는 학생운동을 통제하기 위해 이 방법을 사용했다. 박정희·전두환 군사정권은 만인이 만인을 감시하는 체제를 구축했다. 모든 교육행정은 정치에 완전히 종속되었다.

'문제학생', '문제교사', '문제교수'에 대한 사상통제

군사정권 시기 학생운동 진영에서는 마르크스·레닌주의, 북한의 김일성주의를 학습하는 적극적인 반체제 학생집단이 생겨나기 시작했고, 이들이 학생 반체제·반정부운동을 주도했다. 그래서 군사정부는 이들이 대학가 및 학교의 분위기를 주도하지 않도록 '사상정화' 작업에 본격적으로 나섰다. 바로 '문제학생'을 대상으로 한 대책이었다.

문교부는 1980년 1학기 중 학원대책 추진안, 1980년 12월에 학원문제에 대한 종합대책 실천안을 마련했다. 건전 학생활동 장려, 문제학생에 대한 강경 조치, 교수의 참여도 제고를 제안하고, 대학생 의식순화를 위해 전방입영 교육, 일일 승공교육(4,400명), 해외 연수(국고로 192명, 지원으로 460명) 등을 추진했다.[326] 그리고 순화불능 무기정학자 및 직원의 휴학 조치, 입대 조치를 실시했는데 그것이 수많은 학생운동 관련자를 사망에 이르게 한 '녹화사업'이었다. 녹화사업이야말로 중국, 타이완에서 실시한 사상의 교조주입, 그리고 '불순사상'을 제거하자는 전체주의적인 사상통제의 전형이고, 부드러운 방식의 전향공작이었다.

대학 시위가 격화되면서 '문제학생'을 담당 경찰이 사전연행하는 등의 예비검속도 실시되었다. 예비검속된 학생들을 곧바로 강제 징집하기도 했다.[327] 강제 징집한 학생들을 대상으로 한 녹화사업, 즉 사상개조 사업이나 프락치 강요가 있었는데, 이 과정에서 6명의 학생들이 의문의 죽음을 당하기도 했다. 군인의 신분이 된 이들은 양심과 사상의 자유를 누릴 수 없었으며, '순화'라는 이름의 사상개조 사업의 대상이 되었다. 이들은 공식적으로는 '특수학적 변동자'들이라고 했으며, '순화교육', '특별정훈교육'이란 이들의 사상개조 사업을 달리 표현한 것이었다.

학생운동의 '불순' 좌경화에 대한 대책은 경찰, 보안사 등이 참여하는 학원대책 기구를 거쳐서 집행되었으나, 실제로는 중앙정보부(안기부)가 관장한 것이었다. 중앙정보부는 1974년 민청학련사건부터 학생운동이 불순서클 중심의 주도세력이 형성되었다고 보았다.[328] 1981년 작성된 「최근 대학가의 용공활동 개요와 문제점」이란 문건에서 학생운동이 "차원 높은 공산주의 이론 비판 교육의 부재, 현실 부정적 측면에서 시작된 북한 선전 매체에의 의식적 접촉, 일방적 이론서의 탐독으로 인한 현실 부정(자본주의체제의 모순점), '주체사상'의 정확한 이해 부족과 인식 결여로 인한 북한 체제 우월성 및 이에 대한 동조 위험성이 있다"고 보았다.[329]

1981년 작성된 「대학생 사상대책」을 보면 "혁명의 최고조를 기다리며 자체 역량을 축적해가고 있는 자들을 각종 계기에 검거"하여 이들에 대한 사상전향 작업을 실시할 계획을 마련했다. 즉 검거된 학생들에 대해서는 사상범 교도행정을 강화하자는 방침을 세웠는데, 여기에는 '강력조치'라는 문구를 적어놓았고 교도소가 더 이상 이론 무장의 온실일 수 없게 '서적 반입 등 특별규제(법무부)'라고 적어서 법무부와 협조체제를 가지겠다고 적시했다. 검거된 학생들을 선도·순화, 즉 전향시키기 위한 집단 카운슬링, 공산주의적 전향기법 실시 등의 방침까지 세웠다. 그리고 이 대책 안에는 기성 대학문화의 전환, 적극적 논리 마련의 방침도 들어 있었다. 즉 학내 의식화 분자들을 상대로 대항 선전과 의식 중화를 위한 논리를 만들자는 안과 대한민국 체제의 유지 발전을 위한 논리의 적극적 전개방안이 제시되어 있었다.

한편 기성 대학문화의 전환을 위해서는 신입생 및 대학 커리큘럼을 대학생의 의식화 과정에 조응하여 전면 재조정하고, 한국적 상황에 의해서 재정비된 이론을 교육하고, 학사관리를 엄격히 하고, 신입생 과정이나 고교 3년 단계에서 사회적 자유시장체제와 연결된 생활관·인간관·세계관의 철학 과정 입문 부분을 도입하는 등의 구체적인 계획까지 제시되어 있었다.[330] 그 밖에도 입학 전의 이념교육을 위해 타이완, 이스라엘 등에서 입학 전 군 복무를 실시하자는 내용, 학생 생활환경 개선을 위해 교수 및 선배들을 동원하여 부업 알선을 적극화하고 대여 장학금을 대폭 늘리는 계획도 언급되어 있었다.

그런데 이 중 흥미로운 부분은 정부가 사상경찰 및 특별공안반 설치 강화 등을 구상한 점이다. 그리고 사상대책 요원을 양성하기 위해 정신문화연구원(현 한국학중앙연구원) 대학원을 그 담당 기관으로 삼겠다는 내용도 구상했고 실제 정신문화연구원 대학원을 그렇게 운영하려 했다. 그런데 입학사정이나 학사운영에 있어 그런 구상이 그대로 실현되었는지는 확인해볼 여지가 있다. 대학문화, 의식 풍토의 근본적 전환을 위한 방침에는 학과 통합안도 포함되어 있었고(정치외교학을 정치학으로, 사회인류학을 사회학으로 예를 들면서), 단과대학 재정비 방침에는 일부 단과대학을 서울대로부터 분리 추진하자는 안도 들어 있었다. 물론 이러한 안이 현실화되지는 않았다.

「1982년도 학원대책」을 보면 의식화운동을 저지하기 위해 대항 이론 개발 및 자료 발간 사업, 종속이론과 같은 급진이론 비판강좌 개설 등을 주요 대학부터 실시하도록 했고, 전문교수 및 정부 인사의 특강 출강, 중고교로부터 국민정신 교육 강화작업도 계획했다.[331] 그리고 신입생 오리엔테이션에서 의식오염 차단을 위한 모델을 제시하고, 교육과정 개편, 운영, 개선에까지 개입했다. 대학교수나 강사들의 강의에 대한 통제 또한 지속되었다. 1987년 11월 20일 강의 중에 『찢겨진 산하』라는 책을 과제로 냈다는 이유로 건국대학교 사학과 시간강사 방기중이 국가보안법 위반 혐의로 입건되기도 했다.

문제학생 지도, 군 입대 후 녹화사업 등은 안기부, 군, 그리고 대학이 함께 진행한 일이었다. 정보기관은 건전 서클 유도라는 '공작' 차원에서 이 사안에 접근했다.[332] 문교부의 안보대책 보고서에서는 선도대상 학생을 순화 가능자, 순화 완료자, 순화 불가능자로 구분하기도 했다. 지도교수들이 작성한 각종 보고서에는 '순화 완료'라는 내용이 기입되어 있다. 좌익수 대상의 전향서 요구까지는 아니지만 문교부가 각 대학 교수들을 동원하여 시국사범, 문제학생을 대상으로 한 부드러운 형태의 '사상전향' 작업을 실시한 셈이다.

대학생 순화 작업은 예비 대학생에 대한 정신교육과도 연관되어 있었다. 전두환 정권은 특히 중고등학생부터의 건전화 지도를 강조했는데, 국민정신 교육방법 개선 및 교사 지도자세 확립 방안에는 재학 시 학원사태 관련자의 교사 임용 배제, 각종 연수 시 정신교육 강화 등이 있었다. 그 외에도 정부는 고교생 수련의 효과화를 위해 5개 교육원에서 고교 간부학생 20,000명을 연수할 계획도 수립했다.

1983년 문교부는 교사품성론을 내세우면서 기존 사범대와는 별개의 교육양성기관인 교원대학교를 설립하였는데, 교사 사관학교 설립이라는 비판을 받게 되었다. 교사들의 모임을 엄중하게 감시하고 탄압한 가장 중요한 이유는 이들 교사들이 교육을 통해 지배질서에 균열을 낼 위험성이 있다고 보았기 때문이다. 그 전해인 1982년에 발생한 오송회사건이 대표적이다. 주로 교사였던 사건 관련자들이 심각한 고문을 당한 상태에서 허위 자백을 했지만, 국가보안법 7조의 찬양·고무 조항 위반, 이적표현물 소지 혐의로 유죄를 받았다.

서명원 문교부장관은 교사들의 감시와 통제를 위해 교원정보부를 설치하기도 했다. 문교부 15층에 장학편수실 안에 정신교육 장학관, 소요일지, 전담요원 회의록 교원 집단행동 관계철 등에서 초중등 교원 동태 파악을 한 사실이 드러났다.[333] 교사들의 의식화 교육에 대한 대책을 수립하거나 교과서를 비판하는 행동을 강력하게 대처하기 위한 목적도 갖고 있었다.[334] 1988년 국회 문공위의 국정감사 자료에 의하면 당시 문교부는 시도 교육위에 전담실을 설치하여 교육민주화운동에 참여하는 교사들의 동태를 파악하여 관련 정보를 보고하도록 하였으며, 보안위원회를 구성하여 사립 중고교 채용 시 과거 전력을 조회하기도 했다. 군사정권 이후 학생 정치사상통제 작업과 '문제학생' 처벌은 안기부 등 공안기관이 지시 명령했고, 문교부나 각 대학은 그 집행기관의 역할을 했으며, 프락치 역할을 한 교사와 교수는 말단 정보요원의 기능을 했다. 공안 및 첩보기관의 통제하에 모든 교육기관은 결국 반공주의 사상의 일방적인 주입, 대항적인 이론이나 담론 등장의 원천 차단, 그리고 반체제 사상을 가진 학생들의 순화 및 정화와 같은 부드러운 '전향'공작을 담당했다.

검열:
언론, 영화, 서적 통제

일반인의 사상통제를 위한 가장 보편적인 작업이 검열이다. 주로 언론, 영화, 가요, 서적 등 대중에게 영향을 미칠 수 있는 민간의 문화적 생산물이 그 대상이다. 언론, 영화 등의 검열, 금서 지정, 지식인 문화인에 대한 블랙리스트가 그것을 상징한다.[335] 이 분야에서는 이미 많은 연구와 조사가 축적되어 있기 때문에 여기서는 대략의 내용만 언급하고 넘어간다.[336]

　이승만 정부 시절부터 경찰은 일반인에게 영향을 미치는 출판, 언론 관련 정보도 수집해서 이들이 정부에 비판적인지 엄격하게 감독했다. 이뿐만 아니라 금산경찰서의 사례에서 볼 수 있듯이 '민중계몽대'를 조직하여 반공주의 선전, 이승만 일인숭배 강화를 기획했다.[337] 경찰은 사실상 주민의 사상과 활동의 모든 것을 관장했다. 경찰이 온 국민의 사찰과 감시, 그리고 언론, 출판 등을 통한 정치사상통제의 선봉에 선 때는 이승만 정부 시기였는데, 5·16쿠데타 이후 그 기능은 중앙정보부로 넘어갔고, 문화공보부를 통해 지적·문화적 생산물을 검열하고 언론인·작가·문화인 블랙리스트를 작성해서 불이익을 주었다.

박정희 정권 이후 언론이 본격적으로 통제의 대상이 되기 시작했다. 비판적 언론에 대한 정간·휴간·폐간, 기자의 구속이나 연행, 테러 등의 물리적인 통제방법이 동원되었는데, 1970년대 들어서는 보다 확실하게 언론을 장악하기 위하여 각 언론사에 직접적인 보도지침을 하달하고,[338] 언론인 출신들을 정치권으로 발탁하는 한편, 경영진과 편집진을 체제 일부로 편입시켰다. 1975년 『동아일보』의 자유언론실천운동은 언론이 국가의 통제에서 벗어나려는 '마지막' 시도였을지 모른다. 이후 1970년대 후반기는 언론이 완전히 정권의 선전 매체화된 시기였다고 볼 수 있다. 뉴스, 홍보, 토론과 같은 직접 전달을 통해서 뿐만 아니라 드라마, 쇼, 스포츠, 코미디 등 오락·연예 부분에서도 안보국가의 목표가 시달되었다.[339]

유신헌법 통과 후 모든 언론은 본격적인 검열을 받기 시작했다. 중앙정보부 요원들이 신문사에 아예 상주하여 보도 가능한 뉴스와 그렇지 않은 뉴스를 지정해서 나누었고, 심지어는 헤드라인의 크기나 특정기사의 돋움처리까지 세세하게 지시했다. 검열에 저항하는 편집자나 기자는 중앙정보부에 불려가 '통닭구이가 되거나' 구타를 당했다.[340] 『동아일보』와 『조선일보』 등은 광고주들의 압박으로 경영이 어려워지자 중앙정보부가 요구하는 인사 조치, 즉 문제직원 해임을 단행했다. 이후 중앙정보부는 이들의 재취업까지 방해했다.

앞에서 군사정권 시기에 문교부나 학교가 공안 및 첩보기관의 하수인이 되었다고 말한 것처럼 군사정권 기간 동안 각종 간행물의 검열, 배포 금지, 내용 삭제·수정·배포 등의 실무조치는 문교부가 수행했으나, 규제 대책을 수립하고 추진하는 작업은 중앙정보부가 했고, 관계기관 협의회 구성도 중앙정보부가 주도적으로 했다.

금서 지정은 중세 유럽, 중국과 조선의 전근대 시기 내내 항상 존재했던 정책이다. 진시황제의 분서갱유는 가장 극단적인 표현이다. 전근대 시기 통치자들은 불온한 책은 아예 유통이나 독서의 기회를 갖지 못하도록 해야 한다고 보았다. 모든 사람은 특정 이념과 사상 및 정치집단에 조종될 수 있다는 전제에서 온 것이다. 어떤 책이 금서로 지정되는가? 당연히 국가를 비판하거나 의심하는 모든 도서. 그런데 한국의 국가보안법 체제하에서는 금서의 범위가 다르다. 검열 당국은 어떤 책을 금서로 하는 것이 좋은지 세세하게 판단할 능력이 없다. 이 경우 '불온한' 집단이나 개인이 보는 책이 곧 위험한 책이 된다.

그래서 비판적 지식인들과 학생운동권이 많이 읽는 책이 금서가 된다. 이런 책이 원래 내용상으로는 별문제가 없어도 학생들 사이에서 의식화 교재로 사용되었기 때문에 그 책을 읽으면 의식화되어 국가 종교인 반공주의를 의심하게 될 것이라고 우려했다. 김지하의 반공법 위반 판결문을 보면 『루카치 예술론』, 『조선 경제사』 등도 금서에 포함되어 있다.[341]

공산주의를 찬양하고 자본주의 파괴를 선동하는 등 용공 성향이 있는 『프랑스혁명』 등 22권과 현실을 극렬하게 왜곡·비판한 『한국노동 문제의 구조』 등은 불온 내용의 서적이므로 국가 반공정책과 국민에게 미치는 영향 등을 감안하여 계속 판금 조치를 실시한다.[342]

대학 도서관에서 금서를 규정하고, 금서 출판을 금지하고, 학교교육에서 그런 서적을 배제하는 일을 하고, 그런 책을 읽은 사람을 '불온한' 사람으로 지목한다.

과거 박정희, 전두환 정권 시절에는 언제나 금서 목록이 있었고 금지 가요도 있었다. 국가나 정부를 비판하는 서적들, 퇴폐 불순한 가사의 노래들이 그 대상이었다. 도서관에 가면 빨간 글씨로 금지 표시, 즉 '禁'이 쓰인 도서카드를 언제나 만날 수 있었다.

그런데 민주화 이후 보수 정부에서도 이런 식의 검열이 부활했다. 이명박 정부가 들어선 이후 국방부는 금서 목록을 발표했는데, 이 발표는 1970~1980년대 식의 전 국민 대상이 아니라 군인이라는 특수 신분을 대상으로 한 것이었다. 군인들에게는 사상과 표현의 자유를 허용할 수 없다는 한국 보수지배층의 사고, 즉 군인은 특수한 신분의 국민이므로 국가안보에 대해 의심스러운 생각을 품을 수 있는 책을 읽어서는 안 된다는 사고가 반영된 것이다.

박근혜 정부에서는 문화예술 영역에서 노골적인 검열을 했다. 영화 〈천안함 프로젝트〉의 메가박스 개봉 중단, 박정희 정권을 부정적으로 묘사했다는 이유로 『현대문학』의 소설 연재 중단, 세월호참사를 다룬 영화 〈다이빙 벨〉의 멀티 플렉스 상영 거부, 〈다이빙 벨〉 관계 부산 국제영화제 예산 삭감과 집행위원장 사퇴 종용 등 많은 사례가 있다.

  군사독재와 반공법 체제하에서 남정현의 「분지」나 리영희의 『전환시대의 논리』, 『우상과 이성』처럼 미국을 비판하거나 공산주의 중국의 좋은 점을 이야기하거나, 현기영의 「순이삼촌」처럼 제주4·3사건을 소설로 표현하면 중앙정보부에 끌려가서 고문을 당했다. 그리고 민주화 이후에도 반복되는 언론, 영화, 서적에 대한 통제를 겪은 작가나 지식인은 사상적으로 민감한 작품을 창작하거나 발표하기를 꺼린다. 그들은 권력질서에 적응하는 것이 상책이라 생각하고 순응했기 때문에 그들에게 지식인의 언행일치를 기대할 수 없게 된다. 이런 세상에서 진정한 지식인은 수난자가 되고, 권력과 사회적 압력에 굴종하는 사람이 유명한 지식인 행세한다.

  언론·영화·각종 저작에 대한 검열과 지식인 통제는 공론의 형성을 차단하고, 모든 사람을 검열을 의식한 기회주의자로 만든다.[343] 밀(John S. Mill)은 검열, 사상통제는 권력이 자신감을 결여한 상태, 두려움의 표현이라고 보았다. 그는 사상의 자유를 허용하지 않으면 다음과 같은 일이 발생한다고 지적한다.

  대중들은 속론에 영합하거나 기회주의적인 태도를 낳게 된다. 중대 사안에 대한 그들의 의견은 스스로의 확신에 바탕을 둔 것이 아니다. 원리적인 영역에 들어가는 것이 아니라 사소한 실제적인 문제에 자신들의 사상과 흥미를 제한하게 될 것이다. 국가나 사회의 담론이 정통과 이단으로 양분되면, 그 피해는 박해를 받는 이단자에게 국한되는 것이 아니라 온 사회가 입게 된다. 전도유망한 청년들도 불신앙, 부도덕의 낙인이 찍힐까 두려워 대담하고 활발하고 독립적인 사상의 줄기를 발전시키지 않을 것이기 때문이다. 이 비겁한 사람들 때문에 국가나 사회 전체가 입는 손해는 이루 말할 수 없을 것이다.[344]

사찰과 감시, 언론 검열 모두 지배세력의 자신감 부재, 비판세력에 대한 과도한 공포감과 위기의식에서 기인하는 것인데, 이런 사상통제는 온 사회에 심대한 상처와 후과를 남긴다. 오늘 한국 사회에서 공론장 형성이 굴절되고, 보수세력이 정권을 잡으면 그 당 내부에서는 물론 언론에서도 모든 정부 비판이 중단되며 문화인 블랙리스트가 작동되고, 사회가 획일화되는 것도 이러한 오랜 사상통제의 관성의 결과다.

제4부

사상통제의 배경, 특징과 그 함의

1 군사정부의 응징적 사상통제의 배경

안보 위기와
체제 경쟁

1945년 8·15 이후 탈식민, 냉전의 권력 장 내에서 한국의 지배집단은 네 번의 위기를 맞았다. 8·15 이후 좌익 민족주의의 등장이 첫 번째 위기이고, 6·25한국전쟁 발발과 공산주의의 위협이 두 번째 위기이며, 4·19혁명과 이후 민주화·통일운동이 세 번째 위기였다. 마지막 네 번째 위기는 1960년대 말 지구적 데탕트와 국내 야당·반정부·민주화세력의 도전이다. 이 중 북한의 6·25 침략과 1960년대 말의 북한의 게릴라 남파, 그리고 동서 데탕트 등은 국가가 맞았던 객관적 안보 위기였다면, 1945년 8·15 직후의 좌파 민족주의 세력의 등장, 제주 4·3사건과 여순사건, 1960년 4·19혁명 직후의 혁신정치 세력과 통일론의 등장, 1970년대 초의 반정부·민주화운동 등은 국내 반정부·반체제 세력의 도전으로 인한 '내부적' 위기였다. 1970년대 초 박정희의 '전시체제론' 선포는 데탕트와 미군 철수, 그리고 국내 야당과 민주화세력의 도전으로 조성된 객관적 위기임과 동시에 박정희 정부 자신의 주관적 위기임을 방증한다.

　1970년대 초 미·중 간의 데탕트 국면은 유신체제의 수립을 비롯한 박정희의 이후 행보에 가장 결정적인 영향을 미친 새 국제적인 권력의 장이었다. 미국은 베트남, 한국에서 철군을 시작했으며, 박 정권에게 남북 대화를 종용했다.[1] 남북한 당사자 모두 각자의 체제를 양보하면서 통일에 나설 의지는 전혀 없었지만, 북한은 유엔 참가 등을 통해 국제적 위상을 높일 필요가 있었고, 박정희 정권도 1971년 대선 이후 국내 민주화운동 세력의 강력한 도전 앞에서 돌파구를 마련할 필요가 있었다. 지구적 냉전의 이완은 역설적으로 냉전체제 존립의 근거였던 남북한 두 국가의 체제 정당성을 위협했다. 북한의 김일성은 대남 혁명전략을 포기하지는 않았지만, 앞으로 침략하지 않겠다는 것을 공개 천명하면서 남한 정권을 대화의 상대로 인정하는 전제로 통일을 진지하게 거론하면서 남북 대화에서 주도권을 잡으려 했다.[2] 남북한 관계는 적대관계를 기저에 깔고 있었으나 국제무대에서 '체제 경쟁' 관계로 변했다.

　1971년 남북한 비밀대화가 시작되고, 이후 남북의 대표가 서울과 평양을 오가자, 남한은 북한에 대한 체제 우위를 보여주는 일을 매우 중요한 과제로 생각했는데,[3] 만약 좌익수들이 비전향 상태로 대거 "출소하면 한국의 위신을 추락시키고 위해를 끼칠 염려가 다분히 있었다".[4] 특히 1972년 7·4남북공동성명 이후 박 정권은 남북한의 정치범 교환에 대비하여 좌익수를 줄일 필요를 느꼈을 것이다.[5] 그러나 1972년 10월 27일 박 정권은 유신을 선포하고, 북한도 그해 12월 27일 조선사회주의 헌법을 제정하는 등 남북 양측은 각자의 체제 유지를 위해 남북한 간의 대화를 오히려 이용했다. 그리고 1973년 3월에 가서 김일성은 이미 남한 측 대표의 영접을 거부했으며, 김대중 납치사건 등을 빌미로 남한을 비방하면서 남북관계는 또다시 적대의 국면에 접어들었다. 박 정권은 1973년 6·23선언에서 남북한 유엔 동시 가입 의사가 있다는 것을 표명했다. 남한이 반공정책을 중단하거나 미군 철수 등의 제안을 받을 의사가 없고, 남한에서 반유신 학생데모나 지식인·언론인의 정권 비판도 지속되므로 북한으로 하여금 그전과 마찬가지로 박정희 정권과 남한 체제 자체를 부인하고 비평화적 방법, 즉 '혁명통일'의 길로 나가게 만들었던 것으로 보인다.[6]

  1973년 8월 테러적 전향공작이 시작되는 시점과 남북 간의 대화가 적대로 돌변하는 시점은 거의 일치한다. 그전에도 매달 15일 이들 좌익수를 한 방으로 소개하여 집단학살하는 도상연습을 했지만, 세상에서 완전히 잊힌, 특별사 저 깊고 깊은 곳에 수감된 좌익수들이 북한군이 침략하면 합세하여 반란을 일으킬 가능성은 거의 없었다. 그래도 이들이 비전향 상태로 출옥하는 것은 남북한 당국에게는 매우 중요한 메시지다. 전향 성명이 간혹 대북방송으로도 나가기 때문에 그들의 전향은 남한의 체제 우위의 좋은 선전 재료이고 반대로 비전향 출옥은 남한 체제 패배를 상징하는 것일 수도 있다. 당시 공안 당국이나 검찰이 말하듯이 정말로 이들 수백 명의 비전향수가 '안보 위해요인'이었다고 한다면 그것은 군사적이거나 물리적인 것이 전혀 아니었고, 오직 상징적인 것이었다. 한 사람이라도 비전향 상태로 출옥할 경우, 경쟁 상대인 북한에게 주는 그 상징적 효과를 두려워했기 때문일 수도 있다.[7]

박정희는 1975년 2월 21일 문화공보부를 연두 순시한 자리에서 석방된 자들이 "형무소를 나올 때 마치 개선장군처럼 만세를 부리고" 나온 것을 문제 삼으면서 매우 격양된 어조로 법무부와 중앙정보부가 이들을 처벌하지 않는 것을 질책했다.[8] 박정희는 이들 좌익수들이 도덕적 우위와 민족적 대의를 외치면서 활보하는 것을 도저히 눈뜨고 볼 수 없었을 것이다. 좌익수들 중 한 사람이라도 대한민국을 전혀 '인정'하지 않는 비전향수로 살아남아 대한민국의 물과 공기를 호흡하면서 마치 개선장군처럼 큰소리치면, 그것은 '경제 성장 성과를 과시하고 교육이나 언론을 통해 국민을 복종하도록 만드는 데 성공한' 정권을 정면에서 조롱하는 일이었다. 1975년 4월 30일 월남의 함락 이후에도 전향공작은 계속되었지만 이런 식의 테러적 방법은 거의 사용되지 않았다. 그 이유는 1973년을 전후한 시점이 박 정권의 대미·대북 관계에서 가장 결정적인 시기였기 때문이다.

감옥이나 감호소에서 좌익수의 사상동향을 지속적으로 점검하고, 수많은 종류의 사상동태 관련 카드나 전향계획서를 만들어 사찰하면서 전향을 압박하고, 이들과 다른 자생적 정치범, 즉 공안관련사범이나 시국사범을 언제나 사찰·감시하고, 언론·출판물을 검열하고, 블랙리스트를 만들어 저항 이력이 있는 인물의 취업이나 활동을 통제해온 지난 70년 간 국가의 사상통제는 거의 편집증적 양상을 지녔다. 특히 일제의 전향공작은 20년도 못 미치는 기간 동안 지속되었으나, 그 후계자인 한국에서는 1950년대부터 1990년대까지 그 두 배 이상의 기간에 걸쳐 실시되었다. 그것을 위해 중앙정보부를 비롯한 공안기관과 검찰, 경찰, 교도관, 교회사 요원들이 투입된 비용과 시간은 일제의 수십 배는 넘을 것이다.

그러나 학대와 고통을 가한다고 해서 사람의 생각이 쉽게 바뀌지는 않을뿐더러, 오히려 지배질서에 대해 더 강한 적개심을 갖게 될 수도 있다. 모든 수단을 갖고 있는 국가가 나서서, 완전히 발가벗겨진 무방비한 상태에 있을뿐더러 영양실조와 질병으로 살아 있는 것조차 힘겨운 좌익수들에게 항복을 얻어내고자 엄청난 인력과 예산을 투입하여 수많은 방법의 전향공작을 하고, 또 정말로 전향했는지 확인하고자 감옥 내에서도 지속적으로 사찰과 감시를 한 것은 도대체 무슨 효과가 있었을까?

1979년 남민전사건으로 수감되었던 안재구는 "참말로 공산주의 사상을 가진 사람이 사상전향서를 쓴다면 이제 공산주의자가 아니기 때문에 우리 사회에서 그 사람을 가두어둘 필요가 없다"고 주장한다. 또 그는 전향을 한 사람을 즉각 석방해야 하는 이유에 대해 "이들의 연령은 70 전후로 설사 사상성이 있다고 하더라도 옛 사상이 현시점에 무슨 역할을 할 것이며, 또 옥고로 찌든 늙은 몸으로 어떤 일을 할 것인가 심히 의아할 뿐 즉시 석방해도 사회에 어떤 영향을 미칠 수 없다고 생각한다"고 강조했다.[9] 그런데 왜 대한민국은 그렇게 하지 않았으며, 2000년대 이후에도 계속 준법서약서 제출을 요구했을까?

전향서, 준법서약서 제출은 좌익수들이 기존의 공산주의에 대한 신념을 버리고 이제 남한 체제를 받아들이겠다는 항복 선언이다. 그것은 한국과 같은 유교적 정치문화에서는 '개과천선'의 담론, 일종의 '진리 정치'의 담론으로 설명하기도 한다. 즉 그들이 친북 사회주의가 잘못된 노선이라는 것을 인정하고 '귀순'을 한다는 것이니, 권력자로서는 품 안의 매우 불편한 '송곳'을 제거함과 동시에 대한민국 체제가 이들 좌익들에게 정신적으로 승리했다는 것을 확인하는 의례였을지 모른다. 특히 일제하 유명한 좌파 지식인들의 공개 전향선언 및 1949년의 대거 자수 전향 선풍과는 달리 감옥 저 깊은 곳 좌익수들의 전향 의례는 외부와 완벽하게 차단된 곳에서 진행되고 오직 보고 당국에 집계만 되는 것이므로, 정치적 '위험'을 제거하는 것이었다기보다는 북한과의 대결에서 남한 체제의 승리를 확인할 수 있는 그 상징적 표식, 의미의 측면이 중요할 수 있다.[10]

분단체제하에서 북한 위협과 대북 경쟁은 국가의 정책을 이해하는 데 가장 중요한 조건 변수이다. 한국의 전향공작이 교육, 교화의 방식이 아니라 감옥 내 각종 불이익 제공, 면회나 가석방 가능성의 차단, 고문과 테러까지 동원한 응징적인 양상으로 시행된 일차적인 이유는 분단 냉전의 권력 장이 한국 지배엘리트들을 매우 불안하게 만들었기 때문일 것이다. 한국은 '국가'를 부인하는 확신범들을 교화, 교육을 통해서 변화시킬 수도 없었고,

곧바로 처형할 수도 없었다. 지배세력은 이들을 감옥에 영원히 유폐하거나 처형하고 싶었으나, 실정법상 그렇게는 할 수 없으니 끊임없이 항복, 즉 귀순을 강요하고, 말을 안 들으면 폭력을 행사한 것으로 보인다.

국민의 기본권, 자유민주주의를 헌법상의 기본 가치로 삼는 국가가 '내부의 적'을 아예 재판도 없이 무한정 구금하거나, 국가의 공식 이데올로기를 회의 또는 비판하는 사람 모두에게 '불온'의 딱지를 붙인 다음에 불법구금하거나, 공산주의 이념을 거의 터부로 여기면서 좌익수를 강제 전향, 사상개조하려고 한 정책은 분명 전쟁, 혁명 등 국내외 권력의 장에서 국가 혹은 지배세력이 처한 실질적·관념적 위기(의식)와 관련되어 있을 것이다. 감옥 안팎의 전체 사회에서 집행된 거대한 감시와 사찰, 일제 말기를 방불케 하는 현대판 비민분리정책과 세계에서 가장 완벽한 신분증제도와 국가보안법의 건재는 그러한 정책이 애초에 시행되었던 중일전쟁 이후 태평양전쟁기까지의 일제하 전시체제, 1948년에서 1953년까지의 전시체제, 그리고 1960년대 후반 냉전체제의 이완 국면에서 박정희 정권이 스스로 선포한 전시체제 모두와 직접 관련되어 있을 것이다.

미국의 대한정책의 변화, 특히 1960년대 말의 변화된 냉전 권력의 장, 중국의 등장을 포함한 지구 권력의 장 변화는 박정희 정권의 정책에 가장 커다란 영향을 미쳤다. 박정희 자신은 5·16쿠데타 이후 사상 전력 때문에 미국의 의심을 산 바 있다. 당시 국가재건최고회의 법사위원장을 지낸 이석제는 5·16쿠데타 직

후 미국이 박정희와 김종필의 좌익사상 여부를 조사하고 있다
는 소식을 접한 후 "미국의 사상 공세를 일거에 역전시키기 위해
서 비상한 조치가 필요하다고 판단해서", "혁명군이 강력한 반공
국가 건설을 목표로 한 만큼 미국 측에 획기적인 프로그램을 보
여줘야 혁명의 정당성을 확보할 수 있지 않을까 생각이 들어" 국
내의 좌익을 희생양으로 삼아 미국에게 쿠데타세력의 반공의지
를 확실하게 보여주고자 결심했다고 밝혔다.[11] 당시 5·16쿠데타
세력이 6·25 발발 직후의 전례를 따라 국내 혁신 정치가나 잔존
사회주의 인사들을 예비검속해서 처형하려 시도했던 것은 그들
때문에 한국에 안정적 반공체제를 구축하려는 미국을 충분히 안
심시키지 못하고 있다고 생각해서였다.

  미국이 월남의 우익 정권과 과거 중국의 장제스 정권을 버리
는 것을 보면서 미국의 철군 움직임에 극히 민감해져 있었던 박
정희는 유신체제, 중화학 공업화, 자주국방과 핵개발 노선으로
맞대응을 하면서 체제를 강화했는데, 여기서 대북 경쟁관계에서
체제 우위를 보여줄 수 있는 매우 강력한 증거 하나가 바로 수
감된 좌익수, 사상범들의 완전한 전향, 즉 이들이 친북 공산주의
사상을 포기하고 박 정권의 반공주의와 성장주의를 받아들이는
것이었을 것이다.[12] 남북한 간의 경쟁은 경제력으로 판가름이 날
수도 있으나, 체제의 우위는 경제력만으로 해결되는 것은 아니
기 때문이다. 국민 일체화, 즉 국가에 대한 국민의 완전한 복종
이 중요했다.

  남한 내 좌익수, 반체제 출옥 사상범은 북한, 미국과의 관계에

서 남한 정권의 체제 통합성과 체제 우위를 보여주는 중요한 가늠자였다. 그래서 박정희 정권은 물론 이승만·전두환 정권, 특히 대통령 직속의 공안기관마저도 대미·대북관계를 가장 중요하게 생각했고, 좌익수의 사상동태, 즉 전향 여부는 집안 단속작업이었을 것이다. 남한이 북한에 비해 분명히 자유로운 사회이며, 국제적으로도 더 많은 국가와 교류하고, 근대화정책이 성공해서 경제적으로도 북한을 점점 앞질러간다는 점이 국제사회에서 공인되더라도 대한민국의 국가성은 물론이고 거의 군주와 같은 권력을 가진 대통령조차 전혀 두려워하지 않는 한 사람의 비전향수라도 감옥에서 버티고 있거나 그가 비전향 상태로 출옥해서 남한을 인정하지 않고 북한을 공개적으로 지지하는 것은 참을 수 없는 체제 도전으로 받아들여졌을 것이다.

이렇게 보면 5·16쿠데타 이후 박정희 자신에 대한 좌익 시비에서 벗어나기 위해 황태성을 서둘러 처형한 조치, 1973년 이후의 테러적 전향공작, 사회안전법 제정 등은 모두 같은 맥락에서 이해할 수 있다. 그것은 바로 남북한의 이념적 대결 구도에서 미국과 북한을 의식하여 남한의 체제 우위를 보여주려고 한 것이었다. 북한 공작원이 모두 전향했다고 한다면 당연히 대북방송 등을 통해 남한 체제의 우위를 마음껏 과시할 수 있었을 것이다.[13] 5·16쿠데타 직후의 혁신계 인사 구속·처형, 황태성 처형 등은 박정희의 사상에 대한 미국의 의심을 불식하려는 의도의 산물이라면, 1973년 이후의 전향공작과 간첩조작사건과 인혁당 관련자 처형, 긴급조치 등은 대북관계와 남한의 자생적 반정부·반체제 세력의 도전을 맞은 박정희 정권이 대북 경쟁에서 확고한 우위에 서려는 조바심이 주로 작용했다고 볼 수 있다.

한국 지배세력의
주관적·심리적 위기의식

1950년대부터 1990년대까지 지속된 전향공작, 즉 법무부가 각 교도소에 내려보낸 수백 건의 전향공작 관련 각종 보고 양식과 전향자 심사 및 출옥 관련 보고 공문, 수천 쪽에 달하는 좌익수 개인별 사상동향 관련 행형 기록, 수천 시간에 달했을 좌익수 개개인에 대한 면담과 회유 공작, 그리고 중요한 인물을 전향시키기 위해 투입된 수백 명 이상 전담요원들의 시간과 에너지, 1970년대 이후 국가 권력을 총동원한 학생사찰, 운동권 학생통제정책 등을 생각해보면, 40여 년 지속된 이 집요한 사상통제 정책은 국가의 '강박증'에 가깝다는 인상을 받는다. 특히 폭력적 전향공작, 녹화사업, 순화교육 등은 이 불안강박증과 트라우마에 사로잡힌 한국의 지배집단, 그리고 박정희, 전두환 군부정권의 심리와 깊이 연관되어 있을 것이다.[14]

불안강박증이란 인간이 종교적 맹신을 갖게 되는 이유를 설명하기 위해 프로이트가 고안한 심리학 용어인데, 개인은 물론 국가와 같은 거대조직도 인격체처럼 그런 심리를 가질 수 있다. 이러한 증세를 갖는 사람은 자신의 존재를 위협하는 객관적 존재를 실제 이상으로 과도하게 부각시킨다. 트라우마는 자신의 힘과 외부의 힘을 객관적으로 평가하지 못하게 만들고 분노 조절을 어렵게 만든다. 전향공작에서 드러난 국가의 폭력과 그 보복적 양상[15]도 이렇게 설명할 수 있다. 반공주의의 신성화, 지속적인 빨갱이 사냥의 논리는 분단국가 건설 과정에서 겪은 한국 지배세력의 트라우마, 친일 콤플렉스 등과 같은 주관적 심리와 무관하지 않을 것이다.

물론 한국 지배세력의 근원적 트라우마는 제주4·3사건과 여순사건, 그리고 6·25 침략과 북한 점령 기간 인민군 통치의 경험을 통해 갖게 된 좌익 공포였다. 1970년대 이후에는 이미 그런 공포를 직접 겪은 사람들은 권력기구에서는 물러났기 때문에 개인적 전쟁 체험만으로 이후 보수세력의 행태를 모두 설명하기는 어렵다. 그러나 그것이 공안 및 첩보 기관의 조직 매뉴얼과 논리로 제도화될 경우, 억압기관 자체의 행동에서 그러한 심리 상태가 드러날 수도 있다. 냉전 시기 미국 FBI나 CIA가 주도한 반공 히스테리도 그러한 것이다.

역대 보수 정부의 집요한 전향공작은 좌익수들이 내심의 진정한 변화를 통해 체제를 지지하도록 만드는 목적을 갖기 보다는 이들의 항복선언을 수감 동료와 사회에 보여줌으로써, 심리전 차원에서 국민의 동요를 막고 자기 체제의 상징적 우위를 보장받고자 편 것으로 보인다. 형식적인 전향서를 끝까지 받으려 했던 정책을 보면, 이들은 '재범의 위험'을 가진 확신범들을 사회에 내보낼 자신감이 없었다는 것을 의미한다. 가능한 이들 모두를 전향시키려 한 이유는 감옥 내 비전향 좌익수 혹은 출옥한 좌익수나 반체제 인사들의 비전향이 '객관적으로' 체제에 위협이 되기 때문이 아니라, 다분히 지배세력 측의 주관적 위기의식과 자신감 결여 때문이었을지 모른다.

지배층은 자신의 권력과 지위, 부를 잃어버리지 않을까 하는 우려에 언제나 위기를 과장하는 경향이 있다. 이 경우 체제를 공고화하기 위한 사회통합 전략을 구사하기보다는 체제 유지를 위한 희생양을 만드는 쪽으로 몰아간다. '좌익', '간첩'으로 조작한 희생양을 엄벌하는 방식으로 국민에게 공포감을 조성하는 일, 표현에 대한 엄격한 검열, 권력(자)의 신성화와 반공주의, 반북주의 도그마화 등을 통해 체제를 안정화하고자 한다. 이것은 일제의 치안유지법, 한국의 국가보안법, 미국의 좌익사냥과 매카시즘, 독일 파시즘과 유대인 학살 등과 마찬가지로 '좌익 공포'를 과장해서 마녀, 즉 희생양을 만들어 이들에게 학살과 테러를 가하면서 중립지대의 사람을 통합시키려 했던 기존의 모든 파시즘적 체제에서 공통으로 나타나는 현상이다.

학살, 폭력, 고문, 그리고 지속적인 사찰과 감시, 사상통제는 언제나 반란자나 비판자에 대한 설득의 실패, 혹은 설득할 자신감의 결여에서 나온다. 정확히 말하면 정당성이 결여된 체제나 집권세력이 언제나 반대파의 힘을 과장해서 그들에게 폭력을 행사한다. 사상개조나 전향정책이라는 것도 사실 정치적 반대자에 대한 관용의 부재이고, 관용의 부재는 주관적·심리적 위기의식을 반영한다. 특히 권력 측의 법적 정당성과 도덕성이 약하면 약할수록 그들은 반대자에게 설득보다는 더욱 더 신앙적 복종을 요구하고, 여차하면 폭력을 휘두르려 할 것이다. 그래서 권력이 행사하는 폭력은 언제나 집권층의 정당성, 도덕성 결핍과 깊은 관계를 가진다. 강제 전향정책 자체가 이미 '패배감'의 표현이라는 지적이 나온 것도 이런 이유 때문이다.[16]

박정희 정권의 전향폭력, 전두환 정권 등 보수 정권의 사상통제정책은 항복하지 않는 '적'을 향해 마치 정당성을 확인받으려고 '인정투쟁'을 벌이는 양상을 보여주었다.[17] "너희들이 주장하는 반외세 민족이 진정한 민족이 아니라, 내가 주장하는 잘사는 민족, 부자 '민족'이 진짜 민족이니 네 민족을 버리고 내 민족으로 들어오라"고 말하는 것 같다. 그런데 '약자'의 인정투쟁도 통상 저항폭력을 수반하는 경우가 많은데, 모든 국가기관과 폭력 수단을 독점한 강자인 지배층의 '인정투쟁'은 조직적인 폭력을 동원한다. 물리적·경제적으로는 지배층이 압도적인 강자이지만, 불안강박증이 있거나 도덕적 콤플렉스를 갖고 있을 경우에는 언제나 자신이 약자라고 생각할 수도 있다.

국가 내부의 적, 그리고 잠재적 적에 대한 응징적 폭력, 엄격한 사찰과 감시는 언제나 권력자의 트라우마, 지위 상실의 두려움, 도덕적 결핍, 콤플렉스, 불안감 등의 표현이다. 자신의 부끄러운 과거를 알고 있을뿐더러 '대통령'인 자신을 정면에서 비웃는 고향 경상도의 진보 인사들, 사형판결을 받고도 "영광입니다"라고 법정을 조롱한 22세 청년 김병곤 등의 행태가 극도로 박정희의 심기를 불편하게 만들었을 수 있다.

박정희가 자신의 콤플렉스를 만회할 수 있는 길은 오직 경제에서의 압도적 대북 우위였을 것이다. 박정희의 성장 드라이브와 실적주의도 불안강박증의 결과에 가깝다. 전인권이 강조한 것처럼 박정희는 자신이 어릴 적부터 갖고 있었던 유기 불안과 고아 의식이 매우 심했는데, 1970년대 초 미군 철수 움직임과 중국 사회주의의 대미관계 정상화 등 국제정세의 변화와 맞물려 그의 '유기 불안'은 위기의식으로 발전했다.[18] 박정희는 1971년 선거에서 공무원과 군인을 총동원해서 불법 선거를 치르고도 김대중 후보에게 겨우 이길 수밖에 없었다. 그래서 그대로 가면 다음 선거에서는 권력을 상실할 것이라는 두려움이 생겼을 것이고, 국내의 강력한 반유신운동 세력이 등장하자 그의 불안감은 커졌을 것이다.

전향 폭력과 인혁당 재건위 관련자 처형도 사실상 종신 대통령의 권력을 행사하던 박정희 자신의 두려움,[19] 불안강박증이 극단화된 것일 수도 있다. 두려움은 나 자신의 결핍, 즉 체제 정당성과 자신감 부족에서 온다. '도둑이 제발 저리는' 법이다.

콤플렉스, 트라우마, 불안강박증을 가진 권력자들은 국가나 민족의 이름으로 폭력과 학살을 자행할 수 있다. 테러적 전향공작은 집권세력의 불안 장애요인을 완전히 제거하기 위한 것으로 볼 수 있다. 외상을 겪은 사람들은 그러한 폭력의 재발을 두려워하면서 해리(disassociation), 자의적인 사고 억제, 삶의 제한 등을 통해 주관적으로 '현실을 변형'시킨다.[20] 이 트라우마나 불안 강박증은 대통령인 박정희 개인의 것만은 아니고, 집권 과정에서의 정당성과 도덕성을 갖지 못한 한국 보수 우익세력의 일반적 특징인 것 같다. 이들은 국가의 거대 강제력, 법적 장치, 경제적 유인책, 교육, 가족 동원의 힘을 갖고 있었지만, 병적으로 사상통제에 집착했다.

박정희가 유신체제를 정당화하면서 한국이 사실상 6·25한국전쟁 시기와 같은 '전시체제'에 놓였다고 본 점, 그리고 그 위기에서 자신밖에 나라를 구할 수 없다고 생각하고 자신을 구국의 메시아로 자처한 여러 발언들, '국민총화'라는 담론처럼 모든 국민들이 자신을 중심으로 완전히 일체가 되어야 한다면서 정권과 자신에게 무조건 충성을 요구한 일 등은 모두 그 자신과 군부세력의 강박증과 불안이 드러난 것으로 볼 수 있다.[21]

전근대 시대 신성모독 범죄자나 반역자를 대상으로 하는 공개적인 처형 등 신체형이 질서의 회복을 목적으로 한 것이 아니라, 공포감 조성을 통한 권력의 위세를 목적으로 했기 때문에 군주들이 복종된 신체, 병약하고 '너덜너덜해진 신체'를 감상하면서 승리를 즐기고 권력의 우월성을 과시하기 위한 행위[22]였다고 본다면, 박정희·전두환 정권과 중앙정보부와 안기부, 법무부, 검찰, 교도소 등의 국가기관은 이들 좌익수들의 '너덜너덜해진' 신체와 정신 상태를 감상하면서 자신들의 힘을 확인하고 자신들이 가진 일말의 정신적 불안을 해소할 수 있었을지 모른다. 그래서 그들은 좌익수의 내심의 전향이 아니라 전향서라는 항복문서가 필요했던 것이다.

2000년대 이후 역사 교과서 개정 논란이 일어날 때마다 현 국민의힘 의원들이 '자유민주주의' 용어를 어떻게 하든지 교과서에 집어넣으려고 했는데, 그러한 시도를 비판하기만 하면 곧 인민민주주의 세력 또는 친북 세력이라 공격하는 극히 단세포적이고 속 좁은 반응들[23]을 보이는 것, 또 천안함 침몰이 북한의 소행인가에 대한 생각 여부를 사상검증의 잣대로 보는 것 등도 같은 차원에서 이해할 수 있다. 김대중 정부의 송환 결정을 제외하면 남한 정부나 지배세력은 언제나 대북관계에서 자신감을 보여주지 못했다. 이제 미국이 버릴까봐 두려워하지는 않게 되었지만, 대북 안보 위기 혹은 체제 경쟁에 있어 자신감은 여전히 결여되어 있다. '자유'라는 말을 빼면 나라가 무너질 것 같이 공격하는 보수 우익세력은 바로 자신들의 지도력이 그 정도의 정당성을 갖지 못하고 있다는 것을 거꾸로 폭로해준다.

진정한 자신감은 반독재·민주화운동에 가담한 세력과 그 힘으로 집권한 정부에게서 나타난다. 김영삼 대통령이 이인모 노인의 송환을 결정한 것이나, 김대중 대통령이 비전향 좌익수 송환을 결정한 것은 민주화세력의 도덕적 자신감과 남한 체제의 자신감을 보여주는 것이라 할 수 있다. 물론 1990년대 이후 북한이 이들의 송환을 계속 요구하기도 했지만, 남한이 북한에 보낸 공작원의 송환을 맞교환 형태로 주장하지 않고, 남한의 민주화 이후 대통령들이 먼저 이런 결정을 내린 것은 매우 의미 있다.

김대중 정부는 이들을 일종의 전쟁포로로 취급해서 북한이 자신의 조국이라고 여전히 생각하기에 원하는 대로 돌려보냈다. 이들을 지속적으로 사찰하고 끝까지 전향서를 받아내려 하기보다는 그냥 북으로 돌려보낸 결정이 오히려 남한 민주 정부의 품격과 도덕적 우위를 보여주었다.

물론 그 이후 제2차 송환은 중단되었다. 체제의 약점을 보인다는 보수세력의 공격이 커졌기 때문이다. 남북한의 상호주의 사고를 가진 우익 보수세력은 애초부터 송환을 강력하게 반대했다. 그들이 이북에 가서 영웅으로 대접받는 것을 상당히 불편하고 기분 나쁘게 생각했다. 과거 김영삼 정부의 이인모 노인 송환, 김대중 정부의 제1차 장기수 송환 당시 북한이 이들을 대대적인 홍보 자료로 활용한 것도 이들 보수의 심기를 건드렸다. 문재인 정부가 추가 송환 요구에 응하지 않은 것도 좌익수가 이북에서 영웅이 되면 남한은 왜소해지는 것으로 해석했을 내부 우익세력의 강력한 비판을 의식했기 때문일 것이다.

사상통제의
정치적 이익

 과거 히틀러의 나치즘이나 일본 천황제 파시즘, 미국의 매카시즘이 지배하던 상황에서 공산당에 대한 공포 조장과 집단 증오감 형성은 국가 내에서의 정치적 반대세력에 대한 탄압을 정당화할 수 있는 가장 중요한 수단이었다. 미국의 좌익사냥 선풍은 러시아혁명, 소련의 팽창 등의 외적인 요인을 과장한 점이 컸다. 그리고 외부의 적이 아닌 내부의 잠재적 적에 대한 두려움의 표현이기도 하고, 그러한 외적 위기를 활용해서 지배체제를 공고히 하기 위한 전략이기도 했다.

 군부관료나 사상검사들이 주도한 일본의 천황제나 치안유지법, 그리고 전향정책은 기만적이거나 모순적이었다. 미첼은 『일제의 사상통제』 서문에서 "지배엘리트는 이용 가능한 모든 수단을 써서 천황이라는 겉 간판을 내세우고 또 그것을 보호함으로써 자기들 지위와 급속한 근대화를 지탱하는 새로운 이데올로기틀을 보호했다. … 정적에 대해 격렬히 대응한 것은 자기들의 정치적 지위를 위한 것"이라고 강조했다.[24] 즉 천황이라는 상징은 "일본 지배엘리트의 자기 보호와 지위 유지, 민중 포섭과 심리 조작을 위한 외피에 불과했고, 일본 지배계급의 위기 탈출을 위한 포섭전략이자 일종의 상징조작이었으며 천황은 동원된 기호에 불과했다"는 것이다.[25] 천황, 즉 절대자가 될 수 없는 하나의 인간을 신과 인간의 중간 단계의 절대자인양 추앙하는 것은 기만적인 행태라는 것이다.[26]

결국 전향공작, 반정부 인사들에 대한 집요한 사찰과 감시는 실제 이들이 '국가 위해요소'라는 판단 때문이라기보다는 좌익 처벌과 좌익 딱지 붙이기 등을 통해 체제 비판자들이 어떤 처벌을 받는지 보여주고, 스스로를 '양민'이라고 생각하는 사람들의 순응을 얻어내는 것 자체가 목표일 수 있다. 한국에서 좌익수에 대한 수십 년의 폭력적인 전향정책에도 불구하고, 끝까지 전향을 거부한 사람들이 200여 명 남아 있었다는 사실은 좌익수 전향정책이 사실상 실패한 것으로 볼 수도 있다.

그러나 수없이 다양한 방법의 교정·교화 전향정책이 실패할 것을 알면서도 추진했다면, 그것에는 또 다른 정치적 이해가 작용하고 있었다고 볼 수도 있다. 즉 군사정권은 반체제 인사들에 대해 응징적인 처벌을 가함으로써 국가의 힘과 위세를 과시하여 공포감을 조성하여 대중을 복종시키고, 그러한 전향공작이나 보호관찰, 사찰, 감시를 위해 여러 공안기구를 창설하거나 공안기구의 조직과 활동 영역을 새롭게 만들어 국가보안법 등의 집행을 위해 공안검찰과 정보경찰의 먹거리를 마련하고, 심지어는 이들이 퇴직한 후에도 좋은 자리를 보장받도록 했는데, 이러한 결과만으로 이미 '잠재적인 목표'를 충분히 달성했을 수도 있다.

전근대의 강압적 신앙 개종이나 조선 시대의 사상탄압 역시 어느 정도는 지배세력의 정치적 이해와 권력투쟁의 논리가 결합된 경우가 많다. 하지만 20세기 일본과 한국의 사상통제는 단순히 국가 질서유지의 목표, 기존 가치나 이념에 대한 신념과 강요, 그리고 지배집단의 과도한 공포와 두려움, 광기에 기초한 것만이 아니라 그것을 통해 정치적·경제적 이익을 보는 집단이나 개인의 이해관계까지도 바탕으로 하고 있다. 예를 들어 대표적인 사상검사 오제도의 경우처럼 당시 검찰 내에서 상대적으로 열등한 위치에 있었던 사람이 국체와 반공주의 이데올로기를 강력하게 내걸고, 좌익사냥에 앞장섬으로써 자신의 입지를 확대할 수 있는 중요한 기회를 잡았다. 즉 반공주의, 국가보안법이라는 분단 냉전 권력의 장이 이러한 친일 경력을 가진 사상검사의 입지와 권력과 부를 보장해주었다. 전향한 좌파들이 원래 우파였던 사람들보다 더 강하게 좌익사냥에 나선 이유도 이렇게 해석할 수 있다.

그런데 냉전 권력의 장 위에서 이들 억압기구들 간의 주도권 다툼, 즉 '먹거리'를 둘러싼 경쟁은 불가피했다. 한국에서도 국가보안법의 통과는 과거 일본에서 치안유지법이 사법관료의 경찰에 대한 우위를 보장했듯이,[27] 경찰에 대한 검찰의 우위를 보장해준 결정적 계기였다. 이승만·박정희 정권 내내 공안기관들끼리의 경쟁 과정 또는 경찰과 군의 충성 경쟁 과정에서 나온 간첩 조작, 공안 정국 조성, 국가보안법 위반자 검거 등도 반공주의 권력의 장이 만든 관련 기관들 간의 이권 다툼과 관련되어 있었다. 실제 제5공화국 초기에 보안사와 안기부의 경쟁 속에서 많은 간첩사건이 조작된 사례가 그것을 말해준다. 일본의 지배집단이 그러했듯이 박정희, 전두환 정권은 공안기관, 검찰과 사법부의 이러한 충성 경쟁을 유도함으로써 권력을 안정화했다.

공안사건을 담당하는 검찰의 수사와 판사의 재판은 단순히 집권세력의 도구로써만 기능한 것은 아니다. 그것은 그들이 자신의 상징권력과 위세를 과시하고 현재와 미래의 경제적 이익을 얻을 수 있는 수단이기도 했다. 1975~1979년 긴급조치 제9호 관련 판결을 내린 당시 판사 중에서 박정희 정권이 의도한 '무조건 2년 붕어빵 판결'을 거부하고 옷을 벗은 판사는 단 두 사람밖에 없었다. 일제시기 조선인 법조인들은 일제의 지배체제에 복무한 요원이었고, 그들은 그 지배의 담론을 구사함으로써 권력과 부를 보장받았다.

검사들이 군사정권의 하수인으로서 역할을 충실히 한 것이나 판사들의 '붕어빵 판결'은 한국에서 고시제도에 의한 출세주의·능력주의와 결합되어 있으며, 최종적으로는 권력을 매개로 부를 거머쥐려는 욕망이 깔린 것이다. 즉 반공주의 권력의 장에서는 공안검사 또는 정보경찰이 되는 것이 출세의 길이며, 권력의 의중을 충실하게 따라야 권력과 부를 얻을 수 있기 때문이다.

국가보안법, 반공법 체제하에서 사찰 대상인 요시찰인, 일상적 감시가 필요한 운동권 학생과 비판적 지식인은 경찰, 검찰 등 공안기관의 먹거리요 황금어장이었다. 당시 국가보안법과 반공법 수사 인력은 검경 모든 인력의 1/3 정도를 차지했다. 그래서 사상통제정책, 전향정책과 사찰 업무, 학생과 언론인 사찰과 감시를 위해 공안조직의 규모가 확대되어야 했고, 더 많은 예산이 필요했을 것이다. 경찰의 경우, 사찰정보계 형사들은 요시찰인 사찰, 명단 삭제 등과 관련된 업무로 언제나 권력을 과시했기 때문에 '연좌제로 신음했던' 수많은 희생자들과 그 가족들의 '눈물 젖은 돈'을 챙기면서 자신의 출세를 도모했다. 감옥 내에서 '아주 작은' 혜택이나 배려를 줄 수 있는 권한을 가진 교도관, 간수, 교회사 이 모든 집단도 좌익수나 공안(관련)사범과 그 가족들로부터 은밀한 돈과 노동력을 챙겼다.[28] 예를 들어 좌익수 김영승의 누나는 동생이 편하게 감옥살이할 수 있도록 하기 위해 군법무관 집에서 식모살이까지 하기도 했다.

    이들 검찰, 경찰, 법무부의 모든 요원들은 기본적으로 승진과 출세에 목을 매달고 있는 관료들이다. 특별사 감옥이나 감호소에 갇혀 사실상 아무런 정치적 영향력도 행사할 수 없었던 좌익수들의 전향 여부는 그들의 승진이나 실적과 연관되어 있었다. 각종 출판물 검열, 시국사범 사찰과 감시, 반정부 지식인들과 운동권 학생들에 대한 충실한 동향 보고와 순응은 문화부, 교육부, 대학 학생처 등에서 근무하는 공무원들의 승진, 출세와 직결되어 있었다. 이들은 일제하에서는 식민지 지배의 충실한 하수인이었던 사상경찰과 식민지 관료의 후예들이다. 그들은 만약 전쟁이 발발하여 한국이 공산화되기라도 하면 곧바로 그 공산주의 정권에 충성을 바칠 준비가 되어 있는 사람들이었을지 모른다. 사실 국가와 이념은 그들에게 거의 의미가 없었을 가능성이 크다.

  신을 우상화하는 종교에는 신이 없고, 인간 정치가를 절대화하는 정치에는 인간이 없고, 맹목적 민족주의에는 민족이 없고, 국가지상주의에는 국가가 없다. 무엇이든지 어떤 것을 우상화하고 일방적 복종을 요구할 때는 그 주도세력의 이익이 무엇인지를 먼저 살펴보아야 한다. 지나침은 모자람보다 못한 것이 아니라(過猶不及), 지나침은 사실 텅 빈 것이다. 자신이 무시당하고 지위가 불안해지면 자신에게 결핍된 것을 만회하기 위해 가짜 상징을 내세울 수가 있기 때문이다. 천황제하의 국가가 그러하고, 이승만과 박정희의 반공주의, 국시와 국체의 담론, 국가보안법과 반공법의 논리, 그리고 성장지상주의가 그러했다.

2 한국 사상통제의 특징

일제강점기와 남한의 전향정책: 공통점과 차이점

일제의 조선인 대상의 전향공작과 1970~80년대 현대 한국에서의 전향공작은 겉보기에는 매우 유사하다. 그 배경은 역시 중일전쟁, 태평양전쟁, 6·25한국전쟁, 그리고 그 이후 지금까지 지속되고 있는 냉전 권력의 장과 정전체제하의 남북한 대결, 그리고 안보 논리를 내세운 만성적인 국가비상사태, 즉 국가보안법 체제이다. 한국의 사상통제정책은 일제 식민지 지배체제, 일제가 건설한 방공국가로서 만주국의 실험, 남북한의 분단과 준전쟁 상황, 그리고 남북한의 체제 경쟁 등의 요인의 결과다.

 한국의 국가보안법 체제하의 사상통제, 특히 전향공작, 사회안전법과 보안관찰법에 따른 구금, 사찰, 감시 정책은 과거 일본의 천황제와 치안유지법 체제하의 전향공작, 사상범 예방구금, 요시찰인 사찰·감시 대책과 어떤 공통점과 차이점이 있을까? 물론 천황이 주권자였던 일본 제국주의와, 적어도 형식상 국민이 주권자인 1948년 이후 한국 간의 성격 차이는 크다. 천황제하의 일본은 정교 분리가 제대로 이루어지지 않은 종교 국가에 가까웠다. 그러나 한국은 민주공화국이며, '양심의 자유'가 헌법에 명시되어 있다. 그럼에도 불구하고 일제 말의 전향자 조직인 사상보국연맹, 대화숙은 이후 국민보도연맹이 되었고, 일제 치하의 조선사상범예방구금령은 이후 사회안전법과 보안관찰법으로 이어졌다. 그런데 '자유민주주의' 한국의 사상통제정책이 천황제 군사파시즘체제하의 일본보다 겉보기에는 더 폭력적이었고, 덜 포섭적이었다.[29]

일본의 사상범통제정책은 천황제라는 지배체제와 긴밀히 맞물려 있고, 천황제는 지배체제이자 종교 문화, 사회의식이기도 한데, 인간과 자연, 국가와 가정, 지배자와 피지배자가 하나로 연결되어 있다는 관념에 기초한다.[30] 그리고 일본 형벌제도에는 갱생의 개념이 존재해왔다. 전향은 원래 국가관료나 검사들의 구상이었으나, 그것은 수감된 마르크스주의자들의 기획을 수용, 정책화한 것이기도 하다. 천황제는 초월적 존재였고, 따라서 반체제 인사의 전향 역시 국가 종교에 '귀순'하는 양상을 지닌다. 사상범을 단순히 구속, 격리, 처벌하는 소극적·방어적 통제방식이 아니라, 그들을 국가로 귀순시킨 다음에 국가나 사회와 완전한 통합을 이루려는 통제방식은 일본 정치문화의 준종교적 성격과 관련되어 있을 것이다.

사카모토 히데오(坂本英雄)는 "가혹한 치안유지법에만 의거하는 것은 잘못이다. 악한 사상에는 반드시 바른 사상에 의해 대처하는 것이 제일이며, 사상전쟁에서 국가의 최후의 무기는 사랑이다. 우리는 프로레타리아트로 하여금 국가를 사랑하게 하지 않으면 안 된다. 국가도 역시 프로레타리아트를 사랑하지 않으면 안 된다"고 말하기도 했다.[31] 이것은 일본의 전향정책의 체제 포섭적 성격을 집약해준다. 일제가 사상범에게 요구한 전향은 무정부주의자나 공산주의자들이 외래사상에 물들어 국가와 민족을 버렸다가 이제 집(家)으로 돌아가는 것으로 의미 부여되었다.[32] 그리고 전향자들 역시 가족 회귀의 담론을 사용했다.[33] 당시 치안유지법 첫 사건 판결에서 재판장은 학생사회과학연합회 학생들에게 "연구의 자유도 법률의 울타리 안에서 해야 하며 부모의 노고를 생각해서 효도를 하라"고 훈계하기도 했다.[34]

일제의 전향정책은 기본적으로 국가는 확대된 가족이며, 가족과 같은 친밀한 감정이 국민 속에 침투되어 있다는 생각에 기초한 것이다.[35] 일본 사법성에서는 사상범의 전향을 위해 기소 전에는 기소유보처분을 내리고, 판결을 받아 수감한 이후에는 감옥에서 교양 수신서를 읽게 하고, 일정한 과정을 수료한 사상범에게는 가급적 가석방을 허락하여 가석방 후에는 미행을 없애고 완전한 직업을 알선하여 승려나 학자, 저명인사들이 지속적으로 이들을 관리하게 하는 전향정책을 실시했다.[36] 그리고 전향과 준전향, 비전향의 기준을 정교하게 설정하여 각각의 상태를 단계별로 분류한 다음 '개전'의 상태를 가늠하고, 그에 맞게 전향정책을 수립했다.[37]

한국에서도 효도, 가족적 유대를 가장 강력한 무기로 비전향수들에게 전향을 유도하고 공안사범, 시국사범의 출옥 후 반체제 활동을 포기하도록 만들었다. 그러나 대한민국은 사실 이 좌익수들에게 가족과 같은 품을 제공해주지 않았다. 전향자였던 양우정은 일제의 일본인 전향자들처럼 '국가=가정'이라는 논리로 이승만을 찬양하고 자신의 전향을 정당화하기도 했지만,[38] 그가 말하는 국가=가정 논리는 파시즘의 조합주의(corporatism) 국가론을 그대로 반복하는 것인데, 한국의 현실과는 맞지 않았다. 한국의 국가, 그리고 반공주의와 이후의 개발주의 담론은 최소한의 종교적 통합성, 민족적 유대감, 공동체성을 갖고 있지 않았다.

  1949년 초 남로당 등 좌익단체 활동가들의 자수 및 전향정책을 고안하고 집행한 오제도나 김태선도 말로는 자수한 남로당원이나 구좌익 인사들의 신변을 보호하겠다고 했다. 그리고 1949년 당시에는 과거 일본의 전례를 따라 취업 알선이나 실업자 생활방침 수립을 강구하기도 했다.[39] 한국의 국민보도연맹은 과거 치안유지법 체제하 일본의 소수 지식인 사상범의 경우와는 비교할 수 없을 정도로 규모가 컸기 때문에 그러한 정책이 실행되기는 어려웠을 것이지만, 일본의 예를 따라 이런 정책을 선포한 검찰이나 경찰이 과연 이들의 사회복귀와 갱생을 위한 의지를 제공하거나 실행 장치를 마련하려 했는지도 의심스럽다. 역대 정부는 과거 일본처럼 가석방제도 등을 통해 전향을 하면 사회에서 받아주고 직업도 알선해준다고 말했지만, 실제 한국 정부나 사회는 전향해서 사회에 복귀한 좌익수들에게 직업을 알선해주거나 결혼을 주선해주는 등의 체제통합적 정책을 편 경우가 거의 없었다.

한국에서 국가는 가족의 연장이 될 수 없었고,[40] 분단된 두 국가는 '민족'의 반만 대표했다. 대한민국이라는 국가는 국민에게 일체감을 줄 수 있는 그런 종교적 권위체도 아니었고, 국회가 선출한 이승만과 쿠데타로 집권한 박정희는 권위주의적이었으나 신앙적 숭배의 대상은 더더욱 아니었다. 더구나 이승만 정부 시기에는 일제의 항일독립운동 토벌에 가장 앞장선 인물들이 최고 권력기관인 군 특무대를 장악했으며, 일본군 출신이 군 최상층부를 차지했고, 일제 관료나 경찰이 행정부와 정당의 핵심에 들어가 있었다. 박정희 대통령은 항일독립군을 토벌한 일본군 출신이었다. 신생 근대 국가의 엘리트가 반제 투쟁의 경력에서 얻게 된 위신 및 도덕성과 정당성을 갖지 않는 한, 그리고 전쟁이나 혁명 과정에서의 투쟁 이력으로 국민들의 자연스러운 존경을 받을 수 있지 않는 한, 마음에서 우러난 국민들의 지지를 이끌어내기 어렵다.[41] 이승만은 '일민주의'라는 공허한 구호를 내세웠고, 애초부터 권력 장악의 정당성이 약했던 박정희는 오직 반공주의와 경제 성장만을 내세웠다.

일본의 좌파 지식인들은 사상적 대전환의 차원에서 자신의 전향을 정당화했지만, 무엇보다도 초기 공산주의자, 무정부주의자 등 일본 공산당을 주도한 세력이 일본 사회 내에서 대중적인 기반이 매우 취약하며, 엘리트주의가 온 정신과 몸을 지배한 지식인들이라는 점이 중요했다. 이들 중간층 출신인 지식인들은 좌익사상을 가지더라도 항상 자신이 국가를 주도해야 한다고 생각하며.[42] 탄압이 오면 인내하지 못하고 쉽게 투항을 했다. 그래서 일본 좌익들은 전향의 서사는 한국의 전향한 좌익들보다 매우 풍부하지만, 실제로는 노골적인 폭력을 가하지 않아도 한국의 좌익수들보다 훨씬 더 쉽게 전향을 했다.

과거 일본 좌파들은 공산주의 사상을 버리고 천황제 국가, 일본의 품으로 돌아갈 수 있었지만, 당시에도 조선인 항일투사들이 그런 전향을 거부했던 이유는 일본의 제국주의적 본질, 천황제의 인종차별주의, 식민지 지배의 기만성을 분명히 체험했기 때문이다. 그래서 유신 초기 한국의 사상범들이 폭력에 견디지 못하고 전향을 했을 때도 그들은 '국가'가 아닌 그냥 '혈연 가족'의 품으로 돌아갔다. 즉 좌익수들은 혈연 가족의 유대를 도저히 뿌리칠 수 없거나, 감옥에서의 고통을 도저히 견딜 수 없거나, 그냥 살아남기 위해 할 수 없이 전향을 한 경우가 많았다. 그래서 좌익수의 전향 중 상당수는 내심에서 우러난 전향이라고 볼 수 없었고, 당국과 검찰도 그들의 '위장 전향'을 알고 있었기 때문에 이들을 계속 의심하고 사찰했다.

출옥 좌익수들은 자신의 '전과' 낙인 때문에 직장도 제대로 가질 수 없었다. 대부분 1980년대 말 1990년대 초에 출소한 장기수들은 당시 50대 후반 이후이거나 60~70대였기 때문에 사실상 경제활동에 참가하기 어려운 연령대였다. 따라서 이들은 날품팔이로 생계를 꾸려가는 사람에서부터 아파트 경비를 하거나 탕제원을 운영하는 사람, 그리고 자선단체의 약간의 구호로 생활해가는 사람에 이르기까지 다양했는데, 대체로 매우 빈곤하게 살았다. 더구나 남한 출신 좌익수들은 남은 가족 구성원에게 거의 '원수 같은 존재'였기 때문에 몇 명의 경우를 제외하고는 고향에 갈 수도 없었고 가족의 도움을 받을 수도 없었다. 국가가 전향 후 출옥한 사람에게 특별히 혜택을 준 것은 없었고, 시민운동가들이 나눔의 집을 만들거나 후원회 등을 통해 이들을 방문하거나 위로하는 등의 실질적 도움을 주었다.

한국 사회는 전향/비전향 가릴 것 없이 이들 출옥 좌익수나 정치범, 심지어 시국사범을 '비국민'으로 취급하며 거의 불가촉천민처럼 낙인을 찍었다. 그리고 국가는 이들에 대해 응징적 태도를 취하며 집요할 정도로 지속적인 사찰과 감시를 했다. 일본은 좌익 인사들을 전향시켜 사회에 통합시킴으로써 위험요인을 제거하려 했지만, 한국은 통합보다는 '비국민'으로 분류한 뒤 전향서, 준법서약서, 반성문, 감상문 등 각종 정부의 항복문서에 서명한 것을 증거로 남한 반공주의체제가 북한보다 우월하다는 것을 확인받으려 했다. 일본의 전향정책은 내재적 효과를 중시했다면, 한국은 외적·형식적 측면을 중시한 것으로 보인다.

동북아시아의
정치사상범 통제

일제강점기와 8·15 이후 한국에서 사회주의·공산주의 노선을 걸은 정치사상범, 즉 반체제 인사에 대해서는 학살, 처형, 감옥 수감, 격리, 교화, 교육, 고문, 전향공작, 해고, 예비검속, 감시 사찰, 연좌제 적용 등 모든 처벌의 방법이 동원되었다. 과거 일본과 현대 한국에서는 매우 강압적인 전향공작을 폈지만, 중국이나 북한 등 사회주의 국가는 사회주의혁명을 비판하거나 거부하는 친자본주의, 반당분자들에게 수용소 구금 격리, 지속적인 교화, 사상개조 등의 방법을 사용했다. 사상개조나 전향공작은 폭력적이기는 마찬가지이지만, 전자는 교육에 초점을 두고, 후자는 노골적 폭력을 사용한다는 점이 다를 것이다.

특히 중국은 1950년대 말 대약진운동과 1966년 이후 10여 년 간 문화운동의 광기 속에서 이루 셀 수 없이 많은 지식인들을 반체제·반혁명 분자로 낙인찍어 죽이거나 대중 앞에서 공개 조롱하는 등 그들의 사회적 생명을 완전히 박탈했다. 부르주아, 자유주의 인사들을 대상으로 한 노동을 통한 자기개조(하방), 폭력적인 사상개조, 세뇌 작업은 1949년 중국혁명 이후 동아시아 사회주의 국가의 일반적인 특징이며, 그 이전인 1945년 8·15 일본 패망 이후 체포된 일본군 포로, 그리고 한국전쟁기 체포된 미군 포로 등을 대상으로 체계적으로 실시되었다.[43]

시진핑(習近平) 체제 이후 중국의 사상통제나 인권 탄압은 더욱 강화되어 자유주의 성향의 지식인, 기업인을 포함하여 체제 비판적인 인사들이 쥐도 새도 모르게 사라지고 있다고 한다. 특히 2019년 홍콩의 송환법 반대시위 이후 2020년 6월 홍콩에서 국가안보법이 통과되어 국가 정부 전복 금지를 내세우며 외국 정치조직의 활동과 결탁하거나 연계된 정책 집행 방해 및 증오 유발을 범죄로 취급했다. 그 결과 공무원과 의원의 충성 서명이 요구되었고, 의원 후보자에 대한 자격심사 절차가 생겨났다. 주요 언론이 폐지되고 시위 주모자가 체포되는 등 정치범죄·사상범죄(자)가 만들어졌다. 홍콩인들은 이제 "충성스러운 국민으로서 홍콩이 중국의 일부임을 의심하지도 부인하지 않는다고 선언해야" 한다.[44]

6·25한국전쟁 전후, 북한은 '적' 대상의 사상주입이나 사상개조 작업을 특히 미군과 국군 포로를 대상으로 실시했다. 중국과 마찬가지로 자본주의나 자유주의를 지지하는 '반혁명', '반당 사상'을 갖거나 행위를 한 사람을 수용소에 격리 수감하여 그들에게 정신적·육체적 고통을 가해서 사상개조 작업을 해왔다. 북한 정치범 수용소는 북한 주민들에 의해 유배소로 불리기도 한다.[45]

월남하지 않은 지주 출신이나 기독교인, 6·25한국전쟁기의 납북자, 이후 북송 재일동포, 동유럽 유학 이후 돌아온 전도 유망한 대학생 등 북한 사회주의체제에 회의를 품거나 비판을 한 사람을 대상으로 이러한 격리, 사상개조 작업은 매우 가혹하게 실시된 것으로 알려져 있다.

타이완의 경우도 중국과 유사하게 감화를 통한 사상개조의 방법을 동원했다. 타이완에서는 백색테러 시기에 수많은 정치범들이 처형당하거나 교도소에 장기간 수감되어 비인간적인 처우를 당했다. 그중 일부는 뤼다오수용소에 장기간 구금되어 사상개조의 대상이 되기도 했다. 그러나 감옥이나 수용소에서의 대우는 한국의 좌익수에 비해서 더 부드럽고 인간적인 점이 있었고, 전향공작이 한국처럼 테러적 방식으로 시행되지는 않았던 것 같다. 대체로 중국과 한국, 북한에서의 사상통제는 정치통제의 일환이고 양자를 명확하게 분리하기는 어렵지만, 정신적으로나 물리적으로 매우 폭력적인 양상을 지녔다.

20세기 동북아시아는 식민주의, 혁명과 전쟁의 시기를 보냈다. 특히 1937년 중일전쟁 후 한반도는 항상적 전쟁 상태, 즉 상시 비상사태(permanent emergency)에 놓였다. 이러한 비상사태가 남한 정부의 사상개조, 전향폭력, 사찰, 감시의 구조적 배경이다. 동북아시아 모든 국가는 이 비상사태에서 현행범이 아닌 내부의 '적'을 어떻게 통제, 관리할 것인가에 대해 극도로 민감했다. 이것은 일제의 만주국 경영과 반제 항일독립운동 세력에 대한 토벌작전이 그 모델인데, 주로 비민분리나 대민통제, 심리전 귀순전략 방식으로 수행되었다. 1945년 8·15 이전의 전시체제가 냉전 이후의 준전시체제로 전환되어도 심리전은 변형된 형태로 지속되었다. 석방을 앞둔 정치범이나 출옥한 정치범을 구금해서 사상전향을 끝까지 강요할 것인지, 교육·감시하면서 체제에 자연스럽게 순응하도록 할 것인지에 대한 정책 선택은 나라마다 차이가 있었다.

정치사상범에 대해 처벌 응징과 보복을 가해서 굴복시키는 것과 교화나 교육을 통해 이들을 사회에 통합하는 행형정책의 두 목표 중에서 한국은 처음부터 전자의 측면에 기울어져 있었으며, 6·25한국전쟁이 발발한 직후 비상사태하에서 대량학살로 그 위험성을 제거하려 했다. 이후 오랜 장기구금과 감호소 수감이라는 통제방식은 보복과 위험 제거라는 두 목적을 모두 반영한 것이다. 반체제 인사들에 대한 경찰, 군, 검찰의 수사나 구금도 일제시기 제국주의의 식민지 원주민 진압 모델을 이어받아 매우 응징적인 방식으로 집행되었다. 조선을 침략할 당시 일제는 동학군과 의병 근거지 초토화 작전에서 응징적 방식을 사용했고,[46] 이후 강점기 내내 항일독립운동가들에게 상상을 초월할 정도로 잔인한 폭력과 고문을 가했는데, 8·15 이후 친일 보수 우익은 같은 민족 구성원에게 그것을 사용했다. 좌익수나 정치범에 대한 고문과 학대가 대표적이지만, 역대 정권의 거의 모든 공안기관이나 경찰, 검찰의 정치범 수사 역시 매우 응징적 방식으로 집행되었고, 가족이나 교사 고발, 간첩조작과 같은 극히 비윤리적인 방법도 사용되었다.

특히 좌익수에 대해서는 20세기 세계 최장 기간의 투옥과 감호소 감금, 감옥과 감호소에서의 가혹하고 비인간적인 처우와 만성적인 폭력을 가했다. 심지어 죽음 직전의 혼수상태에 빠진 사람에게까지 전향서 도장을 받으려 하는 등 비윤리적인 전향공작을 폈고,[47] 감옥 출옥 후에도 지속적인 사찰과 감시를 했으며, 사회적 배제를 했다. 이런 점들을 볼 때 한국의 전향제도는 교화와 갱생, 사회 통합이나, 사회복귀와는 아주 거리가 멀고 처벌, 보복, 응징에 훨씬 가까운 것이었다.

검찰과 경찰, 중앙정보부가 주도한 한국의 사상통제정책은 주로 일제로부터 배운 것이지만, 그 양상은 근대 이전 유럽, 중국의 것과도 유사하다. 20세기 근대 국가에서는 사상범의 개념 자체가 없지만, 정치범에 대한 행형도 대체로는 격리, 구금, 교화, 사상주입 등의 방법을 사용해서 확신범인 이들에 대한 최소한의 존중을 전제로 하는 데 반해, 한국에서는 무제한적인 구금과 고문, 육체적인 고통 부여, 비인간적인 대우로 일관했다. 한국의 사상범에 대한 수감과 격리는 근대 국가 자유형의 외피를 지니고 있으나, 실제로는 전근대적인 신체형에 가까웠다. 과거의 신체형이 모든 사람이 보는 앞에서 능지처참을 하고, 권력의 신성함을 백성들에게 '화려하게 과시'하는 것이었다면,[48] 한국의 국가보안법과 전향제도는 정치사상범을 처참한 처지로 몰아넣음으로써 사람들이 국가 권력에 대해 두려움을 갖도록 함과 동시에 '승리자'인 권력층의 불안감을 해소하려 했다.

동북아시아의 사상통제는 유교적 국가주의와 가부장주의,

일제의 식민지 파시즘 지배정책의 유산이라고 볼 수 있지만, 1945년 이후 냉전 권력의 장, 특히 미국이 중국, 소련과 군사적·정치적으로 대치하는 접경 위치라는 정치지리학적 조건도 매우 크게 작용했다. 그래서 냉전 시기 동북아시아의 사상통제는 그 본산인 미국의 매카시즘 선풍과 동시에 진행되었음에도 그보다 더 극단적이고 폭력적인 양상을 드러냈기 때문에, 지구정치체제, 세계체제론의 중심-주변(center-periphery) 틀로 접근할 필요가 있다. 그러나 미국의 매카시즘은 한반도의 6·25한국전쟁을 이용해서 미국에서 강하게 타올랐으며, 이후 지구적 냉전질서의 기조가 되었다. 그래서 지구정치도 강대국이 약소국에게 일방적으로 가한 것이 아니라, 큰 시스템 속에서 상호 작용했다고 볼 수 있다.

많은 한국의 역사학자들은 친일 '잔재'라는 용어를 즐겨 사용한다. 실제 국가폭력이나 사상통제의 관점에서 보면 현대 한국에서의 일제 식민주의 유산은 문화·제도적 '잔재'인 점도 있지만, 더 정확하게 말하면 식민지체제는 전후 미국 헤게모니하의 세계 반공체제의 일부로 녹아들어가 동시대적인 것으로 존재한다. 즉 일제의 '유산'은 인물이나 세력, 법과 제도로 고립되어 존재하는 것이 아니라 20세기 제국주의-반공주의 시스템의 일부로 보아야 한다. 현대 남한 정치·경제체제는 미국-일본 모델이 결합된 것, 즉 식민지 냉전 정치경제의 일부로 볼 수 있다. 그래서 태평양전쟁기 일본의 군사 파시즘과 전후 미국의 '자유주의'는 결코 모순된 것이 아니다.

20세기 동북아시아 각국에서 자행된 정치사상범에 대한 통제 방식, 그 피해자의 규모와 양상, 그 성격과 효과 등에 대해서는 별도의 체계적인 연구를 요한다. 대체로 20세기 동북아시아 각국은 전체주의 양상을 지니는 점에서는 공통되나, 그 정도나 성격에서는 자본주의 국가인가 사회주의 국가인가에 따라 차이가 있다.

3 사상통제로 본
한국의 근대성

사상의 자유가 없는 자유민주주의 한국

1992년 대전교도소에 수감 중이던 장기수 42인이 사상전향제도의 위헌성을 주장하면서 헌법소원을 낸 적이 있었다. 1992년 7월 13일부터 7월 15일 사이에 열린 유엔 인권이사회(UN Human Rights Committee)에서는 한국의 국가보안법과 사상전향제도에 대한 의견을 보냈는데, 여기서 유엔은 시민적·정치적 권리에 대한 규약 제40조에 의거하여 한국 정부가 제출한 보고서를 심의했고, 그 결과 "국가가 개인의 신념을 알고자 해서는 안 되며 이를 이유로 불이익을 주어서는 안 된다. 비전향 장기수에 대한 누진처우를 허용하지 않는 것과 독거 수용하는 것은 규약 위반"이라고 통고했다.[49]

국가보안법은 표현의 자유, 양심의 자유, 사상의 자유를 제한한다. 대부분의 나라에서 정치적 통제와 정치범은 존재하지만, 한국 국가보안법의 찬양·고무 조항은 확실히 사상통제 조항의 성격을 갖고 있다. 80% 이상의 국가보안법 위반자가 이 조항 위반이므로 국가보안법은 바로 이 조항을 위해 존재한다고 봐도 좋을 것이다. 한국에서는 정치적 의견을 '표현'한 것만으로도 범죄가 될 수 있고, 반공주의를 '신봉'하지 않는 모든 주의 주장은 '불순'의 의혹을 살 수 있다. 국순옥이 말하는 것처럼 유신헌법에 삽입된 '자유민주적 기본질서'는 자유민주주의가 아니며 소유적 개인주의 혹은 반공주의이고, 자유민주주의의 가장 반동적인 형태이거나 본질적으로 반자유주의적이다.[50]

국가의 구성원이 자신의 양심과 과학적인 판단에 기초해서 발언하고 행동하도록 허용되지 않으면, 그런 사람이 정치적 탄압을 받거나 불이익을 받는다면 어떤 결과를 낳을까? 미국 연방대법원은 1943년 국기에 대한 경례 거부와 관련한 판결에서 국기에 대한 경례를 거부하는 것은 종교·양심의 자유로서 보장된다고 판단하는 동시에 '다를 수 있는 자유(freedom to differ)'를 언급했다. 양심의 자유란 '거부할 권리', 즉 내 양심에 반하는 행위를 국가와 같은 외부가 강제했을 때 이를 거부할 수 있는 권리이다. 그러나 그 직후 매카시즘하의 미국은 그런 양심의 자유를 사실상 허용하지 않았다. 양심과 사상의 자유가 없는 국가의 국민들은 정신적 자유를 누리지 못한 상태에 있는 정도가 아니라 인간 존엄성을 보장받지 못하는 사회에서 살아가는 것이다.[51]

좌익수, 공안(관련)사범에게 전향서, 준법서약서를 요구하는 것은 양심의 자유 중에서도 절대적 기본권에 속하는 '양심 형성 자유'에 반한다. 양심의 자유는 정치적 기본권 중에서 가장 근원적인 것이며, 최상급 기본권(super grundrecht)이다.[52] 이는 내심이 아닌 것을 내심이라 하게 하여 인격 형성에도 영향을 준다. 그러나 "중세 로마 교회와 기독교 사상이 큰 나무가 되어 그 아래의 모든 작은 나무들을 시들게 했듯이",53 치안유지법과 국가보안법, 그리고 친미 반공을 국시로 하는 한국은 그것에 비판적인 사람에게 심각한 박해를 가해서 다른 사람들로 하여금 '사상' 자체를 갖지 않도록 자기 검열을 하게 하거나, 주변의 차별과 낙인이 두려워 침묵하게 만들었고, 결국 의견 전파, 공론 형성, 정책적 논의를 실종시켰다. 사상의 자유 억제는 지성을 약화시키고, 사회적 담론과 정치의 수준을 저열하게 만든다.

한국의 감옥 내 전향공작은 좌익수 내면의 생각을 외부에 표명하도록 강요, 즉 사실상 내심의 신앙고백을 요구한다. 또 민주화 이후 지금까지 공직 후보자의 사상검증을 보수정치인들이나 언론이 감행한다. 이러한 행태를 보고 겪은 사람들은 자신의 생각을 드러내기를 꺼리는데, 이것은 아직 한반도에서 계몽주의, 이성, 자유권을 기초로 한 근대 국가가 완성되지 않은 상태라는 것을 말해준다. 사상전향제도는 남북이 사실상 준전쟁 상태에 있으므로 '방어 민주정'을 위해 필요하다는 주장도 있었지만,54 외부의 적이 아니라 내부의 반대세력이 왜 더 국가방어에 '위해 요소'인지는 제대로 설명되거나 입증된 적이 없다. 국민들 일부가 조금이라도 정권이나 체제에 비판적인 생각을 하는 것을 용납하지 않고 일방적 순응만을 요구하는 나라에서 국민들이 자발적으로 국가방어를 위해 나설 수 있을까?

양심이 윤리적 차원의 사고라면 사상은 세계관과 관련된 논리적 차원의 것이다.55 언론, 출판, 학문, 교육의 자유를 포함하는 사상의 자유는 민주주의가 작동하기 위한 가장 근본적인 전제이다. 한국에서는 여러 번의 개헌을 거치면서도 한 번도 사상의 자유를 포함하려는 시도조차 한 적이 없으며, 추상적인 '양심의 자유'만을 규정해왔다. 법학자들도 사상의 자유는 양심의 자유, 기타 정신적 자유에 포함되어 있다는 '축소해석론'을 펴는 경향이 있다. 그래서 학문활동이나 문화활동에 대한 통제, 비판적 지식인에 대한 임용 거부나 블랙리스트 작성, 대학과 연구소에서의 학문활동의 자유에 대한 심각한 제약 등이 자행되어왔다.

학문의 자유가 없으면 학교 교육내용 편성도 자유롭지 않다. 일제시기 이후 지금까지 한국의 학교에서 학생, 교사는 정치의 진공지대에 있을 것을 요구받았다. '정치적'이라는 말은 순수, 양민 등과 대비되고, 학교 교실에서 교사가 사회정치적 의제를 다루는 것은 교육의 정치적 중립이라는 이름으로 금압된다. 교사나 학생이 정치적 입장을 드러내는 것은 위험하거나 불온한 일로 간주한다. 그런데 정치적 중립이란 무사상, 즉 노예화와 사실상 동일하다. 이런 나라에서는 종교도 "무조건적인 믿음과 동일한 것이거나 무종교인의 지적인 취향이 된다".56 현대 한국이 무사상 국가가 된 것은 학문과 교육의 자유가 없기 때문이다.57 공직자, 교사, 시민에게 사상검증의 칼을 들이대는 나라에는 '사상'이 형성될 수 없다. 양심과 사상의 자유가 없으면 사회주의만이 없는 것이 아니라 자유주의도 존재할 수 없다. 그래서 한국의 반공주의자는 자유주의가 아니고, 냉정하게 말해 보수 우익도 아니다.

 반공주의 외의 사상이나 이념을 국가 권력, 즉 법과 교육으로 제한하는 것은 상징적 폭력이자 직접 폭력 이상의 부정적 결과를 낳는다. '질문이 없고 비판적 사유가 없는' 한국의 학교와 사회는 공론의 장 마련, 의사소통을 전제로 한 시민사회의 성립이 불가능하다. 사상통제, 즉 전향압박, 사찰과 감시, 출판·언론 검열, 교과서 통제는 단순히 기본권 침해 차원이나 양심과 사상의 자유 박탈 차원에서 끝나는 것이 아니라 언제나 순응하는 국민, 불법과 부패에 눈감는 비겁하고 기회주의적인 국민을 만든다.[58] 밀이 강조했듯이 사상의 자유가 필요한 이유는 일반 사람들의 지적 수준이 높아지지 않은 점, 지적으로 활발한 국민이 태어나지 않는 데 있다.[59]

 사상의 자유가 제한되면, 사람들이 정치 및 사회 참여를 기피한다. 그런 나라에서는 '사회'가 설 자리가 없고, 국민도 없고,[60] 오직 욕망하는 신민, 투자하고 소비하는 주체만이 존재할 뿐이다. 현대 국가의 정당정치 역시 이념적 다원화, 이념적 정책 차별화를 전제로 성립하는데, 오직 선거 당시만 주어진 선택지에서 수동적으로 표를 던지는 '신민'들의 세상에서는 정당도 대표성을 가질 수 없고, 진보 정당이 등장할 수 없는 것은 물론 기성 정당 간의 정책 대결도 실종된다. 그래서 한국이나 일본처럼 정치는 파벌 정치, 지역 정치로 후퇴하거나 혹은 특정 학벌 출신자나 고시 출신자, 부자 등 그들만의 리그가 되어 이미지 정치만이 공론장을 혼탁하게 만들 것이다. 정치가 이렇게 시민사회와 유리되면 그것은 국가의 쇠퇴를 앞당긴다. 즉 국내외의 중요 현안이나 미래지향적인 현안에 대해 국가가 대처 능력을 발휘할 수 없다.

사상의 자유 부재는 약자의 권리 부재, 즉 피지배자의 노예화를 의미한다. 한 개인이 국가의 공식 담론에 맞서 비판적인 생각을 드러낼 수 없다면, 그것은 국가가 사람들의 입을 막을 수 있는 권력과 권한을 독점한 것이고, 국민은 사실상 무권리 상태에 놓인 것이다. 냉전 반공주의는 지배층의 독재, 소유권 절대주의와 통한다. 물건에 대한 권리와 인간들 간의 권리는 동시에 작용한다. 로마 공화정 후기의 물권 개념의 형성은 로마 지배계급이 노예 소유를 정당화하기 위한 것이었다.[61] 내가 어떤 물건을 내 마음대로 사용할 수 있는 권리와 타인의 의견이나 주장을 완전히 무시하는 것은 동일하다. 그것은 국가와 법이 사실상 소유자의 권력과 권한을 무한대로 행사하도록 용인해준 것이다.[62]

밀은 어떤 의견이 침묵을 강요당할 때 그것은 틀림없이 진리일 것이거나, 비록 침묵당한 의견이 오류라고 하더라도 거기에는 진리의 일부분이 포함되어 있다고 말하는데,[63] 그것을 인정하지 않는 사상검증과 '이단자' 처벌은 정치적 다원성을 말살하고, 시민사회 내의 수평적 소통을 차단하며 국가나 사회조직들을 전체주의화한다.

국가가 구성원과 집단의 사상의 차이를 인정하지 않고, 기존 질서에 위험한 주장이나 표현을 범죄화하는 것은 인간의 정신을 무력화하고 존엄성을 부인하는 것이다. 그런 국가는 아직 계몽,

법치, 문명화의 단계를 거치지 못한 야만 상태에 있다고 해도 과언이 아니다.

"강요된 신앙은 신앙이 아니다."[64] 강요된 국가 이념은 이념의 부재 상태를 말해준다. 일제의 치안유지법, 한국의 국가보안법, 무조건적인 대북적대와 좌우 이분법적인 논리는 한국인들을 사상적 저능아 상태에 머물러 있기를 강요한 것이었다. 비판과 토론과 숙의의 과정을 생략한 선거 정치, '정치적 중립'이라는 허울 아래 교과서 외의 정치 사회적 의제를 교사와 학생들이 자유롭게 거론하고 토론할 수 없는 없는 사회에서, TV에 자주 출연한 인기스타들 중 하나만을 선거에서 수동적으로 선택해야 하는 정치 질서를 민주주의라고 가르치는 사회에서는 지금 인류가 겪고 있는 국가와 사회의 정작 절박한 의제는 공론의 장에서 사라진다. 그래서 20세기 한반도에서는 자생적 사상이라는 것이 나오지 않았다.[65]

사상통제는 권력관계이자 사회경제적 관계이다. 사회통제를 가하는 국가가 자유와 민주의 이름을 내걸어도 힘없는 국민은 사실상 노예처럼 된다. 그것이 바로 전체주의 사회이다. 전체주의나 파시즘은 20세기에 부활한 신분사회라 볼 수 있는데, 이 신분사회에서 다른 인종과 민족, 노동자, 소수자, 공산주의자 등은 '변형된 노예'처럼 취급된다. 치안유지법과 국가보안법이 요구한 것은 바로 국가, 그리고 그 기반인 소유권 질서를 무조건 받아들이라는 것이었다. 이러한 신노예제 질서는 반드시 권력의 절대화, 만성적인 부패, 윤리적 타락을 수반한다.

동북아시아의
근대 국가

과거 제국주의체제하의 민족주의는 주권국가를 수립하려는 사상이자 운동이지만, 동아시아에서 민족주의는 일본의 경우는 제국주의 국가 건설로, 중국의 경우는 사회주의 국가 건설로 진행되었다. 그리고 남북한의 경우는 통일된 국가 수립이 좌절된 채, 남한은 국가성(stateness) 측면에서 반외세 통일 민족주의를 강력하게 부인, 탄압하는 반공국민의 국가가 되었고, 북한은 통일담론은 거창하게 내세웠지만 체제 자체의 존립에 허덕이는 국가가 되었다. 그러면서 남북한 두 분단국가는 상대의 국가성을 사실상 부인해왔다.

모든 국가는 국민의 자유와 행복 보장을 기본 가치로 삼는다. 헤겔이 말했듯이 근대 국가는 인륜성, 인간성 실현을 지향하고, 한국 역시 공식적으로는 그것을 부인하지 않는다. 그러나 한국에서 국가보안법의 집행, 간첩조작, 좌익사냥 등의 사상통제는 가장 반인륜적 방법으로 집행되었다. '빨갱이가 적절히 있어주는 것'이 체제에 더 도움을 준다는 생각 때문에 과거에는 '간첩 조작'이 번번이 발생했다. 이는 중세 말 유럽 교회의 '희생양 만들기' 정치와 같다.

이승만, 박정희 정권 시기 한국의 지배엘리트의 핵심은 자신과 가족의 이익을 위해 일제의 편에 섰다는 치명적인 약점을 갖고 있었다. 천황이라는 상징을 내세워 권력과 부를 추구한 일본의 지배엘리트는 최소한 '애국'이라는 명분을 내세울 수 있었다. 그러나 그들의 하수인이었다가 8·15 이후 미군정의 일방적 후원으로 권력을 잡은 한국의 지배엘리트는 독립이나 민족을 내세울 수 없으니, 국민에게 냉전 권력 장의 논리, 즉 미국식 자유의 이념, 반공주의를 거의 종교적으로 숭배할 것을 요구했다. 이들은 자신이 내세울 가치와 윤리, 이념이 없으니 언제나 반대세력에게는 당근보다는 주먹을 먼저 동원했다.

우리는 국가의 사상통제를 통해서 한국의 근대성과 식민성이 냉전체제 속에서 어떻게 착종, 결합되는지를 볼 수 있다. 한국의 근대화, 국가 형성은 냉전 분단하에서 보수적·방어적으로 진행되었다. 동북아시아 권력 장의 틀에서 보면 20세기 초반의 일본과 식민지 조선, 1945년 이후의 미국, 한국, 타이완은 하나의 지구 권력 장 속에 있었다. 1945년 직전 일제의 만주국의 통치는 1970년대 남한에서 변형, 지속되었다.

냉전의 참모부였던 미국의 반공주의는 중심부인 미국보다 주변부 한국에서 훨씬 더 폭력적으로 집행되었다. 미국인들에게 반공주의는 '이데올로기적 최선호', 백인 우월주의적 인종주의,

기독교 근본주의와 결합되어 있는 심리 구조의 저층(pshye)을 형성하고 있지만,[66] 한국에서는 일제 잔재의 청산, 북한의 6·25 침략의 공포 위에서 탄생했다. 과거 히틀러 지배하의 독일의 우생학, 인종주의/민족주의가 일종의 '신학'이자 '집단 정신병'이듯이 국체, 국시론과 초법적인 반공주의도 일종의 신학이자 집단 정신병의 일종이고,[67] 반공의 신성화 자체가 직접 폭력 혹은 법의 이름을 빌린 폭력이었다.

1960년대 이후 한국의 근대화는 식민지 잔재를 청산하지 못한 채 미국 헤게모니와 분단 냉전 지구장의 틀 내에서 진행되었다. 그 결과 한국인들은 한편으로는 정치적 자유, 물질적 발전과 복지를 일정하게 누릴 수 있었으나, 다른 편으로는 일제 말 군국주의 파시즘의 부활인 군사독재, 유신체제의 억압 속에서 두 번째 전체주의를 겪었다. 천황의 신민이었다가 '반공국민'이 된 한국인들은 국가보안법, 법 위의 공안기관, 반인권적인 검찰과 경찰의 수사 사찰, 사상주입 방식의 학교교육을 접하면서 살았다. 그리고 6·25한국전쟁 전후 좌익 게릴라 토벌 과정에서의 비민분리정책과 심리전, 포로수용소의 좌익 포로 대상의 재교육과 사상개조 프로젝트는 이후에 사회 전반에 확대 적용되었다. 좌익수 전향공작과 출옥 후 이들을 평생 따라다닌 사찰이 국가가 '반공국민'의 정체성을 주조하고 관리했으며, 학교, 군대, 지역사회 등 미시 권력 작용 현장과도 별개는 아니었다.[68]

결국 역대 정부의 집요하고 폭력적인 전향공작과 좌익수들의 비타협적인 전향거부는 1945년 이후 한반도의 탈식민 국가건설

프로젝트가 국민과 비국민을 강압적으로 구분 짓는 과정, 가족 끼리도 적으로 만든 과정, 6·25한국전쟁이라는 피비린내 나는 국가 형성 과정에서 초래한 거대한 폭력의 연장이다. 전향폭력이 극심했던 1973년부터 1975년 사이 대전교도소, 광주교도소 등 좌익수 특별사동 0.75평 방의 지옥도에는 20세기 한반도 전체의 모순이 집약되어 있었다.

좌익수 전향공작은 단지 사회주의, 공산주의를 지지하던 친북 인사들을 자본주의, 자유민주주의를 신봉하는 사람으로 강제적으로 사상개조(귀순)하려는 프로젝트였다기보다는 민족주의, 통일운동의 등장에 두려움을 느낀 '터부'로 친일·친미 엘리트들이 남한 체제의 정통성과 불법 쿠데타의 정당성을 인정받으려는 '강자의 인정투쟁'의 양상을 지녔다. 이승만 정부에서 김영삼 정부에 이르는 역대 정부의 좌익수 전향공작, 대통령의 근위병인 공안기관과 검찰이 사실상 생사여탈권을 가졌던 사회안전법과 보안관찰법, 국민과 '비국민'을 구분하는 신분증제도, 요주의·요시찰 인물에 대한 지속적인 사찰과 감시, 연좌제 등은 모두 한국의 '자유'민주주의가 사실상 '사상의 자유'를 제한하는 전체주의적 측면을 갖고 있음을 보여준다.

1930년대 말 중일전쟁 이후 1950년대까지 동아시아 3국인 일본, 한국, 타이완의 정치경제 질서, 특히 국가주권 문제는 근대/전근대, 서구 근대=근대, 그리고 식민화/탈식민화의 도식으로 접근하기 어렵다. 일본 제국주의가 건설한 만주국은 근대 국가의 외피를 지니고 있으나 일본이 수립한 괴뢰정부였다.[69] 이 만주국의 군인과 관리들이 5·16쿠데타 이후 개발주의, 안보논리를 무기 삼아 한국을 주름잡았고, 북한의 김일성 체제 역시 만주국의 모델에 근거해서 국가를 운영했다.[70] 사실 모든 근대 국가는 어느 정도 전체주의의 요소를 내장한다. 국가에 대한 충성, 의견 통일, 반대 의견 탄압을 요구하고, '비국민'을 배척하기 때문이다. 그런데 한국을 비롯한 동북아시아 국가에서는 더욱더 전체주의 요소가 강하게 들어와 있다.

1945년 이후 독립국이 된 동아시아 국가 모두가 정도의 차이는 있으나 주권이 제약된 '결손국가'였다.[71] 일본은 패전 후 1951년까지는 미군이 점령한 식민지였고, 미 점령군이 만든 1946년 헌법체제를 채택하여 지금까지 그들이 고치려고 시도하는 것처럼 독자적 군대를 갖고서 전쟁을 할 수 있는 '정상국가'가 아니다. 북한에는 1945년 8·15 직후에는 소련이, 한국전쟁 이후 1958년까지는 중국군이 주둔해 있다. 그리고 남한에는 1945년 9월 9일 이후 지금까지 미군이 주둔해 있다. 타이완 역시 미국의 후원하에 국가를 건설했고, 본토에서 쫓겨난 국민당 세력이 원주민을 지배하는 일종의 피난국가, 이주국가 성격을 갖고 있다.

1950년 전후 한국과 타이완의 법적 지배장치는 국가긴급권인 계엄이었다. 대체로 계엄은 군사독재이며 입법권과 사법권을 제약하는데, 그것이 일상화된 것이 한국의 국가보안법이다.[72] 만성적인 국가비상사태에서는 19세기 자유주의 사상가들이 주창한 시민적 자유, 즉 양심과 사상의 자유가 여전히 제한된다. 치안유지법과 국가보안법, 반공법은 국가를 신성불가침한 실체, 종교적 숭배 대상으로 본다.[73] 그래서 근대와 전근대의 이분법, 식민지와 탈식민화라는 이분법 역시 한국과 타이완에서는 적용되기 어렵다.

20세기 후반 한국의 사상통제가 20세기 전반 일제 말의 것보다 더 가혹하고 폭력적인 양상을 지닌 것은 바로 한국이 과거 식민지였으며, 그 지배장치들이 이후에도 그대로 남아 있었을뿐더러 박정희, 전두환 두 군부 지배자들이 비판세력을 충분히 포섭할 수 있는 도덕적 지도력을 갖추지 못했기 때문일 것이다. 과거 세계 제국주의의 후발주자였던 일본, 1960년대 이후 신생국가였던 한국, 그리고 1980년대 이후 개혁 개방의 길을 나선 중국은 모두 세계 자본주의체제의 주변부에 속했다. 제국주의 중심부 국가에서 살았던 마르크스, 뒤르켐과 베버의 이론에는 식민지, 그리고 폭력이라는 개념이 나타나지 않는다. 대다수의 식민지 후발 자본주의 국가는 정확히 말하면 제국주의의 폭력적 정복, 정복 전쟁과 학살을 거친 뒤 그들의 지배구조를 그대로 이어받아 국가와 사회를 만들었다. 한국에서 반공주의가 민족주의를 억압하고 범죄시한 것도 냉전이 식민주의를 지속시켰고, 국민주권이 보장되는 통일국가를 수립하지 못했기 때문이다.

한국에서 국가기관의 반체제·반정부 인사 대상의 사상검증이나 수사 사찰기관의 초법적인 권한 행사를 묵인하는 제한 국가긴급권 관련 법과 규정은 대체로 국회의 정상적인 논의와 표결 절차를 거치지 않았다. 국방경비법, 국가보안법, 반공법, 긴급조치, 사회안전법이 그러하고, 특무대와 중앙정보부 관련법이 그러하다. 그러나 민주화 이후에도 헌법재판소는 법학자들이 국가보안법, 보안관찰법의 위헌적이라고 주장했던 조항을 '합헌'이라고 결정했다. 슈미트가 바이마르(Weimar)헌법의 한계를 지적했듯이[74] 한국이라는 국가의 헌법은 의회주의와 자유주의를 무력화할 수 있는 조항을 갖고 있고, 대통령이 주권자가 되어 비상사태를 선포하면 평소에 '비국민'으로 의심되던 사람들을 예비 검속하거나 국민의 일상과 표현의 자유를 제한할 수도 있다.

서세동점과 개항 이후 서구 사상인 개신교가 일본과 한국에 들어와서 개인주의와 자유의 확대, 신분 해방에 기여했다. 그러나 한국의 개신교는 그 자체가 계몽주의 이전의 전근대적 논리 때문인지, 제도화된 교회조직의 한계 때문인지, 아니면 밀이 말한 것처럼 기독교 도덕 자체가 수동적이고 복종의 교의이기 때문인지는 알 수 없으나,[75] 일제와 8·15 이후의 반자유주의적이고 억압적인 국가통제를 용인했다.

한편 남북한의 분단이 너무 오래 지속되었기 때문에 한국과 북한은 사실상 별개의 국가가 되었다. 그러나 상호적대와 준전쟁의 대치관계는 남북한 각국의 국내 정치를 지배한다. 남한은 오히려 냉전, 자유주의 세계체제의 일원으로서의 정체성을 더 강하게 갖고 있다. 국민주권과 기본권은 여전히 제한되어 있지만, 경제와 문화는 선진국의 반열에 올랐다. 물질적으로는 비약적인 성공을 거두었으나, 한국은 아직도 근대 국가의 기초를 다지지 못하고 있다. 따라서 한반도 문제는 물론 현재 인류가 처한 공통의 문제를 논의할 철학이나 사회과학 이론도 갖추지 못했으며, 세계적 수준의 기초과학 역량도 매우 부족하다.

맺는 글

사상통제와
21세기 한국 사회

1945년 8·15 직후 탈식민, 자주독립, 통일국가 건설이라는 시대적 흐름을 차단한 분단, 반공주의, 친미국가를 형성한 것이 한국 사상통제의 시원이다. 미군정은 공산당과 좌파 사회조직의 등장에 맞서기 위해 일제가 남긴 경찰조직을 제일 먼저 정비했다. 정부 수립 후 일제시기의 치안유지법을 변형한 국가보안법이 제정됨으로써 일제의 국체와 국시 담론이 부활했으며, 정치사상범을 통제하기 위한 '귀순' 전략, 즉 전향공작이 시행되었다. 이후 반공주의체제를 지탱하기 위한 공안 및 첩보 기관, 검찰, 경찰 등의 조직도 확장되었다. 즉 사상통제를 위한 법, 담론, 행정기구는 모두 8·15 이후의 민족주의·사회주의운동, 통일운동, 반정부학생운동, 잔존 좌파세력의 움직임을 제압하려는 정치적 목적으로 제도화된 것이다.

한국에서 사상통제는 멀리는 전근대 전제주의, 즉 조선 왕조의 유산으로 볼 수 있지만, 가까이는 일제의 유산, 즉 준종교적 군사 파시즘 지배체제인 천황제와 치안유지법의 직접적인 유산으로 볼 수 있다. 그래서 '사상통제'라는 용어가 일본에서는 사라졌지만, 미·소의 대립, 중국의 공산화로 냉전 권력 장의 최전선에 위치하게 된 한국과 타이완에서는 부활되었다. 결국 일제 말 전시체제하의 담론, 법, 제도, 정책이 1948년 이후의 남한에서 그대로 이어졌다. 1980년대 이후 민주화와 인권의 신장은 이루어졌으나, 담론과 법, 각종 억압적 국가기구의 측면에서 한국은 여전히 일제가 만든 질서에서 완전히 벗어나지 못했다. 일제 말의 반공주의가 정부 수립 후 그대로 지속되었으며, 치안유지법이 국가보안법으로, 특별고등경찰이 사찰경찰로 명칭만 바꾸었고, 비민분리·귀순·예비검속·전향과 요시찰인 사찰, 감시정책 등이 그 명칭 그대로 행해졌다.

민주화 이후에도 여전히 '자유'가 곧 '반공자유주의'인 한국에서 선거를 제외하고 시민의 정치 참여 기회는 크게 제한되어 있다.[1] 국가보안법이 엄존하고 남북한 간 적대가 계속되고 있기 때문이다. 사상의 자유가 제약을 받는 조건에서는 국민들 간의 수평적 소통과 공론장 활성화, 자치, 노조나 직업집단의 활성화, 시민의 직접 정치 참여 등 모든 것이 억압받고 굴절된다. 서유럽 복지국가가 성취한 사회적 권리(social citizenship)는 자유권적 기본권을 토대로 해서 수립될 수 있다. 이 자유권이 아직 보장되지 않는 동북아시아 자본주의 국가들, 즉 한국과 타이완, 일본에서는 국가와 시장의 힘에 비해 사회권, 복지권이 매우 저발전되어 있다. 물론 냉전의 참모부인 미국 역시 '자유시장'의 이름하에

제3세계의 군사독재와 쿠데타를 은밀히 지원했고, 학문·언론·사상의 자유를 심각하게 제약한 대표적인 감시국가였다. 일본 역시 2020년에 내각총리대신 스가 요시히데(菅義偉)가 일본학술회의 회원 임명에서 6명을 탈락시켜 크게 문제시될 정도로,[2] 학문과 사상의 자유가 여전히 제한되어 있다.

'반공자유주의'의 법, 담론, 이데올로기 장치하에서 약간의 경제민주주의나 사회적 민주주의 요소조차 터부시되거나 금압되고, 국가와 시장, 경쟁이 거의 종교처럼 숭배되면, 지금까지 서유럽 자본주의가 노조와 노동자 정당의 도전을 받아 수정과 자기혁신을 하는 과정에서 제도화한 노동자 참여, 분배 확대, 공공복지 등이 극히 취약한 상태인 '약육강식 자본주의' 질서가 지속된다. 자유권, 사상의 자유가 제약되면 국민은 순응과 복종에 길들여지고, 그것은 사회의 활력을 빼앗을 것이다. '자유'를 재벌 대기업의 시장 장악력과 사유재산권 행사와 같은 것으로 보고, 그것을 교정할 수 있는 사회운동과 담론에는 모두 '좌익' 딱지를 붙이기 때문에 한국은 심각한 불평등과 OECD 최저 수준의 공공복지, 14년째 지속되는 최고 수준의 자살률을 기록한 국가가 되었다.[3]

1980년대 이후 일본을 필두로 한 동북아시아 자본주의 국가들은 미국의 후원으로 근대화에 성공한 결과 경제적으로는 세계 중요 국가가 되었으나, 여전히 정치적으로는 권위주의, 비민주·비자유주의체제에서 벗어나지 못하고 있으며, 안보·군사·환경·인권 등의 의제에서 국제적 역할이 미미하다. 이는 미국과의 수직적이고 일방적인 군사안보 '동맹'이 가장 결정적인 원인이지만, 이들 동북아시아 국가들에 스며들어 있는 '이단' 탄압의 전체주의적 요소를 걷어내기 위한 각국의 정치사회적 투쟁, 사상의 자유와 참여민주주의를 실현하기 위한 운동이 취약한 것도 하나의 원인이다. 물론 1987년 이전까지 한국의 민주화운동은 타이완, 일본에 비해 강한 투쟁력을 갖고 있었고, 그 결과 현재 한국은 이 정도의 민주주의와 자유라도 성취할 수 있었다.

결국 오늘 한국에서의 냉전 반공주의 극복은 사회적 시민권 실현의 문제와 관련됨과 동시에 지구정치 차원, 특히 일본 등 동북아 각국의 법과 정치와 교육, 그리고 기업과 시민사회에 들어와 있는 '부드러운' 전체주의 극복과 인간성 실현의 문제와도 관련된다. '수입된 자유'와 민주의 사상을 몸에 맞게 변형해서 사회의 활력을 부여하는 사상으로 만드는 문제이기도 하다. 사상의 자유라는 인간의 기본권 보장, 남북한의 평화체제 구축이 그 최소한의 출발점이 될 것이다.

와타나베 오사무(渡辺治)는 현대 일본에서 천황제는 기업사회 현상, 기업전체주의 현상과 맞물려 있다고 보았다.[4] 현대 자본주의 일본에서 군주는 천황이 아니라 기업이라는 것이다. 일본의 천황제는 한국의 국가보안법에 해당한다. 국가보안법은 지배집단의 일방적 권력행사를 가능케 하고, 기업권력의 기둥이 된다. 냉전 반공주의 국가에서 일가가 지배하는 재벌기업이나 사립학교는 일가의 전제적 지배가 관철되는 전근대 시기의 왕국이고, 이 왕국에는 아무런 내부 비판세력이나 견제세력이 없기 때문에 부정부패는 거의 피할 수 없다.

과거 군사정권 시기 공안기관은 대통령의 근위병 역할을 했는데, 민주화 이후의 한국에서는 특수부 검찰과 보수 언론이 재벌 총수 일가의 근위병 역할을 함으로써 한국은 그야말로 '기업사회'가 되었다. 그래서 1987년 민주화 이후에도 노조활동은 언제나 좌익이라고 탄압을 받아왔다. 표현의 자유와 저항권이 없는 기업 내에서 근로자는 '시민'이 아니다. 시민권·공론·의사소통 등 정치적 기본권과 관련된 모든 사항은 기업의 문 앞에서 멈춘다.

이 탈국가, 세계화의 시대에도 각 국가의 통치세력은 여전히 교과서 지식의 규제, 언론 통제, 정보 독점 등을 통해 국가라는 새장 속에 '국민'으로 남아 있으라고 강요한다. 오늘날 거대 자본과 시장 논리는 사회경제적 약자들이 생각하고 행동할 수 있는 자유를 억압한다. 이제 국가 대신에 상업 미디어, 극단적인 종교가 인간을 단세포적 존재로 만든다.

"사상은 하늘을 나는 새들의 비행처럼 자유로운 것이다."[5] 한반도에 한 세기 이상 드리운 국가 종교의 시대를 넘어서서 이제 우리는 새처럼 넘어갈 수 있는 국가 밖 세상을 상상해야 한다. 그러기 위해서는 국가보안법을 비롯한 사상통제 관련 법의 폐지나 개정, 각종 사찰기구의 축소·개편이 불가피하다.

인류가 중세의 종교적 독단과 신분·인종차별, 제국주의 논리에 맞서 수행해온 각종 투쟁, 그리고 앞선 한국인들이 지난 한 세기 이상 감행해온 민족해방, 민주화, 인간해방 투쟁은 사상통제의 새장에서 탈출하려는 숭고한 '인간 선언'이었다. 더 많은 사람들이 자신이 국가나 거대 자본이 쳐 놓은 '새장 속의 새'에 불과하다는 것을 깨닫게 된다면, '자유'의 이름으로 국가의 법과 제도와 문화에 스며들어와 있는 '전체주의'를 찢어버리고, 가까이의 이웃을 새롭게 발견하고, 세계와 '사회'를 복원할 수 있는 주체가 될 것이다.

미주

여는 글 한국 사상통제의 풍경

1   양희철 증언, 〈이제는 말할 수 있다 42회: 전향공작과 양심의 자유〉, MBC, 2001. 8. 10.
2   필자와 안○○ 인터뷰, 2021. 9. 26.
3   대통령소속 의문사진상규명위원회, 『진실을 향한 험난한 여정』 2, 2004c, 532·567쪽.
4   국사편찬위원회, 『비전향장기수 구술 5: 김영승』, 2007b, 12쪽.
5   국사편찬위원회, 2007b, 237-243쪽.
6   국사편찬위원회, 2007b, 236쪽.
7   이인모 기록, 신준영 정리, 『전인민군 종군기자 수기: 이인모』, 말, 1992, 169-181쪽.
8   한옥신, 『사상범죄론』, 최신출판사, 1975, 5쪽.
9   최정기, 『비전향 장기수: 0.5평에 갇힌 한반도』, 책세상, 2002, 69쪽.
10 한옥신, 1975, 208쪽. 이 책의 출판 시기는 1975년 9월이고, 박사학위논문의 작성 시기는 1974년이다. 이 조사는 1974년 그의 박사학위논문 작성 시점에 이루어진 것으로 보인다.
11 서준식 증언, 〈이제는 말할 수 있다 42회: 전향공작과 양심의 자유〉, MBC, 2001. 8. 10.

12 안학섭 증언, 〈이제는 말할 수 있다 42회: 전향공작과 양심의 자유〉, MBC, 2001. 8. 10.
13 대통령소속 의문사진상규명위원회, 2004c, 607쪽.
14 권오헌, 「출소 장기수 실태보고서」, 『인권을 다지며 자주통일의 길로』, 창미디어, 2006, 153쪽.
15 미셸 푸코 저, 박홍규 역, 『감시와 처벌』, 강원대학교 출판부, 1991, 180쪽.
16 권낙기의 집계(1992)에 따르면 1965년 이후 1992년까지 좌익수 사망자는 52명인데 그중 20명이 유신 치하에서 사망한다. 권낙기, 「감옥에서 죽은 비전향 장기수들의 이력서」, 『월간 말』 69, 1992. 그 이후 사망자는 유신 치하 전향공작의 후유증, 고연령에 의한 것일 수도 있으므로 폭력, 고문과 사망 간의 명확한 인과관계를 밝히기는 어렵다.
17 대통령소속 의문사진상규명위원회, 『사실과 왜곡 그리고 진실』, 2004a 중 최석기 사건, 박융서 사건, 손윤규 사건.
18 한나 아렌트 저, 박미애·이진우 역, 『전체주의의 기원』 2, 한길사, 2013, 251쪽.
19 미셸 푸코 저, 박홍규 역, 1991, 84쪽.
20 서승 저, 김경자 역, 『서승의 옥중 19년: 사람의 마음은 쇠사슬로 묶을 수 없으리』, 역사비평사, 1999, 32쪽.
21 호모사케르는 아감벤(Giorgio Agamben)이 고대 로마에 존재했던 인간, 공동체의 희생물이 되는 존재, 죽여도 처벌받지 않는 인간을 지칭한 것이다. 조르조 아감벤 저, 박진우 옮김, 『호모 사케르: 주권 권력과 벌거벗은 생명』, 새물결, 2000.
22 이것은 조선 말 프랑스 선교사 달레의 표현이다. 샤를르 달레 저, 안응렬·최석우 역주, 『한국천주교회사』 상, 한국교회사연구소, 1987, 446쪽.

23 그의 입당을 가장 강경하게 반대한 사람은 한민당계의 조병옥, 호남지주 출신 의원들, 일제하에서 공산주의운동을 하다 전향한 김준연 등이었다. 이택선, 『죽산 조봉암 평전: 자유인의 길』, 죽산조봉암기념사업회, 2022, 207-215쪽.
24 이봉범, 「귀순과 심리전, 1960년대 국가심리전 체계와 귀순의 냉전 정치성」, 『상허학보』 59, 2020 참조.
25 서준식 증언, 2001. 8. 10.
26 필자와 권○○ 인터뷰, 2020. 12. 4.
27 미셸 푸코 저, 박홍규 역, 1991, 89쪽.
28 김현숙, 「사노 마나부의 전향 연구」, 연세대학교 석사학위논문, 1990.
29 '살아있는 무덤'이란 이들 장기수들과 함께 수감되었던 소설가 김하기의 소설집의 첫장 제목이다. 김하기, 『완전한 만남』, 창작과비평사, 1989.
30 동아시아에서 민족과 주권의 착종, 민족이 진실성의 이념으로 표상되는 것에 대해서는 프래신짓트 두아라 저, 한석정 역, 『주권과 순수성: 만주국과 동아사아적 근대』, 나남, 2008 참조.
31 남정현, 「분지」, 『현대문학』 3, 1965.
32 「분지」 필화사건의 담당 검사 김태현의 공소장(민주화실천가족운동협의회, 『국가보안법 적용상에서 나타난 인권실태: 2003년도 국가인권위원회 연구용역 보고서』, 2004, 135쪽에서 재인용)과 주장. 김태현, 「북괴의 적화전략에 동조 말라: 작가 남정현 사건의 전말」, 『동서춘추』 1-3, 1967. 이 재판을 받은 남정현은 "그들(수사관) 앞에서는 민족적인 그 어떤 명분을 내세우더라도 미국에 대한 비판적 언사가 용납되지 않는 것이었다. 미국에 대한 비판은 곧 그들에 대한 도전으로 간주하는 것 같았다. 모두들 몸도 마음도 미국에 내맡겨진 상태였다"고 말한다. 남정현, 「민족자주의 문학 열망」, 한승헌선생 화갑기념문집간행위원회 편, 『분단시대의 피고들』, 범우사, 1994, 112쪽.

33 홍기돈·남정현,「경계가 만난 문학인 남정현: 자연의 문학에 맞선 역사의 문학, 그 도도한 일관성」,『문학과 경계』5-3, 2005, 37-48쪽.
34 남정현, 1994, 119쪽.
35 남정현, 1994, 120쪽.
36 남정현, 1994, 112쪽.
37 이지(李贄)의 호가 '탁오(卓吾)'이다. 명에서 사상탄압의 표적이 된 대표적인 예는 이탁오(李卓吾)였다. 옌리에산·주지엔구오 저, 홍승직 역,『이탁오 평전: 유교의 전제에 맞선 중국 사상사 최대의 이단아』, 돌베개, 2000.
38 '비어'는 유언비어(流言蜚語)의 뒷말인데, '메뚜기처럼 뛰는 말', 즉 '소문'이란 뜻이다.
39 김삼웅,「다시 필화당한 담시 비어」,『오마이뉴스』, 2022.6.26.
40 민주화운동기념사업회·서울대공익법인권센터,『인권변론자료집』2, 경인문화사, 2012, 79-426쪽.
41 이런 전제를 거부한 사람이 1979년 크리스찬아카데미사건 변론에 나선 홍성우 변호사였다.
42 「소설 '태백산맥' 영화, 자유민주수호애국연합이 상영 저지 협박」,〈MBC 뉴스〉, MBC, 1994.8.31.
43 데니스 판결은 '명백·현존하는 위험의 원칙'을 '명백하고 있을 수 있는 위험의 원칙'으로 왜곡시킨 것으로 유명하다.
44 조국,『양심과 사상의 자유를 위하여』, 책세상, 2001, 97쪽.
45 이재홍,「정부전복의 주장·행동의 문제점」상·하,『법률신문』, 1989.11.6.
46 존 B. 베리 저, 박홍규 역,『사상의 자유의 역사』, 바오, 2013, 67-68쪽.
47 옌리에산·주지엔구오 저, 홍승직 역, 2000.
48 강성현,「한국 사상통제 기제의 역사적 형성과 '보도연맹 사건', 1925~50」, 서울대학교 박사학위논문, 2012, 3쪽.

49 '터부(taboo)'는 폴리네시아어인데, '신성한, 기분 나쁜, 위험한 금지된, 범접하기 어려운' 등의 의미가 있고, 그 반대는 '노아(noa)'로, '누구나 접근이 가능한 것'이라는 의미가 있다. 지그문트 프로이드 저, 이윤기 역, 『종교의 기원』, 열린책들, 2003.
50 한옥신, 1975, 7쪽.
51 당시 조봉암 의원은 '양심의 자유'라는 표현은 해괴한 표현이고 무의미한 수사라고 비판했다. 〈조봉암 의원 발언〉, 국회사무처, 「제1대 국회 제1회 제21차 본회의 회의록」, 1948.6.30, 24쪽.
52 야마다 소지 저, 정선태 역, 『가네코 후미코: 식민지 조선을 사랑한 일본 제국의 아나키스트』, 산처럼, 2002, 285쪽. "그는 국가와 나는 적대관계라 본다."고 주장했다.
53 토머스 페인 저, 정귀영 역, 『이성의 시대: 신은 인간에게 종교가 아닌 이성을 주었다』, 돋을새김, 2018.
54 이승헌·서재정, 「이명박 대통령의 위험한 천안함 왜곡 발언」, 『한겨레』, 2012.6.13; 「국정원의 직무유기 혹은 허위사실 유포」, 『한겨레』, 2013.3.25.
55 이승헌·서재정, 2012.6.13; 이승헌, 『과학의 양심, 천안함을 추적하다』, 창비, 2010.
56 김대중, 「조령모개」, 『조선일보』, 1993.7.11.
57 김교만, 「냉전에 덫에 걸린 자유주의자의 꿈」, 강준만 외, 『레드 콤플렉스: 광기가 남긴 아홉 개의 초상』, 삼인, 1997.
58 「최장집 대통령 자문 정책기획위원장에게 묻는다. '역사적 결단' 표현 문맥 전부 보면 오해가 풀릴 것」, 『동아일보』, 1999.11.19.
59 「상상 초월한 '이정우 공격'…버텨낸 건 노 대통령 덕분」, 『한겨레』, 2023.8.14.
60 상징폭력은 사회적 재생산 과정을 설명하는 개념으로, 자본주의 문화적 재생산 과정에서 권력, 상징적 자본을 가진 지배계급이 자

신의 세계관이나 시각을 정당한 것으로 전제하고 여타 사회 구성원, 피지배계급에게 강요하는 것이다. Antoine Vauchez, "Champ," Gisèle Sapiro(sous la direction de), *Dictionnaire International Bourdieu*, Paris: CNRS Edition, 2020b, pp.877-878.
61 국가의 긴급조정 권한 부여 및 노조의 부당노동행위를 처벌할 수 있도록 한 법. 파업이 국가 경제 또는 안보를 위협할 경우 대통령이 법원의 허가를 얻어 노동자들의 직장복귀를 명령할 수 있도록 한 법이다.
62 레이먼드 시버, 「냉전시기의 지구과학 연구」, 노암 촘스키 외 지음, 정연복 옮김, 『냉전과 대학: 냉전의 서막과 미국의 지식인들』, 당대, 2001, 336쪽.
63 Joel Kovel, *Red Hunting in the Promised Land: Anticommunism and the Making of America*, New York: Basic Books, 1994.
64 미국 좌익사냥의 대명사이다. 1924년부터 1972년까지 총 48년에 걸쳐 FBI 국장을 지냈으며, 대통령조차 그를 함부로 대하지 못할 정도로 막강한 권력을 행사했다.
65 Richard Hofstadter, *The Paranoid Style in American Politics*, New York: Vintage, Reprint edition, 2008.
66 강인철, 「한국사회와 종교 권력: 비교역사적 접근」, 『역사비평』 77, 2006; 1989년 갤럽이 실시한 국제조사에 의하면 한국은 조사 대상 17개 국가 중에서 무종교인의 비중이 45%로 가장 높았다. 한국갤럽조사연구소, 『한국인의 인간가치관』, 1990, 30쪽.
67 Thorstein Veblen, "Bolshevism is a Menace, To Whom," *Essays in Our Changing order*, London: Routledge/Thoemmeus press, 1994.
68 한국의 색깔론의 정치 사회적 조건에 대해서는 김헌식, 『색깔논쟁: 한국사회 색깔론의 생산 구조와 탈주』, 새로운사람들, 2003.

제1부 사상통제 연구를 위한 서설

1 조제프 푸르동 저, 이용재 역, 『소유란 무엇인가: 권리와 통치의 원리에 관한 연구』, 아카넷, 2013, 31쪽.
2 슈테판 츠바이크 저, 안인희 역, 『다른 의견을 가질 권리』, 바오출판사, 2009.
3 안토니오 그람시 저, 이상훈 역, 『옥중수고』 1, 거름, 1986.
4 Antoine Vauchez, "Champ," Gisèle Sapiro(sous la direction de), *Dictionnaire International Bourdieu*, Paris: CNRS Edition, 2020b, pp.145-146; Pierre Bourdieu, *Distinction: A Social Critique of the Judgement of Taste*, Rechard Nice trans., Cambridge, Massachusetts: Harvard University Press, 1984.
5 Louis Althusser, *Lenin and Philosophy and Other Essays*, New York: Monthly Review Press, 2001(François Maspero, 1968).
6 Anthony Giddens, *The Nation-State and Violence: Volume Two of A Contemporary Critique of Historical Materialism*, Berkeley: University of California Press, 1987.
7 사상통제란 사상의 자유를 금압하는 것이다. 존 B. 베리 저, 박홍규 역, 『사상의 자유의 역사』, 바오, 2013.
8 『북학의』를 집필한 박제가는 "편협한 조선 학문은 복수의 학문이 자유롭게 공존하던 중국보다도 못했다"고 한탄했다. 그것은 "과거(科擧)로 몰아넣고 풍기로 구속하는 바람에 만일 그와 같이하지 않는다면 몸이 용납되지 않고 그 자손이 보존되지 않기 때문"이라고 했다. 박희병, 『범애와 평등』, 돌베개, 2013, 252쪽.
9 한나 아렌트 저, 박미애·이진우 역, 『전체주의의 기원』 2, 한길사, 2013, 145-284쪽.
10 Alexander Laban Hinton (ed.), *Annihilating Difference: The*

Anthropology of Genocide, Berkeley: University of California Press, 2002, p. 47.

11 Franz Neumann, *Behemoth: The Structure and Practice of National Socialism*, New York: Oxford University Press, 1944, p. 75.

12 1949년 이후 중국의 사상통제에 대해서는 William Berkson, "Thought Control in Mao's China," *National Review* (October 14), 1977.

13 Marvin E. Wolfgang, "Political Crimes and Punishments in Renaissance Florence," *Journal of Criminal Law, Criminology, and Political Science*, Vol. 44, No. 5, 1954. 1949년 이후 중국의 사상통제, 재교육 혹은 사상주입에 대해서는 William Berkson, 1977; Aminda M. Smith, "Thought Reform and Unreformable: Reeducation Centers and the Rhetoric of Opposition in the Early People's Republic of China," *The Journal of Asian Studies*, Vol. 72, No. 4, 2013, pp. 937-958.

14 칼 A. 비트포겔 저, 구종서 역, 『동양적 전제주의: 총체적 권력의 비교연구』, 법문사, 1991.

15 리처드 호프스태터 저, 유강은 역, 『미국의 반지성주의』, 교유서가, 2017.

16 Marcus G. Raskin, "Democracy versus the National Security State," *Law and Contemporary Problems*, Vol. 40, No. 3, 1996, pp. 189-220.

17 Jonathan Herzog, "America's Spiritual-Industrial Complex and the Policy of Revival in the Early Cold War," *The journal of policy history*, Vol. 22, No. 3, 2010.

18 반공주의가 미국의 사상통제, 국민적 정체성에 미친 영향에 대해서는

Joel Kovel, *Red Hunting in the Promised Land: Anticommunism and the Making of America*, New York: Basic Books, 1994.

19　에밀 뒤르켐 저, 민문홍 역, 『사회분업론』, 아카넷, 2012, 115-168쪽.

20　파슈카니스(Evgeny Pashukanis)가 말한 것처럼 법은 겉으로는 외적인 강제력인 것처럼 보이나 자본주의 국가에서는 공법, 형법도 상품 소유자들 간의 관계를 확장한 것이므로 자본주의 생산관계, 즉 경제적 불평등 위에 존재한다. Evgeny B. Pashukanis, *Law and Marxism: A General Theory*, Pluto Press, 1978, p. 15.

21　미국의 법사회학자 파운드(Roscoe Pound)의 주장이다. Pound, Roscoe, *Criminal Justice in America*, New Brunswick: Transaction Publishers, 1998.

22　F. Engels, "Lawyers' Socialism," K. Marx and F. Engels, *Marx and Engels on Religion*, Progress Publishers, 1957(F. Engels, "Juristen-sozialismus," *Die Neue Zeit*, No. 2, 1887)

23　그는 사회의 일부로서의 법, 혹은 일반인의 실천의 결과로서의 법이 갖는 성격을 주목하자고 제안한다. George Gurvitch, *Sociology of Law*, New Jersey: New Brunswick, 2001. 이것이 법 사회학, 혹은 사회학적 법의 기본적인 공리다. 김도현은 구조와 행위라는 일반 이론으로 이러한 법 개념을 강조했다. 이 경우 판례도 실정법만큼 중요하다. 김도현, 『법이란 무엇인가: 법사회학적 관점으로 보는』, 동국대학교 출판부, 2007.

24　풀랑저(Nicos Poulantzas)와 제솝(Bob Jessop)의 국가론이 이런 입장을 갖는다. Bob Jessop, *State Theory: Putting the Capitalist State in its Place*, London: Polity press, 1990. 제솝의 국가론의 사상적 궤적에 대해서는 밥 제솝 저, 남상백 역, 『국가권력: 마르크스에서 푸코까지, 국가론과 권력 이론들』, 이매진, 2021.

25　구스타프 라드브루흐 저, 손지열·황우여 역, 『법에 있어서의 인간』,

육법사, 1981, 71쪽.
26 구스타프 라드브루흐 저, 손지열·황우여 역, 1981, 74쪽.
27 Leopold J. Pospisil, *Anthropology of law: A Comparative Study*, Harper & Row, 1974(김도현, 2007, 135쪽에서 재인용).
28 김도현, 2007, 154쪽.
29 발터 벤야민 저, 최성만 옮김, 『역사의 개념에 대하여, 폭력비판을 위하여, 초현실주의 외』, 길, 2008.
30 Yves Dezalay and Mikael Rask Madsen, "The Force of Law and Lawyers: Pierre Bourdieu and the Reflexive Sociology of Law," *Annual Review of Law and Social Science*, Vol.8, 2012, pp.433-452.
31 Yves Dezalay and Mikael Rask Madsen, 2012, p.438.
32 Britta Rehder, "What is political about Jurisprudence? Courts, Politics, and Political Science in Europe and the United States," *Contemporary Readings in Law and Social Justice*, Vol.2(1), 2010, pp.100-129.
33 한국에서 군사정권 기간 동안 검사가 판사들을 겁박하기도 했다. 판사들은 그들이 원하는 대로 판결을 하면서 그들의 조치를 정당화·합리화해주는 역할을 했다. 즉 사법의 정치화는 정도의 차이는 있으나 모든 국가에서 어느 정도 일반적으로 나타난다. 나치 시기의 판결이 대표적이다.
34 Pierre Bourdieu and Loïc Wacquant, *An Invitation to Reflexive Sociology*, Chicago: University of Chicago Press, 1992; Pierre Bourdieu, *Outline of a Theory of Practice*, Cambridge: Cambridge University Press, 1977; Pierre Bourdieu and Jean-Claude Passerson, *Reproduction in Education, Society and Culture*, London: Sage Publications, 1977.

35 Th. W. 아도르노·M. 호르크하이머 저, 김유동 역, 『계몽의 변증법』, 문학과지성사, 2001, 17쪽.

36 Stephan Schafer, "Criminology: The Concept of the Political Criminal," *The Journal of Criminal Law*, Vol.52, No.3, 1971; Stephan Schafer, *The Political Criminal: The Problem of Morality and Crime*, New York: The Free Press, 1973.

37 Barton L. Ingraham, *Political Crime in Europe: A Comparative Study of France, Germany, and England*, Berkeley: University of California Press, 1979.

38 Barton L. Ingraham, 1979, p.382.

39 라드브루흐가 확신범(Überzeugungstäter)이라는 개념을 사용할 때 그가 주로 염두에 둔 것은 정치범 혹은 이데올로기 범죄자라 볼 수 있는데, 라드브루흐에 의하면 확신범이란 정치상·종교상의 확신에 의해 행위할 의무가 있다고 하여 현행법에 위반되는 행위를 하면서 성립하는 범죄자이다.

40 기독교가 인정된 이후에도 기독교인들은 자기들 내부에서 끊임없이 서로를 박해하고 죽였다. 툴루즈인들은 4,000명의 위그노를 학살하기도 했다. 이러한 광신주의에 기초한 증오와 학살을 종식하기 위해 볼테르는 관용론을 설파했다. 볼테르 저, 송기형·임미경 역, 『관용론』, 한길사, 2016.

41 프랜시스 베이컨 저, 진석용 역, 『신기관: 자연의 해석과 인간의 자연 지배에 관한 잠언』, 한길사, 2001, 103쪽.

42 ejje.weblio.jp/content/思想犯.

43 www.merriam-webster.com/dictionary/political%20crime.

44 www.upcounsel.com/lectl-political-crime-criminal-classification #political-crime.

45 이건호, 「정치범의 개념에 관한 서설」, 『考試界』 1-3, 1956, 14-19쪽.

46 Stephan Schafer, 1971; Stephan Schafer, 1973.
47 de.wikipedia.org/wiki/Gedankenverbrechen.
48 한옥신, 『사상범죄론』, 최신출판사, 1975, 49쪽.
49 Max M. Ward, *Thought Crime Ideology and State Power in Interwar Japan*, Duke University Press, 2019; 리차드 H. 미첼 저, 김윤식 역, 『일제의 사상통제: 사상전향과 그 법체계』, 일지사, 1982.
50 한옥신, 1975.
51 당시 권승렬 법무부장관은 제정 당시의 국가보안법 제1조의 '국헌 위배' 조항은 '내란죄 예비음모죄'라고 성격을 규정했다. 「제99회 국회 속기록」, 박원순, 『국가보안법연구』 1, 역사비평사, 1989, 85쪽. 김대중 정부 초기 법무부장관을 지냈던 검사 출신 박상천은 이 조항이 폭력에 의거하지 않는 체제 전복의 선전·선동을 처벌할 수 있는 유일한 조항이라고 말했다. 박상천, 「석방된 공안사범들 보안관찰법에 의해 계속 관찰하겠다」, 『월간 조선』 9, 1998.
52 한인섭, 『형벌과 사회통제: 근대 감옥의 성립과 변모, 그리고 현대 교정』, 박영사, 2006, 211쪽; 한인섭, 「근대 감옥과 사회통제에 관한 역사: 사회적 연구」, 『형사정책연구』 21, 1995, 167-225쪽.
53 미셸 푸코 저, 박홍규 역, 『감시와 처벌』, 강원대학교 출판부, 1991, 297쪽.
54 한옥신, 1975, 12쪽.
55 한옥신, 1975, 11쪽.
56 양화식, 「확신범의 가벌성과 처우」, 『형사정책연구』 38-2, 1999, 158-159쪽.
57 최정기, 「감옥, 규율 권력의 길들이기와 욕망의 탈주」, 『진보평론』 4, 2000.
58 미셸 푸코 저, 박홍규 역, 1991, 349쪽.
59 미셸 푸코 저, 박홍규 역, 1991, 84쪽.

60　에밀 뒤르켐 저, 민문홍 역, 2012, 113쪽.
61　Marvin E. Wolfgang, 1954, P.80.
62　P. A. 크로폿킨 저, 김상원·김은희 역, 『러시아의 감옥과 유형, 그리고 강제노동』, 한국학술정보, 2020.
63　에밀 뒤르켐 저, 민문홍 역, 2012, 116쪽.
64　그런데 근대 이행기 전쟁이나 혁명 과정의 정치사상범에 대해 과거 프랑스나 러시아처럼 처형을 하지 않은 경우에는 생존 자체가 매우 어려운 섬이나 시베리아 벌판 등으로 유형을 보내는 사례가 많았다. 조선의 경우에도 정치범은 그 경중에 따라 서울에서 1,000~3,000리 떨어진 곳으로 유형을 보냈다.
65　미셸 푸코 저, 박홍규 역, 1991, 179쪽.
66　미셸 푸코 저, 박홍규 역, 1991, 297쪽.
67　Erving Goffman, *Essays on the Social Situation of Mental Patients and Other Inmates*, 1961; 어빙 고프먼 저, 심보선 역, 『수용소: 정신병 환자들과 그 외 재소자들의 사회적 상황에 관한 에세이』, 문학과지성사, 2018. '총체적 기관'은 에치오니(Amitai Etzioni)가 이스라엘 교육기관 연구에서 사용했던 개념이라고 한다.
68　미국의 감옥제도를 고찰하기 위해 방문했던 토크빌(Alexis de Tocqueville)도 미국의 감옥은 사회와 달리 완벽한 압제의 모습을 보여준다고 지적했다. Alexis de Tocqueville, *On the Penitentiary System in the United States and its Application to France*, Carbondale, Illinois: Southern Illinois University Press, 1964.
69　한인섭, 1995, 167-205쪽.
70　미셸 푸코 저, 박홍규 역, 1991, 177쪽.
71　미셸 푸코 저, 박홍규 역, 1991, 303쪽.
72　Eamonn carrabine, "Prison Riots, Social Order and The Problem of Legitimacy," *The British Journal of Criminology*,

Vol. 45, No. 6, 2005, pp. 896-913.
73 Loïc Wacquant, "The Prison is an Outlaw Institution," *The Howard Journal of Crime and Justice*, Vol. 51, No. 1, 2012.
74 정치사상 범죄자를 양산해서 공안기관이나 경찰, 검찰, 교도소에서 종사하는 국가의 요원들이 계속 일거리를 확보하여 국가안보의 이름하에 그들만의 이익 공동체를 구성하는 것, 경산복합체(police-industrial complex)도 범죄 처벌과 행형의 숨겨진 기능일 수 있다.
75 다른 목적이란 보드리야르(Jean Baudrillard)의 시뮬라시옹(simulation) 이론을 통해 볼 때 교정의 다양한 의미를 찾아볼 수 있다는 것이다. 실패를 자초한 교정 시설이 존재하는 이유는 징벌과 교화라는 개념으로 설명할 수 없다는 것이다. 정우석, 「교화와 응보개념을 통한 행형목적 이해에 대한 연구」, 『형사정책연구』 74, 2008, 309-342쪽.
76 미셸 푸코 저, 심세광 외 역, 『생명관리정치의 탄생: 콜레주드프랑스 강의 1978~79년』, 2012, 난장; M. Foucault, *Power/Knowledge*, New York: Pantheon, 1980.
77 한인섭, 2006, 218쪽.
78 Aminda M. Smith, 2013, pp. 937-958; Philip Corrigan, "China: Socialist Construction as Thought-Reform for Intellectuals," *Journal of Contemporary Asia*, Vol. 4, No. 3, 1974, pp. 275-296; Theodore Hsi-en Chen and Sin-ming Chiu, "Thought Reform in Communist China," *Far Eastern Survey*, Vol. 24, No. 12, 1955, pp. 177-184.
79 劉明憲, 「政治犯思想改造: 白色恐怖時期感化教育初探」, 『通識論叢』 21, 2018, 59쪽.
80 당시 중국의 저우언라이(周恩來) 총리는 "일본 전범을 처리할 때 한명도 사형시켜서는 안 된다"는 원칙을 지시했다고 한다. 스스로 죄를 인정하도록 유도한다는 것이다. 劉明憲, 2018, 138쪽.

81 초기 중국은 일본인 전범을 대상으로 매우 정교한 죄책유도, 사상개조 작업을 실시했다. 그 기록은 노다 마사아키 저, 서혜영 역, 『전쟁과 인간』, 길, 2000 참조. 이 책은 제목을 바꾸어 재출간되었다. 노다 마사아키 저, 서혜영 역, 『전쟁과 죄책』, 또다른 우주, 2023.
82 Yu Jianrong, "The Two Stages of the Re-education Through Labour System: From Tool of Political Struggle to Means of Social Governance," *China Perspectives*, No. 2, 2010.
83 Michal Kravel-Tovi, "'National mission': Biopolitics, non-Jewish immigration and Jewish conversion policy in contemporary Israel," *Ethnic and Racial Studies*, Vol. 35, No. 4, 2012, pp. 737-756.
84 미셸 푸코 저, 심세광 외 역, 2012.
85 국가가 필요로 한 것은 자발적 동의일 것이다. 그러나 인간의 내심을 확인할 수 없기 때문에 표면상의 동의를 얻어내는 것도 국가의 헤게모니 강화에는 도움이 될 수 있을 것이다.
86 장신, 「1930년대 전반기의 일제의 사상전향 정책 연구」, 『역사와 현실』 37, 2009.
87 강성현, 「한국 사상통제 기제의 역사적 형성과 '보도연맹 사건', 1925~50」, 서울대학교 박사학위논문, 2012, 175쪽.
88 후지타 쇼조 저, 최종길 역, 『전향의 사상사적 연구』, 논형, 2007, 55쪽.
89 간첩과 좌익수의 대공 심리전 요원으로의 동원에 대해서는 이봉범, 「귀순과 심리전, 1960년대 국가심리전 체계와 귀순의 냉전 정치성」, 『상허학보』 59, 2020 참조.
90 미국에게 1950~60년대 대외적인 반공주의와 미국 내의 인종주의는 동전의 양면과 같은 것이다.
91 시모토마이 노부오 저, 정연식 역, 『아시아 냉전사』, 경북대학교 출판부, 2017.
92 Anthony Giddens, 1987, pp. 255-293.

93 Max Boot, *The Savage Wars of People: Small Wars and the Rise of American Power*, New York: Basic Books, 2002.

94 Anthony Arblaster, *The Rise and Decline of Western Liberalism*, Oxford: Basil Blackwell, 1984. 미국이 후진국 근대화 작업을 기획한 과정에 대해서는 박태균, 「1960년대 초 미국의 후진국 정책 변화: 후진국 사회변화 필요성」, 『미국사연구』 20, 2004, 167-192쪽.

95 마고사키 우케루 저, 양기호 역, 『미국은 동아시아를 어떻게 지배했나』, 메디치, 2012, 58쪽.

96 Jim Glassman, *Drums of War, Drums of Development: The Formation of a Pacific Ruling Class and Industrial Transformation in East and Southeast Asia*, 1945-1980, Chicago: Haymarket Books, 2019.

97 시민은 사회계약의 참가자이며, 인민 혹은 국민은 계약 참가자의 총체, 즉 주권의 소유자를 지칭한다. 국순옥, 「헌법학의 입장에서 본 자유민주주의의 두 얼굴」, 『민주법학』 12, 1997, 79쪽. 국민이란 과거는 물론 장래의 인민까지 포함하며 대표제를 상정한 추상적 관념적 존재이다.

98 여기서 '이등 국민'은 1960년대 이전 미국에서 흑인을 주로 지칭할 때 사용되었다. Talcott Parsons, "Full Citizenship for the Negro Americans? A Sociological Problem," *Daedalus*, Vol. 94, No. 4, 1965, pp. 1009-1054. 비시민 혹은 비국민은 제2차 세계대전 중, 그리고 매카시즘하 미국에서 비미국인(un-American), 제국주의 일본에서 천황제에 반대하는 일본인을 지칭할 때 사용되었던 개념이다. 마셜은 서구 시민권의 형성을 시민권 권리, 정치적 권리, 사회적 권리의 발달로 개념화한 바 있는데 재산권, 정치참여권, 복지권 등으로 정식화할 수 있다. T. H. Marshall, *Citizenship and Social Class, and Other Essays*, Cambridge: University of Cambridge

Press, 1950.
99 아프리카의 신생 독립국이 거의 이런 사례에 속한다. 남아시아의 인도, 중동의 이라크 등도 이런 경우에 속할 것이다.
100 일제 말 조선의 총력전, 총동원 체제를 식민지 파시즘으로 볼 것인가, 아니면 '시스템 사회'로 볼 것인가는 여전히 논란 중이다. 이것은 조선에 적용된 일제의 법제, 혹은 조선 통치체제를 통해 답을 내릴 수 있을 것이다. 赤澤史郞 外, 『總力戰 年報 日本現代史』, 現代史料出版, 1997; 방기중, 『식민지 파시즘의 유산과 극복과제』, 혜안, 2006; 안자코 유카, 「조선총독부의 총동원체제(1937~1945) 형성 정책」, 고려대학교 박사학위논문, 2006.
101 영·미의 협의에 의한 이스라엘 건국, 팔레스타인 사람들 추방, 이라크 국경선 획정, 인도와 파키스탄 분리, 아프리카의 수단 등의 학살과 폭력은 모두 이 결과들이다.
102 Hamza Alavi, "The State in Post-Colonial Societies: Pakistan and Bangladesh," *New Left Review*, Iss.74, 1972.
103 Derek Heater, *Citizenship: The Civic Ideal in World History, Politics and Education*, London: Longman, 1990, pp.37-89.
104 폭민은 전체주의의 대중적·정치적 기반이다. 한나 아렌트 저, 박미애·이진우 역, 2013 참조.
105 강박불안증과 종교의 탄생에 대한 설명은 에리히 프롬 저, 박경화 역, 『정신분석과 종교』, 한국번역도서주식회사, 1959.
106 각국에서 종교, 양심, 사상의 자유가 어떻게 헌법에 포함되었는지에 대한 비교 연구는 신상준·이상경, 「양심의 자유에 관한 헌법재판소 결정의 비판적 검토」, 『서울법학』 24-4, 2017, 163-200쪽.
107 여기서 전체주의란 국가가 개인과 집단의 사적인 영역을 포함한 사상과 활동을 완벽하게 통제하고 정당과 언론의 자유로운 활동 자체를 통제하는 정치 시스템을 지칭한다. 또 파시즘이란 인종주의, 민족

주의, 반공주의의 이데올로기에 기초해서 침략과 소수자 탄압을 정당화하는 정치운동, 정당활동, 국가의 정책을 지칭한다. 파시즘은 자본의 독재를 전제로 하는 자본주의에 적용할 수 있으나, 전체주의는 사회주의 국가를 포함한다. 파시즘은 독일, 이탈리아, 일본에서 나타난 역사적 현상이나 전후에도 정당과 집단의 지향, 그리고 국가의 활동에서 나타났다. 전체주의는 1945년 이후 좀 더 일반화된 체제이다.

108 여기서 특권국가, 보통국가의 구별은 Ernst Fraenkel, E.A.Shils Trans., *The Dual State: A Contribution to the Theory of Dictatorship*, New York: Oxford University Press, 2010(The Lawbook Exchange Ltd., 1941, Reprint edition).

109 김동춘, 「신이 된 국가」, 『전쟁과 사회: 우리에게 한국전쟁은 무엇이었나』, 돌베개, 2006b.

110 Carl Schmitt, *Political Theology: Four Chapters on the Concept of Sovereignty*, Chicago: University of Chicago Press, 2005; Carl Schmitt, *The Concept of the Political*, Chicago: University of Chicago Press, 2007.

111 제주4·3사건이나 여순사건 당시 피학살자 유가족들은 당시는 계엄 상황이므로 군이 사람을 마구 죽여도 아무런 문제가 되지 않는다고 증언했다.

112 Daniel R. Huebner, "Toward a Sociology of the State and War: Emil Lederer's Political Sociology," *European Journal of Sociology*, Vol.49, Iss.1, 2008, pp.65-90.

113 Harold D. Lasswell, "The Garrison State," *American Journal of Sociology*, Vol.46, No.4, 1941, pp.455-468; Emil Lederer, "Fascist Tendencies in Japan," *Pacific Affairs*, Vol.7, No.4, 1934, pp.373-385.

114 일제 말 조선인 징병제 도입을 어떻게 볼 것인가의 쟁점이 여기에

있다. 1944년 조선인도 징병 대상이 됨으로써 조선인이 일본인과 동등한 자격을 갖춘 시민이 되어서 '감사', '감격'을 했다는 선전 보도가 많았다. 그것은 조선인의 몸이 특공대의 총알로 동원되는 것이었다. 다카시 후지타니 저, 이경훈 역, 『총력전 제국의 인종주의: 제2차 세계대전기 식민지 조선인과 일본계 미국인』, 푸른역사, 2019, 407-580쪽.

115 태평양전쟁 중 미군의 심리전에 관해서는 장회식, 『제국의 전쟁과 전략』, 선인, 2013 참조.

116 김동춘, 『전쟁정치: 한국정치의 메카니즘과 국가폭력』, 도서출판 길, 2013.

117 임혁백, 『비동시성의 동시성』, 고려대학교 출판부, 2014 참조. 이것은 흔히 공시성과 통시성의 이분법과 같은 개념이다. 통시성은 역사적 시간의 변화의 측면, 공시성은 공간적 동일성을 의미한다.

118 Immanuel Wallerstein, *Unthinking Social Science: The Limits of Nineteenth Century Paradigms*, New York: Polity Press, 1991. 벡(Ulrich Beck)도 종교 현상을 설명할 때 방법론적 일국주의를 넘어서야 한다고 강조한다. 울리히 벡 저, 홍찬숙 역, 『자기만의 신: 우리에게 아직 신이 존재할 수 있을까』, 도서출판 길, 2013.

119 탈서구주의 사회과학에 대해서는 Encarnacion Gutierrez Rodriguez, Manuela Boatcă & Sérgio Costa, *Decolonizing European Sociology: Transdisciplinary Approaches*, London: Routledge, 2016.

120 마르크스주의 국가론에서 출발한 사람으로서 자신은 사회중심적 국가론을 견지한다고 말한다. 밥 제숍 저, 남상백 역, 2021.

121 워드(Ward)의 접근방법도 이러한 접근법에 기초해 있다. Max M. Ward, 2019.

122 Louis Althusser, *For Marx*, London: New Left Books, 1977,

pp. 89-128.
123 한나 아렌트 저, 박미애·이진우 역, 2013, 190-218쪽.
124 CIC는 Counter Intelligence Corps의 약칭이다. 미국 방첩대의 성격에 대해서는 Nelson V. N. Dungan, *Secret Agent X: Counter Intelligence Corps*, New York: Vantage Press, 1989.
125 볼프강 조프스키 저, 이한우 역, 『폭력사회: 폭력은 인간과 사회를 어떻게 움직이는가?』, 푸른숲, 2010, 27쪽.
126 曾薰慧·藏汝興 저, 박강배 역, 「'적(異己)' 쓰기: 50년대 백색테러시기 '비첩(匪諜)'의 상징 분석」, 『제노사이드 연구』 2, 2007, 247쪽.
127 Jim Glassman, 2019.
128 에밀 뒤르켐 저, 민문홍 역, 2012.
129 조선의 사상적 획일성에 대한 한탄은 양명학에 심취했던 계곡(谿谷) 장유(張維) 등이 지적했다. 이상현 역, 『계곡만필』 1, 한국고전번역원, 1997 중 「우리나라의 경직된 학풍」. 그의 주장을 강조하여 일제의 관학자 다카하시 도루(高橋亨)는 조선인의 특징을 '사상의 고착성'에 있다고 비판했다. 다카하시 도루 저, 구인모 역, 『식민지 조선인을 논하다』, 동국대학교 출판부, 2010.
130 이이화, 「허균과 개혁사상」, 『창작과 비평』 8-3, 1973, 846-867쪽.
131 한형조, 『왜 조선 유학인가』, 문학동네, 2008, 49쪽.
132 가톨릭 탄압으로 순교한 황사영도 백서에서 "우리나라 사람들이 성교를 혹독하게 해치는 것은 그 인간성이 독하고 사나워서가 아니고, 당파끼리의 논쟁이 몹시 심한데 이를 빙자하여 남을 배척하고 모함할 자료로 삼기 때문이요"라고 지적했다. 「황사영 백서」, www.davincimap.co.kr/davBase/Source/davSource.jsp?Job=Body&SourID=SOUR002641.
133 샤를르 달레 저, 안응렬·최석우 역주, 『한국천주교회사』 상, 한국교회사연구소, 1987, 444-445쪽.

134 윤석산,「해월 최시형의 서소문 옥중 생활과 처형과정」,『동학학보』 38, 2016, 57-86쪽.
135 마루야마 마사오 저, 박충석·김석근 공역,『충성과 반역: 전환기 일본의 정신사적 위상』, 나남출판, 1992, 17쪽.
136 '모반'은 사직을 위태롭게 할 목적으로 모의하는 것을 말하며, '대역'은 종묘, 산릉, 궁궐을 파쇄하려고 모의하는 것을 말한다. 류지영,「조선 시대의 사형제도」,『중앙법학』1, 1999, 357-381쪽.
137 법무부,『한국교정사』, 1987.
138 법무부, 1987, 139쪽.
139 충청남도 내포 지방에서 순교자를 살해한 방법들이다. 차기진,「병인박해와 충청남도 순교자에 관한 연구」, 가담송기인신부 화갑기념논총간행위원회,『역사와 사회: 가담송기인신부 화갑기념논총』, 현암사, 1997.
140 법무부, 1987, 139·239쪽.
141 천황은 대외적 위기에 맞선 일종의 고안물로, 불안과 절망 및 자기상실의 산물이자 일본 지배계급의 도구였다. 박진우 편저,「고모리 요이치」,『21세기 천황제와 일본: 일본 지식인과의 대담』, 논형, 2006, 129쪽; 고모리 요이치 저, 송태욱 역,『포스트콜로니얼: 식민지적 무의식과 식민주의적 의식』, 삼인, 2002, 35쪽.
142 영국과 프랑스 식으로 국회의 권한을 인정하면 군주제가 흔들리고 공화제로 갈 것이라는 우려가 작용했다. 방광석,『근대 일본의 국가체제 확립과정: 이토 히로부미와 제국헌법체제』, 혜안, 2009, 147-158쪽.
143 법의 내용은 다음과 같다. "제1조 무정부주의, 공산주의, 기타에 관한 국가 법률을 문란케 하는 사항을 선전하고자 하는 자는 7년 이하의 징역 금고에 처한다", "제3조 사회의 근본조직을 폭동, 폭행, 협박 기타의 방법 수단에 의해 변혁하려고 선전하고자 하는 자는 5년

이하의 징역 또는 금고에 처한다"고 되어 있다.
144 리차드 H. 미첼 저, 김윤식 역, 1982, 51쪽.
145 荻野富士夫, 『思想檢事』, 岩波書店, 2000; 奧平康弘, 『治安維持法 小史』, 筑摩書房, 1977.
146 1930년대 발간된 사전에는 '아카이'가 공산주의 무정부주의 등 과격한 사상에 '오염'된 사람을 지칭하는 용어라고 설명했다. 김득중, 「사상의 자유: 치안유지법과 빨갱이 낙인을 중심으로」, 국가인권위원회, 『대한민국 인권 근현대사』 2, 2019, 133쪽.
147 김형곤, 『미국의 적색공포 1919~1920』, 역민사, 1996.
148 이들의 전향에 대해서는 思想의 科學硏究會, 『共同硏究 轉向』 上, 平凡社, 1970, 164-200쪽.
149 허은, 『냉전과 새마을: 동아시아 냉전의 연쇄와 분단국가 체제』, 창비, 2022, 78쪽.
150 허은, 2022, 103쪽.
151 강덕상 저, 김동수·박수철 역, 『학살의 기억, 관동대지진』, 역사비평사, 2005, 104쪽.
152 안유림, 「일제 치안유지법 체제하 조선의 예심제도」, 『이화사학연구』 38, 2009; 신동운, 「일제하의 예심제도에 관하여」, 『법학』 65, 1986, 149-165쪽.
153 예를 들어 안중근은 법정에서 자신을 전범포로로 대우해달라고 했고, 정의부의 군사위원장이었던 오동진은 "심판을 받아야 할 놈들이 나를 심판해?"라고 큰 소리로 재판부를 꾸짖었다.
154 박진우 편저, 「야스마루 요시오」, 『21세기 천황제와 일본: 일본 지식인과의 대담』, 논형, 2006, 10쪽.
155 水野直樹 저, 이명록 역, 「朝鮮에 있어서 治安維持法 體制의 植民地的 性格」, 『법사학연구』 26, 2002, 49-76쪽.
156 임경석, 「일본인의 조선연구: 사상검사 이토 노리오(伊藤憲郎)의 사

회주의 연구를 중심으로」,『한국사학사학보』29, 2014.
157 지수걸,「조선 정치사상범 탄압을 문제삼아야 할 이유」,『역사비평』 45, 1998, 92-105쪽.
158 荻野富士夫, 2000, 350쪽; 전명혁,『형사판결문으로 본 치안유지법 사건과 1930~40년대 초 사회주의운동』, 선인, 2020 참조.
159 高等法院檢事局思想部,『思想彙報』1, 1937, 3-108쪽. 여기서 일본 검사들은 독립운동의 법적 위반 여부를 논하고 있다.
160 황민호,「전시통제기 조선총독부의 사상범 문제에 대한 인식과 통제」,『사학연구』79, 2005, 223쪽.
161 황민호, 2005, 236쪽.
162 안창호도 "전향을 하고 안 하고는 자유의사다. 내가 이런 일을 법대로 끝내고 자유로운 몸이 되었을 때 자유로운 생각으로 처리할 일이다. 유치장에 갇혀 있는 몸으로 전향을 한다면 그것이 무슨 전향이 되겠느냐"고 했다. 도산안창호선생전집편찬위원회,『도산안창호전집』12, 도산안창호선생기념사업회, 2000, 923쪽(이태복,『도산 안창호 평전』, 흰두루, 2012, 436쪽에서 재인용). 우익 항일운동가 김창숙에게까지 망명생활을 청산하고 국내에서 들어와 귀순한다면 과거 범행을 모두 불문에 부치고 후대하겠다고, 집을 고치고 논밭을 새로 사줘 생활을 보장하겠다고 했다. 김창숙,「벽옹 73년 회상기」,『국역 심산유고』, 1979, 739-740쪽(임경석,「차마 적지 못했네, 죽은 아들 이야기는」,『한겨레21』1336, 2020에서 재인용).
163 황민호, 2005, 211쪽.
164 황민호, 2005, 96쪽.
165 황민호, 2005, 233쪽.
166 양한모의 증언에 의하면 대화숙 입소는 강제 사항이 아니었던 것으로 보인다. 양한모,『교회와 공산주의』, 가톨릭출판사, 1992, 13쪽.
167 리차드 H. 미첼 저, 김윤식 역, 1982, 113쪽.

168 「"思想犯"做了些什么」,『人民法院報』, 2012. 4. 27.
169 "우리는 황국신민이며 충성으로서 천황의 나라에 보답하자. 우리 황국신민은 서로 신애 협력하여 단결을 굳게 하자. 우리 황국신민은 인고 단련의 힘을 양성하여 황도를 선양하자"는 내용이다.
170 비행기를 헌납한 친일 자본가 문명기는 자식들이 만약 조선말을 하면 "이 못된 비국민(非國民)아!"라고 고함 지르면서 기절하도록 난타했다고 한다. db.history.go.kr/item/bookViewer.do?levelId=pj_001_0070.
171 다카시 후지타니 저, 이경훈 역, 2019.
172 일본 육사 출신 가미카제 특공대 전사 최정근의 생전 발언. 길윤형, 『나는 조선인 가미카제다』, 서해문집, 2012, 81쪽.
173 이기훈, 「식민지 경험과 박정희 시대: 일제하 식민지 사범교육 – 대구사범학교를 중심으로」, 『역사문제연구』 9, 2002, 41-76쪽; 이경숙, 「전시체제기 대구사범학교 학생 일기 분석: 기록과 비기록의 관점에서」, 『한국교육사학』 41-1, 2019, 47-79쪽.
174 조선총독부 경찰국보안과, 『고등외사월보』 2, 1939, 86쪽(전상숙, 「일제 파시즘기 사상통제정책과 전향」, 『한국정치학회보』 39-3, 2005, 202쪽에서 재인용).

제2부 사상통제의 장(場, champ)과 집행

1 en.wikipedia.org/wiki/Ku_Klux_Klan.
2 en.wikipedia.org/wiki/Communist_Party_USA.
3 Ted Morgan, *Reds: McCarthyism in Twentieth-Century America*, New York: Random House, 2003, p. 515.
4 그 예로 1917년 러시아혁명 당시 러시아에는 2,277명당 1인의 공

산당원이 있었지만, 1947년 당시 미국에는 1,814명당 1인의 공산당이 있기 때문이라고 진단했다. Committee on Un-American Activities, "Investigation on Un-American Propaganda Activities in the United States," *Hearings before the committee on Un-American Activities House of Representatives*, Washington: United States Government Printing Office, March 26, 1947.

5 박홍규,「개발독재와 인권: 아시아, 특히 한국의 국가안보이데올로기와 인권침해」,『민주법학』10, 1996.
6 대량학살(genocide)은 종교, 민족, 인종의 순수성과 단일성의 이름으로 다른 종족이나 종교집단을 말살하는 것이다. Alexander Laban Hinton (ed.), *Annihilating Difference: The Anthropology of Genocide*, Berkeley: University of California Press, 2002, p.6.
7 동아시아 냉전의 성격에 대해서는 시모토마이 노부오 저, 정연식 역,『아시아 냉전사』, 경북대학교 출판부, 2017; 백원담,「냉전적 학지로부터 전지구적 사상운동으로」, 백원담·강성현,『열전 속 냉전, 냉전 속 열전』, 진인진, 2017.
8 존 루이스 개디스 저, 정철·김규형 역,『냉전의 역사: 거래, 스파이, 거짓말, 그리고 진실』, 에코리브르, 2010, 72쪽.
9 마루야마 마사오 저, 김석근 역,『현대정치의 사상과 행동』, 한길사, 1997, 314쪽.
10 B. S. K., "Greece: The Aftermath of Civil War," *The World Today*, Vol.6, No.1, 1950, pp.37-48.
11 란보쩌우,「타이완 백색테러가 피해자 가족에게 초래한 고통과 비애」, 동아시아평화인권한국위원회 편,『동아시아와 근대의 폭력』2, 삼인, 2001.
12 제2차 세계대전 당시 만주국이 일본의 방공 보루였다면 1953년 이후에는 이제 남한이 그 위상과 역사적·정치적 성격을 갖게 되었다.

13 Jim Glassman, *Drums of War, Drums of Development: The Formation of a Pacific Ruling Class and Industrial Transformation in East and Southeast Asia*, 1945-1980, Chicago: Haymarket Books, 2019.
14 미국 정부의 공식 선전기관은 1942년 6월에 설립된 전시정보국(OWI)이었고, 군의 선전기관은 합동참모본부 산하의 전략국(OSS, CIA의 전신)이었으며, 1944년 6월 맥아더 사령부는 심리전부(PWB)를 설치했다. 장회식, 『제국의 전쟁과 전략』, 선인, 2013 참조. 냉전시기 동아시아, 미국이 주도한 심리전에 대해서는 백원담·강성현, 2017; 6·25전쟁기 미군의 심리전에 대해서는 정용욱, 「6·25전쟁기 미군의 심리전 조직과 전개양상」, 『한국사론』 50, 2004.
15 이임하, 「심리전, 전후 세계질서를 구성하다: 낙하산 뉴스와 '자유세계'로 본 미군의 심리전」, 백원담·강성현, 『열전 속 냉전, 냉전 속 열전』, 진인진, 2017.
16 6·25한국전쟁기 뿌려진 삐라에서 가장 자주 사용된 용어는 '노예', '자유'였다.
17 Immanuel Wallerstein, "What Cold War in Asia? An Interpretive Essay," Zheng Yangwen, Hong Liu, and Michael Szonyi (eds.), *The Cold War in Asia: The Battle for Hearts and Minds*, Leiden: Brill, 2010.
18 이상준, 「아시아재단의 영화프로젝트와 1950년대 아시아의 문화냉전」, 『한국학연구』 48, 2018, 49-84쪽; Michael J. Seth, *Education Fever: Society, Politics, and the Pursuit of Schooling in South Korea*, Honolulu: University of Hawaii Press, 2002, pp.34-73.
19 박홍규, 「우리에게 사상의 자유는 있는가?」, 『민주법학』 15, 1999.
20 John O. Iatrides, "George F. Kennan and the Birth of Containment: The Greek Test Case," *World Policy Journal*, Vol.22, No.3, 2005,

pp. 126-145.
21　Roger Hilsman, "American Foreign Policy: Focus on Asia," *Brigham Young University Studies*, Vol. 12, No. 1, 1972, pp. 9-22; Dong-Choon Kim, "How Anti-Communism Disrupted Decolonization: South Korea's State-Building Under US Patronage," C. Gerlach & C. Six (eds.), *The Palgrave Handbook of Anti-Communist Persecutions*, London: Palgrave, 2020.
22　나가사와 유코, 「전후 일본의 잔여주권과 한국의 독립승인」, 이동준·장박진 편저, 『미완의 해방: 한일관계의 기원과 전개』, 아연출판부·고려대학교아세아문제연구소, 2013, 37쪽.
23　원문은 다음과 같다. "All persons will obey promptly all my orders and orders issued under my authority. Acts of resistance to the occupying forces or any acts which may disturb public peace and safety will be punished severely".
24　1945년 9월 6일 남한에 들어온 해리스 준장은 총독부 당국과 만나 "한국은 여전히 총독 총감의 총괄하에 두고… 미군정의 행정체계가 완비되어 정상적인 단계에 오르기까지 일본 총독부의 관리들을 충원할 수 있다"고 말했다. 송남헌, 『해방 3년사 1: 1945~1948』, 까치, 1985, 90쪽.
25　9월 1일 미 24군단과 직통전화를 설치한 총독부의 고오츠키 중장은 한국에는 평화와 질서를 파괴하려는 공산주의자들과 선동분자들이 준동하고 있으며 적색 노동조합이 미군정의 상륙을 방해할 수 있다고 미군에게 경고했다. 송남헌, 1985, 93쪽.
26　존 다우어 저, 최은석 역, 『패배를 껴안고』, 민음사, 2009.
27　강혜경, 「미군정기 서울의 치안과 경찰」, 『향토경찰』 71, 2008, 46쪽.
28　원구한, 「한국경찰관료제의 대표성 분석」, 『현대사회와 행정』 14-1, 2004.

29 미군정과 임시정부 수립을 협의하던 소련 측이 '애국지사와 독립운동가를 희생시킨 악질 경찰관을 그대로 기용한 점'에 대해 비판하자 "모르는 소리 마시오. 당신이 존경하는 레닌도 권력을 장악한 뒤 제정 러시아 경찰을 그대로 쓴 사실을 모르는가. 경찰은 어디까지나 기술직이다"라고 응수했다. 장병혜, 『상록의 자유혼: 창랑 장택상 일대기』, 장택상기념사업회, 1973, 79쪽.

30 장신, 「일제하 조선인 고등관료의 형성과 정체성: 고등문관시험 행정과 합격자를 중심으로」, 『역사와 현실』 63, 2007.

31 김득중, 「한국전쟁 전후 육군 방첩대(CIC)의 조직과 활동」, 서중석 외 저, 『전쟁 속의 또 다른 전쟁: 미국문서로 본 한국전쟁과 학살』, 선인, 2011.

32 박찬식, 「4·3 진상규명 운동과 지역권력」, 『4·3과 제주역사』, 각, 2008, 465-467쪽.

33 Carl Schmitt, *Political Theology: Four Chapters on the Concept of Sovereignty*, Chicago: University of Chicago Press, 2005.

34 조은정, 「해방 이후(1945~1950) '전향'과 냉전국민의 형성: 전향성명서와 문화인의 전향을 중심으로」, 성균관대학교 박사학위논문, 2018, 28쪽.

35 국회사무처, 「제12회 국무회의 회의록」, 1949.1.21(제주4·3사건 진상규명 및 희생자명예회복위원회, 『제주4·3사건 진상조사보고서』, 2003, 287쪽에서 재인용).

36 1930년대 말 이후 일제는 소련과의 전쟁에서 동아시아 방공지대화 구축을 추진했다. 그것은 동아시아 공산화를 막기 위한 전쟁이었다. 그것은 동시에 사상전쟁이기도 했다. 중일전쟁 역시 중국과 일본의 전쟁이 아니라 방공전쟁, 즉 국제전의 성격으로서 의미를 부여했다. 허은, 『냉전과 새마을: 동아시아 냉전의 연쇄와 분단국가 체제』, 창비, 2022, 46쪽.

37 한국전쟁 전후 미국의 정보전쟁 수행에 대해서는 William B. Breuer, *Shadow Warriors: The Covert War in Korea*, New York: John Wiley & Sons, 1996; 박하리마오,『38선도 6·25한국전쟁도 미국의 작품이었다!』, 새로운사람들, 1998.
38 「비국민행동 조사위원회 설치 건의」,『동아일보』, 1949.6.21.
39 오펜하이머(J. Robert Oppenheimer)는 제2차 세계대전 중에 로스앨러모스 국립연구소의 소장이 되어 여러 학자들과 함께 원자폭탄을 만들기 위한 맨해튼계획을 수행했다. 그러나 1950년 수소폭탄 제조에 반대했다가 공산주의자로 몰려 모든 공직에서 쫓겨났다.
40 초기 대화숙(大和塾)은 재단법인 형태로 조직되었다. 대화숙은 전 조선에 국어(일본어)강습회를 조직하는 일에 힘썼고, 조직의 경제활동 기반을 마련했다.
41 국민보도연맹사건 전반에 대해서는 김기진,『끝나지 않은 전쟁: 국민보도연맹』, 역사비평사, 2002; 진실화해위원회,『2009년 하반기 조사보고서』7, 2010; 강성현,「한국 사상통제 기제의 역사적 형성과 '보도연맹 사건', 1925~50」, 서울대학교 박사학위논문, 2012 참조.
42 국방부 전사편찬위원회,「참전군인 증언록」, 오제도 증언(HA03569), 1977.1.27.
43 진실화해위원회, 2010.
44 강성현, 2012, 377쪽.
45 奧平康弘,『治安維持法 小史』, 筑摩書房, 1977, 215-217쪽.
46 강성현, 2012 참조.
47 전쟁기 학살을 정당화한 법에 대해서는 한인섭,「한국전쟁과 형사법: 부역자 처벌 및 민간인 학살과 관련된 법적 문제를 중심으로」,『법학』41-2, 2000.
48 진실화해위원회, 2009b; 2010, 392쪽 참조.
49 김태선 서울시 경찰국장이 26일 저녁 이승만을 방문해서 "서대문

형무소에는 수천 명의 공산당 놈들이 갇혀 있습니다. 그들은 인왕산을 넘어 제일 먼저 여기 옵니다"라고 보고한 내용이 있다. 중앙일보사,『민족의 증언: 한국전쟁 실록』1~6, 을유문화사, 1972, 104쪽. 그러나 이들을 어떻게 하라는 협의 내용은 없다. 김태선은 로이터(Reuters)와의 전쟁 발발 직후 기자회견에서 치안 상태가 아주 나빠서 1,200명의 간첩들을 처형했다고 인터뷰했다. *The New York Times*, 14th July; *The Worker*, 16th July, 1950. 주한미국대사 존 무초(John Muccio) 역시 김태선이 간첩들을 처형했다고 증언했다. www.trumanlibrary.org/oralhist/muccio2.htm. 이승만의 최측근인 김태선의 외신 인터뷰는 집단학살 계획이 이승만 대통령 측근 몇 사람의 논의에 의해 이루어졌을 가능성을 말해주고 있다.

50 실제 비상조치령은 전쟁 발발 다음 날인 6월 26일 발표된 것으로 확인된다.
51 국방부 전사편찬위원회, 1977. 1. 27, C388.
52 공보처,『대통령 이승만 박사 담화집』, 1953, 37쪽.
53 김만식의 증언은 진실화해위원회, 2010, 496쪽 참고.
54 25th CIC Detachment, "War Diary and Activity Report," RG407, Box3758, 1950.11.2; 주한미국대사관의 군무원 에드워드(Bob Edwards) 중령은 대전 산내면 학살 현장 사진 18장을 찍어서 보고했는데, "처형 명령은 의심할 바 없이 최상층부에서 내려왔다"고 적었다. KMAG, "Executions of Political Prisoners in Korea," Report Number R-189-50, RG319, Box4622. 데일리 워커(*The Daily Worker*)의 위닝턴(Alan Winnington) 기자는 대전형무소 수감자 학살 현장을 돌아보고서 쓴 팸플릿에서 "미군사 고문단의 지휘하에 있는 한국 경찰이 대전 근처의 낭월동에서 수천 명의 인민을 도살했다. 학살의 목격자들에 의하면 사건 발생 3일 동안 두 대의 지프에 미군이 타고서 학살을 지켜보았다"고 했다. Winnington,

Alan, *I Saw the Truth in Korea*, London: People's Press Printing Society, 1950.

55 주한미국대사 무초의 회고에서도 지적한 바 있다. www.trumanlibrary.org/oralhist/muccio2.htm. 경남 지리산 자락은 1949년부터 무법천지였다고 한다. 길 가는 군인을 쳐다보기만 해도 불러세운 뒤 다짜고짜 개머리판으로 내리쳤다. 『항도일보』, 1989. 9. 25(정희상, 『이대로는 눈을 감을 수 없소: 6·25전후 민간인 학살 사건 발굴르뽀』, 돌베개, 1990, 52쪽에서 재인용).

56 국방부 정훈국 전사편찬위원회, 「이대통령 북한동포에 고함」(1950. 10. 27), 『한국전란일년지』, 1951, C20.

57 타이완에서 비첩은 '공비'와 '간첩'이라는 두 개념을 결합하여 만들어낸 말이다. 다시 말하면 공비로서 타이완에서 간첩활동을 하는 지하공작원이다. 반란 진압 시기의 검숙비첩조례(檢肅匪諜條例)에 따르면 비첩이란 '징치반란조례(懲治叛亂條例)에서 지칭하는 반도 혹은 반도와 결탁한 사람'이라고 규정하고 있다. 曾薰慧·藏汝興 저, 박강배 역, 「'적(異己)' 쓰기: 50년대 백색테러 시기 '비첩(匪諜)'의 상징 분석」, 『제노사이드 연구』2, 2007, 204쪽.

58 김학재, 「사상검열과 포로가 된 국민: 국민보도연맹과 국가감시체계」, 『당대비평』27, 2004, 20쪽.

59 「반란군에게 보내는 투항 경고문」, 1948. 10. 22; 윤장호, 『호국경찰전사』, 도서출판 제일, 1995, 29쪽.

60 제5열(第五列, fifth column)이란 '국가나 도시 등 보다 큰 공동체의 내부에서부터 형성되어 그 기저에 암약하는 존재'를 지칭한다. 제5열은 사보타주(sabotage), 역정보, 간첩 등의 활동을 한다.

61 전갑생, 「한국전쟁기 간첩 담론 연구」, 『역사연구』22, 2012, 59-103쪽.

62 윤장호, 1995, 50쪽.

63 윤장호, 1995 참조.

64　존 메릴 저, 신성환 역,『침략인가 해방전쟁인가: 1948~1950 한국 전쟁의 국내적 배경』, 과학과사상, 1988, 304쪽.
65　정용욱,「한국전쟁시 미군 방첩대 조직 및 운영」, 국방부 군사편찬연구소,『軍事史 硏究叢書』1, 2001, 39-89쪽.
66　거제문화원향토사연구소, 전갑생 해제 및 번역,『거제 근현대 문헌총서』6, 2016.
67　국방부 정훈국 전사편찬위원회,「이대통령 대북방송」(1950.5.6),『한국전란1년지』, 1951, C2.
68　국방부 정훈국 전사편찬위원회,「계엄령 선포에 대한 이대통령 특별담화」(1950.7.15),『한국전란일년지』, 1951, C8.
69　타이완에서 사용된 '국가안전', '비첩 불멸', '백성 불안' 등의 경고성 언어도 여기에 속한다.
70　김학재,「전쟁포로들의 저항과 반공 오리엔탈리즘: 한국전쟁기 유엔군 포로수용소 내 사건들을 중심으로」,『사림』36, 2010, 141-178쪽.
71　스위스 제네바에서 열린 협약으로, 제네바조약이라고도 하며 전쟁에서의 인도적 대우에 관한 기준을 정립한 국제협약이다. 그중 제3협약이 포로의 대우에 관한 협약(1929년)이다. "부상 등으로 전투력을 잃은 군인이나 적대행위를 하지 않는 사람은 인도적으로 대우해야 한다"는 내용이 있으며, 제3협약 제118조는 "포로는 적극적인 적대행위가 종료한 후 지체 없이 석방하고 송환하여야 한다"는 내용이다.
72　Phillip Deane, *I was a Captive in Korea*, New York: Norton & Company Inc., 1953, pp.142-145.
73　Monica Kim, *The Interrogation Rooms of the Korean War: The Untold History*, Princeton University Press, 2019; 이인모 기록, 신준영 정리,『전인민군 종군기자 수기: 이인모』, 말, 1992, 56쪽.

74 거제문화원향토사연구소, 2016.
75 국방부 정훈국 전사편찬위원회, 「이대통령 수도입성에 대한 특별 성명」(1950.9.13), 『한국전란일년지』, 1951, C15.
76 Wilfred Burchett & Alain Winnington, *Koje Unscreened*, Pecking L China, 1953.
77 Wilfred Burchett & Alain Winnington, 1953.
78 김학재, 『판문점 체제의 기원』, 후마니타스, 2015, 402쪽.
79 마루야마 마사오 저, 김석근 역, 1997, 353쪽.
80 타이완의 장제스 체제를 유사 보나파르티즘이라고 본 것은 천잉쩐, 「타이완 당대사의 새로운 해석」, 동아시아평화인권한국위원회 편, 『동아시아와 근대의 폭력』1, 삼인, 2001. 한국의 이승만 정권을 이렇게 해석한 것으로는 김일영, 「이승만 통치기 정치체계의 성격에 관한 연구」, 성균관대학교 박사학위논문, 1990.
81 Roger Hilsman, *Internal War: The New Communist Tactic*, Department of State, 1961; 허은, 2022, 33쪽.
82 심희기, 「사회안전법의 물적 기초」, 『계명』 21, 1999, 297-308쪽.
83 여성 빨치산 정순덕은 1962년까지 지리산에서 살아남았다.
84 후지이 다케시, 「족청·족청계의 이념과 활동」, 성균관대학교 박사학위논문, 2010, 301-323쪽.
85 서중석, 『이승만의 정치이데올로기』, 역사비평사, 2005, 111쪽.
86 마루야마 마사오 저, 김석근 역, 1997, 314쪽.
87 6·25 발발 전후 군 방첩대, 공안검찰이나 군 정훈부대에서는 후방 교란 위험을 제기했는데, 전투가 계속되던 1952년 무렵 6·25한국전쟁은 사상전이며 따라서 그 전쟁에서 승리하기 위해서는 '사상의 통일'과 함께 적의 '후방교란 책동의 방지'가 중요하다는 문제 제기가 있었다. 육군본부 정훈차감 김병률의 문제 제기는 김병률, 「현대전과 국민조직」, 『국방』 10, 1952, 34쪽(허은, 2022, 169쪽에서 재인용).

88 후지이 다케시,「4·19/5·16 시기의 반공체제 재편과 그 논리: 반공법의 등장과 그 담지자들」,『역사문제연구』25, 2011b.
89 수동혁명(passive revolution)은 그람시가 사용한 개념이다. 피지배계급의 도전이 혁명으로까지 전개되지 못할 경우 지배계급이 이들의 요구를 일부 수용하여 지배질서를 재편하는 것을 의미한다. 안토니오 그람시 저, 이상훈 역,『옥중수고』1, 거름, 1986.
90 김동춘,「한국형 신자유주의 기원으로서 반공자유주의: 반공국가, 발전국가와 신자유주의의 연속성」,『경제와 사회』118, 2018, 240-276쪽.
91 「6·25동란 제18주년에 즈음한 담화문」(1968.6.25), 대통령비서실,『박정희 대통령 연설문집』5, 1969, 192-193쪽.
92 「60~80년대 선거는 정보기관 선거」,『경향신문』, 2007.10.25.
93 전인권,『박정희 평전: 박정희의 정치사상과 행동에 관한 전기적 연구』, 이학사, 2006, 250쪽.
94 허은, 2022, 377쪽.
95 대통령비서실,『박정희 대통령 연설문집』11, 1975, 26, 183쪽.
96 국정원 과거사건진실규명을통한발전위원회의 진실규명과 법원의 판결로 최종적으로 그 조작 사실이 확인되었다. 국정원 과거사건진실규명을통한발전위원회,『과거와 대화, 미래의 성찰 2: 주요의혹사건편(상권)』, 2007b 참조.
97 돈 오버도퍼 저, 이종길 역,『두 개의 한국』, 길산, 2002, 75쪽.
98 松本武祝,「戰時期朝鮮における朝鮮人地方行政職員の『対日協力』」,『支配と暴力』, 岩波書店, 2007.
99 노다 마사아키 저, 서혜영 역,『전쟁과 인간』, 길, 2000, 25쪽.
100 이러한 주한미군 감축 움직임은 지배세력의 위기의식에서 출발하여 국민적 위기의식으로 전화되었다. 이러한 국민의식상의 안보 위기도 비록 의도적으로 만들어진 것이라 하더라도 하나의 여론 혹은

정치적 분위기라는 형태로 객관화되었다고 볼 수 있으나, 그것이 곧 유신을 정당화해 주는 것은 물론 아니었다. 홍석률,「유신체제의 형성」, 안병욱 등 저,『유신과 반유신』, 민주화운동기념사업회, 2005, 68쪽.

101 당시 주한미국대사 하비브(Philip Habib)의 판단이었다. 돈 오버도퍼 저, 이종길 역, 2002, 73쪽.
102 1974년 11월 제1땅굴이 발견되었다. 월남의 패망이 위기의식을 가중시켰을 수 있으나 유신이 선포되던 1972년 시점에는 그러한 도발은 없었고, 오히려 남북비밀회담이 진행 중이었다.
103 돈 오버도퍼 저, 이종길 역, 2002, 75쪽.
104 Pierre Bourdieu, *Language and Symbolic Power*, Cambridge: Polity Press, 1991.
105 「이 대통령 불순분자 제거를 위해 아동까지 일일이 조사해야 한다고 담화」,『수산경제신문』, 1948. 11. 4.
106 「국회, 반란수습을 위한 긴급대책 토의」,『자유신문』, 1948. 10. 30.
107 「사설: 반란에 학도참가들 보고」,『조선일보』, 1948. 11. 2.
108 박종화,「남행록」,『동아일보』, 1948. 11. 21.
109 「5여단 정보참모, 이번 달 내로 학생들 등교하지 않으면 폭도로 처단한다고 경고」,『동광신문』, 1948. 11. 26.
110 당시 언론이나 보고서에서는 실리지 않았지만, 사실 반란군에 의한 경찰, 우익 인사 학살 규모를 몇 배 더 넘는 군경의 민간인 학살이 전남 서부 지역 일대에서 벌어지고 있었다. 이것은 이경모 등의 사진 기록에서도 알 수 있고, 반세기가 지난 1990년대 이후 지역의 운동단체에 의해서도 밝혀졌다. 최정기 외,『전쟁과 재현: 마을 공동체의 고통과 그 대면』, 한울, 2008; 여수지역사회연구소,『여순사건자료집』1·2, 2001.
111 김삼규,「정당활동의 신단계」,『동아일보』, 1948. 9. 5.

112 신동운 편저, 『재판관의 고민: 유병진 법률논집』, 법문사, 2008, 95-96쪽.
113 신동운 편저, 2008, 119쪽.
114 이것은 미국에서 반공주의가 극성을 부릴 때도 거의 마찬가지였다. 반공은 그냥 국민 정체성이지 공산주의에 대한 구체적 의견이나 생각이 아니었다. Joel Kovel, *Red Hunting in the Promised Land: Anticommunism and the Making of America*, New York: Basic Books, p. 4.
115 "쇠파이프 각목을 소지 회사 정문을 봉쇄하는 등 행위는 순수한 노동운동의 차원을 넘어서는 것", 노동부, 「안산시 반월공단 금강공업 노조 간부 분신사건 관련 '경찰투입배경' 문서」, 1990.
116 필자는 반공주의는 의사종교라고 보았다. 김동춘, 『전쟁과 사회: 우리에게 한국전쟁은 무엇이었나』, 돌베개, 2006b.
117 "박정희를 살리기 위해서는 황태성을 희생시켜야 한다. … 언제 우리 민족은 사상이 다르다고 서로 죽고 죽이는 비극을 면할 날이 있을까. 아니 그러기 위해서 우선 반공을 해야 해." 김형욱·박사월, 『김형욱 회고록: 한국 중앙정보부』 2, 아침, 1985, 93쪽.
118 "메이지헌법 제1조 대일본제국은 만세일계의 천황이 통치한다. 제3조 천황은 신성하며 침범해서는 안 된다. 제4조 천황은 국가의 원수로서 통치권을 총람하고 이 헌법의 조규에 의해 행한다"는 내용이 국체론의 핵심이다.
119 리차드 H. 미첼 저, 김윤식 역, 『일제의 사상통제: 사상전향과 그 법체계』, 일지사, 1982, 17쪽
120 리차드 H. 미첼 저, 김윤식 역, 1982, 14쪽.
121 마루야마 마사오 저, 김석근 역, 1997, 50쪽.
122 리차드 H. 미첼 저, 김윤식 역, 1982, 25쪽.
123 강성현, 2012, 47쪽.

124 박진우 편저,「고모리 요이치」,『21세기 천황제와 일본: 일본 지식인과의 대담』, 논형, 2006, 140쪽.
125 코세키 쇼오이찌 저, 김창록 역,『일본국 헌법의 탄생』, 뿌리와이파리, 2009, 244-245쪽.
126 코세키 쇼오이찌 저, 김창록 역, 2009, 247쪽.
127 마루야마 마사오 저, 김석근 역,「초국가주의의 논리와 심리」,『현대 정치의 사상과 행동』, 한길사, 1997, 57쪽.
128 일본의 기독교는 이러한 천황 종교와 타협을 했는데, 이를 강력하게 비판한 기독교인으로는 기노시타 나오에(木下尚江), 우치무라 간조(內村鑑三) 등을 들 수 있다. 기노시타 나오에의 천황제 비판에 대해서는 鄭玹汀,『天皇制國家と女性: 日本キリスト教史における木下尚江』, 教文館, 2013.
129 전후 일본의 상징 천황제의 존속 역시 같은 맥락에서 해석할 수 있다. 일본에서도 천황은 '예외적 예외'의 존재로서 남아 있어야 했다. 김항,「예외적 예외로서의 천황: 근대 일본의 헌법과 주권」,『대동문화연구』70, 2010, 367-408쪽.
130 박진우 편저,「윤건차」,『21세기 천황제와 일본: 일본 지식인과의 대담』, 논형, 2006, 188-228쪽.
131 논리적으로 독립운동이 곧바로 국체 변혁으로 해석된 것은 아니고 상당한 논란의 여지가 있었다. 水野直樹 저, 이명록 역,「朝鮮에 있어서 治安維持法 體制의 植民地的 性格」,『법사학연구』26, 2002, 8쪽. 이후 신간회에 대한 판례에서 조선인의 정치적 분리는 제국의 통치권을 배척하는 것으로 논리가 정립되었다.
132 이것은 네이버 뉴스 라이브러리에서 검색한 결과이다. newslibrary.naver.com.
133 「[보선 승리 후 DJP] "계속 공조" "우리 당만이…" 딴소리」,『조선일보』, 1997.3.7.

134 「이철승, 건국 이념 되새겨야」, 『조선일보』, 1998. 8. 17.
135 「한국당 '웰빙 多選' 퇴출시킨다」, 『조선일보』, 2018. 11. 5.
136 「통합당 "토지공개념 등 헌법정신 건드리는 개헌 반대"」, 『조선일보』, 2020. 5. 1.
137 「"한국이 사드 3불 합의" 중국에 또 반박 못하는 외교부」, 『조선일보』, 2020. 10. 26.
138 「'자유민주주의 뺀 교육과정' 헌재 심판받는다」, 『조선일보』, 2018. 8. 27.
139 함석헌, 『생각하는 백성이라야 산다』, 한길사, 1996.
140 「진보당 정강정책」, 『조선일보』, 1960. 2. 12.
141 「대공사찰에 전력을 기하라」, 『조선일보』, 1958. 5. 22.
142 문인구, 『신국가보안법개론』, 경찰도서출판협회, 1959.
143 「國家保安法改正의 先決條件」, 『동아일보』, 1958. 12. 2.
144 국방보안법은 일제 말 전시체제하에서 내부의 간첩을 색출, 처벌하기 위한 법이었다. 첩보와 모략에 대처하고 國防機能 保安하여 帝國의 安全을 위협할 경우 군법회의에 회부한다는 예외적 법체계였다. ja.wikisource.org/wiki/國防保安法.
145 「경상남북도 피학살자 유족회 사건」, 한완상·이우재·심재택, 『4·19혁명론: 자료편』 2, 일월서각, 1983, 451쪽.
146 2008~2009년 진실화해위원회 조사 과정에서 이재운·이택돈 진술. 진실화해위원회, 「5·16쿠데타 직후의 인권침해 사건 진실규명결정서」, 2009a, 82-83쪽.
147 진실화해위원회, 2009a, 82쪽.
148 김형욱·박사월, 1985, 70쪽.
149 이완범, 「1964년 『세대』지 필화사건과 황용주(1918~2001)」, 『21세기정치학회보』 25-1, 2015, 53-79쪽.
150 〈최재구 의원 발언〉, 국회사무처, 「제12대 국회 제131회 제10차 본

회의 회의록」, 1986. 10. 23.
151 〈장기욱 의원 발언〉, 국회사무처, 「제12대 국회 제131회 제16차 본회의 회의록」, 1986. 10. 30.
152 존 B. 베리 저, 박홍규 역, 『사상의 자유의 역사』, 바오, 2013, 103쪽.
153 국방부 정훈국 전사편찬위원회, 「이 대통령의 신당조직에 관한 담화」(1951. 8. 25), 『한국전란이년지』, 1953, 139쪽.
154 이승만은 처음에 당의 명칭을 노농당으로 정하려 했으나 나중에 자유당으로 고쳤다.
155 서중석, 2005, 192쪽.
156 코세키 쇼오이찌 저, 김창록 역, 2009.
157 남궁효경, 「국가모독죄에 관한 고찰」, 『법학』 33-2, 1992.
158 casenote.kr/헌법재판소/2016헌바96.
159 김동춘, 「간첩만들기의 전쟁정치: 지배질서로서 유신체제」, 『민주사회와 정책연구』 21, 2012.
160 이나미, 「일제의 조선지배 이데올로기」, 『정치사상연구』 9, 2003, 61-92쪽.
161 Andrew Bacevich, *The Age of Illusions: How America Squandered Its Cold war Victory*, New York: Henry Holt and Company, 2020, p.81.
162 Andrew Bacevich, 2020, p.81.
163 에른스트 카시러 저, 최명관 역, 『국가의 신화』, 창, 2016, 401쪽.
164 Antoine Vauchez, "Champ Jurisdique," Gisèle Sapiro(sous la direction de), *Dictionnaire International Bourdieu*, Paris: CNRS Editions, 2020a, pp.145-146.
165 "형벌은 인간의 열정과 관련된 반응이다." 에밀 뒤르켐 저, 민문홍 역, 『사회분업론』, 아카넷, 2012, 135쪽.
166 이성택, 「민주화이후의 국가보안법: 제도화와 담론화의 전체주의

경향성을 중심으로」,『사회와 이론』8, 2006.
167 이성택, 2006, 177쪽.
168 백윤철·김상겸,「6·25전쟁 전후 계엄업무 수행체계 연구」, 국방부 군사편찬연구소,『민군관련사건 연구논문집』, 2005.
169 계엄하 민간인 대상의 군법회의는 사실상 즉결처분이었다. 김춘수, 『한국 계엄의 기원』, 선인, 2018, 86쪽. 그것은 사실상 학살이었다.
170 법의 정당성은 공동체의 도덕성을 반영할 때 수립될 수 있다. Amber Miller, "LAW AND FOUCAULT'S POWER RELATIONS," *Northeast Law Review*, Vol. 3, 2015.
171 뒤르켐은 "동일한 사회의 평균적 구성원에게 공통된 믿음과 감정의 총체는 그 자신의 고유한 삶을 갖는 확정된 체계를 형성"한다고 보면서 그것을 집합의식, 공동의식이라 불렀다. 에밀 뒤르켐 저, 민문홍 역, 2012, 128쪽.
172 칼 슈미트 저, 김효전 역,『독재론』, 법원사, 1996.
173 1946년 6월 15일에 선포된 이 법은 미 육군의 전시법을 번역한 것이다. 그러나 1948년 7월 5일의 법은 공포 청과 공포된 기록을 확인할 수 있는 관보가 발견되지 않았다. 최경옥,「미군정하 국방경비법의 유래와 변천: 조선(국방)경비법·조선해안경비법(1946년) 자료 발굴에 즈음하여」,『공법연구』35-2, 2006, 267-306쪽.
174 미군정이 법 제정 권력의 성격을 갖고 있었다. 이 점에서 미군정은 사실 조선총독부보다 더 강력한 권한을 가진 존재였다.
175 1948년부터 1962년까지 국방경비법 제32조와 제33조에 의해 판결을 받은 피고 약 23,000명을 보면 해당자의 90% 이상은 민간인이다. 김득중,「민간인학살 진상규명의 법-역사적 접근: '국방경비법'을 중심으로」,『아세아연구』53-4, 2010, 7-40쪽.
176 김득중, 2010, 31쪽.
177 헌법재판소,「99헌바36」결정문, 2001. 4. 26.

178 국회 제90차 회의에서의 윤치영 내무부장관의 국가보안법 제정 필요성 논리는 박원순,『국가보안법 연구』1, 역사비평사, 1989, 96쪽.
179 박원순, 1989, 111쪽.
180 오제도,『국가보안법 실무제요』, 대한인쇄공사, 1949, 22-23쪽.
181 강성현, 2012, 173쪽.
182 강성현, 2012, 175쪽.
183 강성현, 2012, 33-34쪽.
184 오제도, 1949, 35쪽.
185 강성현, 2012, 214-215쪽; 오제도, 1949, 28-32쪽.
186 박용상,「국가안보와 표현의 자유: 국가보안법을 중심으로」상,『저스티스』128, 2012, 87-131쪽.
187 박원순, 1989, 111쪽.
188 박원순, 1989, 96쪽.
189 한옥신,『국가보안법 반공법 개설』, 한국사법행정학회, 1970, 30쪽.
190 www.mtsu.edu/first-amendment/article/1048/smith-act-of-1940. 스미스법은 "불법적인 방법으로 정부 전복을 직접 시도하거나 선동, 교사하는 것을 금했고 그와 같은 목적으로 단체를 조직, 가입하거나 모의하는 것도 금지했다. 또 불법으로 정부를 전복할 목적으로 출판하거나 출판물을 판매, 배포하는 것도 금지했다. 스미스법을 어기는 자들에게는 최고 20년의 징역형과 20,000달러의 벌금형에 처할 수 있게 했다".
191 〈노일환 의원 발언〉, 국회사무처,「제1대 국회 제1회 제105차 본회의 회의록」, 1948. 11. 16.
192 박혜정 의원은 사상에는 사상을 가지고 극복해야 하지 권력으로는 막아낼 도리가 없다고 주장했다. 대한민국은 국민이 나아갈 길을 먼저 명시하고 사상정화운동을 하고 난 이후 처벌을 해야 한다고 주장했다. 〈박혜정 의원 발언〉, 국회사무처,「제1대 국회 제1회 제105차

본회의 회의록」, 1948.11.16.
193 〈박순석 의원 발언〉, 국회사무처, 「제1대 국회 제1회 제99차 본회의 회의록」, 1948.11.9.
194 〈김웅진 의원 발언〉, 국회사무처, 「제1대 국회 제1회 제99차 본회의 회의록」, 1948.11.9.
195 〈조헌영 의원 발언〉, 국회사무처, 「제1대 국회 제1회 제99차 본회의 회의록」, 1948.11.9.
196 김용직, 「자유민주주의와 방어적 국가형성: 대한민국 초기 국가형성 재고 1945~1950」, 『한국국제외교정치사논총』 35-2, 2014, 5-42쪽.
197 박진애, 「표현의 자유와 국가안보」, 『헌법학연구』 14-1, 2008, 214쪽.
198 코세키 쇼오이찌 저, 김창록 역, 2009, 317-334쪽.
199 최장집, 「법의 지배와 민주주의(서문)」, 아담 세보르스키 외 지음, 안귀남 외 옮김, 『민주주의와 법의 지배』, 후마니타스, 2008, 23쪽.
200 체사레 베카리아 저, 이수성·한인섭 역, 『범죄와 형벌』, 길안사, 1998, 42쪽.
201 에밀 뒤르켐 저, 민문홍 역, 2012, 127쪽.
202 박원순, 1989, 85쪽.
203 집단을 구성한다는 것은 객관적인 것, 즉 행위를 말하는 것인데 "구성하는 것은 심리를 말하는 것이므로 가입이나 참가라든지 그 행동이 나타나지 않으면 조금 이상스럽습니다." 〈권승렬 장관 발언〉, 국회사무처, 「제1대 국회 제1회 제99차 본회의 회의록」, 1948.11.9.
204 "살인 방화를 간부가 지령했다고 잡아 가둔다면 일본 놈 시대와 같이 잡아다 물 먹이고 이놈 자식 너 그랬지 물 먹이면 예 그랬습니다"라고 해서 그저 다 걸려들 수 있습니다." 〈조헌영 의원 발언〉, 국회사무처, 「제1대 국회 제1회 제99차 본회의 회의록」, 1948.11.9.
205 〈김옥주 의원 발언〉, 국회사무처, 「제1대 국회 제1회 제99차 본회의 회의록」, 1948.11.9.

206 「'친북교사' 보도한 조선, 동아, 무죄판결은 모르쇠」, 『오마이뉴스』, 2010. 1. 9.
207 리영희, 「상고이유서」, 『역설의 변증』, 두레, 1987, 359쪽.
208 박용상, 2012, 92쪽.
209 문재인, 「국가보안법과 국가보안법 제7조의 위헌성」, 가담송기인신부 화갑기념논총간행위원회 편, 『역사와 사회: 가담송기인신부 화갑기념논총』, 현암사, 1997 참조.
210 문인구, 1959, 30쪽.
211 1980년대 초 전국민주노동자연맹 사건, 1986년의 서울노동운동연합 사건, 전국노동자연맹추진위 사건 등이 대표적인데, 이런 노동자조직은 대체로 '친북', '반미'와는 거리가 멀었다.
212 오동석, 「사상·양심의 자유와 국가안보」, 『헌법학연구』 15-3, 2009, 1-32쪽.
213 문재인, 1997.
214 조국, 『양심과 사상의 자유를 위하여』, 책세상, 2001, 114쪽.
215 이들 교사들은 6, 7명의 교도관들에게 주먹과 구둣발로 무참하게 구타당했고, 그중 노현설, 윤병선이 고문을 당했다. 이 사건은 37년 만인 2023년 10월 12일 재심에서 전원 무죄 판결을 받았다.
216 국가인권위원회, 「국가보안법 적용상에서 나타난 인권실태」, 『2003년도 인권상황 실태조사결과보고서』, 2004, 371쪽.
217 박원순, 『국가보안법 연구』 2, 역사비평사, 1992, 49쪽.
218 이상명, 「분단과 헌법: 1948년 헌법을 중심으로」, 『민주법학』 43, 2010; 박홍규, 『그들이 헌법을 죽였다: 한국 헌법학에 대한 전면비판』, 개마고원, 2001, 31쪽.
219 Ernst Fraenkel, E. A. Shils Trans., *The Dual State: A Contribution to the Theory of Dictatorship*, New York: Oxford University Press, 2010(The Lawbook Exchange Ltd., 1941, Reprint edition).

220 김득중,『'빨갱이'의 탄생: 여순사건과 반공국가의 형성』, 선인, 2009, 550쪽.
221 오제도, 1949, 146쪽.
222 한옥신, 1970, 26-27쪽.
223 "반국가단체나 그 구성원 또는 그 지령을 받은 자의 활동을 찬양·고무 이에 동조하거나 기타의 방법으로 반국가단체를 이롭게 한 자는…"이라는 내용이다.
224 문인구, 1959.
225 문인구, 1959, 4쪽.
226 「보안법이 통과되면 교각살우의 비극」,『조선일보』, 1958.12.18.
227 박원순, 1992, 512-525쪽.
228 국가인권위원회, 2004, 491쪽; 박원순, 1992, 543-545쪽.
229 김동춘,『한국인의 에너지, 가족주의』, 피어나, 2020.
230 체사레 베카리아 저, 이수성·한인섭 역, 1998, 64쪽.
231 리차드 H. 미첼 저, 김윤식 역, 1982, 75쪽.
232 김대중 정부 이후 국가보안법 기소자 중 실형을 사는 사람은 10%에도 못 미쳤다. 1998년 국가보안법 위반자의 실형율은 9%였고, 이듬해는 3.5%에 불과했다. 국가인권위원회, 2004, 80쪽.
233 조르조 아감벤 저, 박진우 옮김,『호모 사케르: 주권 권력과 벌거벗은 생명』, 새물결, 2000, 102-103쪽.
234 루트비히 포이어바흐 저, 강대석 옮김,『기독교의 본질』, 한길사, 2008.
235 에리히 프롬 저, 박경화 역,『정신분석과 종교』, 한국번역도서주식회사, 1959.
236 정창운,「사상범의 법적 규제: 반공법 개정론을 중심으로」,『정경연구』2-8, 1966, 27-33쪽.
237 후지이 다케시, 2011b, 19쪽.
238 박원순, 1992, 31-33쪽.

239 민주화운동기념사업회·서울대공익법인권센터, 「보석청구이유보충서」, 1975, 461쪽.
240 「1969.5.20. 15사단 69 보군 형공 22」, 「1970.6.30. 15사단 70 보군 형공 32」, 육군본부, 『주요 공안사범 실무해설』, 1984, 94-95쪽.
241 육군본부, 『주요 공안사범 실무해설』, 1984, 97쪽.
242 이돈명 외, 「상고이유서」(크리스찬아카데미사건), 1980.4.19(한인섭·홍성우, 『홍성우 변호사의 증언: 인권변론 한 시대』, 경인문화사, 2011, 451·569쪽).
243 이돈명 외, 「상고이유서」, 1980.4.19(한인섭·홍성우, 2011, 571쪽).
244 한인섭·홍성우, 2011, 303쪽.
245 그전에는 "전혀 사상이 그렇지 않습니다. 공산주의 사회주의를 신봉하는 사람이 아닙니다"라고 일관되게 부인했어요. 그러나 크리스찬아카데미사건에서는 아주 조심스럽지만 사회주의 책 읽은 것이 뭐 어떠냐 공부를 해야 하는 것이 아니야 이렇게 변론했어요. 한인섭·홍성우, 2011, 300쪽.
246 "동백림사건은 지식인의 개인적 세계주의와 그들에 대한 국가의 기대가 마찰한 전형적인 예에 불과한 것이었다. 전체적으로 동백림과 민비연은 관계가 없었다. 내가 저지른 큰 실수가 있다면 그것은 서울대 민족주의비교연구회 관련자들을 동백림사건의 하나로 취급한 일이었다." 김형욱·박사월, 1985, 191쪽.
247 「황성모의 발언」, 김형욱·박사월, 1985, 195쪽.
248 댄이라는 CIA 전직 요원은 "우린 지난 15년 동안 남한에서 공산주의자 위협이라는 것을 뒷조사한 사람들(군인 및 민간 전문가들)이 있는데 그때마다 아무것도 나타나지 않았어요. 남한 정부는 필요할 때마다 들통난 흉계를 찾아내거든. 모든 반대를 목 조르는 데 이보다 더 좋은 방법이 어디 있겠소"라고 증언했다. 제임스 시노트, 「인혁당 사건을 증언한다」, 『사회와 사상』, 1989.

249 헌법 제53조 1항은 "대통령은 천재지변 또는 중대한 재정·경제상의 위기에 처하거나 국가의 안전보장 및 공공의 안녕질서가 중대한 위협을 받거나 받을 우려가 있고 신속한 조치를 취할 필요가 있다고 인정할 때에는… 필요한 긴급조치를 취할 수 있다"고 되어 있다.
250 진실화해위원회, 2009a, 126쪽.
251 진실화해위원회,「긴급조치 위반 판결 분석보고서」,『2006년 하반기 조사보고서』, 2006.
252 유진식,「국가권력과 인간의 내면세계」,『동북아법연구』4-2, 2010, 203쪽.
253 국가인권위원회, 2004, 527쪽.
254 문재인, 1997.
255 국가보안법 제7조의 1항은 "국가의 존립·안전이나 자유민주적 기본질서를 위태롭게 한다는 정을 알면서 반국가단체나 그 구성원 또는 그 지령을 받은 자의 활동을 찬양·고무·선전 또는 이에 동조하거나 국가변란을 선전·선동한 자는 7년 이하의 징역에 처한다(개정 1991.5.31)", 4항은 "제3항에 규정된 단체의 구성원으로서 사회질서의 혼란을 조성할 우려가 있는 사항에 관하여 허위사실을 날조하거나 유포한 자는 2년 이상의 유기징역에 처한다(개정 1991.5.31)", 5항은 "제1항·제3항 또는 제4항의 행위를 할 목적으로 문서·도화 기타의 표현물을 제작·수입·복사·소지·운반·반포·판매 또는 취득한 자는 그 각항에 정한 형에 처한다(개정 1991.5.31)"고 되어 있다.
256 유진식, 2010, 202쪽.
257 박석균,「4천 5백만 생존권이 더 중요하다: 미전향 장기수 석방의 문제점」,『자유공론』377, 1998.
258 이후에는 공산당을 통제하기 위해서 공산주의자들이 정부를 전복할 음모를 꾸미고 있다면 실현가능성이 없어도 음모만으로 유죄가

된다는 판결이 나오기도 했다.
259 박용상, 2012, 95쪽.
260 박원순, 1989, 42쪽.
261 국순옥,「자유민주적 기본질서란 무엇인가?」,『민주법학』8, 1994.
262 당시 독일 법원은 공산당을 불법화하기 위해 기존의 반파시즘적인 기조에서 반공주의 쪽으로 무게를 이동했다. 이것은 반공주의 퇴조로 인한 이데올로기적 위기를 헌법 내의 체제이데올로기로 정당화하는 출발점이 되었다. 이 '자유민주적 기본질서'의 규정에는 정당의 목적이나 활동의 한계를 규정한 제7조 3항의 단서 조항이 있다. 독일의 '자유민주적 기본질서'는 국민의 기본권 보장에 기초하는 사회에서의 기본질서를 말한다. 따라서 방어적 민주에 의해 인정되는 민주적 제도들과 그 바탕에 있는 국민의 기본권에 대해 여러 가지 통제는 국가를 위해 국민이 희생하는 관계가 아닌 국민을 위한 국가 안보를 지향한다. 박진애, 2008.
263 당시 독일 연방헌법재판소의 입장과 국내 법학계의 해석에 대해서는 김민배,「자유민주적 기본질서와 국가보안법」,『법학연구』4, 2001, 97-127쪽.
264 김민배, 2001, 136쪽.
265 오동석, 2009, 1-32쪽.
266 오동석, 2009.
267 국순옥,「헌법학의 입장에서 본 자유민주주의의 두 얼굴」,『민주법학』12, 1997, 86쪽.
268 리차드 로빈슨 저, 정미옥 옮김,『미국의 배반: 미군정과 남조선』, 과학과사상, 1988, 182쪽.
269 경찰청,『한국경찰사』6, 2015.
270 발터 벤야민 저, 최성만 옮김,『역사의 개념에 대하여, 폭력비판을 위하여, 초현실주의 외』, 길, 2008, 96쪽.

271 아담 세보르스키 외 지음, 안귀남 외 옮김, 2008.
272 Jeremie Gauthier & Fabien Jobard, *Police: questions sensibles*, Paris: Presses Universitaires de France, 2018.
273 Jeremie Gauthier & Fabien Jobard, 2018, p.7.
274 Vincent J. Hoffman, "The Development of Modern Police Agencies in the Republic of Korea and Japan: A Paradox," *Political Studies*, 1982, p.15.
275 홍성찬·김원중, 「한국과 일본경찰제도 비교법적 연구」, 『사회과학연구』 10, 1999.
276 리차드 H. 미첼 저, 김윤식 역, 1982, 147쪽.
277 Vincent J. Hoffman, 1982.
278 1945년 일본에서 특고경찰 폐지령이 나온 다음 날 『아사히신문』의 「천성인어」의 논설 내용이다(후지타 쇼조 저, 최종길 역, 『전향의 사상사적 연구』, 논형, 2007, 232쪽에서 재인용).
279 후지타 쇼조 저, 최종길 역, 2007, 231쪽.
280 「건국에 방해되는 범죄처단에 관한 건(대검비 제66호)」, 대검 광주고검 전주지검 사무국 사건과, 『검찰예규에 관한 기록』, 1948.12.16(문준영, 『법원과 검찰의 탄생』, 역사비평사, 2010, 649쪽에서 재인용).
281 이윤정, 「금산경찰서 한 경찰관의 '교양수부'와 '교양자료집'(1955~56)을 통해본 사찰활동」, 『한국근현대사연구』 93, 2020; 이윤정, 「한국전쟁기 경찰의 주민 감시와 계몽: 전라북도 김제군을 사례로」, 『한국근현대사연구』 89, 2019.
282 수도관구경찰청, 『해방이후 수도경찰 발달사』, 1947, 117쪽.
283 강혜경, 2008, 16쪽.
284 윤장호, 1995.
285 노용석, 「민간인 학살을 통해 본 지역민의 국가인식과 국가권력의 형성: 경상북도 청도지역의 사례를 중심으로」, 영남대학교 박사학

위 논문, 2004, 93-94쪽.
286 노용석, 2004, 98쪽.
287 「인권을 존중하라, 장 경찰청장 포고」, 『조선일보』, 1948. 5. 4.
288 수도관구경찰청, 1947, 89쪽.
289 안제, 『실록 보도연맹: 안제의 한의 노래』, 도서출판 삼화, 1990, 122쪽.
290 안제, 1990, 125쪽.
291 강혜경, 2008, 128-130, 145쪽.
292 이윤정, 2019, 158쪽.
293 내무부 치안국, 『국립경찰통계연보』, 1957, 24쪽.
294 류서원, 『사찰경찰제요』, 백조사, 1955, 23쪽(신성식, 「과거 경찰의 민간인 불법사찰에 관한 실태 연구: 경찰청 과거사위원회의 조사결과를 중심으로」, 『법정리뷰』 28-1, 2011, 3쪽에서 재인용).
295 진실화해위원회, 2010, 468-469쪽.
296 신성식, 2011, 183쪽.
297 영덕경찰서에서 만든 자료는 「요시찰인 심사표」이고, 작성 연도는 1962년이다.
298 이호영, 「정보·보안경찰 폐지론: 그 이유와 대안」, 『민주법학』 71, 2019.
299 내무부 치안국, 『경찰통계연보』, 1967, 25쪽.
300 그는 위장 첩보원으로 소련의 공산당 당원으로 들어갔다는 소문도 있다.
301 한인섭·홍성우, 2011, 409쪽.
302 「용공 조작 잦았던 경찰대공분실」, 『동아일보』, 1988. 3. 2.
303 설치 근거는 대통령령 제12539호, 경찰대학설치법 제12조이다.
304 국회 최규식 의원실, 「제250회 정기국회 국정감사 자료, 공안문제연구소를 아십니까」, 2004. 10.

305 경찰의 이런 성격에 대한 내부 비판으로는 박찬웅, 『경찰의 반성』, 도서출판 신세계, 1991.
306 미국의 정보부가 일본 검찰을 통해 정보를 흘리며 공작을 시도한다. 그러면 일본 언론이 이를 대서특필하여 수상을 자리에서 물러나게 한다. 마고사키 우케루 저, 양기호 역, 『미국은 동아시아를 어떻게 지배했나』, 메디치, 2012, 103쪽.
307 국정원 과거사건진실규명을통한발전위원회, 『과거와 대화, 미래의 성찰 4: 정치사법편』, 2007c, 18쪽.
308 이호영, 2019.
309 지헌모, 『왜 강중장은 사형수가 되었던가』, 한일평론사, 1961, 142쪽.
310 김득중, 2011, 469쪽.
311 당시 미군의 보고에 의하면 "한국군 CIC 요원들은 미국의 훈련과 자문을 이용하기를(take advantage of) 원한다. 그들은 자신의 약점을 알고 있기 때문에 현장에서 미군 CIC와 긴밀하게 협조하기를 원한다. 신생 한국군 특무대는 어떤 기술적인 수사장비도 갖추지 못하고 있으며 기술적 지식도 거의 없다"는 평가를 받았다. KMAG, "CIC operations in Korea 1950-1951," RG319 Series, CIC Historian's Background material, Box6, 1951.3.14.
312 오상근(1949년 육군본부 특별방첩대 수사계장)의 증언, 수원시사편찬위원회, 『수원 근현대사 증언자료집』 2, 경기출판사, 2001.
313 전갑생, 2012, 59-103쪽; 국군 보안사령부, 『대공 30년사』, 1978.
314 안제, 1990, 184쪽.
315 국방부 정훈국 전사편찬위원회, 「정훈전 소사」, 『한국전란일년지』, 1951, 50쪽.
316 김당, 『시크릿 파일 국정원』, 메디치미디어, 2016, 135-139쪽.
317 김인회, 「정권, 관료 카르텔과 민주주의 해체 시도: 국정원 사태 본질과 국정원 개혁 원칙」, 『법과 사회』 45, 2013, 153-192쪽.

318 국방부 과거사진상규명위원회, 『과거사진상규명위원회 종합보고서』 2, 2007a.
319 국정원 과거사건진실규명을통한발전위원회, 2007c, 41쪽.
320 국정원 과거사건진실규명을통한발전위원회, 2007b, 186-199쪽.
321 국정원 과거사건진실규명을통한발전위원회, 2007c, 28쪽.
322 재일동포 간첩조작사건 관련 중앙정보부 역할은 김효순, 『조국이 버린 사람들: 재일동포 유학생 간첩사건의 기록』, 서해문집, 2015.
323 1947년 당시 서울지검 검사 29명이 경찰 고문 관련 사실을 확인하기 위해 유치장 감찰을 요청했으나 경찰에 거부당하자 하지 중장, 미군정 사법부장, 검찰총장에게 진정서를 제출하기도 했다. 송해은, 「한국검찰의 연혁에 관한 고찰」, 『저스티스』 27-2, 1994, 24-63쪽.
324 오제도, 선우종원, 정희택 등이 대표적이다. 이들은 대체로 월남자이며 기독교인이었다. 김두식, 『법률가들: 선출되지 않은 권력의 탄생』, 창비, 2018.
325 김용태, 「한국 헌법과 검찰제도」, 『서울법학』 21-3, 2014, 177-213쪽.
326 강성현, 「1945~50년 '檢察司法'의 재건과 사상검찰의 반공사법」, 『기억과 전망』 25, 2011.
327 김두식, 2018, 244쪽. 오제도는 일제하에서 조선 변호사시험이나 고등사법과 어디에도 합격한 적이 없었다. 비록 8·15 직후 미군정이 실시한 사법요원양성소 시험에 합격하기는 했으나 이런 개인 경력상의 콤플렉스와 불안감을 갖고 있었고, 그것이 이후 동료 판검사들까지 빨갱이로 몰게 된 내적인 이유가 되었을 것이다. 오제도가 도쿄제대 출신의 항일운동가 이동화를 괴롭힌 것으로 추정되는데 그 이유 또한 열등감 때문인 것으로 추정한다.
328 강성현, 2011.
329 대구지방검찰청, 『대구지방검찰사』, 1992, 599쪽.
330 「각 검찰청에 정보부 설치 예정」, 『국도신문』, 1949. 12. 2.

331 대구지방검찰청, 1992, 99쪽.
332 荻野富士夫, 『思想檢事』, 岩波書店, 2000, 36-37쪽.
333 「전국 공안담당 검사회의 총화저해사범 엄단」, 『경향신문』, 1977. 3. 12.
334 군사정권하 검찰의 행태에 대해서는 김희수·서보학 외, 『검찰공화국 대한민국』, 삼인, 2011.
335 재일동포 간첩사건 김철의 담당 검사 이춘성의 경우 민주화실천가족운동협의회, 『나는 간첩이 아니다: 조작간첩 사건 자료집 3』, 2006, 46쪽.
336 서울지검 공안부 검사로 발탁돼 공안업무를 총괄하는 법무부 검찰 3과장, 대검 공안과장, 서울지검 공안부장, 대검 공안기획관, 대검 공안부장을 거치는 코스가 '출세의 지름길'로 인식됐다. 검사들 사이에서 서울지검 공안부에 발탁된다는 것은 출세를 보장받는 '보증수표'나 다름없었다. 아주 예외적으로 능력을 인정받지 못해 퇴출된 검사들이 있긴 했지만, 대부분은 검사장은 물론 고검장까지 무난하게 승진했다. 「검찰 '로열 패밀리', 공안검사 영욕 30년」, 『신동아』 588, 2006, 252-260쪽.
337 대한변호사협회, 『인권보고서』, 역사비평사, 1989, 256쪽; 김택수, 「한 공안검사와의 격론 3시간: 대한민국 국민이면 국보법 폐지 주장 못한다」, 『월간 말』 94, 1994.
338 이수현, 「우리나라 행형 목적의 기원과 재조명」, 『형사정책연구』 16-3, 2005, 191쪽.
339 이수현, 2005.
340 주애민, 「한중일 대만 근대 감옥의 설립배경과 특징에 관한 비교연구」, 『한국근현대사연구』 78, 2016, 299-315쪽.
341 법무부, 『한국교정사』, 1987, 570쪽; 이수현, 2005.
342 서승 저, 김경자 역, 『서승의 옥중 19년: 사람의 마음은 쇠사슬로 묶을 수 없으리』, 역사비평사, 1999, 47쪽.

343 안재구,「수형자의 입장에서 본 우리 교정시설과 처우방식의 문제점」,『형사정책』4, 1989.
344 한인섭,『형벌과 사회통제: 근대 감옥의 성립과 변모, 그리고 현대 교정』, 박영사, 2006, 216쪽.
345 이만규,『조선교육사』2, 거름, 1989, 160쪽.
346 이만규, 1989, 123쪽.
347 교육의 정치적 중립성의 원칙하에서 교사들은 정당에 가입할 수 없고, 정당에 후원금을 낼 수 없으며, 정치적 발언을 할 수 없는 일종의 정치적 금치산자이다.

제3부 사상통제의 여러 장면

1 그래서 1948년 단독정부 수립 이전의 좌익과 이후의 좌익의 함의가 달라졌다. 조은정,「해방 이후(1945~1950) '전향'과 냉전국민의 형성: 전향성명서와 문화인의 전향을 중심으로」, 성균관대학교 박사학위논문, 2018, 43쪽. 당시 극우 단독정부 옹호세력이 아니면 모두 좌익이 되었다.
2 한홍구,「한국 현대사의 그늘, 남파 공작원과 비전향장기수」,『역사비평』94, 2011, 226쪽.
3 미셸 푸코 저, 박홍규 역,『감시와 처벌』, 강원대학교 출판부, 1991, 84쪽.
4 『한겨레신문』, 1993.12.29.
5 민영완,「공안사범의 효율적인 관리방안」,『법무연구』16, 1989.
6 양심수에 대한 논의로는 황병주,「감옥과 국경: '양심수' 석방운동과 한일연대」, 한국학중앙연구원 국제학술회의자료집, 2022.3.13.
7 황병주, 2022.3.13.; 김용구,「양심·공포·정치」,『기독교사상』204,

1975.
8 황병주, 2022.3.13, 144쪽; 김용구, 1975.
9 대한변호사협회, 『인권보고서』 12, 1998, 59쪽.
10 양화식, 「확신범의 가벌성과 처우」, 『형사정책연구』 38-2, 1999, 157-191쪽.
11 이것은 서승의 분류에 기초한 것이다. 서승 저, 김경자 역, 『서승의 옥중 19년: 사람의 마음은 쇠사슬로 묶을 수 없으리』, 역사비평사, 1999.
12 1950년 7월 12일 헌병사령관 송요찬 명의로 선포된 계엄법 제13조 내용의 일부이다.
13 당시 혁명재판소의 '피학살자장의위원회사건' 관련 판결문 내용 중에는 "보련원 국가보안법 기미결수의 피살은 불법에 의한 것이라고 할지라도 반공을 국시로 하는 대한민국의 충실한 국민이라 할 수 없을진데"라는 표현이 있다. 한국혁명재판사편찬위원회, 『한국혁명재판사』 4, 1962, 313쪽.
14 김창피학살자합동장의위원회사건 판결문. 한국혁명재판사편찬위원회, 1962, 313-336쪽.
15 김학재, 「사상검열과 포로가 된 국민: 국민보도연맹과 국가감시체계」, 『당대비평』 27, 2004, 317-331쪽.
16 「정부 수립 뒤 919명 사형 … '사상·정치범 249명'」, 『한겨레』, 2009.10.12.
17 법무부, 『한국교정사』, 1987, 582쪽.
18 법무부, 1987.
19 한옥신, 『사상범죄론』, 최신출판사, 1975, 249쪽.
20 한옥신, 1975, 100-101쪽.
21 국정원 과거사건진실규명을통한발전위원회, 『과거와 대화, 미래의 성찰 4: 정치사법편』, 2007c, 245쪽; 한홍구, 2011, 211쪽.

22 한옥신, 1975, 208쪽.
23 민주화실천가족운동협의회·양심수후원회,『장기복역 양심수 실태보고서』, 1989; 권오헌,「출소 장기수 실태보고서」,『인권을 다지며 자주통일의 길로』, 창미디어, 2006, 77쪽. 이 중 국보법(불고지죄 위반자 포함), 납북어부 등을 좌익수로 볼 것인지는 논란의 여지가 있다. 그래서 일단 장기수라고 표현했다.
24 권오헌, 2006, 356쪽.
25 한홍구, 2011.
26 김귀옥,「1960~70년대 비전향장기수와 감옥의 일상사」,『역사비평』94, 2011, 258-297쪽.
27 社團法人補償基金會,『補償基金會 15週年, 成果紀念專輯, 1998~2014』, 2015; 促進轉型定義委員會,『綜合報告書』, 2022.5.18.
28 오제도,『사상검사의 수기』, 창신문화사, 1956, 144쪽.
29 조은정, 2018; 김동춘,「한국의 분단국가 형성과 시민권: 한국전쟁, 초기 안보국가하에서 '국민 됨'과 시민권」,『경제와 사회』70, 2006a.
30 김동춘, 2006a.
31 양한모는 공산주의의 식민화로 해방 후 상황을 묘사했다. 양한모,『조국은 하나였다』, 일선기획, 1990.
32 「국민보도연맹 결성」,『동아일보』, 1949.4.23.
33 「남로당원 자수 주간 중 자수자의 40%가 비당원」,『동아일보』, 1949.11.5.
34 「서울시 경찰국 좌익계열 문인들이 자수하지 않을 경우 창작 간행을 금지할 것이라고 경고」,『자유신문』, 1949.11.6.
35 「검찰, 경찰, 남조선노동당 미자수자 380명을 검거」,『자유신문』, 1949.12.3.
36 「국민보도연맹, 남로당원 자수 선전기간 실시」,『동아일보』, 1949.10.26.

37 제네바협약(1949)에서는 "포로는 특히 폭행, 협박, 모욕 및 대중의 호기심으로부터 항상 보호되어야 한다. 포로에 대한 보복조치는 이를 금지한다. 포로는 모든 경우에 있어서 그들의 신체와 명예를 존중받을 권리를 가진다"고 규정하고 있다.
38 법무부의 공문을 보면 "국가에 대한 감사와 보답하려는 심리적 변화를 주어 심리전의 성과를 거양(擧揚)토록 가석방을 활용한다"는 표현이 있다. 법무부, 「좌익수의 죄질별 분류」(교정 832.5-1435), 1972.1.21.
39 「사상범교도원 준공식 거행」, 『경향신문』, 1954.12.20.
40 「사상범 출옥자 각별히 보호」, 『경향신문』, 1955.11.15.
41 「사상관계 출옥자에게도 낭보」, 『조선일보』, 1955.4.25.
42 「본의 아닌 부역자 선도책을 환영」, 『동아일보』, 1955.11.25.
43 서준식, 「전향, 무엇이 문제인가: 영광과 오욕의 날카로운 대척점」, 『역사비평』, 1993, 23쪽; 국사편찬위원회, 『비전향장기수 구술 5: 김영승』, 2007b, 223쪽.
44 홍경령, 「사상범 전향제도의 합헌성 여부에 관한 연구」, 서울대학교 석사학위논문, 1990, 44-45쪽.
45 임방규, 『비전향장기수 임방규 자서전』, 백산서당, 2019, 158쪽.
46 임방규, 2019, 159쪽; 이인모 기록, 신준영 정리, 『전인민군 종군기자 수기: 이인모』, 말, 1992, 169쪽.
47 진실화해위원회, 「전향공작관련 인권침해 사건」, 2009.11.3.
48 1978년 가석방심사 등에 관한 규칙(법무부령 제206호, 1978.7.4) 제14조 2항에도 같은 내용이 포함되었다.
49 민주사회를 위한 변호사 모임, 「전향제도 폐지 및 준법서약제 도입에 관한 의견서」, 『민주사회를 위한 변론』, 1998(통권 22호), 180쪽.
50 오관용, 「左翼受刑者에 對한 敎化方案 1」, 『刑政』 9권(68호), 1960, 40쪽.

51 오판용, 1960. 3. 1.
52 심지연, 『산정에 배를 매고: 노촌 이구영 선생의 살아온 이야기』, 개마서원, 1998, 253쪽.
53 이인모 기록, 신준영 정리, 1992, 181쪽.
54 국사편찬위원회, 『비전향장기수 구술 8: 박종린·김해섭 등』, 2007d, 84쪽.
55 안○○의 〈좌익 재소자 사상동향카드〉(연도 미상).
56 이 교정누진처우규정은 1999년 5월 20일 수형자분류처우규칙(법무부령 제480호)으로 변경되었고, 2002년 일부 개정되었다.
57 홍경령, 1990, 63쪽.
58 김귀옥, 2011, 258-279쪽.
59 김준영, 『죽음에서 삶으로: 현 형목의 교정선교사의 생생한 체험기』, 성광문화사, 1990, 209쪽.
60 이승호·박찬운 외, 『한국감옥의 현실: 감옥 인권실태 조사보고서』, 사람생각, 1998, 30쪽.
61 민영완, 1989, 514쪽.
62 조선인에 대해서는 전향의 진실성을 의심했기 때문에 조선인 대상으로는 제도화된 기소유보처분을 실시하지는 않았다. 장신, 「1930년대 전반기의 일제의 사상전향 정책 연구」, 『역사와 현실』 37, 2009, 349쪽.
63 한옥신, 1975, 239쪽.
64 한옥신, 1975, 287쪽.
65 한옥신, 1975, 287쪽.
66 이진우, 『사회안전법 강해』, 법문사, 1975, 3쪽.
67 체사레 베카리아 저, 이수성·한인섭 역, 『범죄와 형벌』, 길안사, 1998, 35쪽.
68 권오헌은 153명이라 파악했다. 권오헌, 2006.

69　민주화실천가족운동협의회·양심수후원회, 1989, 39쪽.
70　황민호, 「전시통제기 조선총독부 사상범 문제에 대한 인식과 통제」, 『사학연구』 79, 2005, 234쪽.
71　리차드 H. 미첼 저, 김윤식 역, 『일제의 사상통제: 사상전향과 그 법체계』, 일지사, 1982, 212쪽.
72　배종대, 「사회안전법 및 보안관찰법에 관한 비판적 고찰」, 『법과 사회』 1, 1989.
73　"사회안전법이 두려워하는 불행은 개인적 불행이 아니라 국가적 불행이므로 이것을 사전에 예방해야 할 필요성은 무엇보다 크다 할 것이다." 이진우, 1975, 3쪽.
74　배종대, 1989.
75　임방규, 2019, 227쪽.
76　서준식, 『나의 주장: 반사회안전법 투쟁기록』, 형성사, 1989, 87쪽.
77　서준식, 1989, 93·100쪽.
78　서준식, 1989, 63쪽.
79　심희기, 「사회안전법의 물적 기초」, 『계명』 21, 1999, 297-308쪽.
80　민영완, 1989, 530쪽.
81　민영완, 1989, 531쪽.
82　이승호·박찬운 외, 1998, 30쪽.
83　법무부, 「좌익수형자 교화방안」(관리 838-12867), 1969.12.1; 강경근, 「양심의 자유와 사상전향제도」, 『고시연구』 18-8, 1991.
84　법무부, 『법무행정』, 1971.
85　양○○의 〈좌익 재소자 사상동향카드〉.
86　북한 공작원 출신 안영기의 증언이다. 국사편찬위원회, 『비전향장기수 구술 4: 안영기·양정호』, 2007a, 207쪽.
87　전쟁 중 미군 포로의 사상교화 체험에 대해서는 Philip Deane, *I was a Captive in Korea*, New York: Norton & Company Inc., 1953,

pp.65-77.
88 서승 저, 김경자 역, 1999, 154쪽.
89 안재구, 「수형자의 입장에서 본 우리 교정시설과 처우방식의 문제점」, 『형사정책』 4, 1989.
90 서옥렬, 『조국을 사랑한 죄: 사형소리 여섯 번』, 연합기획, 1998, 196쪽.
91 양○○의 〈좌익 재소자 사상동향카드(을)〉(연도 미상).
92 〈김봉환 의원 발언〉, 국회사무처, 「제6대 국회 제42회 제6차 본회의 회의록」, 1964.5.11.
93 국사편찬위원회, 2007b, 220쪽.
94 비전향수 임○○은 모친의 면회와 회유에 대해 "가족관계와 사상문제는 별개의 것"이라고 보았다. 임○○의 〈피보안감호자 사상동향카드〉(1982.4.23, 1983.7.15).
95 "전향자들은 통일보다는 가족을 중시했다." 필자와 안○○ 인터뷰, 2021.
96 장신, 2009, 344쪽.
97 정순택, 「지옥일기」, 『뉴래디컬 리뷰』 10, 2001, 233-275쪽.
98 최정기, 『비전향 장기수: 0.5평에 갇힌 한반도』, 책세상, 2002, 42쪽.
99 민영완, 1989.
100 〈김봉환 의원 발언〉, 1964.5.11.
101 민영완, 1989.
102 안재구, 1989, 143쪽.
103 좌익수 최하종의 증언. 김귀옥, 2011, 283쪽.
104 리영희, 「서대문 형무소의 기억」, 『우상과 이성』, 한길사, 1997, 60쪽.
105 임방규, 2019, 166-167쪽.
106 김동기, 『새는 앉는 곳마다 깃을 남긴다』, 아침이슬, 2000, 78쪽.
107 안재구, 1989.
108 김동기, 2000, 154쪽.

109 북송 장기수들이 남한 측에 고소장을 보냈다. 비전향 장기수 공동고소장, 「남조선의 인권위원회 과거사정리위원회에 고소장」, 2006.1.6.
110 권오헌, 2006, 115쪽.
111 현무암, 「타이완 '백색테러' 시기와 이행기 정의: 뤼다오 신생도훈처를 중심으로」, 『동방학지』 195, 2021, 85-118쪽.
112 김동기는 1971년 건축된 대구교도소 독방을 겪고서 "인간의 양심을 저버리는 행동이었다"고 보았다. 김동기, 2000, 150쪽.
113 김선명, 「총각 할아버지의 소망」, 『0.75평 지상에서 가장 작은 내 방 하나』, 창, 2000, 47쪽.
114 1976년 5월 19일 광주교도소에서 좌익수 최한석이 이런 이유로 사망했다. 권낙기, 「감옥에서 죽은 비전향 장기수들의 이력서」, 『월간 말』 69, 1992, 106-111쪽. 최주백이라는 좌익수가 위암에 걸린 것이 확인되었는데도 치료를 하지 않고 내보내지도 않아서 결국 그는 사망했다.
115 권낙기, 1992, 106-111쪽.
116 양희철 증언, 〈이제는 말할 수 있다 42회: 전향공작과 양심의 자유〉, MBC, 2001.8.10.
117 이인모 기록, 신준영 정리, 1992, 170쪽.
118 김귀옥, 2011.
119 권낙기 증언, 〈이제는 말할 수 있다 42회: 전향공작과 양심의 자유〉, MBC, 2001.8.10.
120 양희철 증언, 2001.8.10.
121 임방규, 2019, 165쪽.
122 권낙기, 1992, 422쪽.
123 민영완, 1989, 524쪽.
124 김선수, 「규율 및 징벌, 불복신청제도」, 천주교인권위원회 · 인권운동사랑방 엮음, 『한국 감옥의 현실: 감옥인권실태조사보고서』, 사람

생각, 1998; 민영완, 1989, 521쪽.
125　Erving Goffman, *Essays on the Social Situation of Mental Patients and Other Inmates*, 1961, p.28. 한국 교도정책, 행형은 서구에서 온 것이며, 일제강점기를 거친 것이다. 유병철,「우리나라 교도소 행형의 연원」,『교정연구』56, 2012.
126　서승 저, 김경자 역, 1999, 55쪽.
127　현무섭,「장기수형자의 혈압과 Sodium 대사에 관한 연구」, 우석대학교 박사학위논문, 1969.
128　양희철 증언, 2001.8.10.
129　강경근,「양심의 자유와 사상전향제도」,『고시연구』18-8, 1991.
130　1915년 아르메니아 학살 당시 독일은 유럽이 아닌 오리엔트에서 그런 일이 일어나도록 방조했으나 유럽에서는 그러한 일이 일어날 수가 없었다. 국제법도 나름대로 작동하고 있었고, 인근 국가의 눈이 있었다. 그러나 유럽 밖에서 아나톨리아(Anatolia)나 독일의 우방인 튀르키예에 의해 아르메니아 학살이 일어나는 것에는-모든 유럽 사람들이 오리엔트라고 보는 곳에서는-유럽적 규칙이 적용되지 않는다.
131　정영진,『폭풍의 10월: 대구10·1사건을 일으킨 사람들과 그 이데올로기』, 한길사, 1990, 18-219쪽.
132　양심수후원회,「장기수 선생님을 찾아서: 김해섭 선생님 편」,『후원회 소식』39, 1995.
133　김근태,『남영동』, 중원문화, 1998.
134　김근태, 1998, 17쪽.
135　노회찬 의원실 외,『국가보안법 2차 청문회 자료집』, 2005.
136　국사편찬위원회, 2007b.
137　노회찬 의원실 외, 2005.
138　「특별사상전향공작계획」(1985.10.26)을 보면 당국은 사상동향, 심

리 분석까지 수행했다.
139 법무부, 「좌익 수형자 수용 구문」(교정 825.5-2), 1970.1.16.
140 국사편찬위원회, 2007b, 7쪽.
141 김형욱·박사월, 『김형욱 회고록: 한국 중앙정보부』 2, 아침, 1985, 127-128쪽.
142 안학섭·이일재 증언, 〈이제는 말할 수 있다 42회: 전향공작과 양심의 자유〉, MBC, 2001.8.10.
143 김선명, 2000, 51쪽.
144 「양○○의 전향문」, 서울형무소, 1961.
145 「양○○의 전향문」, 1961.
146 일제하 사상범 보호관찰법을 입안한 형사국 보호과장 모리야마 다케이치로우의 전향 분류법. 리차드 H. 미첼 저, 김윤식 역, 1982, 172쪽.
147 국사편찬위원회, 2007d, 307쪽.
148 이인모 기록, 신준영 정리, 1992; 국사편찬위원회, 2007d, 89쪽. 김용수 등 90명을 한 강당에다 서로 떨어뜨려 놓고 삼엄하게 경계하는 가운데, "나는 변절자로 여러분 앞에 섰습니다"라고 전향선언을 하게 했다.
149 1949년 당시의 전향 절차에 대해서는 조은정, 2018, 81쪽.
150 국사편찬위원회, 2007d, 314쪽.
151 김선명, 2000, 57쪽.
152 법무부, 「교정사고 방지책 시달」(교정 180-967), 1970.1.29.
153 대통령소속 의문사진상규명위원회, 『진실을 향한 험난한 여정』 2, 2004c, 532쪽.
154 이 성명은 당시 법무부장관 홍진기가 그의 구명을 요청하는 장택상에게 "자신이 공산주의자가 아니라는 성명을 발표하면 그 처형을 대통령 선거가 끝날 때까지 연기하겠다"고 했기 때문에 발표한 것이라고 한다. 이택선, 『죽산 조봉암 평전: 자유인의 길』, 죽산조봉암

기념사업회, 2022, 314쪽.

155 진실화해위원회의 「조봉암사건 진실규명결정서」 참조. www.jinsil. go.kr/fnt/nac/selectNoticeList.do?bbsId=BBSMSTR_000000000717.

156 박상천, 「석방된 공안사범들 보안관찰법에 의해 관찰하겠다」, 『월간조선』 9, 1998, 134쪽.

157 박상천, 〈이제는 말할 수 있다 42회: 전향공작과 양심의 자유〉, MBC, 2001. 8. 10.

158 차병직, 「침묵의 자유론」, 『한겨레』, 1998. 8. 19.

159 박상천, 1998, 134쪽.

160 준법서약서에 대한 헌재의 다수의 의견. 유진식, 「국가권력과 인간의 내면세계」, 『동북아법연구』 4-2, 2010, 187-221쪽.

161 합헌 결정의 기본 논리는 "북한이 우리의 자유민주적 기본질서를 전복할 것을 포기했다는 명백한 징후가 없다"는 전제 위에 있다. 헌법재판소, 「2003헌바85, 102(병합)」 결정문, 2004. 8. 26.

162 송문호, 「보안관찰법 폐지론」, 『인권과 정의』 341, 2005; 김순태, 「보안관찰법에 관한 연구: 제6조 1항 및 제27조 2항에 관한 검토를 중심으로」, 『논문집』 32, 한국방송통신대학교, 2001, 153-166쪽.

163 민주주의법학연구회, 「보안관찰대상자의 출소 후 미신고 등의 처벌규정(보안관찰법 제6조 1항 1문 후단과 연결된 제27조 2항)의 위헌성」, 2000. 11. 15.

164 김동기, 2000, 197쪽.

165 양한모, 『교회와 공산주의』, 가톨릭출판사, 1992, 85쪽.

166 후지타 쇼조 저, 최종길 역, 『전향의 사상사적 연구』, 논형, 2007, 15쪽; 서준식, 1993, 19쪽.

167 奧平康弘, 『治安維持法小史』, 筑摩書房, 1977; 후지타 쇼조 저, 최종길 역, 2007.

168　후지타 쇼조 저, 최종길 역, 2007, 16쪽.
169　리차드 H. 미첼 저, 김윤식 역, 1982, 185쪽.
170　서준식, 1993, 26쪽.
171　리차드 H. 미첼 저, 김윤식 역, 1982, 184쪽. 이런 이유 때문에 안○○은 일체의 가족면회를 거부하기도 했다. 필자와 안○○ 인터뷰, 2020.9.26.
172　Rogers Brubaker, *Citizenship and Nationhood in France and Germany*, Cambridge, Massachusetts: Harvard University Press, 1992.
173　북한 출신 공작원 출신 장○○의 경우는 이런 철저한 고립감 때문에 전향을 선택한 것으로 보인다. 필자와 장○○ 인터뷰, 2020.8.27.
174　비전향수 59명 중 북한 출신은 15명이었다. 한홍구, 2011, 226쪽.
175　대통령소속 의문사진상규명위원회, 『사실과 왜곡 그리고 진실』, 2004a.
176　여러 가지 정세 판단이나 개인적 사정이 작용했지만, "통일사업은 남북 어디에서나 해야 한다"는 자신의 이후 활동을 위해 남은 사람도 있다. 필자와 안○○ 인터뷰, 2020.9.26.
177　국사편찬위원회, 2007b, 252쪽.
178　한옥신의 조사에 의하면 소지주보라는 소작인 출신이, 고학력자보다는 저학력자 중 비전향 비율이 높은 것으로 나온다. 한옥신, 1975, 82쪽.
179　서승 저, 김경자 역, 1999, 88쪽.
180　고민이 없었다고 말할 수는 없었을 것이다. 그래도 이들은 전향서를 쓴 것에 대해 공작원 빨치산 출신 선배 세대에 비해 그다지 심각하게 생각하지 않았고, 크게 자책하지도 않는 듯이 보였다.
181　국사편찬위원회, 2007a, 221쪽.
182　김경환, 「신영복과 서준식의 전향에 대하여」, 『월간 말』 146, 1998.8.

183 여기서 모두 밝힐 수는 없지만 필자가 인터뷰한 많은 국내 조직사건 관련 '정치범'들의 전향은 이렇게 설명할 수 있을 것이다.
184 김명인, 「전향한 남조선노동당원 김수영을 위하여」, 『황해문화』 120, 2023, 438쪽.
185 그런데 남한 체제를 비판하는 것과 북한을 조국으로 인정하는 것은 다른 문제일 수 있다.
186 서준식, 1993, 16-28쪽.
187 장의균, 「왜 우리는 전향을 거부하는가: 비전향 장기수 42인의 사상전향제도 헌법소원 이유서」, 『실천문학』 29, 1993, 333-372쪽.
188 김영승은 가족의 전향회유에 대해 "내가 당장에 나갈 수만 있다면 돼. 안 하겠느냐 이거야"라고 말했다. 국사편찬위원회, 2007b, 246쪽.
189 김선명, 2000, 51쪽.
190 이인모 기록, 신준영 정리, 1992, 206쪽.
191 허영철, 『역사는 한 번도 나를 비껴가지 않았다: 비전향장기수 허영철의 말과 삶』, 보리, 2006, 340쪽.
192 장의균, 1993, 371쪽.
193 프래신짓트 두아라 저, 한석정 역, 『주권과 순수성: 만주국과 동아시아적 근대』, 나남, 2008.
194 "나는 당신들이 강요하지 않아도 그냥 똑같은 남한 사람인데 자꾸 전향을 하라니 그럼 나더러 북한으로 전향하라는 것이냐." 장의균, 1993, 337쪽.
195 장의균, 1993, 339쪽.
196 서준식, 1989, 23쪽; 김효순, 『조국이 버린 사람들: 재일동포 유학생 간첩 사건의 기록』, 서해문집, 2015, 271쪽.
197 서준식, 1989, 37쪽.
198 서준식, 1989, 227쪽.
199 임방규, 2019, 127쪽.

200 임방규, 2019, 236쪽.
201 대통령소속 의문사진상규명위원회, 『진실을 향한 험난한 여정』 1, 2004b, 562쪽.
202 대통령소속 의문사진상규명위원회, 2004a, 18쪽.
203 필자와 안○○ 인터뷰, 2020.9.26.
204 장의균, 1993, 336쪽.
205 김근태, 1998, 110쪽.
206 이인모 기록, 신준영 정리, 1992, 226쪽.
207 서준식, 1989, 23쪽.
208 서준식, 1989, 126쪽.
209 서준식, 1989, 27쪽; 좌익수 중에서도 비전향수의 사상적 고착성과 출옥 후 활동의 경직성을 비판하는 경우도 있다. 필자와 권○○ 인터뷰, 2020.12.4.
210 이 기간 동안 86명은 각종 압박과 징벌, 고문에 못 이겨 전향했고, 16명은 마지막까지 저항하다 자살 등으로 목숨을 잃었다. 청주 보안감호소에서 단식투쟁하던 변형만의 경우 간수들이 고무호스를 식도에 집어넣어 왕소금을 잔뜩 푼 소금물을 강제급식하는 과정에서 숨을 거뒀다. 임방규, 「나는 왜 전향서 대신 33년 감옥을 선택했나」, 『프레시안(www.pressian.com)』, 2016.4.24.
211 장기구금 양심수도 1990년 164명, 1991년 124명, 1992년 90명, 1994년 75명, 1995년 75명, 1996년 66명, 1997년 58명, 1998년 43명이었다. 물론 이 모든 사람이 좌익수에 포함되는 것은 아니다. 「비전향장기수, 그들은 어떤 사람들이고 왜 송환돼야 하는가」, 『통일뉴스』, 2022.8.21.
212 그들은 자신의 양심이 강간당하다시피 하고 부끄러움 때문에 그늘에서만 살다가 떳떳하게 무효선언을 하고 나서 새로 태어나는 기분이라고 말했다. 「장기구금 양심수, 전향 무효선언 및 북송 촉구」, 『통

일뉴스』, 2001. 2. 6.
213 Anthony Giddens, *The Nation-State and Violence: Volume Two of A Contemporary Critique of Historical Materialism*, Berkeley: University of California Press, 1987.
214 김지하,『흰 그늘의 길』3, 도서출판 학고재, 2003, 39-40쪽.
215 국방부 과거사진상규명위원회,『과거사진상규명위원회 종합보고서』3, 2007b, 518쪽.
216 국방부 과거사진상규명위원회, 2007b, 519쪽.
217 이윤정,「금산경찰서 한 경찰관의 '교양수부'와 '교양자료집'(1955~56)을 통해본 사찰활동」,『한국근현대사연구』93, 2020, 220쪽.
218 이윤정, 2020, 218-219쪽.
219 류서원,『사찰경찰제요』, 백조사, 1955, 23쪽(신성식,「과거 경찰의 민간인 불법사찰에 관한 실태 연구: 경찰청 과거사위원회의 조사결과를 중심으로」,『법정리뷰』28-1, 2011, 184쪽에서 재인용).
220 「연좌제 폐지안 건의」,『동아일보』, 1966. 12. 3.
221 신성식, 2011.
222 국정감사 당시 경찰청장은 "인권침해 등의 소지가 있다는 위원님들의 지적과 시정 요구가 있어서 1994년 12월 말까지 파기하여 요시찰 관련자료는 일체 보유하지 않고, 민간인에 대한 사찰은 일체 하지 않고 있다"고 답했다.
223 구영식,「경찰, 운동권 출신 575명 불법사찰 의혹」,『월간 말』170, 2000.
224 국정원과 국방부 사이버 사령부의 트위터에서 리트윗 작업을 통해 종북문제, 제주 해군기지, 전교조 등 정치 이슈를 공유했다. 사이버사는 2012년 170억 원의 총예산 중에서 45억 원을, 2013년에는 255억 원의 총예산 중에서 57억 원을 국정원에서 지원받았다.
225 최정학,「민간인 사찰과 국가권력의 감시」,『통합인문학연구』6-2,

2014, 217-245쪽.
226 진실화해위원회, 「김해 국민보도연맹 사건」, 2008.1.5(www.jinsil.go.kr).
227 제주4·3평화재단, 『제주4·3사건 추가진상조사 자료집』, 2018, 573-678쪽.
228 내무부 치안국, 『경찰 10년사』, 1958, 284쪽.
229 미국 극동사령부가 북한 첩보활동을 위해 만든 첩보부대로 한국인으로 구성되었다.
230 이윤정, 2020, 195-227쪽.
231 내무부 치안국, 1958, 267쪽.
232 「국방부 정훈국장 이선근의 규정」, 『동아일보』, 1950.10.13.
233 이윤정, 2020, 207쪽.
234 이 기안문서는 육군 방첩대에서 기인한 것인데, 6·25한국전쟁 발발 직후 국민보도연맹원 예비검속 및 학살을 CIC가 단독으로 했다는 것을 인정하고 있어서 주목된다.
235 손윤규의 경우 자신이 전향서를 작성하여 사형에서 무기로 감형받았으나 미전향 좌익수로 분류되어 요시찰 대상자로 정해져 강제적인 전향공작의 대상이 되기도 했다. 대통령소속 의문사진상규명위원회, 2004b.
236 법무부, 「교정사고 방지책 시달」(교정 180-967), 1970.1.29.
237 경찰청, 『경찰청 과거사진상규명위원회 조사결과 보고서』, 2007, 105쪽.
238 당시 경찰은 자기 관할 내는 물론이고 관내를 출입하는 다른 지역 인물들도 철저하게 감시했다. 지수걸, 「조선 정치사상범 탄압을 문제삼아야 할 이유」, 『역사비평』 45, 1998, 103쪽.
239 울진경찰서 사찰 자료를 보면 씨족별(가나다 순), 요시찰별(갑을병 순)로 구분했는데, 요시찰 갑(71명), 요시찰 을(599명), 요시찰 병

(46명) 등 연인원 716명으로 기록되어 있다. 기재 내용은 부서(6·25 당시 인민위원회 등), 성명, 연령, 본적, 주소, 체포 여부(검거, 자수, 월북 도피, 행방불명, 송치(처단) 등), 처벌 내용(훈계방면, 처단, 도피 등), 비고(가족 동거 여부) 등으로 구분되어 있다.

240 내부부 치안국, 1958, 284쪽; 내무부 치안국, 『경찰통계연보』, 1967.
241 내무부 치안국, 『한국경찰사』 2, 1955.
242 내무부 치안국, 1955. 197쪽.
243 육군 방첩대, 「예비검속자 처리에 관한 건의」, 1961. 6. 13.
244 박원순, 『국가보안법연구』 2, 역사비평사, 1992, 29쪽.
245 한옥신, 1975, 247쪽.
246 이는 제1기 진실화해위원회 조사관이 아산경찰서 정보계에 출장을 가서 확인한 내용이다.
247 박원순, 1992, 31쪽.
248 이 지시는 중앙정보부의 조정에 의거하여 법무부가 내린 것이다.
249 경찰이 파악한 수는 15,462명인데, 이는 1963년 7월 좌익수 출소자 통보제 실시 이전 출소자를 포함한 수다.
250 현존자는 6·25 당시 부역 사실이 있는 자로 『신원기록편람연명부』 등재 당시 현존한 자, 현시찰자는 6·25 당시 민청, 남로당, 인민위원회 부역이나 의용군 입대, 월북한 자 등으로서 관보자, 요시찰인, 보안처분 대상자 등이다.
251 국방부 과거사진상규명위원회, 2007b, 543쪽.
252 검찰은 출소 공안 수사활동 보완을 위해 사찰을 했다고 밝혔으며, 노무현 정부 이후 거의 사문화되었다고 주장했다.
253 법무부, 「수형자 석방통보」(교정 835-363), 1963. 6. 25.
254 생존 국민보도연맹원을 '집행유예' 상태라고 말한 사람은 2006년 진실화해위원회 조사 당시까지 생존해 있던 충북 국민보도연맹원 이었던 김기반의 발언이다. 진실화해위원회, 「청원 국민보도연맹

사건」, 2008. 11. 26(www.jinsil.go.kr).
255 허영철, 2006, 295쪽.
256 정지훈, 「사상교정처분의 발본적 고찰: 보안관찰법 부칙 제2조 제2호에 대한 공시적·통시적 검토를 중심으로」, 『민주법학』 69, 2019.
257 보안처분 대상자 중 보안관찰 대상자에게만 부과되는 신고의무가 기본권 제한이 아닌가 하는 헌법소원에 대해 헌법재판소는 '공공의 필요에서 기본권을 제한하는 국가공권력의 행사'이므로 헌법에 위반되지 않는다고 판결을 내렸다. 헌법재판소, 「2001헌가17, 2002헌바98(병합)」 결정문, 2003. 6. 26.
258 배종대, 1989, 45쪽.
259 리영희·임헌영, 『대화: 한 지식인의 삶과 사상』, 한길사, 2005, 499쪽.
260 국가인권위원회, 『2002년도 인권상황 실태조사보고서: 보안관찰대상자 인권침해실태』, 2003, 29쪽.
261 국가인권위원회, 『2003년도 인권상황 실태조사결과보고서』, 2004, 32-36쪽.
262 광주지검(검사 김용철)은 지난 1991년 11월 25일 "보안관찰처분 대상자는 출소 후 7일 이내에 거주 예정지 관할 경찰서장에게 출소 사실을 신고하여야 함에도 불구하고(보안관찰법 제6조 제1항) 신고서를 작성하지 아니했다"고 판정했다.
263 권오헌, 2006, 79쪽.
264 Albert O. Hirshman, *Exit, Voice, and Loyalty*, Massachusetts: Harvard University Press, 1970.
265 William Berkson, "Thought Control in Mao's China," *National Review* (October 14), 1977.
266 이태훈, 「일제말 전시체제기 조선방공협회의 활동과 반공선전전략」, 『역사와현실』 93, 2014, 129-175쪽.
267 김영미, 『일제시기~한국전쟁기 주민 동원·통제 연구』, 서울대학교

박사학위논문, 2005, 168쪽.
268 여순사건의 주동자였던 지창수는 "친일파 경찰을 타도해야 한다"고 외쳤고 이에 부대원들이 동조했다. 김득중, 『'빨갱이'의 탄생: 여순사건과 반공 국가의 형성』, 선인, 2009, 115쪽.
269 「반란사건 처리에 중요한 것은 친일잔재 처단과 민심 수습」, 『한성일보』, 1948. 11. 5.
270 「여수·순천 등 피난지구 답사기」, 『민국일보』, 1948. 11. 27.
271 「이승만 대통령, 반군도상의 단호 처형을 포고」, 『국민신문』, 1948. 10. 24.
272 임송자, 「전향의 반공주체 형성과 동원」, 『한국사연구』 185, 2019, 203-247쪽.
273 임송자, 2019.
274 허은, 『냉전과 새마을: 동아시아 냉전의 연쇄와 분단국가 체제』, 창비, 2022, 124쪽.
275 「민심파악과 오열색출을 각도 경찰국장에 지시」, 『동아일보』, 1953. 8. 3.
276 김영미, 2005.
277 김영미, 2005, 154쪽.
278 1969년 12월 30일 시행된 내무부령 제52호 제4조에 의하면 경찰은 호구의 자산, 교육, 종교, 경력 관계뿐만 아니라 가정불화 여부, 경제상의 신용 여부, 정당 사회단체 관계, 기타 사상동향까지 조사를 했다. 신성식, 2011.
279 경찰청, 2007, 94-95쪽.
280 여수지역사회연구소, 『여순사건실태조사보고서』 1, 1998, 156쪽.
281 안제, 『실록 보도연맹: 안제의 한의 노래』, 도서출판 삼화, 1990, 163쪽.
282 사회·농림·국방·내무·교통·보건부 장관으로부터 충남북·전남

북·경남북 도지사에게 국방부 정훈국 전사편찬위원회, 「피난민 분산에 관한 건」(1950.7.10), 『한국전란1년지』, 1951, C50.
283 국방부 정훈국 전사편찬위원회, 「대통령령(긴급명령 제7호) 비상시 향토방위령」(1950.7.22), 『한국전란일년지』, 1951, C51.
284 김원, 「공안사찰: 감시와 자기검열의 일상화」, 『내일을 여는 역사』 63, 2016, 32-47쪽.
285 허은, 2022, 397쪽.
286 허은, 2022, 33쪽.
287 허은, 2022, 511쪽.
288 김환표, 「반상회의 역사: 국민동원과 통제의 수단에서 이익집단화까지」, 『인물과 사상』, 2011, 153-184쪽.
289 김환표, 2011, 170쪽.
290 김환표, 2011.
291 최상천, 『알몸 박정희』, 사람나라, 2001.
292 허은, 2022, 480쪽.
293 허은, 2022, 487쪽.
294 란보쩌우, 「타이완 백색테러가 피해자 가족에게 초래한 고통과 비애」, 동아시아평화인권한국위원회 편, 『동아시아와 근대의 폭력』 2, 삼인, 2001.
295 Carlos Alberto Torres, "State and Education Revisited: Why Educational Researchers Should Think Politically about Education," *Review of Research in Education*, Vol. 21, 1995-1996, pp. 255-331.
296 안토니오 그람시 저, 이상훈 역, 『옥중수고』 1, 거름, 1986.
297 Axel Honneth, "Education and Democratic Public sphere," *Indigo*, Vol. 9, 2015.
298 김동춘, 『시험능력주의: 한국형 능력주의는 어떻게 불평등을 강화

하는가』, 창비, 2022b.
299 미셸 푸코 저, 박홍규 역, 1991, 233쪽.
300 박성준, 「통일혁명당 사건」, 한승헌선생 화갑기념문집간행위원회 편, 『한 변호사의 초상』, 범우사, 1994, 140쪽.
301 Michael W. Apple, *Ideology and Curriculum*, New York: Routledge Taylor and Francis Group, 2009; Michael W. Apple, *Official Knowledge: Democratic Education in a Conservative Age*, New York: Routledge Taylor and Francis Group, 2014.
302 대통령령으로 되어 있는 교과용 도서에 관한 규정에서 교과서를 국정인 1종과 검인정인 2종으로 구분하여, 각급 학교 교과목별로 1종 도서 편찬심의위원회를 구성하게 했는데, 그 기구는 문교부장관의 자문 역할을 하게 되어 있었다.
303 신병철, 「국가교육과 지배 이데올로기」, 역사교육을 위한 교사모임·한국역사연구회, 『중학교 국사 교과서 개정본 분석』, 1989.
304 조성운, 「제2차 교육과정의 제정과 국사교과서의 편찬」, 『한국사학보』 66, 2017, 329-373쪽.
305 문교40년사편찬위원회, 『문교40년사』, 문교부, 1988, 242-243쪽. 앞에서 지적한 것처럼 간접 침략이란 북한 공작원에 의한 체제 위험이 아니라 4·19혁명 이후 국내 반정부세력에 의한 비판을 의미하고, 그것이 반공법 제정의 근거였다.
306 조성운, 2017.
307 김상봉, 『도덕교육의 파시즘: 노예도덕을 넘어 자유인으로』, 길, 2005, 166쪽.
308 제3차 교육과정에서 사용된 『중학교 도덕』 2(김상봉, 2005, 196쪽에서 재인용).
309 김범묵, 「교과서가 만든 한국인: 도덕 윤리 교과서의 국가주의」, 『당대비평』 16, 2001, 53-70쪽.

310 국가가 절대적이고 무조건적 가치를 가진 것이 아니고 국가는 인간의 주체성을 실현하기 위해 존재하는 것임에도 불구하고 여기서 국가는 억압기구로 나타난다는 것이다. 김범묵, 2001, 47쪽.
311 개번 매코맥 저, 이기호·황정아 역, 『종속국가 일본: 미국의 품에서 욕망하는 지역패권』, 창비, 2008, 233쪽.
312 「학생동태를 파악」, 『경향신문』, 1969.9.1.
313 「학생 동태파악 전담기구 설치」, 『조선일보』, 1971.4.1.; 「문교부 교련반대 등 대비 대학생 동태 매일 보고 전담실도 설치」, 『동아일보』, 1971.4.31.
314 「서울大總長 불러 學生들 動態 청취」, 『조선일보』, 1973.10.26.
315 「文敎部 學生동태 對策論議」, 『동아일보』, 1975.3.27.
316 「文敎部 學事담당관실 확장」, 『동아일보』, 1974.1.7.
317 문교부, 「안보정책 회의자료: 학원대책」, 1983.3.25.
318 대통령소속 의문사진상규명위원회, 2004b, 543쪽.
319 필자의 경험에 기초한 것이고, 당시 학생운동에 가담했던 여러 사람들의 일반적인 증언이다.
320 문교부, 「1983년도 학원 대책」, 1983(국방부 과거사건진실규명위원회 자료).
321 국정원 과거사건진실규명을통한발전위원회, 『과거와 대화, 미래의 성찰 6: 학원·간첩편』, 2007e, 245쪽.
322 「학생지도 대책 마련 서울대 방학동안」, 『동아일보』, 1981.12.18.
323 「학생지도 잘못하면 교수 승진 기회 박탈」, 『조선일보』, 1986.3.7.
324 「急進조직 가입 학생 動態파악」, 『동아일보』, 1986.5.7.
325 국정원 과거사건진실규명을통한발전위원회, 2007e, 112쪽.
326 문교부, 「1학기 학원대책 추진과 2학기 대책」, 1981.8.14(국방부 과거사진상규명위원회 자료).
327 현정덕, 「강제징집과 녹화사업」, 대통령소속 의문사진상규명위원

회, 『진실을 향한 험난한 여정』 1, 2004b, 54쪽.
328 국정원 과거사건진실규명을통한발전위원회, 2007e, 16쪽
329 국정원 과거사건진실규명을통한발전위원회, 2007e, 17쪽.
330 학생사상대책반,「대학생 사상대책」, 1981. 8(국방부 과거사진상규명위원회 자료).
331 문교부,「1982년도 학원대책」, 1982(국방부 과거사진상규명위원회 자료).
332 국정원 과거사건진실규명을통한발전위원회, 2007e, 39쪽.
333 한필재,「80년대 문교부 장관의 면모와 그 대책」,『우리교육』 2, 1990, 73-79쪽.
334 「교원정보부 되살아난다」,『한겨레신문』, 1989. 4. 11.
335 전성원,「블랙리스트는 반복될 것인가」,『대학원신문』, 2021. 3. 9.
336 검열연구회,『식민지 검열: 제도·텍스트·실천』, 소명출판, 2011.
337 이윤정, 2020.
338 1973년 5월의 방송지침을 보면 유신과업, 총력안보, 새마을사업, 수출 목표 등 11개 항목의 홍보가 지침의 우선 사상으로 되어 있다. 76년 1월에는 8시에서 8시 20분까지의 프라임타임에 3개 TV가 동시에 공동 주제에 의한 홍보대를 마련하도록 했다.『한국방송사』, 한국방송공사, 554쪽(이옥경,「70년대 대중문화의 성격」,『한국사회변동연구』 1, 민중사, 1984, 267쪽에서 재인용).
339 "10월 유신부터 나는 라디오와 텔레비전에서 굵직굵직한 사건들이나 무슨 일들이 발표될 때마다 잘 납득이 가지 않는 점들이 점점 많아졌다. 각 신문 등 모든 전달 매체들은 정부에서 하는 일이면 무조건 찬양하고 지지하는 것들로 채워지기 시작했고 반대하는 소리는 일체 들리지도 않기 때문에 우리 같은 사람의 눈에도 이상하게만 보였다". 노금노,『땅의 아들』 1, 돌베개, 1986, 172쪽.
340 돈 오버도퍼 저, 이종길 역,『두 개의 한국』, 길산, 2002, 75쪽.

341 민주화운동기념사업회·서울대공익법인권센터,「변론요지서」, 2012, 174쪽.
342 국정원 과거사건진실규명을통한발전위원회, 2007d, 55쪽.
343 Walter M. Brasch & Dana R. Ulloch (eds.), *The Press and State*, Lanham, MD: University Press of America, 1986, p.479(박용규, 「식민지 시기 문인기자들의 활동과 검열」, 검열연구회, 2011, 361쪽에서 재인용).
344 존 스튜어트 밀 지음, 서병훈 옮김,『존 스튜어트 밀 선집』, 책세상, 2020, 361쪽.

제4부 사상통제의 배경, 특징과 그 함의

1 미하원 국제관계위원회 국제기구소위원회 저, 김병년 역,『프레이저 보고서: 악당들의 시대』, 레드북, 2014, 76쪽.
2 서대숙·서주석 역,『북한의 지도자 김일성』, 청계연구소, 1989, 220쪽.
3 좌익수 수형기록 중 공작 계획서에는 한국의 우위성과 북한의 허구성을 설득하는 내용이 포함되어 있다. 〈안○○ 수형기록〉, 1973.
4 서준식의 보안처분에 대한 전주교도소 교도관의 생각이다. 서준식,『나의 주장: 반사회안전법 투쟁기록』, 형성사, 1989, 29쪽.
5 이는 거제도포로수용소에서 포로 석방을 앞두고 강압적인 전향을 시도한 것과 유사하다. 강압적으로 전향을 시도한 후 이들이 자유의사에 의해 남한을 택했다고 선전할 수 있는 자료가 되기 때문이다.
6 이창우,「74년의 남북대화의 전망: 남북대화에 대한 인식의 재확인」,『입법조사월보』75(1974.3), 34~39쪽; 하영선,「북한 1972 진실찾기: 7·4공동성명의 추진과 폐기」,『EAI NSP report』67, 2014.

7   무기징역을 받는 사람은 오히려 전향테러를 피할 수 있었고, 15년 정도의 유기징역을 당한 사람이 "제일 많이 당했다." 한홍구, 「한국현대사의 그늘, 남파 공작원과 비전향장기수」, 『역사비평』 94, 2011, 219쪽.
8   국정원 과거사건진실규명을통한발전위원회, 『과거와 대화, 미래의 성찰 1: 국정원 「진실위」보고서·총론』, 2007a, 194쪽.
9   안재구, 「수형자의 입장에서 본 우리 교정시설과 처우방식의 문제점」, 『형사정책』 4, 1989.
10 김근태는 법정 진술에서 "치안본부에서 본인에게 요구했던 것은 항복입니다. 항복을 받기 위해 깨부수겠다고 이야기했고 또한 그와 같이 했습니다"라고 말했다. 김근태, 『남영동』, 중원문화, 1998, 96쪽.
11 이석제, 『각하, 우리 혁명합시다』, 서적포, 1995, 121-128쪽.
12 이일재 증언, 〈이제는 말할 수 있다 42회: 전향공작과 양심의 자유〉, MBC, 2001.8.10.
13 좌익수 출신 이일재는 이 점이 주된 목적이었을 것이라고 진단한다. 이일재 증언, 2001.8.10.
14 지그문트 프로이트 저, 이윤기 역, 「터부를 건드리면 범법자를 사회 자체가 벌을 주게 되어 있다」, 『종교의 기원』, 열린책들, 2003, 57쪽.
15 미셸 푸코 저, 박홍규 역, 『감시와 처벌』, 강원대학교 출판부, 1991, 87쪽.
16 민주사회를 위한 변호사모임, 『반민주 악법 개폐에 관한 의견서』, 역사비평사, 1989.
17 여기서 '인정투쟁'이란 헤겔(Hegel), 호네트(Honneth)의 이론과 개념을 빌린 것인데, 상대방으로부터 무시당한 것에 대한 보복적 응징의 행동을 지칭한다. 악셀 호네트 지음, 문성훈·이현재 옮김, 『인정투쟁: 사회적 갈등의 도덕적 형식론』, 사월의책, 2011.
18 전인권, 『박정희 평전; 박정희의 정치사상과 행동에 관한 전기적 연

구』, 이학사, 2006.
19 이진우, 『사회안전법 강해』, 법문사, 1975.
20 주디스 허먼 저, 최현정 역, 『트라우마』, 열린책들, 2007, 89쪽.
21 에리히 프롬 저, 박경화 역, 『정신분석과 종교』, 한국번역도서주식회사, 1959, 33쪽.
22 서준식, 『나의 주장: 반사회안전법 투쟁기록』, 형성사, 1989, 79쪽.
23 2011년 교육과정 개정 시 논란, 2022년의 논란 등이 거의 동일한 구도로 반복되었다.
24 리차드 H. 미첼 저, 김윤식 역, 1982, 14쪽.
25 고모리 요이치의 주장이다. 박진우 편저, 「고모리 요이치」, 『21세기 천황제와 일본: 일본 지식인과의 대담』, 논형, 2006, 131쪽.
26 후지타 쇼조 저, 최종길 역, 2007, 249쪽.
27 리차드 H. 미첼 저, 김윤식 역, 1982, 113쪽.
28 국사편찬위원회, 『비전향장기수 구술 5: 김영승』, 2007b, 216쪽.
29 리차드 H. 미첼 저, 김윤식 역, 『일제의 사상통제: 사상전향과 그 법체계』, 일지사, 1982, 120쪽.
30 후지타 쇼조 저, 최종길 역, 『전향의 사상사적 연구』, 논형, 2007, 18쪽.
31 리차드 H. 미첼 저, 김윤식 역, 1982, 120쪽.
32 서승 저, 김경자 역, 『서승의 옥중 19년: 사람의 마음은 쇠사슬로 묶을 수 없으리』, 역사비평사, 1999, 172쪽.
33 리차드 H. 미첼 저, 김윤식 역, 1982, 181쪽.
34 리차드 H. 미첼 저, 김윤식 역, 1982, 89쪽.
35 리차드 H. 미첼 저, 김윤식 역, 1982, 161쪽.
36 황민호, 「전시통제기 조선총독부의 사상범문제에 대한 인식과 통제」, 『사학연구』 79, 2005, 222쪽.
37 奧平康弘, 『治安維持法 小史』, 筑摩書房, 1977, 150쪽.

38 물론 8·15 이후 공산주의운동을 하다가 전향한 좌익활동가 양우정은 국가는 가정을 확대한 것이며, 가정은 국가의 유치(幼稚)한 형태로 된 축소판이라고 주장하기도 했다. 그는 일제하에서도 한 번 전향한 경력이 있는데, 친일을 하지는 않았다. 후지이 다케시, 「양우정의 사회주의 운동과 전향: 가족, 계급, 그리고 가정」, 『역사연구』 20, 2011a, 245-269쪽.

39 이태희 서울지검 검사장은 "맹원 취업 알선에 대하여 이미 방직공장 등 각 공장 회사에서 50여 명의 수용 통지가 왔으며 실업자에 대한 생활방침 수립을 강구 중에 있다"고 발표하기도 했다. 「이태희 서울지방검찰청 검사장, 국민보도연맹의 최근 활동을 공개」, 『국도신문』, 1949.12.31.

40 후지이 다케시, 2011a.

41 후지이 다케시, 2011a.

42 후지타 쇼조 저, 최종길 역, 2007, 33쪽.

43 노다 마사아키 저, 서혜영 역, 『전쟁과 인간』, 길, 2000.

44 장정아, 「불가능의 자리가 품은 가능성: 국가안전법 이후의 홍콩」, 백원담 엮음, 『중국과 비중국 그리고 인터 차이나: 타이완과 홍콩 다시 보기』, 진인진, 2021.

45 한국에서도 군사정권하에서 현대판 유배 방식의 처벌이 시행된 경우가 있다. 1986년 교사운동에 가담한 YMCA 교사들을 백령도 등지로 발령을 낸 경우가 그 예이고, 1990년대 중반 이후 한국통신의 민영화 과정에서 반대했던 '민주' 노조활동가들을 도서 지방, 오지로 발령을 내어 사실상 극도의 고립 상황에서 고통을 받도록 하는 경우가 여기에 해당된다.

46 趙景達, 『異端の民衆反乱 東学と甲午農民戦争』, 岩波書店, 1998; 李升熙, 『韓國併合と日本軍憲兵隊-韓國植民地化過程における役割』, 新泉社, 2008, 78-86쪽; F.A.Mckenzie, *The Tragedy of Korea*, Seoul:

(reprinted) Yonsei University Press, 1969, pp. 194-195.

47　최주백 전향 작업에 대한 강용주의 증언, 〈이제는 말할 수 있다 42회: 전향공작과 양심의 자유〉, MBC, 2001. 8. 10.

48　미셸 푸코 저, 박홍규 역, 1991.

49　UN, CCPR(International Covenant on Civil and Political Rights), "Consideration of reports submitted by states parties under article 40 of the covenant," 1992; 장의균, 「왜 우리는 전향을 거부하는가: 비전향 장기수 42인의 사상전향제도 헌법소원 이유서」, 『실천문학』 29, 1993, 334쪽.

50　국순옥, 「헌법학의 입장에서 본 자유민주주의의 두 얼굴」, 『민주법학』 12, 1997, 81쪽.

51　박홍규, 「우리에게 사상의 자유는 있는가?」, 『민주법학』 15, 1999.

52　조국, 『양심과 사상의 자유를 위하여』, 책세상, 2001, 11쪽.

53　이것은 밀이 자유론에서 예를 든 것을 인용한 것이다. 존 스튜어트 밀 지음, 서병훈 옮김, 『존 스튜어트 밀 선집』, 책세상, 2020, 350쪽.

54　강경근은 독일의 '방어적 민주주의'에서 그 근거를 찾아서 방어적 민주주의제도와 전향제도는 조화될 수 있다고 보았다. 그는 전향제도는 국가의 존립과 안정을 위해 필요하다고 보았는데, 그 이유는 한국이 전쟁 중인 국가라는 점이었다. 강경근, 「양심의 자유와 사상전향제도」, 『고시연구』 18-8, 1991, 83-96쪽.

55　조국, 2001, 10쪽.

56　박홍규, 1999.

57　한국을 무사상 국가라고 본 논설들은 최정호, 「무사상(無思想)의 사회, 그 구조와 내력」, 『계간 사상』 1, 1989; 박홍규, 1999; 김동춘, 「사상의 전개를 통해 본 한국의 근대 모습」, 『한국의 근대와 근대성 비판』, 역사비평사, 1996; 김동춘, 「신이 된 국가」, 『전쟁과 사회: 우리에게 한국전쟁은 무엇이었나』, 돌베개, 2006b; 김동춘, 「한국의 분

단국가 형성과 시민권: 한국전쟁, 초기 안보국가하에서 '국민 됨'과 시민권」,『경제와 사회』70, 2006a 참조.

58 권혁범,「내 몸안의 반공주의 회로와 권력」, 임지현 외,『우리안의 파시즘』, 참인, 2000, 55쪽.

59 존 스튜어트 밀 지음, 서병훈 옮김, 2020, 362쪽.

60 후지타 쇼조의 일본 국가 비판은 한국에도 그대로 적용할 수 있다. 후지타 쇼조 저, 최종길 역, 2007, 243쪽.

61 김종철,「사립학교법, 재산권 그리고 기본자산제: 현대판 노예제로서의 사립학교법」,『담론과 쟁점』7-1, 2019.

62 지배라는 용어의 어원인 'dominium'은 노예의 주인을 의미했는데, 이것이 재산의 개념으로 발전했다고 한다. 재산권의 개념이 노예제에서 기인한다는 것이다. 재산권의 배타성은 지배의 억압성과 일방성을 말해준다. 김종철, 2019.

63 존 스튜어트 밀 지음, 서병훈 옮김, 2020, 380쪽.

64 볼테르 저, 송기형·임미경 역,『관용론』, 한길사, 2016, 167쪽.

65 김동춘, 1996.

66 Melvyn P. Leffler, *The Specter of Communism: The United States and the Origins of the Cold War*, 1917-1953, New York: Hill and Wang, 1994, pp.57-59.

67 강준만,『레드 콤플렉스』, 삼인, 1997.

68 김학재,『판문점 체제의 기원』, 후마니타스, 2015, 445쪽.

69 프래신짓트 두아라 저, 한석정 역,『주권과 순수성: 만주국과 동아시아적 근대』, 나남, 2008.

70 한석정,『만주모던: 60년대 한국 개발체제의 기원』, 문학과지성사, 2016.

71 결손국가의 개념은 임현진 등이 사용했다. 임현진·공유식·김병국,「한국에서의 민족형성과 국가건설: 결손국가론 서설」, 준봉구범모

교수 화갑기념논문집 편집위원회, 『전환기의 한국정치학의 새 지평』, 나남, 1994.
72 제주 4·3사건 당시의 계엄령이 불법이었다고 김순태는 주장하고 있으나 이재승은 약간 생각을 달리한다. 즉 일제시대 계엄령의 위헌성이 검토된다면 해방 후 국회에 의해 계엄법이 제정되지 않았다고 하더라도 국가의 자기보존의 필요에 의해서 인정할 수 있다는 것이다. 즉 그는 계엄령 자체가 불법이었다기보다는 계엄령하에서의 초토화 작전이나 민간인 학살이 불법이었다고 본다. 이재승, 「소위 제주4·3 관련 군법회의 재판은 재판인가?」, 제주4·3연구소, 『4·3과 역사』2, 2002; 이경주, 「재판을 받을 권리와 국가 긴급권: 제주4·3 수형자 명부를 중심으로」, 『법학연구』5, 2002, 139-157쪽.
73 리영희, 「상고이유서」, 『역설의 변증: 통일과 전후세대와 나』, 두레, 1987, 362쪽.
74 칼 슈미트 저, 김효전 역, 『독재론』, 법원사, 1996.
75 기독교 도덕은 보수나 반동이 갖는 일체의 특징을 갖고 있는데, 어떻게 하라는 것보다는 어떻게 하지 말라는 것이 부당하게 압도하고 있다. 존 스튜어트 밀 지음, 서병훈 옮김, 2020, 378쪽.

맺는 글 사상통제와 21세기 한국 사회

1 김동춘, 『반공자유주의』, 필요한책, 2021.
2 일본의 대표적인 출판사인 슈에이샤(集英社)의 관련 특집 참조. "「自由」の危機 企画"(shinsho-plus.shueisha.co.jp/column/cc/jiyuunokiki).
3 색깔 논쟁은 반드시 사회경제정책, 복지정책을 굴절시킨다. 김헌식, 『색깔논쟁: 한국사회 색깔론의 생산 구조와 탈주』, 새로운사람들, 2003 참조. 사회정책과 반공주의의 관계에 대해서는 김동춘, 『고통

에 응답하지 않는 정치』, 사계절, 2022.
4   渡辺治, 『現代日本の支配構造分析: 基軸と周辺』, 花伝社, 1988; 渡辺治, 『企業社会·日本はどこへ行くのか』, 教育史料出版會, 1999.
5   신영복, 『더불어 숲』, 중앙 M&B, 1988, 107쪽.

참고한 문헌과 자료

1. 국내 문헌

1-1. 저서(단행본)

강덕상(姜德相) 저, 김동수·박수철 역, 『학살의 기억, 관동대지진』, 역사비평사, 2005.
강준만, 『레드 콤플렉스』, 삼인, 1997.
개번 매코맥(Gavan McCormack) 저, 이기호·황정아 역, 『종속국가 일본: 미국의 품에서 욕망하는 지역패권』, 창비, 2008.
거제문화원향토사연구소, 전갑생 해제 및 번역, 『거제 근현대 문헌총서』 6, 2016.
검열연구회, 『식민지 검열: 제도·텍스트·실천』, 소명출판, 2011.
고모리 요이치(小森陽一) 저, 송태욱 역, 『포스트콜로니얼: 식민지적 무의식과 식민주의적 의식』, 삼인, 2002.
구스타프 라드브루흐(Gustav Radbruch) 저, 손지열·황우여 역, 『법에 있어서의 인간』, 육법사, 1981.
권양섭선생 탄생100주년 자료집발간위원회, 『권양섭』, 2018.
권오헌, 「출소 장기수 실태보고서」, 『인권을 다지며 자주통일의 길로』, 창미디어, 2006.
권혁범, 「내 몸안의 반공주의 회로와 권력」, 임지현 외, 『우리안의 파시즘』, 삼인, 2000.

618

김윤형, 『나는 조선인 가미카제다』, 서해문집, 2012.
김교만, 「냉전에 덫에 걸린 자유주의자의 꿈」, 강준만 외, 『레드 콤플렉스: 광기가 남긴 아홉 개의 초상』, 삼인, 1997.
김근태, 『남영동』, 중원문화, 1998.
김기진, 『끝나지 않은 전쟁: 국민보도연맹』, 역사비평사, 2002.
김당, 『시크릿 파일 국정원』, 메디치미디어, 2016.
김도현, 『법이란 무엇인가: 법사회학적 관점으로 보는』, 동국대학교 출판부, 2007.
김동기, 『새는 앉는 곳마다 깃을 남긴다』, 아침이슬, 2000.
김동춘, 『고통에 응답하지 않는 정치』, 사계절, 2022a.
_____, 『시험능력주의: 한국형 능력주의는 어떻게 불평등을 강화하는가』, 창비, 2022b.
_____, 『반공자유주의』, 필요한책, 2021.
_____, 『한국인의 에너지, 가족주의』, 피어나, 2020.
_____, 『전쟁정치: 한국정치의 메카니즘과 국가폭력』, 도서출판 길, 2013.
_____, 『전쟁과 사회: 우리에게 한국전쟁은 무엇이었나』, 돌베개, 2006b.
_____, 「사상의 전개를 통해 본 한국 근대의 모습」, 『한국의 근대와 근대성 비판』, 역사비평사, 1996.
김두식, 『법률가들: 선출되지 않은 권력의 탄생』, 창비, 2018.
김득중, 「사상의 자유: 치안유지법과 빨갱이 낙인을 중심으로」, 국가인권위원회, 『대한민국 인권 근현대사』 2, 2019.
_____, 「한국전쟁 전후 육군 방첩대(CIC)의 조직과 활동」, 서중석 외, 『전쟁 속의 또 다른 전쟁: 미국문서로 본 한국전쟁과 학살』, 선인, 2011.
_____, 『'빨갱이'의 탄생』, 선인, 2009.
김상봉, 『도덕교육의 파시즘: 노예도덕을 넘어 자유인으로』, 길, 2005.
김선명, 「총각 할아버지의 소망」, 『0.75평 지상에서 가장 작은 내 방 하나』, 창, 2000.
김선수, 「규율 및 징벌, 불복신청제도」, 천주교인권위원회·인권운동사랑방 엮음,『한국감옥의 현실: 감옥 인권실태 조사보고서』, 사람생각, 1998.

김순태,「보안관찰법에 관한 연구: 제6조 1항 및 제27조 2항에 관한 검토를 중심으로」,『논문집』32, 한국방송통신대학교, 2001.

김원,「공안사찰: 감시와 자기검열의 일상화」,『내일을 여는 역사』63, 2016.

김준영,『죽음에서 삶으로: 현 형목의 교정선교사의 생생한 체험기』, 성광문화사, 1990.

김지하,『흰 그늘의 길』3, 도서출판 학고재, 2003.

김창숙,「벽옹 73년 회상기」,『국역 심산유고』, 1979.

김춘수,『한국 계엄의 기원』, 선인, 2018.

김하기,『완전한 만남』, 창작과비평사, 1989.

김학재,『판문점 체제의 기원』, 후마니타스, 2015.

김헌식,『색깔논쟁: 한국사회 색깔론의 생산 구조와 탈주』, 새로운사람들, 2003.

김형곤,『미국의 적색공포 1919~1920』, 역민사, 1996.

김형욱·박사월,『김형욱 회고록: 한국 중앙정보부』2, 아침, 1985.

김효순,『조국이 버린 사람들: 재일동포 유학생 간첩사건의 기록』, 서해문집, 2015.

김희수·서보학·오창익·하태훈,『검찰공화국 대한민국』, 삼인, 2011.

나가사와 유코(長澤裕子),「전후 일본의 잔여주권과 한국의 독립승인」, 이동준·장박진 편저,『미완의 해방: 한일관계의 기원과 전개』, 아연출판부·고려대학교아세아문제연구소, 2013.

남정현,「민족자주의 문학 열망」, 한승헌선생 화갑기념문집간행위원회 편,『분단시대의 피고들』, 범우사, 1994.

_____,「분지」,『현대문학』3, 1965.

노금노,『땅의 아들』1, 돌베개, 1986.

노다 마사아키(野田正彰) 저, 서혜영 역,『전쟁과 인간』, 길, 2000.

노회찬 의원실·임종인 의원실·최재천 의원실,『국가보안법 2차 청문회 자료집』, 2005.

다카시 후지타니(Takashi Fujitani) 저, 이경훈 역, 『총력전 제국의 인종주의: 제2차 세계대전기 식민지 조선인과 일본계 미국인』, 푸른역사, 2019.

다카하시 도루(高橋亨) 저, 구인모 역, 『식민지 조선인을 논하다』, 동국대학교 출판부, 2010.

도산안창호선생전집편찬위원회, 『도산안창호 전집』 12, 도산안창호선생기념사업회, 2000.

돈 오버도퍼(Don Oberdorfer) 저, 이종길 역, 『두 개의 한국』, 길산, 2002.

란보쩌우, 「타이완 백색테러가 피해자 가족에게 초래한 고통과 비애」, 동아시아평화인권한국위원회 편, 『동아시아와 근대의 폭력』 2, 삼인, 2001.

레이먼드 시버(Raymond Siever), 「냉전시기의 지구과학 연구」, 노암 촘스키(Noam Chomsky) 외 지음, 정연복 옮김, 『냉전과 대학: 냉전의 서막과 미국의 지식인들』, 당대, 2001.

루트비히 포이어바흐(Ludwig Feuerbach) 저, 강대석 옮김, 『기독교의 본질』, 한길사, 2008.

류서원, 『사찰경찰제요』, 백조사, 1955.

리영희, 「서대문 형무소의 기억」, 『우상과 이성』, 한길사, 1997.

_____, 「상고이유서」, 『역설의 변증』, 두레, 1987.

리영희·임헌영, 『대화: 한 지식인의 삶과 사상』, 한길사, 2005.

리차드 H. 미첼(Richard H. Mitchell) 저, 김윤식 역, 『일제의 사상통제: 사상전향과 그 법체계』, 일지사, 1982.

리차드 로빈슨(Richard Robinson) 저, 정미옥 옮김, 『미국의 배반: 미군정과 남조선』, 과학과사상, 1988.

리처드 호프스태터(Richard Hofstadter) 저, 유강은 역, 『미국의 반지성주의』, 교유서가, 2017.

마고사키 우케루(孫崎享) 저, 양기호 역, 『미국은 동아시아를 어떻게 지배했나』, 메디치, 2012.

마루야마 마사오(丸山眞男) 저, 김석근 역, 『현대정치의 사상과 행동』, 한길사, 1997.

마루야마 마사오(丸山眞男) 저, 박충석·김석근 공역, 『충성과 반역: 전환기 일본의 정신사적 위상』, 나남출판, 1992.

문인구, 『신국가보안법개론』, 경찰도서출판협회, 1959.

문재인, 「국가보안법과 국가보안법 제7조의 위헌성」, 가담송기인신부 화갑기념논총간행위원회, 『역사와 사회: 가담송기인신부 화갑기념논총』, 현암사, 1997.

미셸 푸코(Michel Foucault) 저, 박홍규 역, 『감시와 처벌』, 강원대학교 출판부, 1991.

미셸 푸코(Michel Foucault) 저, 심세광 외 역, 『생명관리정치의 탄생: 콜레주드프랑스 강의 1978~79년』, 난장, 2012.

미하원 국제관계위원회 국제기구소위원회 저, 김병년 역, 『프레이저 보고서: 악당들의 시대』, 레드북, 2014.

민주사회를 위한 변호사모임, 「전향제도 폐지 및 준법서약제 도입에 관한 의견서」, 『민주사회를 위한 변론』, 1998.

_____. 『반민주악법 개폐에 관한 의견서』, 역사비평사, 1989.

민주주의법학연구회, 「보안관찰대상자의 출소 후 미신고 등의 처벌규정(보안관찰법 제6조 제1항 1문 후단과 연결된 제27조 2항)의 위헌성」, 2000. 11. 15.

박성준, 「통일혁명당 사건」, 한승헌선생 화갑기념문집간행위원회, 『한 변호사의 초상』, 범우사, 1994.

박용상, 「국가안보와 표현의 자유: 국가보안법을 중심으로」 상, 『저스티스』 128, 2012.

박원순, 『국가보안법연구』 2, 역사비평사, 1992.

_____. 국가보안법연구』 1, 역사비평사, 1989.

박진우 편저, 『21세기 천황제와 일본: 일본 지식인과의 대담』, 논형, 2006.

박찬식, 「4·3 진상규명 운동과 지역권력」, 『4·3과 제주역사』, 각, 2008.

박찬웅, 『경찰의 반성』, 도서출판 신세계, 1991.

박하리마오, 『38선도 6·25한국전쟁도 미국의 작품이었다!』, 새로운사람들, 1998.
박홍규, 『그들이 헌법을 죽였다: 한국 헌법학에 대한 전면비판』, 개마고원, 2001.
박희병, 『범애와 평등』, 돌베개, 2013.
발터 벤야민(Walter Benjamin) 저, 최성만 옮김, 『역사의 개념에 대하여, 폭력비판을 위하여, 초현실주의 외』, 길, 2008.
밥 제숍 저, 남상백 역, 『국가권력: 마르크스에서 푸코까지, 국가론과 권력 이론들』, 이매진, 2021.
방광석, 『근대 일본의 국가체제 확립과정: 이토 히로부미와 제국헌법체제』, 혜안, 2009.
방기중, 『식민지 파시즘의 유산과 극복과제』, 혜안, 2006.
백원담·강성현, 『열전 속 냉전, 냉전 속 열전』, 진인진, 2017.
백윤철·김상겸, 「6·25전쟁 전후 계엄업무 수행체계 연구」, 국방부 군사편찬연구소, 『민군관련사건 연구논문집』, 2005.
볼테르(Voltaire) 저, 송기형·임미경 역, 『관용론』, 한길사, 2016.
볼프강 조프스키(Wolfgang Zofsky) 저, 이한우 역, 『폭력사회: 폭력은 인간과 사회를 어떻게 움직이는가?』, 푸른숲, 2010.
샤를르 달레(Claude-Charles Dallet) 저, 안응렬·최석우 역주, 『한국천주교회사』 상, 한국교회사연구소, 1987.
서대숙·서주석 역, 『북한의 지도자 김일성』, 청계연구소, 1989.
서승, 『옥중 19년: 사람의 마음은 쇠사슬로 묶을 수 없으리』, 역사비평사, 1999.
서옥렬, 『조국을 사랑한 죄: 사형소리 여섯 번』, 연합기획, 1998.
서준식, 「장기구금 양심수 문제와 국가보안법」, 민주화실천가족협의회 외, 『국가보안법 완전철폐를 위한 토론회 자료집』, 1990.
_____, 『나의 주장: 반사회안전법 투쟁기록』, 형성사, 1989.
서중석, 『이승만의 정치이데올로기』, 역사비평사, 2005.

송남헌, 『해방 3년사 1: 1945~1948』, 까치, 1985.
수원시사편찬위원회, 『수원 근·현대사 증언자료집』 2, 경기출판사, 2001.
슈테판 츠바이크(Stefan Zweig) 저, 안인희 역, 『다른 의견을 가질 권리』, 바오출판사, 2009.
시모토마이 노부오(下斗米伸夫) 저, 정연식 역, 『아시아 냉전사』, 경북대학교 출판부, 2017.
신동운 편저, 『재판관의 고민: 유병진 법률논집』, 법문사, 2008.
신병철, 「국가교육과 지배 이데올로기」, 역사교육을 위한 교사모임·한국역사연구회, 『중학교 국사 교과서 개정본 분석』, 1989.
심지연, 『산정에 배를 매고: 노촌 이구영 선생의 살아온 이야기』, 개마서원, 1998.
심희기, 「사회안전법의 물적 기초」, 『계명』 21, 1999.
아담 세보르스키(Adam Przeworski) 외 지음, 안귀남 외 옮김, 『민주주의와 법의 지배』, 후마니타스, 2008.
악셀 호네트(Axel Honneth) 지음, 문성훈·이현재 옮김, 『인정투쟁: 사회적 갈등의 도덕적 형식론』, 사월의책, 2011.
안제, 『실록 보도연맹: 안제의 한의 노래』, 도서출판 삼화, 1990.
안토니오 그람시(Antonio Gramsci) 저, 이상훈 역, 『옥중수고』 1, 거름, 1986.
야마다 소지(山田昭次) 저, 정선태 역, 『가네코 후미코: 식민지 조선을 사랑한 일본 제국의 아나키스트』, 산처럼, 2002.
양심수후원회, 「장기수 선생님을 찾아서: 김해섭 선생님 편」, 『후원회 소식』 39, 1995.
양한모, 『교회와 공산주의』, 가톨릭출판사, 1992.
_____, 『조국은 하나였다』, 일선기획, 1990.
어빙 고프먼(Erving Goffman) 저, 심보선 역, 『수용소: 정신병 환자들과 그 외 재소자들의 사회적 상황에 관한 에세이』, 문학과지성사, 2018.
에른스트 카시러(Ernst Cassirer) 저, 최명관 역, 『국가의 신화』, 창, 2016.
에리히 프롬(Erich Fromm) 저, 박경화 역, 『정신분석과 종교』, 한국번역도서

주식회사, 1959.
에밀 뒤르켐(Emile Durkheim) 저, 민문홍 역, 『사회분업론』, 아카넷, 2012.
여수지역사회연구소, 『여순사건실태조사보고서』 1, 1998, 156쪽.
엔리에산·주지엔구오 저, 홍승직 역, 『이탁오 평전: 유교의 전제에 맞선 중국 사상사 최대의 이단아』, 돌베개, 2000.
오제도, 『사상검사의 수기』, 창신문화사, 1956.
_____, 『국가보안법 실무제요』, 대한인쇄공사, 1949.
울리히 벡(Ulrich Beck) 저, 홍찬숙 역, 『자기만의 신: 우리에게 아직 신이 존재할 수 있을까』, 도서출판 길, 2013.
윤장호, 『호국경찰전사』, 도서출판 제일, 1995.
이돈명 외, 「상고이유서」, 1980. 4. 19.
이만규, 『조선교육사』 2, 거름, 1989.
이상현 역, 『계곡만필』 1, 한국고전번역원, 1997.
이석제, 『각하, 우리 혁명합시다』, 서적포, 1995.
이승헌, 『과학의 양심, 천안함을 추적하다』, 창비, 2010.
이승호·박찬운 외, 『한국감옥의 현실: 감옥 인권실태 조사보고서』, 사람생각, 1998.
이인모 기록, 신준영 정리, 『전인민군 종군기자 수기: 이인모』, 말, 1992.
이재승, 「소위 제주 4·3 관련 군법회의 재판은 재판인가?」, 제주4·3연구소, 『4·3과 역사』 2, 2002.
이진우, 『사회안전법 강해』, 법문사, 1975.
이창우, 「74년의 남북대화의 전망: 남북대화에 대한 인식의 재확인」, 『입법조사월보』 75(1974. 3).
이택선, 『죽산 조봉암 평전: 자유인의 길』, 죽산조봉암기념사업회, 2022.
임방규, 『비전향장기수 임방규 자서전』, 백산서당, 2019.
임헌영, 『한국소설, 정치를 통매하다』, 소명출판, 2020.
임혁백, 『비동시성의 동시성』, 고려대학교 출판부, 2014.
임현진·공유식·김병국, 「한국에서의 민족형성과 국가건설: 결손국가론 서설」, 준봉구범모교수 화갑기념논문집 편집위원회, 『전환기의 한국정치학의 새 지평』, 나남, 1994.
장병혜, 『상록의 자유혼: 창랑 장택상 일대기』, 장택상기념사업회, 1973.
장정아, 「불가능의 자리가 품은 가능성: 국가안전법 이후의 홍콩」, 백원담 엮음, 『중국과 비중국 그리고 인터 차이나: 타이완과 홍콩 다시 보기』, 진인진, 2021.
장회식, 『제국의 전쟁과 전략』, 선인, 2013.
전명혁, 『형사판결문으로 본 치안유지법 사건과 1930~40년대 초 사회주의 운동』, 선인, 2020.
전인권, 『박정희 평전: 박정희의 정치사상과 행동에 관한 전기적 연구』, 이학사, 2006.
정순택, 「지옥일기」, 『뉴래디컬 리뷰』 10, 2001.
정영진, 『폭풍의 10월: 대구10·1사건을 일으킨 사람들과 그 이데올로기』, 한길사, 1990.
조국, 『양심과 사상의 자유를 위하여』, 책세상, 2001.
조르조 아감벤(Giorgio Agamben) 저, 박진우 옮김, 『호모 사케르: 주권 권력과 벌거벗은 생명』, 새물결, 2000.
조제프 프루동(Pierre Joseph Proudhon) 저, 이용재 역, 『소유란 무엇인가: 권리와 통치의 원리에 관한 연구』, 아카넷, 2013.
존 B. 베리(John B. Bury) 저, 박홍규 역, 『사상의 자유의 역사』, 바오, 2013.
존 다우어(John Dower) 저, 최은석 역, 『패배를 껴안고』, 민음사, 2009.
존 루이스 개디스(J. Lewis Gaddis) 저, 정철·김규형 역, 『냉전의 역사: 거래, 스파이, 거짓말, 그리고 진실』, 에코리브르, 2010.
존 메릴(John Merrill) 저, 신성환 역, 『침략인가 해방전쟁인가: 1948~1950 한국전쟁의 국내적 배경』, 과학과사상, 1988.
존 스튜어트 밀(John Stuart Mill) 저, 서병훈 역, 『존 스튜어트 밀 선집』, 책세상, 2020.
주디스 허먼(Judith Herman) 저, 최현정 역, 『트라우마』, 열린책들, 2007.

중앙일보사,『민족의 증언: 한국전쟁 실록』1-6, 을유문화사, 1972.
지그문트 프로이트(Sigmund Freud) 저, 이윤기 역,『종교의 기원』, 열린책들, 2003.
지헌모,『왜 강중장은 사형수가 되었던가』, 한일평론사, 1961.
차기진,「병인박해와 충청남도 순교자에 관한 연구」, 가담송기인신부 화갑기념논총간행위원회,『역사와 사회: 가담송기인신부 화갑기념논총』, 현암사, 1997.
천잉쩐,「타이완 당대사의 새로운 해석」, 동아시아평화인권한국위원회 편,『동아시아와 근대의 폭력』1, 삼인, 2001.
체사레 베카리아(Cesare Beccaria) 저, 이수성·한인섭 역,『범죄와 형벌』, 길안사, 1998.
최규식 의원실,「제250회 정기국회 국정감사 자료: 공안문제연구소를 아십니까」, 2004.
최상천,『알몸 박정희』, 사람나라, 2001.
최정기,『비전향 장기수: 0.5평에 갇힌 한반도』, 책세상, 2002.
최정기 외,『전쟁과 재현: 마을 공동체의 고통과 그 대면』, 한울, 2008.
칼 A. 비트포겔(Karl A. Wittfogel) 저, 구종서 역,『동양적 전제주의: 총체적 권력의 비교연구』, 법문사, 1991.
칼 슈미트(Carl Schmitt) 저, 김효전 역,『독재론』, 법원사, 1996.
코세키 쇼오이찌(古関彰一) 저, 김창록 역,『일본국 헌법의 탄생』, 뿌리와이파리, 2009.
토마스 페인(Thomas Paine) 저, 정귀영 역,『이성의 시대: 신은 인간에게 종교가 아닌 이성을 주었다』, 돋을새김, 2018.
Th. W. 아도르노(Th. W. Adorno)·M. 호르크하이머(M. Horkheimer) 저, 김유동 역,『계몽의 변증법』, 문학과지성사, 2001.
프랜시스 베이컨(Francis Bacon) 저, 진석용 역,『신기관: 자연의 해석과 인간의 자연 지배에 관한 잠언』, 한길사, 2001.
프래신짓트 두아라(Prasenjit Duara) 저, 한석정 역,『주권과 순수성: 만주국과 동아시아적 근대』, 나남, 2008.
P. A. 크로폿킨(Peter Kropotkin) 저, 김상원·김은희 역, 『러시아의 감옥과 유형, 그리고 강제노동』, 한국학술정보, 2020.
하영선, 「북한 1972 진실찾기: 7·4공동성명의 추진과 폐기」, 『EAI NSP report』 67, 2014.
한국갤럽조사연구소, 『한국인의 인간가치관』, 1990.
한국혁명재판사편찬위원회, 『한국혁명재판사』 4, 1962.
曾薰慧·藏汝興 저, 박강배 역, 「'적(異己)' 쓰기: 50년대 백색테러시기 '비첩(匪諜)'의 상징 분석」, 『제노사이드 연구』 2, 2007.
한나 아렌트(Hannah Arendt) 저, 박미애·이진우 역, 『전체주의의 기원』 2, 한길사, 2013.
한석정, 『만주모던: 60년대 한국 개발체제의 기원』, 문학과지성사, 2016.
한승헌, 「남정현의 필화, 분지 사건」, 『분지: 남정현 대표작품선』, 한겨레, 1987.
한옥신, 『사상범죄론』, 최신출판사, 1975.
_____, 『국가보안법 반공법 개설』, 한국사법행정학회, 1970.
한완상·이우재·심재택, 『4·19혁명론: 자료편』 2, 일월서각, 1983.
한인섭, 『형벌과 사회통제: 근대 감옥의 성립과 변모, 그리고 현대 교정』, 박영사, 2006.
한인섭·홍성우, 『홍성우 변호사의 증언: 인권변론 한 시대』, 경인문화사, 2011.
한형조, 『왜 조선 유학인가』, 문학동네, 2008.
함석헌, 『생각하는 백성이라야 산다』, 한길사, 1996.
허영철, 『역사는 한 번도 나를 비껴가지 않았다: 비전향장기수 허영철의 말과 삶』, 보리, 2006.
허은, 『냉전과 새마을: 동아시아 냉전의 연쇄와 분단국가 체제』, 창비, 2022.
홍석률, 「유신체제의 형성」, 안병욱 등 저, 『유신과 반유신』, 민주화운동기념사업회, 2005.

황병주, 「감옥과 국경: '양심수' 석방운동과 한일연대」, 한국학중앙연구원 국제학술회의 자료집, 2022. 3. 13.
후지타 쇼조(藤田省三) 저, 최종길 역, 『전향의 사상사적 연구』, 논형, 2007.

1-2. 논문 및 정간물

강경근, 「양심의 자유와 사상전향제도」, 『고시연구』 18-8, 1991.
강성현, 「한국 사상통제 기제의 역사적 형성과 '보도연맹 사건', 1925~50」, 서울대학교 박사학위논문, 2012.
_____, 「1945~50년 '檢察司法'의 재건과 사상검찰의 반공사법」, 『기억과 전망』 25, 2011.
강인철, 「한국사회와 종교 권력: 비교역사적 접근」, 『역사비평』 77, 2006.
강혜경, 「미군정기 서울의 치안과 경찰」, 『향토경찰』 71, 2008.
구영식, 「경찰, 운동권 출신 575명 불법사찰 의혹」, 『월간 말』 170, 2000.
국순옥, 「헌법학의 입장에서 본 자유민주주의의 두 얼굴」, 『민주법학』 12, 1997.
_____, 「자유민주적 기본질서란 무엇인가?」, 『민주법학』 8, 1994.
권낙기, 「감옥에서 죽은 비전향 장기수들의 이력서」, 『월간 말』 69, 1992.
김경환, 「신영복과 서준식의 전향에 대하여」, 『월간 말』 146, 1998. 8.
김귀옥, 「1960~70년대 비전향장기수와 감옥의 일상사」, 『역사비평』 94, 2011.
김동춘, 「한국형 신자유주의 기원으로서 반공자유주의: 반공국가, 발전국가와 신자유주의의 연속성」, 『경제와 사회』 118, 2018.
_____, 「간첩만들기의 전쟁정치: 지배질서로서 유신체제」, 『민주사회와 정책연구』 21, 2012.
_____, 「한국의 분단국가 형성과 시민권: 한국전쟁, 초기 안보국가하에서 '국민 됨'과 시민권」, 『경제와 사회』 70, 2006a.
김득중, 「민간인학살 진상규명의 법-역사적 접근: 국방경비법을 중심으로」, 『아세아연구』 53-4, 2010.

김명인,「전향한 남조선노동당원 김수영을 위하여」,『황해문화』120, 2023.
김민배,「자유민주적 기본질서와 국가보안법」,『법학연구』4, 2001.
김범묵,「교과서가 만든 한국인: 도덕 윤리 교과서의 국가주의」,『당대비평』 16, 2001.
김병률,『현대전과 국민조직』,『국방』10, 1952.
김영미,「일제시기~한국전쟁기 주민 동원·통제 연구」, 서울대학교 박사학위 논문, 2005.
김용구,「양심·공포·정치」,『기독교사상』204, 1975.
김용직,「자유민주주의와 방어적 국가형성: 대한민국 초기국가형성 재고, 1945~1950」,『한국국제외교정치사논총』35-2, 2014.
김용태,「한국 헌법과 검찰제도」,『서울법학』21-3, 2014.
김인회,「정권, 관료 카르텔과 민주주의 해체 시도: 국정원 사태 본질과 국정 원 개혁 원칙」,『법과 사회』45, 2013.
김일영,「이승만 통치기 정치체계의 성격에 관한 연구」, 성균관대학교 박사 학위논문, 1990.
김종철,「사립학교법, 재산권 그리고 기본자산제: 현대판 노예제로서의 사립 학교법」,『담론과 쟁점』7-1, 2019.
김태현,「북괴의 적화전략에 동조 말라: 작가 남정현 사건의 전말」,『동서춘 추』1-3, 1967.
김택수,「한 공안검사와의 격론 3시간: 대한민국 국민이면 국가보안법 폐지 주장 못한다」,『월간 말』94, 1994. 4.
김학재,「전쟁포로들의 저항과 반공 오리엔탈리즘: 한국전쟁기 유엔군 포로 수용소 내 사건들을 중심으로」,『사림』36, 2010.
_____,「사상검열과 포로가 된 국민: 국민보도연맹과 국가감시체계」,『당대 비평』27, 2004.
김항,「예외적 예외로서의 천황: 근대 일본의 헌법과 주권」,『대동문화연구』 70, 2010.
김현숙,「사노 마나부의 전향 연구」, 연세대학교 석사학위논문, 1990.

김환표,「반상회의 역사: 국민동원과 통제의 수단에서 이익집단화까지」,『인물과 사상』, 2011.
남궁효경,「국가모독죄에 관한 고찰」,『법학』 33-2, 1992.
노용석,「민간인 학살을 통해 본 지역민의 국가인식과 국가권력의 형성: 경상북도 청도지역의 사례를 중심으로」, 영남대학교 박사학위논문, 2004.
류지영,「조선 시대의 사형제도」,『중앙법학』 1, 1999.
미즈노 나오키(水野直樹) 저, 이명록 역,「朝鮮에 있어서 治安維持法 體制의 植民地的 性格」,『법사학연구』 26, 2002.
민영완,「공안사범의 효율적인 관리방안」,『법무연구』 16, 1989.
박상천,「석방된 공안사범들 보안관찰법에 의해 계속 관찰하겠다」,『월간 조선』 9, 1998.
박석균,「4천 5백만 생존권이 더 중요하다: 미전향 장기수 석방의 문제점」,『자유공론』 377, 1998.
박진애,「표현의 자유와 국가안보」,『헌법학연구』 14-1, 2008.
박태균,「1960년대 초 미국의 후진국 정책 변화: 후진국 사회변화 필요성」,『미국사연구』 20, 2004.
박홍규,「우리에게 사상의 자유는 있는가?」,『민주법학』 15, 1999.
_____,「개발독재와 인권: 아시아, 특히 한국의 국가안보이데올로기와 인권침해」,『민주법학』 10, 1996.
배종대,「사회안전법 및 보안관찰법에 관한 비판적 고찰」,『법과 사회』 1, 1989.
서준식,「전향, 무엇이 문제인가: 영광과 오욕의 날카로운 대척점」,『역사비평』, 1993.
송문호,「보안관찰법 폐지론」,『인권과 정의』 341, 2005.
송해은,「한국검찰의 연혁에 관한 고찰」,『저스티스』 27-2, 1994.
신동운,「일제하의 예심제도에 관하여」,『법학』 65, 1986.
신상준·이상경,「양심의 자유에 관한 헌법재판소 결정의 비판적 검토」,『서울법학』 24-4, 2017.

신성식, 「과거 경찰의 민간인 불법사찰에 관한 실태 연구: 경찰청 과거사위원회의 조사결과를 중심으로」, 『법정리뷰』 28-1, 2011.
안유림, 「일제 치안유지법 체제하 조선의 예심제도」, 『이화사학연구』 38, 2009.
안자코 유카, 「조선총독부의 총동원체제(1937~1945) 형성 정책」, 고려대학교 박사학위논문, 2006.
안재구, 「수형자의 입장에서 본 우리 교정시설과 처우방식의 문제점」, 『형사정책』 4, 1989.
양화식, 「확신범의 가벌성과 처우」, 『형사정책연구』 38-2, 1999.
오동석, 「사상·양심의 자유와 국가안보」, 『헌법학연구』 15-3, 2009.
오관용, 「左翼受刑者에 對한 敎化方案 1」, 『刑政』 9(68호), 1960.
원구한, 「한국경찰관료제의 대표성 분석」, 『현대사회와 행정』, 14-1, 2004.
유병철, 「우리나라 교도소 행형의 연원」, 『교정연구』 56, 2012.
유진식, 「국가권력과 인간의 내면세계」, 『동북아법연구』 4-2, 2010.
윤석산, 「해월 최시형의 서소문 옥중 생활과 처형과정」, 『동학학보』 38, 2016.
이건호, 「정치범의 개념에 관한 서설」, 『考試界』 1-3, 1956.
이경숙, 「전시체제기 대구사범학교 학생 일기 분석: 기록과 비기록의 관점에서」, 『한국교육사학』 41-1, 2019.
이경주, 「재판을 받을 권리와 국가 긴급권: 제주 4·3 수형자 명부를 중심으로」, 『법학연구』 5, 2002.
이기훈, 「식민지 경험과 박정희 시대: 일제하 식민지 사범교육-대구사범학교를 중심으로」, 『역사문제연구』 9, 2002.
이나미, 「일제의 조선지배 이데올로기」, 『정치사상연구』 9, 2003.
이봉범, 「귀순과 심리전, 1960년대 국가심리전 체계와 귀순의 냉전 정치성」, 『상허학보』 59, 2020.
이상명, 「분단과 헌법: 1948년 헌법을 중심으로」, 『민주법학』 43, 2010.
이상준, 「아시아재단의 영화프로젝트와 1950년대 아시아의 문화냉전」, 『한국학연구』 48, 2018.
이성택, 「민주화이후의 국가보안법: 제도화와 담론화의 전체주의 경향성을 중심으로」, 『사회와 이론』 8, 2006.
이수현, 「우리나라 행형 목적의 기원과 재조명」, 『형사정책연구』 16-3, 2005.
이완범, 「1964년 『세대』지 필화사건과 황용주(1918~2001)」, 『21세기정치학회보』 25-1, 2015.
이윤정, 「금산경찰서 한 경찰관의 '교양수부'와 '교양자료집'(1955~56)을 통해본 사찰활동」, 『한국근현대사연구』 93, 2020.
_____, 「한국전쟁기 경찰의 주민 감시와 계몽: 전라북도 김제군을 사례로」, 『한국근현대사연구』 89, 2019.
이이화, 「허균의 개혁사상」, 『창작과 비평』 8-3, 1973.
이태훈, 「일제말 전시체제기 조선방공협회의 활동과 반공선전전략」, 『역사와 현실』 93, 2014.
이호영, 「정보·보안경찰 폐지론: 그 이유와 대안」, 『민주법학』 71, 2019.
임경석, 「일본인의 조선연구: 사상검사 이토 노리오(伊藤憲郎)의 사회주의 연구를 중심으로」, 『한국사학사학보』 29, 2014.
임송자, 「전향의 반공주체 형성과 동원」, 『한국사연구』 185, 2019.
장신, 「1930년대 전반기의 일제의 사상전향 정책 연구」, 『역사와 현실』 37, 2009.
_____, 「일제하 조선인 고등관료의 형성과 정체성: 고등문관시험 행정과 합격자를 중심으로」, 『역사와 현실』 63, 2007.
장의균, 「왜 우리는 전향을 거부하는가: 비전향 장기수 42인의 사상전향제도 헌법소원 이유서」, 『실천문학』 29, 1993.
전갑생, 「한국전쟁기 간첩담론연구」, 『역사연구』 22, 2012.
정용욱, 「6·25전쟁기 미군의 심리전 조직과 전개양상」, 『한국사론』 50, 2004.
_____, 「한국전쟁시 미군 방첩대 조직 및 운영」, 국방부 군사편찬연구소, 『軍事史 硏究叢書』 1, 2001.
정우석, 「교화와 응보개념을 통한 행형목적 이해에 대한 연구」, 『형사정책연구』74, 2008.
정지훈,「사상교정처분의 발본적 고찰: 보안관찰법 부칙 제2조 제2호 대한 공시적·통시적 검토를 중심으로」,『민주법학』69, 2019.
정창운,「사상범의 법적 규제: 반공법 개정론을 중심으로」,『정경연구』2-8, 1966.
제임스 시노트(James P. Sinnott),「인혁당 사건을 증언한다」,『사회와 사상』, 1989.
조성운,「제2차 교육과정의 제정과 국사교과서의 편찬」,『한국사학보』66, 2017.
조은정,「해방 이후(1945~1950) '전향'과 냉전국민의 형성: 전향성명서와 문화인의 전향을 중심으로」, 성균관대학교 박사학위논문, 2018.
주애민,「한중일 대만 근대 감옥의 설립배경과 특징에 관한 비교연구」,『한국근현대사연구』78, 2016.
지수걸,「조선 정치사상범 탄압을 문제삼아야 할 이유」,『역사비평』45, 1998.
최경옥,「미군정하 국방경비법의 유래와 변천: 조선(국방)경비법·조선해안경비법(1946년) 자료 발굴에 즈음하여」,『공법연구』35-2, 2006.
최정기,「감옥, 규율 권력의 길들이기와 욕망의 탈주」,『진보평론』4, 2000.
최정학,「민간인 사찰과 국가권력의 감시」,『통합인문학연구』6-2, 2014.
최정호,「무사상(無思想)의 사회, 그 구조와 내력」,『계간 사상』1, 1989.
한인섭,「한국전쟁과 형사법: 부역자 처벌 및 민간인 학살과 관련된 법적 문제를 중심으로」,『법학』41-2, 2000.
_____,「근대감옥과 사회통제에 관한 역사: 사회적 연구」,『형사정책연구』21, 1995.
한필재,「80년대 문교부 장관의 면모와 그 대책」,『우리교육』2, 1990.
한홍구,「한국 현대사의 그늘, 남파 공작원과 비전향장기수」,『역사비평』94, 2011.
현무섭,「장기수형자의 혈압과 Sodium 대사에 관한 연구」, 우석대학교 박사학위논문, 1969.
현무암, 「타이완 '백색테러' 시기와 이행기 정의: 뤼다오 신생도훈처를 중심으로」, 『동방학지』 195, 2021.
홍경령, 「사상범 전향제도의 합헌성 여부에 관한 연구」, 서울대학교 석사학위논문, 1990.
홍기돈·남정현, 「경계가 만난 문학인 남정현: 자연의 문학에 맞선 역사의 문학, 그 도도한 일관성」, 『문학과 경계』 5-3, 2005.
홍성찬·김원중, 「한국과 일본경찰제도 비교법적 연구」, 『사회과학연구』 10, 1999.
황민호, 「전시통제기 조선총독부의 사상범 문제에 대한 인식과 통제」, 『사학연구』 79, 2005.
후지지 다케시, 「양우정의 사회주의 운동과 전향: 가족, 계급, 그리고 가정」, 『역사연구』 20, 2011a.
_____, 「4·19/5·16 시기의 반공체제 재편과 그 논리: 반공법의 등장과 그 담지자들」, 『역사문제연구』 25, 2011b.
_____, 「족청·족청계의 이념과 활동」, 성균관대학교 박사학위논문, 2010.

2. 외국 문헌

2-1. 중국·일본 문헌

「"思想犯"做了些什么」, 『人民法院報』, 2012.4.27.
高等法院檢事局思想部, 『思想彙報』 1, 1937.
渡辺治, 『企業社會·日本はどこへ行くのか』, 教育史料出版會, 1999.
渡辺治, 『現代日本の支配構造分析: 基軸と周辺』, 花伝社, 1988.
劉明憲, 「政治犯思想改造: 白色恐怖時期感化教育初探」, 『通識論叢』 21, 2018.

社團法人補償基金會, 『補償基金會 15週年, 成果紀念專輯, 1998~2014』, 2015.
思想の科學硏究會, 『共同硏究 轉向』上, 平凡社, 1970.
徐勝, 『獄中19年』, 岩波新書, 1994.
松本武祝, 「戰時期朝鮮における朝鮮人地方行政職員の『対日協力』」, 『支配と暴力』, 岩波書店, 2007.
奥平康弘, 『治安維持法 小史』, 筑摩書房, 1977.
李升熙, 『韓國倂合と日本軍憲兵隊-韓國植民地化過程における役割』, 新泉社, 2008.
荻野富士夫, 『思想檢事』, 岩波書店, 2000.
赤澤史郞 外, 『總力戰 年報 日本現代史』, 現代史料出版, 1997.
鄭玹汀, 『天皇制國家と女性: 日本キリスト教史における木下尚江』, 教文館, 2013.
趙景達, 『異端の民衆反乱 東学と甲午農民戰争』, 岩波書店, 1998.
促進轉型定義委員會, 『綜合報告書』, 2022.5.18.

2-2. 서양 문헌

Alavi, Hamza, "The State in Post-Colonial Societies: Pakistan and Bangladesh," *New Left Review*, Iss.74, 1972.

Althusser, Louis, *Lenin and Philosophy and Other Essays*, New York; Monthly Review Press, 2001(François Maspero, 1968).

_____, *For Marx*, London: New Left Books, 1977.

Apple, Michael W., *Official Knowledge: Democratic Education in a Conservative Age*, New York: Routledge Taylor and Francis Group, 2014.

_____, *Ideology and Curriculum*, New York: Routledge Taylor and Francis Group, 2009.

Arblaster, Anthony, *The Rise and Decline of Western Liberalism*, Oxford:

Basil Blackwell, 1984.

B. S. K., "Greece: The Aftermath of Civil War," *The World Today*, Vol.6, No.1, 1950.

Bacevich, Andrew, *The Age of Illusions: How America Squandered Its Cold war Victory*, New York: Henry Holt and Company, 2020.

Berkson, William, "Thought Control in Mao's China," *National Review*, 1977.

Boot, Max, *The Savage Wars of People: Small Wars and the Rise of American Power*, New York: Basic Books, 2002.

Bourdieu, Pierre & Jean-Claude Passerson, *Reproduction in Education, Society and Culture*, London: Sage Publications, 1977.

Bourdieu, Pierre & Loïc Wacquant, *An Invitation to Reflexive Sociology*, Chicago: University of Chicago Press, 1992.

Bourdieu, Pierre, *Language and symbolic power*, Cambridge: Polity Press, 1991.

_____, *Distinction: A Social Critique of the Judgement of Taste*, Rechard Nice trans., Cambridge, Massachusetts: Harvard University Press, 1984.

_____, *Outline of a Theory of Practice*, Cambridge: Cambridge University Press, 1977.

Brasch, Walter M. & Dana R. Ulloch (eds.), *The Press and State*, Lanham, MD: University Press of America, 1986.

Breuer, William B., *Shadow Warriors: The Covert War in Korea*, New York: John Wiley & Sons, 1996.

Brubaker, Rogers, *Citizenship and Nationhood in France and Germany*, Cambridge, Massachustts: Harvard University Press, 1992.

Burchett, Wilfred & Alain Winnington, *Koje Unscreened*, Pecking L China, 1953.

Carrabine, Eamonn, "Prison Riots, Social Order and the Problem of Legitimacy," *The British Journal of Criminology*, Vol. 45, No. 6, 2005.

Chen, Theodore Hsi-en & Sin-ming Chiu, "Thought Reform in Communist China," *Far Eastern Survey*, Vol. 24, No. 12, 1955.

Corrigan, Philip, "China: Socialist Construction as Thought-Reform for Intellectuals," *Journal of Contemporary Asia*, Vol. 4, No. 3, 1974.

Deane, Phillip, *I was a Captive in Korea*, New York: Norton & Company Inc., 1953.

Dezalay, Yves & Mikael Rask Madsen, "The Force of Law and Lawyers: Pierre Bourdieu and the Reflexive Sociology of Law," *Annual Review of Law and Social Science*, Vol. 8, 2012.

Dungan, Nelson V. N., *Secret Agent X: Counter Intelligence Corps*, New York: Vantage Press, 1989.

Engels, Friedrich, "Lawyers' Socialism," K. Marx and F. Engels, *Marx and Engels on Religion*, Progress Publishers, 1957(F. Engels, "Juristensozialismus," *Die Neue Zeit*, No. 2, 1887)

Foucault, M., *Power/Knowledge*, New York: Pantheon, 1980.

Fraenkel, Ernst, *The Dual State: A Contribution to the Theory of Dictatorship*, New Jersey: The Lawbook Exchange Ltd., 2010.

Gauthier, Jeremie & Fabien Jobard, *Police: questions sensibles*, Paris: Presses Universitaires de France, 2018.

Giddens, Anthony, *The Nation-State and Violence: Volume Two of A Contemporary Critique of Historical Materialism*, Berkeley: University of California Press, 1987.

Glassman, Jim, *Drums of War, Drums of Development: The Formation of a Pacific Ruling Class and Industrial Transformation in East and Southeast Asia, 1945-1980*, Chicago: Haymarket Books, 2019.

Goffman, Erving, *Essays on the Social Situation of Mental Patients and*

Other Inmates, 1961.

Gramsci, Antonio, *Selections from the Prison Notebooks*, New York: International Publishers, 1971.

Gurvitch, George, Sociology of Law, New Jersey: New Brunswick, 2001.

Heater, Derek, *Citizenship: The Civic Ideal in World History, Politics and Education*, London: Longman, 1990.

Herzog, Jonathan, "America's Spiritual-Industrial Complex and the Policy of Revival in the Early Cold War," *The journal of policy history*, Vol. 22, No. 3, 2010.

Hilsman, Roger, "American Foreign Policy: Focus on Asia," B*righam Young University Studies*, Vol. 12, No. 1, 1972.

_____, *Internal War: The New Communist Tactic*, Department of State, 1961.

Hinton, Alexander Laban (ed.), *Annihilating Difference: The Anthropology of Genocide*, Berkeley: University of California Press, 2002.

Hirshman, Albert O., *Exit, Voice, and Loyalty*, Massachusetts: Harvard University Press, 1970.

Hoffman, Vincent J., "The Development of Modern Police Agencies in the Republic of Korea and Japan: A Paradox," *Political Studies*, 1982.

Hofstadter, Richard, *The Paranoid Style in American Politics*, New York: Vintage, Reprint edition, 2008.

Honneth, Axel, "Education and Democratic Public Sphere," *Indigo*, Vol. 9, 2015.

Huebner, Daniel R., "Toward a Sociology of the State and War: Emil Lederer's Political Sociology," *European Journal of Sociology*, Vol. 49, Iss. 1, 2008.

Iatrides, John O., "George F. Kennan and the Birth of Containment: The Greek Test Case," *World Policy Journal*, Vol. 22, No. 3, 2005.

Ingraham, Barton L., *Political Crime in Europe: A Comparative Study of France, Germany, and England*, Berkeley: University of California Press, 1979.

Jessop, Bob, *State Theory: Putting the Capitalist State in its Place*, London: Polity press, 1990.

Kim, Dong-Choon, "How Anti-Communism Disrupted Decolonization: South Korea's State-Building Under US Patronage," C. Gerlach & C. Six (eds.), *The Palgrave Handbook of Anti-Communist Persecutions*, London: Palgrave, 2020.

Kim, Monica, *The Interrogation Rooms of the Korean War: The Untold History*, Princeton University Press, 2019.

Kovel, Joel, *Red Hunting in the Promised Land: Anticommunism and the Making of America*, New York: Basic Books, 1994.

Kravel-Tovi, Michal, "'National mission': Biopolitics, non-Jewish immigration and Jewish conversion policy in contemporary Israel," *Ethnic and Racial Studies*, Vol. 35, No. 4, 2012.

Lasswell, Harold D., "The Garrison State," *American Journal of Sociology*, Vol. 46, No. 4, 1941.

Lederer, Emil, "Fascist Tendencies in Japan," *Pacific Affairs*, Vol. 7, No. 4, 1934.

Leffler, Melvyn P., *The Specter of Communism: The United States and the Origins of the Cold War, 1917-1953*, New York: Hill and Wang, 1994.

Marshall T. H., *Citizenship and Social Class and, Other Essays*, Cambridge: University of Cambridge Press, 1950.

Mckenzie, F. A., *The Tragedy of Korea*, Seoul: (reprinted) Yonsei University Press, 1969.

Miller, Amber, "LAW AND FOUCAULT'S POWER RELATIONS," *Northeast Law Review*, Vol. 3, 2015.

Morgan, Ted, *Reds: McCarthyism in Twentieth-Century America*, New York: Random House, 2003.

Neumann, Franz, *Behemoth: The Structure and Practice of National Socialism*, New York: Oxford University Press, 1944.

Parsons, Talcott, "Full Citizenship for the Negro Americans? A Sociological Problem," *Daedalus*, Vol. 94, No. 4, 1965.

Pashukanis, Evgeny B., *Law and Marxism: A General Theory*, Pluto Press, 1978.

Pospisil, Leopold J., *Anthropology of law: A Comparative Study*, Harper & Row, 1974.

Pound, Roscoe, *Criminal Justice in America*, New Brunswick: Transaction Publishers, 1998.

Raskin, Marcus G., "Democracy versus the National Security State," *Law and Contemporary Problems*, Vol. 40, No. 3, 1996.

Rehder, Britta, "What is political about the Jurisprudence? Courts, Politics, and Political Sciences in Europe and the United States," *Contemporary Readings in Law and Social Justice*, Vol. 2(1), 2010.

Rodriguez, Encarnacion Gutierrez, Manuela Boatcă & Sérgio Costa, *Decolonizing European Sociology: Transdisciplinary Approaches*, London: Routledge, 2016.

Schafer, Stephan, *The Political Criminal: The Problem of Morality and Crime*, New York: The Free Press, 1973.

_____, "Criminology: The Concept of the Political Criminal," *The Journal of Criminal Law*, Vol. 52, No. 3, 1971.

Schmitt, Carl, *The Concept of the Political*, Chicago: University of Chicago Press, 2007.

_____, *Political Theology: Four Chapters on the Concept of Sovereignty*, Chicago: University of Chicago Press, 2005.

Seth, Michael J., *Education Fever: Society, Politics, and the Pursuit of Schooling in South Korea*, Honolulu: University of Hawaii Press, 2002.

Smith, Aminda M., "Thought Reform and Unreformable: Reeducation Centers and the Rhetoric of Opposition in the Early People's Republic of China," *The Journal of Asian Studies*, Vol. 72, No. 4, 2013.

Torres, Carlos Alberto, "State and Education Revisited: Why Educational Researchers Should Think Politically About Education," *Review of Research in Education*, Vol. 21, Issue 1, 1995~1996.

UN, CCPR(International Covenant on Civil and Political Rights), "Consideration of reports submitted by States parties under article 40 of the Covenant," 1992.

Vauchez, Antoine, "Champ Jurisdique," Gisèle Sapiro(sous la direction de), *Dictionnaire International Bourdieu*, Paris: CNRS Edition, 2020a.

_____, "Champ," Gisèle Sapiro(sous la direction de), *Dictionnaire International Bourdieu*, Paris: CNRS Editions, 2020b.

Veblen, Thorstein, "Bolshevism is a Menace, To Whom," *Essays in Our Changing order*, London: Routledge/Thoemmeus press, 1994.

Wacquant, Loïc, "The Prison is an Outlaw Institution," *The Howard Journal*, Vol 51, No 1. 2012.

Wallerstein, Immanuel, "What Cold War in Asia? An Interpretive Essay," Zheng Yangwen, Hong Liu & Michael Szonyi (eds.), *The Cold War in Asia: The Battle for Hearts and Minds*, Leiden: Brill, 2010.

_____, *Unthinking Social Science: The Limits of Nineteenth Century Paradigms*, New York: Polity Press, 1991.

Ward, Max M., *Thought Crime Ideology and State Power in Interwar Japan*, Duke University Press, 2019.

Winnington, Alan, *I Saw the Truth in Korea*, London: People's Press Printing Society, 1950.

Wolfgang, Marvin E., "Political Crimes and Punishments in Renaissance Frorence," *Journal of Criminal Law, Criminology, and Political Science*, Vol. 44, No. 5, 1954.

Yu, Jianrong, "The Two Stages of the Re-education Through Labour System: From Tool of Political Struggle to Means of Social Governance," *China Perspectives*, 2010.

3. 자료

3-1. 정부 자료

경찰청, 『한국경찰사』 6, 2015.

_____, 『경찰청 과거사진상규명위원회 조사결과 보고서』, 2007.

공보처, 『대통령 이승만 박사 담화집』, 1953.

국가인권위원회, 『2003년도 인권상황 실태조사결과보고서』, 2004.

_____, 『2002년도 인권상황 실태조사보고서: 보안관찰대상자 인권침해실태』, 2003.

국군 보안사령부, 『대공30년사』, 1978.

국방부 과거사진상규명위원회, 『과거사진상규명위원회 종합보고서』 2, 2007a.

_____, 『과거사진상규명위원회 종합보고서』 3, 2007b.

국방부 전사편찬위원회, 「참전군인 증언록」, 오제도 증언(HA03569), 1977. 1. 27.

국방부 정훈국 전사편찬위원회, 『한국전란일년지』, 1951.

_____, 『한국전란이년지』, 1953.

국사편찬위원회, 『비전향장기수 구술 4: 안영기·양정호』, 2007a.

_____, 『비전향장기수 구술 5: 김영승』, 2007b.

_____,『비전향장기수 구술 6: 안희숙·이경찬·김동기』, 2007c.
_____,『비전향장기수 구술 8: 박종린·김해섭 등』, 2007d.
국정원 과거사건진실규명을통한발전위원회,『과거와 대화, 미래의 성찰 1: 국정원「진실위」보고서·총론』, 2007a.
_____,『과거와 대화, 미래의 성찰 2: 주요의혹사건편(상권)』, 2007b.
_____,『과거와 대화, 미래의 성찰 4: 정치사법편』, 2007c.
_____,『과거와 대화, 미래의 성찰 5: 언론·노동편』, 2007d.
_____,『과거와 대화, 미래의 성찰 6: 학원·간첩편』, 2007e.
국회사무처,「제12대 국회 제131회 제16차 본회의 회의록」, 1986.10.30.
_____,「제12대 국회 제131회 제10차 본회의 회의록」, 1986.10.23.
_____,「제6대 국회 제42회 제6차 본회의 회의록」, 1964.5.11.
_____,「제1대 국회 제1회 제105차 본회의 회의록」, 1948.11.16.
_____,「제1대 국회 제1회 제99차 본회의 회의록」, 1948.11.9.
_____,「제1대 국회 제1회 제21차 본회의 회의록」, 1948.6.30.
내무부 치안국,『경찰통계연보』, 1967.
_____,『경찰 10년사』, 1958.
_____,『국립경찰통계연보』, 1957.
_____,『한국경찰사』2, 1955.
대구지방검찰청,『대구지방검찰사』, 1992.
대통령비서실,『박정희 대통령 연설문집』11, 1975.
_____,『박정희 대통령 연설문집』5, 1969.
대통령소속 의문사진상규명위원회,『사실과 왜곡 그리고 진실』, 2004a.
_____,『진실을 향한 험난한 여정』1, 2004b.
_____,『진실을 향한 험난한 여정』2, 2004c.

대한변호사협회, 『인권보고서』 12, 1998.
_____. 『인권보고서』, 역사비평사, 1989.
문교40년사편찬위원회, 『문교40년사』, 문교부, 1988.
민주화실천가족운동협의회, 『나는 간첩이 아니다: 조작간첩 사건 자료집 3』, 2006.
_____. 국가보안법 적용상에서 나타난 인권실태: 2003년도 국가인권위원회 연구용역 보고서』, 2004.
민주화실천가족운동협의회·양심수후원회, 『장기복역 양심수 실태보고서』, 1989.
민주화운동기념사업회·서울대공익법인권센터, 「변론요지서」, 2012.
_____. 『인권변론자료집』 2, 경인문화사, 2012.
_____. 「보석청구이유보충서」, 1975.
법무부, 『한국교정사』, 1987.
_____. 『법무행정』, 1971.
_____. 「좌익수의 죄질별 분류」(교정 832.5-1435), 1972.1.21.
_____. 「교정사고 방지책 시달」(교정 180-967), 1970.1.29.
_____. 「좌익 수형자 수용 구문」(교정 825.5-2), 1970.1.16.
_____. 「좌익수형자 교화방안」(관리 838-12867), 1969.12.1.
_____. 「사상범에 대한 보호업무 지시」(관리 829.6-5926), 1969.5.27.
_____. 「수형자 석방통보」(교정 835-363), 1963.6.25.
수도관구 경찰청, 『해방이후 수도경찰 발달사』, 1947.
육군 방첩대, 「예비검속자 처리에 관한 건의」, 1961.6.13.
제주4·3사건 진상규명및희생자명예회복위원회, 『제주4·3사건 진상조사보고서』, 2003.
제주4·3평화재단, 『제주4·3사건 추가진상조사 자료집』, 2018.
조선총독부 경찰국보안과, 『고등외사월보』 2, 1939.
진실·화해를위한과거사정리위원회, 『2009년 하반기 조사보고서』 7, 2010.

_____, 「5·16쿠데타 직후의 인권침해 사건 진실 규명결정서」, 2009a.

_____, 「국민보도연맹사건 진실규명결정서」, 2009b.

_____, 「전향공작관련 인권침해 사건」, 2009. 11. 3.

_____, 『2006년 하반기 조사보고서』, 2006.

헌법재판소, 「2003헌바85. 102(병합)」결정문, 2004. 8. 26.

_____, 「2001헌가17, 2002헌바98(병합)」결정문, 2003. 6. 26.

_____, 「99헌바36」결정문, 2001. 4. 26.

Committee on Un-American Activities, "Investigation on Un-American Propaganda Activities in the United States," *Hearings before the committee on Un-American Activities House of Representatives*, Washington: United States Government Printing Office, March 26, 1947.

25th CIC Detachment, "War Diary and Activity Report," RG407, Box3758, 1950. 11. 2.

KMAG, "CIC operations in Korea 1950-1951," RG319 Series, CIC Historian's Background material, Box6, 1951. 3. 14.

KMAG, "Executions of Political Prisoners in Korea," Report Number R-189-50, RG319, Box4622.

3-2. 방송 · 신문 기사

MBC, 〈이제는 말할 수 있다 42회: 전향공작과 양심의 자유〉, 2001. 8. 10.

____, 〈MBC 뉴스〉, 1994. 8. 31.

『경향신문』, 『국도신문』, 『국민신문』, 『동광신문』, 『동아일보』, 『민국일보』, 『법률신문』, 『수산경제신문』, 『신동아』, 『오마이뉴스』, 『자유신문』, 『조선일보』, 『통일뉴스』, 『프레시안』, 『한겨레신문(한겨레)』, 『한성일보』, 『항도일보』,

『대학원신문』.
The Worker, The New York Times.

3-3. 구술 자료
권○○ 구술자료, 2020.12.4.
김○○ 구술자료, 2020.8.7, 2020.8.20.
안○○ 구술자료, 2020.9.26.
양○○ 구술자료, 2020.7.21, 2020.7.28.
장○○ 구술자료, 2020.8.27.

3-4. 미공개 1차 자료
문교부,「1983년도 학원 대책」, 1983(국방부 과거사진상규명위원회 자료).
_____,「안보정책 회의자료: 학원대책」, 1983.3.25(국방부 과거사진상규명위원회 자료).
_____,「1982년도 학원 대책」, 1982(국방부 과거사진상규명위원회 자료).
_____,「1학기 학원대책 추진과 2학기 대책」, 1981.8.14(국방부 과거사진상규명위원회 자료).
법무부 대전교도소,「사상전향서(○○○)」, 1966.1.16.
_____,「조사서(양○○)」, 1966.1.12.
_____,「사상전향서(○○○)」, 1965.8.24
법무부 청주보안감호소, 〈동태(시찰) 사항(안○○)〉, 1994.8.7.
_____,「특별사상전향 공작계획(서○○)」, 1985.10.26.
_____, 〈동태(시찰) 사항(서○○)〉, 1981.4.13.
_____, 〈피보안감호자 사상동향카드(서○○)〉, 1979(날짜 미상).
_____, 〈피보안감호자 사상동향카드(임○○)〉, 1977.10.7.
법무부, 〈공안사범 동향카드(안○○)〉, 1995.
_____, 〈좌익 재소자 사상동향카드(을)(안○○)〉, 1976.12.~1994.12.
_____, 〈시찰표(안○○)〉, 1966.9.21.

_____, 〈시찰표(양○○)〉, 1960. 8. 13.
_____, 〈시찰표(안○○)〉, 1958. 9. 8.
_____, 「전향공작 계획서(임○○)」, 날짜 미상.
서울대학교, 「1987년 2학기 관심지도학생 현황」, 1987(날짜 미상).
_____, 「학생지도 결과보고서」, 1987. 8. 5.
_____, 「면담지도 결과보고서」, 「면담 지도교수 의견」, 1984. 9. 24.
학생사상대책반, 「대학생 사상대책」, 1981. 8(국방부 과거사진상규명위원회 자료).

3-5. 온라인 자료

다빈치!지식지도(www.davincimap.co.kr).
진실·화해를위한과거사정리위원회(www.jinsil.go.kr).
케이스노트(casenote.kr).
한국사데이터베이스(db.history.go.kr).
Weblio英和和英辞典(ejje.weblio.jp).
ウィキソース(ja.wikisource.org).
集英社新書プラス(shinsho-plus.shueisha.co.jp).
merriam-webster(www.merriam-webster.com/dictionary).
The Harry S. Truman Presidential Library & Museum(www.trumanlibrary.gov).
Upcounsel(www.upcounsel.com).
위키피디아 영어(en.wikipedia.org).
위키피디아 독일어(de.wikipedia.org).

찾아보기

ㄱ

가석방심사규정 335
가석방제도 301, 339, 501
가족주의 125, 168, 201, 382
간첩 10, 13, 21, 23, 27, 56, 68, 74,
　87, 105, 107, 115, 168, 185, 205,
　221, 242, 246, 251, 254, 277, 279,
　283, 285, 288, 290~292, 298, 299,
　314, 321, 341, 367, 369, 383, 392,
　415, 423, 429, 431, 432, 434, 435,
　437, 438, 458, 481, 485, 493, 494,
　508, 521
갈릴레이(Galileo Galilei) 42
감란시기검숙비첩조례(戡亂時期檢肅
　匪諜條例) 231
강만길 240
강성현 12
강용주 379
개인주의 46, 68, 514, 526
건대사태 457
결손국가 524

경찰청 과거사진상규명위원회 402
고프먼(Erving Goffman) 85
공민증(公民證) 429
공안검사 297~299, 494
과격사회운동취체법 125, 230
과대성장 국가(overdeveloped state)
　102
관동대지진(關東大地震) 125, 129, 130
광주교도소 19, 21, 23, 358, 523
교원대학교 462
교원정보부 463
〈교육칙어(敎育勅語)〉 127, 442, 444
교정(correction) 81, 85, 92, 301,
　302, 339, 347, 350, 492, 531
교정누진처우규정 338
교조주입(indoctrination) 68
교화(rehabilitation) 7, 23, 26, 65, 68,
　84, 86, 87, 89, 92~94, 104, 127,
　171, 233, 247, 296, 301, 302, 304,
　326~328, 334, 336, 338, 339, 341,
　347~350, 364, 376, 478, 492, 505,

508, 509
교회사(敎誨士) 24, 26, 303, 347, 362, 367, 369, 477, 495
국가모독죄 213, 214
국가보안법 13, 22, 27, 40, 43, 45, 75, 76, 80, 103, 108, 114, 145, 150, 151, 158, 166, 174, 178, 179, 195, 198, 201, 202, 204, 205, 207, 208, 213, 218~223, 227~251, 253, 254, 259~264, 269, 273, 277, 279, 288, 289, 293~297, 299, 304, 313, 315, 320, 322, 325, 326, 328, 332, 335, 341, 343, 345, 371, 380, 389, 406, 409~411, 414, 418, 420, 425, 462, 463, 466, 479, 485, 492~496, 498, 509, 513~515, 519, 520, 522, 524~526, 529, 530, 532, 533
국가재건최고회의 179, 256, 287, 447, 479
〈국민교육헌장〉 28, 182, 444, 445
국민반 167, 426, 427, 433, 435
국민보도연맹(國民保導聯盟) 27
국민윤리 448~450
국민 형성(nation-building) 100, 102, 104
국방경비법 151, 224~227, 270, 304, 315, 332, 365, 418, 525
국방보안법 107, 205, 423
국순옥 263, 264, 346, 514

국시(國是) 45, 58, 114, 190, 191, 197, 198, 204~211, 214, 215, 217, 319, 496, 515, 522, 529
국정원(국가정보원) 32, 50, 109, 182, 281~283, 287, 288, 291, 292, 299, 321, 398, 403, 409, 416
국정원 심리전단(Defense Psychological Operation Group) 109, 291, 403
국제앰네스티(Amnesty International) 317
국체(國體) 45, 113, 114, 125, 127, 130~132, 190, 197~205, 210, 211, 214, 216, 217, 228, 229, 235, 236, 247, 271, 274, 327, 399, 493, 496, 522, 529
국체호지(國體護持) 199
국토방위법(Defence of the Realm Act) 231
군사고문단(PMAG, KMAG) 156
군산복합체 111, 142
권낙기 361
권력의 장 65, 73, 95~99, 110, 111, 114, 116, 140~142, 159, 174, 181, 183, 190, 450
권승렬 230, 232, 271
귀르비치(Georges Gurvitch) 71
귀순 19, 26, 28, 30, 31, 34, 91~94, 106, 109, 149, 166, 172, 190, 194, 326, 327, 331, 332, 336, 364, 371, 374, 375, 386, 389, 394, 405, 411,

425, 437, 438, 478, 479, 499, 508, 523, 529, 530
그람시(Antonio Gramsci) 64, 65
근대화(modernization) 96, 98, 113, 115, 117, 142, 148, 181, 187, 248, 270, 434, 481, 491, 521, 522, 531
기독교 근본주의 56, 58, 69, 216, 522
기든스(Anthony Giddens) 98, 396
긴급조치 36, 103, 114, 221, 223, 250, 256~258, 316, 320, 414, 437, 481, 494, 525
김귀옥 12
김규남 251
김근태 365, 366, 392
김대중 32, 51, 52, 182, 183, 202, 241, 289, 299, 301, 317, 377, 383, 399, 403, 475, 487, 489, 490
김동기 356
김병곤 487
김상봉 449, 450
김선명 323, 324, 360, 369, 387
김영삼 51, 183, 315, 403, 489, 490, 523
김영승 22, 351, 360, 367, 383, 393, 495
김옥주 233, 236
김인수 358
김일성 44, 51, 52, 169, 170, 184, 394, 458, 474, 475, 524

김종필 202, 480
김지하 38, 39, 251, 316, 397, 466
김태선 330, 331, 501
김태현 35, 36
김형욱 183, 254

ㄴ

나베야마 사다치카(鍋山政親) 32, 127
남로당(남조선로동당) 157, 160, 208, 284, 326, 327, 329, 330, 380, 410, 426, 427, 501
남민전(남조선민족해방전선준비위원회) 383, 477
남정현 35~38, 45, 251, 468
남파 공작원 33, 314, 316, 321, 323, 382, 394
내무부 치안국 274, 277, 399
냉전 7, 8, 11, 41, 42, 51, 56, 69, 96~100, 102~104, 109~112, 114, 116, 137, 141~152, 156, 157, 159, 171, 174, 175, 177, 179, 181, 183~185, 187, 202, 203, 215~217, 234, 235, 250, 281, 283, 295, 318, 398, 438, 450, 473, 474, 478, 479, 484, 493, 498, 508, 510, 518, 521, 522, 525, 526, 530, 532
냉전 자유주의(cold war liberalism) 97
노이만(Franz Neumann) 67
노일환 232

녹화사업 195, 286, 459, 462, 483
농지개혁 29, 328
누진처우규정 318, 338, 339
니시무라 간이치(西村關一) 21, 390
니콜스(Donald Nicholes) 284
닉슨독트린(Nixon Doctrine) 187

ㄷ

다카시 후지타니(Takashi Fujitani) 136
담론의 장 111, 151, 159, 190, 197
대공과 269, 278, 279
대공 위해자 415
대구10·1사건 222, 272, 365
대구교도소 23, 364, 369, 375
대약진운동 505
대전교도소(형무소) 19~23, 164, 321, 322, 334~336, 349, 353, 355, 360, 363, 513, 523
대화숙(大和塾) 134, 160, 499
더글러스(W. Douglas) 41
데니스(Dennis) 판결 41
데탕트(détente) 142, 150, 174, 181, 186, 187, 448, 473, 474
도민증 168, 429, 430
독거감방 354~357
동학 120~123, 422, 508
동학농민혁명 123, 422
두아라(Prasenjit Duara) 389
뒤르켐(Durkheim) 83, 84, 88, 89, 119, 223, 248, 525

ㄹ

라드브루흐(Gustav Radbruch) 72, 81, 82
레더러(Emil Lederer) 106
로스토(Walt Rostow) 181
루소(Jean Jacques Rousseau) 71
리영희 5, 10, 11, 237, 240, 252, 354, 420, 468

ㅁ

마루야마 마사오(丸山眞男) 174, 177, 200
마르크스·레닌주의 171, 280, 458
만주국 127, 128, 134, 147, 166, 435, 498, 507, 521, 523, 524
망원(網員) 278, 398, 407, 409, 427, 429
매카시(Joseph McCarthy) 55
매카시즘(McCarthyism) 42, 51, 55, 56, 110, 144, 145, 159, 174, 177, 485, 491, 510, 514
맥아더(Douglas MacArthur) 99, 152, 158, 199, 200, 224, 234, 295
먹방 363
메이지유신(明治維新) 124, 217, 270
모어(Thomas More) 38
무정부주의 67, 79, 89, 125, 126, 130, 136, 199, 212, 221, 228, 381,

500, 502
문인구 205, 244
문재인 490
문화혁명 98
미국 애국법안(U.S. Patriot Act) 69,
105
미군 방첩대(CIC) 156, 168, 173,
281, 286
미첼(Richard H. Mitchell) 198, 382,
491
민보단 276, 424, 426, 427, 435
민주노총(전국민주노동조합총연맹)
150
민주당 178, 179, 205, 245, 249
민청학련(전국민주청년학생총연맹)
36, 185, 290, 316, 459
밀(John S. Mill) 468

ㅂ
박관현 368
박근혜 448, 451, 467
박상천 241, 299, 377, 378
박선영 47~49
박성준 445
박순석 232
박영준 367
박용구 330
박원순 250, 262
박응서 21, 25, 391
박정희 23, 26, 30, 32, 34, 38, 39, 52,
136, 148, 174, 178, 179, 181~187,
206~208, 211~215, 221, 222,
247, 253, 254, 257, 268, 279, 280,
289, 290, 297, 298, 314, 328, 342,
344, 366, 367, 369, 370, 389, 414,
433~436, 438, 444, 446~448, 453,
458, 465, 467, 473~476, 479~483,
486~488, 493, 494, 496, 502, 521,
525
박종화 191
박헌영 29, 301, 328
박혜정 232
박홍규 45
반공국민 형성 327
반공도덕 28, 186, 247
반공법 5, 22, 27, 35, 36, 38~40, 43,
75, 80, 174, 179, 208, 220, 223,
237, 247, 249~254, 258, 288,
289, 294, 304, 315, 320, 325, 338,
371, 372, 414, 435, 447, 466, 468,
494~496, 525
반공산주의 선언(Non-communist
Manifesto) 181
반공임시특별법 178, 179
반상회 424, 435~438
발베르데(Mariana Valverde) 267
발전주의(developmentalism) 148
방양균 420
방어적 민주주의 234
배은희 49

백색테러 147, 359, 437, 507
베블런(Thorstein B. Veblen) 57
베카리아(Cesare Beccaria) 235, 238, 247
베트남 46, 103, 147, 182, 183, 388, 474
베트남전쟁 175, 182
벤담(Jeremy Bentham) 85
벤야민(Walter Benjamin) 73, 267
병영국가(garrison state) 106
보도구금(輔導拘禁) 243, 343
보도지침 465
보안감호처분 343~345
보안관찰법 320, 346, 368, 377, 379, 402, 418~421, 498, 499, 523, 526
보안사(보안사령부) 245, 246, 278, 283, 286, 298, 367, 397, 398, 455, 459, 494
보안처분 341~343, 345, 346, 400, 401, 415
보호관찰소 30, 133
볼테르(Voltaire) 38, 39
부르노(Giordano Bruno) 42
부르디외(Pierre Bourdieu) 64, 65, 73, 75, 89, 219, 445
부역자 155, 166, 194, 273, 296, 400, 406, 410, 411, 413
북한 공작원 26, 37, 185, 320, 337, 340, 356, 383, 386, 438, 481

분서갱유(焚書坑儒) 66, 466
「분지(糞地)」 35~38, 468
불고지죄 108, 247, 249, 324, 411
불령선인(不逞鮮人) 129, 193
불안강박증 248, 483, 486~488
비국민(非國民) 67, 70, 100, 102~104, 107, 108, 115, 135, 158, 159, 162, 165, 166, 168, 187, 188, 190, 193, 194, 201, 202, 215, 226, 235, 243, 246, 259, 274, 275, 278, 280, 283, 292, 296, 313, 314, 318, 331, 375, 381, 403, 409, 421, 425, 426, 504, 523, 524, 526
비미국인조사위원회(HCUA) 54, 107, 143, 159
비민분리 104, 109, 128, 165, 166, 168, 327, 428, 431, 435, 479, 507, 522, 530
비밀경찰 103, 114, 270, 275
비상대권법(Emergency Power Act) 231
비상사태(emergency) 70, 72, 114, 151, 157, 183, 184, 222, 223, 230, 231, 243, 256, 257, 331, 418, 498, 507, 508, 524, 526
비스마르크(Otto von Bismarck) 102, 228
비시민 69, 100
비전향수 23, 321~323, 336, 342, 352, 353, 369, 374, 383, 387, 389,

394, 475, 476, 481, 500
비전향자 23, 132, 318, 322, 328, 336, 346, 351, 368, 374, 381, 392~394, 418
빨치산 26, 28, 33, 167, 176, 222, 226, 314, 316, 320, 321, 328, 332, 336, 382, 383, 386, 390, 405, 411, 414, 424, 425

ㅅ

사노 마나부(佐野學) 32, 127
사르트르(Jean P. Sartre) 388
사법의 장 218, 219
사상교화법 134
사상범죄(thought crime) 44, 76, 79, 80, 130, 131, 135, 136, 229, 269, 341, 506
사상보국연맹(思想報國聯盟) 160, 330, 499
사상전향서 348, 371~373, 387, 477
4·19혁명 23, 178, 179, 206, 207, 215, 249, 250, 285, 319, 321, 360, 411, 412, 473
사찰계 271, 273, 274
사찰과 11, 29, 56, 65, 83, 105, 196, 269~271, 274~277, 332, 373, 395, 404, 421, 434, 452, 464, 469, 477, 485, 486, 492, 495, 504, 509, 517, 523, 530
사카모토 히데오(坂本英雄) 499

사회안전법 11, 23, 320~323, 340~346, 368, 376, 377, 414, 418, 435, 481, 498, 499, 523, 526
사회적 권리(social citizenship) 530
사회주의 7~9, 29, 33, 51, 53, 67, 68, 78, 80, 89, 90, 92, 93, 97, 103, 116, 125, 126, 131, 132, 143~146, 155, 157, 178, 179, 181, 183, 201, 212, 228, 238, 239, 250, 252~254, 262, 298, 303, 329, 381, 384~386, 388, 390, 391, 478, 480, 487, 505~507, 511, 516, 520, 523, 531
사회참관 348, 349, 375
상징폭력(symbolic violence) 53, 75, 89, 190, 445
새마을운동 182, 435, 438
새역모(새로운 역사 교과서를 만드는 모임) 450, 451
생명정치(bio-politics) 89, 91
서준식 11, 21, 23, 322, 345, 346, 368, 382, 386, 390, 393, 418, 420
손윤규 21, 25, 375
손제석 457
솔제니친(Aleksandr Solzhenitsyn) 38
송요찬 429
송환 81, 170, 315, 323, 369, 383, 420, 489, 490
「순이삼촌」 38, 468
순화교육 88, 195, 347, 459, 483
슈미트(Carl Schmitt) 105, 157, 223,

238, 247, 526
슈티르너(Max Stirner) 46
시국대응·전선사상보국연맹(時局對應全鮮思想報國聯盟) 133, 160
시민권(citizenship) 69, 100, 107, 308, 318, 533
신민(臣民) 101, 106, 113, 135, 247, 308, 443, 446, 448, 517, 522
신생도훈처 358, 359
신영복 357, 384, 386
신자유주의 8, 87, 264, 280, 451
신체형 28, 83~85, 122, 123, 488, 509
심리전(psychological warfare) 30, 40, 93, 104~107, 109, 144, 148~150, 158, 159, 166, 169~173, 182, 185, 187, 195, 243, 283~286, 289, 326, 333, 336, 337, 340, 434, 438, 484, 507, 508, 522
심의관실 455
심희기 346
십자가밟기(踏繪) 28

ㅇ
아감벤(Giorgio Agamben) 247
아도르노(Theodor Adorno) 75
아시아적 전제주의(oriental despotism) 68
안기부(국가안전기획부) 24, 32, 245, 287, 288, 291, 297~299, 315, 415, 455~457, 459, 462, 463, 488, 494

안영기 383
안재구 350, 477
안학섭 323
안호상 176, 192, 445
알튀세르(Louis Althusser) 65, 113
애국반 422, 423, 426, 427
야마카와 히토시(山川均) 381
양민(良民) 70, 75, 108, 115, 190, 193, 272, 329, 430, 492, 516
양민증 429, 430
양심범 318
양심선언 316, 397, 398, 403
양한모 328, 381
엥겔스(Friedrich Engels) 71, 252
여순사건(여순반란사건) 28, 104, 157, 158, 161, 166, 190, 191, 193, 194, 217, 222, 225, 228, 233, 236, 273, 284, 293, 313, 326, 424, 425, 430, 473, 484
연방수사국(FBI) 27
연좌제 10, 320, 332, 396, 401, 402, 413, 414, 421, 495, 505, 523
예방구금(preventive detention) 93, 132, 133, 163, 343, 344, 498
예비검속 30, 36, 65, 160~163, 187, 229, 231, 243, 318, 326, 330, 407, 408, 412, 414, 459, 480, 505, 526, 530
예이츠(Yates) 판결 41
오가작통법(五家作統法) 422

오송회사건 463
5·10총선거 156, 158
5·16쿠데타(5·16) 148, 179, 205~208, 221, 249, 256, 270, 277, 282, 283, 285, 287, 303, 319, 321, 336, 350, 369, 399, 408, 412, 414, 431, 433, 447, 464, 479~481, 524
오웰(George Orwell) 79, 103, 236
「오적(五賊)」 39
오제도 161, 198, 201, 204, 205, 231, 295, 299, 326, 328, 330, 331, 406, 493, 501
오펜하이머(J. Robert Oppenheimer) 159
와타나베 오사무(渡辺治) 532
요시찰인(要視察人) 135, 162, 163, 276~278, 285, 320, 345, 396, 399, 400, 402~405, 407~415, 417, 494, 495, 498, 530
요주의 인물 29, 135, 314, 399, 404, 407, 410
워드(Max Ward) 79
월남 147, 150, 187, 480
위닝턴(Alan Winnington) 164
유병진 194
유성환 208, 209
유숙계(留宿係) 426, 431, 435
유신 24, 25, 186, 187, 213, 369, 448, 474, 503
유신체제 11, 34, 80, 181, 184~187, 221, 234, 256, 258, 291, 297, 344, 346, 364, 431, 434, 436, 445, 448, 449, 474, 480, 488, 522
유신헌법 27, 234, 256, 257, 263, 342, 346, 465, 514
유엔 인권이사회(UN Human Rights Committee) 513
육군 정보국(G-2) 281, 283, 284, 287
6·25한국전쟁(6·25, 6·25전쟁) 10, 13, 26, 30, 40, 50~52, 58, 89, 148~151, 159, 160, 165, 168, 170, 174, 175, 177, 183, 193, 194, 206, 212, 215, 217, 226, 244, 246, 266, 273, 276, 278, 285, 314, 323, 326, 330, 332, 352, 365, 369, 389, 405, 406, 408, 410, 418, 430, 473, 488, 498, 506~508, 510, 522, 523
6·25한국전쟁 전후 피학살자 전국 유족회 178, 206, 207
윤석양 278, 286, 397, 403
응보주의 300
의문사진상규명위원회 24, 25
이가환 121
이규호 449
이근안 365
이등 국민(second-class citizen) 100~102, 202
이명박 49, 50, 57, 263, 291, 403, 407, 448, 451, 467
이석제 479

찾아보기 657

이승만　27, 43, 148, 156~158, 160, 162~165, 167, 169, 172, 176~179, 181, 187, 190~192, 204~206, 211, 212, 215~217, 232, 234, 249, 259, 268, 275~277, 280, 284, 285, 289, 295, 298, 313, 314, 326~331, 334, 365, 376, 388, 389, 404, 410, 424~427, 430, 443, 464, 481, 493, 496, 501, 502, 521, 523
이인모　51, 388, 489, 490
이진우　341, 345
이청천　191
이토 노리오(伊藤憲郎)　131, 298
2·4정치파동(2·4파동)　205, 213, 244
인민혁명당　185
인정투쟁　486, 523
인종주의　55, 69, 102, 109, 126, 129, 130, 136, 143, 193, 215, 521, 522
인천5·3사태　457
인혁당(인민혁명당)　185, 245, 290, 366, 481, 487
일민주의(一民主義)　176, 211, 327, 502
임방규　345, 390

ㅈ

자유당　176~178, 202, 205, 212, 215, 249, 427
자유민주주의　7, 42, 45, 51, 69, 80, 103, 145, 146, 148, 156, 179, 203, 208, 214, 239, 263, 338, 372, 394, 398, 419, 451, 479, 489, 499, 513, 514, 523
자유주의　7, 56, 64, 66, 68, 69, 76, 79, 89, 90, 93, 101, 125, 128, 143, 145, 171, 191, 198, 199, 201, 220, 251, 259, 263, 313, 505, 506, 510, 516, 524, 526
자유형　83, 85, 122, 123, 301, 509
장의균　388
장제스(蔣介石)　128, 173, 177, 480
장택상　154, 272
재교육(reeducation)　7, 81, 90, 170, 171, 173, 304, 347, 522
전교조(전국교직원노동조합)　150, 195, 308
전시 파시즘　80, 106, 132, 442, 450
전인권　487
전진한　425
전체주의(totalitarianism)　7, 25, 41, 44, 67, 69, 74, 79, 80, 85, 86, 91, 101, 103, 104, 106, 109, 114, 135, 136, 146, 175, 176, 184, 196, 200~212, 214, 216, 217, 234, 256, 263, 282, 292, 300, 306, 307, 344, 346, 352, 364, 396, 444, 451, 453, 459, 511, 518, 519, 522~524, 532, 534
전향공작　13, 22, 24, 50, 367, 368, 394, 483

전향공작전담반 22, 24, 26, 50, 322, 366, 367, 375
전향수 350, 352, 353, 375
전향심사위원회 373, 375
전향자 23, 93, 94, 127, 243, 328, 329, 373~375, 381, 393, 425, 483, 499~501
전향폭력 20, 24, 29, 31, 486, 507, 523
정보사범 401, 402, 414, 415
정비석 192
정약용 28, 121
정전(停戰) 29, 175, 182, 211, 223, 276, 313, 320, 332, 333, 389
정전협정 33, 176, 202, 333, 410, 427
정지용 329, 427
제2차 교육과정 446~448
제네바협약(Geneva Conventions) 170, 332
제솝(Bob Jessop) 112
제5열 107, 167~169, 115, 423
제주4·3사건(4·3봉기, 4·3사건) 28, 38, 104, 128, 157, 158, 166, 217, 220, 225, 273, 284, 313, 326, 405, 424, 430, 468, 473, 484
조병옥 154, 155, 205
조봉암 29, 177, 204, 205, 328, 376
조선사상범예방구금령 133, 499
『조선일보』 30, 50, 51, 53, 150, 202, 465

조선총독부 58, 129, 131, 133, 135, 150, 153, 162, 344, 403, 410, 442
조승혁 240
조용환 47~49, 53, 58, 194
조지스트(The Georgists) 53
조헌영 233, 236
좌익소탕(Red Purge) 42, 194
좌익수(左翼囚) 19~33, 34, 50, 83, 86, 116, 170, 288, 289, 296, 302, 304, 313, 314, 316, 318~323, 325, 333~340, 343, 349~354, 356~360, 362~367, 369~372, 375, 377~380, 382, 383, 387, 389, 391, 393, 394, 400, 408, 409, 412, 414, 415, 417, 419, 420, 462, 474~481, 483~485, 488~490, 492, 495, 501, 503, 504, 507~509, 514, 515, 522, 523
주민등록제도 431, 432
준법서약서 32, 368, 376~380, 419, 478, 504, 514
중앙정보국(CIA) 27, 484
중앙정보부(중정) 22, 24, 27, 32, 35, 40, 52, 174, 179, 182, 183, 185, 221, 222, 245, 246, 254, 257, 267, 270, 277, 281, 283, 285, 287~291, 297, 336, 337, 370, 373, 399, 401, 410, 412, 415, 435, 459, 464~466, 468, 476, 477, 488, 509, 526
진보당 204, 328, 376
진실화해위원회(진실·화해를위한과

거사정리위원회) 10~12, 376, 398,
401
집행유예 133, 251, 253, 320, 340,
375, 417
징벌방 359, 363

ㅊ

『1984』 79, 103
「1982년도 학원대책」 461
천안함 47~50, 56~58, 194, 467, 489
천주교 28, 42, 120, 121, 123
천황제 8, 34, 45, 68, 79, 80, 97,
101, 113, 124~126, 129, 130, 135,
152, 193, 197, 198, 200~202, 212,
215, 217, 234, 270, 271, 274, 381,
389, 491, 496, 498, 499, 503, 530,
532
청주보안감호소 24, 322, 342
총력전(total war) 105, 107, 135, 136,
165, 182, 184, 186, 187, 205, 244
최석기 19~22, 25, 391, 392
최장집 51
최정기 12, 316
최제우 121
충성서약(Oath of allegiance) 55, 144
7·4남북공동성명(7·4공동성명) 289,
369, 474
치안유지법(治安維持法) 30, 32, 68,
79, 92, 97, 113, 114, 125~127,
129~133, 153, 198, 201, 202, 205,
215, 217, 224, 229~232, 235, 247,
264, 271, 293, 298, 313, 343, 381,
442, 485, 491, 493, 498~501, 515,
519, 524, 529, 530

ㅋ

카시러(Ernst Cassirer) 217
카(Edward Carr) 237
케넌(George Kennan) 146
코페르니쿠스(Nicolaus Copernicus)
42
크리스찬아카데미사건 252, 253

ㅌ

타이완 12, 13, 68, 79, 89, 101, 114,
130, 131, 145, 147, 148, 151, 166,
172, 174, 175, 177, 231, 243, 270,
300, 325, 358, 359, 437, 459, 461,
507, 521, 523~525, 530, 532
태프트하틀리법(Taft-Hartly Act) 54,
143
통혁당(통일혁명당) 324, 383
퇴니에스(Ferdinand Tönnies) 106
트라우마 58, 59, 155, 483, 484,
486~488
트루먼독트린(Truman Doctrine) 54,
143, 145
특권국가(prerogative state) 103, 282
특무대 156, 164, 167, 168, 172, 174,
177, 215, 267, 276, 277, 281~289,

296, 376, 408, 502, 526
특별고등경찰(특고) 114, 126, 128, 270, 275, 282, 287, 407
특별사 25, 26, 32, 335, 336, 352~355, 359, 360, 363, 393, 475, 495
특별수사대(SIS) 283

ㅍ

파놉티콘(panopticon) 85
페인(Thomas Paine) 49
편집증(paranoid) 32, 54~56, 58, 69, 477
포스피실(Leopold Pospisil) 72
포이어바흐(Ludwig Feuerbach) 248
푸코(Michel Foucault) 26, 32, 82~85, 88, 91, 314, 441
프락치 159, 278, 286, 407, 442, 456, 459, 463
프로이트(Sigmund Freud) 217, 484
프롬(Erich Fromm) 248
프루동(Pierre J. Proudhon) 63

ㅎ

학도호국단 192, 445, 453
학사담당관실 453, 454
학원안정법 457
한국 방첩대(CIC) 156, 174, 277, 281, 283, 284, 286, 295, 337, 408, 412
한국학중앙연구원(정신문화연구원) 11, 461
한승헌 37, 251
한옥신 23, 44, 80, 81, 296, 321, 322, 341, 413
한완상 51
한인섭 12
한정합헌 259, 260, 263
한홍구 12
함석헌 10, 204
함세환 420
행형 300, 301, 304, 336, 339, 347, 359, 483, 509
행형정책 81, 301, 333, 350, 359, 508
행형제도 81, 123, 300, 350
향보단 424, 427, 435
허균 120
허쉬만(Albert Hirshman) 421
허영철 388
헤겔(G. W. F. Hegel) 108, 520
현기영 38, 468
현무섭 363
형벌국가(penal state) 87
호네트(Axel Honneth) 441
호모사케르(Homo Sacer) 27, 315, 366
호적 206, 325, 396
호적제도 396, 432
호프만(Vincent Hoffman) 269
호프스태터(Richard Hofstadter) 56, 58

혼거감방 354, 357
확신범 31, 77, 81, 82, 86, 88, 317~319, 322, 338, 352, 378, 478, 485, 509
〈황국신민서사(皇國臣民誓詞)〉 135, 193

황성모 254
황태성 208, 481
후버(Edgar Hoover) 56
후쿠모토 가즈오(福本和夫) 381